【中国现代史学要籍文献选汇·中国历史（第一编）】

中国通史要略

（第一册 第二册 第三册 合集）

缪凤林 著

上海三联书店

图书在版编目(CIP)数据

中国通史要略/缪凤林著. —上海: 上海三联书店, 2021.1
ISBN 978-7-5426-6972-8

Ⅰ. ①中… Ⅱ. ①缪… Ⅲ. ①中国历史-古代史 Ⅳ. ①K22

中国版本图书馆CIP数据核字(2020)第016378号

中国通史要略

著　　者: 缪凤林
责任编辑: 程　力
责任校对: 江　岩
装帧设计: 清　风
策　　划: 嘎　拉
执　　行: 取映文化
加工整理: 嘎　拉　笑　然　牵　牛　牧　原
监　　制: 姚　军
出版发行: 上海三联书店
(200030) 中国上海市漕溪北路331号A座6楼
印刷装订: 常熟市人民印刷有限公司
版　　次: 2021年1月第1版　　印　　次: 2021年1月第1次印刷
开　　本: 650×900　1/16
字　　数: 360千字
印　　张: 27

ISBN 978-7-5426-6972-8/K·573　　定价: 188.00元 (精装)

部定大學用書

中國通史要略

第一冊

繆鳳林著

中華民國三十五年九月初版

自序

民國十二年秋，余始講授國史於瀋陽東北大學。時坊肆出版課本，率多淺陋，余之學力亦未能於短期內另編新册，惟輯印補充講義及參考資料，以應講授之需。光陰荏苒，余所輯印者，亦以時增益，至十七年南歸，改就中大教職，已積稿盈數寸矣。余病其龐雜，乃開始整理，欲以十載二十載之時間，以全史爲經，緯以百家，編一較詳備之大學國史教本，名曰「中國通史綱要」，分爲四篇，首導論，次歷代史略，次政治制度，次學術文化。每成一章，卽付學校印作講義，及至第二年再印，例有一度之增改。至二十一年秋，第一册始由南京鍾山書局正式出版，二十二年及二十四年，又續印二三兩册，然僅及第二篇隋唐五代章而止，共約八十餘萬言。第四册爲第二篇宋元時代章，方擬於二十六年秋最後改定付印，而抗倭戰起，余隻身隨校西遷，初意東歸之日，或不在遠，余之編撰工作，或僅暫時間息。無何，首都淪陷，十餘年來辛勤搜集之圖籍二萬三千餘册，悉爲倭寇攫奪以去。中夜悲憤，繞室興歎，雖著述之志猶昔，然資糧盡喪，亦惟縣鵠以俟而已。二十七年後，每歲夏秋，余輒講學西北，橫秦嶺，度隴坂，登太華，涉皋蘭，遊宗周秦漢隋唐之故墟，訪靈臺阿房上林西苑曲江之遺址，感我國族之蘊藉，若是其閎碩，宅居之山河，若是其壯美，經歷之年歲，若是其悠久，余忝居講席，當此神聖抗戰之會，旣不獲執干戈以臨前敵，苟對我先民盛德宏業，猶弗克論裁，罪莫大焉。二十八年歸後，始浩然有寫作之思。旣先後著「民族寶訓」「中國民族文化」「西北史略」（卽西北問題一書第一部分）「漢武經略河西考」暨「國史上之戰鬪觀」諸小册，刊印流布。又以教部新頒大學課程，文理法師諸院新生，概須講習普通國史一　，舊著綱要，篇幅過鉅，且印本已不易得，不如另草一簡編，就我國族所以開拓廣土摶結庶衆及歷久長存之本原，與其政治文化社會各種變遷之犖犖大者，略述其根柢與趨向，以餉學子。亦書生報國之一端也。因抗戰以來，物力維艱，初擬以十萬字爲率，庶便刊印。嗣以論述範圍較廣，書成後，并附註合計，溢出原定字數幾至兩倍。玆分三册印行，名曰中國通史要略，所以示別於舊著綱要也。昔曾子固序南齊書有云，「古之所謂良史者，其明必足以周萬事之理。其道必足以適天下之用，其智必足以通難知之意，其文必足以發難顯之情。……使誦其說者如出乎其時，求其指者如即乎其人。」自來論史，未有高於此者。然由其所言，雖司馬氏史記自謂欲以究天人之際，通古今之變，成一家之言者，猶有病語，況其他邪。是其言固論史之典範，然自漢以後，固無一人焉能合此準則者也。以余末學，誠不敢仰企於萬一。又此課本，簡略已甚，亦不足以言史學。然纂述之宗旨與夫用心之所在，亦有可得而言者。史爲人事之記錄，人事之演進，雖無前定之原則，就已陳之跡而察之，又若有端緒可尋，撰述歷史，首在尋得此端緒。一也。史文敍述，其事實皆有客觀的存在，言史者惟當以事實爲依歸，實事求是，不宜先懷成見，尤忌嚮壁虛造，務求所言合乎人心之公，絕不能稍湜一人之私。二也。營阿房建章之宮者，張千門而立萬戶，若尋丈之基，止宜築爲環堵之室，屋大小殊，則其制異也。十數萬言之課本，斷不能事事求備，要在別擇史跡之重輕，著其大而忽其細，必有所捨，乃能有所顯。三也。傳曰，聖人有以見天下之賾而擬諸其形容，見天下之動而觀其會通。竊謂編纂歷史，其道猶是。是旨也，曩序綱要時曾反復言之，今編是册，亦守之兢兢，不敢或失。然二書宗旨雖同，而面目有絕異者。綱要史略與改制學術，各自爲篇，玆則每章成一完全之單位，義取縱貫。一也。綱要體如讀史要錄，徵引頗詳，玆則文多鎔鑄，僅著大凡。二也。綱要多考訂史事，辨析異說，玆則惟直敍正義，凡鉤索辯難者，概付缺如。三也。蓋要略篇幅，視綱要纔十之一，體例固不能不如此也。抑余重有感者，初編是册，私意一載即可蕆事。嗣因行文簡質，取材所自，不可不詳加註明；又宋元明淸諸章暨各代學術宗教等，綱要猶未出版，敍次例須稍詳；而公私圖籍，凡能借閱者，亦無不輾轉設法。間三十萬言之書，因襲舊稿者殆半，而自二十八年訖今，先後已四載矣。憶二十九年三十年間，每霧季一過，倭機旦夕肆虐，余抱此稿入洞避警者，無慮百十次，默念苟不被炸，終有出版之一日。今印行有期，回首前事，恍如夢寐，爰泚筆記之如此。

三十二年六月一日序於重慶沙坪壩中央大學

總目

中國通史要略第一冊目錄

中國通史要略（第一册）

第一章　總說

漢許慎說文解字曰：「史、記事者也。從又（右）持中，中、正也。」（註一）是漢人以記事爲史職，而史之記事，必中正無私。因持書記事，必於竹帛，故史雖官名，引申之，記錄於簡册者，亦得爲史。史遂流爲往事記錄之總稱，而一切典籍，皆可名之爲史。淸章學誠謂「盈天地間，凡涉著作之林，皆是史學，」（註二）龔自珍謂「史之外無有文字焉」，（註三）蓋此意也。

史爲往事之記錄，往事自影響人事之自然現象外，悉爲生人在宇宙間所演之動作，是稱「人事」或「史實」，史之所憑以記載者也。構成史實之要素凡三：曰宇、曰宙、曰人。空間之謂宇，無宇、則史實失其憑藉。時間之謂宙，無宙、則史實莫由動變。宇宙位矣，無生人焉動作於其間，則天地之大，亘億兆年，亦萬族生遊死藏而已，無史也。故三者之間，尤以人爲最要。玆講國史，要在明白國人過去在神州之動作，故首略述國史上之民族年代與地理，而以國史體制與史之功用附焉。

國史主人，今號中華民族，其構成之分子，最大者世稱漢族。自餘諸族，無慮百數，世或別之爲五：正南曰苗族，正西曰藏族，東北曰東胡族，西北曰突厥族，正北曰蒙古族；或以葷粥、玁狁、東胡、匈奴、烏桓、鮮卑、柔然、突厥、回紇、契丹、靺鞨、女眞、蒙古、滿洲等爲北方國族，九夷、三韓等爲東方國族，蠻、閩、哀牢、黎、苗、猺、獞、擺夷、猓猓等爲南方國族。氐、羌、及西域各國爲西方國族。（註四）中國史者，卽漢族與諸族相競爭而相融合爲一個中華民族之歷史也。自黃帝至今，漢族勢力擴張者五期，諸族與異族侵入者亦五期，略述如次：

（甲）漢族之擴張　自黃帝平蚩尤，披山通道，東至於海，西至於空桐，南至於江，北逐葷粥，合符釜山，而邑於涿鹿之阿。歷夏商周，致九夷，享氐羌，伐鬼方，平淮夷。是爲漢族勢力擴張第一期。春秋時，齊桓興師伐戎，晉楚秦三國，日與各族啓競爭，開疆拓土，大河北境，悉入晉封，汝潁以南，悉成楚境，秦涼附近，悉入秦疆。至戰國而列國排外，北築長城以拒胡，中土無雜居之戎。是爲漢族勢力擴張第二期。秦併六國，斥逐匈奴，收河南地，并略南越陸梁地，又嘗破西南夷，略通五尺道，頗置吏焉。漢因其迹，立朔方郡，幕南無匈奴王庭，更平南越，置九郡，定西南夷，置五郡，而河西更置四郡，絕匈奴與羌往來之道，西通三十六國，踰葱嶺，至今中亞細亞，東取朝鮮，亦置四郡。東漢則破北匈奴，取伊吾廬，征西域，通西亞，開哀牢，置永昌。是爲漢族勢力擴張第三期。隋一中國，南征林邑，夷爲三郡，西征吐谷渾，入其國都，又發現琉球。惟東有高麗，北有突厥，一再興師，功卒未成。唐興，遂盡定諸國，諸國尊爲天可汗；軍府之立，安東、安南、安西、安北，自新羅、渤海、勅勒，以至波斯、天竺、大食，悉屬羈縻。是爲漢族勢力擴張第四期。明征漠北，降韃靼，東北招致女眞部落，分海西、建州、野人三衛，嗣又置奴兒干都司。統制黑龍江北及苦夷（分庫頁島）諸部，南取安南，置交趾布政司，西降吐魯番哈密，遠至嘉峪關西，而鄭和奉使航海，由閩廣西南，直至非洲東境，使南海各國朝貢於明。是爲漢族勢力擴張第五期。至若苻秦、北魏、胡元、滿清之恢拓版圖，雖以諸族爲主，亦多賴漢族之力焉。

（乙）諸族之侵入　西周之季，戎夷交侵，及春秋時，鮮虞擁甲於北陲，義渠跳梁於西土，百濮南侵，淮夷東逼，吳越楚蜀，徧爲蠻境，秦隴晉魏，悉成戎地，河南爲蠻，河西爲狄，淮有羣舒，魏有諸隗，狄貊邦冀，徧於渭首，雖洛陽一王城，而揚、拒、泉、皋，陸渾、伊、洛之戎，雜然分處其中，中國不絕若綫。是爲諸族侵入第一期。漢室盛時，烏桓鮮卑，已招置肘腋間，匈奴兩呼韓邪單于入朝，披西河地予之，氐羌一再內徙，遂啓五胡亂階，西羌首作難，氐與胡羯鮮卑，相挺而起，江淮以北，悉爲戎虜爭競之場，南蠻亦因緣出五溪，（雄、樠、辰、酉、武。）至五水（巴、蘄、希、赤亭、西歸。），布滿伊洛山谷間；其既也復有拓跋氏之憑陵，中國南北分裂。是爲諸族侵入第二期。有唐中葉，回紇、吐蕃、契丹，相繼稱兵，回紇吐蕃衰而契丹興，西突厥之餘裔沙陀，迭主中國。宋始困於遼夏，繼迫於金元，或戰或和，偏安自守，其後諱和，幷所守者失之，中國版圖，淪於異域。是爲諸族侵入第三期。明室外患，北虜（韃靼）南倭，虜衰倭斂，建夷竊發，曾未幾時，遼東疆圉，毀撤殆盡，卒乘流寇之亂，入主中國。是爲諸族侵入第四期。滿清不振，西力東漸，割我藩領，踞我要害，侵我主權，奪我財賄，清祚雖斬，禍仍未已。是爲異族繼諸族入侵之期。若夫諸族之患，僅中於一隅，未嘗蔓延於四境者，尤未可一二數。然總其要歸，三代以降，漢族所受外族之禍，兩科而已。自清以前，北族之患亟，而其侵略，全憑武力，不以經濟與文化，誦唐張喬「蕃情似此水，長願向南流」（註五）之句，三垂比之懸矣。清季以還，西北之患未紓，東南海疆之禍日深，前之與中國不相往還者，皆挾砲艦而東來，島夷日本，亦成曠古未聞之巨寇，經濟與文化之侵略，亦悉隨武力而至焉。

至論中國民性，因幅員廣而種族混合者衆，異常複雜，無論何時何代，舉不能以一語概括；然以世界爲觀點，則全民族又自有其共同之精神，而優點所在，缺點亦寓其中焉。一曰家族主義。以孝爲制行之本，遠之事君則爲忠，邇之事長則爲悌，充類至盡，至於享帝配天，原始要終，至於沒寧存順。歷代之以家庭之肫篤，產生巨人長德，效用於社會國家者，尤不可勝紀。然其弊也，人以家族爲重，邦國爲輕，甚或置國度外，惟見其家，不知有國；而戚族之依賴投靠，官吏之貪墨任私，其原皆由是出焉。一曰中庸主義。中國之名，始見禹貢，（註六）歷聖相傳，皆以中道垂教，故一言國名，而國性即以此表現，我民族能統制大宇，葆世滋大，其道在此。然其弊也，習於消極妥協，不能積極進取，吏多圓猾，民多鄉愿，以因循爲美，以敷衍爲能，政治社會，奄無生氣。一曰世界主義。以平天下爲理想，而以國治爲過程，化育外族，施不責報，故非我族類，一視同仁，擁有廣土，亦不以之自私，混合殊族，此爲主因。然其弊也，有世界思想，而乏國家觀念，外患洊臻，每鮮敵愾同仇之心。一曰和平主義。以不嗜殺人爲政治上至高之道德，遠人不服，則修文德以來之，寇則懲而禦之，去則備而守之，旣服之後，慰薦撫循，交接賂遺，所費尤多。故聲教之敷，不恃他力，而海陸奔湊，競來師法，純任自然，遂爲各國宗主。然其弊也，流於文弱，與外國遇，常致失敗。一曰政治上之不干涉主義。以垂拱無爲爲執政者之信條，官之所治，惟聽訟收稅，而一切民事，悉聽其自爲，民因得以大展其材，政治雖腐敗，民事仍能發榮滋長。然其弊也，以政治爲少數人之專業，民不之問，政治遂鮮改進之望。一曰實用主義。以利用厚生養欲給求爲鵠，雖阜其財求，而不以浮侈爲利，故錦繡纂組有禁，奇技淫巧有誅，務本捨末，習於勤勞。然其弊也，重實利而輕理想，可與樂成，難與慮始，不容有遠識先知之士，或力求革新之事；而名理之學，研究者寡，遂鮮純粹之科學。此六者雖未云備，吾民族得失之林，大略在是。往史所載，班班可徵。如何發揚其優點，革其缺失，並吸取他人之長，補吾之短，以競存於茲世，且永保世界先進之令譽，則吾人所宜自勉也。

次論年祀。自太史公讀牒記，黃帝以來，皆有年數，因諸家所傳咸不同乖異，故疑則傳疑，闕而不錄，（註七）爲五帝、夏、殷、周本紀，三代世表，多有世而無年，至十二諸侯年表，敍次西周共和以降，始按年譜記。史家因皆以共和元年（西元前八四一年）爲國史確實紀年之始；至今民國三十二年，都二千七百八十有四年。漢末劉歆作三統世經，嘗論定周初及唐、虞、夏、殷之年紀，言「唐帝卽位七十載，虞帝卽位五十載，夏后氏繼世十七王，四百三十二歲，殷世繼嗣三十一王，六百二十九歲，周凡三十六王，（錢大昕曰，實凡三十七王。）八百六十七年」。（註八）除共和至赧王五百八十六年，自帝堯至共和前厲王，都千四百六十有二年。於是漢後之論古史年代者，雖間有多寡，其原皆由是出焉。宋邵雍以數術極變知來，著皇極經世，順推而上，斷是唐堯元載甲辰，當西元前二三五七年，至民國前一年辛亥（一九一一），都四千二百六十有八年。堯以前傳說有黃帝、少昊、顓頊、帝嚳、帝摯，晉皇甫謐帝王世紀說黃帝百年，少昊八十四年，顓頊七十八年，帝嚳七十年，帝摯九年。辛亥革命以黃帝紀元，文告稱是年爲黃帝紀元四千六百零九年，卽取皇甫謐邵雍之說合計而得，然非司馬遷劉歆所及知也。黃帝以前，傳說有伏羲、神農，伏羲以前，傳說有有巢、燧人，而諸氏之間，易姓而王者繼代，各家傳說互歧，年歲多或數萬，少則數千，相差尤懸絕。有巢以前，傳說復有盤古三皇，益荒誕無徵，傳說年歲亦益巨。(註九)今觀黃帝時諸聖勃興，百物並作，其前必經長期之演化，始克有此。則黃帝以前之年歲，雖難概計，而我國古史歷年之悠久，概可想見也。

史實綿延，初無截然可以畫分之界限，故斷代爲史，昔人所譏。然皇古訖今，年月遐長，治亂興衰，各有首尾，分期會通，並行不悖。東西史家，論次史蹟，每就其蟬聯蛻化之際，略分三世，以便尋繹，晚近編纂國史課本講義者，皆取其法，而區分多殊。(註一〇)本書旨在就古今民族文化政治社會各種變遷之犖犖大者，略述其經過與趨向，爲敍次便利計，順應乎世變自然之勢，默會乎典制變革之交，亦略本通史之規模，兼寓斷代之義例，區分爲十時代：

(一)唐虞以前曰傳疑時代，
(二)唐虞夏商西周曰封建時代，
(三)東周曰列國時代，
(四)秦漢曰統一時代，
(五)魏晉南北朝曰混亂時代與南北對峙時代，
(六)隋唐五代曰統一時代與割據時代，
(七)宋元曰漢族式微與北方諸族崛興時代，
(八)明曰漢族復興時代，
(九)清曰滿族入主時代，
(十)民國曰中華民族更生時代，

代各一章，自爲經緯，分之可略識各代原委，合之卽得千古會歸焉。

次論地理。國史疆域，以元爲最大；世祖初元，轄境橫絕亞洲大陸，遠跨歐洲。唐次之，太宗高宗兩朝，威令所行，東綜遼海，北包大磧，西被達曷水（今低格里斯河），南極天竺及海中島上諸小國。清又次之，高宗弘曆之世，自今二十八省、外蒙、西藏暨西伯利亞東偏、中亞土耳其斯坦一部，及臺灣、澎湖、香港等外，東自朝鮮、琉球，南至越南、緬甸、暹羅、南掌、蘇祿，西至廓爾喀、浩罕、布魯特、哈薩克、安集延、阿富汗，罔不稱藩內附。今日我國轄境，雖沿自清季，而暴敵壓境，寇跡遍於國中，必努力驅除，始能光復故土焉。自餘歷代疆域，諸史多班班可考；（註一一）然春秋以前，則廣狹頗難質言。經傳所載春秋列國之地理，以今地釋之，惟得河南、山東、河北、陝西、江蘇、安徽、浙江、江西、湖北、山西諸省之大半，及四川湖南之一部，（註一二）其中尤多蠻夷戎狄之地，所謂中國，通不過豫省大部及秦、晉、燕、魯、皖、鄂之小半；而諸史所稱黃唐三代之州疆域界，則視此不啻倍蓰。（註一三）蓋夸古游牧爭伐，居無常處，故有履跡所經，號爲疆域者，一也。酋豪部族，慕義從令，聲教漸被，泛稱領土者，二也。盛衰靡常，廣狹時殊，則其統治區域，後或遜前者，三也。要之　古代開化之區，不出今黃河流域，當時土地之開闢，與中央政府直接施政之區域，實不足方數千里；特當其盛時，聲教所及，或亦甚爲遼遠耳。

至論各地開化之先後，則有史以來。諸夏文物，濫觴今黃河下流，而漸自東而西。以帝都徵之，其跡最顯。神農、少昊、顓頊，並都典阜窮桑；太昊之墟雖在陳，然左傳言太昊之胤，任、宿、須句、顓臾，皆國於濟洨之間；黃帝都涿鹿，羅泌路史引世本，謂係彭城，亦在海岱之間：是上世帝王多宅都於魯。帝王世紀言顓頊徙帝邱，葬頓丘：水經注則言帝嚳都亳殷，葬濮陽：乃自魯而移於衛。及堯都平陽。舜都蒲坂，禹都安邑，又自衛而移於晉。史記言唐人都河東，殷人都河內，周人都河南，則三河在天下之中，又爲王都。文武宅酆鎬，而三輔又爲王都。此帝都自東而漸以西移之明驗也。觀詩稱古公遷岐，「陶復陶穴，未有家室，」（註一四）足徵殷商之世，西土猶屬草昧，周室崛起，始漸進於開明。徵之唐虞時畫野分州，以及爾雅職方所記，淮漢以南，僅揚荊二州，自餘冀、兗、青、徐、豫、雍、幽、幷、營、諸州，多屬淮漢以北。（註一五）足見其時大勢，舉萃於北方，萬里南邦，不足當天下四分之一，故雖以吳楚之同出神明後裔，處今蘇鄂之境，春秋之初，尚被目爲蠻夷。古代淮漢長江之域，荒野僻陋，誠不足與中原比；黃河流域之上游，亦不足與下流並論矣。春秋之世，四夷多爲大國所滅，楚與吳越，相繼與中國爭雄，諸夏文明，不特漸推漸廣，且漸自北而南。戰國繼之，兼併日烈，土地日闢，文化灌輸，隨以益廣。秦一天下，則北盡幽冀，南訖交廣，東乍吳會，西被隴蜀，俱號冠帶。兩漢代興，東至朝鮮，西届玉門，咸設郡縣；北方西南，復多開斥。然史漢所載，其時冠帶之盛，文學之衆，穀粟之豐，機巧之利，戶口之繁，財用之饒，舉屬黃河流域；即漢分天下爲十三部，淮漢以南，亦止荊、揚、益、交四部，而豫、冀、兗、徐、青、涼、幽、并及司隸校尉，皆在淮漢以北，與三代相去猶不甚遠。蓋漢世文化先進，仍在北部中原，蘇、浙、皖、川、鄂、贛次之，湘、閩、粵、桂與遼東，未化者多，雲貴則爲蠻夷荒徼矣。班固言「秦漢以來，山東出相，山西出將。」(註一六)後書亦載「關西出將，關東出相」之諺。(註一七)山謂華山，關則函谷。當時南北文野攸殊，尚無對峙之名，而北方則有東西之分。自漢室頹覆，三國鼎峙，吳之與魏，始有南北抗衡之勢；南蠻山越，迭經開闢，南及交廣，漸臻開通。晉氏失馭，五胡入居中原，中州士女，渡江僑寄，南方爲漢族之中心地，北方以諸族爲主人翁，於是江南日益文明，河洛漸呈退化，文化中樞，遂漸自北而南。隋唐一統，渤海吐蕃，交通頻數，華化遂遠被吉黑二省及西藏；交廣與外夷貿易，尤稱繁盛。然柳宗元謫居永州，嘗言「居蠻夷中，意緒殆非中國人；」(註一八)及貶柳州，則有「一身去國六千里，萬死投荒十二年」之句。(註一九)五季劉龑僭號嶺南，每對北人，輒言家本咸秦，恥爲蠻夷之主。(註二〇)韓愈歐陽生哀辭，亦言「閩越之人舉進士，由詹始。」(註二一)則湘、桂、閩、粵，唐世固未甚開化。及五季僭擾，契丹南牧，南方諸國，多爲北人避難之所，諸國秩序，亦較中朝爲安定。南唐與蜀之文學，既非五代所及，閩粵之開化，亦有過唐代。洎乎北宋，因周成勢，汴洛復爲中樞。然自女眞南侵，剽掠焚褻，肆意摧殘，東北塞外，既復返野蠻，淮河以北，文物亦一落千丈。惟巨室世家，學士將帥，隨宋南渡，而後天旋地轉，南北文野倒置，閩浙百越，視古河洛齊魯，大河南北，等於春秋時之南蠻，大江以南，自是爲文化中心，南宋訖今，如出一轍。元明開闢雲貴等省，及置川廣等土司，清代湘、鄂、川、廣、雲、貴，改土歸流者尤多，西南荒僻之區，漸沐華化。內蒙新疆，淸末亦日趨開明；東北三省，以日俄競爭，發達更速。臺灣至淸始發闢，惜棄之於日。外蒙靑海西藏，淸世皆以舊俗羈縻，最稱閉塞，然蒙藏自俄英勢力侵入後，亦漸沐歐風矣。又自西力東漸，沿海各省與交通利便之處，多日臻繁華，至暴日入寇，國府遷都西蜀，以西北西南爲抗戰之根據地，建設開發，尤遠邁往昔焉。

古今論史學體制者，以唐劉知幾史通六家篇爲最著。一曰尙書家，記言者也。二曰春秋家，記事繫以時日，而寓褒貶黜陟者也。三曰左傳家，編年而詳事者也。四曰國語家，國別爲書者也。五曰史記家，紀傳以統君臣，書表以譜年爵，而通古爲書者也。六曰漢書家，法史記而斷代爲書者也。自漢至唐，尙書等四家，其體久廢，惟編年及紀傳二體，各相矜尙；紀傳一體，尤爲史之正宗。李唐以降，諸作史者，陳陳相因，雖正史外，亦時有宏編巨製，而體制一本前人：如杜佑通典，馬端臨通考，分類縱貫，爲紀傳志體；司馬光通鑑，爲左傳家法；鄭樵通志，又模擬史記家也。惟宋袁樞以通鑑舊文，每事爲篇，各排比其次第，而詳敍其始終，名曰紀事本末，於是吾國史學，橫的方面，年別（編年）人別（紀傳）二體之外，復有事別一體；而縱的方面，復有通古與斷代二家。司馬遷史記上起黃帝，下訖漢武，班固漢書則斷漢爲書：通斷之分，實始史漢。然有荀悅斷代編年之漢紀，又有司馬光合十六代千三百六十二年（自戰國至五季）之通鑑；有袁樞之通鑑紀事本末，又有明陳邦瞻斷代爲書之宋史紀事本末、元史紀事本末：則知年別事別之史，亦有通斷之分，不限於紀傳一體也。玆編於三體之史，皆無所當，徒以通敍古今，故稱通史，而分期論述　亦略類斷代，至因事分節，又以本末爲宗焉。

劉知幾曰：「夫人寓形天地，其生也苦蜉蝣之在世，如白駒之過隙，猶且恥當年而功不立，疾沒世而名不聞；上起帝王，下窮匹庶，近則朝廷之士，遠則山林之客，諒其於功也名也，莫不汲汲焉孜孜焉。夫如是者何哉？皆以圖不朽之事也。何者而稱不朽乎？蓋書名竹帛而已。向使世無竹帛，時闕史官，雖堯舜之與桀紂，伊周之與莽卓，夷惠之與跖蹻，商冒之與曾閔，但一從物化，墳土未乾，則善惡不分，姸媸永滅者矣。苟史官不絕，竹帛長存，則其人已亡，杳成空寂，而其事如在，皎同星漢；用使後之學者，坐披囊篋，而神交萬古，不出戶庭，而窮覽千載，見賢而思齊，見不賢而內自省。若乃春秋成而逆子懼，南史至而賊臣書。其記事載言也則如彼，其勸善懲惡也又如此。由斯而言，則史之爲用，其利甚溥，乃生人之急務，爲國家之要道，有國有家者，其可缺之哉。」(註二二)古來言史之功用，未有如子玄此言之深切著明者。夫史之大源，本乎春秋，春秋據行事，仍人道，明是非，定猶豫，善善惡惡，賢賢賤不肖，文成數萬，其指數千。雖其效不能使天下後世無亂臣賊子，而能使亂臣賊子不能不懼；故孟子以禹抑洪水，周公兼夷狄，與孔子成春秋併論。由今觀之，史册誠詳文該事，善惡已彰，無待美刺；勸善懲惡，亦道德家事，非史家第一義諦。然記事載言，則於人類之進化，民族之興亡，所繫至鉅。自人類肇始，迄有文字記載，曰史前時代；始文有字記載，以迄今茲，曰有史時代。史前時代，雖永於有史時代百倍或數百倍，而有史時代人類智慧文物之進步，較之史前時代，殆不可以數字計度。此無他，人類有史，乃能以前人之經驗成就，傳之後人，遞遺遞襲，繼長續增，故爲時短而進步速。野人無史，自遺傳本能與口授技能外，凡事皆須自創，故歷年久而進步緩。譬如競走，時間一長距離也，有史者合無量數人以替換續進，無史者則人人皆自起點出發；文明人與野蠻人之分由是，卽與高等動物之分亦由是：此史之有關於人類之進化者一也。

總理建國，首重民族主義；民族與立，莫盛於史。吾華遠起炎黃，近迄廿祺，世無失名，代無失事，紀載之備，積史之富，世莫與京。故雖亂於五胡，割於拓跋宇文，肉於女眞，亡於韃靼建夷，數過時遷，仍能統承烈祖，修其舊物。觀彼埃及、巴比倫、亞述、天竺、大食之倫，非無國故，而紀載缺如，國史靡聞，遂令萬世長瞑，不能復起。今東西梟雄，吞滅與國，尤斤斤焉剗文滅史，絕其種姓，使爲死灰不復燃。後起之雄，欲恢復故步，而宗系不明，往跡不著，徒自切齒腐心，可爲流涕矣。故愛國雪恥之思，精進自強之念，皆以歷史爲原動力，欲提倡民族主義，必先昌明史學：此史之有關於民族存亡者又一也。明今測來，生人之要道，革故救弊，當今之急務，而皆惟史是賴。蓋過去爲現在之母，凡今之爲，率沿自昔，不稽往籍，罔識當前；過去與現在又爲未來之母，方來現象，雖難逆覩，宿因旣著，略可預測。故温古可以知新，彰往亦能察來。輓近言改革者，大自禮教風俗，政制學術、下至名號話言，服御飲食，人有主義，家矜新奇。然以不稽歷史，惟逞私臆，非徒格不相入，且多僨事滋亂，誠能精研史册，一一明其蛻化之所由，及其造成之所以，則言皆實際，事不虛爲，對症擇藥，成效可期。王符有言：「索物於夜室者，莫良於火，索道於當世者，莫良於典。」(註一三)此史之有關於明今測來，起衰救弊者又一也。

（註一）見說文解字篇第三。王國維氏以史字所從之中，古文篆文並作中，與古文中正之中，伯仲之仲異。且中正無形之物德，非可手持。因以史所從之中爲盛筴之器，言史字從又持中，義爲持書之人，與尹之從又持｜（象筆形）者同意。說詳氏著「觀堂集林」卷六「釋史」，可備一解。

（註二）見南潯劉氏嘉業堂刊本「章氏遺書」卷九「報孫淵如書」。

（註三）見定盦續集卷三「古史鈎沉論二」。

（註四）詳見拙著中國通史綱要（以下簡稱綱要）第一册四三頁附「四裔國族表」。

（註五）張喬「書邊事」，見石印本「全唐詩」第二十三册八十六頁。

（註六）今通行本書經禹貢作「中邦錫土姓」，史記夏本紀則曰「中國錫土姓」。孫星衍曰：「史遷邦作國者，非避諱字。後遇國字率改爲邦，誤矣。」是禹貢邦字原爲國字，後人疑漢人避諱，因改爲邦耳。說詳孫氏著尙書今古文注疏卷一。

（註七）史記三代世表序：「太史公曰，五帝三代之記尙矣。自殷以前，諸侯不可得而譜，周以來，乃頗可著。孔子因史文，次春秋，紀元年，正時月日，蓋其詳哉。至於序尙書，則略無年月，或頗有，然多闕不可錄。故疑則傳疑，蓋其愼也。余讀牒記，黃帝以來皆有年數，稽其歷譜牒，終始五德之傳，古文咸不同乖異。夫子之弗論次其年月，豈虛哉。於是以五帝繫牒尙書，集世紀黃帝以來訖共和爲世表。」

（註八）見漢書律曆誌。

（註九）說詳拙著綱要第一册二六節「唐虞以前歷年之傳疑」；頁五九至六二，可參閱。

（註一〇）詳同上書二八節「時代之區分」，頁六五至六六。

（註一一）參顧祖禹讀史方輿紀要一至九卷；拙著綱要第一册三十一節「歷代疆域形勢」，頁七四至八二，曾節錄之。

（註一二）詳顧棟高春秋大事表六「列國地形犬牙相錯表」。

（註一三）古籍言九州者凡三。一爲尙書禹貢，稱「冀州，濟河惟兗州，海岱惟靑州，海岱及淮惟徐州，淮海惟揚州，荆及衡陽惟荆州，黃河惟豫州。華陽黑水惟梁州，黑水西河惟雍州。」一爲爾雅釋地，稱「兩河閒曰冀州，河南曰豫州，河西曰雍州，漢南曰荆州，江南曰揚州，濟河間曰兗州，濟東曰徐州，燕曰幽州，齊曰營州。」一爲周官職方氏，稱「東南曰揚州，正南曰荆州，河南曰豫州，正東曰靑州，河東曰兗州，正西曰雍州，東北曰幽州，河內曰冀州，正北曰幷州。」說者以禹貢爲虞夏制，爾雅爲殷制，職方爲周制。至黃唐疆界，則如史記五帝本紀言「軒轅爲天子，東至於海，西至於空桐，南至於江，北合符釜山；」「顓頊北至於幽陵，南至於交阯，西至於流沙，東至於蟠木；」劉向說苑言「堯有天下，其地南至交阯，西至幽都，東西至日所出入」是。

（註一四）見詩大雅文王之什「緜」。

（註一五）詳見註一三。

（註一六）見漢書卷六十九「趙充國傳」贊。

（註一七）見後漢書卷八十八「虞詡傳」。

（註一八）見劉禹錫集「唐柳先生集」卷三十「與蕭翰林俛書」。

（註一九）見同上書卷四十二「別舍弟宗一」。

（註二〇）見新五代史卷六五「南漢世家」。

（註二一）見李漢編「昌黎先生集」卷二十二。

（註二二）見史通外篇卷一一「史官建置」篇。

（註二三）見潛夫論「讚學」篇。

第二章　傳疑時代（唐虞以前）

孔子訂書，始於唐虞，今略師其意，次唐虞以降爲信史，而其前則概曰傳疑，傳疑時代之史料有二，曰史前之遺骸與遺器，曰上古之傳說。

民之初生，若禽獸然，不知用器也。生而有食，食不能無所取，値猛獸與異族，則有爭；爭取之藉，徒手而已。知識漸啓，則相競以器。始也剝木以戰，桀石以投；繼也持石片以爲刀，拾石塊以爲斧，用石條以爲椎，於是傷害禽獸，敵禦異族，可以養生而防害，是曰始石器時代。人智漸進，經驗日富，見石條而或知選擇，拾石塊而或知刮磨，刀斧之外，兼多鑽磨之器，陶器、木器，或亦間出其間，是曰舊石器時代。再進則鑽鏃刀斧，益臻完備，槍鋸劍鎚，因材而施，或鑽孔以便佩帶，或磨痕以取束縛，其尖甚銳，其刃甚利，可以宰割，可以及遠，而揉斲林木，搏土燒冶，磨琢骨玉，木陶骨玉之器，亦多精美可觀，是曰新石器時代。由是而進焉，則爲銅器時代。更由是而進焉，則爲鐵器時代。若此者，斯世之所同然也。人類祖先，地質學家言約始於新生代，距今自五十萬年至百萬年，其繁殖分布，形貌生活，今尚鮮可考知，學者但知其與猿同祖，稱曰「猿人」而已。猿人遺骸之已發見者，曩僅有爪哇中部之「爪哇猿人」Pithecanthropus erectus 與英倫蘇塞克司（Sussex）地方之「闢爾當曙人」。Piltdownman; Eoanthropus 民國十年至二十年間，澳人師丹斯基（Dr. O. Zdansky）與國人楊鍾健、裴文中兩君，在北平西南房山縣屬之周口店，先後發現猿人之牙齒及頭骨等化石，學者初稱爲「北京種之中國猿人」，Sinanthropus Pekniensis 繼乃定名爲「震旦人」；年代約在四五十萬年前，較爪哇與英倫發現者尤古。在發現震旦人遺骸之地層中，曾得多數石器，說者或謂卽始石時代之遺物。（註一）然是種石器，或因風化剝蝕使然，或係岩石層次經變亂而失去原有次序，非必猿人用具。故吾國始石器時代之有無，今尚在疑似間。至舊石器時代與新石器時代之確立，則近年來已爲學者所公認。民國十二年夏，法人德日進(Pére Teilhard de Chardin)桑志華(Pére Licent)在陝甘河套發現多量石器，其他凡三：一爲今寧夏南之水東溝，二爲今綏遠鄂爾多斯東南角薩拉烏蘇溝，三爲陝西榆林南油坊頭。其中如穿孔用之尖銳器物，防禦及獵獸用之扁杏狀武器，及刮磨器物等，大抵爲歐洲舊石器時代常見之物；發現地層，又在黃土下層及相當之沙層與黃土底部礫層中，而黃土爲洪積統中之沉澱；隨石器而見之哺乳類化石，有犀、象、馬、駱駝、野牛、水鹿、羚羊、鬣狗及貛等，亦皆洪積統之遺骸：故確定爲舊石器物。(註二)至其年歲，以所在地層及歐洲類似石器證之，約在四五萬年前。石器之外，亦得單色之陶器，獨無人類遺骸耳。新石器物，自十九世紀以還，我國各地嘗有零星發現；至大量採集，則有瑞典人安特生氏(J. G. Andersson)始。民國八年春，北京地質調查所技師朱庭祜君在奉天熱河採集石器多種，翌年，劉君長山復在河南得石器數百件。安氏時任北京政府農商部顧問，繼往考查，初在直隸河南，略有所獲；十年夏冬，先後掊掘遼寧錦西縣沙鍋屯，及河南澠池縣仰韶村史前遺趾：前者在一洞穴，(沙鍋屯爲北寧路女兒河站，至通裕煤礦支路之末站，洞穴在站南三里，)後者則爲村落(仰韶村在隴海路澠池縣車站北十五里，遺址甚廣，南北爲九百六十公尺，東西爲四百八十公尺、)，所得有石陶骨貝諸器及人獸骨等，甚爲豐富。十二年十三年間，氏復考古甘肅，履跡所經，幾及甘省大半，在洮沙之新店，寧定之齊家坪、半山、瓦礶嘴，碾伯之馬廠沿，狄道之寺窪，西寧之下窰、下西河、朱家寨，鎮番之沙井等處，石陶玉貝骨器之外，兼得少數之銅器，前古之住址(古代村落之遺址)葬地，亦往往見焉。綜述其要如次：(註三)

(一)沙鍋屯得者，石器有石刀、小石斧、石錐、石削、石矛、石鐮、石瑗、石環、石紐、石珠、石圓板及一似貓石雕刻物。陶器，單色彩色兼有，皆破碎，惟單色者，有罐碗鬲諸形，略可辨識。花樣有蓆印紋、繩紋、格紋、黑花紋四種。器皆手製。(惟間有一二碎塊，似爲磨輪製、)骨器有骨針、骨錐、小錐針、鑿刀、豕牙之雕刻物，及形如羹匙之長器。貝器有貝環、貝瑗。又得人骨數十具，獸骨十數。

(二)仰韶村得者，石器有石斧、長方石刀、石鑿、石矛尖、石鐮、石杵、石環、石瑗、石針、石鋤、石耨、石紡織輪等。陶器極多，單色者，有有足罐、碗、杯、瓶、壺、陶鼎、陶鬲、陶甗、陶爐及陶紡織輪、硬泥環、硬泥環甩頭等。彩色者，多碎片，能確識其形者，有圓口鉢、半圓球鉢、盤狀淺鉢、深盂、陶罐等。花紋彩色、種類繁複。骨器有骨鏃、骨針及鹿角製針、與斧等。貝器有貝鏃、貝環等。又得人骨十數具。

(三)甘肅得者，則齊家坪石器有斧、鐮等；陶器皆單色，有形式秀麗之薄肉瓶；骨器有各種尖銳器。寧定縣屬洮河河谷西側及瓦罐嘴，有各種石器、陶器、石製飾珠、玉瑗、琢磨玉片等。西寧之朱家寨，有長方小骨板、骨刀。其下窰下西河，則有單色陶器及多數小銅器。馬廠沿有長大之陶甕，上繪人形花紋，有小鉢，滿繪幾何圖案。洮沙之辛店，除普通石骨器外，有牛馬胛骨製之鶴嘴鋤，陶甕之口特大，高者多而低者少，彩繪花紋，多連續之回紋，又有犬羊馬及人形紋，亦間有鳥紋及車形紋；有銅器，惟甚少。寺窪陶器，有馬鞍口之單色陶甕，空足之陶鬲，又銅器若干件。鎮番陶器，形雜質粗，多單色；惟彩色陶器，有繪鳥形之橫形花紋而極精緻者；貝貨甚多；又有綠松石之飾珠；銅器小者無數，有帶翼之銅鏃，頗精美。人骨除齊家坪外，各處葬地多有，共約百二十具。

十五年間，李濟袁復禮二君考古山西，復發現夏縣西陰村遺址，所得自石陶骨貝諸器及人獸骨外，又有一半割類絲之殼，極似蠶繭云。(註四)十九年以還，各地調查考察，蔚成風氣，山西萬泉縣之荊村，陝西寶雞縣之鬬雞臺，河南安陽縣之後岡，熱河之查不干廟、林西及赤峯，南京棲霞山旁之甘夏巷，江蘇武進之奄城，金山衞之戚家墩，浙江吳興縣之金山漾，杭縣之良渚鎮、長明橋以及西湖旁北高峯下之古蕩等，皆發現新石遺址。(註五)雖自荊村外，所得石陶各器，數量均少，然亦可見吾國新石器時代分布之廣矣。綜觀各地器物，以仰韶村出土者爲最豐富，陶器種類尤繁，，故近人論述石器文化，多以仰韶爲主，他處所得器物，亦每以「仰韶期」概之。蓋史前之仰韶時代，幾與有史以來正統之朝比隆，一中原之小村，占上古史之一頁矣。

至論遺物年代，江南各地，開化較晚，年歲或較遲外，黃河流域各省，一因掊掘之物，概無文字，二因河南及遼寧山西遺物，皆無銅器，確爲有史以前新石器時代之物。甘肅雖間得銅器，然皆簡陋小品，無有花紋，擬諸傳世之殷代銅器，相去懸絕，亦爲新石器晚期過渡至銅器初期之物。又仰韶及西陰村各地發見之同類品物，精者甚精，粗者極粗，其時間之相去，當不下數千年，故其遺物最後年歲，雖略與有史時代相銜接，距今約五千年，而其最初年歲，當在萬年內外矣。（註六）據遺存以述古史，多可與上古傳說相佐證，或補其缺遺。茲略考數事如左：

（一）農業社會　易大傳言神農氏以木爲耒耜，世或以爲耕稼之始。今仰韶有石耨石耡，則新石器時代，已有農業，記稱「昔者先王飲血茹毛」，則更在新石器時代以前矣。晉豫有紡織輪，紡織所資，出於植物；各地陶器，皆有繩紋格紋，繩格由成，復爲絺綌；則種植且兼及苧麻矣。有農業，斯有定居，故晉豫甘肅古址，多爲村落，以其範圍之廣，文化層之厚，足證其鄰里之富，居住之久，而上棟下宇，時或粗備，固非皆營穴居野處者矣。有居室，斯有家畜。遺址得豕骨甚多，想見當年畜豕之盛；陶器刻紋有作犬馬羊形者，骨器有馬牛骨製者，則家畜亦種類繁多矣。白虎通義稱「黃帝作宮室」，世本稱「胲作服牛，相土作乘馬」，實則黃帝等之先已有之矣。

（二）工藝　最著者爲陶，世本言「舜始陶，夏臣昆吾更增加。」說文解字則曰「古者昆吾作陶」。今觀掊掘古物，以陶爲多，自粗至精，各式略具；河套所得，或與石器同時，則我國有陶已數萬歲。蓋壚土所在而有，燒冶又易，烹升出載，盛濡實乾，需用甚廣，故發明甚早也。製作既繁，土質火候多異，橙紅灰素，奇色互見，因時已知用色，則有先塗後燒，或燒而復塗者矣。繩範指印，器或異紋，因時已知繪事，則有配合圖案，刻畫物形者矣。實用之品，與美術爲一，色象遂亦變化無窮。西人謂世界高等工業文明，源於我國，職是故也。他若陶有布紋，又有石陶紡織輪，則知有紡織；有骨與鹿角針，則知有縫紝：其時先民固非皆已卉服蔽體或衣其羽皮者矣。其餘石骨貝銅之器，亦皆以表見舊石器至銅器初期之工藝云。

（三）宗教　宗教之始，其在信有人鬼神示物魅之時乎。上世人死，或取而食之，或舉而委之，殺伐之禍既烈，魁桀之徒，爲衆託命，一旦物化，衆心不勝其疑懼也，或疑其有靈，於是有人鬼之說，仰視天文，俯察地理，中觀庶物，禍福利害，雜然並陳，秉其自衞之本能，思永福利而免禍福，而已身曾無力以抗，乃信有主宰，於是有神示物魅之說，尊崇之道，自此始矣。掊掘古物，或有用以奉祀鬼神者，惜無可考證。其貝石諸器，有脆薄細小，不適佩帶者，或亦用以享神；然不知所享何神也。至晉豫遺址之一部，甘肅之大部，則爲葬地；其隨人骨面見者，半爲神明之器。以其品類之富，想見送死飾終之繁，且可推知其養生矣。尸之位置無定，（仰韶尸多東南首，甘肅則多北首，亦有西首及東首南首者；尸多仰臥，亦有俯臥或蜷伏而向左側臥者。）無石椁，亦無棺槨，皆與後事異。然棺槨易腐，時或已有；劉向謂棺槨之作，自黃帝始，恐未必然也。

（四）美術　生民之始，保生爲亟，先聖有作，不出實用品物也。進而遊牧耕稼，生事以裕，居處以寧，乃有餘力從事文化，而美術以興。彩色陶器之有物形者，皆畫也。彩色多以筆施，畫亦當以筆，時或亦畫於他物，惜今無可考。雕刻石骨皆具，初亦以爲實用，後乃踵事增華。至遼豫之貝瑗，甘肅之玉瑗，或爲明器，或爲佩飾，則純屬美術品矣。河套所得，無雕刻之物，陶器亦皆單色，說者或謂舊石器時代尚無美術云。

右皆足與舊史相佐證或補其缺遺者。餘若因古物之見，藉知古史歷年之久；內蒙河套，今日沙漠荒涼，太古則爲人民聚殖之鄉；西陰村半割類絲之殼，或爲太古蠶業之濫觴等：亦多與史事有關，其關係尤巨者，則爲漢族由來問題。

中國民族果何自而來乎？吾往昔史家，殆從未生此問題，自十七世紀中葉以降，歐洲耶穌會士來華傳教，探索中國文化，震於吾華立國之悠久，及其在世界史上地位之夐絕，始倡漢族西來之說，以證中西文化之同源。繼之者或比較中外文物，或考察亞洲地質人類，或發掘史前遺存，異說益滋。大別之，爲土著與西來、北來（美洲北部踰海而來）　南來（後印度半島）四說，而西來說又有（一）埃及、（二）土耳其、（三）巴比倫、（四）印度、（五）中亞細亞、（六）于闐、（七）甘肅等說之分。諸說之中，最爲中土學人所信者，爲巴比倫說，餘說亦各有少數人士稱述。（註七）然據上述發現史前遺骸測量研究之結果，則自土著說外，皆已不攻自破。蓋主漢族外來說者，謂滿族之由外遷入，大抵有史時代之事；今據故北平協和醫學院解剖學教授英人步達生博士（Dr. Davidson Black）研究報告，遼豫甘肅有史以前，新石器時代之遺骸全部，皆與現在華北人近似，而爲今日國人之祖先　則吾民族自有史以前，久已生息東亞，有史以來之民族，決無外來之可能也。

按步氏在「奉天沙鍋屯及河南仰韶村之古代人骨與近代華北人骨之比較」中言「吾人比較研究之結果，頗不易避去沙鍋屯仰韶村居民體質與近代華北居民體質同派之結論。」其在「甘肅史前人種說略」則曰：「仰韶沙鍋屯居民之體質，與史前甘肅居民之體質，亦相似，蓋三組人之體質，均似現代華北人，即所謂亞洲嫡派人種也。」其在「甘肅河南晚石器時代及甘肅史前後期之人類骨頭與現代華北及其他人種之比較」則曰：「由上述河南甘肅史前人種之骨頭與現代華北者之比較研究的結果，各系各組的測量的研究及各系各組的頭形關係，我們可以沒有甚麼疑慮的說，史前人種的頭骨，在物理性質方面，很明顯的代表的一種東方派的人種。因爲史前及現代華北人種，有許多相同之點，我們更可以謂史前人種爲中華原始人。」又史前遺存之用器形範，如陶鬲、陶鼎、瓦尊、瓦甗等，多與三代之銅器相似，其進化之跡，歷歷可見；則吾有史以來之民族，自有史前固已久爲土著，有史以來之文化，亦皆吾土著之祖先所自創，蓋不煩言而辨。至此史前人種之由來問題，因震旦人之種系不明，國史民族，是否即此震旦人後裔，今既不能質言，河套舊石文化，亦未知爲何民族所遺留，今尚無術論定之云。

古史之傳說，自黃帝以前，以有巢、燧人、伏羲、神農諸氏稱號之含義，爲最可玩味。韓非子五蠹篇云：「上古之世，人民少而禽獸衆，人民不勝禽獸蟲蛇，有聖人作，構木爲巢，以避羣害，而民悅之，使王天下，號之曰有巢氏。民食果蓏蜯蛤，腥臊惡臭，而傷害腹胃，民多疾病，有聖人作，鑽燧取火，以化腥臊，而民悅之，使王天下，號之曰燧人氏。」班固白虎通義云：「古之時未有三綱六紀，民人但知其母，不知其父，能覆前而不能覆後，臥之詓詓，行之吁吁，飢即求食，飽即棄餘，茹毛飲血而衣皮葦，於是伏羲仰觀象於天，俯察法於地，因夫婦，始定人道，畫八卦，以治天下，天下伏而化之，故謂之伏羲也。古之人民皆食禽獸肉，至於神農，人民衆多，禽獸不足，於是神農因天之時，分地之利，制耒耜，教民農作，神而化之，使民宜之，故謂之神農也。」班氏漢書引三統世經，又云：「作網罟以田漁，取犧牲，故天下號曰庖犧氏。」皇甫謐帝王世紀亦云：「取犧牲以充庖廚，故號庖犧氏。」後人或謂伏羲一作伏犧，猶言游牧之王。（註八）凡此解釋，非必至當無訛；然初民生活，皆始於漁獵，次以游牧，繼以耕稼，居室火食衣服，自穴居生食卉服進化而來，社會之由草昧日進於開明，實多賴聖哲之制作。後人尚論古昔，或以開物成務恃前人之經驗，或多士之分工，而非一手一足之烈也，則泛稱聖人。如禮運言「昔者先王未有宮室，冬則居營窟，夏則居橧巢；未有火化，食草木之實，鳥獸之肉，飲其血，茹其毛；未有麻絲，衣其羽皮，後聖有作，然後修火之利，范金合土，以爲臺榭宮室牖戶，以炮以燔，以烹以炙，以爲醴酪，治其麻絲，以爲布帛 以養生送死，以事鬼神上帝，皆從其朔。」或以功德歸之一人，則即以發明之事物稱之。故有巢燧人庖犧神農諸名，實爲古初進化階級之象徵，其姓氏年世，雖不可考，而古初社會之情況，反可由是窺見焉。

司馬遷作史記，始於黃帝，五帝本紀，三代世表言古帝之系姓，自顓頊以降，皆黃帝子孫，悉可表見。

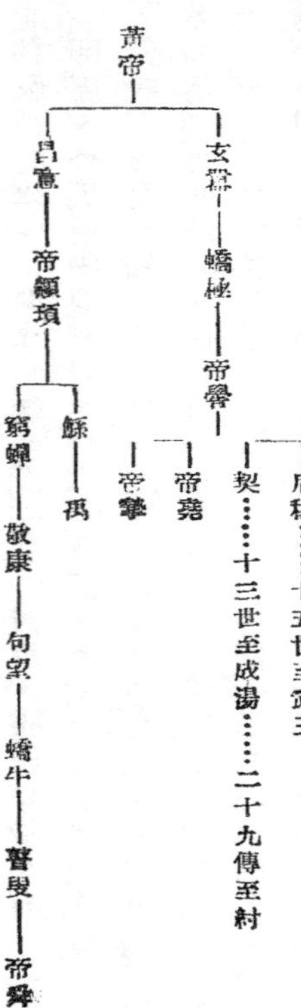

夫黃帝至堯五世，至舜則九世，顓頊至禹三世，至舜則七世，堯、舜、禹時則相及，而言世則相去已遠；鯀則舜之五世從祖父也，而及舜共爲堯臣，堯則舜之三從高祖，而妻舜以二女；黃帝至紂四十六代，而至武王纔十九世；皆事理之所必無者。則遷書帝系之不足據，事甚明鑿。後人或謂古書所云某帝爲某子者，子卽指子孫而言，猶言後裔，其中亦多假託，非必定其所生。或謂顓頊以降，咸祖黃帝，爲種人之宗法，蓋以神靈首出之一人，爲一種人民之祖，謂咸出於一源，使種人之心有所附麗，非必信而有徵。（註九）蓋未可以一端盡矣。又五帝本紀僅敍黃帝、顓頊、帝嚳、堯、舜等五人，蓋商夏之前，以此五王爲最著名，故特尊以帝號耳。馬遷而後，漢人言古史者，多於五帝前別立三皇，以三皇五帝代表上古史之二時期，而與後之三王五霸相對立。（史家稱曰「皇」「帝」「王」「霸」之四時代，或稱曰兩個「三五」。）考三皇之名，見於秦人者，曰天皇，曰地皇，曰泰皇，漢人求天皇、地皇、泰皇於故記不可得，乃以經傳之王在五帝外者當之，以義農在黃帝前，而黃帝爲五帝首也，故諸家言三皇，皆稱伏義神農，猶缺其一，則各以意取古王者補之，或曰燧人，或曰女媧，或曰祝融，或曰共工，於是義、農、燧人、女媧、祝融、共工，紛紛爲皇。而緯書復有言義農前別有天地人之三皇，或更言三皇前尚有盤古者。又自劉歆三統世經於黃帝後加少昊一代，鄭玄遂以黃帝、少昊、顓頊、帝嚳、堯、舜六代爲五帝，至皇甫謐帝王世紀，病諸家列燧人女媧等於三皇及鄭玄謂五帝有六人之未合，以伏義、神農、黃帝爲三皇，少皞、顓頊、帝嚳、堯、舜爲五帝，三皇五帝之說，雖得其調和，而黃帝爲五帝之本者，已進而爲皇。宋人又以有巢燧人次伏義前；至胡宏皇王大紀，集傳說之大成，以自燧人氏而上爲三皇之世，三皇紀敍盤古、天皇、地皇、人皇、有巢、燧人六氏，於是三皇有六人，自伏義至帝舜爲五帝之世，五帝紀述伏義、神農、黃帝、少昊、顓頊、帝嚳、堯、舜八君，於是五帝有八人。（註一〇）明清之言古史者，雖下之小本之鑑，亦多輾轉襲其說。（註一一）既不能棄三五之數而不用，又不知改易數字，以符帝皇之實數，更不敢沙汰王者以合數字，大題曰三五，小題與內容則有六氏八君，數百年來未聞有正其謬者。世益晚而古義益晦，古史益繁亂而不可理矣。今比次各種傳說，言其較可徵信者。一曰文物之演進，至黃帝而盛。世本及易傳等書，稱述上古之制作，羲農之世，僅有琴瑟罔罟耒耜兵戈諸物，至黃帝時，而諸聖勃興，羲和占日，常儀占月，后益作占歲，臾區占星氣，大撓作甲子，隸首作算術，伶倫造律呂，容成造曆，沮誦蒼頡作書，史皇作圖，伯余作衣裳，胡曹作冕，於則作屝履，雍父作舂杵臼，共鼓貨狄作舟，夷作鼓，揮作弓，夷牟作矢：生人所需，粲然大備。(註一二)故唐虞以前，實以黃帝時爲最盛之時。後世百家盛稱黃帝，一切傳說多集中於帝，自顓頊帝嚳而後，下至夏商周諸代，皆以黃帝爲遠祖沿至今日，吾漢族咸自稱爲黃帝子孫，非無故也。

二曰母系社會。上古之時，婚姻之禮未備，血胤相續，咸以女而不以男，故稽之古籍，帝王大抵從母得姓。神農黃帝，同爲少典之後裔，而神農姓姜，黃帝姓姬，則以母姓不同之故耳，其證一也。伏羲之姓爲風，而女媧之姓亦爲風，則以女媧先妣，與伏羲之母同出一源，其證二也。黃帝二十五子，其同姓者僅二人，則以黃帝妃后甚多，子之生也，各隨母姓，其證三也。推之堯爲帝嚳之子，而堯則從母姓伊氏，舜爲顓頊之後，顓頊亦姬姓，而舜則從母姓姚，禹亦爲顓頊後，而禹因母吞薏苡故，而獨姓姒之類，實未可以更僕數。(註一三)因從母得姓，故姓字從女從生，古姓如姜、姬、姞、姚、嬀、姒、妘、嬴、姺、媒等，亦多從女也。

其尤要而亦最可徵信者，則曰部落種族之戰爭。蓋自生齒日繁，而地方養人者日不足，不得不出於相爭，於是分而爲種族，聚而爲部落，習戎兵，尙武事，各據一方，互爭雄長，強淩弱，大吞小，不知經若干歲月，始漸由諸部族而集爲大羣。善夫呂覽之論曰：「兵之所自來者久矣，黃炎故用水火矣，共工氏故次作難矣，五帝固相與爭矣，遞興遞廢，勝者用事。人曰蚩尤作兵，蚩尤非作兵也，利其械矣。未有蚩尤之時，民固剝林木以戰矣。勝者爲長；長則猶不足治之，故立君；君又不足以治之，故立天子。天子之立也出於君，君之立也出於長，長之立也出於爭。」(註一四)古記所傳，無部落之名，然古孝經緯有言：「古之所謂氏者，氏卽國也。」是則古之部落，不稱國而稱氏，古所謂某氏某氏者，卽所謂某某部落耳。今考之先秦載籍，自燧人、有巢、伏羲、神農、有熊、金天、高陽、高辛諸氏外，左氏傳有帝鴻氏、縉雲氏、共工氏，大庭氏、御龍氏、豕韋氏、豢龍氏、烈山氏，國語有有嬌氏、方雷氏、彤魚氏，小戴記有伊耆氏、女媧氏，大戴記有西陵氏、蜀山氏、滕隍氏、竭水氏、鬼方氏、有部氏、有娀氏，管子有無懷氏，莊子有豨韋氏，有猋氏、泰氏、几蘧氏、冉相氏、容成氏、大庭氏、伯皇氏、中央氏、粟陸氏、驪畜民、赫胥氏、尊盧氏、祝融氏，列子有華胥氏，商君書有昊英氏，呂氏春秋有朱襄氏、葛天氏、陰康氏、史皇氏。凡他山海經及緯書等所稱述者，不可勝記，其湮滅而不可考者尤多。韓詩外傳云：「孔子升泰山，觀易姓之王，可得而數者，七十餘氏，不可得而數者萬數。」蓋太古部落之割據者衆矣。後世尊爲帝皇者，大抵皆當時之大部落，以力服人，視其兵方所至，形勢便利，卽屯其衆，故史稱「黃帝披山通道，未嘗寧居，遷徙往來無常處，以師兵爲營衛，」（註一五）「顓頊乘龍而至四海；」（註一六）而伏羲神農，亦皆行止無定。（註一七）其間戰禍最烈者，則爲共工氏。古書或言共工氏與顓頊爭帝，或言堯誅共工，或言禹伐共工；蓋共工氏爲古部落之菝強者，自伏羲氏之末，下至夏禹，常爲世患，其子孫部落，因襲稱共工氏，卽其同盟之部落散處各地者，亦以共工氏之名號，表示於敵，故管子稱共工之王，水處什之七，陸處什之三，乘天勢以隘制天下；（註一八）蓋水陸各地，在在有共工氏之名號也。以顓頊堯禹之聖，猶不能一一平之，亦可想見其爭戰之劇矣。

上古之世，漢族夾黃河兩岸而居，其北有獯鬻，江漢之區，則爲黎苗。（黎指九黎，苗卽三苗，先漢諸師說苗，皆謂是神靈苗裔，與漢族同祖先。）炎黃之際，黎苗勢力，與諸夏並熾，爭競攻戰之禍，乃不能不起。史記五帝本紀言「軒轅之時，蚩尤作亂，不用帝命，於是黃帝乃徵師諸侯，與蚩尤戰於涿鹿之野，遂擒殺蚩尤。」蚩尤爲九黎之君，九黎之民，先在河南，時乃進展至河北，若涿鹿之戰，黃帝失敗，則五千年來泰東史事，將全改觀。幸也蚩尤授首，漢族遂永奠中土。觀黃帝南登熊湘，是漢族版圖，南達江漢，帝子玄囂，降居江水，昌意降居若水，又西抵巴蜀，開疆拓土，勳業炳然矣。史記匈奴傳稱「唐虞以上，有山戎玁狁葷粥，居於北蠻。」五帝本紀又言「黃帝北逐葷粥，合符釜山，而邑於涿鹿之阿。」葷粥玁狁，一音之轉，卽後世之匈奴，時已環中國而北，黃帝逐之，涿鹿之都，始安如磐石。說者或咎黃帝不窮追絕北，此後北狄之害，遂與黃帝子孫相終始。然當時北族情形，世遠文湮，今已不可稽矣。自黃帝而後，以顓頊最爲傑出。國語曰：「少昊之衰，九黎亂德，民神雜糅，不可方物，顓頊受之，乃命南正重司天以屬神，火正黎司地以屬民，使復舊常，無相侵瀆。」(註一九)蓋少昊之代、黎族復亂，至顓頊乃復誅之也。黃帝南侵，僅及江漢，顓頊更併江漢以南，視黃帝時益遼遠矣。顓頊之衰，黎苗又亂。及「堯戰於丹水之浦以服南蠻」，(註二〇)舜「竄三苗於三危」，「分北三苗」，(註二一)始稍以衰落。然禮記檀弓言「舜葬蒼梧之野」，鄭玄注云：「舜征有苗死，因葬焉。」則黎苗之強，猶可見也。禹平水土，「三危既宅，三苗丕敍。」(註二二)史記吳起傳「起對魏武侯曰，昔三苗氏左洞庭，右彭蠡，德義不修，禹滅之。」蓋自禹征有苗，洞庭彭蠡之間，皆王跡之所經矣。自上古以來，內則諸部落相攻戰，外則與諸侯啓競爭，亘數千百年，乃合諸小民族爲一大民族，後之學者，每以上古之世寓其郅治之理想，與事實適相反也。

（註一）震旦人遺骸之公布於世，始於民國十五年十月二十二日北京各學術團體歡迎世界考古學會會長瑞典皇太子會中，時僅有前臼齒及臼齒各一，二十三日英文北京導報詳載其事。自是遺骸陸續出土，學者論著亦日多。可參考步達生「周口店儲積中一個荷謨形的下臼齒。」(Black Davidson: On a lower Molar hominid tooth from the Chou kou Tien deposit 十六年地質調查所出版。按hominid 意云「似人」或「人形」，該所譯爲荷謨形，誤。）裴文中「中國猿人化石之發現」（科學十四卷八期）「周口店洞穴層採掘記」（二十三年地質調查所出版）「舊石器時代之藝術」。（二十四年商務印書館出版）楊鍾健「中國猿人與人類進化問題」，（科學十五卷九期）「中國猿人的新研究」。（地質論評一卷一期）及葉爲耽「震旦人與周口店文化」（二十五年商務印書館出版）。

（註二）參 Teilhard de Chardin and Licent, On the discovery of a Palaeolithic Industry in Nothern China, 見中國地質學會會誌卷三第一號。德日進及桑志華又於黑龍江省海拉爾附近之達賴諾爾（Djalai-nor）發見有晚期舊石器遺跡，曾於中國地質學會會誌第九卷（十九年出版）中有所報告。二十四年春，德日進楊鍾健及裴文中等在廣西調查新時代地質，復在武鳴桂林等處發見類似中期舊石器之文化遺跡，裴君曾於同年中國地質學會會誌第十四卷中發表報告，題曰 On a Mesolithic (?) Industry of the caves of Kwangsi，蓋皆未如陝甘河套所發見者之確定矣。

（註三）論著之已刊布者，有安氏之「中華遠古之文化」(An Early Chinese Culture 十二年出版），綜論奉豫之所得，「奉天錦西縣沙鍋屯石穴遺址」，(The cave deposit at Sha Kuo T'un in Fengtien 十二年出版）論詳其地形地層及器物，「甘肅考古記」，

(Preliminary Report on Archaeological Research in Kansu 十四年出版）略誌遺址器物之梗概及其年代，及阿爾納「河南石器時代之着色陶器」，(T. G. Arne: Painted Stone Age Pottery from the Province of Honan, China 十四年出版）步達生「奉天沙鍋屯河南仰韶村之古代人骨與近代華北人骨之比較」，(The Honan Skeletal Remains fpom the Sha Kno T'un Cave-deposit in Comparison with those from Yang Shao Tsun and with Recent North China Skeletal Material 十四年出版）「甘肅河南晚石器時代及甘肅史前後期之人類頭骨與現代華北及其他人種之比較」，（A Study of Kansu and Honan Aeneolithic Skulls and Specimens from Later Kansu prehistoric Site in Comparison with North China and Other Rocent Crania 十七年出版）共六種，皆地質調查所印行。

（註四）詳見李濟「西陰村史前的遺存」，清華大學出版。

（註五）各種零星報告甚多，然皆無甚價值。讀者欲略知梗概，可閱商務印書館出版之衞聚賢「中國考古學史」及「十年來的中國考古學」（載「十年來的中國」中）。

（註六）遺物年代，安特生「甘肅考古記」中曾析爲六期，年歲自西元前三千年至一千七百年，不啻縮短吾國古史數千載也。自拙著綱要第一册（四三節「分期與年歲」，頁一三四至一三八）剴論其謬，今已無信其說者矣。

（註七）拙著「中國民族由來論」，（載南京中國史學會十九年出版之史學雜誌二卷二、三期）共三萬餘言，論此問題最詳，各家論著引徵亦略備。讀者欲略知梗概，可閱拙著綱要第一册頁二七至四一。

（註八）見劉師培「論古代人民以尙武立國」，載乙巳年國粹學報第二期，拙著綱要第一册頁一七九以下，曾備錄之。

（註九）見劉師培「氏族原始論」「宗法原始論」。載乙巳年國粹學報第四期「古政原始論」中。拙著綱要第一册五十節「帝系與母統」頁一九三以下曾引之。

（註一〇）說詳拙著綱要第一册四六節「五帝之傳說」與四七節「三皇之傳說與帝皇之混合」，頁一五八至一七二，可參閱。

（註一一）鮑古郇史鑑節要曰，「盤古首出，天地初分，三皇繼之，物有羣倫。有巢構木，宮室是因。教民烹飪，則有燧人。伏羲畫卦，書契是造。炎帝神農，耒耜是教。黃帝軒轅，始製衣服。少昊金天，通天絕地。顓頊命官，五方分治。帝嚳繼之，傳其子摯。唐侯代之，是曰放勳。有虞舜者，孝德升聞。」可爲例證。

（註一二）詳拙著綱要第一册頁一八八至一九二。

（註一三）參同上書一九五至一九七頁引劉師培「氏族原始論」。

（註一四）見呂氏春秋「蕩兵」篇。至古代人民以尙武立國，劉師培論之最詳，見上「註八」。

（註一五）見史記五帝本紀。

（註一六）見大戴禮記「五帝德」篇。

（註一七）遁甲開山圖言伏羲生成紀，徙治成倉。帝王世紀言神農都於陳，又徙於魯。

（註一八）見管子「揆度」篇。

（註一九）見國語卷十八楚語下。

（註二〇）見呂氏春秋「召類」篇。

（註二一）見尚書堯典。

（註二二）見尚書禹貢。

第三章　封建時代（唐虞夏商西周）

自唐虞至周，皆封建時代。封建者，封謂封國，百里、七十里、五十里或百里至五百里之分土是。建謂建君，公侯伯子男之列爵是。質言之，王者不獨治天下，封建諸侯，與諸侯分地而治是已。封建之制，儒者以爲起於王者之公天下，然邃古之諸侯，皆自然發生之部落，非出於帝王之封建，而起於事之不容已。部落時代，酋長各私其土，各子其民，有大部落起，勢不能取諸部一一而平之，故撻伐與羈縻之策並行，凡舉部族以從號令者，卽因其故土而封之，使世襲爲諸侯；邊遠之國，政策有所不加，刑戮有所不及，則亦因仍舊俗，自主其國；卽受封於天子者，如泰伯之爲吳，熊繹之爲楚，箕子之爲朝鮮，亦由其行義德化，足以孚信於一方，子孫因之遂君其地；而古代部族，遷徙無常，隨其所居，皆成國邑。名曰封建之諸侯，實則疆土無定，興滅無恆，天子徒建空名於其上，非眞能建置之而統治之也，（註一）

宋羅泌路史封建後論言「封建之事，自三皇建之於前，五帝承之於後，而其制始備。」是封建之事，唐虞以前，卽已有之。然堯舜前部落之世，未可名爲封建，伏羲、炎黃、顓頊、帝嚳，封建之國鮮聞。史記稱「神農氏世衰，諸侯相侵伐，」「黃帝置左右大監，監於萬國，」（註二）諸侯萬國，皆後世追記之辭，疑卽部落之異名。而天子巡狩與諸侯朝覲之事，亦始見虞書堯典。則封建之制，雖不始於唐虞，或至唐虞而始盛也。

封建制度演進之方向凡四，（註三）一曰新建諸侯之增加，二曰同姓封國之增加，三曰王朝與諸侯關係之由疏而密，四曰天子諸侯君臣之分之由寬而嚴。四者皆以中央政府權力之擴張爲之基。蓋中央政府權力愈擴張，則舊國之滅者衆，新建諸侯，隨以俱增，且得廣封同姓，以爲屏藩，而王朝與諸侯之關係益密，統治諸侯之法益備，君臣之辨亦益嚴焉。堯舜之時，封國甚少，今可考者，纔十數國，自餘羣牧羣后，雖書缺有間，疑多前世之部落。堯典載巡狩朝覲之事雖備，然諸侯則未聞有所更置。又堯舜舉人命官，皆咨詢岳牧（諸侯之長），鯀之治水，亦以四岳之推舉，堯雖知其方命圮族，而不得不用之，是岳牧之在中央，權且陵天子矣。夏商之世，王子分封可考者，夏僅有少康庶子無餘，商僅有微箕，自餘同姓封國，史記夏殷本紀所載，亦僅十餘，且非全封於夏商之世。經傳所載夏殷諸侯，都計得百數十國。諸書或言禹時諸侯萬國，湯時三千餘國，皆舉其大略言之，諸載籍所不著者，疑多襲前代所封，或先世之部族，而徇之以爲安，仍之以爲俗。又當時諸侯之強大者，皆有王號，諸侯之於天子，猶後世諸侯之於盟主，未有君臣之分。名曰封建，古代部落並峙之風，猶自存焉者矣。周興，封建制度乃集其大成。周崛起西土，自文王受命稱王，周公相武王，誅紂以定中原，伐奄（東方大國）以奠東方，以紂子武庚祿父爲殷後，以續殷祀。三分其地置三監，封叔鮮於管，叔度於蔡。叔處於霍，以三監鎮殷墟，封太公於齊，以表東海，封召公於燕，以臨其北，徧封功臣同姓戚者。又廣封神農，黃帝、堯、舜、大禹之後。及武庚之叛，周公克殷救亂，又收殷餘民，以封康叔於衛，封微子於宋，以奉殷祀，周公子伯禽亦代公就封於魯，自餘昆弟功臣，棊置於殷之畿內及其侯甸。唐虞夏商之諸侯，率因部落之舊，同姓者尤屈指可數，周則國多新建，而同姓著者特多。荀子謂「周立七十一國，姬姓獨居五十三人；周之子孫，苟不狂惑者，莫不爲天下之顯諸侯」（註四）矣。太史公言：「魯衛地各四百里，齊兼五侯地。」（註五）齊、魯、衛三國，以王室懿親，爲諸侯長，封土之廣，尤前此所未有。夏殷以來古國，方之蔑矣。孟子言武王周公誅紂伐奄，滅國五十。逸周書言：「武王遂征四方，凡憝國九十有九國，馘磨億有萬七千七百七十有九，俘人三億萬有二百三十。」（註六）由其所滅者多，故得封建若斯之衆，而同姓占地幾得其半也。周初稱諸侯曰友邦君，君臣之分猶未全定，然新建之國，多其功臣昆弟甥舅，本周之臣子，由是天子之尊，非復諸侯之長，而爲諸侯之君。其在喪服，諸侯爲天子斬衰三年，與子爲父臣爲君同，蓋天子諸侯君臣之分，又定於此矣。至王朝與諸侯相維相繫之法制，自列爵、分土、命官、貢物、朝聘、盟約、刑罰、慶弔，以及文字與口語之宣傳，均詳見於周官，其組織各國而成一大國，儼如今人之所謂有機體焉。（註七）成康以降，同姓猶時有封國（如鄭封於宣王）。無封國者，公卿大夫皆使食畿內之邑，不世位而世祿。而外諸侯亦得自置附庸，其卿大夫士，亦皆有封地，卿大夫之家，又各分子弟以采邑。封建之制，於是通乎內外上下；而建國以屏藩，前之起於事勢之不容已者，今乃因之以爲藩翼之衞，本根之輔矣。班固漢書諸侯王表序極言周代封建之利：「所以親親賢賢，褒表功德，關諸盛衰，深根固本，爲不可拔。」而李斯則言「周文武所封子弟，同姓甚衆，然後屬疏遠，相攻擊如仇讎，諸侯更相誅伐，周天子弗能禁止。」（註八）自是諸儒之論封建者，二說互相排詆，（註九）歷千百年而未有定說焉。

封建時代，帝王名爲天下共主，直轄之地，約不過方千里，餘皆諸侯治地，故其時政教，自施之於其直轄之地，兼以爲各國之模楷者外，最要者爲統治各國之法。王朝之盛衰，率視中央政令之能及諸侯與否爲斷，乃至天下之得喪，亦每繫於諸侯之叛服焉。史稱堯之禪舜也，堯崩，舜避堯之子丹朱於南河之南，天下諸侯朝覲訟獄者，不之丹朱而之舜，謳歌者，不謳歌丹朱而謳歌舜，舜乃之中國，踐天子位。舜之禪禹也，舜崩，禹避舜之子商均於陽城，天下諸侯皆去商均而朝禹，禹遂即天子位。禹以天下授益，禹崩，益避禹之子啓於箕山之陽，天下諸侯皆去益而朝啓，啓遂即天子位。（註一〇）是唐虞間雖號禪讓，而其關鍵，與禹之傳子，同在得失諸侯也。夏之衰，諸侯多畔，夏桀不務德，湯修德，諸侯皆歸湯，湯率之以伐夏，桀走死，湯乃代夏朝天下。商之衰，諸侯有畔者，紂用費中惡來爲政，諸侯以此益疏，西伯修德行善，諸侯多叛紂而往歸西伯，周武王之東伐，至盟津，諸侯叛殷，會周者八百諸侯，武王乃克商而有天下。易稱「湯武革命，應乎天而順乎人；」（註一一）桀紂二凶，尤爲惡之所歸。（註一二）實則湯武之先祖契棄，皆興於唐虞之際，與禹同爲舜臣，功業著於百姓；商周與夏，皆唐虞以來古國，湯武革命，不過以諸侯革共主之命，桀紂亦僅以昏暴爲諸侯所棄而已。及周之衰，申侯與繒西夷犬戎攻幽王，幽王舉燧火徵諸侯兵，兵莫至，遂殺幽王驪山下。此三代之興亡，皆以諸侯之明驗也。至中葉之盛衰，如夏至孔甲而德衰，殷之五興五衰，（註一三）周之成康以降之治亂，亦皆以諸侯之從服與否爲斷。蓋封建之世，天子雖爲共主，天下之重心，則在諸侯，諸侯之勢，又至不一定，當其盛時，諸侯畢至，及其既衰，諸侯去之，而諸侯之叛服，王朝之興衰亦繫焉，白虎通義言「昔昆吾氏，霸於夏者也。大彭豕韋，霸於殷者也。齊桓晉文，霸於周者也。」以昆吾、大彭、豕韋與桓文並論。又言「昔三王之道衰，而五霸存其政，帥諸侯，朝天子，正天下之化，興復中國，攘除夷狄，故謂之霸也。」應劭風俗通義則言「夏后太康娛於耽樂，不循民事，諸侯僭差，於是昆吾氏乃爲盟主，誅不從命，以尊王室，及殷之衰也，大彭氏豕韋氏復續其緒，所謂王道廢而霸業興者也。」是夏殷之世，諸侯亦有主盟作霸，以代王政，如春秋時之桓文者。蓋夏殷天子之大小強弱，與諸侯本不甚懸殊，雖其名居諸侯之上，數世以後，王室衰微，卽與春秋時之成周無異，昆吾、大彭、豕韋乃起而代執國命。當時諸侯地位所繫之重，益可見矣。

至論封建制度對吾國史之影響，最大者計有三端。上古部落，碁布天下，植根深固，有大酋起，因其故土而封建，於是「光天之下，至於海隅蒼生，萬邦黎獻，共爲帝臣。」（註一四）封建之制，遂爲吾國成爲大一統之國家之基。然當時外觀雖號統一，而內部之文化，尙分無限之等級，歷唐虞夏商，千有餘歲，朝覲會同，傳播則效，尙未能收整齊均一之功。及周而廣封大藩，分化（謂將同一的精神及組織分布於各地，使各因其環境以盡量的自由發展，）同化，（謂將許多異質的低度文化，醇化於一高度文化總體之中，以形成大民族意識，）殊途同歸，我族文化，乃廣播於各地。此封建之有關於吾國歷史者一也。封建一制，雖出於事之不容已，然古王者之行封建，實亦未嘗無公天下之心，故堯舜禪位，而堯子丹朱，舜子商均，皆有疆土以奉先祀。周武滅紂，廣封古先名王之後。而鼎革之際，雖小國寡民，亦多襲前代所封。以周之大封同姓功臣，亦未聞盡以字內易置而封其私人，故春秋之世，尙有唐虞之侯伯歷三代千有餘載而不亡者。觀武王之伐商，殺紂而立其子武庚，取天下而不取其國。周公誅武庚，亦立微子於宋，以續殷後。沿及後世，猶以興滅繼絕，封先王後，優禮前朝後爲美談，而四夷之國，撻伐所及，旣不利其土地，尤鮮絕其宗祀，以視今日野蠻帝國，相去霄壤。此封建之有關於吾國歷史者二也。姓氏之制，史官所以辨章氏族，吾華夏種族，繩繩不替，實由於譜系之整具有期驗。自上古母系社會，進而爲父統時代之「女子稱姓，男子稱氏，」其演進之跡雖未易論定，然禹貢言「錫土姓」，國語亦有「皇天嘉之，胙以天下，賜姓曰姒，氏曰有夏，胙四岳國，命爲侯伯，賜姓曰姜，氏曰有呂」之言。(註一五)是姓氏固與封建爲因緣。自三代迭王，延及春秋之初，分封之國雖僅存百餘，然溯其姓，如陳媯姓，杞鄫越姒姓之出顓頊，宋子姓之出高辛，齊、衞、晉、鄭等姬姓之出黃帝之類，率多本於五帝，(註一六)而酉箴苟僖儇依禿斟及玫嬿娸等姓，其封國無考者，多絕而無後。則五帝之裔，至春秋之世，猶緜緜不絕者，以封爵相承，遠有代序故也，春秋時，諸侯之國，公子公孫，支分派別，列官分職，世有掌司，因以命氏。自戰國以下之人，以氏爲姓，五帝以來之姓雖亡，而秦漢以來姓氏合併之姓，由委溯源，尙多知其出自古帝。後之史家，辨倫脊，察條貫，自知華夏之民，多爲炎黃之遺胤，以攄懷舊之蓄念，以發思古之幽情，皆食古代封建之賜也。此封建之有關於吾國歷史者三也。

唐虞間事與國史關係最鉅者，曰禹之治水。吾國洪水之禍，不知始於何時，尸子稱「燧人氏時，天下多水，」淮南子覽冥訓則言「女媧氏時，四極廢，九州裂，水浩洋而不息，」足徵洪水爲患，由來甚久。帝堯之時，洪水滔天，浩浩懷山襄陵，堯用憂之，命鯀俾乂。鯀之治水，曰堙、曰障，殆惟多築隄防，以遏水勢，故輕營九載而功弗成。堯舉舜輔治，舜乃殛鯀於羽山，而命其子禹繼父職，益及棄佐之。(益掌火，焚山林而驅禽獸，以爲治水之預備；棄則掌播種之事，水之既平者，卽教種植以安民居也。)禹傷父功不成，勞身焦思，以求繼續先業，乘四載，(水行乘舟，陸行乘車，泥行乘輴，山行乘樏。)隨山刊木，調查測量，而後酌其緩急，因其高下，從事疏鑿，首自冀都，次及兗青徐揚荊豫，而終於梁雍。其唯一宗旨，在宣導水流，而不與之爭勢，居外十三年，卒竟父志，其功程最大者，則推導河。史記河渠書云：「河菑衍溢，害中國也尤甚，唯是爲務，故導河自積石，歷龍門，南到華陰，東下底柱，及孟津雒汭，至於大邳。於是禹以爲河所從來者高，水湍悍，難以行平地，數爲敗，乃厮亙渠，以引其河，北載之高地，過降水，至於大陸，播爲九河，同爲逆河，入於渤海。九州既疏，九澤既灑，諸夏乂安，功施於三代。」觀周漢以降，黃河雖時有潰決遷徙，然永無懷山襄陵之禍，可謂功施於萬代矣。傳稱「微禹吾其魚乎」！(註一七)則吾民今日之宅土安生，亦禹之功賜矣。

夏自禹受禪而有天下，傳至桀癸，傳凡十七王，一十四世，四百有餘年。

(1)大禹—(2)啓—(3)太康
　　　　　　　—(4)仲康—(5)相—(6)少康—(7)杼—(8)槐—(9)芒—(10)泄—(11)不降—(14)孔甲—(15)皋—(16)發—(17)癸
　　　　　　　　　　　　　　　　　　　　　　　　　　　　　　　　　　—(12)扃—(13)廑

其文獻之殘缺，爲歷代最。然就今日所知極簡單之事實觀之，則足說明後此史跡者，猶有多端。禹以前之君多稱氏，「帝」則後世所進稱，然禹則不能稱帝而稱王，三代之君因之。稱王之始起，一也。堯舜時之巡狩朝覲，僅會方面之諸侯，禹則大合諸侯於塗山，大會諸侯於會稽。諸侯會合之肇端，二也。禹以前君統，授受無定，至禹禪皐陶與益不成，卒成傳子之局，數千年因之。(殷爲例外見後)傳統法之確定，三也。太康卽位，以逸豫滅厥德，黎民咸貳，畋於有洛之表，十旬弗反，夷羿以妘姓之裔，自鉏遷窮，因民弗忍，拒之於河，太康失邦。家天下者，不數世每有淫亂之主，召權臣之竊國，四也。當太康失冀方時，河南猶有翼戴故主之諸侯，故太康及弟仲康，皆居斟鄩，帝相則居斟灌。偏安之創始，五也。羿自稱帝，恃其善射，不修民事，淫於田獵，而委政其相寒浞，浞使羿家衆逢蒙殺之。篡奪者每及躬受報，六也。浞因羿室，生澆及豷，滅斟灌斟鄩，而弑王相，相后緡奔仍，生子少康，澆求之亟，乃逃奔虞，有田一成，有衆一旅，布德兆謀，垂數十年，卒滅寒浞，復禹舊績。賢主之中興，七也。孔甲淫亂，德政日衰。傳及后癸，昏暴縱恣，任威信讒，陵轢諸侯，武傷百姓，天下離畔，卒滅於湯。暴君之失國，八也。家天下之局始於夏，而後世每朝起伏盛衰慣演之史事，亦幾莫不於夏開其端，亦云異矣。

吾國倫理道德，首尚忠孝，社會思想，多闢五行，民生經濟，根本農業，而忠孝五行農業三者，皆可於夏史考其詳。夏道尙忠復尙孝，禹之殫心治水，幹父之蠱，既爲純孝之精誠所致，而其盡力社會國家，爲民生犧牲一切，不避艱險，日與洪水猛獸奮鬬至十數年之久，實亦尙忠之確證。戰國時，墨家以薄己利人爲極則，而特推尊夏禹，亦以禹近人而忠故耳。此夏代之有關於後世者一也。五行之說，見於經者，自夏書甘誓始。觀啓之以有扈氏威侮五行而伐之，因五行而起戰爭，夏之特重五行可知。傳稱「水火者，百姓之所飲食也，金木者，百姓之所興作也，土者，萬物之所資生也，是爲人用。」則五行之物，蓋利用厚生所必須，傳之既久，遂有以之統貫他事與解釋他事者。此夏代之有關於後世者二也。夏之社會，爲一農業社會，故夏小正及詩豳風七月之述夏代社會禮俗者，皆以農業爲主。蓋自水土既平，棄播百穀，禹亦盡力溝洫，民皆降丘宅土，以事農作；田賦之制，亦由是興。而農時之精，尤度越百王。殷商而降，正朔迭改，然農時多用夏曆，孔子亦曰行夏之時，沿及今世，因仍不廢。此夏代之有關於後世者三也。

自契始封商，傳十四世，至湯而有天下，以商爲天下號。其後爲盤庚遷殷，又以殷爲天下號。自湯至受辛，凡三十王，一十七世，傳凡六百有餘年。

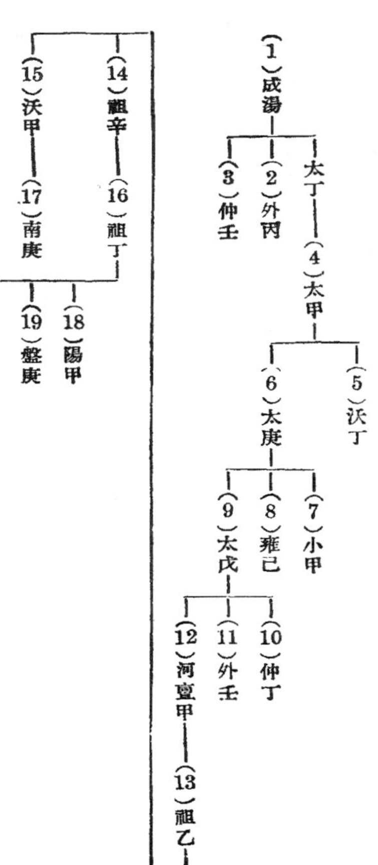

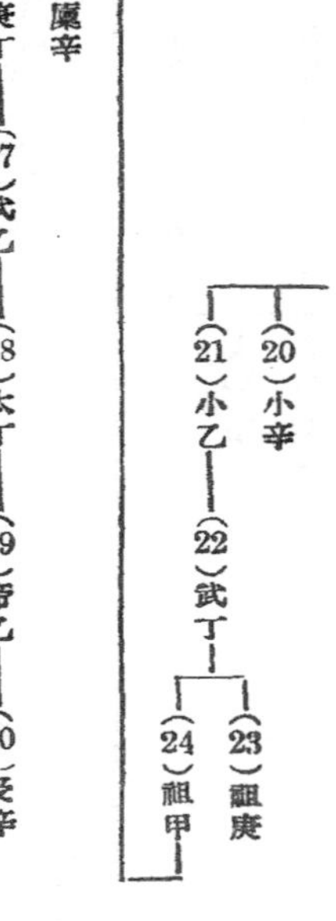

其一代特徵，最顯著者爲繼統法。自殷以前，雖無嫡庶之制，然嗣位者非必弟及，商之繼統法，則以弟及爲主，而以子繼輔之，無弟然後傳子。自成湯至於帝辛，三十帝中，以弟繼兄者凡十四帝，（外丙、仲壬、太庚、雍己、太戊、外壬、河亶甲、沃甲、南庚、盤庚、小辛、小乙、祖甲、庚丁。）其以子繼父者，亦非兄之子，而多爲弟之子。（小甲、仲丁、祖乙、武丁、廩辛、武乙。）惟沃甲崩，祖辛之子祖丁立，祖丁崩，沃甲之子南庚立，南庚崩，祖丁之子陽甲立，此三事獨與商人繼統法不合。此蓋史記殷本紀所謂中丁以後，九世之亂，其間當有爭立之事，而不可考矣。此殷制之獨異者；而其一切禮制，如祭祀先王，兄弟同禮，未嘗有嫡庶之分等，其源亦由是出也。自周武王之崩，武王弟周公不繼武王而自立，立武王子成王而相之，自是以後，子繼之法，遂爲百王不易之制矣。（註一八）

殷代卜時命龜之辭，刊於龜甲及牛骨上，淸光緒二十五年（一八九九），始出土於河南安陽縣西北五里之小屯，其地在洹水之南，水三面環之，史記項羽本紀所謂洹水南殷虛者也。學者考知爲殷代遺物，收藏研索，蔚成風氣，甲骨出土者，亦日衆，綜計不下十萬片。（註一九）甲骨記載殷王之名，與史記殷本紀皆同，（註二〇）由此可證明古史之多爲實錄。至卜辭所問之事，以祭祀與田獵爲最多；此尚鬼與尚田獵，亦爲殷代之特徵。田獵他無可考。尚鬼則與舊史相發明。孔子稱殷人尊鬼先神。與夏道之尊命（四時政令），周人之尊禮者異。（註二一）爾雅言商謂歲曰祀，（註二二）明其一歲之事，惟祀爲最重也。商頌五篇，多祭祀之詩，商書湯誓、盤庚、高䜌肜日、微子等篇，亦多言祭祀鬼神之事。又巫氏世相殷室，鐘鼎尊彝等祭器，猶多流傳於今世，皆可考見一代之風氣。戰國諸子，言及愚癡，如孟子言揠苗助長，韓非言守株待兔之類，多託之宋人，宋爲商後，信鬼則民愚，亦商之遺風然也。隨甲骨而發現者，以銅器爲多，自鼎彝尊卣，戈矛劍刃、以及射遠之矢鏃、護首之銅盔咸具，製器之模型、與銘鑄鐘鼎四周雲雷盤屈之文之銅范，今亦陸續出土，知殷代爲銅器極盛時代。而采色陶器則有附有瓷釉者。較諸仰韶文化，其進步不可以道里計。觀甲骨文字之小者，不及黍米，而古雅厚博，則古人技術之工妙，更逾於楮墨。且甲骨至堅，作書之契刀，非極鋒利不可，則殷人鍊金之術，亦已極精矣。

史記稱夏后氏德衰者僅一次，而稱殷之興衰凡十見，孟子亦言「自湯至於武丁，聖賢之君六七作。」殷商賢君之衆多，蓋後此立國者所僅見，亦一代之特點也。經紂之暴，國滅於周，然殷民故國之思，易代不衰，故武王封紂子武庚於殷，監以三叔，及武王卒，成王立，武庚卒以殷叛。周公平之，殷民猶時思恢復，周公乃分殷餘民，改封微子啓於宋以續殷祀，分殷之根據地而殺其勢力，又封康叔於殷墟（國名衞），伯禽於魯，唐叔於唐，而以殷之豪族，分屬諸國，使之服事於周。又營東都於洛邑，遷殷頑民，使之密邇王室，以大爲鎭壓。以尙書康誥、召誥、洛誥諸篇考之，封康叔與營洛邑，皆周公極意用心之事。周公復作多士、多方，誥誡殷之臣民與諸侯，惟願其安居田里、觀周之慮之深，足徵殷人故國之痛之切，而商之德澤之深，更可知矣。

周有棄封於邰，世爲后稷之官，皆有令德。至公劉遇夏桀之亂，由邰遷豳，太王避狄遷岐，復修后稷之業，百姓懷之，肇基王迹，歷季歷至文王，遂爲西伯。武王革殷，受天明命。至周公輔相成王，經綸天下，興正禮樂，制度於是改，而民和睦，頌聲作。鄭玄詩譜曰：「周頌者，周室成功致太平德洽之詩，其作在周公攝政成王卽位之初，頌之言容，天子之德，光被四表，格於上下，無不覆燾，無不持載，此之謂容，於是和樂興焉，頌聲乃作。」周之盛德，蓋前古所無，而其關係悉在周公一人。蓋周之制度，皆周公所手定，要本於德治禮治之大經，吾國之政治與道德，亦以周爲最高也。及成王崩，康王立，史亦稱「成康之際，天下安寧，刑錯四十餘年不用。」「康王卒，昭王立，王道微缺，昭王南巡狩，不返，卒於江上。」(註二三)二南被化獨深之國，時荆蠻已跳梁於其間，則王室之衰可知也。

(1)武王發——(2)成王誦——(3)康王釗——(4)昭王瑕——(5)穆王滿—┬(6)共王繄扈
└(8)孝王辟方

(7)懿王囏——(9)夷王燮——(10)厲王胡(共和十四年)——(11)宣王靖(四十六年)——(12)幽王涅(十一年)

及穆王內修外武，周乃復振。四傳至於厲王，王室復衰。史記言「厲王行變虐侈傲，諸侯不朝，三年，國人相與畔，襲厲王，厲王出奔於彘，召公周公二相行政，號稱共和。共和十四年，厲王死於彘，太子靜長於召公家，二相乃共立之為王，是為宣王。」(註二四)諸書又言共和謂共國之伯名和，厲王流彘，諸侯皆往宗共伯，若霸主然。今雖未能斷言其是非；然周之共和，要仍為貴族執政，非西國古代羅馬之所謂共和，亦非今世民主國之所謂共和也。然以厲王之虐，甫及三年，民已羣起而推翻之，當時雖非民主，人民實有一種偉大之勢力；且流厲王者，不聞有誰何謂之魁帥，必為多數人民之公意，非出於一二人之主使；則吾國眞正之平民革命，同始於此時矣。

宣王外攘戎狄，為中興令主，與周室關係亦至鉅。自夏商以降，四夷叛服不常，與中國時有攻戰，其詳見於後漢書東夷傳、南蠻傳及西羌傳。(註二五)茲綜而述之。大抵夏后一代，勤事九夷(東夷分九種)，其國勢亦強於東，而稍絀於西，故少康以後，夷人世服王化，賓於王門，獻其樂舞，而邠涼一帶，則多在戎索之中。桀為暴虐，諸夷內侵，湯遂興師伐而殘之。是東夷之叛，且關於夏之滅亡矣。商則絀於東而申於三垂。武乙以前，東夷或畔或服，武乙衰敝，九夷寖盛，遂入中土，自是以後，迄於周之中葉，東夷為強。詩稱：「昔有成湯，自彼氐羌，莫敢不來享，莫敢不來王，曰商是常。」而其頌高宗武丁，則曰「撻彼殷武，奮伐荆楚，罙入其阻，裒荆之旅，有截其所，湯孫之緒。」(註二六)西南聲威，前世方之蔑矣。易爻辭又曰：「高宗伐鬼方，三年克之；」「震用伐鬼方，三年有賞於大國。」(註二七)王國維鬼方考謂「其族西自汧隴，環中國而北，東及太行常山間。」(註二八)以克之之需三年，其強可知，而爻辭作於商周之際，迺兩舉之，尤見其關係之重大矣。及殷之季世、西戎日強，季歷文王，繼世征攘，雖云賓服，而宗周之初，鬼方尚屢勤征討焉。周都豐鎬，慮兵威不及於東，遂封建諸侯，以作藩翰，齊魯陳曹，星羅棋布，皆足以控制東夷。自管蔡武庚等反，淮夷亦叛，周公興師東伐，甯淮夷東土。及周公反政成王，淮夷及徐戎又叛，王乃大蒐於岐陽，東伐淮夷。蓋周至成王東土始大定；東夷固周人之勁敵，歷久而後削弱也。厲王無道，四夷入寇，宣王修政，法文武成康之遺風，命方叔伐蠻荊，而蠻荊來威。采芑之詩曰：「蠢爾蠻荊，大邦爲讎，方叔元老，克壯其猶，方叔率止，執訊獲醜。」命召穆公平伐淮夷，王自帥師伐徐戎，而淮夷徐戎又平。江漢之詩曰：「淮夷來求，淮夷來鋪。」「王命召虎，徹我疆土，於疆於理，至於南海。」常武之詩曰：「王謂尹氏，命程伯休父，左右陳行，戒我師旅，率彼淮浦，省此徐土。」「王奮厥武，如震如怒，進厥虎臣，闞如虓虎，鋪敦淮濆，仍執醜虜，截彼淮浦，王師之所。」「徐方既同，天子之功。」命韓侯爲北國伯，而北國又服。韓奕之詩曰：「王錫韓侯，其追其貊，奄受北國，因以其伯，實墉實壑，實畝實藉，獻其貔皮，赤豹黃羆。」而南仲及王之征玁狁，尤爲一代盛事。出車之詩曰：「王命南仲，往城於方，出車彭彭，旂旐央央，天子命我，城彼朔方，赫赫南仲，玁狁於襄。」「赫赫南仲，薄伐西戎。」「執訊獲醜，薄言還歸，赫赫南仲，玁狁於夷。」六月之詩曰：「玁狁孔熾，我是用急，王於出征，以匡王國。」「玁狁匪茹，整居焦穫，侵鎬及方，至於涇陽，織文鳥章，白斾央央，元戎十乘，以先啓行。」「戎車既安，如輊如軒，四牡既佶，既佶且閑，薄伐玁狁，至於太原，文武吉甫，萬邦爲憲。」(註二九)王誠中興令主矣。然當時西戎已深入周之腹心，宣王晚年，西戎之禍益熾，五敗王師，雖起爪牙之士，料民於太原，終不能克，則以王室卒徒，喪於他方者衆，強弩之末，勢不能穿魯縞也。幽王承之，寵褒姒，廢申后及太子，卒召西戎之禍。觀幽王在位，距宣王之中興，不過十有一年，而周遂亡，不得謂非宣王貽謀之不善也。

孔子曰：「我觀周道，幽厲傷之。」(註三〇)孟子亦言「名之曰幽厲，雖孝子慈孫，百世不能改也，」（名之卽諡之，周書諡法解，暴慢無親曰厲，殺戮無辜曰厲，動靜亂常曰幽，壅遏不通曰幽。）周人自孔孟外，無不以幽厲並稱，猶季漢人之言桓靈也。然厲幽之暴，其時公卿大夫，至於寺人下國，多直陳無隱，形之於詩。今傳詩經，刺二王者，幾五十篇，(註三一)或見微而思昔，或陳古以刺今，或憂時而傷讒，或指暴而斥姦，或痛周室之大壞，或閔國家之將亡；而人民之窮困顛連，亦歷歷在目。作詩者無所忌諱，采詩者著之簡編，而當時怨悱愁苦之言，均能流傳於世。是固可見周家之忠厚；抑亦衰亂之季，先世教澤，猶綿延未已之徵矣。

封建時代之制度，自封建制外，以授田與宗法爲最要，而皆與封建爲因緣。授田制舊或名爲井田，謂方里而井，井九百畝，家各有其百畝，或以其中百畝爲公田，而八家皆私百畝。然古之井田，第施於衍沃之地山林藪澤之地，初不盡區爲井；而地之上中下殊，民之受田者，亦不能盡限於百畝。特田之井不井雖異，而田皆國有，由國家平均分配則同，故不曰井田而曰授田。孟子謂夏后氏授田五十畝，殷七十畝，周百畝，顧炎武謂五十七十百畝，特丈尺之不同，而田未嘗易。(註三二)然考之周官，則周代之制，實區田爲上中下三等，不易之地（歲種之），是爲上田，夫百畝，一易之地（休一歲復種），是爲中田，夫二百畝，再易之地（休二歲乃種），是爲下田，夫三百畝。(註三三)民年三十有室者，授一夫之地，二十以上三十以下有室者爲餘夫，授正夫四分之一之地，皆至年六十而歸田於官。授田之制，雖以均貧富，實則乃擁有大地之貴族，使其屬下之平民，皆有一部分之使用土地耳。當時天子領有畿內，畿外以封建諸侯，無封國者，天子之公卿大夫，皆食畿內之邑，諸侯之卿大夫士，亦各有其封地采邑，故全國土地，皆爲貴族所世有。貴族不能躬操耒耜，其土地之耕種，惟其隸屬之庶民是賴。庶民生活必需之田畝，亦皆仰賴其封君之授予。以土地爲庶民之永業，則時有多寡肥瘠遺傳繼續侵占無主之爭；按畝授民，則均無窮，和無寡，安無傾；人民各遂其私，則衣食足而禮義興；士地不得賣買，則無兼併之患，而擁有大地之封建階級，亦得維繫特權於不墜焉。人民受田於官，官或藉其力以養公田（助法），或取其什一以爲地稅（貢法），或通乎地之遠近年之上下以爲斂取之法（徹法），又寓兵於農，因農事而定軍令，受田者皆有服兵役之義務；國養民而不養兵，兵出於民而不病民，民爲兵而不病國。人人有以自樂其生，而國家亦足食足用足兵，此尤古制最要之義也。

宗法起源於祭祀。皇古之時，有一族所祀之神，即祖先之祭，其名曰宗。宗爲祖廟之名，主祭之人，即稱宗子。帝王爲一國主祭之人，故帝王亦稱爲宗。而族人爲主祭之人所統轄者，亦莫不稱之爲宗。（小宗、羣宗、宗人等）此宗法之名所由立也。宗法大綱，不出禮記大傳「別子爲祖，繼別爲宗，繼禰者爲小宗，有百世不遷之宗，有五世則遷之宗」數語。天子之母弟封爲諸侯，與諸侯之母弟爲大夫者，曰別子，別子之嫡長，嗣世爲國君，爲大夫，自立宗廟，均以別子爲祖，繼此別子者，即爲其他近支諸侯大夫所宗，是爲大宗，所謂別子爲祖繼別爲宗也。而其他近支諸侯大夫，又各以其相近之子孫曾玄，繫屬爲宗，是爲小宗，所謂繼禰者爲小宗也。大宗永爲諸小宗之首領，不問其世次遠近，小宗則滿五世，即遞推一世，所謂有百世不遷之宗（大宗），有五世則遷之宗（小宗）也。（註三四）宗爲祖廟，宗法者，天子諸侯大夫各自有其祖廟之法。諸侯別有其祖廟，不得入於天子之廟，所以防諸侯之爲天子也。大夫亦自有祖廟，不得入於諸侯之廟，所以防大夫之爲諸侯也。故宗法雖非由於封建而有，實成立於封建時代，因封建制度之影響，宗法遂益臻完密，而其功效亦益顯。天子爲天下宗主，天子封子姓爲諸侯，由宗主分立大宗，諸侯用子姓爲大夫，由大宗分爲小宗。所謂封建政治，實亦宗法政治。大傳又曰：「自仁率親，等而上之至於祖，自義率祖，順而下之至於禰。是故人道親親也；親親故尊祖，尊祖故敬宗，敬宗故收族，收族故宗廟嚴，宗廟嚴故重社稷，重社稷故愛百姓，愛百姓故刑罰中，刑罰中故庶民安，庶民安故財用足，財用足故百志成，百志成故禮俗刑，禮俗刑然後樂。」是則尊祖敬宗之效，其極足以措國（諸侯皆國也）於極治，而合諸侯卿大夫嫡庶男女以共宗於天子，天下亦收治平之效。記稱修身齊家治國與平天下，實爲宗法政治最高之理想，不獨防止諸侯大夫之僭逆而已。

封建授田宗法，古代王者治天下之大器，亦中國古代政制之結晶也。自政治言爲封建，自經濟言爲授田，自社會言爲宗法，三者息息相通，自餘禮樂刑政，則皆三者之用而已。論三者之鵠的，要在保持階級特權，維繫天下民心，以保社會之秩序與安寧。故貴族庶民，富厚尊卑，禮數名位，無不迥異，同族之中，亦有貴賤之殊；(註三五)人人苟能自安其分，卽不復有越禮敗度之慾。雖曰古先聖哲之微意，實與封建爲因緣，而皆集大成於周世者也。自周室旣衰，列國轉相吞併，封建廢而爲郡縣，宗法隨以顚墜；而暴君汚吏，漫其經界，豪富兼幷，公田亦易爲民田：三者名實俱亡。然其影響於歷史者猶深。以言封建，則王侯之封，民國始革，而袁世凱僭帝，尚多受其封號。以言授田，則漢儒主限田，王莽收田爲國有，後魏至唐皆行授田之制，總理民生主義，亦以平均地權爲基礎。以言宗法，秦漢之世，郡國閭里之豪宗，雖有族長，皆推其長老有德者，不以宗子，各族之間，亦散而不能復合，封建之大宗，遂分而爲無數之家族；政治一於上，家族分於下，其極至人民知有家而不知有國；然其政法典制，倫理風俗，尚多沿宗法社會之遺，至今莫能盡革焉。

自唐虞以降，職官之制，與教育之法，皆日趨詳備，羲黃之世，官制絕簡；堯典載虞舜時，以羲氏和氏司曆象，禹作司空，棄居稷官，契爲司徒，皋陶作士，垂爲共工，益作虞，伯夷作秩宗，夔典樂，龍作納言，中央政務之分配，井井有條矣。夏代則箕子所陳洪範，備言食、貨、祀、司空、司徒、司寇、賓、師等八政，伏生尚書大傳引夏書，又以后稷、司徒、秩宗、司馬、作士、共工爲六卿，此外復有羲和、遒人、太史、車正、樂正、虞人、嗇人等。(註三六)殷商則有六太(太宰、太宗、太史、太祝、太士、太卜，)典司六典，五官(司徒、司馬、司空、司士、司寇，)典司五衆，六府(司土、司木、司水、司草、司器、司貨，)典司六職，六工(土工、金工、石工、木工、獸工、草工，)典制六材。(註三七)周代王官，大綱分爲六職，每職官各約六十。一曰治職，其長爲大冢宰，以平邦國，均萬民，節財用。二曰教職，其長爲大司徒，以安邦國，甯萬民，懷賓客。三曰禮職，其長爲大宗伯，以和邦國，諧萬民，事鬼神。四曰政職，其長爲大司馬，以服邦國，正萬民，豫百物。五曰刑職，其長爲大司寇，以詰邦國，糾萬民，除盜賊。六曰事職，其長爲大司空，以富邦國，養萬民，主百物。其由百官所自辟除者，治藏者曰府，掌書者曰史，選民給繇役者，曰胥曰徒，每官多寡不等，都計不下數萬人。今傳周官，已闕大司空一篇，然即其所存五職觀之，不特宏綱細目，包羅萬象，且又貫穿聯絡，精密絕倫。雖作者是否周公，今不能確定；然周世必實有此制度，非能憑空撰造，故前人之排擊之者，亦多認爲周制，特或未能完全實行耳。

周虞時中央教育，有普通與專門之分。舜使契爲司徒，教以人倫，此普通教育也。專門教育，則有學校，其名曰庠，有上下二所。庠者養也，蓋取績學之國老庶老，養於庠中，聚少年學子而教之，故耆老之所居，蔚成最高之學府焉。至其所教，則以詩歌聲律爲主；堯典稱「詩言志，歌永言，聲依永，律和聲，」即近世之聲音學、語言學、文學、音學諸科也。夏之國學曰序，有東西二所，亦稱曰校，曰學。其學科特重教射（序者射也），入學行禮，則舞干戚。國之老者，亦養於序中。鄉學則曰公堂，鄉人農事畢功，則躋公堂，行飲酒之禮焉。殷世國學，有右學與左學，又有瞽宗及庠序，性質與虞夏國學略同。然殷世教育，實較虞夏爲發達；殷人講求教育學說，遠有端緒；私家教學之制，亦興於殷。故書稱殷之多士，咸知典册，粒食之民，昭然明視。即周之代殷，實多得殷之人才，周初三母（王季之母太姜，文王之母太任，武王周公之母太姒。）以文德著稱，亦皆受殷世侯國之教育。蓋殷周之季，不獨男子多受教育矣。周代教育，分國家與地方爲二。國家教育，有大學，有小學。小學在王宮南大門之右，師氏、保氏、樂師掌之。大學有五，在國之南郊，大司樂、大胥、小胥、諸子掌之。其學者，小學全爲貴族之子弟，大學則地方之俊秀，侯國之貢士，亦與焉。其入學之年限，大抵自八歲至二十歲，初入小學，而後入大學，其年之遲早，則視資秉之敏魯而定。大學畢業年限約九年，教科則異時異地，各有所重，自德行道藝外，干戈羽籥，射御書數，靡不兼學。地方教育，則僅有小學，以周官推之，四海之內，當有學數萬，其普及遠非後世所及。大學之畢業者，國家各署其所長，使之試守，而定爵祿，故學校制與選舉制合一，而學成者皆爲國用焉。（註三八）

世界各國，皆尙宗教，至今尙未盡脫離。吾國古代，亦信多神；然左傳稱顓頊紀官，爲民師而命以民事，其時已漸脫離神權。聖哲繼世，建立人倫道德，以爲立國中心，灑灑數千年，皆不外此：此吾國獨異於他國者。故論中國文化，以人倫道德爲根本，而大備於唐虞三代。契之教人人倫也，曰父子有親，君臣（君者主也，臣者從也，君臣卽主從之別名）有義，夫婦有別，長幼有序，朋友有信；五倫爲人道之本，而其條目，則具於當時之普通教育。周世小學之教，鄉學曰六德（知仁聖義忠和）六行（孝友睦婣任恤），國學曰三德（至德敏德孝德）三行（孝行友行順行），亦以德行爲主。至大學教育，則自周以前，多以音樂爲主要教材，雖曰各代之樂，卽各代之歷史，誦詩知政，作樂降神，詩樂與政治宗教，亦大有關係，實則陶淑學者之性情，養其正而使之不流於邪僻而已。（註三九）堯舜皐陶禹湯，皆以中道垂教，（註四〇）及文王作易之卦辭，周公作爻辭，亦多闡發中理。蓋人類之失，大抵由於偏激，故列聖相傳，以中爲德本也。國家行政，雖在封建時代，亦惟以民爲主，尚書典謨訓誥所陳安民、保民、惠民、愛民之義，不可勝舉。皐陶謨稱「天聰明，自我民聰明，天明畏，自我民明畏，」則直視民如天，以天與民合爲一事，欲知天意，但順民心。制度典禮，雖多不下庶人，然治天子諸侯卿大夫士者，皆所以爲民，（有制度典禮以治天子諸侯卿大夫士，使有恩以相洽，有義以相分，則國家之基定，爭奪之禍泯，而民亦得以遂其性，而安其生矣。）故國家非徒政治之樞機，而亦道德之樞機焉。皐陶謨稱「愼厥身修」，「兢兢業業」，商頌稱「溫恭朝夕」，「聖敬日躋」，（註四一）皆從收斂克己立論。而詩書稱文王之德，亦惟言其敬愼小心，周公之戒成王、康叔、召公及殷之士民，無在不含有戒愼恐懼之意。或陳古刺今，時時危悚，或寅畏天命，自勵自戒，蓋人心惟危，道心惟微，稍一放縱，必致害人賊己，故立身處事，須從敬愼小心入手，（註四二）卽周公制禮作樂，集前聖之大成，大至冠婚喪祭鄉射朝聘，下至起居相見之瑣末，莫不事爲之制，曲爲之防，其儀文度數之繁密，爲世界各國所僅見，亦皆所以調節情性，使人日徙善遠罪而不自知。班固有云：「人函天地陰陽之氣，有喜怒哀樂之情，天稟其性而不能節也，聖人能爲之節而不能絕也，故象天地而制禮樂，所以通神明，立人倫，正情性，節萬事者也。人性有男女之情，妒忌之別，爲制婚姻之禮，有交接長幼之序，爲制鄉飲之禮，有哀死思遠之情，爲制喪祭之禮，有尊尊敬上之心，爲制朝覲之禮。哀有哭踊之節，樂有歌舞之容，正人足以副其誠，邪人足以防其失。」（註四三）斯言足以窺矣。

至若工藝美術，商周兩代之鐘鼎彝器，最爲著稱，自烹飪用之鼎鬲甗敦，飲食用之爵觚觶尊，壺豆簠簋，盥洗用之盤鑑及匜，以及樂器之鐘鎛鉦鐃，傳世者數盈千百。先儒以器皆燕饗祭祀行禮所用，統名禮器，今人則以器皆銅錫合製，總稱曰青銅器。考古者以其品物形制，爲他古民族所未有，且鍊製之精，圖文之美，在藝術上亦有無上價值，咸奉爲中國文化之瓌寶。然論其造作之本源，則與禮文之用意，初無二致。阮元商周銅器說云：「器者所以藏禮。先王之製器也，齊其度量，同其文字，別其尊卑，用之於朝覲燕饗，則見天子之尊，錫命之寵，雖有強國，不敢問鼎之輕重焉。用之於祭祀飲射，則見功德之美，勳賞之名，孝子孝孫，永享其祖考而寶用之焉。且天子諸侯卿大夫，非有德位保其富貴，則不能制其器，非有問學通其文詞，則不能銘其器。然則器者，先王所以馴天下尊王敬祖之心，教天下習禮博文之學也。且世祿之家，其富貴精力必有所用，用之於奢僭奇邪者，家國之患也。先王使用其才與力與禮與文於器之中，愚慢狂暴好作亂者鮮矣。此古聖王之大道，亦古聖王之精意也。」（註四四）蓋吾國之學，不講超人之境，惟以人爲本位，故立國根本與文化中心，惟在人倫道德，而其所發明之道器，（註四五）亦卓卓非他國所及。若夫天文、曆數、醫藥等學，以其切於實用，古代亦時有發明。若堯典所載四中星之說，與近世天文曆學多符，周代人獸之病，皆有專醫，備具祝藥劀殺諸法，然絕非吾華文化主要所在。至如物理、數理、名理等純粹科學，則研究者寡，較之希臘先賢，瞠乎後矣。

（註一）參柳子厚封建論，及馬端臨文獻通考總序中封建考序。

（註二）見史記五帝本紀。

（註三）拙著綱要第一册五二節「封建制度之演進」（頁二〇一至二一一）論此問題較詳，本節係就彼書節錄，可參攷。

（註四）見「儒效」篇。

（註五）見史記漢興以來諸侯年表序。

（註六）見「世俘解」。

（註七）詳柳先生（詒徵）中國文化史第一編第十九章第十一節「王朝與諸侯之關係」（鍾山書局本，上册頁二三二至二三八。）

（註八）見史記秦始皇本紀。

（註九）其論之最精者，如曹冏六代論，陸機五等諸侯論，主班固者也。李百藥封建論，柳宗元封建論，主李斯者也。

（註一〇）見史記五帝本紀、夏本紀。

（註一一）周易「革」卦彖辭。

（註一二）參拙著綱要第一冊六三節「湯武革命」與六四節「桀紂之惡」，頁二八一至二九一。

（註一三）史記殷本紀「太甲暴虐，伊尹放之於桐宮，伊尹攝行政當國，以朝諸侯，太甲修德，諸侯皆歸殷，褒帝太甲稱太宗。雍己立，殷道衰，諸侯或不至。太戊修德，殷復興，諸侯歸之，故稱中宗。河亶甲時，殷復衰。祖乙立，殷復興。帝陽甲之時，殷衰，諸侯莫朝。盤庚立，行湯之政，殷道復興，諸侯來朝。小辛立，殷復衰。武丁立，修政行德，天下咸驩，殷道復興，稱高宗。祖甲立，殷復衰。」

（註一四）見尚書皋陶謨。

（註一五）見國語卷三周語下。

（註一六）日知　卷二十三「姓」篇曰：「言姓者本於五帝，見於春秋者，得二十有二。嬀虞姓，出顓頊，封於陳。姒夏姓，出顓頊，封於杞鄫越。子殷姓，出高辛，封於宋。姬周姓，出黃帝，封於管蔡郕霍魯衛毛聃郜雍曹滕畢原酆郇邘晉應韓凡蔣邢茅胙祭吳虞虢鄭燕魏芮形荀賈耿滑焦楊密隨巴諸國。任宿須句顓臾，風姓也，自太皞。秦趙梁徐郯江黃葛麇，嬴姓也，自少皞。莒已姓，薛任姓，（隱十一年疏引世本舒呂祝終泉畢過謝章薛十國皆任姓。）南燕姞姓也，自黃帝。杜，祁姓也，自陶唐。楚夔權，芊姓，邾郳，曹姓，鄅偪陽，妘姓，鄾夷，董姓也，自祝融。齊申呂許紀州向，姜姓也，自炎帝。蓼六舒鳩，偃姓也，自咎繇。胡歸姓，鄧曼姓，羅熊姓，狄隗姓，鄋瞞姓，陰戎允姓，六者不詳其所出。略舉一二論之，則今之孟氏季氏孫氏甯氏游氏豐氏，皆姬。陳氏田氏，皆嬀。華氏向氏樂氏魚氏，皆子。崔氏國氏，皆姜。屈氏昭氏景氏，皆芊。自戰國以下之人，以氏爲姓，而五帝以來之姓亡矣。」

（註一七）昭元年左氏傳。

（註一八）參王國維「殷周制度論」，見觀堂集林卷十，拙著綱要第一冊六二節「殷商之特徵，」，六五節「殷周之際」會備錄之。

（註一九）關於研究甲骨之書籍論著，邵子風甲骨書錄解題（二十四年十一月商務印書館出版）敍錄最備，可參閱。在邵君書成後出版與甲骨有關書冊，以中央研究院歷史語言研究所編輯之「田野考古報告」第一冊（二十五年八月商務印書館出版）爲最要。

（註二〇）說詳王國維「殷卜辭中所見先公先王攷」及「續攷」，見觀堂集林卷九。

（註二一）見禮記「表記」。

（註二二）爾雅釋天「載，歲也，夏曰歲，商曰祀，周曰年，唐虞曰載。」

(註二三)(註二四)皆見史記周本紀。

(註二五)晉世發現竹書紀年，其記載有視漢世所傳舊史爲詳者，范曄修後漢書時本之，故此諸傳足補史記漢書之遺缺。

(註二六)皆見詩商頌「殷武」篇。

(註二七)周易「既濟」與「未濟」爻辭。

(註二八)見觀堂集林卷十三「鬼方昆夷玁狁考」。

(註二九)上引諸詩，「出車」見詩小雅鹿鳴之什，「六月」「采芑」見小雅南有嘉魚之什，「韓弈」「江漢」「常武」見大雅蕩之什。

(註三〇)見禮記「禮運」。

(註三一)據毛詩小序，大雅刺厲王詩凡五篇（民勞、板、蕩、抑、桑柔，），刺幽王詩凡二篇（瞻卬、召旻，），小雅刺幽王詩凡四十一篇（節南山，正月、十月之交，雨無正，小旻，小宛「十月之交以下四篇，鄭箋謂亦當爲刺厲王。」小弁、巧言、巷伯、谷風、蓼莪、大東、四月、北山、小明、鼓鍾、楚茨、信南山、甫田、大田、瞻彼洛矣，裳裳者華，桑扈、鴛鴦、頍弁、車舝、青蠅、賓之初筵、魚藻、采菽、角弓、菀柳、采綠、黍苗、隰桑、白華、緜蠻、瓠葉、漸漸之石、苕之華、何草不黃，）。共四十八篇。

(註三二)見日知錄卷七「其實皆什一也」。

(註三三)此據周官大司徒職文。周官遂人又言「上地夫一廛，田百畝，萊五十畝，餘夫亦如之，中地夫一廛，田百畝，萊百畝，餘夫亦如之，下地夫一廛，田百畝，萊二百畝，餘夫亦如之。」解周官者多謂大司徒之「易」，即遂人之「萊」（草地休不耕者）。惟遂人上地猶有萊五十畝，則周制授田，共有百畝，百五十畝，二百畝，與三百畝四等矣。餘夫受田之數，周官無明文，惟孟子滕文公篇有「二十五畝」之說，足補經缺。又據周官大司徒職文，爲「都鄙」（鄉遂以外王畿之地）受田之法，遂人職文，爲「鄉遂」（王畿內王城附近之自治區域約方四百里之地，）受田之法。周制都鄙制井田，鄉遂不制井田。然大司徒受田有一易再易，則制井田區域，有不井者矣。遂人上地夫田百畝，萊五十畝，則雖衍沃之地，能制井田者，亦有不井者矣。蓋周制所重在授田，不在井田也。後世北魏齊周隋唐，亦皆　田而不爲井，亦可見均產之制，與井不井並無一定聯帶關係也。

(註三四)本節論宗法名義，略本劉師培「宗法原始論」，參第二章「註八」，拙著綱要第一冊頁二二六至二二九曾備錄之。至解釋大傳數語，純取普通解說。清儒凌廷堪另有一明爽　釋曰：「有宗廟、土地、爵位、人民，方謂之大宗。天子以別子爲諸侯，其世爲諸侯者，大宗也。諸侯以別子爲卿，其世爲卿者，大宗也。卿以別子爲大夫，其世爲大夫者，大宗也。大夫以別子爲士，其世爲士者，大宗也。春秋桓二年左傳曰：天子建國；言天子以別子爲諸侯，故云建國也。又諸侯立家；言諸侯以別子爲卿，故云立家也。又卿置側室；言卿以別子爲大夫，故云置側室也。又大夫有貳宗；言大夫以別子爲士，故云有貳宗也。又士有隸子弟；士之別子，無重可傳，故云隸子弟也。」所云「傳重」，即所受於大宗之宗廟土地爵位人民之重也。繼別子者，有重可傳，故百世不遷爲大宗。繼高祖者，無重可傳，故五世則遷爲小宗。諸侯卿大夫士則然。說詳氏著禮經釋例卷八封建尊尊服制考，可備一解。

(註三五)仝上註。

(註三六)參柳先生中國文化史第一編第十二章「夏之文化」，頁九九至一〇一。

(註三七)見禮記「曲禮」及鄭玄註。

(註三八)本節參柳先生中國文化史第一編第十一章「唐虞之政教」(頁八六至八九)，第十二章「夏之文化」(頁九七至九八)，第十六章「殷商之文化」(頁一三四至一三六)，第十七章「傳疑之制度」(頁一四一至一四二)，第十八章「周室之勃興」(頁一四七至一四九)，及第十九章第三節「鄉遂之自治」(頁一七四至一七五)，第六節「王朝之教育」(頁一九二至一九八)。

(註三九)仝上註。

(註四〇)論語「堯曰，咨爾舜，允執厥中，舜亦以命禹。」中庸「舜其大知也歟，擇其兩端，而用其中於民。」堯典「帝(舜)曰，夔，汝典樂，教胄子，直而溫，寬而栗，剛而無虐，簡而無傲。」臯陶謨「臯陶曰，亦行有九德，寬而栗，柔而立，愿而恭，亂而敬，擾而毅，直而溫，簡而廉，剛而塞，彊而義。」孟子「湯執中，立賢無方。」

(註四一)詩商頌「那」及「長發」。

(註四二)參柳先生中國文化史第一編第十八章頁一四九至一五一。

(註四三)見漢書禮樂志。

(註四四)阮元揅經室三　卷三，及積古齋鐘鼎彝器款識，皆載此文。

(註四五)阮元商周銅器說又曰：「形上謂道，形下謂器，商周二代之道存於今者，有九經焉，若器則罕有存者，所存者銅器鐘鼎之屬耳。」

第四章　列國時代（東周）

自周平王元年宗周東遷，至秦始皇帝二十六年六國滅亡（前七七〇至二二一），舊史或稱東周，或分爲春秋與戰國，今名之曰列國時代。此時代雖沿襲封建時代，然周室衰微，列國並峙，初則政由方伯，繼則強國縱橫，列國迭爲興替，大半與王室不相關涉，歷史之重心，亦不在王室而在列國，故與封建時代大異。其事可由各方面徵之。

（一）宗周之詩，曰雅曰頌，東周則有王風，而無雅頌。鄭玄詩譜王風譜曰：「平王徙居東都，於是王室之尊，與諸侯無異，其詩不能復雅，故貶之，謂之王國之變風。」蓋王室與諸侯無異，故王室之詩，編詩者亦次諸國風，與列國等夷焉。魯諸侯之國，而魯詩四篇，又以頌名。孟子曰：「王者之迹息而詩亡，詩亡然後春秋作。」然春秋亦以魯公紀年，不以周王焉。

（二）封建時代帝王政教，頗爲明備，侯國史實，則靡得而詳。史記三代世表，十二諸侯年表，六國表，秦本紀，及吳、魯、燕、管蔡、陳杞、衛、宋、晉、楚、越、鄭、趙、韓、田完、諸世家，備載各侯國歷史，然自平王以前，其事多缺略不具，自春秋以降，則多較周本紀爲備。自餘邾、莒、許、滕、薛、郳、隨、郯、虞、虢等國，春秋前多不可考，太史公以其國小，不立世家，而其事實之見於春秋左氏內外傳及傳記諸書者頗詳。（註一）外傳中周語，與國策中東周策西周策（戰國時之東西周），雖別篇首，然皆與齊秦晉楚等並列，而其篇帙，猶不及諸國。（註二）蓋天下之重心在列國，列國史實，遂較王室爲詳備，雖小國亦多可稽也。

（三）封建之世，諸侯奉王朝之禮樂政刑，其國不治則有讓，貶爵削地，或加討伐。東周以降，禮樂征伐自諸侯出，而王室內亂，亦賴諸侯以定。如襄王時王子帶之亂，齊桓公會於首止，以謀王室，既而襄王告難，復盟洮以安其位。齊桓旣歿，狄人助亂，襄王出犇，子帶立爲王。襄王告急於晉，晉文納王而誅叔帶，王室始靖。未幾遂有河陽之召，天王聽命於諸侯焉。匡王而後，王臣爭訟繁興，多訟於晉以定曲直，迨晉衰而不能靖王室之難，讀史者且傷天下之無霸矣。自後强陵衆暴，王室有亂，列國亦莫之問矣。

（四）封建時代，列國有朝，王有巡守，歲時聘問，吉凶告赴，東周之世，巡守無聞，天王之崩，且有不赴者矣。盟會皆强國司之，諸侯之述職於王朝者，春秋闕如，而其自相朝見，則更僕難數，知有事大國而已，不知有王也。試以魯爲例，綜計二百四十二年之間，諸公之朝齊晉與楚者，三十有三，而朝周僅三。諸大夫之聘於列國者，五十有六，而聘周僅五。魯秉周禮，在春秋亦非强國，而猶若是，有以知周之衰，而政治重心之在列國矣。至戰國，則七雄皆爲萬乘之國，周室削弱爲一小國，秦昭王一怒攻周，而西周武公犇秦，頓首受罪，而盡獻其邑戶，更不待言矣。

其尤可玩味者，則爲名號之變遷。周制，列國諸侯非夏殷二王之後，其爵無至公者，而大夫雖貴，亦不敢稱子。自東遷而後，列國諸侯，皆僭稱公，執政之卿，亦漸稱子。春秋而後，則魯之季氏，晉之韓、魏、趙氏，齊之田氏，皆以大夫而爲諸侯矣。春秋時，僅楚與吳越僭稱王號。至顯王世，六國皆次第稱王。赧王世，則秦齊二國，且一度去王號而稱帝。其臣如田文、范雎等，亦稱君稱侯（文稱孟嘗君、雎號應侯）。而歷載八百之宗周，則王赧時東西分治，國策稱之曰東周君西周君，併王號而無之。蓋名者實之賓，周室時已削弱爲一小國，與七國之臣無殊，而七國之强大，則遠邁東遷初之周室，實異而名號亦隨之異也。餘如平戎禦敵，興滅繼絕，戰勝吞滅，開疆拓地，變法創制，合縱連横等等，皆列國事而非周室事，學術則私學盛於官學，人才則列國盛於周室，皆爲此時代之特徵。漢以後史家目此種變遷爲世衰道微之徵，因以三代爲治世，春秋爲衰世，戰國爲亂世，自西周降至春秋戰國，實爲退化之歷史。司馬遷、劉向與班固，尤慨乎言之。

史記十二諸侯年表序「厲王奔彘，共和行政，是後或力政，强乘弱，興師不請天子，然挾王室之義，以討伐爲會盟主。政由五伯，諸侯恣行，淫侈不軌，賊臣篡子滋起矣。齊、晉、秦、楚，其在成周，微甚，封或百里，或五十里。晉阻三河，齊負東海，楚介江淮，秦因雍州之固，四國迭興，更爲伯王，文武所褒大封，皆威而服焉。」

又六國表序「太史公讀秦記，至犬戎敗幽王，周東徙洛邑，秦襄始封爲諸侯，作西畤，用事上帝，僭端見矣。禮曰：天子祀天地，諸侯祭其域內名山大川。今秦雜戎翟之俗，先暴戾，後仁義，位在藩臣，而臚於郊祀，君子懼焉。及文公踰隴，攘夷狄，尊陳寶，營岐雍之間，而穆公修政，東竟至河，則與齊桓、晉文，中國侯伯侔矣。是後陪臣執政，大夫世祿，六卿擅晉權，征伐會盟，威重於諸侯。及田常殺簡公而相齊國，諸侯晏然弗討，海內爭於戰攻矣。三國終之，卒分晉，田和亦滅齊而有之，六國之盛自此始。務在強兵并敵，謀詐用，而從橫短長之說起，矯稱蠭出，誓盟不信，雖置質剖符，猶不能約束也。秦始小國，僻遠，諸夏賓之，比於戎翟，至獻公之後，常雄諸侯，卒併天下。」

劉向戰國策序「五伯之起，尊事周室，五伯之後，時君雖無德，人臣輔其君者，若鄭之子產，晉之叔向，齊之晏嬰，挾君輔政，以並立於中國，猶以義相支持，歌詠以相感，聘覲以相交，期會以相一，盟誓以相救。天子之命，猶有所行，會享之國，猶有所恥，小國得有所依，百姓得有所息。及春秋之後，衆賢輔國者既沒，而禮義衰矣。田氏取齊，六卿分晉，道德大廢，上下失序。至秦孝公捐禮讓而貴戰爭，棄仁義而用詐譎，苟以取強而已矣。夫篡盜之人，列爲侯王，詐譎之國，興立爲強，是以轉相放效，後生師之，遂相吞滅，併大兼小，暴師經歲，流血滿野，父子不相親，兄弟不相安，夫婦離散，莫保其命，湣然道德絕矣。晚世益甚，萬乘之國七，千乘之國五，敵侔爭權，盡爲戰國，貪饕無恥，競進無厭，國異政教，各自制斷，上無天子，下無方伯，力功爭強，勝者爲右，兵革不休，詐僞並起。當此之時，雖有道德，不得施設，有謀之強，負阻而恃固。連與交質，重約結誓，以守其國。故孟子孫卿儒術之士，棄捐於世，而遊說權謀之徒，見貴於俗。是以蘇秦、張儀、公孫衍、陳軫、代、厲之屬，主從橫短長之說，左右傾側，所在國重，所去國輕。」

漢書禮樂志「周室大壞，諸侯恣行，設兩觀，乘大路，陪臣管仲季氏之屬，三歸雍徹，八佾舞庭，制度遂壞，陵夷而不反。桑間濮上鄭衛宋趙之聲並出，內則致疾損壽，外則亂政傷民。巧偽因而飾之，以營亂富貴之耳目，庶人以求利，列國以相間。至於六國，魏文侯最為好古，而謂子夏曰，寡人聽古樂，則欲寐，及聞鄭衛，余不知倦焉。子夏辭而辨之，終不見納。自此禮樂喪矣。」

又刑法志「周道衰，法度墮。至齊桓公任用管仲，作內政而寓軍令，齊桓既沒，晉文接之，亦先定其民，作被廬之法，總帥諸侯，迭為盟主。然其禮已頗僭差，又隨時苟合，以求欲速之功，故不能充王制。春秋之後，滅弱吞小，並為戰國，雄桀之士，因勢輔時，作為權謀，以相傾覆。世方爭於功利，而馳說者以孫吳為宗。」

又食貨志「周室既衰，暴君汙吏慢其經界，繇役橫作，政令不信，上下相詐，公田不治。於是上貪民怨，災害生而禍亂作。陵夷至於戰國，貴詐力而賤仁義，先富有而後禮讓，王制遂滅，僭差無度。庶人之富者累巨萬，而貧者食糟糠，有國強者兼州域，而弱者喪社稷。」

又貨殖傳「周室衰，禮法墮，諸侯刻桷丹楹，大夫山節藻梲，八佾舞於庭，雍徹於堂。其流至於士庶人，莫不離制而棄本，稼穡之民少，商旅之民多，穀不足而貨有餘，陵夷至乎桓文之後，禮誼大壞，上下相冒，國異政，家殊俗，耆欲不制，僭差亡極。於是商通難得之貨，工作亡用之器，士設反道之行，以追時好而取世資。偽民背實而要名，姦夫犯害而求利。篡弒取國者為王公，圉奪成家者為雄桀，禮誼不足以拘君子，刑戮不足以威小人。富者土木被文錦，犬馬餘肉粟，而貧者裋褐不完，唅菽飲水。其為編戶齊民同列，而以財力相君，雖為僕虜，猶無慍色，故夫飾變詐為姦軌者，自足乎一世之間，守道循理者，不免於饑寒之患。其教自上興，繇法度之無限也。」

又游俠傳「古者天子建國，諸侯立家，自卿大夫以至庶人，各有等差，是以民服事其上，而下無覬覦。周室既微，禮樂征伐自諸侯出。桓文之後，大夫世權，陪臣執命。陵夷至於戰國，合從連橫，力政爭彊。繇是列國公子，魏有信陵，趙有平原，齊有孟嘗，楚有春申，皆藉王公之勢，競爲游俠，雞鳴狗盜，無不賓禮，皆以取重諸侯，顯名天下。搤腕而游談者，以四豪爲稱首。於是背公死黨之議成，守職奉上之義廢矣。」

三子皆拘拘於封建時代之禮法，以王者施令定制統一天下爲立論之標準，故無在而不覺其陵夷衰微。然封建已進而爲列國，諸侯代王者爲政於天下，制度禮法，自須因時制宜：而強國並爭，物力進步，其立國精神與夫經濟俗尚，其勢亦不得不變。語曰：「世異變，成功大。」（註三）春秋戰國爲國史上一大變局，亦爲由封建至統一必經之階段。（古代由部落，而封建，而列國，而統一，皆必經之階段。）讀史者第當識其變遷，以明白一代之風氣，不必先立一成見，而惟訾議其退步也。然後世論列國時代者，多不能出三子之範圍，故備錄之，以見列國時代各方面之異於封建時代焉。

列國時代變遷之最大者，曰各國之兼并。周初千八百國，春秋世見於經傳者，僅百數十國。（註四）厲宣以降，諸侯之互相吞併，蓋已久矣。然至春秋時，各國力攻相并，始可考見。當時滅國最多者，首推晉、楚、齊、秦。據春秋傳所載，楚所滅者約四十餘國，晉二十餘國，齊十國，秦八國，自餘魯、宋、吳、越、鄭、衛等，亦各滅數國。諸書又稱「齊桓并國三十五」，「晉獻公并國十七，服國三十八，」「楚莊王并國二十六」，「楚文王兼國三十九」，「秦穆公滅國二十」。（註五）是此四國五君，滅國已百數十。弱肉強食，其禍酷矣。至戰國而爭戰益亟，卒之統一於秦。漢書地理志云：「周室既衰，禮樂征伐自諸侯出，轉相吞滅，數百年間，列國耗盡。至春秋時，尚有數十國，五霸迭興，總其盟會。陵夷至於戰國，天下分而爲七，合縱連衡，經數十年，秦遂并兼四海，盪滅前聖之苗裔，靡有孑遺者矣。」

自各國兼并，周之諸侯，進而爲強大之列邦，其國家之組織，政治之設施，社會之狀況，學者之思想，皆因之而變易。而軍制之改革尤劇。周制天子六軍，諸侯大者三軍，次者二軍，小者一軍。軍萬二千五百人。春秋時，齊桓晉文皆務擴充兵額，其後晉國之兵，數至十萬，（註六）大於西周盛時天子六軍。然其時皆用車戰，猶未有斬首至於累萬者。至戰國則列國競以衆勝，蘇秦張儀游說諸侯，盛稱諸國之兵，燕、趙、韓、魏、齊、皆帶甲數十萬，楚秦則百餘萬。（註七）又由車戰變爲騎射；故兵禍之烈，極於此時。史記六國表載秦將白起斬首之數，有多至數十萬者，（註八）其殘酷前古所未有也。孫臏、吳起之兵法，白起、王翦、廉頗、李牧之將略，以及學者痛恨當時窮兵黷武之論，如孟子墨子之非攻戰等，皆相因而生，亦可以覘世變矣。其影響於歷史最巨者，曰革封建爲郡縣。春秋諸國幷呑小弱，大抵以國地爲縣，縣或以之賞功臣，或特使大夫守之，或特置縣尹縣公以治之。至戰國各國又以所闢之地爲郡，郡置守焉。（註九）因滅國而特置郡縣，因置郡縣而特命官，不復如三代之滅國以封國，封建之制，遂漸變爲郡縣之制，諸國並峙之勢，亦漸進而爲統一之局焉。

春秋之時，蠻夷戎狄，雜居內地，諸夏亦多用夷禮。宋洪邁言「成周之世，中國之地最狹，以今地理考之，吳、越、楚、蜀、閩皆爲蠻，淮南爲羣舒，秦爲戎，河北眞定中山之境，乃鮮虞肥鼓國，河東之境，有赤狄、甲氏、留吁、鐸辰、潞國，洛陽爲王城，而有陽、拒、泉、皋、蠻氏、陸渾、伊洛之戎，京東有萊牟介莒，皆夷也。杞都雍邱，今汴之屬邑，亦用夷禮。邾近於魯，亦曰夷。其中國者，獨晉、衛、齊、魯、宋、鄭、陳、許而已。通不過數十州；蓋于（今）天下，特五分之一耳。」（註一〇）自齊桓稱霸，晉文繼之而興，世霸北方，倂戎狄以自廣，秦楚亦隨國勢之強大，滅夷狄，稱霸王，而努力自化於華夏，四裔遂多爲諸大國所滅。（註一一）又當時諸族多與漢族通婚媾，（註一二）及其滅亡，遂多爲漢族所吸收，而同化於吾族。中國之文化，亦漸推漸廣，且漸自北而南及楚與吳越。周成王封熊繹於楚蠻，至春秋初，熊通猶自居於蠻夷。（註一三）吳出泰伯，與周同族，越之先祖，則爲禹之苗裔，而吳自壽夢（前六世紀初）以前，不通中國，越尤僻陋。然自熊通以降，楚國日大，文化之進步，一日千里，人物之盛，逾於諸夏。吳則季札聘魯（前五四四），請觀周樂，於國風雅頌樂舞之精義，言之無或一爽。越之文化，又直接得之於吳，而間接得之於楚；范蠡文種皆楚人也，勾踐得此二人，而教士四萬，君子六千，勃然而興。而種蠡之文章，見於越語者，亦於國語爲最高。吾國文化之自北而南東，此其第一度矣。

春秋之季，諸族之在中土者，式微甚矣。至戰國而遂消滅；而諸國拓張境土，又遠過於春秋。江西湖南之地，大半爲楚越所闢，越又南及閩中；楚則威王時服越，又使莊蹻略巴蜀黔中以西，遠至滇池。趙襄子北略狄土，韓魏滅伊洛陰戎。秦惠文幷巴蜀，昭襄王又滅義渠，置隴西、北地、上郡，趙武靈王破林胡樓煩，置雲中，雁門、代郡，燕將秦開卻東胡，置上谷、漁陽、右北平、遼西、遼東諸郡。南西北三垂之闢，皆非春秋以前所及，然非諸國國力強大，要未足以致此。蓋列國之兼併，響影於國史地理之擴張者深矣。至秦併天下，中國已無雜居之戎，惟南嶺之南，巫黔之西南，隴蜀以西，尚存種落，不足復爲中國患；然匈奴則以此時大矣。（註一四）

自平王東遷至秦滅六國，列國盛衰不一，（註一五）茲以周王紀年，依次略述其要如次。

東周世系表

(1)平王宜臼（五一年）——洩父——(2)桓王林（二三年）——(3)莊王佗（一五年）——(4)僖王胡齊（五年）

(5)惠王閬（二五年）——(6)襄王鄭（三三年）——(7)頃王壬臣（六年）——(8)匡王班（六年）；(9)定王瑜（二一年）——(10)簡王夷（一四年）

(11)靈王泄心（二七年）——(12)景王貴（二五年）——(13)悼王猛；(14)敬王丐（四三年）——(15)元王仁（八年）

(16)貞王介（二八年）——(17)哀王去疾；(18)思王叔；(19)考王嵬（一五年）——(20)威烈王午（二四年）——(21)安王驕（二六年）

(22)烈王喜（七年）
(23)顯王扁（四八年）——(24)愼靚王定（六年）——(25)赧王延（五九年）

周桓公——威公——惠公——東周惠公（七年）
　　　　　　　　　　　西周武公

史記周本紀言「平王之時，周室衰微，諸侯強并弱，齊、楚、秦、晉始大，政由方伯。」周自幽王之亡，平王東保於雒，從王之國，不過秦、晉、鄭、衛，自四國之外，諸侯未有至者。王命晉文侯爲侯伯，啓河內而表裏山河，封秦襄公爲諸侯，賜之岐以西之地，二國漸大，鄭尤強梁一時。然當時齊負東海，楚介江淮，實與秦晉俱得地理之勝。其最初以霸業名者，齊桓公也。桓公以周莊王十二年（前六八五）卽位，任管仲以變法。史稱「管仲既任政相齊，以區區之齊，在海濱，通貨積財，富國強兵，與俗同好惡。故其稱曰，倉廩實而知禮節，衣食足而知榮辱，上服度則六親固，四維不張，國乃滅亡。下令如流水之原，令順民心，故論卑而易行。俗之所欲，因而予之，俗之所否，因而去之。其爲政也，善因禍而爲福，轉敗而爲功；貴輕重，愼權衡。」（註一六）仲蓋以法家而兼道術者。齊既富強，桓公遂霸諸侯。桓公之大功，在攘夷狄以救諸夏。當是時，周既陵遲，白狄赤狄陸渾山戎之屬，錯居內地，爲諸夏患，邢衞兩國，悉爲所滅，楚尤爲患於南方，其勢已擴至淮水以北，寖逼中國。公羊傳曰：「夷狄也，而亟病中國，南夷與北狄交，中國不絕若線。」（註一七）桓公北伐山戎以救燕，卻狄以再造邢衞，南伐荊楚，爲召陵之盟。雖既盟之後，楚滅弦滅許，而桓公不能救；然周室衰微，獨齊爲中國會盟，衣裳兵車之會，唯是尊天子而睦諸侯，抑強楚而保小國，遏戎狄方張之勢，救諸夏垂危之局，一君一臣，經營數十年而克濟焉。功烈稱五霸首，宜也。管仲桓公既沒，（前六四五仲卒，六四三桓公卒。）齊霸驟衰，宋襄公欲繼桓志，圖霸不成，爲楚所敗而死。楚遂肆其強暴，越漢東以陵上國，會晉文公起，中國之勢乃稍振。晉自獻公世（前七世紀中）辟土[illegible]強，一時稱雄，獻公死而國亂。周襄王十六年（前六三六），晉文以秦穆之援入卽位，用趙衰、狐偃、先軫、欒枝諸賢，施惠百姓，作被廬之法，又作執秩以正其官。會楚率諸侯圍宋，文公敗之於城濮（前六三二），獻楚俘於周，王命晉侯為伯，霸業與齊桓比烈焉。然晉不獨南破楚也，又西制秦。時秦穆公用百里奚、蹇叔、公孫支、由余諸賢，國勢甚盛，晉文之沒，穆公因喪伐鄭，文公子襄公襲之於殽，秦軍盡沒，從此不敢東出。雖穆公深自罪悔，增修國政，幷國二十，遂霸西戎，周襄王使召公過賀穆公以金鼓，命為西方侯霸，然終春秋世，秦不得志於中原焉。自晉襄卒後，晉累世多故，而楚勃興。莊王侶（前六一三年立）發憤有為，厲精圖治，傳稱其「以蔿敖為宰，百官象物而動，軍政不戒而備，內姓選於親，外姓選於舊，舉不失德，賞不失勞，老有加惠，旅有施舍，君子小人，物有服章，貴有常尊，賤有等威。在國無日不討國人而訓之，於民生之不易，禍至之無日，戒懼之不可以怠。在軍無日不討軍實而申儆之，於勝之不可保，紂之百克而卒無後。箴之曰，民生在勤，勤則不匱。」（註一八）乘晉霸之衰，出師圍鄭，大敗晉師於邲（前五九七），諸侯遂盡服於楚。及莊王卒（前五九一），楚威稍替，晉復與楚爭鄭，又交吳以制楚。周簡王二年（前五八四），楚申公巫臣為晉通使於吳，教之乘車，教之戰陳，教之叛楚，於是吳通上國，為晉用而議楚後。楚於東南方樹一大敵，罷於奔命，故晉悼公復霸，而楚不能爭。其後吳王闔閭因伍員、孫武諸賢，奮發為雄，亟肆以疲楚，多方以誤楚。周敬王十四年（前五〇六），率師長驅入郢，楚昭王出走，闔閭攘楚之效，高於桓文矣。然吳方議楚後，越又議吳之後。闔閭為越子勾踐所傷而死，夫差志復父讎，雖卒以報越，然勾踐棲保會稽，委曲行成。史稱其「苦身焦思，置膽於坐，坐臥則仰膽，不忘會稽之恥，身自耕作，夫人自織，食不加肉，衣不重采，折節下賢人，厚遇賓客，振貧弔死，與百姓同其勞，拊循士民，欲以報吳。」（註一九）值夫差怠政黷武，出師北攻齊魯，與晉爭盟於黃池，勾踐乘虛破其國都；未幾，遂兼有吳土，驅役中國，越又代吳而霸矣。綜觀春秋時之霸主，舊史雖以齊桓、宋襄、晉文、秦穆、楚莊為五霸，然宋襄圖霸不成，而闔閭勾踐嘗盛極一時，故論者多退宋襄而進闔閭，或退宋襄而進勾踐，亦有退宋襄秦穆而進闔閭勾踐者。（註二〇）要之其時強國，首推齊、晉、秦、楚、吳、越，齊居東，晉居北，秦居西，楚居南，吳越居東南，皆僻處一隅。當時中原諸侯，地醜德齊，方從事於會盟朝聘，莫敢先動。諸國既邊僻，則肆意幷兼，而無所顧忌，且各以一面向中原爭霸，少後顧之憂，其勢尤易彊大也。而晉之近旁皆戎狄，楚之近旁多諸姬，憑恃武力以翦除，無所躊躇，故二國兼併獨多，於諸國中爲尤強，而春秋時局，亦大抵屬之晉楚，執政人才，於各國爲特盛焉。自楚與吳越代興，天下大勢，漸自北而南。然桓文創霸，皆以尊攘爲名，卽宋秦亦不敢稱王，楚吳越則均自稱王，此又春秋夷夏之所由分矣。

周貞王（前四六八年立）以後，王室愈微，諸侯滅亡略盡。晉六卿柄政，旣而智氏滅范、中行氏，而又爲韓、魏、趙所滅，於是晉權盡歸三家，晉侯反朝之，至威烈王二十三年（前四〇三），皆受王命爲諸侯。齊桓公時，陳公子完來奔，世仕齊國，至田常遂專齊政。及三家分晉，田和亦篡齊爲諸侯（前三九一）。四國新建，越衰於南，而燕強於北，與秦楚稱爲七雄，互相爭競，號稱戰國。戰國之初，六國皆強盛。趙則烈侯任公仲連爲相，國政修明，雄於北方。楚則盡滅附近諸小國，悼王時，用吳起爲相，起明法審令，捐不急之官，廢公族疏遠者，以養戰士，南平百越，諸侯皆患楚之強。齊則威王賞罰嚴明，境內大治，諸侯莫敢加兵。韓則文侯伐鄭伐宋，執宋君，哀侯滅鄭而徙都之。燕亦生養休息，置地自廣。尤富強者爲魏，文侯師事卜子夏田子方，過段干木之廬必式，四方賢士多歸之，用李悝以盡地力，以西門豹治鄴，興水利，又用樂羊伐中山，吳起守西河，子武侯繼之，兩世賢主，國勢益振，韓趙皆聽命焉。惟秦較弱，國數亂，列國皆以夷翟遇之，擯斥之不得與中國會盟焉。秦孝公卽位（前三六二），發憤修政，下令招賢，衞鞅入秦，孝公用之，卒定變法之令：「令民爲什伍而相收司連坐，不告姦者腰斬，告姦者與斬敵首同賞，匿姦者與降敵同罰；民有二男以上不分異者倍其賦；有軍功者，各以率受上爵，爲私鬬者，各以輕重被刑；大小僇力本業耕織致粟帛多者，復其身，事末利及怠而貧者，舉以爲收孥；宗室非有軍功論，不得爲屬籍；明尊卑爵秩等級各以差次，名田宅臣妾衣服以家次，有功者顯榮，無功者雖富無所芬華。」（註二一）鞅又以三晉地狹人窮，秦地廣人寡，故草不盡墾，地利不盡出，於是誘三晉之人，利其田宅，復三代無知兵事，務本於內，而使秦人應敵於外。（註二二）秦行鞅法而富強，詩列國自相伐，秦人乘之，攻魏取河西地，魏徙都大梁，秦人至是如虎之出柙，諸侯非戮力不能制秦矣。商鞅卒（前三三八）後四年，而蘇秦唱六國合從之策（前三三四），初說燕文侯，文侯資之車馬金帛以至趙，因說趙肅侯「一韓、魏、齊、楚、燕、趙以從親，以畔秦。令天下之將相，會於洹水之上，通質刳白馬而盟，要約曰，秦攻楚，齊魏各出銳師以佐之，韓絕其糧道，趙涉河漳，燕守常山之北。秦攻韓魏，則楚絕其後，齊出銳師以佐之，趙涉河漳，燕守雲中。秦攻齊，則楚絕其後，韓守成皋，魏塞其道，趙涉河博關，燕出銳師以佐之。秦攻燕，則趙守常山，楚軍武關，齊涉勃海，韓魏皆出銳師以佐之。秦攻趙，則韓軍宜陽，楚軍武關，魏軍河外，齊涉淸河，燕出銳師以佐之。諸侯有不如約者，以五國之兵共伐之。」（註二三）次說韓宣惠王、魏襄王、齊宣王、楚威王於是六國從合而幷力焉。蘇秦爲從約長，幷相六國。史稱「乃投從約書於秦，秦兵不敢闚函谷關十五年。」（註二四）然約定一年，秦使公孫衍欺齊魏以伐趙，趙讓蘇秦，蘇秦去趙而從約解。愼靚王三年（前三一八），楚、趙、魏、韓、燕同伐秦，秦出兵逆之，五國皆敗走。翌年，齊殺蘇秦，而張儀相秦惠文王，連橫之策大盛。初說魏哀王事秦，言「今從者一天下，約爲昆弟，刑白馬，以盟洹水之上以相堅也，而親昆弟，同父母，尙有爭錢財，而欲恃詐僞反覆蘇秦之餘謀，其不可成亦明矣。」（註二五）哀王乃倍從約，而因儀請成於秦。儀又欺楚絕齊；終乃說韓襄王、齊湣王、趙武靈王、燕昭王，連橫以事秦。時赧王四年（前三一一），距蘇秦之卒纔六年耳。雖惠文王卒，悼武王不說儀，諸侯聞之，皆畔橫復合從，明年，張儀亦卒。而蘇秦之弟蘇代蘇厲，猶時約諸侯從親，公孫衍亦嘗佩五國之相印，或從或橫，常爲約長。然六國聯雞不能俱棲，且利害異勢，故急則相救，緩則相攻，其合從皆有名而無實。蘇秦之連橫，以己國爲中心，雖不能舉六國以事我，而乘六國之間，離合操縱，實易於集事。六國之君，雖有發憤變法，或任賢圖強者，如韓昭侯時用申不害爲相（前四世紀中葉），修術行道，國內以治，趙武靈王胡服騎射，攘地北至燕代，西至雲中九原，燕昭王任樂毅、劇辛諸賢，命樂毅伐齊，下七十餘城：要僅能稱雄一時。秦初則屢乘隙以攻接壤之楚魏韓，三國既受侵削，日以地事秦，奉之彌繁，侵之愈急。迨范雎入秦（前二七〇），秦王用雎遠交近攻之計，盡奪韓魏南陽太行之地，而趙與秦接界。秦又以全力攻趙，阬趙卒數十萬；繼又使人滅周，周遂先六國而亡（周東遷後，又分爲東西，西周亡於前二五六年，東周亡於前二四九年）。及秦王政立（前二四六），益速攻各國，後又用楚人李斯之謀，陰遣術士齎金玉，游說諸侯名士，可下以財者，厚遺結之，不肯者，利劍刺之，離其君臣之計，然後使良將將兵隨其後。自十七年（前二三〇）滅韓，至二十六年（前二二一），以次滅趙、燕、魏、楚及齊，六國卒幷於秦。蓋自孝公用商鞅，興本業，獎戰功，深植高強之基，秦之乘勝役諸侯，已數世矣。六國旣不能合從以抗秦，復互相猜忌，自殘以逞欲，賂秦以舒禍，其臣旣多受秦人之賂，其君亦好聽反間之言，秦人遂得振長策而御宇內，吞二周而亡諸侯。推是言之，亦天時，非人力之致也。然國史則由列國時代，而轉入統一時代矣。

吾國學術思想，以東周爲全盛時代，其派別千條萬緒，據漢書藝文志所載，大別凡六，小別三十有八。

(一)六藝　分易、書、詩、禮、樂、春秋、論語、孝經、小學九種。

(二)諸子　分儒、道、陰陽、法、名、墨、縱橫、雜、農、小說十家。

(三)詩賦　分屈原賦、陸賈賦、孫卿賦、雜賦、歌詩五種。

(四)兵家　分權謀、形勢、陰陽、技巧四種。

(五)數術　分天文、曆譜、五行、蓍龜、雜占、形法六種。

(六)方技　分醫經、經方、房中、神僊四種。

藝文志據劉向劉歆父子合著之七略，七略爲太古至西漢末現存載籍之總錄，總五百九十六家，萬三千二百六十九卷。大抵六藝傳記與詩賦，多漢人之述作，詩賦中之陸賈賦、雜賦、歌詩三種，皆託始於漢，爲先秦所未有。自餘四類，則以春秋戰國時人之述作爲多，卽託名宓羲、神農、黃帝以下者，亦多時人所依託。兵家數術方技，本可附庸諸子，另立數家，因其爲專門之術，當時校書者各有專人（劉向校六藝諸子詩賦。步兵校尉任宏校兵書，太史令尹咸校數術，侍醫李柱國校方技），故與諸子並列。是則論晚周學術思想，雖謂以諸子概之可也。

諸子之學之起因，亦以藝文志所言爲最備。一曰出於官守：謂「儒家者流，蓋出於司徒之官，道家者流，蓋出於史官，陰陽家者流，蓋出於羲和之官，法家者流，蓋出於理官，名家者流，蓋出於禮官，墨家者流，蓋出於清廟之守，從橫家者流，蓋出於行人之官，雜家者流，蓋出於議官，農家者流，蓋出於農稷之官，小說家者流，蓋出於稗官；兵家者，蓋出古司馬之職，王官之武備；數術者，皆明堂羲和史卜之職，方技者，皆生生之具，王官之一守。」司徒以下，皆王朝之官，故後人亦稱諸子出於王官。（註二六）蓋學術寄於典籍，古代典籍，皆藏官府，司其職者世其業，世其業者專其學，專其學者傳其說，官守學業，皆出於一，故學在王官，而私門無著述文字。及周室東遷，天子失官，官守不修，官師之學，遂分裂而爲私家之學，始則由天子畿內分而之各國，繼則由各國轉而入私家。官家之書，亦多散布於人間。好古者咸可從師講習，有書者亦得博學詳說。此所以孔老聖哲，勃興於春秋之末，而九流十家，繼軌並作，旁及兵書數術方技，大盛於戰國之世也。二曰起於時勢，藝文志稱「諸子十家，皆起於王道既微，諸侯力政，時君世主，好惡殊方，是以九家之說，蠭出並作，各引一端，崇其所善，以此馳說，取合諸侯。」是諸子雖出於王官，亦與時勢爲因緣。如陰陽家、法家、從橫家、農家、兵家，以及數術方技，皆隨時俗之好尙，以擇術立言。如孔子之譏世卿，惡征伐，墨子之明尙賢，著非攻，孟子之明王道，辨義利，下及宋鈃尹文之救民之鬬，禁攻寢兵，雖與世枘鑿，亦皆救時之要術，濟時之良謨。而墨家以悲天憫人爲懷，尤尙趨時。其言曰：「凡入國，必擇務而從事焉，國家昏亂，則語之尙賢尙同，國家貧，則語之節用節葬，國家熹音湛湎，則語之非樂非命，國家淫僻無禮，則語之尊天事鬼，國家務奪侵凌，則語之兼愛非攻。」（註二七）卽道家之抉擿天地造化之根原，消極於世俗之榮辱得喪，而積極於精神之稠適上遂，下至商鞅之反對禮樂詩書善修孝悌廉辯，亦皆周末時勢激之使然。古人謂學術可以觀時變，豈不然哉。

諸子之學，各有宗旨，其書家別人異。藝文志著錄之書，雖經歷代之兵亂，而銷亡者十九，若陰陽農小說從橫四家，今已無整篇之書，兵家數術方技，除兵權謀形法及醫經存書數家外，亦並亡佚。然卽其存者論之，猶有千門萬戶之觀，其學說文章之騰焯千古者，亦更僕而難悉數。要其於道最爲高，而關係中國文化最鉅，影響中國歷史最深者，首推孔子（生周靈王二一年，卒敬王四一年，前五五一至四七八）。

孔子者，中國文化之中心也。（註二八）自孔子以前，數千年之文化，賴孔子而得，自孔子以後，數千年之文化，賴孔子而開。蓋其學集上古聖哲遺教之大成，發揮光大而布之民間，一以人倫道德爲本，而卓然立人之極，爲生民以來所未有。禮記論語詳載孔子學行，其所言首重修身成己，其所標舉之德目，自仁義禮智信外，曰誠、曰敬、曰恕、曰忠、曰孝、曰愛、曰友、曰恆、曰中、曰庸、曰讓、曰儉、曰恭、曰寬、曰敏、曰惠、曰剛、曰毅，殆未可以僂舉。修身之後，卽推之於家國天下，故於道國爲政理財治賦成人教民之法，無一不講求，而靳致用於世。蓋旣充滿其心性之本能，一切牖民覺世之方，乃從此中自然發露於外，其極則至於盡物性而參天地，宇宙內事，皆性分內事。本末兼賅，有體有用，內聖外王之道，固與百家之得一察焉以自好者異矣。由其以修身克己爲重，斯不暇及於外，而怨天尤人之意，自無自而生。其遇雖窮，其心自樂，人世名利，視之淡然。故曰：「飯疏食飲水，曲肱而枕之，樂亦在其中矣。不義而富且貴，於我如浮雲。」自孔子立此標準，於是人生正義之價値，乃超越之經濟勢力之上，服其教者，力爭人格，則不爲經濟勢力所屈。不獨昌言私利不恥攘奪者，羣斥爲小人，卽躬行正義，舉措無訧，而於隱微幽獨之中，有一念涉及私圖者，亦不得冒純儒之目。此孔子之學之最有功於人類者也。人之生活，固不能不依乎經濟，然社會組織不善，則經濟勢力，往往足以錮蔽人之心理，使之屈伏而喪失其人格。其強悍者，蓄積怨尤，則公爲暴行，而生破壞摧毀之舉。今世之弊，皆坐此耳。孔子以爲人生最大之義務，在努力增進其人格，而不在外來之富貴利祿。卽使境遇極窮，人莫我知，而我胸中浩然，自有坦坦蕩蕩之樂。無所歆羨，自亦無所怨尤。而堅強不屈之精神，乃足歷萬古而不可磨滅。儒教眞義，惟此而已。

孔子之學，固不以著述重，然其著述之功，關係絕鉅。史記孔子世家稱「孔子之時，周室微，而禮樂廢，詩書缺。追迹三代之禮，序書傳，上紀唐虞之際，下至秦繆，編次其事，曰夏禮吾能言之，杞不足徵也，殷禮吾能言之，宋不足徵也，足則吾能徵之矣；觀殷夏所損益，曰後雖百世可知也；以一文一質，周監二代，郁郁乎文哉，吾從周，故書傳禮記自孔氏。孔子語魯太師，樂其可知也，始作翕如，縱之純如，皦如，繹如也，以成；吾自衞反魯，然後樂正，雅頌各得其所。古者詩三千餘篇，及至孔子，去其重，取可施於禮義、上采契后稷，中述殷周之盛，至幽厲之缺，始於衽席，故曰關雎之亂，以為風始，鹿鳴為小雅始，文王為大雅始，清廟為頌始，三百五篇，孔子皆弦歌之，以求合韶武雅頌之音，禮樂自此可得而述。」孔子又因魯史作春秋，讀易而為之傳，合之詩書禮樂，號為六藝（亦曰六經）。詩書禮樂皆述，易春秋則述而兼作，孔子以之垂教，布諸天下，然後中國文化根本所寄之六藝，遂如布帛菽粟之普及。兩漢而降，載籍汗牛充棟，大抵皆六籍之附屬物，訓詁考據，義理詞章，皆以六藝為本幹。無孔子則無六籍，雖謂無中國文化可也。

史記孔子世家稱「孔子以詩書禮樂教弟子，蓋三千焉，身通六藝者，七十有二人。」私家教授徒衆之盛，自古以來，未有如孔子者。史記仲尼弟子列傳所載，雖僅七十七人，其中魯人且占半數；然自餘齊、楚、秦、晉、衞、陳、宋、吳諸國，亦皆有學籍。當時各國分立，而孔子以魯人設教洙泗，教化所被，南及江淮，西達山陝，不分畛域如此。此豈其他諸子所可擬哉。論語稱孔子弟子，分德行、言語、政事、文學四科，孔子之後，學派繁衍，而其最有功於文化者，亦惟講學授經之人。據宋洪邁所考，則今世五經之傳，殆皆出於子夏焉。（註二九）世謂儒學之崇，由於董仲舒之說漢武帝抑黜百家。然史記儒林傳稱「自孔子卒後，七十子之徒，散游諸侯，大者為師傅卿相，小者友教士大夫，或隱而不見，故子路居衞，子張居陳，澹臺子羽居楚，子夏居西河，子貢終於齊，如田子方、段干木、吳起、禽滑釐之屬，皆受業於子夏之倫，為王者師。」戰國並爭，「儒術既絀，齊魯之門，學者獨不廢。」及秦皇一天下，阬儒生，始皇長子扶蘇諫曰：「天下初定，遠方黔首未集，諸生皆誦法孔子，今上皆重法繩之，臣恐天下不安。」（註三〇）則儒術流行民間，固已日久而日深矣。至漢高帝十二年（前一九五）過魯，以太牢祀孔子，是為吾國歷代帝王崇祀孔子之始。而學校祀孔子，則始於後漢明帝永平二年（五九）；初與周公並祀，以周公為先聖，孔子為先師。至唐始改為特祀，初稱「先聖」，嗣追諡「文宣王」；歷宋至明，最後始稱「大成至聖先師」。蓋自漢以來，雖已舉國崇奉孔子之教，而立廟奉祀，近於宗教性質者，乃由人心漸演漸深，踵事增華之故，初非孔子欲創立一教，亦非一二帝王或學者假孔子之教以愚民也。孔子後裔，自漢以來，亦代有封號（宋仁宗時封衍聖公，至今國民政府，始改稱大成至聖先師奉祀官）。自東周至今，奕葉相傳，七十七世，譜牒統系，灼然無疑，亦世所僅見矣。自明以後，府縣學皆祀孔子，外國如琉球、日本，亦立文廟，高麗自宋時即祀孔子。此雖不足爲孔子重；而其爲東方文化之祖，則舉世所共信也。太史公曰：「天下君王，至於賢人，衆矣。當時則榮，沒則已焉。孔子布衣，傳十餘世，學者宗之。自天子王侯，中國言六藝者，折衷於夫子。可謂至聖矣。」（註三一）

藝文志以儒家列十家之首，而孔子則又在儒家之外，謂儒家宗師仲尼。蓋推尊孔子，不與諸子等列。然韓非子則以孔子與墨翟並論，曰：「世之顯學，儒墨也，儒之所至，孔丘也，墨之所至，墨翟也。」（註三二）蓋當戰國初，儒術既絀，諸子之學之影響，實以墨學爲最盛，自東方及中原外，南被楚越，西及秦國，故孟子稱曰其言盈天下。然墨家以自苦爲極，刻苦太過，不近人情，其徒又騖外徇名，互相猜忌，爭爲巨子，故不久遂式微。墨家衰，而法家縱橫家大盛。申不害之學，主刑名，相韓十五年，內修政教，外應諸侯，終其身國治兵強，無侵韓者。商鞅以法家之術相秦，使民內急耕織之業以富國，外重戰伐之賞以勸戎士，法令必行，內不私貴寵，外不偏疏遠，令行禁止，法出姦息，秦國卒收富強之效。鞅卒，而蘇秦唱諸侯合縱拒秦之策，身佩六國相印，張儀則說諸侯連橫以事秦，亦名重列邦，三晉權變之士，人人攘臂言縱橫矣。同時與之頡頏者，則有陰陽家。鄒衍深觀陰陽消息，而作怪迂之變終始大聖之篇，十餘萬言，身重於齊，適梁，梁惠王郊迎，執賓主之禮，適趙，平原君側身襒席，如燕，昭王擁篲先驅，請列弟子之座而受業，築碣石宮，親身往師之。其游諸侯見尊禮如此！至於秦漢，其學猶盛。儒家雖有孟軻荀卿，遵孔子之業而潤色之，以學顯於當世，然孟子所如者不合，荀子亦惟在齊爲老師。道家秉要執本，清虛以自守，卑弱以自持，關尹老聃當春秋之末，既以自隱無名爲務，著書辭亦稱微妙難識，莊子與梁惠王齊宣王同時，其學無所不闚，然其要本歸於老子之言，其言洸洋自恣以適己，故自王公大人不能器之，皆未嘗得權憑勢而有所爲。韓非著書，引繩墨，切事情，明是非，言利名法術，而原於道德，歸本於黃老，亦終死於秦。惟呂不韋爲秦相國，藉秦之富厚，招士禮賢，使其客人人著所聞，集論以爲八覽六論十二紀，號曰呂氏春秋，爲雜家一重鎭。然秦王既長，不韋亦絀。餘如名家之尹文惠施公孫龍，下及農家小說，其影響及於當時者，益微末不足道矣，列子稱「齊魯多機，有善治土木者，有善治金革者，有善治聲樂者，有善治書數者，有善治軍旅者，有善治宗廟者，羣才備也。」（註三三）當時齊魯人材之盛，聲聞各國。卽就藝文志所載戰國諸子之書考之，亦以齊魯爲最多，趙與魏韓次之，楚與秦又次之。惟燕最遜，僅縱橫家有龐煖二篇，兵權謀有龐煖三篇，今亦不傳。燕爲晚進之國，其文化故劣於中土；而諸子作者篇章之多寡，亦可考見各國學術之盛衰焉。（註三四）

諸子之學，欲究其全，當別爲專書。就其極淺顯者言之，如孟子之辨義利曰：「行一不義，殺不一辜，而得天下，君子不爲也。」又曰：「枉尺而直尋者，以利言也；如以利，則枉尋直尺而利，亦可爲歟。」皆極端與功利論相反。又其非戰爭，則曰：「爭地以戰，殺人盈野，爭城以戰，殺人盈城，此可謂率土地而食人肉，罪不容於死。」其言痛切極矣。墨子又謂國家與個人無別，悉當以義爲斷，國家之戰爭，其罪惡千百倍於私人之殺傷。非攻篇曰：「殺一人謂之不義，必有一死罪矣，殺十人十重不義，必有十死罪矣，殺百人百重不義，必有百死罪矣。今至大爲攻國不義，則不知非，從而譽之謂之義。」又曰：「今小爲非，則知而非之，大爲非攻國，則不知非，從而譽之謂之義，可爲知義與不知義之辨乎？」尤今世強國侵略主義之藥石，而其言大有功於人類者也。自餘牖民覺世之大義，如孟子之養氣知言，子思孟子之論性，列子荀子之論學，莊子列子之言宇宙原理等，指不勝屈。卽以文章論之，孟墨之論辨，莊列之寓言，屈原宋玉之詞賦，皆前無古人，後無來者。晚周學術之進步，洵可異矣。

列國時代社會之變遷，最要者三事，曰禮法之遞嬗，曰貴族平民之廢興，曰經濟之變遷。

春秋之風氣，淵源於西周，雖經多年之變亂，而其縱迹猶未盡泯者，無過於尙禮一事。觀春秋左氏傳所載，當時士大夫說國之興衰，決軍之勝敗，定人之吉凶，多以禮爲準則，乃至聘問則預求其禮，朝會則宿戒其禮，卿士大夫以此相教授，其不能者則以爲病而講學焉。惟其時之習此者，已居少數，禮記左傳記當時禮之變古者亦多；而列侯卿大夫之上烝下報，禽獸其行，尤史不絕書：禮教之陵夷甚矣。然因去西周未遠，流風餘韻，猶浸淫漸漬於人心，故時人所持之見解，所發之議論，均以禮爲最要之事。管子者，儒家所斥爲霸佐，不足語於王道者也。然其言之見於左氏僖八年傳者，則曰「招攜以禮，懷遠以德，德禮不易，無人不懷。」其所著牧民，亦以禮爲四維之首，曰「國有四維，一曰禮，二曰義，三曰廉，四曰恥。禮不踰節，義不自進，廉不蔽惡，恥不從枉。」其見解與戰國法家諸子絕異。故春秋者，直接於禮教最盛之時代之後之一時代，又禮教由盛而日趨於衰落之一時代也。(註三五)當時諸侯雖尚兼併，亦重禮法，故大國之圖霸者，皆須假仁義以行，而小國亦得藉以自保；然至春秋末期，亦多蔑棄之矣。至於戰國，此等風氣，則絕無所見。「如春秋時猶尊禮重信，而七國則絕不言禮與信矣。春秋時猶宗周王，而七國則絕不言王矣。春秋時猶嚴祀祭，重聘享，而七國則無其事矣。春秋時猶論宗姓氏族，而七國則無一言及之矣。春秋時猶宴會賦詩，而七國則不聞矣。春秋時猶有赴告策書，而七國則無有矣。」(註三六)威烈王之命魏趙韓爲諸侯也，司馬光謂「晉大夫暴蔑其君，剖分晉國，天子既不能討，又寵秩之，使列於諸侯，是區區之名分，復不能守而幷棄之也。先王之禮，於斯盡矣。」(註三七)因以此事爲通鑑所託始，然其所由來漸矣，禮教之規範既除，人羣行爲之表現於當時社會者，在在與古昔相乖背，司馬遷劉向班固言之詳矣。而思想之解放，學說之繁興，爭競之劇烈，國力之開展，經濟之發達，物質之進步，亦無一不呈空前之偉觀，其關係尤鉅者，則爲變法。當時國家之形式，既與春秋時迥殊，立國之精神，自不得不變，如楚吳起、韓申不害、秦商鞅與趙武靈王等，多致意於政法之改革，專務苟且偷薄，以求適時。古制由是湣然絕矣。禮義既不足以拘世人，尚論者以法代禮，謂法爲萬能，法家之學，遂大盛於戰國，治國者亦皆任法而不任人。荀子彊國篇稱「應侯問孫卿子曰，入秦何見。孫卿子曰，入境觀其風俗，其百姓樸，其聲樂不流汙，其服不佻，甚畏有司而順，古之民也。及都邑官府，其百吏肅然，莫不恭儉敦敬，忠信而不楛，古之吏也。入其國，觀其士大夫，出於其門，入於公門，出於公門，歸於其家，無有私事也；不比周，不朋黨，倜然莫不明通而公也；古之士大夫也。觀其朝廷，其間聽決，百事不留，恬然如無治者，古之朝也。故四世有勝，非幸也，數也。」當時法治之推行，實以秦爲最澈底，其效亦以秦爲特著。觀荊軻逐秦王，諸郎中執兵陳殿下者，格於非有詔召不得上之秦法，終不敢無詔上殿，擊軻以救秦王，亦可見秦人奉法之精神矣。

春秋之世，列國諸侯，嫡長嗣世爲君，支庶則推恩列爲大夫，掌國事，食采邑，稱公子某，公子之子稱公孫，公孫之子以王父字爲氏，世世不絕。若異姓積功勞，用爲卿，世掌國政，則各以其官或以其邑爲氏。故其時多世卿執政。若魯之三桓，（孟孫氏、叔孫氏、季孫氏，皆桓公之後，故名），鄭之七穆（穆公之子十有三人，而七族列爲大夫，曰罕氏、駟氏、良氏、游氏、豐氏、國氏、印氏，是爲七穆），衛之孫氏、寧氏、宋之華氏、向氏，晉之韓、欒、魏、狐，齊之高、國、崔、慶，皆公族或同姓也。晉之趙氏、先氏、胥氏、郤氏、范氏、中行氏、知氏，齊之陳氏，皆異姓也。（註三八）世卿之制，大抵不外親親與選賢，親親卽展親睦族，爲國毗輔，選賢則唯賢是擇，不拘世類。然其禍，小者淫侈越法，隕世喪宗，如齊之崔、慶、高、國是也。或族大多寵，權逼主上，如魯之三桓，鄭之七穆是也。甚者厚施竊國，如陳氏篡齊，三家分晉。故世卿之禍，幾與封建等。其時惟楚之令尹，雖俱以親公子爲之，然一有罪戾，隨卽誅死；秦則西取由余於戎，東得百里奚於宛，迎蹇叔於宋，求丕豹公孫支於晉，皆李斯所謂能用天下之士者；其制與諸夏異，故皆免於世卿之禍焉。孔子作春秋，迹盛衰，譏世卿最甚。至於戰國，人主雖猶有任其貴戚者（如齊之田文田單等），然世卿則完全絕跡。而寒人下士，抵掌游談，往往取貴族之權而代之，古代階級之制，遂以漸泯。蓋當戰國之初，篡位奪國者，皆強宗世族，其人雖甘冒不韙，恆懼他人之師其故智，故思以好賢禮士之名，羅致疏賤之士，畀以國政，而陰削宗族大臣之權，以爲其子孫地，此一因也。疏賤之士，既握政柄，必與貴戚世臣不相容，特其言聽計從，則力排異己以爲快；加以游士相踵，爭取高位，貴族皆不能一一傾之，而列國之風氣，以之大變，此二因也。國家積弱，宗族大臣，不能自振，則人主急於求士，士亦爭往歸之，此三因也。數千年之貴族政治，以此三因，遂漸轉而入於平民之手。（註三九）而自官學散而爲私家之學，其所藏之書，亦多散布於人間，學問非貴族所得而私　有志之士，皆得博學詳說，故賢才勃興，亦非習於驕奢之貴族所能及，於是蘇秦、張儀、犀首、范雎、蔡澤等，徒步而爲相，孫臏、白起、樂毅、廉頗、李牧、王翦等，白身而爲將，開後世布衣將相之局。而前之男子稱氏，女子稱姓，以氏爲卿大夫之標徵，且以別貴賤，辨親疏，防淆亂者，（註四〇）今則貴族式微，姓氏亦漸無辨而不足重矣。自國君破格求賢，其流至於大臣貴戚，如四公子及秦呂不韋之徒，亦皆以養士爲高，雞鳴狗盜，無不賓禮，皆以取重諸侯，顯名天下。士無賢不肖，麕聚而求食，長富貴而羞貧賤，尙詐術而賤仁義，遂成一時之風氣。然巖處奇士，讀書懷獨行君子之德，義不苟合當世，當世亦笑之，則有如季次原憲，終身空室蓬戶，褐衣疏食不厭，死而已。而莊周、孟軻、魯仲連等，亦皆不阿世俗，以求仕宦。莊子讓王又載原憲語子貢曰：「夫希世而行，比周而友，學以爲人，教以爲己，仁義之慝，輿馬之飾，憲不忍爲也。」戰國學士，蓋同時有投機植黨，營私攘利者，亦有足乎己而無待於外者。故戰國爲平民顯榮之時代，亦人品極複雜極參差，思想極平等極自由之時代矣。

經濟之變遷，關係最巨者，曰土地變國有爲民有。其事亦肇端於春秋。古者士皆授田，與農無別，農工商外，別無士之名。四民之分，始見管子，曰：「士之子恆爲士，工之子恆爲工，商之子恆爲商，農之子恆爲農。」又曰：「士聞見博學，與工而不與分。」（註四一）謂預食農收之功，而不受力作之分也。是士不授田，意必當時授田之制漸廢，始別立士之名也。又當衰世法壞，則其歸授之際，豪強必有欺隱之姦。而阡陌（田之疆畔）之地，均近民田，又必有陰據以自私，而稅不入於公上。觀鄭子產爲政，使田有封洫（封疆溝洫），鄭人怨其不便而欲殺之：民之占田以自私，亦已久矣。至戰國而各國皆呈經界不正之象。商君相秦，以其急刻之心，行苟且之政，是以一旦奮然不顧，盡開阡陌，悉除禁限，而聽民兼幷買賣，以盡人力；墾闢棄地，悉爲田疇，而不使其有尺寸之遺，以盡地利；使民有田卽爲永業，而不復歸授，以絕煩擾欺隱之姦；使地皆爲田，而田皆出稅，以嫯陰據自私之幸。(註四二)他國亦仿而行之，於是國有之地，變爲民有。雖以競爭而促進人之智力；而田得買賣，豪強遂得肆意呑併。列國兼於上，豪強兼於下；有國強者兼州域，而弱者喪社稷；庶人之富者田連阡陌，而貧者無立錐之地。又專川澤之利，管山林之饒，荒淫越制，踰侈以相高，故邑有人君之尊，里有公侯之富。小民或耕豪民之田，見稅十五，故貧民常衣牛衣，而食犬彘之食。貧富之不均，生計之懸絕，又遠過封建時代貴族專政之世矣。計然（范蠡之師）言「夫糶二十病農，九十病末。」(註四三)李悝亦言「粟石三十」。(註四四)田爲私有，粟米亦爲商品，前之家有餘粟者，今則須購米而食。而白圭「歲熟取穀，予之絲漆繭，凶取帛絮，與之食。」(註四五)民以食爲生，資本家則因食而取利，亦可謂之鉅變矣，惟牛耕鐵耕之事，俱始於春秋而盛於戰國，農作技術，因是而大得進步；而溝渠漑田之繁興，尤有助於農業生產之增進。漢書溝洫志稱「滎陽下引河東南爲鴻溝，以通宋、鄭、陳、蔡、曹、衞，與濟汝淮泗會。於楚，西方則通渠漢川雲夢之際，東方則通溝江淮之間。於吳，則通渠三江五湖。於齊，則通淄濟之間。於蜀，則蜀守李冰鑿離碓，避沫水之害，穿二江成都中。此渠皆可行舟，有餘則用漑，百姓饗其利。至於它，往往引其水用漑田，溝渠甚多。魏文侯以史起爲鄴令，引漳水漑鄴，以富魏之河內，民歌之曰，鄴有賢令兮爲史公，決漳水兮漑鄴旁，終古舃鹵兮生稻粱。其後韓使水工鄭國間說秦，令鑿涇水，自中山西邸瓠口爲渠，並北山東注洛，三百餘里，渠成而用漑，注塡閼之水，漑舃鹵之地，四萬餘頃，收皆畝一鍾，於是關中爲沃野，無凶年，秦以富彊，卒幷諸侯，因名曰鄭國渠。」水利之鉅，前史所未有也。

管子山權數篇稱「民之能明於農事者，置之黃金一斤，直食八石，民之能蕃育六畜者，置之黃金一斤，直食八石，民之能樹藝者，置之黃金一斤，直食八石，民之能樹瓜瓠葷菜百果使蕃裕者，置之黃金一斤，直食八石，民之能已民疾痛者，置之黃金一斤，直食八石，民之知時曰歲豐且阨曰某穀不登曰某穀豐者，置之黃金一斤，直食八石，民之通於蠶桑使蠶不疾病者，置之黃金一斤，直食八石；謹聽其言而藏之官，師旅之事，民無所與。」蓋國家富強，則各種職業，皆因而發達，業分而專，則各業皆有能者，而國家亦竭力獎勵之保護之也。古者工皆世官，以業爲氏，鐘鼎彝器之作，亦僅王朝能之。春秋以降，王朝工官之技，多傳之各國，齊、管、鄭、秦、楚諸國，製器之風大盛，形制花紋，文字書法，皆富有地方色彩，與商周之器多異。自兩宋迄清考古家著錄者外，近年在鄭楚故地發現者，其數猶盈千百。(註四六)而普通制作，則各國之專擅一技者，至於夫人能之。考工記曰：「粤無鎛，燕無函，秦無廬，胡無弓車。粤之無鎛也，非無鎛也，夫人而能爲鎛也；燕之無函也，非無函也，夫人而能爲函也；秦之無廬也，非無廬也，夫人而能爲廬也；胡之無弓車也，非無弓車也，夫人而能爲弓車也。」亦可見其時工藝之演進矣。考工記爲記載工學之專籍，即戰國時齊人所作，雖其所載之工，僅三十種，而攻木、攻金、攻皮、設色、刮磨、摶埴之工，無一不具；而分工之多，定名之密，度數之精，雕刻之美，在在可徵其時工藝之進步。墨子載公輸子削竹木以爲鵲，成而飛之，三日不下。(註四七)韓非子則稱墨子爲木鳶，三年而成，蜚一日而敗。(註四八)則戰國時之機械工藝，亦異常發達矣。管子海王篇道鐵官之數曰：「一女必有一鍼、一刀，耕者必有一耒一耜、一銚，行服連輂者，必有一斤、一鋸、一錐、一鑿、不爾而成事者，天下無有。」時兵器禮器，雖多任銅，而什器則或任鐵，實爲銅鐵並用時代。至戰國而鐵器乃益盛。史記貨殖列傳稱「邯鄲郭縱，以鐵冶成業，與王者埒富；蜀卓氏之先，趙人也，用鐵冶富；宛孔氏之先，梁人也，用鐵冶爲業：」皆戰國時人也。而商業之進步尤速。東周以前，大抵爲農業自足經濟，商業不甚發達；至春秋而各國商貨交通漸繁，管子輕重甲篇稱「萬乘之國，必有萬金之賈，千乘之國，必有千金之賈，百乘之國，必有百金之賈：」是賈之大小，已視國之大小。左傳載秦師襲鄭，鄭商人弦高將市於周，遇之，以牛犒師，卒以卻敵衞國。(註四九)春秋而後，則「范蠡之陶，爲朱公，以陶爲天下之中，諸侯四通，貨物所交易，乃治產積居，與時逐，而不責於人，十九年之中，三致千金，子孫修業而息之，遂至巨萬。」「子貢鬻財於曹魯之間，七十子之徒，賜最爲饒益，結駟連騎，束帛之幣，以聘享諸侯，所至國君無不分庭與之抗禮。」而「白圭樂觀時變，人棄我取，人取我與，能薄飲食，忍嗜欲，節衣服，與用事僮僕同苦樂，趨時若猛獸鷙鳥之發。故曰：吾治生產，猶伊尹，呂尙之謀，孫吳用兵，商鞅行法是也；是故其智不足與權變，勇不足以決斷，仁不能以取予，彊不能有所守，雖欲學吾術，終不告之矣；」（註五〇）為天下言治生者所祖。蓋用貧求富，農不如工，工不如商，故富商與商業人才為獨多焉。工商之業既盛，貨幣與商品交易之最驟增，用金之多，遂極於戰國。孟子稱於齊王餽兼金一百，宋餽七十鎰，薛餽五十鎰。國策則載蘇秦為趙相，黃金萬鎰，姚賈出使四國，資金千斤；孟嘗君予馮諼金五百斤，西游於梁，梁遣使者黃金千斤，往聘孟嘗。即朱公中男殺人囚楚，朱公營救，亦進千金於楚莊王。自虞、夏、商、周已有金幣，未聞用金有如是之多者。（註五一）而黃金之勢力，亦發揮至最高度。游士之屬聚求食，軍將之赴重賞，趙女鄭姬之奔富貴，無論已；秦王以金玉遺結諸侯名士，或以重金行間，魏公子無忌之廢，趙將李牧之殺，皆秦金之力也。故秦之得天下，實黃金政策之成功。觀蘇秦貧窮則妻不下紝，父母不與言，多金則父母郊迎，妻側目傾耳，雖以父母夫妻之愛，亦視黃金為轉移。亦足徵戰國時代世變之大，物質觀念入人之深，而窮巷掘門桑戶棬樞之士奮發之所由矣。班固有言：「其為編戶齊民同列，而以財力相君，雖為僕虜，猶無慍色。」（註五二）部落封建時代僅有政治奴隸者，至列國時代，乃復有經濟之奴隸。然觀季次原憲之行，則雖在黃金萬能時代，人生之價值，仍有遠超經濟之上，而絲毫不為經濟所屈者。歷史現象，錯綜繁賾，固未可盡以經濟解釋矣。

（註一）文獻通考卷二六二「封建考」，對諸小國仿世家之例一一備述，約得三十國。

（註二）國語二十卷，周語紀自穆王以來，僅三卷，而晉語多至九卷。戰國策劉向定著三十三篇，秦策五篇，齊策六篇，楚趙魏各四篇，韓燕各三篇，而東周西周各一篇，與宋衞中山同。

（註三）見史記六國表序。

（註四）顧棟高春秋大事表六五「春秋列國爵姓及存滅表」，共考得一百四十八國。

（註五）見荀子仲尼篇，韓非子難二篇，有度篇，呂氏春秋直諫篇，及史記李斯傳。

（註六）左氏昭十三年傳「叔向曰，寡君有甲車四千乘在，雖以無道行之，必可畏也。」案杜注以七十五人為一乘，四千乘三十萬人，其數不確。孫詒讓謂兵車以二十五人一乘為定法（周禮正義卷二十），則四千乘為十萬人，此春秋時列國兵數之最多者。

（註七）見史記蘇秦傳、張儀傳。

（註八）如秦昭王十四年，擊伊闕，斬首二十四萬，三十四年，擊魏華陽，斬首十五萬，四十七年，破趙長平，殺卒四十五萬。

（註九）詳日知錄卷二十二「郡縣」。

（註一〇）容齋隨筆卷五「周世中國地」節。

（註一一）如東夷之萊介滅於齊，根牟滅於魯，南蠻之盧戎，西戎之蠻氏，滅於楚，西戎之驪戎，西夷之亳，滅於秦，西戎之陸渾之戎，滅於晉，北狄之鄋瞞、潞氏、甲氏、留吁、鐸辰以及東山皐落氏、廧咎如、鼓等，咸滅於晉。

（註一二）左傳記周襄王有狄后，晉獻以驪姬爲元妃，晉文及其異母弟夷吾奔齊，皆貉戎所出，晉文自娶狄女季隗，以叔隗妻趙衰生盾，而潞子嬰兒之夫人，亦爲晉景公之姊。

（註一三）史記楚世家「熊通立，是爲楚武王，三十五年（周桓王十四年，魯桓公六年，前七〇六，）楚伐隨，楚曰，我蠻夷也。」

（註一四）自本章首至此，多節錄拙著綱要第一册六七至七十節（頁三〇九至三四五），可參看。

（註一五）拙著綱要第一册七一節「霸主與縱横」（頁三四五至三五二），總論列國盛衰大勢。自七五節至八二節，又分列國盛衰爲八時代：一、鄭國强梁時代，二、齊桓稱霸時代，三、晉楚爭霸中原秦霸西方時代，四、吳越爭霸時代，五、秦衰而列國强盛時代，六、秦變法强盛魏韓楚由盛而衰時代，七、秦益强趙齊燕由盛而衰韓魏楚益衰時代，八、秦滅六國時代（頁三八九至四一八）；論述較詳，可參看。

（註一六）見史記管晏列傳。

（註一七）見僖公四年傳。

（註一八）見左氏宣十二年傳。

（註一九）見史記越世家。

（註二〇）說詳日知錄卷四「五伯」節。

（註二一）見史記商君傳。

（註二二）見杜佑通典卷一食貨一。

（註二三）見史記蘇秦傳。

（註二四）同上註。

（註二五）見史記張儀傳。

（註二六）近人胡適嘗著「諸子不出於王官論」（見商務印書館出版胡君著中國哲學史大綱附錄），其說多誤，詳見拙著「評胡氏諸子不出於王官論」，載民國十年中華書局出版之學衡雜誌第四期。

(註二七)見墨子魯問篇。

(註二八)本節以下二節，多本柳先生中國文化史第一編第二十五章「孔子」及第二十六章「孔門弟子」（頁二九二至三二三），可參看。

(註二九)見容齋續筆卷十四「子夏經學」。

(註三〇)見史記秦始皇本紀。

(註三一)見史記孔子世家。

(註三二)見顯學篇。

(註三三)見仲尼篇。

(註三四)本節及下節論諸子，多本柳先生中國文化史第一篇第二十八章「諸子之學」（頁三四二至三六五），可參看。

(註三五)詳中國文化史第一篇第二十二章「周代之變遷」頁二六一至二六四。

(註三六)見日知錄卷十三「周末風俗」節。

(註三七)見通鑑卷一。

(註三八)拙著綱要第一册七二節「貴族執政與平民擅權」（頁三五二至三六八）詳載各族世系表，可參閱。

(註三九)詳中國文化史第一編第二十七章「周末之變遷」頁三三四至三三六。

(註四十)顧炎武亭林文集卷一原姓「男子稱氏，女子稱姓，氏一再傳而可變，姓千萬年而不變。最貴者國君，國君無氏，不稱氏，稱國。次則公子，公子無氏，不稱氏，稱公子。最下者庶人，庶人無氏，不稱氏，稱名。然則氏之所由興，其在於卿大夫乎。故曰諸侯之子為公子，公子之子為公孫，公孫之子，以王父字若謚若邑若官為氏。氏焉者，類族也，貴貴也。考之於傳，二百五十五年之間，有男子而稱姓者乎？無有也。女子則稱姓。古者男女異長，在室也，稱姓，冠之以序，叔隗季隗之類是也。已嫁也，於國君則稱姓，冠之以國，江芊息媯之類是也。於大夫則稱姓，冠以大夫之氏，趙姬盧蒲姜之類是也。在彼國之人稱之，或冠以所自出之國若氏，驪姬梁嬴之於晉，顏懿姬鬷聲姬之於齊是也。既卒也稱姓，冠之以謚，成風敬嬴之類是也。亦有無謚而仍其在室之稱，仲子少姜之類是也。范氏之先，自虞以上為陶唐氏，在夏為御龍氏，在商為豕韋氏，在周為唐杜氏，士會之帑處秦者為劉氏。夫槩王奔楚為堂谿氏。伍員屬其子於齊為王孫氏。智果別族於太史為輔氏。故曰氏可變也。孟孫氏小宗之別為子服氏，為南宮氏，叔孫氏小宗之別為叔仲氏，季孫氏之支子曰季公鳥季公亥季寤，稱季不稱孫，故曰貴貴也。魯昭公娶於吳為同姓，謂之吳孟子。崔武子欲娶棠姜，東郭偃曰，男女辨姓，今君出自丁，臣出自桓，不可。夫崔之與東郭，氏異。昭公之與夷昧，代遠。然同姓百世而婚姻不通者，周道也，故曰姓不變也。是故氏焉者，所以為男別也。姓焉者，所以為女坊也。自秦以後之人以氏爲姓，以姓稱男，而周制亡，而族類亂。」

（註四一）見管子乘馬第五。

（註四二）說詳朱子開阡陌辨，見朱文公文集卷七十二，文獻通攷卷一田賦攷亦引之。

（註四三）見史記貨殖列傳。

（註四四）見漢書食貨志。

（註四五）同註四三。

（註四六）民國十二年，河南新鄭縣城內發現古墓銅器，計河南博物館收存者，尚有成形之器百餘件，破碎者不計其數。新鄭在春秋時爲鄭地，諸器亦皆春秋時製也。二十二年，安徽壽縣出土銅器尤多，除散失者不計外，僅就安徽圖書館保存者而言，猶有七百餘件。壽縣於秦以前爲壽春，自楚考烈王二十二年（前二四一）遷都於此，至楚王負芻五年（前二二二），前後二十年，皆都其地，銅器之作，亦在是時，蓋皆戰國末年之楚器也。參關百益「新鄭古器圖錄」（商務印書館出版）劉節「壽縣楚器攷釋」（燕京大學出版），及「參加倫敦中國藝術國際展覽會出品圖說」（商務印書館出版）第一冊。

（註四七）見墨子魯問篇

（註四八）見韓非子外儲說。

（註四九）僖三十三年傳。

（註五〇）皆見史記貨殖列傳

（註五一）參中國文化史第一編第二十七章「周末之變遷」，頁三三一至三三二。

（註五二）見本章首引漢書貨殖列傳序。

第五章 統一時代（秦漢）

自秦王政二十六年至後漢獻帝興平二年（前二二一至後一九五），凡四百一十有六年，爲國史第一次統一之時（中間有豪傑亡秦與楚漢紛爭八年，及王莽更始十六年）。秦王政二十六年，丞相王綰，御史大夫馮劫，廷尉李斯等上皇帝尊號議曰：「昔者五帝地方千里，其外侯服夷服，諸侯或朝或否，天子不能制，今陛下興義兵，誅殘賊，平定天下，海內爲郡縣，法令由一統，自上古以來未嘗有，五帝所不及。」（註一）「蓋嬴政稱皇帝之年，實前此二千數百年之結局，亦爲後此二千數百年之起點，不可謂非吾國歷史上一大關鍵。惟秦雖有經營統一之功，而未能盡行其規畫一統之策，凡秦之政，皆待漢行之，秦人啓其端，漢人竟其緒，亦有秦啓之而漢未竟之者。」（註二）故今以秦漢合論焉。

秦漢之統一，不僅其疆域之擴大，爲前史所未有已也。其事可由各方面徵之。

（一）吾國舊號，多舉一家一姓之國邑封地爲稱，「秦」「漢」雖封建舊名，然古代亞洲東方各國及希臘羅馬稱中國爲脂那（Cina 梵文）西尼姆（Sininm 希伯來文）秦斯坦（Cynstan 康居國文）秦（Thin 阿拉伯文）秦尼（Sinae 希臘文）秦那斯坦（Zhinastan 敍利亞文）支那（China 波斯文），東西學者多謂由秦國轉音而來。（註三）而法顯玄奘等高僧紀行書中，皆稱其本國爲漢土、漢族之稱，亦至今不替。蓋秦漢統一中國，國威遠播，故得以朝代之名，代表國家民族之稱號也。

（二）七國分立時，燕、趙、魏、秦四國境鄰北邊，各築長城以拒匈奴，然不相連續。秦併六國，始皇帝使蒙恬將衆城河上爲塞，因前人之功而加廣，其中之不相屬者，則爲合之，起甘肅臨洮，至遼東，袤延幾及萬里。世界僅有之萬里長城 隨中國之統一而完成，漢族與北方諸族，遂以長城爲絕大之界域，而長城亦爲吾國統一之象徵焉。漢武帝遣衞青等擊匈奴，取河南地，築朔方，復繕故秦時蒙恬所爲塞，因河爲固。自漢

以後，亦時有修繕云。（註四）

(三)始皇帝卽位後，時巡游四方，（註五）所至立石頌德，蓋以示天下之統一，而已爲四海之共主，非秦一國之君也。而東西南北之大道，亦因之次第開闢。史稱「蒙恬通道，自九原抵甘泉，塹山堙谷千八百里。」（註六）「秦爲馳道於天下，東窮燕齊，南極吳楚，道廣五十步，三丈而樹，厚築其外，隱以金錐，樹以青松。」（註七）其規模之偉大，前古所未有也。漢人繼之，秦時道路所不通者，復隨時興作。如張卬之開褒斜道，唐蒙司馬相如之開西南夷道，鄭弘之開零陵桂陽嶠道，皆著於史策。（註八）蓋交通利便爲國家統一之要圖，亦惟國家統一，故得輕用民力，一舉而闢國道數百千里也。

(四)秦漢國威澎漲，迥絕古今，皆以統一爲之基，其事當讓後論；茲僅就徙民略邊實邊一端言之。如始皇帝發諸嘗逋亡人略取陸梁地，爲桂林、象郡、南海，以適遣戍（徐廣曰，五十萬人守五嶺）。西北斥逐匈奴，自榆中並河以東屬之陰山，以爲三十四縣，城河上爲塞，徙謫實之初縣；漢武帝募民徙朔方十萬口，上郡朔方西河河西開田官，斥塞卒，六十萬人戍田之，及開河西四郡徙民以實之，發謫戍屯五原之類：皆以全國之發展與安全爲目的，通盤籌畫，從事徙謫，而非統一之世，亦不能厲行此種國家政策也。

(五)許愼說文解字序言「七國田疇異畝，車涂異軌，律令異法，衣冠異制，言語異聲，文字異形。」秦始皇既一天下，法度權量丈尺車軌律曆衣冠文字，皆厲行畫一之制，漢因其舊而時加損益。始皇四方刻石，於瑯邪則曰「器械一量，同書文字；」之罘則曰「普施明法，遠邇同度；」會稽則曰「皆遵度軌」。（註九）蓋儒家「車同軌書同文」之理想，隨秦之統一而實現矣。而文字之統一，尤有功於後世。初李斯、趙高、胡毋敬等所作之秦文，皆稱小篆，而程邈又作隸書，以趣約易，遂爲數千年來中國全境及四裔小國所通用焉。

(六)戰國時諸侯宮室，多以高大相尙，秦滅六國，諸侯宮室之制，悉萃於秦。始皇本紀載「營作朝宮渭南上林苑中，先作前殿阿房，東西五百步，南北五十丈，上可以坐萬人，下可以建五丈旗，周馳爲閣道，自殿下直抵南山，表南山之巔以爲闕，爲複道，自阿房渡渭，屬之咸陽。」秦之宮殿，遂極從古未有之大觀。漢代宮室，觀班固西都賦所寫未央昭陽建章諸宮，其壯麗亦不下於秦。而新莽之篡，建立宗廟，尤窮極百工之巧。是雖帝王僭竊之侈心，然非其時國家統一，物力充盛，亦不能遂其侈心也。

（七）秦漢統一，政治經濟，皆趨集中，故其時都城，不特爲政治之重心，亦爲經濟之中心。史稱秦徙天下豪富於咸陽十二萬戶。（註一〇）而漢都長安之壯麗殷闐，見於班固西都賦者，尤超越前古。史記貨殖列傳言「關中之地，於天下三分之一，而人衆不過什三，然量其富，什居其六。」然關中巴蜀隴西諸地，不過長安之貿易區域及物品供給地；長安之發達，蓋隨漢之統一爲絕對的集中狀態，與近世歐美之大都市類也。

餘如疆域之區處，官吏之分職，皆應統一之需要而規畫，學者之思想，文人之辭賦，亦多與統一之國勢相應，即下至帝王之陵墓，其規模亦遠越前古。（註一一）蓋自列國轉入統一，歷史之中心既變，各方面史實之演化，皆足以表現時代之精神，與前世幾若另一世界矣。

世言專制帝王，必首推秦皇，其事亦緣統一而起。（註一二）綜秦皇專制之迹，濫用民力，一也。撰定君主專有名稱，如號曰皇帝，命爲制，令爲詔，印爲璽，天子自稱曰朕，臣稱天子曰陛下等，二也。廢除謚法，不欲以子議父，以臣議君，三也。剛戾自用，以刑殺爲威，四也。以私學之語多道古以害今，飾虛言以亂實，則燔滅文章，以愚黔首，著於法令者，自秦紀醫學卜筮種樹之書而外，凡非博士官所職者，祕書私饌，無所不燒，方策述作，無所不禁，有敢偶語詩書者棄市，以古非今者族，吏見知不舉者與同罪，令下三十日不燒，黥爲城旦，五也。以諸生之或爲訞言以亂黔首，則自除犯禁者四百六十餘，皆阬之咸陽，六也。至其開邊征伐，則不欲己之外別有君長，信方士，求仙藥，則因富貴已極，惟望不死以長享此樂，或亦專制一念之所發現也。漢祖除秦苛政，而叔孫通定朝儀，大抵襲秦故，擇其尊君抑臣者存之，於是秦雖亡，而秦之專制，則流毒數千年，且以時而加甚焉。

秦并天下後之政策，影響後世最大者，一曰罷封建之制，以諸侯之地分置郡縣。其所設郡縣，初僅三十有六，後增至四十餘。(註一三)雖多因各國舊制，然分據險要，形勢釐然，且廣狹各得其中。史稱「蕭何入咸陽，收秦丞相御史律令圖書，具知天下阸塞戶口多少強弱之處。」(註一四)是秦時丞相御史規畫地域，必按地圖而定，非漫漫然爲因爲革也。始皇死而羣雄蠭起，各據地自王，至項羽主約霸天下，分王諸將，又復封建之舊。西漢之初，當國者皆無學識，猥欲參用周秦之制，以封建與郡縣並治。其初異姓王者凡七國（楚王韓信，梁王彭越，淮南王黥布，燕王盧綰，趙王張耳，韓王信，長沙王吳芮）；既患其圖己，則翦除之而廣封同姓，然一再傳而後，小者荒淫越法，大者睽孤橫逆；景武以後，始專務抑損，卒歸於偏用秦法，諸侯王惟得衣食租稅，不與政事，勢與富室無異。(註一五)惟以秦郡太大，稍復開置，增至倍餘；而分郡太多，難於檢察，又併爲十三部，部置刺史以相司察。後漢雖有增損，而大致同於前漢。是皆仍秦之法，而稍加變通者也。二曰設官分職，三權鼎立。考秦之制，內官之要職凡三，丞相相天子助理萬機，太尉掌武事，御史大夫掌副丞相，屬丞督外官，領侍御史，受公卿奏事，丞相、太尉、御史大夫，是稱三公，其下有奉常（掌宗廟禮儀）、郎中令（掌宮殿掖門戶）、衞尉（掌宮門衞屯兵）、大僕（掌輿馬）、廷尉（掌刑辟）、典客（掌諸歸義蠻夷）、宗正、（掌親屬）、治粟內史（掌國家財政）、少府（掌皇室財政）等九卿，分理庶務。外官之要職亦三，郡守掌治郡，尉掌佐守典武職甲卒，監掌監郡。(註一六)蓋內外官制同一系統，丞相與守掌民事，太尉與尉掌軍事，而御史與監，則糾察此治民治軍之官者也。官制絕簡，而綱舉目張，軍民分治，監察獨立，厥義尤精；漢亦因之，特名目時有變遷耳。（丞相更名相國、大司徒，太尉更名大司馬，御史大夫更名大司空，奉常更名太常，郎中令更名光祿勳，廷尉嘗更名大理，典客更名大行令、大鴻臚，治粟內史更名大農令、大司農，郡守更名太守。）自周之封建，進而爲秦之統一封建時代之法制，遂無不革除，而分郡與設官，尤爲改革之最大者。蓋規畫區域，治理軍民，爲統一國家之首圖也。後世郡縣多因秦之法，官制雖變化繁賾，而其原理，亦不能出於治民治軍與監察官吏之外者，以漢後皆統一之治，非封建之治，故制度亦皆承秦而不承周也。

秦自始皇稱帝，至二世三年而亡，凡十五年（前二二一至二〇七）。書傳所記，未始有亡天下若斯之亟也。

始皇帝政（統一後在位十二年）
- 某 —— 子嬰（爲王四十六日）
- 二世皇帝胡亥（三年）

蓋秦自孝公變法以來，刻薄寡恩，始皇以詐力兼併諸侯，一切以專制爲治，又益之以興作，阿房驪山，離宮別館，徒數十百萬，二世繼之，內蔽於私欲，外惑於趙高，繁刑嚴誅，變本加厲。元元之民，內困於賦稅，外脅於威刑，力竭於土木，命盡於甲兵，乃不得不爲萬一儌倖之計。二世元年（前二〇九），陳勝、劉邦、項梁、項籍等豪傑並起亡秦，三年而劉邦入關，子嬰乞降。善乎賈生之言曰：「仁義不施，而攻守之勢異也。」然秦祚雖短，而古人之遺法，無不革除，後世之治術，亦大都創導，甚至專制政體之流弊，亦於始皇崩後數年盡演出之。（註一七）至其卒代秦而踐帝祚者，則爲一泗水亭長毫無憑藉之劉邦。蓋戰國之世，平民已代貴族而執政，草澤之徒，易生覬覦富貴之思。史稱項羽少時，觀秦始皇帝渡浙江，曰，彼可取而代也。劉邦繇咸陽，觀秦皇帝，喟然太息曰，嗟乎！大丈夫當如此矣。而陳勝起事，亦有「王侯將相寧有種乎」之言。（註一八）亦可見時人之心理矣。劉邦以匹夫起事，卒角羣雄而定一尊，誠哉司馬遷所謂「王跡之興，起於閭巷，合從討伐，軼於三代」矣。（註一九）邦既起自布衣，故以收攬人才爲急，而蕭何、曹參等掾吏，陳平、王陵、陸賈、酈商、酈食其、夏侯嬰等白徒，下及屠狗之樊噲，吹簫給喪事之周勃，販繒之灌嬰，輓車之婁敬，遂多立功以取將相。齊楚三晉舊族　雖乘時復起，自立爲六國後，然皆不數年而敗亡。漢所立之王，惟韓王信出於王族，餘皆與漢自庶姓起；周人貴族之遺澤，無復存矣。太史公嘗言「非王侯有土之女士，不可以配人主」。（註二〇）而漢初妃后，高祖薄姬先在魏豹宮者，生男後爲文帝，尊爲皇太后；武帝母王太后，先嫁爲金王孫婦；武帝衞皇后本平陽公主家謳者：皆出自微賤。且多有夫者。漢武三大將，衞青、霍去病、李廣利，皆出自淫賤苟合，或爲奴僕，或爲倡優，徒以嬖寵進，皆成大功爲名將。其韋布之士，自致顯榮者，如公孫弘、卜式、兒寬、司馬相如、東方朔、嚴助、朱買臣、張騫等，尤不可勝紀。武帝以後，仕進之門，自緣外戚恩澤進拔者外，或公府辟召，或郡國薦舉，或由曹掾積累而升，多循資格；而東漢之世，朝廷召用，如鄭玄、荀爽等，猶有以布衣踐台輔之位者。漢之用人，固與前世異矣。然三代世族之制，至漢雖蕩然無存，而人情狃於故見，亦尚以世族爲榮。劉邦起自沛澤，既傳神母夜號，以章赤帝之符，而學者復稱其承堯之祚，謂漢爲堯後。王莽篡漢，亦自謂黃虞苗裔，姚嬀陳田，皆其同族，即學者著述，如太史公自序，遠溯重黎，揚雄自序，「其先出自有周」，(註二○)漢書敘傳，「班氏之先，與楚同姓，令尹子文之後；」亦可證世族之見之未能盡泯矣。自西漢張湯、杜周，並起文墨小吏，致位三公，子孫貴盛，韋賢及子玄成，平當及子晏，則再世爲宰相，東漢則弘農楊氏(楊震)，汝南袁氏(袁安)，皆四世三公。累葉載德，史家稱美，魏晉以降之世族，又萌芽於漢世矣。(註二一)

秦漢一統四百餘年，其政教學術與夫君民行事，影響於後世者，未可悉數，功罪之間，尤難定論。吾人今日可斷言者，曰其時之人有功於吾國最大者，實在外拓國家之範圍，內闢僻壤之文化，使吾民所處炎黃以來之境域，日擴充而日平實焉。秦之外拓，史惟稱其北逐匈奴，南取南越，然當時滇蜀百粵，實多賴中夏謫戍移民爲之開化。如趙人卓氏遷臨邛，即鐵山鼓鑄，運籌策，傾滇蜀之民，南海尉佗居番禺，南北東西數千里，頗有中國人相輔，治之甚有文理，是其最著者也。漢承其業，竟其未竟之緒，而益猛進，國威澎漲，因亦震鑠今古。茲略述之於左：

(一)東方之開拓　朝鮮自周初箕子立國，已被商周之文化；然中間交通不盛。燕秦築塞至浿水，燕、齊、趙人往者益多。漢初燕人衛滿逐箕準而自王，易箕氏朝鮮爲衛氏朝鮮，吾國民力之及於朝鮮者，視周代乃大進。至武帝元封三年(前一○八)，朝鮮相參殺其王滿孫右渠來降，以其地爲眞番、臨屯、樂浪、玄菟四郡，衛氏朝鮮亡而爲漢郡，漢之疆域，遂奄有今日朝鮮京畿江原二道以北之地。昭帝時，罷臨屯、眞番二郡，又置樂浪東部都尉，至東漢光武建武六年(三○)，始省都尉官，棄單單大嶺以東之地，然樂浪玄菟、猶內屬也。以晚近出土樂浪郡漢孝文廟銅鍾及秥蟬縣章帝元和二年平山君祠碑證之，兩漢統治朝鮮郡縣，雖遠在樂浪秥蟬，其奉行詔令，實與河淮郡縣無異，不獨史記貨殖列傳稱燕民東綰穢貉朝鮮眞番之利，漢之拓東境，大有益於商業而已。漢書地理志稱「樂浪海中有倭人，分爲百餘國，以歲時來獻見。」後漢書東夷傳稱光武「建武中元二年（五七），倭奴國奉貢朝賀，光武賜以印綬，安帝永初元年（一〇七），倭國王師升等獻生口百六十人，願請見。」是漢之聲教，且由朝鮮而及於日本也。

（二）北方之開拓　古代北方諸部族，曰匈奴，曰烏桓，曰鮮卑。秦漢時匈奴最強，雄居北徼，與中國對峙，烏桓鮮卑皆爲所屏，自高帝至武帝初，邊境屢被其害。武帝乃大興師數十萬，使衛青霍去病操兵，前後十餘年，驅匈奴於漠北，出塞築朔方郡，又收河西地，置酒泉、武威、張掖、敦煌四郡，漢之西北境，軼於秦二千餘里，而匈奴或降或徙，烏桓亦爲漢用焉。昭宣之世，匈奴內亂，宣帝權時施宜，覆以威德，然後單于稽首臣服，遣子入侍，三世稱藩，賓於漢庭，匈奴遂降爲屬國，受漢保護。後王莽篡位，始開邊釁焉。東漢時，匈奴分爲南北，南匈奴附漢入宅河南，北匈奴和帝時爲竇憲所破，漠北以空，而烏桓鮮卑漸以強盛。論者多謂北族徙入中土，爲漢族漸衰之端，然北族之人，實沐漢之文化，如匈奴古無文書，以言語爲約束，至東漢時，單于比使人奉地圖求附，是匈奴亦如華夏，有文字圖籍矣。

（三）西方之開拓　秦之西界，不過臨洮，西域之通，始於漢武時張騫之奉使。其後霍去病擊匈奴右地，降渾邪王，乃以河西爲郡縣。及李廣利伐大宛，則自敦煌西至鹽澤，皆起亭障，輪臺渠犂，皆有漢之田卒。昭宣之世，傅介子、常惠、鄭吉、馮奉世輩，迭建功於西陲。漢之設官西域，亦自宣帝時命鄭吉爲西域都護始。天山南北葱嶺以東諸國，悉屬漢之都護，治烏壘城，實今新疆省之中心也。元帝時，康居驕嫚，庇護匈奴郅支單于，陳湯發兵討伐，踰葱嶺，徑大宛，破康居，而郅支伏辜，縣首藁街，萬里振旅。及王莽篡漢，四邊擾亂，西域亦遂與中國絕。明帝永平中，匈奴脅服諸國，共寇河西郡縣，城門晝閉，乃命將北征匈奴，取伊吾盧地以屯田，遂通西域于闐諸國；西域自絕六十五載，乃復通焉。和帝永元初，竇憲大破匈奴，班超遂重定西域，五十餘國悉納質內屬。時條支，安息諸國，至於海濱四萬里外，皆重譯貢獻焉。安帝以後，雖罷都護，猶設西域長史，屯柳中，轄葱嶺以東諸地。雖各國自有君長，實與漢地無異。清季敦煌發現漢簡，除屯戍文牘外，有小學術數方技諸書；(註二四)而新疆羅布淖爾(漢時名鹽澤)，近年除發現漢簡外，復得漢代漆器織品之類甚夥。(註二五)漢之文物，當時遍傳西域，又可知也。又其時陝甘之地，亦未盡開化，武帝以白馬氐地置武都郡，即今武都臨羌等縣也，宣帝時，先零羌擾河湟，趙充國以屯田之策制之，至王莽時，置西海郡，則闢地至今之青海矣。東漢之世，氐羌諸族，時服時叛，或徙其人，或置屯田，皆勞漢族之力以鎮撫之而開化之焉。

(四)西南及南方之開拓　秦闢揚越，僅置南海、桂林、象郡三郡，至趙佗自立，役屬駱越，其地乃及於安南。佗傳國五世，武帝元鼎六年(前一一一)滅之，增置蒼梧、交趾、合浦、九眞、珠崖、儋耳六郡，(秦置三郡，南海仍舊，桂林改鬱林，象郡改日南。)其珠崖、儋耳二郡(今海南島)，至元帝初元三年(前四六)復罷之。東漢初，馬援平交趾徵側之亂，隨山刊道千餘里，立銅柱，爲漢之極界。後漢書馬援傳稱「援所過，輒爲郡縣，治城郭，穿渠溉灌，以利其民，條奏越律與漢律駁者十餘事，與越人申明舊制，以約束之，自後駱越奉行馬將軍故事。」又南蠻傳曰：「凡交趾所統，雖置郡縣，而言語各異，重譯乃通，人如禽獸，長幼無別，後頗徙中國罪人，使雜居其間，乃稍知言語，漸見禮化。光武中興，錫光爲交趾，任延守九眞，於是教其耕稼，制爲冠履，初設媒娉，始知姻娶，建立學校，導之禮義。」此漢人開化兩廣越南之功也。其時四川雲貴之地，漢初亦因秦舊，除巴蜀置郡外，其西南又有夜郎、滇、邛都、嶲、昆明、莋都、冉駹諸國，總曰西南夷。武帝使唐蒙通南夷，置犍爲牂牁諸郡，又使司馬相如通西夷，置越嶲益州諸郡。後漢明帝時，又以哀牢夷地置永昌郡。於是漢郡至今雲南保山縣瀾滄江之南，而徼外之撣人(緬甸)亦歸化焉。漢書文翁傳稱「景帝末，文翁爲蜀郡守，見蜀地僻陋，有蠻夷風，欲誘進之，乃選郡縣小吏，遣詣京師，受業博士，或學律令，數歲，成就還歸，以爲右職。又修起學官於成都市中，招下縣子弟，以爲學官弟子。蜀人由是大化，學於京師者，比齊魯焉。」後漢書西南夷傳稱「章帝時，王追爲益州太守，始興起學校，漸遷其俗。」「桓帝時，牂牁人尹珍自以生於荒裔，不知禮義，乃從汝南許愼應奉受經書圖緯，學成，還鄉里教授，於是南域始有學焉。」此四川、雲南、貴州以次開化之證也。至湘、鄂、浙、閩諸省，雖已久立郡縣，其文化實遠遜於江淮以北，經數百年，始漸同於中土。先民勞苦經營，遂開闢今日中華民國大半之土地焉。

漢代開邊，純屬國家之政策。當時斥地遠境，發揚國威，雖多賴朝廷將臣之統率指揮，然亦吾民族身心之康強，遠在四夷之上，又能克盡國民之義務，有以致之。漢書地理志言「天水、隴西、安定、北地、上郡、西河，皆迫近戎狄，修習戰備，高上氣力，以射獵爲先。」孝武世征伐匈奴，即以此六郡良家子爲基本隊伍，驍銳勇猛，兵行若雷風者也。然觀名將李陵將丹陽楚人五千人，出征絕域，抑匈奴數萬之師，與單于連戰十有餘日，所殺過當，虜救死扶傷不給，是漢人之勇武，實爲普遍風尚，不僅邊郡之士爲然。故陳湯言外夷兵刃朴鈍，胡兵五當漢兵一，今頗得漢巧，猶三當一也。（註二六）漢使立功西域者，如傅介子、段會宗、常惠、甘延壽、陳湯、馮奉世，下及東漢班超、班勇父子等，或以單車使者，斬名王定屬國於萬里之外，或用便宜調發屬國兵，以定數國十數國之亂，（註二七）其事尤奇於近世歐人之征略東方諸國。西漢文士，如蜀人司馬相如，會稽郡人嚴助、朱買臣等，亦皆兼有武功，至其文字，如相如之諭巴蜀檄，難蜀父老文，鼂錯之論守邊備塞書，論募民徙塞下書，趙充國之屯田奏，侯應罷邊備議，劉向論甘延壽等疏，及揚雄諫不許烏珠留單于朝書，班固封燕然山銘等，皆代表偉大民族之作品，所謂「振大漢之天聲」者也。（註二八）漢人身心之康強如是；而其對國家之負擔，尤至足驚人。漢制，民二十始傅爲更卒（顏師古曰，傅著也，言著名籍給公家繇役也。），給事郡縣，歲一月；二十三爲正卒，一歲爲衛士，一歲爲材官騎士，習射御、馳戰陣、水處爲樓船士；過此猶服繇戍。歲戍邊三日，至五十六乃免（因不能人人盡行，行者亦往往以一歲爲期，以一人兼代百數十人之役，諸不行者，出錢三百入官，由官給代戍者）。（註二九）此漢人所服之常備兵役也。於時材官騎士，悉爲丁壯，戍卒則或屬中年。其因事出非常，如實邊屯田穿渠作城之類，或下令徵募，或以謫遣戍，員額多寡，一視實際需要，衆者至數十萬，且皆不在常限焉。至言納稅，則自田租十五稅一，文景後三十稅一外，民年七歲至十四，出口賦錢，人二十，武帝時又加三錢，以補車騎馬；（註三〇）年十五以上，至五十六，則出算賦，人各一算，凡百二十錢，爲治庫兵車馬。以漢時米中價石五十錢，合今量約二斗餘計之，二十三錢，約可購食米今量一斗，百二十錢可購五斗有奇，是不啻人納今法幣數十元至數百元矣。又有貲算，人貲萬錢，收算百二十七，貧民亦以衣履釜鬵爲貲而算之。此漢人所納之直接稅也。餘如往來繇戍者，道中衣裝飲食，悉由戍者自備。武帝世，師旅大興，國用不足，復「榷酒酤，筦鹽鐵，算至車船，租及六畜」焉。（註三一）漢代人民對於國家之義務，可謂迥絕古今；四境之拓，實由人民傾無量之血肉資財而來。帝王之厚斂繁役，雖非當時國民所願，然苟視爲國家政策，事固未可厚非，今當日所闢，與吾先民積世經營之國土，多爲暴敵所侵佔，如何竭盡國民之義務，以光復失土，以繼漢人之偉業，則吾炎黃子孫所當常念也。

漢自劉邦稱帝，傳至孺子嬰，爲王莽所篡，凡十四君，二百一十年（前二〇二至後八年）。

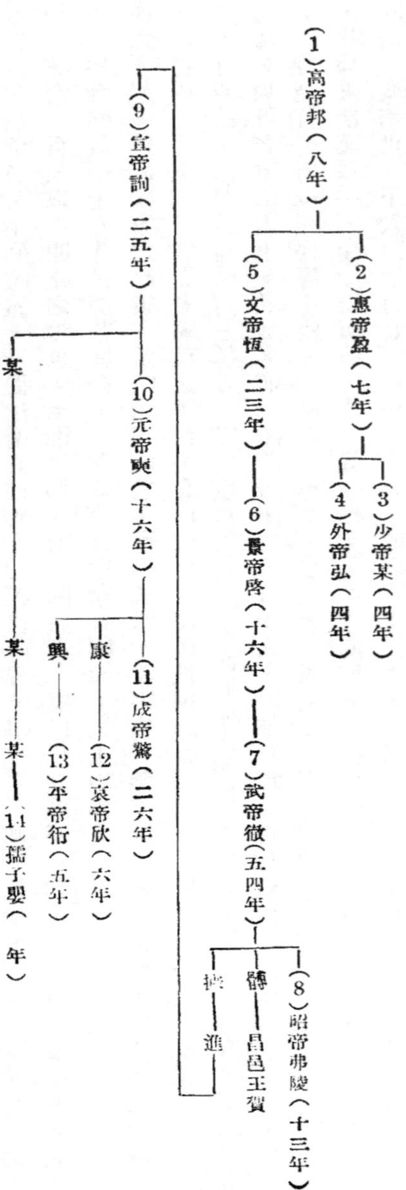

史稱高祖爲人，有大度，知人善任，從諫如流，觀其初入關作三章之約：「殺人者死，傷人及盜抵罪；」餘悉除去秦苛法，諸吏人皆案堵如故，其氣度實迥非項籍輩所能及。楚漢戰爭，前後五年，楚兵常強，而漢兵常弱，然終爲漢滅者，論者謂楚多敵而漢多助，楚暴戾而漢假仁義，楚失地勢而漢憑險固，楚軍常乏食而漢常不匱，楚粗疏無謀而漢多譎詐，楚妬賢嫉能而漢與人同利；然其主因，亦以高祖能用張良、蕭何、韓信，而項籍則有一范增而不能用耳。天下既定，命蕭何次律令，韓信申軍法，張蒼定章程，叔孫通制禮儀，陸賈造新語，又與功臣剖符作誓，丹書鐵契，金匱石室，藏之宗廟：史稱其雖日不暇給，而規摹弘遠。然諸人鮮通達治體，凡所設施，大抵襲秦故，不能卓然立一代之制也。孝惠少帝，政由呂后，君臣俱欲無爲，興作未遑。文帝以恭儉率先天下，專務以德化民，海內殷富，興於禮義，斷獄數百，幾致刑措，其治績爲三代後冠。蓋自惠帝時相國曹參以道家清靜不擾之術爲治，文帝亦好黃老之言，躬修玄默，加之以仁儉，時去楚漢相爭，已三十年大亂之後，民數減少，天然之產，養之有餘，而豪傑敢亂之徒，並已前死，餘者厭亂苟活之外，無所奢望，承暴秦網密文峻之餘，而能掃除煩苛，與民休息，其治效有斷斷然矣。景帝繼之，參之以名法，政尚刻覈，然節儉愛民，仍師文帝，故治道仍隆，史亦以文景並稱。至武帝出，而漢乃臻極盛。當時海內乂安，府庫充實，而諸侯削弱，內顧無憂，於是用事四夷，爲所欲爲，所創諸政，亦多與後世有關係。始以年號紀年，一也。改用夏曆，以正月爲歲首，色尚黃，二也。屢求賢良，開後世以文字取士之制，三也。立樂府，尚詞章，啓後世崇尚美文之習，四也。立學校，置五經博士及弟子，抑百家而隆儒術，五也。吏通一藝以上，皆得補職，以儒術爲利祿之途，六也。置武功爵，令民買爵及入粟者，得補官吏，又令民得入粟贖罪，死罪亦得出錢以贖，開買官贖罪之例，七也。以趙過爲搜粟都尉，易古爰田休耕法爲代田（一畝三甽，歲代處，故曰代田）輪耕制，其耕耘下種田器，皆有便巧，一歲之收，常過縵田一斛以上，善者倍之，盛增農業生產，八也。桑弘羊領大司農時，「各郡國往往置均輸鹽鐵官，令遠方各以其物，如異時商賈所轉販者爲賦，而相灌輸；置平準於京師，都受天下委輸，召工官治車，諸器皆仰給大農，大農諸官，盡籠天下之貨物，貴則賣之，賤則買之，使富商大賈亡所牟大利，而萬物不得騰躍：」(註三二)以均輸與平準爲國營商業之總機構，使民不益賦而國用益饒，九也。而其功最大者，亦有二。一曰保存文化。自秦禁挾書之律，至漢惠帝四年始除之，然民間之收藏隱祕，猶未盡敢公布；武帝建藏書之策，置寫書之官，自六藝至諸子傳說，皆充祕府。(註三三)古先聖哲著述之保存與流傳，帝之功也。二曰增拓四境。前所言漢代之開闢疆界，大半皆武帝時事也。然窮兵黷武，以金帛招致屬國，所費不可勝計；帝又信方士，求神仙，數益宮觀，盛巡幸，修封禪，至海內虛耗，戶口減半，黎民困逼，益輕犯法，雖任酷吏，所在盜起不可治。幸帝晚年悔過，下詔謝天下，一意以富民養民爲事；又專任霍光，付託得人；昭帝繼嗣，光知時務之要，輕徭薄賦，與民休息，故得不如始皇崩後之卽釀大亂耳。宣帝勵精爲治，信賞必罰，綜核名實，政事文學法理之士，咸精其能。「嘗稱曰，庶民所以安其田里，而無歎息愁恨之心者，政平訟理也，與我共此者，其惟良二千石乎。以爲太守吏民之本也，數變易，則不下安，民知其將久，不可欺罔，迺服從其教化，故二千石有治理效，輒以璽書勉厲，增秩賜金，或爵至關內侯，公卿缺，則選諸所表，以次用之，漢世良吏，於是爲盛：若趙廣漢、韓延壽、尹翁歸、嚴延年、張敞之屬，皆稱其位，王成、黃霸、朱邑、龔遂、鄭弘、召信臣等，所居民富，所去見思。」(註三四)又用趙充國降諸羌，常惠、馮奉世、鄭吉等，頻宣威於西域，卽暴亢如匈奴，亦於是時稱臣款塞；可謂中興英主矣。元帝委政宦者，優柔不斷，孝宣之業衰焉。然漢自宣帝以前，治道皆雜王霸，(註三五)自元帝而下，始專用儒術，漢儒學風，武宣與元成迥異，其端開自元帝啓之矣。成帝湛於酒色，趙氏亂內，外家擅朝，自後國統三絕，哀平短祚，王莽卒以外戚而移漢祚矣。

外戚之禍，與西京相終始。蓋上古貴族政體，公族擅權，主少國疑，政事決之冢宰，卽有篡竊，亦與外家無與。漢以庶姓起，貴族之制去，主勢孤危，在朝多羇旅之臣，鮮可信託，故惟外家是賴，或猝有大喪，不能不聽於母后，母后又以己之族黨爲親，必思張其勢以久其權，而外戚之禍起矣。高帝呂后爲人剛毅，佐帝定天下，生孝惠，及卽位，張后無子，呂后命取他人子養之而殺其母，帝崩，少帝卽位，呂后臨朝稱制，封諸呂爲王及侯，及少帝以怨懟而廢，又立弘爲帝。后持天下八年，漢書於惠帝紀後立高后紀，明呂后繼惠帝而君天下也。后崩，諸呂欲爲亂，賴齊王發兵於外，陳平、周勃、劉章等合謀於內，以誅滅之，迎立文帝，然後劉氏復安。景帝以母竇太后從兄子竇嬰爲大將軍，又封王后之同母弟田蚡爲侯，武帝時竇嬰、田蚡先後爲丞相，已而武帝衛后弟靑爲大司馬大將軍，后姊子霍去病爲大司馬驃騎將軍（大司馬卽秦太尉，武帝置大司馬以冠將軍之號，故大司馬加於將軍之上，共爲一官），李延年、李廣利兄弟，亦以李夫人寵貴，雖二帝之雄，外家無大表現，衛霍之殊勳偉績，亦不緣椒房，然當時嬰蚡之權勢，亦皆逼主上焉。衛后與太子據以巫蠱事自殺，鉤弋夫人生子弗陵，武帝立爲太子，而夫人先賜死，霍去病之弟光以大司馬大將軍受遺詔輔政，自此大司馬兼將軍一官，遂永爲外戚輔政之職。昭帝立光外孫女爲后，昭帝崩，無子，光請后徵昌邑王賀卽位，未幾又廢賀而立宣帝，史稱賀無道淫亂，實則賀羣臣謀光，而光乃廢賀耳。宣帝在位，諸事皆先關白光，然後奏御天子，光持國權柄，殺生在手中，黨親連體，根據於朝廷。帝始立微時許妃爲后，光夫人顯欲貴其少女，使乳醫淳于衍行毒藥殺許后，光因納女爲后，上亦寵之，顓房燕，光死，帝迺立許后子爲太子，而霍氏驕侈益盛，帝乃悉移霍氏黨於外，而以外家許、史（帝外祖母家）子弟代之。及霍氏謀廢立，宗族誅夷，帝於許史之外，亦不敢輕任，以許后叔父延壽爲大司馬車騎將軍輔政。元帝又以延壽子嘉爲大司馬車騎將軍輔政。臨崩，又以祖母史良娣弟子高爲大司馬車騎將軍受遺詔輔政。嘉女爲成帝后，成帝又以嘉輔政。蓋自昭帝以降，步步皆趨於外戚之政矣。元帝雖委政宦者宏恭石顯等，亦與許史相表裏。及成帝黜顯等，專任元舅王鳳爲大司馬大將軍秉政，諸舅譚、商、立、根、逢時，同日封侯，世謂之五侯。時王鳳子弟分據勢要，公卿見鳳側目而視，郡國守相刺史，皆出其門，而五侯羣弟爭爲奢侈，賂遺珍寶，四面而至。蓋歷上古至秦漢，外戚僭貴，未有如王氏者矣。鳳卒，從弟音及弟商根相繼當國，根病免，薦其從子莽自代。莽繼四父而執政，欲令名譽過前人，遂克己不倦，聘諸賢良以爲掾史，賞賜邑錢，悉以享士，愈爲儉約，會哀帝卽位，莽廢於家，帝初以祖母傅昭儀從弟喜爲大司馬輔政，尋又以母丁姬兄明爲大司馬驃騎將軍輔政，終乃以嬖人董賢爲大司馬，領尙書，賢女弟亦位次皇后。及哀帝崩，太皇太后（即元帝王后）仍詔莽爲大司馬，迎立平帝，諸哀帝外戚及大臣居位素所不說者，莽皆傅致其罪，附順者拔擢，忤恨者誅滅，漢政遂一出於莽矣。莽進女爲平帝后，既又弒帝而立孺子嬰，自稱假皇帝，三年，遂即眞。蓋自宣元而後，同姓諸侯王已無勢力，而本朝短世，國統三絕，王莽以佞邪之材，乘漢中外殫微，本末俱弱，孝元后又歷漢四世，爲天下母，饗國六十餘載，羣弟世權，更持國柄，卒以外戚而易漢祚矣。（註三六）

王莽始起外戚，折節力行，以要名譽，及其居位輔政，成哀之際，勤勞國家，直道而行，動見稱述。當哀帝世退廢家居，諸吏上書訟莽寃者以百數，賢良對策亦均以爲言。及哀帝之崩，莽藉元后之勢以輔政，援立幼弱，手握大權，由安漢公而宰衡，而居攝，而即眞，定有天下之號曰新，權勢所劫，始則頌功德者八千餘人，繼則諸王公侯議加九錫者九百二人，又吏民上書者前後四十八萬數千人。雖漢宗室有安衆侯劉崇、徐鄉侯劉快等，臣僚有東郡太守翟義、期門郎張充等，先後起兵討莽，皆旋即敗滅，其威力所劫，固已偏天下靡然從風。而莽有所作爲，動引經義以文其奸，故篡竊之初，碩學通儒，多謳歌勸進。莽之足以纖漢稱帝，故爲天下所公認矣。使能逆取順守，沛大澤以結人心，則天下亦且安於新政，未必更有發大難之端，起而相抗者。乃莽予智自雄，晏然自以黃虞復出，制度紛更，朝令暮改。以豪民之兼併侵陵，細民或耕其田，見稅什五也，則下令更名天下田曰王田，禁之不得買賣，其男口不滿八而田過一井者，分餘田與九族鄉黨，敢有非議者，投四裔。以新定「金」「銀」「龜」「貝」「錢」「布」等貨幣共二十八品也，則禁用漢家舊五銖錢，犯者亦投四裔。於是農商失業，食貨俱廢，以賣田積錢坐罪者，不可勝數。繼又設六斡之令，謂「鹽、酒、鐵、名山大澤，五均賒貸、鐵布銅冶、六者，非編戶齊民所能家作，必仰於市，雖貴數倍，不得不買，豪民富賈，即要貧弱，先聖知其然也，故斡之。」每一斡，爲設科條防禁，犯者罪至死，專令州縣酤酒賣鹽，鑄造鐵器，諸采取名山大澤衆物者稅之。（註三七）吏緣爲奸，民受其毒。又恃府庫之富，陋小漢家制度，以爲疏闊，妄欲立功域外，一舉而滅匈奴，興師三十萬衆，十道並出，吏士罷弊，邊民死亡係獲。重以旱蝗相因，富者不得自保，貧者無以自存。是以四海之內，囂然喪其樂生之心，中外憤怒，遠近俱發，自始建國至地皇四年（九至二三），纔十五歲，而支體分裂，卒用滅亡焉。

東漢自光武傳帝，建都洛陽，傳至獻帝，爲曹氏所廢，凡十四君，一百九十六年（二五至二二〇）。

(1)光武帝秀（三三年）——(2)明帝莊（一八年）——(3)章帝炟（一三年）——
- 慶——(6)安帝祜（一九年）——(8)順帝保（一九年）——(9)沖帝炳（一年）
- (4)和帝肇（一七年）——(5)殤帝隆（一年）
- 壽——(7)少帝懿（七月）
- 伉——寵——鴻——(10)質帝纘（一年）
- 開——翼——(11)桓帝志（二一年）
- 開——淑——萇——(12)靈帝宏（二二年）——(13)廢帝辯（六月）
  - (14)獻帝協（三一年）

光武之初起也，較諸同時並興之豪傑，微弱殊甚。然起兵不三年，遂登帝位；海內割據者，自隴西隗囂，蜀公孫述翦除稍後外，餘悉不數年平定，其得天下反較高祖爲易。范曄總論其因，曰：「敵無秦項之強，人資附漢之思。」（註三八）蓋自新莽毒流諸夏，亂延蠻貉，人心思漢，舉天下不謀而同，羣雄之起兵者，無不以劉氏舉號；而劉玄、劉盆子、劉永、劉林等俱不材，隗囂、公孫述輩，亦皆孤立一隅。光武雖除直柔外無他長，而「恢廓大度，同符高祖，」亦一時人望所歸，其得成中興之業，宜也。且帝英雄氣概，雖不及高祖，然有非高祖所及者二事。一曰崇尚儒術，光武少時，曾往長安受尚書，通大義，將帥若鄧禹、寇恂、賈復、馮異、祭遵等，皆好學通經，有儒者氣象。史稱「光武中興，愛好經術，未及下車，而先訪儒雅，採求闕文，補綴漏逸，四方學士，莫不抱負墳策，雲會京師，范升、陳元、鄭興、杜林、衛宏、劉昆、桓榮之徒，繼踵而集。」

（註三九）「自隴蜀平後，非儆急未嘗復言軍旅，每旦視朝，日側乃罷，數引公卿郎將講論經理，夜分乃寐，雖身濟大業，兢兢如不及，故能明愼政體，總攬權綱，量時度力，舉無過事。」（註四〇）而帝於功臣，亦優以寬科，完其封祿，莫不終以功名，延慶於後焉。二曰表章氣節。自武帝表章六經以後，師儒雖盛，而大義未明，故新莽居攝，頌德獻符者徧於天下，淸明之士，亦多仕莽貴重。光武有鑒於此，卽位之後，首封不仕王莽之密令卓茂爲褒德侯；側席幽人，求之若不及，優禮處士嚴光、周黨、王霸；不仕二姓者，皆見褒表；尊崇節義，敦厲名實，而風俗爲之一變焉，明帝遵奉建武制度，典學勤政，繼以章帝，史稱「事從寬厚，平徭減賦，而人賴其慶。」（註四一）蓋自光武迄明章，六十餘年，爲東漢盛世，明章亦皆令主，比於前漢之文景焉。和帝而後，「皇統屢絕，權歸女主，外立者四帝（安質桓靈），臨朝者六后（章帝竇后、和帝鄧后，安帝閻后，順帝梁后，桓帝竇后，靈帝何后），莫不定策帷帟，委事父兄，貪孩童以久其政，抑明賢以專其威。」（註四二）於是女主臨政、而外戚擅權。女主臨政，朝臣國議，無由參斷帷幄，稱制下令，不出房闈之間，不得不委用刑人，寄之國命。外戚擅權。人主不勝其脅迫，而公卿以下，皆其黨羽，亦惟藉宦官之力以誅之。故章帝以後，以外戚與宦官之擅權爲一大事，戚與閹之專權，亦東漢亂亡之二大禍水也。（註四三）諸帝政績，鮮可述者，惟和帝時國威最著，「偏師出塞，則漠北地空，都護西指，則通譯四萬；」順帝時人才最盛，「若李固、周舉之淵謨弘深，左雄、黃瓊之政事貞故，桓焉、楊厚，以儒學進，崔瑗、馬融，以文章顯，吳祐、蘇章、种暠、欒巴，牧民之良幹，龐參、虞詡，將帥之宏規，王龔、張皓，虛心以推士，張綱、杜喬，直道以糾違，郎顗陰陽詳密，張衡機術特妙：」然帝亦不能信用也。

初，光武懲王莽之禍，躬攬魁柄，防閑戚畹，貴戚樊氏（光武母家）郭氏陰氏（皆后家），雖多位列通侯，然不居權要。樊氏三世共財，子孫朝夕禮敬，常若公家，陰后兄弟，亦深自降抑，范曄所謂「樊氏世篤，陰亦戒侈，恂恂苗胤，傳龜襲紫」者也。明帝后馬氏，馬援小女，賢德素著，「每於侍側之際，輒言及政事，多所毗補，而未嘗以家私干。」章帝卽位，尊后曰皇太后，史稱常事減損外家；然史又稱「馬防（援子馬后兄）兄弟貴盛，奴婢各千人已上，資產巨億，皆買京師膏腴美田，又大起第觀，連閣臨道，彌亘街路，多聚聲樂曲度，比諸郊廟，賓客奔湊，四方畢至，京兆杜篤之徒數百人，常爲食客，居門下，刺史守令多出其家，防又多牧馬畜，賦斂羌胡。」幸帝數加譴敕，所以禁遏甚備，由是權勢稍損，賓客亦衰焉。章帝竇后，竇融之曾孫女，寵幸殊特，宮闈爲之慄息。竇氏自明帝時，已一公、兩侯、三公主，四二千石，皆相與並時，自祖及孫，官府邸第，相望京邑，奴婢以千數，於親戚功臣中莫與爲比。章帝寵任后族，竇憲兄弟親幸，並侍宮省，賞賜累積，寵貴日盛，自王主及陰馬諸家，莫不畏憚，然亦不授以重位。和帝即位，竇太后臨朝，於是兄弟皆在親要之地；及憲平匈奴，威名大盛，以耿夔任尙等爲爪牙，鄧疊郭璜爲心腹，班固傅毅之徒，皆置幕府以典文章，刺史守令，多出其門，兄弟並封侯，竇氏一門，並居列位，充滿朝廷，權傾主上。和帝乃與中常侍鄭衆定議除之；大憝雖誅，然宦者用權自此始，中官亦始盛焉。帝崩，太子未立，后鄧氏立少子隆，生始百餘日，是爲殤帝，鄧后爲皇太后臨朝。殤帝立六月崩，后與兄隲、悝等定策禁中，迎立安帝，猶臨朝政，隲等皆封侯，寵權顯赫，而宦官亦漸用事。及鄧后崩，安帝乳母王聖與宦者李閏江京等譖誅鄧氏，而帝嫡母家耿氏、祖母家宋氏、后家閻氏、及李閏江京王聖聖女伯榮等皆貴顯用事。聖等共譖廢太子，帝崩，閻后與兄顯等迎立少帝，誅黜聖等，身自臨朝。少帝殂，宦官孫程等十九人擁立安帝廢太子（是爲順帝），誅閻氏，程等皆封侯。順帝以梁后父商爲大將軍，商卒，其子冀繼之，及帝崩，梁后與兄冀立冲帝，身自臨朝；冲帝又崩，立質帝，冀以帝聰慧，酖之而立桓帝，幷以后妹爲桓帝后，冀身爲大將軍輔政。冀一門前後七封侯，三皇后，六貴人，二大將軍，夫人女食邑稱君者七人，尙公主三人。其餘卿將尹校五十七人，在位二十餘年，窮極滿盛，威行內外，百僚側目，莫敢違命，天子恭己而不得有所親豫，其凶恣專斷，豪橫盈極，爲東京外戚最。帝與中常侍單超、具瑗、唐衡、左悺、徐璜等五人合謀誅之，收冀財貨，縣官斥賣，合三十餘萬萬，遂減天下租稅之半，封超等五人爲侯，於是宦者以功代外戚執政。桓帝梁后崩，以竇武女爲皇后，帝崩，武與后定策，迎立靈帝，竇后臨朝，武入居禁中輔政，與大傅陳蕃謀誅宦官，卒爲宦官曹節、王甫等所殺，節等封侯。至靈帝崩，何后臨朝，立子辯爲帝，后兄何進以大將軍輔政，進奏誅宦官蹇碩，收其所領八校尉兵，方欲盡誅宦官，而進又爲宦官張讓、段珪等所殺。是時軍士大變，袁紹、袁術、閔貢等因乘亂勒兵捕宦者，無少長皆殺之，或有無鬚而誤死者，至自發露然後得免，死者二千餘人。於是外戚與宦官俱盡。自戚宦之爭，戚常敗而宦常勝，而宦官之勢燄，亦隨外戚之屢敗而益盛。加以宦官既據權要，則徵辟察舉，望風迎附，非其親族，則其姻戚，桓靈之世，宦官之子弟支附，蓋過半於州國矣。莫不窮暴極惡，流毒遂遍天下，士大夫秉正嫉邪，奮死與之搘拄，而宦者搆害明賢，專樹黨類，於是有黨錮之禍。海內嗟毒，志士窮棲，寇劇緣間，搖亂區夏，於是有黃巾之亂。黃巾之亂，雖賴皇甫嵩朱儁之力，幸獲平定，而黨錮之禍，則凡稱善士，莫不離被災毒。自中興之後，羌胡之患最大，天下精兵猛士，恆聚於涼州。黃巾亂起，各州刺史守牧亦多各攬其地之財賦甲兵。及何進謀誅宦官，首召涼州將董卓，卓將涼州兵至，而廢帝辯，立獻帝，專權恣睢，袁紹糾州郡兵討之，卓殘破洛陽，西遷長安。初平三年（一九二），王允呂布合謀誅卓，而涼州諸將李傕、郭汜、張濟等繼之，紛爭數年，關中無復人跡。袁紹、袁術、陶謙、劉表、曹操等，亦各據州郡自立。建安元年（一九六），獻帝乘間到洛，曹操入朝，遷帝都許，盡滅涼州諸將，挾天子以平羣雄，於是政歸曹氏，天子守府，而漢亡矣。

周遭犬戎之禍，文物湮淪，平王東遷，秦雖居周舊地，而其開化轉晚於諸夏。自以武力一天下，其貢獻最大者，惟在統一之文字與政制，雖有博士七十人，掌通古今，特備員勿用，最著者爲伏生與叔孫通，一傳尙書，一制朝儀，皆顯名漢世，然非能於學術有所特創也。晚周百學爭鳴，至秦蓋寂寥甚矣。惟刻石之文，光耀海內，則有過前代。史記載始皇嶧山、泰山、之罘、琅邪、碣石、會稽刻石凡七（之罘二，餘各一。），至今琅邪臺銘文，猶存十三行，泰山亦存十字，而他石拓本鉤摹影印者，世尙有之。（註四四）文字之美與其流傳之久，皆爲史册所僅見。周代金文最多，東周時，齊楚諸國猶盛，惟秦獨尙刻石，大書深刻，丞相綰李斯等之意象也。世人雖極斥秦，於此獨寶存之，蓋其文字之美，爲千載所共推焉。

晚周學術思想，至兩漢而結局，凡漢人之所從事，若六藝諸子，大抵爲古人作功臣，不能特別有所創造。然因古代文明之遞嬗，亦能於保存之中，演爲新製。而國基大定，疆域遼廓，又足以生國民宏大優美之思，故如史學文學等，皆有其特殊之貢獻。雖漢人之著作與其所研究者，今存者十不逮一，未易遽下定論；姑就著於史者觀之，猶可見漢人於吾國之文化，既善繼往，兼能開來。後之言漢學者，徒掇拾漢人之片言單文，猶足以專門名家焉。（註四五）

兩漢之學，以六藝爲最盛，而派別亦最繁。大抵以傳授之性質言，有師學家學之分，以經之立於學官與否言，有官學私學之殊，以文字之通行與否言，有今文古文之異。師學者，老師先師傳授之學，家學者，家世傳授之學，西漢之初，經師輩出，如田和之易，淵源於商瞿，毛公之詩，權輿於子夏（皆孔子弟子），申公之魯詩，賈生之左傳，並溯沿於荀卿，以及伏生之傳尚書，高堂生之傳士禮，皆師學也。公羊氏五世口傳公羊，孔安國家世傳尚書，歐陽生自歙八世傳尚書，伏理至無忌六世傳齊詩，楊榮家世傳小戴禮，則家學也。師學家學，其初皆私相授受，皆私學而非官學。自文帝設立諸經博士，至武帝頒易、詩、書、禮、春秋五經於學官，每經皆選績學之士爲博士，官給俸祿，擇民之俊秀者爲博士弟子，以相教授。雖爲博士者，仍守先師老師相傳之說，或從一家之言，以自鳴其學，其所教者，不出師學家學之範圍，然學由官立，師弟由官選擇，設科射策，勸以官祿，已爲官學而非私學矣。（私學猶今私塾之授徒，官學猶今國立大學特設某某科講座，選任教授，以教准許入學之學生也）當時每經皆有數家之訓釋，各家所傳授之本子，有爲漢世通行之隸書，有爲漢世已不通行之先秦古文。其初學者傳習之本，大抵爲通行之隸書，繼則先秦舊文之本，傳者漸多，名曰古文學，本之爲通行隸書者，亦別立今文之名。國家所立之五經博士，東漢初雖已增至十四（易四：施、孟、梁、邱、京氏，書三：歐陽、大小夏侯氏，詩三：魯、齊、韓氏，禮二：大小戴氏，春秋二：嚴氏、顏氏），然皆屬今文家，古文學如左氏春秋、周官、毛詩、古文尚書，王莽秉政時，雖一度立於學官，王莽既敗，學亦隨廢，在野巨儒，惟在民間自相傳授。故又有以今文學爲官學，而古文學爲私學者。雖當時諸儒以今文經家居教授者，一經恆千百人，然或本為博士，或本受業博士，皆謹守博士家法；即傳自私學者，亦皆不背官學；故弟子受經卒業者，咸任博士議郎之職。蓋自官學既立，學術定於一尊，儒生家居傳經，不再受教法於博士，所謂私學，特輔博士教授之所不及而已。儒術既為祿利之途，學業既成，取青紫如拾芥，學之為國家所立者，皆專相傳祖，莫或訛雜，排黜異說，深閉固距。博士之極弊，遂至於抱殘守缺，挾恐見破之私意，而無從善服義之公心。諸研習古文者，憤其不得立於學官，詆譏今學，亦無所不用其極；今文古文之爭，亦官學與私學之爭也。(已立學官之今文，不欲古文再立學官，未立學官之古文，欲與今文同立學官)。然當時通儒，如西漢之劉向，東漢之許慎馬融，皆兼通今古文；鄭玄(生順帝永建二年，卒獻帝建安二年，一二七至二〇〇。括囊大典，網羅眾家。後書玄傳稱「凡玄所注，周易、尚書、毛詩、儀禮、禮記、論語、孝經、尚書大傳，中侯乾象歷，又著天文七政論、魯禮禘祫義、六藝論、毛詩譜，駁許慎五經意義，答臨孝存周禮難，凡百餘萬言：」尤集今古文說之大成，且其所注各經，不守一先生之言，參酌今古文，以實事求是為指歸，與博士所傳，亦不盡合。自是以降，治經學者，悉奉鄭君為大師，官學日淪，鄭學日昌，兩漢經學以私學始者，亦以私學代官學終焉。

武帝初為博士官置弟子五十人，昭帝增滿百人，宣帝增倍之，元帝更為設員千人，成帝增弟子員三千人。後漢則光武修起太學，建三雍，明帝復為功臣子孫、四姓末屬、別立校舍，搜選高能，以受其業。至順帝更修黌宇，凡所構造，二百四十房，千八百五十室；漢末太學諸生，遂至三萬餘人，為古來未有之盛事。此兩漢京師之國學也。地方教育，初僅有閭里書師；自景帝末蜀郡太守文翁在蜀立學堂，至武帝時，乃令天下郡國皆立學校官。平帝時，王莽秉國，廣立學官，下至鄉聚，皆立孝經師一人。東漢則郡縣守令，著名史冊者，夫抵造立校舍，修庠序之教，僻壤蠻陬，並有學校，班固東都賦所謂「四海之內，學校如林，庠序盈門」也。此兩漢地方之官學也。其時儒生之習今文經者，以游學京師，受經博士為正途。然私人家居教授者，大師徒眾至千餘人，前漢末已漸稱盛，而後漢書所載張興著錄且萬人，牟長著錄前後萬人，蔡玄著錄萬六千人，樓望諸生著錄九千餘人。(註四六)自餘弟子門徒數千人千餘人，下及數百人者，指不勝屈，比前漢為尤盛。私家之傳授，蓋儁國學而上之。古來經學之昌明，儒生之衆，未有如兩漢者。兩漢書中所載，今可考者，猶不下數百人，要而論之，不外五派。誦讀經文，互相授受，不事作述，始也憑口耳之傳，繼也則著之竹帛，此一派也（此派兩漢最多，漢書儒林傳之經師，半屬此派）。以經解經，不立異說，使經義自明，如費氏之說周易，此二派也　援引故訓，證明經義，或詳章句訓故，前者如毛公之詩傳，後者如鄭玄之注羣經，此三派也。揮發經義，成一家言，合之則與經相輔，離經亦別自成書，如伏生之尚書大傳，董仲舒之春秋繁露，此四派也。去聖日遠，大道日漓，有志之士，擬經爲書，如焦氏易林之擬易，揚雄法言之擬論語，此五派也。大抵西漢之世，五派並行，後漢則第三派特盛，故西漢經師，偏重微言大義，後漢則多詳訓故章句，此其大較也。（註四七）又漢世小學，文字與算學並重。算書今多失傳，文字則隨時增益，初僅三千餘字，後以次增至九千餘字。（註四八）其時小學文字之書，蓋有二體。一取便於記誦，司馬相如之凡將篇（句皆七言），史游之急就篇（三言七言），揚雄之訓纂篇（四言）是也。一取詳是解說，許慎說文解字是也。後世童蒙讀本，以三字、以四字、或七字爲句，皆源於漢；而研究許書者，以其文字而兼聲音訓詁，爲羣經之鎖鑰，獨爲專門之學，大師宿儒，且多未能盡通焉。亦可見漢人著述之深邃矣。

漢世與經學相糅合者，又有陰陽讖緯之學。戰國時，陰陽迂怪之說朋興，爲諸子術數大宗。西漢經師，自董仲舒（武帝時）始以春秋推陰陽，爲儒者宗，一般經生，本術數之迷信，襲方士之故智，又以時君無所畏憚，惟借災異以示儆，或知恐懼修省，莫不兼通其說，附會經術。如高相專說陰陽災異，京房長於災變，翼奉好律曆陰陽之占，下及劉向之明災異，皆西漢之經學大師也。其後則由陰陽家而變爲讖緯。讖爲預決吉凶之隱語，如「亡秦者胡」之類，本方士圖籙之書，戰國末已盛行。緯則與經相對待，其說多怪誕不經，興於哀平之際，蓋經師增益舊史，王莽取之以惑世誣民者，自光武以符籙受命（王莽時讖云，劉秀當爲天子，其後光武興兵破王郎，降銅馬，羣臣方勸進，適有舊同學彊華者自長安奉赤伏符來，曰，劉秀發兵捕不道，四夷雲集龍在野，四七之季火爲主，羣臣以爲受命之符，乃卽位於鄗南），篤信其術，用人行政，悉以讖緯從事，儒者亦以讖緯爲祕經，易、書、詩、禮、樂、孝經、春秋七經，皆各有緯書，號爲七緯。(註四九)於是五經爲外學，七緯爲內學，習經者必兼通緯，解經者必援飾經文，雜糅讖緯，遂成一代風氣。雖以鄭玄之經傳治熟，稱爲純儒，亦爲緯學名家，沈溺其中而莫反。是則兩漢經學昌明之世，亦陰陽讖緯盛興之時代矣。

漢世治諸子之學者，雖不若東周之盛，然九流之說，猶綿延於兩漢。以兩漢書諸傳考之，有專治一家之學者，有以一家之學教授後生者，其風氣蓋與經學家無殊；而黃老爲尤盛。漢初如曹參師蓋公，陳平治老子，以及田叔、汲黯、鄭當時之流，後漢如鄭均、蔡勳、矯慎等，莫不好黃老之學；甚至帝王（如文帝楚王英）皇后，（如景帝母竇太后）亦尊崇其言焉。鼂錯學申商刑名於軹張恢生所，後漢陽球好申韓之學，皆法家之學。陰陽家則與儒術相糅合。自餘縱橫雜農小說諸家之書，皆著於藝文志，旁及兵家、數術、方技，亦皆有專家校定，而小說家有虞初周說九百四十三篇，百家百三十九卷，張衡西京賦至謂小說本自虞初（虞初，河南人，武帝時以方士侍中，號黃車使者，其說以周書爲本），則其盛可想。惟名家及墨家，漢人似少傳授；然漢人所見名家墨家之書猶夥，非若今之抱殘守缺，徒摭拾一二語者比也。觀藝文志所載諸子，凡百八十九家，四千三百二十四篇，至魏晉以降，始次第淪佚。先秦諸子之學，漢人實能綜括而章明之；故有功於諸子者，莫漢若也。特漢人所著子書，多沿周秦以來之學說，不能出其範圍。最著者，西漢則淮南鴻烈，然雜出衆手，不足成一家之書，後漢則王充論衡，亦專事詆譏，僅足以供游談之助。蓋漢人發明之功，不及其保存之力焉。

自孔子刪尚書，作春秋，左邱明論輯春秋本事，以爲之傳，又撰異同爲國語。時又有世本，錄黃帝以來至春秋時帝王公侯卿大夫祖世所出。春秋之後，七國並爭，秦幷諸侯，有戰國策。漢興定天下，則陸賈作楚漢春秋。至司馬遷（生景帝中五年（前一四五），約卒於昭帝世。）萃尚書、春秋、左傳、國語、世本諸書之體，采國策，述楚漢春秋，創爲史記，立本紀、表、書、世家、列傳之目，上起黃帝，下訖漢武，凡百三十篇，五十餘萬字。於是漢之史册，集自古以來之大成，與漢之統一之國勢，若相應和焉。史遷之後，褚少孫、揚雄、劉歆等，多踵爲之，而東漢初班彪及子固相繼爲漢書百篇，復爲斷代史之祖。吾國史書，自是燦然大備，椝則相承，仍世以續，令晚世得以識古，後人因以知前，故雖戎羯荐臻，國步傾覆，其人民知懷舊常，得以幡然反正。漢人學術之有造於華夏，史書功爲第一。抑史漢不獨爲歷史家所祖也，亦爲後世文學家所宗。西漢文章，初承戰國之習，有縱橫之餘風，文景以後，提倡經術，其文多爾雅深厚，相如子雲之雄偉，匡衡劉向之淵懿，其最著者；而史記實極文之變。東漢一代，前有馮衍杜篤，中有崔駰張衡，後有蔡邕孔融；而漢書之風骨尤遒勁。後之史家，續史漢以成書者，無慮百十家，未有能繼其文者也。自餘「詩文辭賦，漢人亦多創爲新體。枚乘蘇武爲五言詩，而樂府之三言四言詩體，亦於三百篇之外，別成一格。降及後漢，詩人益多，」作品之傳於今者，大抵音節蒼涼，文情樸茂，無意於工而自工。「而孔雀東南飛一篇，爲焦仲卿妻作者，凡一千七百四十五字，實爲敍事詩之絕唱；雖不知作者之名，然可見漢之詩人，實多開創，無所謂定格成法也。詩之外，創製之體，如答客難、封禪書、七發之類，亦多新格。而賦體之多，尤爲漢人所獨擅，大之宮室都邑，小之一名一物，鋪陳刻畫，窮形盡相，而其瑰偉宏麗之致，亦與漢之國勢相應。蓋人類之思想，不用於此，必注於彼。以兩周之經籍子家衡兩漢，誠覺漢人之思想，迥不及古；而就其所獨至者觀之，則前人僅椎其萌芽，至漢而始發榮滋長者，亦未易僂數」也。(註五〇)

漢世學藝制作，猶有可述者數事。秦人刻石頌始皇功德，漢代不師其制，故西漢石刻甚尠。近人於廣州城東里許發掘一南越貴人遺冢，得漢初隸書木刻陰文數十。(註五一)是爲今日所知古人木刻之始，亦西漢之特色也。東漢石刻極夥，門生故吏爲其府主伐石頌德者，偏於郡邑，其書有篆有隸，而隸體爲多，或縱橫宕逸，或謹嚴流麗，後之碑版，靡得而逾焉。古代宮室，多有壁畫（觀楚辭天問可見），漢世亦沿其法，所畫以人事爲多。惟漢代又有石刻畫像，或琢石納諸壙，或伐石樹闕以刊之，或刻諸墓前石室，今世所傳者，以孝堂山石室武梁祠石闕爲最完好，(註五二)古代人物之狀貌，以及車馬衣服之製，胥可賴以考見。觀石室石闕之圖刻人事者，多古聖賢節孝義烈事，與印度、希臘石刻之多以宗教故事爲題材者迥異，足徵吾國文化之中心，惟在人倫道德，故雖旌表祖先之美術，亦質實無華，不含若何神祕意味。而其圖刻物形者，大致以牡類體狀居多，鬭獸怒馬，飛舞龍蛇，類皆胸大腰聳，筋力呈現，尤足徵漢代強健戰鬭生氣活潑之精神，藝術上亦處處流露，即在造墓石刻之中，從未稍現死喪之意焉。(註五三)自餘金玉禮器，及服御諸物，傳世者極夥，形製與所鐫文字，多極精美。(註五四)蓋漢代崇尚工藝，少府有攷工室，外郡如河內郡懷縣、南陽郡宛縣、濟南郡東平陵縣、泰山郡奉高縣、蜀郡成都縣、廣漢郡雒縣等，亦均有工官。貢禹在元帝世上書，稱「今齊三服官作工各數千人，一歲費數鉅萬，蜀廣漢主金銀器，歲各用五百萬，三工官官費五千萬，東西織室亦然，」(註五五)於當世之奢侈，深致大息；而漢書孝宣紀贊，則言「孝宣之治，技巧工匠器械，自元成間鮮能及之：」是工藝之優劣，且以覘政治之盛衰焉。

古代書籍，木板竹簡並用，漢世則多用竹簡木簡，亦間有用帛者；至後漢世，乃有蔡侯紙。後漢書蔡倫傳稱「自古書契，多編以竹簡，其用縑帛者，謂之爲紙，縑貴而簡重，並不便於人，倫乃造意用樹膚麻頭及敝布魚網以爲紙，（和帝）元興元年（一〇五），奏上之，帝善其能，自是莫不從用焉，故天下咸稱蔡侯紙。」是實吾國文化之一大利器，亦爲世界有紙之始，而發明於一宦者（倫爲明帝至安帝時宦官，卒於安帝建光元年，一二〇），亦至奇之事也。（筆則新石器時代已有之，世稱蒙恬造筆，蓋蒙恬始造兎毫耳。）顧傳寫雖便，而經籍未有定本，亦難免於譌誤，於是有石經之刻，其事倡於蔡邕（生順帝陽嘉元年，卒獻帝初平三年，一三二至一九二）。後書蔡邕傳稱「邕以經籍去聖久遠，文字多謬，俗儒穿鑿，疑誤後學，熹平四年（一七五），乃與堂谿典、楊賜等，奏求正定六經文字，靈帝許之，邕乃自書册於碑，使工鐫刻，立於太學門外，於是後儒晚學，咸取正焉；及碑始立，其觀視及摹寫者，車乘日千餘兩，塡塞街陌。」迄今閱千七百數十年，而石經之殘字，猶陸續出土。(註六五)其可貴逾於秦之刻石矣。然時雖有紙與石經，而以紙拓石之法，則絕不之知（拓石蓋始於唐），未能盡傳播之能事；亦可見人類文明之進步，以漸增益，且時有其限度也。

漢世於科學最有貢獻者，曰張衡（生章帝建初三年，卒順帝永和四年，七八至一三九），後漢書張衡傳稱

「衡善機巧，尤致思於天文陰陽曆算，爲太史令，妙盡璇璣之正，作渾天儀，著靈憲算罔論，言甚詳明。（順帝）陽嘉元年（一三二），復造候風地動儀，以精銅鑄成，員徑八尺，合蓋隆起，形似酒尊，飾以篆文山龜鳥獸之形，中有都柱，傍行八道，施關發機。外有八龍，首銜銅丸，下有蟾蜍，張口承之，其牙機巧製，皆隱在尊中，覆蓋周密無際，如有地動，尊則振龍，機發吐丸，而蟾蜍銜之，振聲激揚，伺者因此覺知，雖一龍發機，而七首不動，尋其方面，乃知震之所在，驗之以事，合契若神，自書典所記，未之有也。嘗一龍機發，而地不覺動，京師學者咸怪其無徵，後數日驛至，果地震隴西，於是皆服其妙。」同時崔瑗稱之曰：「數術窮天地，製作侔造化。」其言信矣。而華佗（東漢末人）醫術之精，亦迥絕今古。後書華佗傳稱「佗精於方藥，處齊不過數種，心識分銖，不假稱量，針灸不過數處，裁七八九，若疾發結於內，針藥所不能及者，乃令先以酒服麻沸散，既醉，無所覺，因刳破腹背，抽割積聚，若在腸胃，則斷截湔洗，除去疾穢，既而縫合，傅以神膏，四五日創愈，一月之間皆平復；」與今西人之治病相同。史記扁鵲倉公傳述春秋時人語，稱上古之時，醫有俞跗，治病不以湯液醴灑，而以解剖，陀蓋傳其術者。陀死而燒其書，破腹斷腸之法，遂無傳者。後世醫家皆祖張機，於一切病，惟恃診脈處方之術，機字仲景，亦東漢末人也。所著金匱玉函要略，上卷論傷寒，中論雜病，下載其方，併療婦人，自宋以來，醫家奉爲典型，依其法以治病，訖今猶有甚驗者。漢人之學術，後人寧能窮其所詣哉。

漢世化上尚有一盛事，爲前古所無者，則西方文物之傳入是也。漢通西域，主因雖爲政治關係，然其影響於商業及文化則甚大。西域諸國，與漢通使，大率多貪漢財物，而漢人亦利其珍寶，當時使外國者，多以交易有無爲鵠，張騫傳所謂「其使皆私縣官齎物，欲賤市以私其利」也。自餘賂遺贈送，萬里相奉，百工所作，無一不具，觀兩漢書西域傳所載，殆不可以僂計。中國絲織品輾轉稗販而西，遂入羅馬（大秦），羅馬人至呼中國爲「賽里斯」，（Seres 猶言產絲地也）嗜之可知。而羅馬珍品亦多東來中國。魚豢魏略詳言大秦國之珍寶出產、以及各種織造物品，（註五七）必多當時之貿易物。而緋持、發陸、巴則、度代、溫色等布，猶今之法藍蕤、嗶嘰、哈喇呢，蘇合、狄提、迷迭、兜納等香，亦猶今之咖啡、可可等譯音也。至文化之交通，自横吹胡曲由西胡傳入外，據近人研究漢武梁祠石刻畫像，其有飛舞形者，略帶希臘美術色彩，與中國古代朴陋生硬莊重古雅之作風異趣，或係漢世輸入希臘美術之影響。西域安息大夏諸國，故馬其頓王亞力山大軍將後人所建，富有希臘文化，月氏亞服大夏，亦與之同化，漢通諸國，遂因以傳入耳。餘如葡萄苜蓿胡麻胡桃等植物，亦皆當時東來，民到於今尚享其利。觀傳世漢代銅鏡，多鑄有葡萄花紋，「葡萄」一名，考其起源，實係希臘語 Botrus 之譯音，洵爲中西文物合流之偉觀。(註五八)然其關係尤鉅者，首推佛教。

佛教起源印度，教主瞿曇悉達多(號釋迦牟尼)約與孔子同時。其初勢力，大抵限於恆河谿，至東周末阿輸迦王時，自印度全境外，傳播及於中亞西亞。至東漢初，北印度已爲佛教之中心，漢與西域之道通，佛教遂由西而東。雖其入中國之年歲，未能確定，大約在西漢之末，魏略稱「漢哀帝元壽元年(前二)，博士弟子景盧從大月氏王使伊存口授浮屠經：」是爲漢季佛教傳入中國最可徵信之記載。其在東漢，則後漢書楚王英傳載光武帝子楚王英學爲浮屠，齋戒祭祀，明帝永平八年(六五)賜王詔書，有「伊蒲塞」(在家佛教信徒，今稱居士)「桑門」(僧)等佛教辭句。攝摩騰、竺法蘭二僧，亦於帝時東來洛陽，譯經造寺。至桓帝，復於宮中設華蓋以祠浮屠。觀夫帝王之尊，信仰異教，則知民間自頗有奉之者矣。時則西僧先後蒞華，翻譯經論，宏布法事。據唐釋智昇開元釋教錄所載，自從明帝至獻帝，譯經緇素一十二人，所出經律，總二百九十二部，三百九十五卷云。

佛教之來華，由於漢通西域，漢世傳入之佛教，亦由西域間接輸入，故東來僧徒，如安清、安玄、支讖、支謙、支亮等，大抵月氏安息之人。而其能博中人之信仰，則黃老學之力爲多。古無黃老之名，戰國時治道家之學者，始以黃帝與老子相附會，至漢初遂以黃老並舉。兩漢間以好黃老、學黃老名者，指不勝屈，儒學之外，以黃老爲最佔勢力之一學派；其學大抵尚微言，貴清虛，崇無爲，明自然。當時神仙方技之士，(簡稱方士，亦稱道士)崇尚服食修煉，講求鬼神祠祀，亦多自謂出於黃老；又採用陰陽五行之說，成一大綜合，而漸演變爲後來之道教。佛教之入也，亦以黃老爲先容，漢人之崇佛者，自楚王英以下，皆兼好黃老，而以黃老與浮屠並稱。桓帝時襄楷上疏，言「聞宮中立黃老浮屠之祠，此道淸虛，貴尙無爲，好生惡殺，省慾去奢，」(註五九)明其學理亦同科矣。蓋時人之見解，以爲浮屠與黃老，無甚殊異，故崇之者，以爲黃老而兼及；即初期翻譯之佛經，多借用老莊詞句，闡揚佛理之著作，亦多援老子立言。佛教於此時傳入，使漢人不覺其隔閡難通，而博帝王人民之信仰，此其一主因矣。

秦自商鞅遺禮義，棄仁恩，幷心於進取，厲行軍國主義，而俗一大變。賈誼謂「秦人家富子壯則出分，家貧子壯則出贅，借父耰鉏，慮有德色，母取箕帚，立而誶語，抱哺其子，與公併倨，婦姑不相說，則反脣而相稽」者，漢興猶承其弊。(註六〇)又自戰國以來，競爲游俠，漢初餘風猶在，故代相陳豨，從車千乘，而吳濞淮南，皆招賓客以千數，外戚大臣竇嬰田蚡之屬，競逐於京師，布衣游俠劇孟郭解之徒，馳騖於閭閻，權行州邑，力折公侯，雖其陷於刑辟，自與殺身成名，死而不悔，自文景以恭儉化民，秦俗漸革，而景武兩朝，專任酷吏，所以摧滅游俠者無不至，漢武之後，游俠之風亦微。然商業經濟之發展，及其隨生之弊害，則反視戰國世有加。蓋自「漢興，海內爲一，開關梁，弛山澤之禁，是以富商大賈，周流天下，交易之物，莫不通得其所欲。」(註六一)民亦多背本而趨末。漢廷雖厲行重農抑商政策，如高帝世令賈人不得衣絲乘車，孝惠高后時，令市井子孫不得爲官吏，「而商賈大者，積貯倍息，小者坐列販賣，操其奇贏，日遊都市，乘上之急，所賣必倍，故其男不耕耘，女不蠶織，衣必文彩，食必粱肉，因其富厚，交通王侯，力過吏勢，以利相傾，千里游敖，冠蓋相望，乘堅策肥，履絲曳縞。」誠者鼂錯所言，「法律賤商人，商人已富貴矣。」(註六二)史記貨殖列傳載蜀卓氏、臨邛程鄭、宛孔氏、曹邴氏，皆以冶鐵致巨富，（當時實爲鐵器極盛時代）齊刁間則任使黠奴，逐漁鹽商賈之利，起富數千萬，周人師史，轉轂賈郡國，致七千萬，宣曲任氏力田畜，富者數世，橋姚以斥塞畜牧，而致饒益，無鹽氏以子貸金錢，富埒關中；若至力農畜工虞商賈，爲權利以成富，大者傾郡，中者傾縣，下者傾鄉里者，不可勝數。馬遷以若翟雖無秩祿之奉，爵邑之入，而椎埋去就，與時俯仰，獲其贏利，千金者或比一都之君，巨萬者乃與王者同樂，因名之曰「素封」：商業經濟發達極矣。自武帝外事四夷，干戈日滋，行者齎，居者送，中外騷擾相奉，而富商賈或滯財役貧，轉轂百數，廢居居邑，封君皆低首仰給，黎民重困。帝雖任孔僅、東郭咸陽等計臣，盡情掊克，諸賈人末作貰貸及商以取利者，各以其物自占，率緡錢二千而算一（百二十錢），諸作有租及鑄，率緡錢四千算一，匿不自占，占不悉，戍邊一歲，沒入緡錢，有能告者，以其半畀之。（註六三）商賈中家以上，大抵皆遇告破產，而民偷甘食好衣，不事畜藏之業。及桑弘羊領大農，弛告緡令，仍令入物者補官，出貨者除罪，故選舉陵夷，廉恥相冒，奢侈之俗，尤一往而不可正，降及昭宣，其禍不復。觀昭帝時賢良文學之士言：「富貴奢侈，貧賤篡殺，女紅難成而易弊，車器難就而易敗，常民文杯畫案，几席緝蹯，婢妾衣紈履絲，匹庶粺飯肉食，里有俗，黨有場，康莊馳逐，窮巷蹋鞠，秉耒抱插，躬耕身織者寡，娶要領從容傅白黛青者衆，無而爲有，貧而強夸，文表無裏，紈袴裛裝，生不養，死厚葬，送死殫家，遣女滿車，富者欲過，貧者欲及，富者空藏，貧者稱貸，是以民年急而歲促，貧即寡恥，乏即少廉，此所以刑非誅惡，而姦猶不止。」（註六四）元帝時貢禹上書言：「故俗皆曰，何以孝弟爲，財多而光榮；何以禮義爲，史書而仕宦，何以謹慎爲，勇猛而臨官；故黥劓而髡鉗者，猶復攘臂爲政於世，行雖犬彘，家富勢足，是爲賢耳；故謂居官而置富者爲雄桀，處姦而得利者爲壯士，兄勸其弟，父勉其子。」（註六五）俗之敗壞，亦云甚矣。漢自庶姓起，一切因襲秦故，宗周彝教，概未有聞。至孝武表章六經，史稱「疇咨海內，舉其俊茂，與之立功，興太學，修郊祀，改正朔，定曆數，協音律，作詩樂，建封禮，禮百神，紹周後，號令文章，煥焉可述，後世得遵洪業，而有三代之風。」（註六六）然任用儒生，僅重文學，事粉飾，封禪禮神，尤多循秦制。而其時宮庭淫逸之習，亦毫無忌諱。自元帝少而好儒，及即位，徵用儒生，委之以政，貢禹、薛廣德、韋賢、匡衡，迭爲宰相，學者亦多言興復古禮，以革秦制；漢儒之風寖變矣。然師儒雖盛，而大義未明，其極則王莽借儒學以成篡竊，儒者猶多頌功德以勸進。及光武中興，於崇尚儒術之外，一意表章氣節，凡所舉用，多經明行修之人，明章繼之，其風世篤，而風俗爲之一變。綜觀東漢一代，多以名行相尚，郡吏之於太守，往往周旋於生死患難之間，或盡力於所事以著其忠義，或感知遇之恩，而制服從厚；志節之士，尤好爲苟難，或輕生報讎，或代人賊讎，務欲絕出流輩，以成卓特之行。若夫性分所至，則隱居求志，後漢書逸民列傳所載，若梁鴻、高鳳、臺佟、韓康、矯慎、戴良、法眞、龐公，以及不知姓名之漢陰老父，陳留老父等，皆遠引孤騫，亭亭物表，蟬蛻囂埃之中，自致寰區之外。其不仕者，既不仕王侯，高尚其志，而其仕者，亦危言深論，不隱豪強。至其末造，朝政昏濁，國事日非，而黨錮之流，獨行之輩，依仁蹈義，舍命不渝。（註六七）風雨如晦，雞鳴不已。三代以下，風俗之美，無尚於東京者。故范曄之論，以爲「桓靈之間，君道秕僻，朝綱日陵，國隙屢啓，自中智以下，靡不審其崩離，而權強之臣，息其闚盜之謀，豪俊之夫，屈於鄙生之議。」「所以傾而未頹，決而未潰，皆仁人君子心力之爲。」（註六八）可謂知言者矣。司馬光曰：

「光武敦尚經術，賓延儒雅，廣開學校，修明禮樂。繼以孝明孝章，遹追先志，臨雍拜老，橫經問道，虎賁衛士，皆習孝經，匈奴子弟，亦游大學。是以教立於上，俗成於下。其忠厚清修之士，豈惟取重於搢紳，亦見慕於衆庶。愚鄙汚穢之人，豈惟不容於朝廷，亦見棄於鄉里。自三代既亡，風化之美，未有若東漢之盛者也。及孝和以降，貴戚擅權，嬖倖用事，賞罰無章，賄賂公行，賢愚渾殽，是非顚倒，可謂亂矣。然猶緜緜不至於亡者，上則有公卿大夫袁安、楊震、李固、杜喬、陳蕃、李膺之徒，面引廷爭，用公義以扶其危，下則有布衣之士符融、郭泰、范滂、許劭之流，立私論以救其敗。是以政治雖濁，而風俗不衰。至有觸冒斧鉞，僵仆於前，而忠義奮發，繼起於後，隨踵就戮，視死如歸。夫豈特數子之賢哉，亦光武明章之遺化也。桓靈昏虐，保養姦回，過於骨肉，殄滅忠良，甚於寇讎。積多士之憤，蓄四海之怒，於是何進召戎，董卓乘釁，袁紹之徒，從而構難，遂使乘輿播越，宗廟丘墟，王室蕩覆，烝民塗炭，大命隕絕，不可復救。然州郡擁兵專地者，雖互相吞噬，猶未嘗不以尊漢爲辭。以魏武之暴戾彊伉，加有大功於天下，其蓄無君之心久矣，乃至沒身不敢廢漢而自立。豈其志之不欲哉，猶畏名義而自抑也。」（註六九）

漢代重儒之效。亦云偉矣。雖觀諸子所陳，如王充論衡、應劭風俗通義之正時俗嫌疑，王符潛夫論、仲長統昌言、荀悅申鑒之譏當時失得，其時迷信之繁，奢侈之習，或逾西京，民間弊俗，亦往往而有。此則范曄所謂「世非胥庭，人乖𣪊飲，化迹萬肇，情故萌生，雖周物之智，不能研其推變，山川之奧，未足況其紆險。」(註七〇)自戰國社會經濟劇變以後，百世所同。第自節義氣概及士流風尚言之，中國立國五千年，未有如東京者耳。

(註一)見史記秦始皇本紀。

(註二)語本柳先生中國文化史第一編第二十九章「秦之統一」，頁三六七。

(註三)說詳張星烺中西交通史料匯篇（輔仁大學印本）第二冊附錄「支那名號考」。

(註四)說詳日知錄卷三十一「長城」。

(註五)二十七年，巡行今陝西西部及甘肅。二十八年。巡行今河南山東安徽湖北湖南。二十九年，巡行今河南山東山西。三十二年，巡行今河北山西及陝西北部。三十七年，巡行今湖北湖南江蘇浙江山東。

(註六)見史記蒙恬傳。

(註七)見漢書賈山傳。

(註八)見史記河渠書，平準書，及後漢書鄭弘傳。

(註九)(註一〇)皆見史記秦始皇本紀。

(註一一)漢書劉向傳言「秦始皇帝葬於驪山之阿，下錮三泉，上崇山墳，其高五十餘丈，周回五里有餘，石槨爲游館，人膏爲燈燭，水銀爲江海，黃金爲鳧雁，珍寶之藏，機械之變，棺槨之麗，宮館之盛，不可勝原，又多殺宮人，生薶工匠，計以萬數。」

(註一二)拙著綱要第二冊八四節「皇帝之專制」(頁十一至十七)，論列頗詳，可參閱。

(註一三)秦郡之數，異說最多。裴駰史記集解，說三十六郡者，三川、河東、南陽、南郡、九江、鄣郡、會稽、潁川、碭郡、泗水、薛郡、東郡、琅邪、齊郡、上谷、漁陽、右北平、遼西、遼東、代郡、鉅鹿、邯鄲、上黨、太原、雲中、九原、雁門、上郡、隴西、北地、漢中、巴郡、蜀郡、黔中、長沙、凡三十五郡、與內史爲三十六郡。此外又有閩中、南海、桂林、象郡、故晉書地理志有四十郡之說。王國維氏則謂此四十郡外，尙有定陶、河間、廣陽、膠東、膠西、城陽、濟北、博陽等八郡，共四十八郡，見觀堂集林卷十二「秦郡考。」

（註一四）見史記蕭相國世家。

（註一五）拙著綱要第二册八五節「封建之餘波」（頁一七至二六）論此頗詳，可參閱。

（註一六）參閱漢書百官公卿表。

（註一七）始皇身死未寒，宦官趙高即與丞相李斯陰謀，廢遺詔，殺太子扶蘇，立庶孽胡亥，一也。胡亥立，即戮死諸公子，二也。趙高使其婿閻樂殺二世於望夷宮，二世求與妻子爲黔首而不可得，三也。項羽入關，盡殺子嬰與秦諸公子公族，四也。並詳史記秦始皇本紀。

（註一八）見史記項羽本紀，高祖本紀，及陳涉世家。

（註一九）見史記秦楚之際月表序。

（註二〇）見史記外戚世家。

（註二一）見漢書揚雄傳。

（註二二）拙著綱要第八册八六節「受命之新局與布衣之顯榮」（頁二六至三三），論此問題較詳，可參閱。

（註二三）本節及下論東方北方西南及南方之開拓，多本柳先生中國文化史第一編第三十一章「漢代內外之開闢」，（頁三八三至三九一）其論東方開拓段所引漢孝文廟銅鐘及平山君祠碑，茲述略如次。銅鍾爲民國九年發現，銘文曰：「孝文廟銅鍾容十升，重卌七斤，永光三年六月造。」永光爲西漢元帝年號。史記孝文紀稱「景帝元年，詔郡國諸侯各爲孝文皇帝立太宗之廟。」樂浪郡雖置自武帝，亦爲孝文立廟，此銅鍾即郡立孝文廟之物也。平山君祠碑爲民國二年發現，劉翰怡海東金石苑補遺卷一著錄，係樂浪郡秥蟬縣奉東漢章帝元和二年增修墓祀詔，特增修平山君祠，而刻石記之也。由此鍾及碑，然後可知兩漢統治朝鮮之實際情形；蓋雖遠在樂浪秥蟬，其奉行詔令，竟與河淮郡縣無異也。詳見拙著評傳新年君東北史綱卷首，（載中央大學文藝叢刊第一卷第一期，二十二年十一月出版）可參閱。

（註二四）淸光緒戊申（一九〇八），英人斯坦因（A. Stein）訪古於我新疆甘肅，在敦煌迤北之長城，羅布淖爾北之古城，及和闐東北之古城等地，獲得木簡千餘枚。敦煌所出，皆兩漢之物，（出羅布淖爾及和闐附近者，則爲東漢至隋唐之際之遺物。）據羅振玉及王國維排類印行之「流沙墜簡」，區爲小學術數方技諸書，及「屯戍叢殘」兩類，前者爲當時邊陲教育所用之課本。後者率紀當時塞上屯戍之事，王君攷釋分爲簿書，烽燧、戍役、稟給、器物、及雜事六目。

註二五）見黃文弼「新疆發現古物概要」（附錄西北科學考查團二十年印行「高昌第一分本」後）及「羅布淖爾發現漢漆杯考略」（在商務書館出版之「中國藝術論叢」中），黃君於十六年四月赴甘新一帶考查古蹟古物，於十九年秋返平，其赴羅布淖爾考察，在十九年春，所得木簡約數十百枚，中有孝宣帝「黃龍」年號，知爲西漢遺物。黃君於後一文中。又言漆杯一件，彩色花紋，最爲鮮豔，洵爲西漢良器云。

（註二六）見漢書卷七十陳湯傳。

（註二七）皆見漢書本傳。趙翼二十二史劄記卷三「漢使立功絕域」節，（拙著綱要第二冊頁四十八至五十，備錄之，）曾加綜述，可參閱。

（註二八）班固封燕然山銘語。又司馬相如疊錯趙充國諸文，皆見漢書本傳，侯應文揚雄文見漢書匈奴傳，劉向文見甘延壽傳，班固文見後漢書竇憲傳；坊行古文讀本，如姚鼐古文辭類纂，曾國藩經史百家雜鈔，亦皆選錄，可參閱。

（註二九）據漢書昭帝紀元鳳四年正月如淳注。

（註三〇）據漢書昭帝紀元鳳四年如淳注，及後漢書光武帝紀建武二十二年章懷太子注，皆稱本收二十錢，至武帝始另加三錢，以補車騎馬。又據漢書貢禹傳，則稱武帝征伐四夷，重賦於民，民產子三歲，則出口錢，故民重困，至於生子輒殺，甚可悲痛，」此蓋孝武帝世一時之制。

（註三一）漢書西域傳贊語。孝武世斂財新法，詳見漢書食貨志下，可參閱。

（註三二）見漢書食貨志下。又按桓寬鹽鐵論本議篇曰，「平準則民不失職，均輸則民齊勞逸，故平準均輸，所以平萬物而便百姓。」均輸與平準，雖同屬國營商業機關，目的亦從同，而略有分別。均輸分設在郡國，平準則在京師，一也。均輸類似行商，平準類似坐賈，二也。均輸所以調劑空間上物價之不平，平準僉以調劑時間上物價之不平，三也。

（註三三）參閱漢書藝文志。

（註三四）見漢書循吏傳序。循吏傳共紀文翁，王成、黃霸、朱邑、龔遂、召信臣六人，自王成以下，皆宣帝時人也。

（註三五）漢書元帝紀「元帝柔仁好儒，見宣帝所用多文法吏，以刑名繩下，大臣楊惲蓋寬饒等坐刺譏辭語為罪而誅，嘗侍燕從容言，陛下持刑太深，宜用儒生。宣帝作色曰，漢家自有制度，本以王霸道雜之，奈何純任德教，用周政乎。俗儒不達時宜，好是古非今，使人眩於名實，不知所守，何足委任。迺歎曰，亂我家者，弟子也。」

（註三六）拙著綱要第二冊九一節「西漢諸帝及外戚之禍」（頁九五至一一二）言武帝外戚頗詳，本節多就彼書節錄，可參閱。

（註三七）詳見漢書食貨志。

（註三八）見後漢書卷四十八吳蓋陳臧列傳論。

（註三九）見後漢書儒林列傳序。

（註四〇）見後漢書光武帝紀。

（註四一）見後漢書章帝紀。

（註四二）見後漢書后紀序。

（註四三）拙著綱要第二册九三節「東漢諸帝及戚宦之禍」（頁一二二至一四八），論諸帝及戚宦頗詳，本節及下節多就彼書節錄，可參閱。

（註四四）參葉昌熾語石卷一「秦一則」。

（註四五）此節及下論小學、諸子之學、文學與學藝制作等，多略本柳先生中國文化史第一編第三十二章「兩漢之學術及文藝」（頁三九一至四一二）。

（註四六）皆見後漢書儒林列傳。

（註四七）本劉師培「國學發微」，載乙巳年國粹學報第三期第六期。

（註四八）漢初閭里書師所傳習之　頡篇，凡五十五章，章六十字，共三千三百字。至平帝世，揚雄作訓纂篇三十四章，順續蒼頡篇，共八十九章，五千三百四十字。東漢和帝時，賈魴又增滂喜篇三十四章，二千四十字，共七千三百八十字。至安帝世，許慎作說文解字，凡九千三百五十三字。詳清段玉裁說文解字序注。

（註四九）後漢書樊英傳有「河洛七緯」之語，章懷太子注曰，「易緯，稽覽　、乾鑿度、坤靈圖、通卦驗、是類謀、辨終備也。書緯，璇璣鈐、考靈耀、刑德收、帝命驗、運期授也。詩緯，推度災、記歷樞、含神霧也。禮緯，含文嘉、稽命徵、斗威儀也。樂緯，動聲儀、稽耀嘉、汁圖徵也。孝經緯，援神契、鉤命決也。春秋緯，演孔　、元命包、文耀鉤、運斗樞、感精符、合誠圖、考異郵、保乾圖、漢含孳、佑助期、握誠圖、潛潭巴、說題辭也。」

（註五〇）引同上註四十五，頁四一二。

（註五一）引同上註，頁四〇九至四一〇。上海廣倉學宭編印之藝術叢編第九册，影印木刻字拓片，王國維「南越黃腸木刻字跋」（載觀堂集林卷十八）詳加考證，謂係梆木，可參閱。

（註五二）孝堂山在今山東肥城縣，武梁祠在今山東嘉祥縣之紫雲山，清乾隆中，黃小松李鐵橋先後訪得之，馮雲鵬補之金石索第七、九、十册，曾加摹刻，較王昶金石萃編所載者爲詳備，可參閱。

（註五三）略本馮承鈞譯法人色伽蘭著「中國西部考古記」（商務印書館出版）第一章「中國古代之石刻」，頁十八。

（註五四）參金石索第三册雜器之屬，第六册鏡鑑之屬，及容庚「漢代服御器考略」。（載燕京學報第三期）

（註五五）見漢書貢禹傳。

（註五六）漢石經殘字，以羅振玉歷次集錄印行者爲較備，（漢熹平石經殘字集錄三卷，十九年石印本，續補一卷，二十二年遼居雜著本，又續編一卷，續拾一卷，二十三年遼居雜書丙編本。）據王國維考證，當時共刊周易、尙書、詩、儀禮、春秋、公羊傳、論語七種，凡四十六石，石高丈許，廣四尺，表裏刻字，每面三十五行，行七十餘字云。（見觀堂集林卷二十「魏石經考一」）

（註五七）見三國志魏志卷三十注引。

（註五八）見馮承鈞譯法儒沙畹「中國之旅行家」。（商務印書館出版）

（註五九）見後漢書卷六十下襄楷傳。近人論漢代佛教之輸入與流布者，以湯用彤著「漢魏兩晉南北朝佛教史」（商務印書館出版）爲最詳，可參閱。

（註六〇）見漢書賈誼傳。

（註六一）史記貨殖列傳語。

（註六二（註六三）皆見漢書食貨志。

（註六四）見鹽鐵論國病篇。

（註六五）同註五五。

（註六六）見漢書武帝紀贊。

（註六七）拙著綱要第二册八九節「風俗之變遷」（頁六六至八八），論列頗詳，可參閱。

（註六八）見後漢書儒林列傳論，左周黃列傳論。

（註六九）見通鑑卷六十八。

（註七〇）見後漢書卷七十九王充王符仲長統列傳論。

中華民國三十二年九月重慶初版
中華民國三十六年一月上海初版
中華民國三十六年二月上海三版
（＊95854·1滬報紙）

部定大學用書 中國通史要略 第一冊

定價國幣貳元
印刷地點外另加運費

著作者 繆鳳林
發行人 朱經農 上海河南路
印刷所 商務印書館印刷廠
發行所 商務印書館 各地

中國通史要略

第二冊

繆鳳林著

中華民國三十五年九月初版

中國通史要略第二冊目錄

中國通史要略（第二册）

第六章　混亂時代與南北對峙時代（魏晉南北朝）

自漢獻帝建安元年，曹操遷帝於許，至隋文帝開皇九年滅陳，（西元一九六至五八九）凡三百九十四年，爲中國混亂分裂之時；視兩漢之統一歷年相若也。以帝王篡竊之氏號別之，則自魏文篡漢（二二〇）至晉武滅吳，（二八〇）有魏、蜀、吳三國之六十年，繼有西晉統一之二十四年，（晉惠帝永興元年（三〇四），劉淵據離石稱漢。）東晉偏安之百有三年（三一七至四一九），華夷雜糅之僭竊與晉宋對峙之百三十六年，（自晉永興元年，至魏太武太延五年，（宋文帝元嘉十六年，四三九，）滅北涼，統一北方。）而南北朝截然劃分。南朝有宋五十九年。（四二〇至四七八），齊二十三年，（四七九至五〇一）梁五十五年。（五〇二至五五六），陳三十二年（五五七至五八八）。北朝之魏統一九十五年（四三九至五三三），其後爲東魏十六年（五三四至五四九），西魏二十二年。（五三五至五五六），又爲北齊二十八年（五五〇至五七七），北周二十四年，（五五七至五八〇），隋文帝篡周九年，而南北始歸於一。治國史者，以此時期爲最繁雜，而歷史之變遷，自由統一而混亂分裂外，其大者猶有三端。

（一）前史民族之活動，以漢族爲主，政治主權亦完全在漢族，他族侵擾中國者，多以被治者而同化。此時代則北方諸族入侵，與漢族分有中土，政治主權亦不全在漢族，雖諸族終亦多歸於同化，然以征服漢族者而同化，非以被治者而同化。其後隋唐之皇族臣庶，亦多諸族混合種之後裔，而諸族教俗之輸入中土者亦不尠。蓋漢族自太古經春秋戰國之競爭，至秦漢而長育完成，經歷若干年，已呈老大之象。而諸族以驍雄勁悍之種性，漸被漢族之文教，轉有新興之勢，新陳代謝，相磨相鑠，而成兩晉南北朝之局；而隋唐歷史，亦胚胎於此時焉。

(二)前史文化之中樞，皆在北方，此時代則南方日趨開闢，文化中樞，亦漸自北而南。蓋自東漢以降，分爲三國，孫吳立國江南與魏始有南北對抗之勢。吳國人才，多產南土，山越之地，迭經開闢，南及交廣，物產饒衍，故數十年間，魏蜀皆無如之何。迨晉武平吳，復告統一，吳人入洛，雖頗爲北人所輕，而永嘉亂起，中原雲擾，北方士民，相率南徙，號曰渡江，元帝定都建康，南方爲漢族正統之國者，二百七十有餘年。中州人士，僑寄不歸，久而相安，北人遂爲南人；南方之學術文藝及冠冕君子，遂臻前史未有之盛。而北方文物，多破壞於外來諸族，優秀分子，又多南徙，大河流域，反呈退化之象。雖當時學術風尚，南北不同，各有長短，其優劣相懸，未可輕易定論。而南方之開化，與夫文物中心之漸自北而南，固以此時代爲之樞紐矣。

(三)吾國治道教化，以成周爲最備，秦漢雖政雜王霸，然立國尚有規模。此時代則政教大綱，自一二因時補苴者外，鮮可稱述。穢醜之史，瀰漫充塞，民族相斫之慘，與夷酋之殘酷無復人理，無論矣。魏晉以降，篡亂之相仍，帝王之昏暴，宮闈之淫亂，與帝室骨肉屠戮之禍，亦皆前史所未有。就文化論，漢族雖仍能以固有之文化，使諸族同化，學術文物，亦間有創造發明，足以證人民之進化者。然大體均已就衰，其發榮滋長之精神，較之太古及三代秦漢，相去遠矣。惟印度文化，自漢世輸入中國，此時代日臻其盛，而使吾國社會思想禮俗以及文藝美術建築等，皆生種種之變化。且吾民吸收之力，能使印度文化漸變爲中國文化。故此時代不獨混合各方之種族，並且混合各方之文化焉。

東漢之季，四方兵寇，太常劉焉建議刺史改置牧伯，鎮安方夏；州任之重，自此而始。各州有時雖仍設刺史，然其權亦漸重；陳壽謂「漢季以來，刺史總統諸郡賦政於外，非若曩時司察之而已。」(註一)自經董卓及涼州諸將之亂，州郡刺史太守，初則糾衆興討，繼則自相攻伐，於是雄豪并起，遂成羣雄割據之局。曹操初據兗州，自移獻帝都許昌，卽募民屯田許下，所在置田官積穀，運籌演謀，征伐四方，無運糧之勢。(註二)不十年，而中原羣雄，若稱帝壽春之袁術，虎視南陽之張繡，鴟張徐兗之呂布，及鷹揚河朔之袁紹等，悉告平定。時孫權席父堅兄策之業，奄有江東，劉表雄踞荊州，前豫州牧劉備亦往依之，劉璋領有益州，然皆不足與操敵矣。建安十三年（二〇八），劉表卒，子琮襲位。操將大軍向江漢，琮以荊州降。操方自江陵順流東下，而劉備已遣諸葛亮說孫權并力擊操。冬，大破操兵於赤壁。備又下荊州諸郡，於是操南下之望絕。十六年（二一一），備以劉璋之迎入益州，留關羽守荊州，越三年，據之，備自領益州牧，遂與操權成鼎峙之勢矣。

曹操平定羣雄，事垂成矣，而卒成三分之局，實以赤壁戰敗及劉備入益州為關鍵。蓋赤壁之戰，操勝則有統一之勢；而備苟不西取巴蜀，雖有荊州，亦未易與魏吳鼎峙也。然自備入益州，三分之勢已定，吳人追維備之得荊，由於赤壁之勝，而吳人之力為多，謂荊州應為吳有，於是有借荊州之說；吳蜀遂日以爭荊州為事。（註三）建安二十四年（二一九），備取漢中，自立為漢中王。方命關羽自荊州襄陽北攻操，而吳將呂蒙襲殺羽，奪荊州，蜀勢頓衰。二十五年（二二〇），操卒，子丕篡漢為帝。明年（二二一），備亦稱漢帝。權則初受魏封為吳王，後亦自稱帝。三國名號，亦完全平等矣。備恥關羽之沒，稱帝後自將伐吳，權遣陸遜抗之，大破蜀軍於猇亭，備齎恨而殂。子禪立，諸葛亮受遺詔輔政。是時三國之勢，蜀為最弱。幸亮遣使修好於吳，又務農息民，整理戎旅，飭官職，修法制。討平南蠻，以絕後顧之憂。然後北屯漢中以伐魏，屢出祁山；猶冀以益州之衆，成霸業而興漢室。陳壽謂「亮之素志，進欲龍驤虎視，包括四海，退欲跨陵邊疆，震蕩宇內，又自以為無身之日，則未有能蹈涉中原，抗衡上國者，是以用兵不戢，屢耀其武。然亮才於治戎為長，奇謀為短，理民之幹，優於將略；而所與對敵，或值人傑，加衆寡不侔，攻守異體，故雖連年動衆，未能有克。」（註四）然以一隅之地，抗衡中原，義之所在，雖知其不可，卒無反顧，後主建興五年（二二七）出師表之忠誠亮節，千載下猶昭同星漢。即其器能政理，亦管仲之匹亞；蓋秦漢來一人而已！

自戰國以降，人才莫盛於三國；亦惟三國之主各能用人，故得衆力相扶，以成鼎足之勢。（註五）迨蜀諸葛亮卒（建興十二年、二三四），魏則司馬氏專政，惟以猜忍營立家門；孫權雖猶自擅江表，而末年性多嫌忌，果於殺戮，以陸遜之忠誠懇至，亦憤恚而卒（二四五）：三國寂寥甚矣。蜀姜維粗有文武，志立功名，欲繼武侯之業，屢出師攻魏；國小民勞，蜀人愁苦。及魏司馬昭遣鍾會鄧艾率諸軍伐蜀，後主禪降（二六三），蜀遂先二國而亡。昭子炎亦篡魏爲晉（二六五），合魏蜀之勢以臨吳。吳賴陸抗貞良籌幹，長江天險，延國十數年，至晉武帝太康元年（二八〇），亦繼蜀魏而亡。晉又一中國矣。

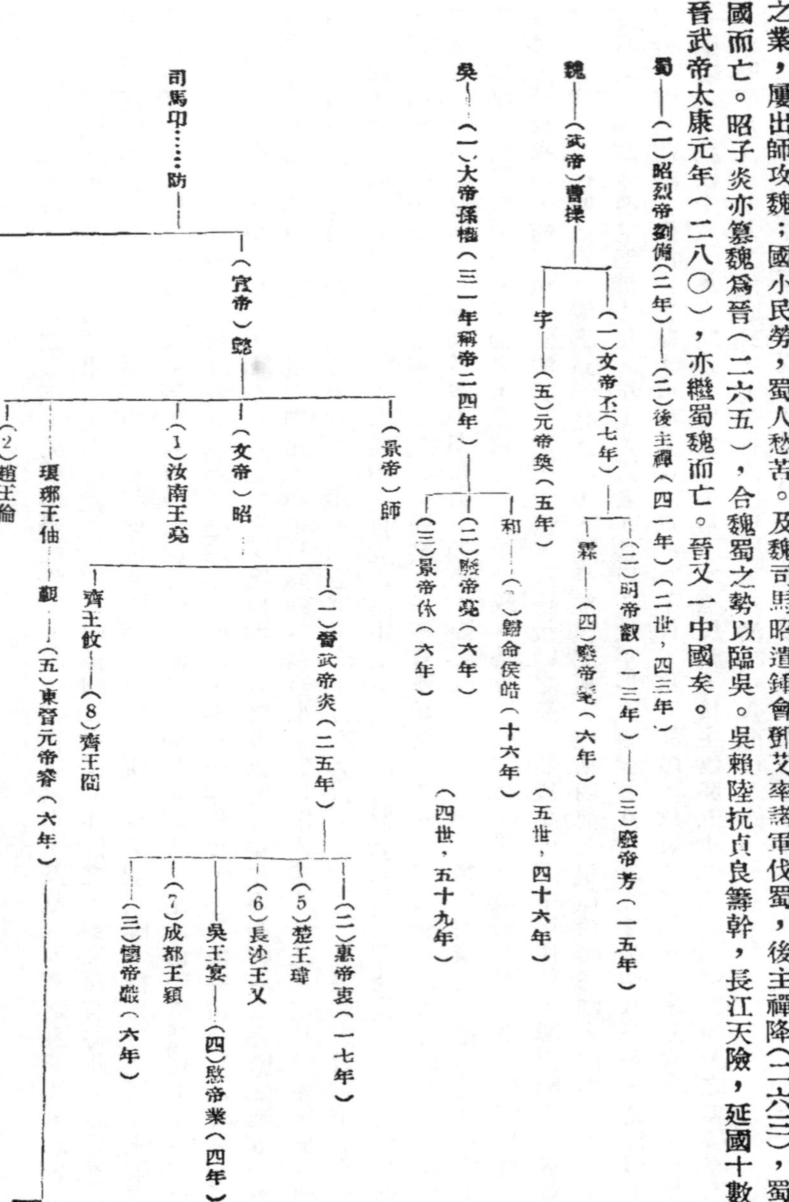

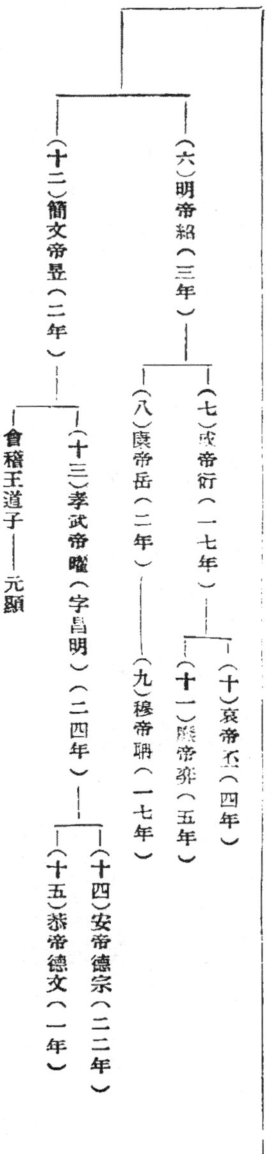

史稱晉武即位之初，即恣意聲色，至采擇百官及良家子女，采擇未畢，權禁斷婚姻，(註六)其無道蓋前古所無；徒以襲曹魏之餘力，統一禹域。然晉自武帝以前，凡三世，皆未及稱帝，(晉書立宣、景、文三帝紀，皆爲追諡)自武帝以後，凡三帝(惠、懷、愍)，皆大亂，不能一日安，又十一帝皆不能保其一統，偏安江南，(史家稱東晉)武帝固晉代唯一之盛世矣。惠帝而後，晉室大壞，賈后八王，禍亂相尋。而其與國史關係最鉅，影響亦最大者，曰匈奴、羯、鮮卑、氐、羌諸族之入侵，史家所謂五胡之亂者是也。

兩晉之混亂與南北朝之對峙，以匈奴、羯、鮮卑、氐、羌等族入侵爲最大之關鍵，而諸族之入侵，則以雜居塞內爲主因，其端遠始於漢室盛世。漢世對外政策，既施恢廓之功，復用吸收之策，胡騎越騎，置於京師，華夷雜居之區，則不置縣而設道(縣有蠻夷曰道，見漢書百官公卿表)，與後世土州如出一轍。自武帝元狩二年(前一二一)，匈奴昆邪王降，於邊郡置五屬國以處之，宣帝神爵二年(前六〇)，又置金城屬國以處降羌，五鳳三年(前五五)，又置河西北地屬國以處匈奴降者。東漢外夷之患，羌禍最烈，賴任尙、馬賢、皇甫規、張奐、段熲等將百戰之力，僅乃克之，然羌族遷徙關中，入居三輔，金城隴右，爲其出沒之場，其侵犯所及，東至河內，南至漢中，已不僅邊疆之患。羌族東南復有氐族，由岷山附近散居巴蜀之間。北匈奴破於竇憲、耿夔等，而憲等不知徙南匈奴於塞外，王庭既設，部族日蕃，蔓延河東，宅居汾晉。加以東漢中葉，邊虜鴟張，高車立國於北陲，鮮卑橫行於漠南，白蘭建邦於西鄙，挹婁拓境於東隅，胡、羯、氐、羌之故地，多爲所佔，惟以萃居內土，保其生存。漢末中原大亂，雜居邊塞之胡狄，多雄張跋扈，曹操反依之以實邊助國，自內徙諸羌、鮮卑、烏桓外，於匈奴則分爲五部，散居西北諸郡，於諸氐則徙置秦川，皆漸有反客爲主之勢。晉武繼之，雖有傅玄、郭欽、實邊徙戎之議，寢而不用，復盛納降胡。惠帝時，陳留江統作徙戎論以警朝廷（二九九），言「關中之人，百餘萬口，率其少多，戎狄居半，」「五部之衆，戶至數萬，弓馬便利，倍於氐羌」；（註七）執政者亦置若罔聞。又自惠帝元康（元年二九一）以還，漢族之因大旱疾疫，自關西流徙漢川，自幷州流徙河南，自幽州流徙兗州者，無慮數十萬衆，戎晉雜居之地，漢族或十不存二。而惠帝昏庸，內則賈后八王，禍亂相尋，外則州郡空虛，盜賊蠭起，政治社會，士流習俗，尤極腐敗。而邊吏士庶，或侮異族之輕弱，侵淫倍至，使其怨恨之氣，毒於骨髓。邊鄙愚民，或習其獷悍之俗，浸漬濡染，棄夏就夷。諸族以貪戾之性，挾憤怒之情，加以入居既久，識邊塞之盈虛，明山川之險易，候隙乘便，遂爲橫逆。惠帝永興元年（三〇四），距江統作論纔五歲，劉淵首據離石稱漢，羯與鮮卑、氐、羌乘之，而五胡卒亂華矣。（註八）

晉世五胡之亂，自劉淵僭號，爲戰國者一百三十六載（三〇四至四三九）。當時跨僭一方，建邦命氏者，據北魏崔鴻所著之十六國春秋，爲前趙（初號漢、後改趙、劉淵、劉聰、劉曜），後趙（石勒、石虎），前燕（慕容廆、慕容儁、慕容暐），前秦（苻健、苻生、苻堅），後秦（姚萇、姚興、姚泓），成漢（李雄、李勢），前涼（張軌、張重華）、後涼（呂光）、後燕（慕容垂）、西秦（乞伏國仁）、西涼（李暠）、南涼（禿髮烏孤）、南燕（慕容德、慕容超）、北涼（沮渠蒙遜）、夏（赫連勃勃）、北燕（馮跋）等十六國。（註九）此外尙有冉閔之魏，慕容沖之西燕，譙縱之蜀，及佔據仇池之氐族楊氏，立國青海之鮮卑吐谷渾等，因鴻書未加敍述，後之史家，亦多棄而不錄。十六國之中，劉氏、沮渠氏、赫連氏、爲匈奴，石氏爲羯，慕容氏、乞伏氏、禿髮氏、爲鮮卑，苻氏、呂氏、爲氐，姚氏爲羌，世因稱之曰五胡。然成漢李氏爲賨，張軌、李暠、馮跋皆漢而非胡，則十六國固華夷雜糅，不能以五胡概之矣。諸國更起迭滅。初則前趙據司、雍、幽、幷，後趙滅之，蔓延至淮漢以北，是爲胡羯勢力最盛時代。及前燕慕容儁滅後趙，北有靑、冀、幽、平，南有荊、徐、司、豫，是爲鮮卑族最盛時代。苻氏興於關中，東滅前燕，西取前涼，版圖所及，南至長淮，駸駸乎有統一宇內之勢，是爲氐族最盛時代。及苻堅犯晉，敗於淝水，後秦、後燕、西秦、後涼、後魏諸國，下及南涼、南燕、西涼、北涼、北燕、及夏等，先後並起，是爲諸族競爭時代。至漢族所受之禍，則以懷愍之世爲最慘；懷帝永嘉五年（三一一），劉曜、王彌、石勒等寇洛陽，所殺晉人，不下數十萬衆，其被驅掠轉徙者，尙不可勝計。曜虜懷帝，七年(三一三)正月，劉聰大會，使帝著靑衣行酒而弒之。愍帝卽位於長安，史稱時「天下崩離，長安城中，戶不盈百，牆宇頹毀，蒿棘成林，朝廷無車馬章服，唯桑版署號而已，衆惟一旅，公私有車四乘，器械多闕，運饋不繼。」(註一〇)建興四年(三一六)，劉曜等逼長安，帝乘羊車肉袒銜璧輿櫬出降。明年（三一七），聰復因大會，使帝行酒洗爵，反而更衣，又使帝執蓋，繼亦弒之。其後石虎、苻生、赫連勃勃等，戎狄殘獷，政刑慘虐，陵轢中夏，尤無復人理，漢族之力圖興復者，初以劉琨祖逖爲著；然琨守幷州時，雖志切復仇，而屈於力弱，卒爲鮮卑所拘縊，逖將流徙部曲，擊楫渡江，亦以內懷憂憤，齎志卒於雍邱。元帝卽位建康（三一八），偏安江左，回首中原，力不能救。中興名臣，雖以王導之戮力王室，陶侃之致力中原，亦惟以宏厚鎭物，或宏總上流而已。淮漢以北，子餘細民，既多棄夏就夷。才智之士，如陳元達之於劉淵，張賓之於石勒，王猛之於苻堅，多奉胡將軍以立功名。文公儒師，雖有鏟跡銷聲，（如董景道、辛謐等）或弘風闡教者，（如當時河西儒者）而如范隆（仕前趙）、續咸、韋謏（俱仕後趙）、及王歡（仕前燕）等，則多鬻周孔之學，以市祿利。民族思想，銷沈甚矣。惟後趙大將軍冉閔，於石虎死後，班令內外趙人，盡殺胡羯（三四九），胡羯死者數十萬人，其數幾等於永嘉末胡羯之屠晉人；然閔爲石虎養子，固漢人而胡化者也。

冉閔爲慕容儁所殺（三五二），鮮卑代胡羯而興，苻氏亦據關中稱帝。然自北方諸族相攻相吞，夏夷俱弊，而東晉休養生息，國力漸充。庾亮、庾翼、庾冰、褚裒、殷浩等，皆思乘機恢復中原，惜或謀而未行，或行而無功。及桓溫出，初滅成漢（三四七），繼伐秦，敗苻生於藍田，進軍壩上（三五四），後又復洛陽（三五六）。哀帝隆和元年（三六二），溫遂上疏請還都舊京，自永嘉之亂，流播江表者，一切北徙，以實河南，（註一一）而人情疑懼，事不果行；蓋自喪亂緬邈，至是已五十餘載，先舊殂沒，後來童幼，積習成俗，遂望絕於本邦，宴安於所託矣。溫後又伐燕，爲慕容垂所敗。而前秦苻堅統一北方，復取晉梁、益二州，東抵淮泗，西極西域，南至邛僰，北盡大磧，諸國遣使貢方物者，凡六十有二王，不特幅員之大，爲他胡所不及，即國威之隆，亦魏晉以來所未有。及堅大發戎卒六十餘萬犯晉，爲晉將謝玄、謝石、劉牢之等大敗於淝水（三八三），北方諸國，先後並起。晉軍雖乘勝北進，復河南地，而關河之間，戎狄之長，更興迭仆，晉人視之，漠然不關於其心。（註一二）至劉裕執政，始攻滅南燕（四一〇），譙蜀（四一三）伐後秦，克長安，執姚泓送建康斬之（四一七）；永嘉以來，撻伐有功，未有能如裕者矣。裕初欲留關中經略西北，而諸將佐久役思歸。裕亦不勝其急圖篡晉之私，遂率軍東還，秦地卒沒於夏。東晉經營中原之業，由是結局。裕尋篡晉爲宋（四二〇），北方之國，亦次第幷合於鮮卑族之拓跋魏，遂成南北朝之局。（註一三）

南朝帝系表

宋——（一）武帝劉裕（三年）
- （二）＊少帝義符（一年）
- （三）＊文帝義隆（三十年）
  - （四）孝武帝駿（十一年）——（五）＊廢帝子業（一年）
  - （六）明帝彧（七年）
    - （七）＊廢帝昱（五年）
    - （八）＊順帝準（二年）

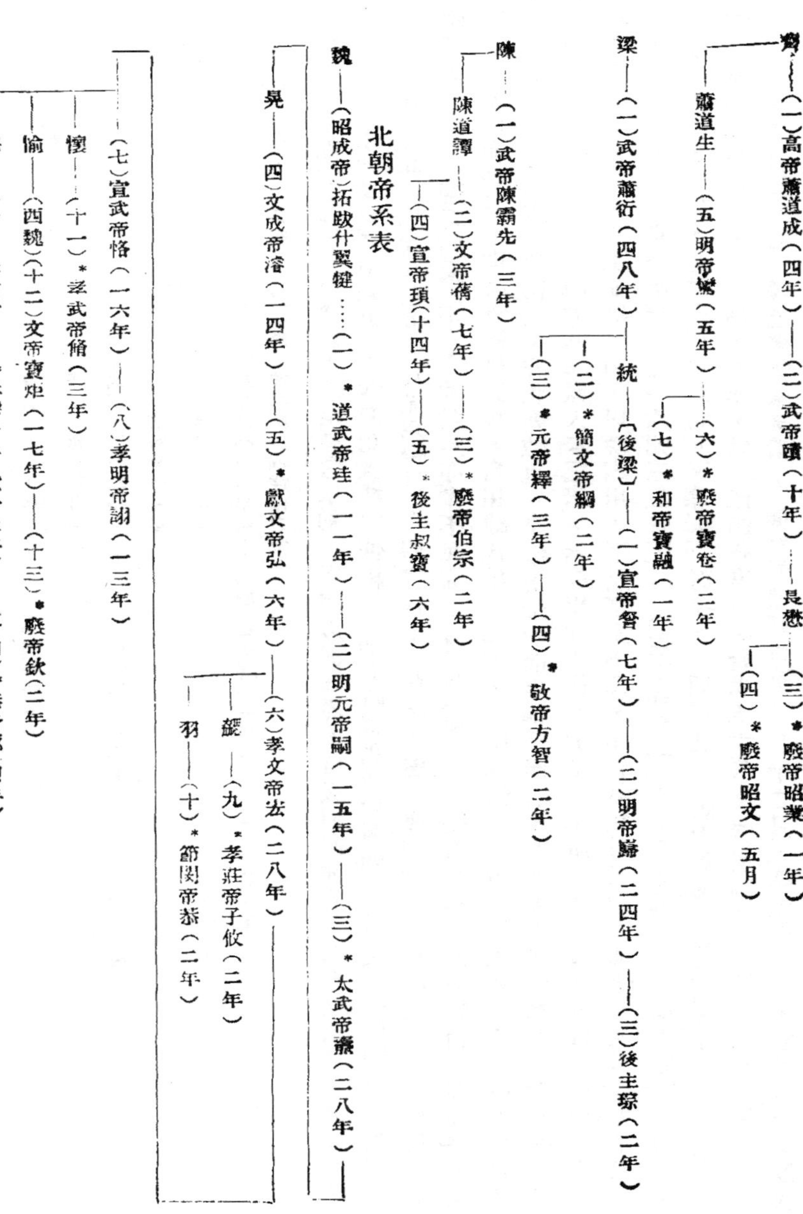
齊—（一）高帝蕭道成（四年）—（二）武帝賾（十年）……長懋……（三）＊廢帝昭業（一年）
（四）＊廢帝昭文（五月）
蕭道生—（五）明帝鸞（五年）—（六）＊廢帝寶卷（二年）
（七）＊和帝寶融（一年）
梁—（一）武帝蕭衍（四八年）—統—〔後梁〕—（一）宣帝詧（七年）—（二）明帝巋（二四年）—（三）後主琮（二年）
（二）＊簡文帝綱（二年）
（三）＊元帝繹（三年）—（四）＊敬帝方智（二年）
陳—（一）武帝陳霸先（三年）
陳道譚—（二）文帝蒨（七年）—（三）＊廢帝伯宗（二年）
（四）宣帝頊（十四年）—（五）＊後主叔寶（六年）
北朝帝系表
魏—（昭成帝）拓跋什翼犍……（一）＊道武帝珪（一一年）—（二）明元帝嗣（一五年）—（三）＊太武帝燾（二八年）
晃—（四）文成帝濬（一四年）—（五）＊獻文帝弘（六年）—（六）孝文帝宏（二八年）
勰—（九）＊孝莊帝子攸（二年）
羽—（十）＊節閔帝恭（二年）
（七）宣武帝恪（一六年）—（八）孝明帝詡（一三年）
懷—（十一）＊孝武帝脩（三年）
愉—（西魏）（十二）文帝寶炬（一七年）—（十三）＊廢帝欽（二年）
懌—亶……（東魏）—＊孝靜帝善見（一七年）—（十四）＊恭帝廓（四年）

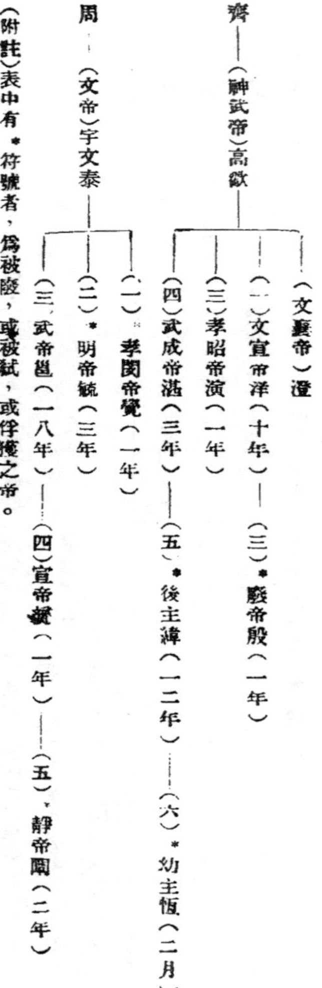

南北朝之競爭，雖互有勝負，然南朝當宋初，與魏以河爲界，自後河南淮北，乃至淮南江北之地，漸次折入於北，至陳世竟畫江以爲界，觀南北疆域之伸縮，知其時實北強而南弱。(註一四)蓋南朝自劉裕以降，不知作育人材，而以誅除異己摧抑英尤爲得計，四代百七十年間，遂至通國無一特異之豪傑，即齊蕭道成梁蕭衍陳陳霸先輩，號稱開國之主，其勳業亦多不足觀，且篡弒相尋，變亂時起，民力物資，多耗於內亂，謀臣將帥，多自相賊殺。而北族驍雄勁悍，自拓跋氏統一北方，華夷戎落，衆力兼倍，兼代馬胡騎，出自冀北，我徒彼騎，走不逐飛，故南朝卒非北朝敵也。至爭競最烈而兵禍最慘者，首推宋文帝元嘉二十七八年之役。元嘉二十七年(四五〇)，魏太武主燾大舉寇宋，宋亦出師北伐。於是「軍旅大起，減內外百官俸三分之一，王公妃主及朝士牧守，各獻金帛等物，以助國用，下及富室小民，亦有獻私財至數十萬者。又以兵力不足，悉發青、冀、徐、豫，二兗(南兗北兗)六州三五民丁，(三丁發其一，五丁發其二，)倩使暫行，符到十日裝束，緣江五郡集廣陵，緣淮三郡集盱眙。又募天下弩手，不問所從，若有馬步衆藝武力之士，應科者，皆加厚賞。有司又奏軍用不充，揚、南徐、兗、江四州富民家貲滿五十萬，僧尼滿二十萬，並四分借一，事息即還。」(註一五)魏兵所過，城邑多望風奔潰，惟攻彭城盱眙不下。十二月，魏主至瓜步，壞民廬舍，及伐葦爲役，聲言欲渡江。建康震懼，民皆荷擔而立；於是內外戒嚴，丹陽統內，盡戶發丁，王公以下子弟皆從。明年（四五一），魏主掠居民焚廬舍而去。「魏人凡破南兗、徐、兗、豫、青、冀六州，殺掠不可勝計，丁壯者卽加斬截，嬰兒貫於槊上，盤舞以爲戲，所過郡縣，赤城無餘。」文帝爲南朝第一令主，而覆敗一至於此！蓋有宋一代，當魏兵最強之世，宋之宿將，帝時惟有檀道濟，亦已慮其不可制而殺之，自壞其萬里長城；又帝「每命將出師，常授以成律，交戰日時，亦待中詔，是以將帥趦趄，莫敢自決；又江南白丁，輕進易退；此其所以敗也。」（註一六）梁沈約宋書論其事曰：

「狸伐（燾字）連騎百萬，南向而斥神華，胡旆映江，穹帳遵渚，京邑荷擔，士女喧惶，天子內鎮羣心，外御羣寇，役竭民徭，費殫府實，舉天下以攘之，而力猶未足也，既而虜縱歸師，殲累邦邑，剪我淮州，俘我江縣，喋喋黔首，跼高天，蹐厚地，而無所控告，強者爲轉屍，弱者爲繫虜，自江淮至於淸濟，戶口數十萬，自免湖澤者，百不一焉，村井空荒，無復鳴鷄吠犬。時歲維暮春，桑麥始茂，故老遺氓，還號舊落，桓山之響，未足稱哀，六州蕩然，無復餘蔓殘構，至於乳鷰赴時，銜泥靡託，一枝之間，連窠十數，春雨裁至，增巢已傾。」（註一七）

吾人今日讀之，猶有餘痛矣！齊世魏孝文主遷都洛陽（四九三），以河南爲根據，南侵之勢益亟。值蕭鸞（齊明帝）身弑二君，遂以討賊爲名，大舉入寇，復屢遣使臨江，數鸞罪惡。漢族不知併力以禦夷狄，惟知自相殘殺，坐令北虜懷兼弱之威，挾廣地之計，執言伐亂，名實兩得，漢族之可恥，蓋未有甚於此時矣。及蕭鸞卒，魏主下詔稱禮不伐喪，引兵還。至蕭衍篡齊爲梁（五〇二），盡誅蕭鸞子孫，鸞子鄱陽王寶寅逃魏，魏封爲齊王，嘗伏於魏闕之下，請兵伐梁，雖暴風大雨，終不暫移。漢族篡逆屢起，轉覩夷狄之可親，於是夷夏之義，絕不復聞。魏亦遣將出兵，助之南侵，自後梁、魏各竭其國力以爭沿淮之地者多年。及魏末內亂，魏北海王顥奔梁（五二八），梁不乘機進復河南，顧以顥爲魏王，遣陳慶之將兵奉之北伐，進佔洛陽。及魏卒再奮，慶之兵敗逃歸，梁亦不繼遣軍救援。蓋中緩之論，漢族至此已盡忘矣。自後魏分東西，高歡宇文泰悉山東關西之衆以爭，河洛汾晉之間，無歲無戰事，干戈之禍，且視南北之爭爲烈。宇文爲鮮卑大姓，高歡史雖稱其爲漢人後裔，然亦化於鮮卑，(註一八)則二氏之鬬，固以胡族爲主，與南北之爭殊矣。東魏侯景初以河南降梁(五四七)，繼引兵渡江，陷建康，旣餓死梁武，立簡文，後復殺簡文，自稱漢帝。史稱「時百姓流亡，相與入山谷江湖，采草根木葉菱芡而食之，所在皆盡，死者蔽野。富室無食，皆鳥面鵠形，衣羅綺，懷珠玉，俯伏牀帷，待命聽終。千里絕煙，人迹罕見，白骨成聚，如邱隴焉。」(註一九)南服糜爛之慘，前史所未有也。自景之亂，江北州郡入於東魏，尋屬北齊，漢中蜀川，亦爲西魏所併，梁之疆土，略與孫吳相似。而諸王復各據州郡(時梁武子綸據江夏，繹據江陵，紀據益州，孫詧據襄陽)，互相攻擊。至陳霸先篡梁爲陳，宇文氏亦篡西魏爲周(五五七)。尋周滅北齊，楊堅復篡周滅陳。南朝卒爲北朝所滅，而北朝亦歸漢統。由晉以來民族之競爭，至是閉幕，而國史又另啓一新局面矣。(註二〇)

隨諸族之入侵而產生之重大史實：其一則民族之遷徙混合與南北之畛域也。自永嘉亂起，「幽、冀、青、幷、兗五州及徐州之淮北流人，相率過江淮，」(註二一)而中州士女避亂江左者尤多。(註二二)始或以貴族陵蔑南士，南北畛域，固未能泯。卽晚渡北人，雖系出高族，亦每受排抑。(註二三)然遷居旣久，人安其業。又自東晉之季，厲行土斷之法，令西北士民僑居東南者，所在以土著爲斷，不得挾注本郡。於是北人多爲南人，而中原遺黎及五胡諸種，乃爲北人。劉知幾曰：「自劉曹受命，雍豫爲宅，世胄相承，子孫繁衍。及永嘉東渡，流寓揚越，代氏南遷，革夷從夏。於是中朝江左，南北混淆，華壤邊民，虜漢相雜。」(註二四)蓋自諸族入侵，與漢人雜居，諸族旣自相混合，自與漢人混合，復促進北人與南人之混合。漢族以南方爲中心地，北方以胡族爲主人翁矣。晉書所載當時北土戎夷之數，如石虎載記言「冉閔誅胡羯二十餘萬」，冉閔載記言「青、雍、幽、荆州徙戶及諸氐羌胡蠻數百餘萬各還本土。」姚萇載記言「萇稱秦王時，北地、新平、安定羌胡降者十餘萬戶」之類，較之南徙漢族，殆尤過之。至魏孝文主南遷洛陽，魏書高祖紀稱「發京師南伐，步騎百餘萬」。觀宋書索虜傳稱「少帝景平元年(四二三)，青州刺史竺夔鎭東陽城，虜衆向青州，前後濟河凡六萬騎，三月，三萬騎前追脅，城內文武一千五百人，而半是羌蠻流雜。」青州在今山東，時為宋地，羌蠻流雜已占文武之半。臧質傳又稱「元嘉二十八年，拓跋燾攻盱眙，與質書曰：「吾今所遣鬬兵，盡非我國人，城東北是丁零與胡，南是三秦氐羌，設使丁零死者，正可減常山趙郡賊，胡死，正減幷州賊，氐羌死，正減關中賊。」亦可見當時北方諸族之盛與民族遷徙之繁矣。過江僑民與南士之畛域，以同居久而日消，南方北方之界限，則以分裂久而益深。晉時北方紛亂，未有定名，「晉世臣子，黨附君親，嫉彼亂華，比諸羣盜。」(註二五)而戎羯則各稱帝王，自號國人。至宋魏以降，南北分治，於是南人呼北人為索虜，北人呼南人為島夷。(註二六)及魏孝文主遷洛，當時南人之北往者，北人皆視同域外，處之夷館，與東夷北夷西夷等列。(註二七)留仕北朝之中原士族，亦皆自許上國，詆斥江左，不遺餘力。觀魏撫軍司馬楊衒之洛陽伽藍記載梁時陳慶之入洛，魏中大夫楊元愼嘗大肆嘲弄。言「江左假息，僻居一隅，地多溼蟄，攢育蟲蟻，疆土瘴癘。蛙黽共穴，人鳥同羣。短髮之君，無杼首之貌。文身之民，稟叢陋之質。浮於三江，棹於五湖。禮樂所不沾，憲章弗能革。雖復秦餘漢罪，雜以華音，復閩楚難言，不可改變。雖立君臣，上慢下暴。我魏膺籙受圖，定鼎嵩洛。五山為鎮，四海為家。移風易俗之典，與五帝而並跡。禮樂憲章之盛，陵百王而獨高。」「吳人之鬼，住居建康。小作冠帽，短製衣裳。自呼阿儂，語則阿傍。菰稗為飯，茗飲作漿。呷啜蓴羹，唼嗍蟹黃。手把豆蔻，口嚼檳榔。乍至中土，思憶本鄉。急急速去，還爾丹陽。若其寒門之鬼，□頭猶修。網魚漉鱉，在河之州。咀嚼菱藕，捃拾雞頭。蛙羹蚌臛，以為膳羞。布袍芒履，倒騎水牛。沅湘江漢，鼓棹遨遊。隨波遡浪，噞喁沉浮。白紵起舞，揚波發謳。急急速去，還爾揚州。」(註二八)而北齊魏收所撰魏書序紀，謂「黃帝以土德王，北俗謂土為托，謂后為跋，」故托跋之族，出自黃帝。而於「僭晉司馬叡」、「島夷蕭道成、島夷蕭衍」諸傳，則曲加醜詆，無所不用其極。(註二九)華人之媚虜，其禍蓋尤烈於夷狄之陵夏矣。又南北朝時使命往來，皆妙選通才，期為國家折衝樽俎之間，不辱使命，且多能以片言全國體，使鄰國不敢輕視。(註三〇)然諸充北朝正伴使及接待聘使者，其人皆華夏之俊彥也。漢人不能自衛其國，夷狄入主，致使同一禹域，同一民族，自分畛域，互事訾謷，視同寇讎。致

令後之人雖在統一之時，亦受其影響，好分南北兩派之言。是則外族陵轢中夏之害也。（註三一）

其二則諸族之同化也。兩晉南北朝勃興之諸族，自漢魏之世，已多與漢族雜居。雖其以部落爲別，多仍故俗，其形貌、語言、飲食、服飾，亦與華夏不同。晉書後趙載記稱「冉閔率趙人誅諸胡羯，於是高鼻多鬚至有濫死者；」此胡羯形貌與漢人異也。隋書經籍志稱「後魏初定中原，軍容號令，皆以夷語，後染華俗，多不能通，故錄其本言，相傳教習，謂之國語；」此鮮卑語言與諸夏異也。洛陽伽藍記載南齊王肅初入北魏，「不食羊肉及酪漿等物，常飯鯽魚羹，渴飲茗汁，京師士子見肅一飲一斗，號爲漏巵，」（註三二）此北族飲食與漢人異也。通鑑載魏孝文主「至洛陽，謂任城王澄曰：朕入城，見車上婦人，猶戴帽，着小襖；」（胡三省註曰：此代北婦人之服也）。（註三三）此北族衣服與諸夏異也。然雜居既久，其嚮慕華風，有不期然而然者。晉書載記稱五胡酋豪，如劉淵習毛詩、京氏易、馬氏尚書、誦左氏傳、孫吳兵法，慕容儁博觀圖書，雅好文籍，姚泓博學，善談論，尤好詩詠之類，多弱染中國之文學。如石勒之立太學，以傅暢、杜嘏、領經學祭酒，續咸、庾景爲律學祭酒，任播、崔濬爲史學祭酒，及建社稷、立宗廟，營東西官序，遣使循行州郡，勸課農桑，苻堅廣修學宮，召郡國學生通一經以上充之，六卿以下子孫，並遣受業，課後宮，置典學，立內司，以授於掖庭，選閹人及女隸有聰識者，置博士以授經，及起明堂，繕南北郊之類，其立國政事，亦多仿中國之教學法意。蓋中國政教，根柢深固，諸族習之既久，又多用漢人爲政，故其同化有如此也。及鮮卑拓跋氏統一北方，自道武以下諸主，多好經史，崇儒術。而孝文主宏尤醉心華夏之文明，凡所設施，如禁同姓爲婚也，班俸祿之制也，建明堂辟雍也，尊三老五更也，頒均田之法也，定車服禮樂也，正宗廟羣祀也，祀先王聖賢也，立史官也，耕籍田也，制律令也，無不師法中土古制。而猶以爲未足，齊武帝永明十一年（魏孝文主太和十七年、四九三）。宏復排羣臣之議，去其舊都平城，遷宅洛陽，冀鮮卑人浸漬華風，變易舊習。嗣又詔禁士民胡服，不得爲北俗之語於朝廷，違者免所居官。詔遷洛之民，死葬河南，不得還北。又詔改國姓爲元氏，諸功臣舊族自代來者，姓或重複，均改之。（如丘穆陵氏後改爲穆氏、步六孤氏後改爲陸氏、賀賴氏後改爲賀氏、獨孤氏後改爲劉氏，賀樓氏後改爲樓氏、勿忸于氏後改爲于氏、紇奚氏後改爲嵇氏、尉遲氏後改爲尉氏等。據魏書卷一一三百官志，所改者凡一百十八氏，此八族則其最著者。）又與漢族廣通婚姻，宏自納「范陽盧敏」、「清河崔宗伯」、「滎陽鄭義」、「太原王瓊」及「隴西李冲」等五姓士族女以充後宮，復爲六弟娶諸士族女，而使前妻爲妾媵。於是胡漢混淆，不可復辨。雖其棼亂氏族，爲後世惡胡族者所痛心，然拓跋宏深於文學，才藻天成，其汲汲然自同於華夏，蓋發於性靈而不能自止。胡族之用夏變夷者，固以宏爲巨擘矣。一傳而宣武，再傳而孝明，元魏文物，日益增盛，而武事漸弛，國無與立。及高歡宇文泰興，魏分東西，拓跋氏遂相率而爲其贅疣。東魏由洛遷鄴，洛陽爲北方文物中心者，既復荒廢，歡在軍中，亦盛行鮮卑語。(註三四)泰在西魏，又盡復鮮卑舊姓，且以中原故家，易賜番姓。(註三五)然其華化，仍與前無殊。北史儒林傳稱歡泰及齊周諸主，多尊重儒術，敬禮名賢，而泰尤有志復古。泰嘗以「蘇綽參典機密，綽始制文案程式，朱出墨入，及計帳戶籍之法。又爲六條詔書，其一先治心，其二敦教化，其三盡地利，其四擢賢良，其五卹獄訟，其六均賦役；泰常置諸座右，又令百司習誦之。其牧守令長，非通六條及計帳者，不得居官。」(註三六)泰又「欲行周官，命綽專掌其事。綽卒，乃令盧辯成之。於是依周禮建六官，置公卿大夫士，幷撰次朝議，車服器用，多依古禮，革漢魏之法，事幷施行。」(註三七)史稱泰「崇尙儒術，明達政事，恆以反風俗復古始爲事。紹元宗之衰緒，創隆周之景命。擯落魏晉，憲章古昔。修六官之廢典，成一代之鴻規。」(註三八)雖徒務復古，而無古人之精神，未足語於善制。然自南北分治，南朝創制立法，邈無所聞，因時定憲，乃在北朝。雖腥羶之族，以同化於華夏，不能自保其故俗，日趨衰弱。而老大之漢族，與諸族混合，一變永嘉以來之習氣，再造其新生命，卒代北朝而有天下，然隋唐皇族及列名隋唐書者，既多漢族與諸族混合之後裔；兩朝所用之制度治道教化，及習俗宗教望族等，皆上承宇文，遙接拓跋，與宋、齊、梁、陳之脈，固不相接，與兩漢魏晉，亦自不同。故隋唐之歷史，仍屬漢胡混合之北方之統系，而純正之漢族統系，則隨陳亡而斬矣。(註三九)

魏晉南北朝之世，不獨同化胡羯氐羌鮮卑諸族也，其於開化東夷，招徠西戎，亦視漢世爲盛。日本自漢光武帝賜以印綬後，魏晉以降，神功、仁德、履仲、反正、允恭、安康，雄略諸酋，屢遣使朝獻於吾國，拜受吾國爵命。吾國之文化，遂由往來使者及朝鮮半島諸國，傳入日本。日本遂由草昧而日進於開明，漸成國家之形式。宋書夷蠻傳載倭王武（卽雄略酋）所上表文，倭人今猶尊爲最古之漢文焉。（註四〇）當西漢季世，朝鮮半島嶇與新羅、高麗（亦稱高句驪）、百濟三國，界居西漢郡縣及半島諸部落間，後漸強大，鼎峙於半島。雖對吾國或臣或叛，高麗與吾國且時有戰爭。而儒學佛教制度文物，則多於晉魏後由吾國傳入，其關係視箕氏衞氏時尤密切。而三國之開化，亦遠非箕氏衞氏時所及也。西域諸國，自東漢衰微，政治上雖鮮與中國通，然商業交通，猶仍繼續。漢世入居中國者，其子孫亦繼續同化。而文化上之交通，尤以此時爲盛（見下論佛教節）。自苻堅命呂光伐西域，平龜茲，魏太武世亦屢遣使通西域之道，西域各國，相率臣服於魏，商胡沙門，日趨塞下。及孝文遷洛後，洛陽伽藍記載宣武孝明之世，西夷附化者，「萬有餘家，門巷修整，閭闔塡列，」永明寺有「百國沙門三千餘人」，（註四一）可謂盛已。北齊之世，則西域醜胡，龜茲雜伎，如和士開、安吐根、何朱弱、史醜多、曹僧奴、及子妙達、何海、及子洪珍等，封王開府，接武比肩，非直獨守幸臣，且復多干朝政。至華風之西傳，則以高昌（今新疆吐魯番）爲最盛。蓋其地自漢以還，雅有華人。元魏中葉後，華人闞氏、張氏、馬氏、麴氏相繼王其地。當麴氏王高昌時，其風俗政令，與華夏略同。文字亦同華夏，有「毛詩、論語、孝經，置學官弟子，以相教授。」（註四二）其磚誌遺文，今猶時有發現焉。（註四三）若夫北方國族，與北朝接壤而啓衝突者，則有新興之民族二，曰柔然與突厥。柔然故東胡苗裔，興於東晉中葉，世役屬於拓跋氏，莽居漠南北。魏道武主時，其酋社崙學中國立法，併吞諸部，雄於北方，其地西至焉耆，東接朝鮮，南臨大漠，旁側小國皆覊屬焉。自號可汗，屢南侵魏，魏太武主大舉伐之，柔然種類前後降魏者三十餘萬落。東自高句驪，西至波斯，遐方諸國，亦皆先後入貢於魏。魏之國威，以斯時爲極盛。及魏分東西，相構兵，復各結柔然爲重，競厚遺歲幣，妻以公主。會突厥部落日盛，遂滅柔然而代興，突厥蓋匈奴別種，本西方小國，世居金山之陽，爲柔然鐵工。西魏時，酋土門自號可汗，始強大。土門子俟斤擊滅柔然，「又西破嚈噠，東走契丹，北併契骨，威服塞外諸國。其地東自遼海以西至西海，萬里，南自沙漠以北至北海，五六千里，皆屬焉。」（註四四）「南向以臨周齊，二國莫之能抗，爭請盟好，求結和親。」（註四五）他鉢繼立，「彌復驕傲，至乃率其徒屬曰：但使我在南兩個兒孝順，何憂無物耶。」（註四六）自古蕃夷驕僭，未有若斯之甚者也。隋與突厥內自相圖，遂以乖亂焉。

自曹魏欲移漢之天下，不肯居篡弒之名，假禪讓爲攘奪。司馬氏之在魏，其勢力雖遠不及曹氏之在漢，亦乘機竊權，一仿其成法，篡魏爲晉。自後宋、齊、梁、陳、北齊、周隋，以至唐高祖、梁朱溫，奉魏晉爲成式者，且十數代。然其間亦有不同者。曹操、司馬昭，皆及身不敢稱帝，至子丕、炎，始行禪代。劉裕則身爲晉輔，卽移晉祚，自後齊梁以下諸君，莫不皆然。此一變局也。丕之代漢，炎之代魏，於漢魏故主，未嘗加害。至劉裕篡位而戕故君，以後齊、梁、陳、隋、北齊、後周，亦無不皆然，此又一變局也。（註四七）觀自劉裕稱帝至隋文滅陳，除後梁及隋外，南北朝綜七代，百七十年，五十君，被廢殺者都二十八君。篡殺之禍，雖大率起自權臣，然如北魏道武主珪、太武主燾、獻文主弘、孝明主詡，禍皆出於家庭之間，南朝亦有二凶弒父之事（宋文帝爲二子劭、濬所弒）。不僅此也，史載宋武子孫，多爲文帝、孝武、廢帝、明帝所殺，齊高武子孫，多爲蕭鸞（明帝）一人所殺，骨肉相屠，草薙禽獮，其殘忍慘毒，殆無復人理。以視東漢時太子被廢者，皆得保全，西漢則如霍光廢昌邑王爲海昏侯，至宣帝世，仍以善終，其相去眞不啻天壤矣。餘如帝王之童昏狂暴，宮闈之淫亂，南北諸史所載，亦多非有理性者所能想像。（註四八）蓋南朝自劉裕以降，多起自寒微，不與士類相洽，帝位雖高，先世之教法，則非其所喻。北朝夷狄之俗，尤與諸夏之禮法殊科。故醜史彌漫，與西國之羅馬，東夷之日本相似，不獨遠遜於三代兩漢，卽視魏晉亦多愧色也。又自曹魏以降，歷兩晉南北朝，其釀禍亂，恣專橫，與移國祚者，大抵爲擁兵之藩鎮帥臣。如曹操以兗州牧鎮東將軍入衞漢獻，繼遂自爲大將軍、丞相。子丕爲五官中郎將，置官屬，爲丞相副，而篡漢自立。其初與操並爭之袁紹、袁術、劉表、呂布、公孫瓚、陶謙，其機與魏鼎足而峙之孫、劉，亦皆爲各州刺史牧守，司馬懿當齊王芳時，以大將軍持節都督中外諸軍事。子師、昭，初爲中護軍、中郎將，後遞繼父職。昭子炎爲撫軍大將軍，遂篡魏自立，晉氏一統，宗室諸王多擁重兵出爲都督刺史，星羅棋布，各據强藩，卒釀八王之禍。琅琊王睿以安東將軍都督揚州諸軍事，值永嘉之亂，移鎭建康，遂卽帝位。以王敦率衆內犯，憂憤而卒；敦卽專任閫外，都督江、揚、荆、湘、交、廣六州諸軍事者。明帝與丹陽尹温嶠合謀，始平敦亂。其後成帝時有蘇峻之亂，峻爲冠軍將軍歷陽內史，而平峻者則爲江州刺史温嶠、與荆州刺史陶侃。帝奕時有桓温之禍，温以荆州刺史專制上游軍事，及孝武帝立，始自斃而禍紓。安帝時有桓玄之亂，玄督荆、江、司、雍、秦、益、梁、寧八州諸軍事；而平玄者，爲北府兵出身之劉裕。裕以功爲車騎將軍、都督中外諸軍事、尋進揚州刺史，卒篡晉而自立。自後蕭道成篡宋爲齊，而道成初仕宋爲南兗州刺史，鎭淮陰，後受顧命輔政，兼總軍國重事。蕭衍篡齊爲梁，而衍初仕齊爲雍州刺史，鎭襄陽，後至建康，自爲大司馬。都督中外諸軍事。陳霸先篡梁爲陳，而霸先初爲梁西江督護、高要太守，督七郡諸軍事，後討平侯景，自爲侍中，大都督中外諸軍事、車騎將軍、揚南徐二州刺史。至元魏之亂，則始於六鎭，（初魏都平城，以北邊爲重，設懷朔、高平、禦夷、懷荒、柔玄、沃野六鎭、盛簡親賢，配以高門子弟，擁麾作鎭，以捍朔方。及孝文遷洛，鎭人役同廝養，官婚班次，致失清流，一生推遷，不過軍主，而其同族留京師者，各居榮顯。朝廷出爲鎭將者，又皆底滯凡才，政以賄立，惟事聚斂，邊人積久生怨。值孝明主世，胡后臨朝稱制，恣行穢濁，時事日非，六鎭遂盡叛。）成於爾朱氏。六鎭轉相攻剽，後幷於懷朔鎭人葛榮。魏車騎將軍爾朱榮擊滅葛榮，幷其衆，遂爲大丞相、都督河北畿北諸軍事，專制朝政。及孝莊主誅爾朱榮，爾朱兆、爾朱天光、爾朱仲遠等，復各擁部曲，競起爲暴。高歡以將六鎭部衆，起兵滅爾朱氏，遷孝靜主於鄴，是爲東魏。孝武主西奔關中，依關西大都督宇文泰，是爲西魏。歡泰爭雄，各專國政，歡子洋遂篡東魏而爲齊，泰子覺篡西魏而爲周。厥後齊滅於周。周楊堅雖以外戚擅權，其初亦屢從征伐，至定州總管，及受遺輔政，都督內外諸軍事，始篡周爲隋。蓋自漢季牧守刺史，各擅其地之財賦甲兵，秦漢以來內重之局：一變而爲外重之局。於是佔據州鎭，擁有甲兵，卽有無上權勢，平逆討叛，張大國威，固全賴其力。稱兵作亂，入中主政，亦爲所欲爲矣。(註四九)惟朝廷之行政機關，秦漢時代以三公九卿掌國家之大政，且設官分職，各有其固定之權限。曹魏而後，則以尙書令、中書令、侍中諸職，（按三者，秦漢時皆屬少府，尙書令、中書令掌凡選署及奏下尙書曹文書衆事，侍中掌侍左右贊導衆事，蓋皇帝之文書書記之類。）分理國家政務。遂演成「尙書」「中書」「門下」三省爲行政主體之局，爲隋唐官制所自出。秦漢以來之三公，至是或徒存虛名，或僅爲奸雄篡竊之階，尋常人臣，不以相處。九卿之專治一事者，至是亦大半倂省，歸入尙書各曹中。任事之官，惟尙書、中書、門下三省，而此三省又皆秦漢少府之屬官也。內職愈改而愈輕，所以便帝皇之專制，又與外職之改而趣重，適以成權臣篡竊之勢者異矣。至其時政制之最可稱道者。首推北朝之均田制與府兵制。

漢末大亂，司馬朗嘗建議曹操，「以爲宜復井田，往者以民各有累世之業，難中奪之，是以至今，今承大亂之後，民人分散，土業無主，皆爲公田，宜及此時復之，」(註五〇)然議未施行。晉太康時，雖有男子一人占田七十畝，女子三十畝之制，而史不詳言其還受之法。南渡以後，諸士族多擅割林池，專利山海，「富強者兼嶺而占，貧弱者薪蘇無託。」(註五一)軍國所須，亦臨時徵賦，無恆法定令。(註五二)而拓跋氏興於北荒，深入中原，孝文主太和九年（四八五），以李安世之議，下詔均給天下民田。「諸男夫十五以上，受露田四十畝，婦人二十畝。諸民年及課則受田，老免及身沒則還田。」(註五三)諸男夫又別給桑田二十畝（麻布之土、則別給麻田十畝），皆爲世業，身終不還。其民賦，則一夫一婦帛一匹（麻布之鄉、則出布一匹），粟二石。時當大亂之後，田多無主，豪強兼倂，爭訟不決。魏主又以李冲之議，先立三長，（五家立鄰長、五鄰立里長、五里立黨長，皆取鄉人強謹者爲之，鄰長復一夫、里長二夫、黨長三夫。）確定戶籍，校比戶口，遂得其實。且喪亂多年，民人稀少，計口受田，不虞不足。積此諸因，故能於周秦以後，實行均產之政。然其立法之大要，實在因田之在民者而略均之，「有盈者無受無還，不足者受種如法，盈者得賣其盈，不足者得買所不足，不得賣其分，亦不得買過所足，」(註五四)固不能盡如三代之制也。其後北齊北周均仿行其法，（北齊一夫受露田八十畝、婦四十畝、又每丁給永業二十畝爲桑田、土不宜桑者，給麻田如桑田法、率人一床、調絹一

四、綿八兩、墾租二石、義租五斗。」北周「有室者田百四十畝、丁者田百畝、其賦有室者歲不過絹一匹，綿八兩，粟五斛，丁者半之，其非桑土，有室者布一匹，麻十斤，丁者又半之。」皆見隋書食貨志。）而隋唐之制，亦由是出焉。漢魏之際，海內荒廢，人戶所存，十無一二。三國鼎峙，大率皆以強者為兵，羸者補戶。兩晉南朝，徵調訓練，一無成法。且以其時民戶多歸豪強，國家軍隊，至有不及私門部曲者。惟東晉謝玄鎮廣陵時，擇將簡卒，號北府兵，精絕一時，淝水之捷與劉裕之北伐，皆此系軍人力也。五胡北朝，其初多以種人事爭戰，漢人則服奴役，務耕種。（註五五）史稱魏人出師南向，「驅（中國）民使戰，後出者滅族，以騎蹙步，未戰先死。」（註五六）「周齊每以騎戰，驅夏人為肉籬，詫曰：當剉漢狗飼馬，刀刈漢狗頭，不可刈草也。」（註五七）然自拓跋宏定鼎嵩洛，詔選天下勇士十五萬人為羽林虎賁，充宿衛，已雜有漢人在內。（按時軍士自代來者，亦皆為羽林虎賁，與戍守北邊之六鎮將卒，多為代北部落之苗裔。）高歡以高昂為軍司大都督，「所將部曲，前後戰鬬，不減鮮卑。」（註五八）高洋受禪，除「百保鮮卑」（註五九）外，亦簡華人之勇力絕倫者，謂之勇夫，以備邊要。而拓跋修（西魏孝武主）之西奔依宇文泰也，因種人從往者寡，泰遂「用蘇綽言，倣周典置六軍，籍六等之民，擇魁健材力之士以為之首，（時民戶分九等，六等乃中等以上之家，凡有三丁者，選材力一人。）盡蠲租調。而刺史以農隙教之，合為百府。每府一郎將主之，分屬二十四軍，開府各領一軍，大將軍凡十二人，每一將軍統二開府，一柱國主二大將，復加持節都督以統焉。凡柱國六員，衆不滿五萬人。」（註六〇）是即西魏有名之府兵制。不特選農訓兵，得周代寓兵於農之意，而漢民之有材力者，皆取得正式之軍籍，受軍士之教育矣。北周因之。「武帝建德二年（五七三），又改軍士為侍官，募百姓充之，除其縣籍，是後夏人半為兵矣。」（註六一）自後四年而滅北齊，又四年而隋文代周，不十年而盡一中國，蓋皆淵源於此焉。

魚豢魏略稱「正始（魏廢帝年號、元年二四〇）中，有詔議圜丘，普延學士，是時郎官及司徒領吏二萬餘人，而應書與議者，略無幾人。又是時朝堂公卿以下四百餘人，其能操筆者，未有十人，多皆飽食相從而

退。」（註六二）當時學業之沈隕，亦已甚矣。洎永嘉之亂，中原橫潰，禮樂文章，掃地將盡。然自魏晉以降，治經學者固賡續不絕，研究諸子者，亦時有之，史學、文學、藝術、製作之突過前人者，尤不一而足。蓋人事萬千，有退化者，有進步者，有蟬嫣不絕者，固不可以一概論也。

漢末之時，治經學者，多奉鄭君爲大師，而古文學之立於學官，則在魏初。「自董卓之亂，京洛爲墟，獻帝託命曹氏，未遑庠序之事。博士失其官守，垂三十年，今文學日微，民間古文之學，乃日興月盛。逮魏初復立太學，（魏文帝黃初五年、立太學、制五經課試之法、有博士十餘人，）博士已無復昔人，其所以傳授課試者，亦絕非曩時之學。蓋漢家四百年學官今文之統，已爲古文家取而代之矣。」（註六三）然魏世有王肅者，偏注羣經，排斥鄭學，其所注諸經，亦與鄭注五經並列學官。肅又僞作孔安國尚書傳、及聖證論、孔子家語，以己說易鄭說，使經義朝章，皆從己說；於是鄭學漸衰。時王弼注易，空談名理。何晏作論語集解，雜引古說。下及晉世杜預之左傳集解，范寧之穀梁集解，郭璞之爾雅注，亦多據前人說解，而不專主一家。兩漢師法，由是淪亡。論者謂魏晉經學，尙排擊而鮮引伸，演空理而遺實詁。尙撫拾而寡獨見，實爲經學中衰時代。然漢儒溺於箋注，惑於災異五行之說，王何說經，始舍數言理，不以陰陽斷人事，其析理精微，或間出漢儒之上。即杜范諸儒，或自成一家言，或能以己意折衷，故並爲後世所宗而不能廢也。（世傳十三經注、魏晉人注者凡六經、即上僞孔書傳以下是、漢人注者亦六經、詩毛萇傳鄭玄箋，三禮皆鄭玄注，公羊傳何休注、孟子趙岐注、惟孝經爲唐明皇御注。）又漢季所刊石經，皆立於學官之今文經。魏世既立古學，正始中，乃續刊古文經傳尙書、春秋、及左氏傳於漢碑之西。晉惠帝世，裴頠亦奏修國學，刻石寫經。雖晉石經爲而未成，魏石經所刊左傳，亦未畢工。然正始石經，古篆隸三體駢列，其制迥異於熹平一字石經。所刊古文，且有爲許氏說文所未載者。近歲洛陽出土之殘石，考先秦舊文者，咸奉爲瓌寶，亦足徵魏世學人之所詣矣。（註六四）

自南北分立，其時說經者亦有南學北學之分。北史儒林傳序曰：「大抵南北所爲，章句好尙，互有不同。江左、周易則王輔嗣，尙書則孔安國（即僞古文尙書），左傳則杜元凱。河洛、左傳則服子愼，尙書周易則鄭康成。詩則並主於毛公，禮則同遵於鄭氏。南人約簡，得其英華。北學深蕪，窮其枝葉。」蓋自典午南渡，經學盛於北方，北朝諸儒，咸能恪守師法，章句講習，雖微嫌繁瑣，然尚存漢儒之遺風，其所傳授者，亦皆兩漢經師之說。南朝儒者，則多守魏晉經生之業，侈言新理，而師法悉改漢儒矣。當時儒者又倡爲義疏之學，則有功於後世甚大。南如崔靈恩三禮義宗、左氏經傳義，沈文阿春秋、禮記、孝經、論語義疏，皇侃論語、禮記義，戚袞禮記義，張譏周易、尙書、毛詩、孝經、論語義，顧越喪服、毛詩、孝經、論語義，王元規春秋、孝經義記，北如劉獻之三禮大義，徐遵明春秋義章，李鉉撰定孝經、論語、毛詩、三禮義疏，沈重周禮、儀禮、禮記、毛詩、喪服經義，熊安生周禮、禮記義疏、孝經義，皆見南北史儒林傳。今自皇氏論語義外，雖盡亡佚，然傳世之唐人五經正義，詳實明暢，多存古說，號稱經學寶庫者，由委溯源，實多本之諸儒。惟是南朝衣冠文采，北人常稱羡之。南儒又多善談名理，增飾華詞，與北學之質樸少文者異。其時南儒雖有研治北學者。而南學北傳，北方經生好之者尤多。自後南學日昌，北學日絀，此唐修正義，所由易崇王弼，書用僞孔，而左傳則崇杜注也。

漢魏之際，諸子之術朋興。治儒家者有徐幹，治陰陽家者有管輅，治醫家者有華陀，治兵家者有曹操、王昶，而法家之學尤盛。蓋自漢季綱紀廢弛，浸成積弱之俗，欲矯其弊，不得不尙嚴明。故曹操治邦，擥申商之法術，以陳羣鍾繇爲輔弼，諸葛亮治蜀，亦尙刑名。觀杜恕上疏，謂「今之學者，師商韓而上法術，競以儒家爲迂闊，不周世用，」（註六五）可見一時之風氣矣。至於正始，王弼、何晏之徒，祖述老莊，而道家之術復昌。晏言聖人無喜怒哀樂。弼言「天地萬物以無爲爲本，無也者，開物成務，無往不存者也。陰陽恃以化生，萬物恃以成形，賢者恃以成德，不肖恃以免身。故無之爲用，無爵而貴。」（註六六）弼注釋周易，間以莊老之說釋經，並作老子注諸書。而阮籍之徒，口談虛浮，排斥禮法，嵇康亦喜讀莊老，與劉伶、向秀、阮咸、王戎、山濤，並稱竹林七賢，遂開晉人放曠之風。自是以後，裴遐善言天理，衞玠雅善玄言，王衍爲當世談宗，樂廣亦宅心事外，阮瞻、劉惔、王濛、潘京之流，莫不崇尙淸談。而胡毋輔之、謝鯤、光逸、畢卓之徒，又競爲任達。崔譔、向秀、司馬彪、郭象之輩，又咸注老莊。孫登、葛洪之儔，則又侈言仙術，以隱逸自高。是數者，皆道家之支與流裔也。因清談所標，多爲玄理，宋初遂有玄學之目，與儒學史學文學總稱四學。宋書何尙之傳稱「尙之爲丹陽尹，立宅南郭外，置玄學，聚生徒。」玄學立學，此其嚆矢。考玄字之名，出於老子，其義略同大易之極深研幾。玄學者，所以宅心空虛，靜觀物化，闡繹玄言，成一高尙之哲理，且以農黃之化，在乎己身，周孔之業，棄之度外者也。梁書張譏傳稱譏篤好玄言，講周易、老、莊而教授，撰周易義、老子義、莊子義、及玄部通義、游玄桂林等。當時莊、老、周易，總稱三玄，談論者爲玄言，著述者爲玄部。譏於三玄並有著述，又善談論，實爲當時玄學大家。梁武簡文，復盛加提倡，玄風廣播，遂有逾前代。又因論辯之習，推之於說經，遂有升座講經之事。如梁武帝召岑之敬升講座論難孝經，簡文亦嘗自升座說經，張正見請決疑義之類，史不絕書。雖其時談義之習已成，所謂經學，亦徒以才辨相爭勝。然開堂升座，頗與今日學校教授講學相符。故說經之書，自義疏（筆之於書者）外，兼有講疏（宣之於口者）；而言語與文章，亦分爲二途。（宣之於口者爲言語、筆之於書者爲文章。）異於漢儒之崇尙樸訥，有文章而寡言論，研習章句，多著述而鮮講說。是亦足徵學術之進步矣。然自何王謂天地萬物以無爲爲本，而裴頠著崇有論，則又揭有字以爲標，以政事人倫禮法制度爲人羣所不可缺，「濟有者皆有也」，「養既化之有，非無用之所能全，理既有之衆，非無爲之所能循。」（註六七）阮籍嵇矜浮誕而賤名檢，以與儒學相詆排，而江惇通道崇檢論，劉寔崇讓論，則又標禮教以爲宗。（註六八）推之鮑敬言謂「古者無君，勝於今世，」而葛洪著詰鮑篇，復以歷史進化之理，力辯其誣。（註六九）墨子作辯經以立名本，在秦後已稱絕學，而魯勝之注墨辯，獨能引說就經，明其指歸。（註七〇）其時學術，固未可以數端盡。而梁武問魏使李業興，儒玄之中，何所通達。業興謂少爲諸生，止習五典，至於深義，何敢通釋。則清談玄學，北方亦初未漸染矣。（註七一）

自馬班以私家纂修國史，雖代有踵作，而著述尙寡；漢志附太史公書於六藝類春秋家，未能獨立一目也。然自漢季史官失職，初則博聞之士，愍其廢絕，各記見聞，以備遺忘。繼則羣才景慕，競相述作，以馬班自況。如撰後漢書者，自吳謝承至宋劉義慶，多至十家。晉宋之際，撰晉書者多至二十餘家。乃至五胡僭僞諸國，亦莫不各有國史。餘如鈔撮舊籍，記注典制，譜錄賢哲，彙集圖志，作者衆多，不可殫述。史部遂由六藝附庸，蔚爲大國。隋書經籍志著錄史部，分正史、古史、雜史、霸史、起居注、舊事、職官、儀注、刑法、雜傳、地理、譜系、簿錄十三類，凡八百一十七部，一萬三千二百六十四卷，通計亡書，合八百七十四部，一萬六千五百五十八卷，十九皆此期人之作品。故以史學論，魏晉南北朝實爲吾國極盛時代，不獨陳壽國志，范曄後書，與史漢並稱；沈約宋書諸志，亦上繼史漢，詳贍有法；裴松之注國志，在史注中體例最稱完善；以及司馬彪（撰續漢書、今惟志存），華嶠（撰後漢書、亡），袁宏（撰後漢紀、存），習鑿齒（撰漢晉春秋、亡），干寶（撰晉紀、亡），臧榮緒（撰晉書、亡），裴子野（撰宋略、亡），崔鴻（撰十六國春秋、亡），蕭子顯（撰齊書、存）輩，皆不愧爲一代作者已也。（註七二）而文學之進步，亦與史學相頡頏。古無所謂文集，魏晉而後，始有集名；專輯一家之作，名曰別集，合編衆家之文，名曰總集。蓋古之學者，以學爲文，未嘗以文爲學，三國以降，經子之學衰，而文章之術盛。自建安七子（曹植、陳琳、王粲、徐幹、阮瑀、應瑒、劉楨），以至西晉之潘（岳）左（思）張（張莽、張載、張協），陸（陸機、陸雲），東晉之陶潛，宋之顏（延之），謝（靈運），明遠（鮑照），作家如林。或以彪炳之詞，寓精微之理，或以沈怨之思，發剛勁之音，或吐詞簡直，而眞樸自然，或模山範水，而奇情畢呈。齊梁以降，厥製益工，色澤聲調亦均由樸拙而日趨於典麗，若沈約、謝朓、任昉、江淹、徐陵、庾信，其最可稱誦者矣。而北朝文人，則含文尚質。崔浩、高允之作，咸磽确自雄。溫子昇長於碑版，敍事簡直，盧思道長於歌詞，發音清剛。邢邵魏收，亦工記事之文。北史文苑傳稱「永明、天監之際，太和、天保之間，洛陽江左，文雅尤盛，彼此好尚，雅有異同。江左宮商發越，貴於清綺。河朔詞義貞剛，重乎氣質。氣質則理勝其詞，清綺則文過其意。理深者便於時用，文華者宜於詠歌。」是就文章氣骨言之，南北實有區別。然自庾信、江總，以清綺之文，傳於北土，沈烱、王褒，身居北部，恥操南音，所爲詩文，間崇勁直，南北風氣，亦未能斬截劃分矣。隋志著錄集部，凡五百五十四部，六千二百二十二卷；通計亡書，合一千一百四十六部，一萬三千三百九十卷，其數量至足驚人。而文章之學既盛；於是評論之書，如梁劉勰之文心雕龍，選錄之書，如梁蕭統之文選，亦皆為專門之學焉。（註七三）

魏晉以降，學藝製作之進步，猶有可述者數事。（註七四）一曰天曆算學。晉虞喜發明歲差，實開吾國天文學史之新紀元。南北朝制曆者多家，南以何承天（宋人）為宗，北以祖冲之（宋齊人）為法，兩家皆承虞喜之後，實測歲差，治曆天學，益見進步矣。算學則今世所傳古算經十書，除漢人所著之周髀，唐王孝通所撰之緝古算經外，孫子算經為漢後人所輯，魏劉徽著海島算經、注九章算術，晉有夏侯陽算經，張邱建算經，北周甄鸞撰五經算術，又注孫子算經及五曹算經，是八書皆此期人之作品。隋書律曆志載南齊祖冲之之圓率，盈數三一四一五九二七，朒數三一四一五九二六，正數在盈朒二限之間，亦第五世紀世界最精之圓率也。二曰製造。蜀志諸葛亮傳稱亮「性長於巧思，損益連弩，木牛、流馬，皆出其意；推演兵法，作八陣圖，咸得其要。」而魏扶風馬鈞之巧思尤過之。鈞嘗作指南車，作十二躡綾機，作翻車百戲，作發石車等；晉世傅玄序之曰：「馬先生之巧，雖古公輸般墨翟，漢世張平子，不能過也。」（註七五）他如吳陸績、王蕃、葛衡之製渾天儀象，宋錢樂之之鑄銅渾天儀，何承天之造刻漏，梁祖暅之之造銅表，（置於嵩山、表高八尺、表下有圭、圭上為溝、置水以取平正、測驗日晷。）以及晉裴秀之作禹貢地域圖，（晉書本傳載其序曰：「制圖之體有六。一曰分率：所以辨廣輪之度，二曰準望：所以正彼此之體，三曰道里：所以定所由之數，四曰高下，五曰方邪，六曰迂直：此三者各因地而制宜，所以校夷險之異。」）宋謝莊之作左氏經傳方丈圖，（宋書本傳稱其「隨國立篇，製木為圖，山川土地，各有分理，離之則州郡殊別，合之則宇內為一。」）亦皆名世之作也。三曰音韻學。漢儒注解經籍，僅有譬況假借，以證音字，而古語與今殊別，其間輕重清濁，猶未可曉。至魏孫炎創爾雅音義，始有反切之法。李登撰聲類，以宮商角徵羽五聲命字，於是又有五聲。齊梁間沈約、謝朓、王融等作文，又分平上去入四聲。而音韻之學興矣。魏晉之世，文章日趨於排偶，至齊梁而駢文之式大成，五言詩亦開後來律詩之端；是皆與音韻之學進步相關者也。四曰書畫。漢畫之傳於今者，簡樸殊甚。吾國畫學之盛，蓋自晉始。衛協、張墨，並有晝壁之目。傳世顧凱之女史箴圖，(註七六)亦稱神品。自是南則宋、齊、梁、陳，北則元魏、齊、周，晝學傳承，班班可考。若陸探微之人物，張僧繇之龍鷹，曹仲達之佛像，孫尙子之鬼物，其尤著者。而法書之進步，尤駕繪事而上之。漢世盛行隸書，元帝時史游作隸草，至東漢而楷書行草漸興。魏鍾繇、晉王羲之、凝之、獻之等，遂以楷書行書草書著稱。觀傳世晉代木簡及晉人書石室經卷，多尋常流傳文字，而筆致之圓美，與宋世所刊之晉人牋帖，如出一轍，當時書法之美善，概可想見。惟魏晉南朝，惟帖是尙，碑版傳世者不多；而北魏、齊、周，石刻極夥。(註七七)雖其碑誌摩崖，刻經題名，辭或淺陋，文多浮屠，而字晝之工妙，則度越南碑遠甚。近世學書者，多宗北碑而輕南帖，論書法之進化，亦以北朝爲極則。若鄭道昭之雲峯山上下碑（在山東益都縣），及論經詩諸刻（在山東掖縣），「其筆力之健，可以剸犀兕，搏龍蛇，而游刃於虛，全以神運；自有眞書以來，一人而已！」(註七八)

魏晉以降，道教與佛教之傳佈，亦遠視漢世爲盛。東漢之季，張角、張道陵之徒，世所謂黃巾道士者，盛行符籙之方，以召鬼神，以治疾病，而託名於道術；是爲吾國道教之權輿。時又有丹鼎一派，講求燒鍊服食，傳世牟子理惑論序所謂「是時靈帝崩後，天下擾亂，獨交州差安，北方異人，咸來在焉，多爲神仙辟穀長生之術，時人多有學者」是也。及二張既沒，其徒傳播四方，魏晉以來，流爲五斗米道，以驅召鬼神自標其幟。東晉世如瑯琊王氏，錢唐杜氏，皆世世奉之；而王凝之與杜子恭信之彌篤。孫恩盧循挾子恭之術以倡亂，聚衆至數十萬，卒爲劉裕所敗滅。丹鼎之說，魏伯陽之參同契集其大成。魏書雖託名周易，實則假借爻象，以論作丹之意，故其章目，有所謂煉己立基者焉，有所謂金丹刀圭者焉，有所謂養性立命聖賢伏煉者焉。然自晉葛洪著抱朴子，多言延命養生之術，並及丹藥之方，於仙經而外，兼列神符，以證卻禍禳邪之法。梁陶洪景隱居華陽（今江蘇句容茅山），雖曾受有道經符籙，而仍兼具辟穀導引之法，凡所著述，均與鍊養服食有關。即後魏嵩山道士寇謙之，自言嘗遇仙人成公興及神人李譜，授以大法及圖籙眞經，爲符籙派正宗，然亦備述居石室服仙藥之所由，且於服氣導引口訣之術，及銷鍊金丹雲英八石玉漿之法，亦皆諳練。則符籙丹鼎兩派，固多雜而不分矣。(註七九)道教襲莊老之玄言，學巫祝之鬼道，行方士之術數，其包羅已至爲猥雜。及佛教寖盛，道士又多竊其玄言，仿其儀制，以自文飾；傳世道經，抄撮佛典以成書者，無慮十之六七。故此時代道教傳佈雖日盛，然除清心寡欲之旨，有益於人生修養外，其可稱述者，殆甚鮮也。

佛教在東漢末，雖頗有可紀，然實未普及。當時惟聽西域人出家，禁漢人效之。漢人出家今可考見者，僅有臨淮嚴浮調一人，(註八〇)然其出家因緣，世亦不之知。故隋書經籍志言魏黃初中（元年、二二〇），中國人始有依佛戒剃髮爲僧者；而費長房撰歷代三寶記，且以魏甘露五年（二六〇），朱士行之出家，爲漢地沙門之始也。晉世洛中已有佛圖四十二所。竺法護於武帝世齎梵本東來，終身寫譯，方等深經，於焉廣流中夏。及五胡雲擾，後趙石勒、石虎，並崇信西域僧佛圖澄，中州胡晉，多因澄故營造寺廟，相競出家。而後秦姚興，尤託意佛道，州郡化之，事佛者殆十室而九。與自涼州迎龜茲高僧鳩摩羅什（生三四三、卒四一三），至長安，譯出經論三百餘卷，傳佈眞正之大乘教理，爲佛教史上空前盛事。東晉則釋道安（生三一二、卒三八五），振玄風於襄陽，釋慧遠（生三三四、卒四一六），嗣沫流於江左，亦與澄什相先後。自是至南北朝，佛教遂有盛無衰，南朝當梁武帝世，北朝當宣武主、孝明主世，尤稱極盛。唐杜牧詩曰，南朝四百八十寺，是就金陵一地而論，已有四百八十寺之多，北朝則洛陽伽藍記稱「招提櫛比，寶塔駢羅，京城表裏，凡有一千餘寺」焉。綜觀兩晉南北朝，爲吾國佛教興盛發達期；稽其興盛之方面及發達之原因，約有六端。魏晉以降，西域僧徒之東來者，後先相望。據梁釋慧皎高僧傳及唐釋道宣續傳，其德業卓著有傳記述者，凡五六十八。隋書經籍志稱「姚萇時，胡僧至長安者數十輩。」洛陽伽藍記則言永明寺有百國沙門三千餘人。當時西僧總數，殆難確計。上焉者利彼忘軀，委命弘法；次亦負錫持經，感悟矇俗。一也。中土僧俗，時亦多銳意西行求法。自魏朱士行、晉法顯、至北魏宋雲、北齊寶暹等，近人搜考所及，主要人物，不下五十餘人。(註八一)大抵排除障礙，歷盡險阻，求正智於異域，揚大教於中邦。二也。弘法之事，莫重翻譯。據開元釋教錄所載，自曹魏至北齊，主譯緇素一百十有五人，譯出經律論一千五百八十一部，四千零四十有七卷，（內有數部中國著述）譯業之盛，殆無過於玆時。(註八二)三也。兩晉以降，佛教大師蔚出。綜覈玄旨者，或以性空爲宗，或以實相立義，或標卽色遊玄（支遁著卽色遊玄論），或倡般若無知（僧肇著般若無知論），諷研經論者，或善毗曇，（僧伽提婆譯之阿毗曇心論，及法顯覺賢共譯之雜阿毗曇心論等，）或弘成實，（成實論，鳩摩羅什譯，）或爲三論（百論，中論，十二門論，皆羅什譯，）涅槃（北涼曇無讖譯涅槃經），宗匠，或以地論（十地經論，北魏菩提流支譯），攝論（攝大乘論，陳眞諦譯，）馳譽。以及禪法、戒律、彌陀、淨土等，習者麕興，後先相望。分道揚鑣，蔚爲大觀。(註八三)四也。漢季衰亂，禮教式微，賢達之士，立命無方，佛教智信圓融，善巧方便，英才碩彥，遂多入於彼教。又因其時干戈擾攘，迄無寧宇，細民或求精神之慰安，或避朝廷之征徭，亦相從入道，號稱佛子。五也。畏罪喜福，有生恆情，佛說首重福報行業，功德因緣。凡欲悔罪免禍，求福田利益者，帝王則立寺造像，捨身度僧；衆庶則施宅建剎，刻石誦經，或頂禮皈依，或緣經建懺。下愚上智，其歸一揆。六也。(註八四)

自佛教盛行，印度之美術建築，隨以輸入；吾國社會禮俗思想，亦緣之而生種種之變化。魏書釋老志稱「自洛中搆白馬寺，爲四方式，凡宮塔制度，猶依天竺舊狀而重搆之，從一級至三五七九，世人相承，謂之浮圖，或云佛圖。」吾國建築之式，由是增入印度制度。洛陽伽藍記載永寧寺「中有九層浮圖一所，高九十丈，有剎復高十丈，合去地一千尺，去京師百里遙已見之。剎上有金寶瓶，容二十五石。寶瓶下有承露金盤三十重，周匝皆垂金鐸，浮圖有九級，角角皆懸金鐸，合上下有一百二十鐸。浮圖有四面，面有三戶六窗，戶皆金漆扉，上有五行金鈴，合有五千四百枚。僧房樓觀一千餘間，雕梁粉壁，青璅綺疏，難得而言。」其壯麗宏大至矣。而法雲寺佛殿僧房，復皆爲胡飾焉。三國吳志（卷四）劉繇傳稱「笮融大起浮圖祠，以銅爲人。黃金塗身，衣以錦采，」此爲中土立佛像記載之始。而雕像則大盛於北朝。（印度亦至犍陀羅美術、始有佛像之製作、當元後一二世紀頃）釋老志載魏都平城時，曇曜白文成主，於京城西武州塞，鑿山石壁，開窟五所，鐫建佛像各一，高者七十尺，次六十尺，雕飾奇偉，冠於一世。（其所建佛寺，名曰靈巖，酈道元水經注㶟水下注云：「其水又東轉靈巖，鑿石開山，因巖結構，眞容巨壯，世法所希，山堂水殿，煙寺相望，林淵錦鏡，綴目新眺。」）及遷都洛陽，宣武主、孝明主世，復準代京靈巖寺石窟，於洛陽伊闕山，營建石窟三所，用功八十萬二千三百六十八。此卽今日舉世豔稱代表犍陀羅藝術最佳傑作之雲崗石窟，與兼具魏多王朝時代作風之龍門石窟，(註八五)亦鮮卑民族吸收印度文物之偉業也。石窟造像，自後歲有增益，北齊幼主世開鑿之晉陽西山佛像（今稱天龍山造像），亦爲偉大作品。其以一區（軀）一鋪一堪（龕）名者，及以赤金銅鐵與土木雕塑者，尤衆。漢世石刻畫像，率爲浮雕，至是而立體造像，蓋多至不可勝計矣。餘如佛經刻石之踵盛（泰山金剛經、徂徠般若經、風峪華嚴經，皆北齊刻，字數較漢石經尤多）；僧傳碑銘之撰集（僧祐集諸寺碑文四十六卷，梁元帝有內典碑銘集林三十卷，僧傳則尤多），詩文之融會釋理與徵引翻譯句語，繪事之習用西法與以佛像爲題材，禱祀禮懺之純襲胡俗，音樂歌誦之間雜梵唄，以及婆羅門「大文經」「醫方明」之採用，西域風土地理記述之增益等，無一而非擴大吾國文化之內容。而離染入淨之出世法，有漏無漏之根本義，吾往古哲人從未聞知，純由天竺輸入者，更不待言矣。然自象教流行，吾華社會，士農工商之外，復增一釋氏之民，不特君臣父子夫婦兄弟之倫，皆所割捨，卽衣食居處，舉止聲容，亦悉與吾國禮俗乖異，其所崇學理，復在在與吾儒枘鑿。故魏晉以降，信佛教者雖衆，而排斥詆諆之論，及衝突爭辯之事，亦往往見於史策。東晉季世，何無忌輩已目沙門爲五橫之一，謂其「上滅父母之養，下損妻孥之分，會同盡餚膳之甘，寺廟極壯麗之美，割生民之珍玩，崇無用之虛費，罄私家之年儲，闕軍國之資實。」齊顧歡著夷夏論，則曰「端委搢紳，諸華之容，剪髮曠衣，羣夷之服。擎跽磬折，侯甸之恭，狐蹲狗踞，荒流之肅。棺殯槨葬，中夏之風，火焚水沈，西戎之俗。全形守禮，繼善之教；毀貌易性，絕惡之學。今以中夏之性，效西戎之法，下棄妻孥，上絕宗祀。嗜欲之物，皆以禮伸。孝敬之典，獨以法屈。悖禮犯順，曾莫之覺。弱喪忘歸，孰識其舊。」梁世有作三破論者，至謂佛教「入國而破國，入家而破家，入身而破身」。時范縝又著神滅論，言「形者神之質，神者形之用，形存則神存，形謝則神滅，」(註八六)更從學理上證明佛教神識不滅及三世輪迴業報諸說之爲虛構。而信佛者，對此諸論，亦莫不詳加辯釋焉。（註八七）又其時奉道教者，見其教理之不敵佛教，雖多混合老釋，援釋以為重，然亦時加非毀，甚或借政治勢力以相摧殘，如魏太武主燾因崇信道士寇謙之，對沙門盛加誅戮，並焚毀經像。其尤著者。佛道之爭既起，諸崇習儒書者，或亦奉孔子為教主，與李釋對抗。至北周世，遂成三教鼎立之勢。周武主邕既集羣臣及沙門道士等，辯釋三教先後，以儒教為先，道教為次，佛教為後。繼遂斷佛道二教，罷沙門道士，並令還民，別置通道觀，簡釋李有名者，普著衣冠，同為學士。然自晉以來，釋子大抵兼通老莊，目為外書，與內典並稱。諸崇清談研玄理者，往往與釋子周旋，受緇衣薰染。梁陳講學，或在宮殿，或在僧寺，亦多以內典與儒道諸書並講。社會上雖有禮俗學理之爭，而佛教與吾華學說思想，已日趨於融合。南朝君主，既多隆敬佛教，北朝君主之信儒道者，亦遠不及崇佛者之衆，故魏太武、周武之毀佛，皆不再世而復，三教亦遂並行而不相害。是則吾華民性，富調和且善調和，與印度歐洲中世，時因異教或同教異派之爭，而演流血之慘禍者，異矣。

兩漢經生，守師法而重訓詁，物極必反，東漢之季，遂由樸學而趨游談。士之善談論者，輒獲盛名，或以美言相為題品，或敏才捷對，逞其機鋒，或以覈論高下人物，此一時之風氣也。（註八八）及黨錮黃巾董卓，禍亂繼起，凡稱善士，多被罹災毒；其幸存者，雖以蔡邕之博學多文，而節義已衰。（顧炎武曰：「東京之末，節義衰而文章盛，自蔡邕始。其仕董卓，無守。卓死驚歎，無識。觀其集中濫作碑頌，則平日之為人可知矣。」）至曹操盜有冀州，崇奬跅弛之士，下令再三，至於求負汚辱之名，見笑之行，或不仁不孝而有治國用兵之術者；於是權詐迭進，姦逆萌生。故董昭太和六年（二三二）之疏，已謂當今年少，不復以學問為本，專更以交游為業，國士不以孝悌清脩為首，乃以趨時游利為先。至正始中，一二浮誕之徒，騁其智識，蔑周孔之書，習老莊之教，以騰口為高遠，因以簡功業，隳職務；漢季游談之習，遂一變而為清談。及魏晉易代之際，高朗而不降志者，既自揣不足以抗時難，又不肯屈服為之用，乃始頹然自放，以求全生，蔑棄禮法，近於佯狂。晉室肇興，崇清談者，旣信口雌黃，天下競稱其風流；棄禮法者，益任達不拘，以縱肆爲率眞；而何曾、石崇、王愷、羊琇之徒，又各以奢靡相尚，或淫於嗜味，或果於刼略。自餘政治民風，尤極腐敗。干寶晉紀總論曰：「朝寡純德之士，鄉乏不貳之老。風俗淫僻，恥尚失所。學者以莊老爲宗而黜六經，談者以虛薄爲辯而賤名檢，行身者以放濁爲通而狹節信，進仕者以苟得爲貴而鄙居正，當官者以望空爲高而笑勤恪。由是毀譽亂於善惡之實，情慝奔於貨慾之塗。選者爲人擇官，官者爲身擇利。而秉鈞當軸之士，身兼官以十數，大極其尊，小錄其要，機事之失，十恆八九。而世族貴戚之子弟，陵邁超越，不拘資次。悠悠風塵，皆奔競之士，列官千百，無讓賢之舉。其婦女裝櫛織紝，皆取成於婢僕，未嘗知女工絲枲之業，中饋酒食之事也；先時而婚，任情而動，故皆不恥淫佚之過，不拘妬忌之惡，父兄弗之罪也，天下莫知非也；又況責之聞四教於古，修貞順於今，以輔佐君子者哉。禮法刑政，於此大壞！」（註八九）其極也，永嘉亂起，遂潰決而不可收拾矣。渡江而後，華侈之俗漸革，任達之風，「八達」（時胡母輔之、謝鯤、阮放、畢卓、光逸、羊曼、桓彝、阮孚等八人，每散髮裸袒，閉室酣飲，不捨晝夜，稱爲八達。）沒後亦稍絕，惟清談則猶競相祖述。故以言語論，實以此時代爲最進步。且因士矜通脫，襟懷浩闊，以勞身爲鄙，卽宅心藝術，亦視爲適性怡情之具。由是見聞而外，別有會心：詩語則以神韻爲宗，圖畫則以傳神爲美；推之奏音審曲，調琴弄箏，亦必默運神思，獨標遠致，旁及博弈，咸清雅絕俗，以伸雅懷。美術之興，又於斯爲盛矣。（註九〇）

東晉南北朝最普遍之風尚，殆無過於重氏族尚門第一事。（註九一）東漢之季，世族階級已漸興起。魏初以陳羣之議，立九品中正之法，（郡邑設小中正，州設大中正，各取本處人在諸府公卿及各省郎吏有才德充盛者爲之。由小中正區別所管人物，定爲九等，以上大中正，大中正核實以上司徒，司徒再核，然後付尚書選用。）兩晉南北朝，沿襲不改，選舉多用世族，上品無寒士，下品無高門，貴族欲保其特權，咸自矜門第，高自標置。又因其時五胡諸族，深入禹域，與諸夏雜處，婚嫁不禁，種族混淆。北人南徙者，旣以貴族陵蔑南士；北方衣冠之族，亦深自標異，相尚爲經術政務，勉立功業以圖存全。積此諸因，古代階級之制，已鏟除於戰國秦漢者，至是又復盛行。其時士庶門第之見，深入人心，高門之視後門寒素，不啻如良賤之不可紊越，單門寒士，亦多自視微陋，不敢與世家相頡頏，甚至帝王雖寵幸其人，亦不能躋之於士大夫之列；其爲社會中一種特殊勢力，幾不讓古代之貴族。而盛門右姓，如過江僑姓之王、謝、袁、蕭，東南吳姓之朱、張、顧、陸，山東郡姓之王、崔、盧、李、鄭，關中郡姓之韋、裴、柳、薛、楊、杜，亦多繼世有名人。加易代之際，惟圖保其門戶，莫不傳舍其朝，故勝國之臣，卽爲興朝佐命，帝王之朝代雖更，而冠冕不替。雖紀傳所載，無一完節之士，然當時士族，初不專恃政治地位爲其唯一之表徵，亦以德業儒素及家學禮法等標異於衆。(註九二)故其子孫繼迹，不以朝代爲盛衰，而社會之中堅勢力，亦不隨國家禪代而變易紊亂焉。自餘一般之影響，首推士庶之不通婚媾。觀齊沈約奏彈王源曰：「風聞東海王源嫁女於富陽滿氏，王滿連姻，實駭物聽。此風勿翦，其源遂開，點世塵家，將被比屋。宜寘以明科，黜之流伍。」(註九三)侯景入建康，請婚王謝，梁武曰：王謝門高，可於朱張以下求之。北魏趙邕，寵貴一時，欲與范陽盧氏爲婚，盧氏有女，其父早亡，叔許之，而其母陽氏不肯，攜女至母家藏避。崔巨倫姊眇一目，其家議欲下嫁，巨倫姑悲泣曰：吾兄盛德，豈可令此女屈事卑族。可以見其畛界之嚴矣。餘如尊嚴家諱，崇重譜牒，亦皆南北世族所同。然其時南北選舉，率先門第而後賢才，南朝於門第之外，猶重清議，入仕者亦重流品，而北朝無聞。北朝由愼重婚姻，流爲財婚賣婚之陋習，(其始高門與卑族爲婚，利其所有，財賄紛遺，魏齊之世，遂成風俗，凡婚嫁無不以財幣爲事。)由尊崇譜牒，復有通譜認族之弊風，南朝雖亦有之，而不甚顯著。戎狄入主，虜漢相雜之區，固與江左之爲漢族之中心地者。不能盡同也。其他南北禮俗之異點，北齊顏之推家訓，紀述尤多。觀家訓音辭篇曰：「南方水土和柔，其音輕舉而切詣，失在浮淺，其辭多鄙俗。北方山川深厚，其音沈濁而訛鈍，得其質直，其辭多古語。然冠冕君子，南方爲優。閭里小人，北方爲愈。易服而與之談，南方士庶，數言可辨。隔垣而聽其語，北方朝野終日難分，而南染吳越，北雜夷虜，皆有深弊，不可具論。」蓋南方之君子，多過江士夫之後裔，遠非北方入侵之胡族所及，北方之小人，猶是中原之遺氓，亦優於吳越之細民；之推雖就音辭爲說，實可推諸其他一般風習焉。家訓又言

「今北土風俗，率能躬儉節用，以贍衣食。江南奢侈，多不逮焉。……河北婦人織紝組紃之事，黼黻錦繡羅綺之工，大優於江東也。」(註九四)「江南朝士，因晉中興南渡江，卒爲羈旅，至今八九世，未有力田，悉資俸祿而食，假令有者，皆信僮僕爲之，未嘗目觀起一墢土，耘一株苗，不知幾月當下，幾月當收，安識世間餘務乎。故治官則不了，營家則不辦，皆優閑之過也。」「梁世士大夫皆尚褒衣博帶，大冠高履，出則車輿，入則扶持，郊郭之內，無乘馬者。及侯景之亂，膚脆骨柔，不堪行步，體羸氣弱，不耐寒暑，坐死倉猝者，往往而然。」(註九五)南朝士夫以生活優裕，日久腐化，經侯景之亂，貴族門第遂大半澌滅。而北方士族經歷艱苦，轉能勤儉自勵，與胡人協調合作，委曲求存。家訓又稱「楚朝有一士大夫，嘗謂吾曰：我有一兒，年已十七，頗曉書疏，教其鮮卑語及彈琵琶，稍欲通解，以此伏事公卿，無不寵愛；亦要事也。」(註九六)是鮮卑雖一切師法中土，而漢族之無恥者，亦多謙事鮮卑人，爭學鮮卑語俗以求自媚焉。隋唐代興，此風雖絕，然六朝時百官多乘牛車，或乘肩輿，著履或屐，朝祭皆跣，北朝則多乘馬著靴，至唐則百官皆乘馬，靴爲朝服，而履反爲褻服，則夷狄服飾，固已經北朝而爲中夏之法服。自餘如北族十二相屬之俗，及胡帳、胡床、胡坐、胡飯、胡箜篌、胡笛、胡舞等，漢魏之季，已極盛行，經北朝至唐，仍相沿不廢者，更未易悉數也。

(註一)魏志卷十五劉馥，司馬朗等傳評語。

(註二)魏志卷一武帝紀「建安元年，(操)用棗祇韓浩等議，始興屯田。」裴註引魏書曰：「自遭荒亂，率乏糧穀，諸軍並起，無終歲之計，饑則寇略，飽則棄餘，瓦解流離，無敵自破者，不可勝數。袁紹之在河北，軍人仰食桑椹。袁術在江淮，取給蒲蠃。民人相食。州里蕭條。公曰：夫定國之術，在於強兵足食，秦人以急農兼天下，孝武以屯田定西域，此先代之良式也。是歲，乃募民屯田許下，得穀百萬斛。於是州郡例置田官，所在積穀。征伐四方，無運糧之勞，遂兼滅羣賊，克平天下。

(註三)廿二史劄記卷七「借荊州之非」節論此事甚詳，可參閱。

(註四)見蜀志卷五諸葛亮傳。

(註五)參閱廿二史劄記卷七「三國之主用人各不同」節。又拙著綱要第二册一〇二節「羣雄之競爭與三國之興亡」，(頁三三七至三五四)論列較詳，趙翼說亦皆備錄，可參考。

(註六)見晉書卷三武帝紀「泰始九年」下。卷二十七五行志「咸寧二年」卷二十八「泰始十年」下，及卷三十一武元楊皇后傳。

(註七)徙戎論全文見晉書卷五十六江統本傳；通鑑卷八十三所載。略加刪節潤飾。

(註八)拙著綱要第二册九五節「異族入侵之因」，(頁一五二至一六一)論此問題頗詳，傅玄、郭欽、江統之論，亦皆備錄，可參考。

(註九)據北史卷四四崔鴻本傳。十六國春秋原書百卷，南宋後已佚，今世所傳者凡兩本，一十六卷，一百卷，皆後人僞託，惟晉書載記固多本鴻書耳。

(註一〇)據晉書卷五愍帝紀。

(註一一)見晉書卷九八桓溫傳。章炳麟檢論九「仰桓」篇論此事頗詳，可參閱。

(註一二)通鑑晉紀三十太元二十一年下胡三省注語。

(註一三)拙著綱要第二册頁一六四至一八八，論兩晉與諸族之競爭較備，本節多係節錄彼書，可參閱。

(註一四)參閱廿二史劄記卷十二「南朝陳地最小」節。

(註一五)見通鑑卷一二五及宋書索虜傳。

(註一六)見通鑑卷一二六。

(註一七)見宋書卷九十五索虜傳論。

(註一八)北齊書卷一高祖紀「高歡，字賀六渾，渤海蓨人。六世祖隱，晉玄菟太守。神武既累世北邊，故習其俗，遂同鮮卑。」

(註一九)見通鑑卷一六三簡文帝「大寶元年」下。

(註二〇)拙著綱要第二册頁一八九至二〇〇論南北朝之競爭略備，本節多係節錄彼書，可參閱。

(註二一)晉書卷十五地理志下語。

(註二二)晉書卷六十五王導傳云：「洛京傾覆，中州士女避亂江左者十六七」。

(註二三)按此類事例甚多，拙著綱要第二册頁二一三至二一五曾詳舉之，可參閱。

(註二四)見史通書志後論。

(註二五)史通稱謂篇語。

(註二六)通鑑卷六十九：「司馬光曰：晉氏失馭，五胡雲擾，宋魏以降，南北分治，各有國史，互相排黜，南謂北爲索虜，北謂南爲島夷。」胡注「索虜者，以北人辮髮，謂之索頭也。島夷者，以東南際海，土地卑下，謂之島中也」。

(註二七)楊衒之洛陽伽藍記卷三，「宣陽門外，伊洛之間，夾御道有四夷館。道東有四館，一名金陵，二名燕然，三名扶桑，四名崦嵫。道西有四館，一曰歸正，二曰歸德，三曰慕化，四曰慕義。吳人投國者，處金陵館，三年以後，賜宅歸正里。北夷來附者，處燕然館，三年已後，賜宅歸德里。東夷來附者，處扶桑館，賜宅慕化里。西夷來附者，處崦嵫館，賜宅慕義里」。

(註二八)見同上書卷二。

（註二九）按梁沈約宋書於四夷立索虜傳，蕭子顯南齊書則立魏虜傳，皆以漢族爲主體。北魏崔鴻十六國春秋雖於羌胡皆奉爲帝王，然全書紀綱，猶以晉爲主，（史通探賾篇語）至魏收始痾爲書不錄司馬劉蕭之書；又以「元氏出於邊裔，見侮諸華，遂高自標舉，比桑乾於姬漢之國，曲加排抑，同建鄴於蠻貊之邦。」（史通曲筆篇語）所作魏書，以得中原者爲正統，以曹魏承漢，西晉承魏，元魏承西晉，北齊承元魏，而於吳蜀十六國江左，則概視同夷狄，斥爲僭盜。魏書九十五立「匈奴劉聰，羯胡石勒，鐵弗劉虎，徒河慕容廆，臨渭氐苻健，羌姚萇，略陽氐呂光」等傳，九十六以下，則立「僭晉司馬叡，賨李雄」「島夷桓玄，海夷馮跋，島夷劉裕」，「島夷蕭道成，島夷蕭衍」，「私署涼州牧張寔，鮮卑乞伏國仁，鮮卑禿髮烏孤，私署涼王李暠，盧水胡沮渠蒙遜」等傳，於江左皆曲加醜詆，視五胡諸國殆猶不如。拙著綱要第二冊頁二二二至二二四曾略加節錄，可參閱。

（註三〇）說詳廿二史劄記卷十四「南北朝通好以使命爲重」節。

（註三一）拙著綱要第二冊九七節「南北之對峙與北方之漢族」（頁二〇六至二三六），論列當時民族之遷徙混合與南北之畛域較詳，兼及漢族在諸族統治下之地位，可參閱。

（註三二）見卷三。同書又云：「經數年已後，肅與高祖殿會，食羊肉酪粥甚多，高祖怪之，謂肅曰：卿中國之味也，羊肉何如魚羹，茗飲何如酪漿。肅對曰：羊比齊魯大邦，魚比邾莒小國。惟茗不中，與酪作奴。」按北族以羊酪爲主要食品，世傳李陵答蘇武書所謂「羶肉酪漿以充飢渴」也。

（註三三）見卷一四二「永元元年」下。

（註三四）北齊書卷二十一高昂傳「鮮卑共輕中華朝士，惟憚服於昂，高祖（高歡）每申令三軍，常鮮卑語，昂若在列，則爲華言。」通鑑卷一五七繫此事於梁武帝大同三年，（五三七），上距拓跋宏禁止鮮卑語，（事在太和十九年、四九五），已四十三年。

（註三五）通鑑卷一六五「梁元帝承聖三年（西魏恭主元年、五五四）正月、宇文泰廢魏主，立其弟齊王廓、去年號，稱元年，復姓拓跋氏，九十九姓改爲單者，皆復其舊。魏初統國三十六，大姓九十九，後多滅絕，泰乃以諸將功高者爲三十六國，次者爲九十九姓，所將士卒，亦改從其姓。」胡注引洪邁（容齋三筆王）曰：「西魏以中原故家易賜番姓，如李弼爲徒河氏，趙肅趙貴爲乙弗氏，劉亮爲侯莫陳氏，楊忠爲普六茹氏，李虎爲大野氏，竇熾爲紇豆陵氏」等。至周末楊堅專政，大象二年（五八〇）十二月，遍改胡姓復爲漢姓，又盡復其舊。前後凡三十七年。

（註三六）語本北周書卷二十三蘇綽傳。

（註三七）見同上書卷二十四盧辯傳。

（註三八）見北周書卷二太祖紀下。

（註三九）拙著綱要第二冊頁二三六至二六〇論諸族之華化頗詳，本節卽係節錄彼書，可參閱。

（註四〇）見倭人某中日交通史（陳建譯本，商務印書館出版）第三章「日本與中國南朝之交涉」。至倭人古代與中國之關係，及其開化之經過，拙著「日本古代開化論」（載南京鍾山書局出版之拙編日本論叢第一冊）論述頗詳，可參閱。

（註四一）見卷三及卷四。

（註四二）語本北史西域傳。麴氏王高昌，凡九代，一百四十四年，（魏孝文二十一年至唐太宗貞觀十四年，四九七至六四〇）詳見羅振玉輯高昌麴氏年表。

（註四三）參黃文弼著高昌（第一分本）內載「吐魯番發現墓磚記」與「墓磚目錄」，及羅振玉著「西陲石刻後錄」（雪堂叢刻本，錄倭人橘瑞超西陲訪古所得高昌墓磚）與「高昌磚錄」。（遼居雜著本錄黃君所得墓磚）。

（註四四）（註四六）皆見周書卷五十異域傳下。

（註四五）語本北史卷九十七突厥傳。

（註四七）參閱廿二史劄記卷七「禪代」與「晉魏禪代不同」兩節，拙著綱要第二冊頁三五四至三六一嘗備錄之。

（註四八）參閱廿二史劄記卷十一「宋齊多荒主」「宋世閨門無禮」「宋子孫屠戮之慘」，卷十二，「齊明帝殺高武子孫」，卷十五「魏多家庭之變」「北齊宮闈之醜」「隋文帝殺宇文氏子孫」諸節、拙著綱要第二冊一〇四節「南北朝之諸帝」（頁三六九至四〇〇）既盡錄之，復補其遺軼，可參閱。

（註四九）拙著綱要第二冊頁二七五至二八〇，於漢季以降擁兵之權臣，論述號詳，本節卽就彼書節錄，可參閱。

（註五〇）見魏志卷十五司馬朗傳。

（註五一）宋書卷五十四羊元保傳語。

（註五二）隋書卷二十四食貨志稱自東晉寓居江左，「歷宋、齊、梁、陳，軍國所須雜物，隨土所出，臨時折課市取，乃無恆法定令。列州郡縣，制其任土所出，以爲徵賦。其無貫之人，不樂州縣編戶者，謂之浮浪人，樂輸亦無定數任量」。

（註五三）（註五四）皆魏書卷一一〇食貨志文。按時對富戶之奴婢及牛，亦皆可依律受田，（奴婢依良，丁牛一頭，受田三十畝，限四牛，）蓋用意在絕其蔭冒，使租收略歸公上，初不在求田之絕對均給也。

（註五五）通鑑卷一五七「梁武帝大同三年」。高歡每號令軍士，常令丞相屬代郡張華原宣旨，其語鮮卑，則曰漢民是汝奴，夫爲汝耕，婦爲汝織，輸汝粟帛，令汝溫飽，汝何爲陵之。其語華人，則曰：鮮卑是汝作客，得汝一斛粟，一匹絹，爲汝擊賊，令汝安寧，汝何爲疾之」。

（註五六）通鑑卷一三五語。

（註五七）通典卷二百邊防典十六引傳弈語。

（註五八）北齊書高昂傳語。

（註五九）時訓練胡兵，「每一人必當百人，任其臨陣必死　然後取之，謂之百保鮮卑」，見隋書食貨志。

(註六〇)通考卷一百五十一兵考三。

(註六一)隋書食貨志語。

(註六二)見魏志卷十三王肅傳註引。

(註六三)語本王國維「漢魏博士考」，見觀堂集林卷四。

(註六四)魏正始石經亦稱三體石經，王國維「魏石經考」五篇，言之最詳核，(見觀堂集林卷二十)，共四十石，所刊者爲古文尚書及春秋兩經，左氏傳則刊至莊公中葉而止。至出土殘石之文字，則章炳麟氏「新出三體石經考」(章氏遺書續編本)論之最精密。又本節及下節論經學除上註六十三所引及論石經外，略據劉師培國學發微，(載乙巳年國粹學報第七期第八期)及皮錫瑞經學歷史，五、「經學中衰時代」，與六、「經學分立時代」。

(註六五)見魏志卷十六杜恕傳。

(註六六)見晉書卷四三王衍傳。

(註六七)見同上書卷三十五裴頠傳。

(註六八)見晉書卷四十一劉寔傳，卷五十六江惇傳。

(註六九)見洪著抱朴子外篇第四十八。按鮑生無君論及反復論辯，均詳見該篇。

(註七〇)見晉書卷九十四魯勝傳。按勝爲惠帝時人。

(註七一)本節參閱廿二史劄記卷八「六朝清談之習」節，劉師培國學發微(載乙巳年國粹學報第七期及第十期)，及柳先生中國文化史二編第五章「清談與講學」。(上册頁四六〇至四七一)。

(註七二)鄭鶴聲「漢隋間之史學」(登學術雜誌三十三、三十四、三十五及三十六期)，據劉知幾史通及章宗源隋書經籍志史部考證，論述此時代史學頗詳，可參閱。

(註七三)參閱劉師培「南北文學不同論」(載乙巳年國粹學報第九期)，及柳先生中國文化史上册頁四九一至四九二。

(註七四)本節多據柳先生中國文化史第二編第七章「三國以降文物之進步」(上册頁四七九至四九四)。

(註七五)見魏志卷二九杜夔傳註引。

(註七六)本藏清內府，庚子之亂，西人掠奪而去，今藏英倫博物館。舊皆以此畫爲現存中國畫之最古者。然今日漢畫已有三種發現：其一爲洛陽出土之墓磚，上繪男女人物及動物像；其二爲漢樂浪郡故址(朝鮮平壤大同江郡)後漢王盱墓中所得之漆盤，上繪神仙及龍虎等像；其三爲遼東營城子漢墓中之壁畫，上亦繪人物及動物像；惟畫法皆甚疏簡耳。至石刻畫則傳者尤多，參朱傑勤秦漢美術史(商務印書館二十五年出版)第二篇第四章「繪術」。

(註七七)阮元揅經室三集卷一有「南北書派論」與「北碑南帖論」，直論至唐宋以後，可參閱。

（註七八）見葉昌熾語石卷七「總論南北朝人書一則」。

（註七九）參閱隋書經籍志道書部及劉師培國學發微（載乙巳年國粹學報第九期）。

（註八〇）梁僧祐出三藏記集卷十載嚴浮調沙彌十慧章句序，題曰「嚴阿祇梨浮調所造」，是浮調實爲漢地沙門之第一人，所撰沙彌十慧章句，亦中國撰述之最早者。費長房歷代三寶記著錄浮調譯經，雖多至七部，然其出家事則全不之知，卷三年表中於魏甘露五年條下注曰，「朱士行出家。漢地沙門之始」。

（註八一）參閱梁任公近著第一輯中卷「千五百年前之中國留學生」篇。

（註八二）同上書「佛典之翻譯」篇。

（註八三）參湯用彤漢魏兩晉南北朝佛教史第二分第七章至二十章。

（註八四）本節及下節論述佛教，除隨文別注者外，大抵取材柳先生中國文化史第二編第九章、第十章（上冊頁五〇五至五二八），及拙著舊稿「中國人之佛教耶教觀」（載學衡雜志第十四、十五、二十一、二十三、諸期，十一年至十二年出版）。

（註八五）按吾國石窟佛像之開鑿，始於敦煌之莫高窟，時在苻秦建元二年，（東晉廢帝弈太和元年、三六六），主持開窟者爲樂僔。「涼州自張軌後，世信佛教，敦煌地接西域，道俗交得，其舊式村塢相屬，多有塔寺；」（魏書釋老志語）象教藝術自西而東，宜首行於敦煌也。「太延中，涼州平徙其國人於京邑，沙門佛事，皆俱東，象教彌增矣；」（亦釋老志文）自魏太武滅北涼（四三九），涼州沙門，多徙至平城各其中當不乏善工藝者，佛教藝術，由是隨以俱東，文成時建議於雲崗開窟之曇曜，卽太延中來自涼土者，則武州造像，亦源出於涼州矣。至伊闕石窟，雖云以代京爲準，然雲崗造像，以顯示像體靜態美爲主，純屬犍陀羅派作風，龍門造像，則兼顯示像體之動態美，已多雜多王朝時代作風，與犍陀羅派有異矣。（吾國六朝與隋唐繪事，亦有此二派，可以曹仲達與吳道玄爲代表。晉人於曹畫曰「曹衣出水」，於吳畫曰「吳帶當風」；前者謂衣附於體，可從衣服見其骨格，卽表示靜態美也；後者謂衣帶飄飄，栩然生動，卽表示動態美也。友人向達云。）至國人記述雲崗石窟較詳者，爲史岩著中國美術史（商務出版），及白志謙編「大同雲崗石窟寺記」（中華出版）。龍門石窟，可參閱關百益編之「伊闕石刻圖表」（河南博物館出版）。

（註八六）五橫論見弘明集卷六道恆釋駁論引，夷夏論見齊書及南史顧歡傳，三破論爲道士假張融作，見弘明集卷八，劉勰滅惑論引，神滅論見梁書及南史范縝傳。

（註八七）具見僧祐所集「弘明集」及道宣所集「廣弘明集」中，

（註八八）拙著綱要第二冊頁三〇〇至三一九論魏晉風俗頗詳，本節多就彼書節錄，可參閱。

（註八九）晉紀已佚，此據文選卷四十九；晉書帝紀五錄此論，有刪節。

（註九〇）略本劉師培「中國美術學變遷論」（載丁未年國粹學報第三十期）。

（註九一）拙著綱要第二冊頁二八至三〇〇及頁三二〇至三二六論南北朝重氏族尙門第頗詳，本節多就彼書節錄，可參閱。

（註九二）魏書卷四七盧玄傳論曰：「盧玄緒業著聞，首應旌命，子孫繼迹，爲世盛門，其文武功業，殆無足紀，而見重於時，聲高冠，蓋德業儒素有過人者」，此言最可代表。

（註九三）見文選卷四十。

（註九四）見治家篇。

（註九五）見涉務篇。

（註九六）見教子篇。

第七章　統一時代與割據時代(隋唐五代)

自隋文帝開皇九年至後周恭帝顯德六年（五八九至九五九），都三百七十有一年。以政治分合之大勢言之，略可區爲二期。自開皇九年至唐玄宗天寶十四年，爲統一之時；（五八九至七五五，凡一百六十有七年，中間尚須除去隋末唐初羣雄之亂約八年。）自肅宗至德以後，訖後周之亡，則爲藩鎮割據之時。（七五六至九五九，凡二百零四年）然至德而降，唐祚仍延至一百五十餘年，政治社會，學術風尚，不能與前期斬截畫分；五代十國，又皆唐世藩鎮之支與流裔，故今以隋唐五代合論焉。

自楊堅篡周爲隋，改元開皇（五八一），節以制度，不傷財，不害民，北朝人庶日殷，帑藏日充。七年（五八七），滅後梁，九年，滅陳。於是「職方所載，並入疆理，禹貢所圖，咸受正朔；」（註一）漢季以來混亂分裂之局，復歸一統，區宇之內，復臻漢室治世之盛；而倉庫盈溢，國計之富尤過之。煬帝承其全盛，土地益闢，戶口益多，人俗康阜，資儲遍於天下。（註二）遂恣荒淫，興營造，巡游征伐不息。史冊所載，如大業元年（六〇五）之營建東京（洛陽），每月役丁二百萬人也。發河南淮北諸郡民百餘萬開通濟渠，發淮南民十餘萬開邗溝也。自長安至江都置離宮四十餘所也。築西苑於洛陽西，周二百里，臺觀宮殿，皆窮極華麗也。行幸江都，舳艫相接二百餘里，自兵士外，共用挽船士八萬餘人也。二年（六〇六）之置洛口倉於鞏東南原上，築倉城周圍二十餘里，穿三千窖，置回洛倉於洛陽北，倉城周圍十里，穿三百窖，窖皆容八千石也。三年（六〇七）之發河北十餘郡丁男鑿太行山，達於幷州，以通馳道也。發丁男百餘萬以築長城也。北巡榆林，歷雲中，泝金河，甲士五十餘萬，馬十萬匹，旌旗輜重，千里不絕也。四年（六〇八）之發河北諸郡百餘萬衆穿永濟渠，引沁水南達於河，北通涿郡也。六年（六一〇）之於洛陽端門街盛陳百戲，執絲竹者萬八千人，以款待西域諸番酋長也。敕穿江南河，自京口至餘杭八百餘里，廣十餘丈也。七年八年之大發兵伐高麗，凡一百一十三萬三千八百人，其餽運者倍之，旌旗亙千餘里也。（註三）其時宮室之盛，役民之繁，賞賜之費，師兵之盛，幾駕秦皇漢武而上之。雖十數年間，終至「社稷顚隕，宇宙崩離，生靈塗炭，喪身滅國，」（註四）然百役繁興，皆出於人民之負擔，帝王之糜費，足以反映社會之富力，非其時民生富庶，物力充盛，煬帝固未易逞此無厭之欲也。厥後洛口諸倉，爲李密等所因，猶足以致百萬之衆；而長安府庫爲李唐所用者，至貞觀中猶未盡。（註五）隋世一統之盛，蓋前此所未有矣。唐初承隋末羣雄爭亂之後，戶口凋零，城邑蕭條，遠非有隋之比，而國威之隆，則尤過之。當高祖武德之世，曁太宗貞觀之初，四夷已多遣使入朝。自「貞觀四年（六三〇），李靖俘突厥頡利可汗以獻，西北君長請上號爲天可汗，」（註六）於是唐之君主，不僅爲中國之天子，兼爲塞外諸族西域各國共戴之天帝。聲威所及，絕域四裔，東自日本流鬼，西至波斯拂菻（東羅馬），南至盤盤（在今馬來半島中），訶陵（今爪哇）咸遣使貢獻。及貞觀二十年（六四六）二十一年（六四七）平定鐵勒、回紇諸部，帝幸靈州，諸部所遣使踵及帝行在，凡數千人，上言天至尊爲可汗，世世以奴事，死不恨，帝剖其地爲州縣，北荒遂平。諸姓有來朝者，帝勞曰：「爾來，若鼠得穴，魚得泉，我爲爾深廣之。」又曰：「我在，天下四夷，有不安，安之，不樂，樂之，如驥尾受蒼蠅，可使日千里也。」（註七）敬播序僧玄奘西域記曰：「我大唐之有天下也，闢寰宇而創帝圖，掃欃槍而淸天步，功侔造化，明等照臨，人荷再生，骨肉豺狼之吻，家蒙錫壽，還魂鬼域之墟。總異類於藁街，掩遐荒於輿地，苑十洲而池環海，小五帝而鄙上皇。」（註八）誠哉非虛言矣。高宗竟太宗未盡之緒，拓地益廣。麟德二年（六六五），行幸東岳，史稱「從駕文武兵士及儀仗法物，相繼數百里，列營置幕，彌亙郊原，突厥、于闐、波斯、天竺國、罽賓、烏萇、崑崙、倭國、及新羅、百濟、高麗等諸蕃酋長，各率其屬扈從，穹廬氈帳及牛羊駝馬，塡候道路。是時頻歲豐稔，斗米至五錢，豆麥不列於市，議者以爲古來帝王封禪，未有若斯之盛者也。」（註九）初太宗之葬昭陵（今陝西醴泉縣九嵕山，）也（六四九），山陵旣畢，高宗欲闡揚先帝徽烈，乃令匠人琢石，寫諸蕃君長，貞觀中擒伏歸化者突厥頡利可汗等十四人形狀，而刻其官名。及高宗之崩也（六八三），「乾陵（今陝西乾縣梁山）之葬，諸蕃來助者衆，武后欲張大誇示來世，於是錄其酋長六十一人，各肖其形。」（註一〇）據十八世紀中葉遼海楊應琚遊昭陵所記，「貞觀中擒服諸蕃君長頡利等十四人石像，尚在陵北司馬門內。」（註一一）至乾陵前諸蕃酋石像，今千二百數十年矣，存者猶不下五十。「天可汗」與「天皇大帝」（高宗謚）之威風，亦世界史乘中所僅見已。高宗後雖經武氏之禍，而國力益增，故武曌拜洛受圖時（六八八），文物鹵簿之盛，及「明堂」「天堂」「大像」「天樞」「九鼎」等營建，所耗費之巨，皆爲唐興以來所未有。（註一二）其所製新字，如天爲𠀑，地爲埊，日爲囸，月爲𠥱，星爲〇等，以石刻證之，傳世「武周碑不下數百通，窮鄉僻壤，緇黃工匠，無不奉行惟謹。尤可異者，巴里坤有萬歲通天造像，敦煌有杜國李公舊龕碑，在莫高窟，廖州刺史韋敬辯智城碑，在廣西龍州關外，河東州刺史王仁求碑，在雲南昆陽縣，龍龕道場銘，在廣東羅定州，皆唐時邊遠之地，文教隔絕，乃紀元年月，亦皆用新製字，點畫不差累黍。雖秦漢之強，聲靈遠訖，何以加焉。」（註一三）降至玄宗，開元天寶四十餘載（七一三至七五五），遂爲有唐極盛時代，舊書玄宗紀稱「於斯時也，烽燧不驚，華戎同軌，西蕃君長，越繩橋而競款玉關，北狄渠酋，捐毳幕而爭趨鴈塞，象郡炎州之玩，雞林鯷海之珍，莫不結轍於象胥，駢羅於典屬，膜拜丹墀之下，夷歌立仗之前，可謂冠帶百蠻，車書萬里。天子乃覽雲臺之義，草泥金之札，然後封日觀，禪雲亭，訪道於穆清，怡神於玄牝，與民休息，比屋可封。於是垂髫之倪，皆知禮讓，戴白之老，不識兵戈，虜不敢乘月犯邊，士不敢彎弓報怨，康哉之頌，溢於八紘，所謂世而復仁，見於開元者矣。年踰三紀，可謂太平。」新書食貨志於天寶五載（七四六）下，言「是時海內富實，米斗之價錢十三，青齊間斗纔三錢。絹一匹，錢二百。道路列市，具酒食以待行人，店有驛驢，行千里不持尺兵。」杜甫憶昔詩則云：「憶昔開元全盛日，小邑猶藏萬家室。稻米流脂粟米白，公私倉廪俱豐實。九州道路無豺虎，遠行不勞吉日出。齊紈魯縞車班班，男耕女桑不相失。宮中聖人奏雲門，天下朋友皆膠漆。百餘年間未災變，叔孫禮樂蕭何律。」（註一四）可謂盛矣。自天寶十四載（七五五）安祿山反，陷東京。明年（七五六），陷京師。玄宗入蜀，肅宗即位靈武，於是開皇九年以來之一統，纔縣一百六十餘年，又因夷奴之禍而分崩離析。然祿山與子慶緒及史思明之亂，北則回紇，南則南蠻，西則中亞各國，遠至大食，皆瓔髮赴難，助天子以討賊，海東日本，亦令東海等六道集牛角七千八百，以備貢獻。是唐室猶為亞洲之宗主也。特自安史亂後，「中原封裂，訖二百年，不得復完，而至陵夷。」（註一五）則一統之盛，固衰自天寶亂後矣。

吾國疆域，秦漢時已極廓大。三國兩晉以降，雖時混亂分裂，亦仍繼續開拓。如吳平山越，蜀定南蠻，氐族楊氏之闢仇池，鮮卑、吐谷渾之開青海，以及麴氏之王高昌，爨氏之居曲靖龍和，皆前代所未盡經營，或昔時未隸疆索者，由華人或他族分途競進，以為後來一統之預備。於是隋若唐襲累世之成勢，集合其地，又加之以恢廓，而造成空前之版圖焉。（註一六）隋代國祚雖短，與四夷交通頗盛。自齊周以還，突厥世雄北邊。隋初，突厥東西分地而治，東突厥「厥徒孔熾，負其衆力，將蹈秦郊。」（註一七）文帝用長孫晟計，離合操縱，搆諸突厥可汗使相攻，連兵不已，東突厥沙鉢略可汗遂上表稱臣，歲時貢獻不絕。沙鉢略卒，帝又以宗女義成公主妻啓民可汗，煬帝北幸榆林，啓民及公主來朝行宮，後又入朝東都。西突厥亦納貢焉。西域諸國之通，亦盛於煬帝。帝初令裴矩於武威、張掖間往來，引致西蕃，至者十餘國，「矩因其使者入朝，啗以厚利，令其轉相諷諭，大業年中，相率而來朝者三十餘國，帝因置西域校尉以應接之。」（註一八）帝又南平林邑，招赤土，（註一九）東通使倭國，發見琉球，（註二〇）西破吐谷渾，闢地數千里。惟朝鮮半島、高麗、百濟、新羅三國，雖自文帝以還，屢奉表遣使，而文帝、煬帝高麗之伐，四出師皆無功，羣盜乘之，隋亦因是亂亡。然當其盛時，隋之聲威，亦幾與漢比隆矣。唐室初興，四夷雖多遣使入朝，然自隋末亂離，華人歸突厥者衆，突厥遂大熾強。中原羣盜若薛舉、竇建德、王世充、劉武周、梁師都、李軌、高開道之徒，雖僭尊號，皆稱臣突厥，受其可汗之號，使者往來，相望於道。高祖起太原，亦遣劉文靜往聘，「詭而臣之」。武德三年（六二〇），突厥頡利可汗立，「益視中國為不足與，書辭悖慢，多須求，高祖雖屈禮多所舍貸，賜賚不貲，然而不厭無厓之求也。」（註二一）自後頻歲入寇，「屢隳亭障，殘敗我雲代，搖蕩我太原，肆掠於涇陽，飲馬於渭汭，」猖獗甚於漢世之匈奴，唐至欲徙都樊鄧，以避其害。賴太宗英武，即位四年，命將遣師，一舉而擒之。於是「瀚海龍庭之地，盡爲九州，幽都窮髮之鄉，隸於編戶。」（註二二）四夷望風歸附，「有弗率者，皆利兵移之，蹶其牙犂其庭而後已。」（註二三）貞觀九年（六三五），平吐谷渾，十四年（六四〇）滅高昌，二十一年平鐵勒諸部，二十二年（六四八）平龜茲；又遣右衛率府長史王玄策使印度，値其王「尸羅逸多死，國人亂，其臣阿羅那順自立，發兵拒玄策，玄策奔吐蕃西鄙，檄召隣國兵，部分進戰，破之，執阿羅那順獻闕下。」（註二四）惟高麗蓋蘇文殺其王建武，自爲莫離支（猶唐兵部尚書兼中書令職）專國，又與百濟聯和，數侵暴新羅；貞觀十八年（六四四）、二十一年、二十二年、三出師伐之，卒不能殄其祚。高宗襲太宗之餘威，以西突厥沙鉢羅可汗賀魯數寇西邊，顯慶二年（六五七），命蘇定方，蕭嗣業等擊擒之。五年（六六〇），復命蘇定方擊降百濟，以孤高麗之勢。嗣以百濟餘衆引倭兵以拒唐，龍朔三年（六六三），唐將「劉仁軌遇倭兵於白江口，四戰皆捷，焚其舟四百艘，煙燄灼天，海水皆赤。」（註二五）爲中日戰史中最有榮譽之一事。倭人自是斂迹而穴處，不敢復問半島事，而轉修好於唐。至總章元年（六六八），李勣等遂滅高麗。唐之拓地海東，視漢武之滅朝鮮，置四郡，益恢廣矣。西南聲威，亦視前有加。初「永徽二年（六五一），大食王豃蜜莫末膩始遣使者朝貢，自言王大食氏，有國三十四年，傳三世。」（註二六）龍朔元年（六六一），唐遣使者到西域分置州縣，吐火羅、波斯等十六國，並隸版圖。（註二七）適大食擊波斯，波斯王「卑路斯訴爲大食所侵，使者卽拜卑路斯爲都督，俄爲大食所滅，雖不能國，咸亨中（元年、六七〇）猶入朝，授右武衞將軍。」（註二八）南詔王蒙氏，亦於高宗時始遣使入朝。渤海大祚榮於武后聖曆中（元年、六九八）建國東北，盡得扶餘、沃沮、弁韓、朝鮮、海北諸國，中宗時亦遣子入侍。睿宗先天元年（七一二），遣使「拜祚榮爲左驍騎大將軍渤海郡王，以所統爲忽汗州，領忽汗州都督。」（註二九）自餘西南絕域殊邦，西如中亞昭武九姓，（康、安、曹、石、米、何、火尋、戊地、史、凡九國，當今俄屬土耳其斯坦，費爾干省，及布哈爾、基發等地。皆故大月氏族所建。以其先世常居祁連山昭武城，故支庶分王，並以昭武爲姓，示不忘本。）及五天竺諸國，南如占城（今中國交趾）、眞臘（今柬埔寨）、扶南（今暹羅）、婆利（今婆羅州）、闍婆（今爪哇）、室利佛逝（今蘇門答臘）諸國，以及東謝（今四川涪陵縣）、西趙（今雲南鳳儀縣）、牂柯（今貴州思南縣）諸蠻，亦皆於高宗至玄宗世來庭。有唐拓土之廣與聲教之遠，誠不獨前古所未有，亦明清所不能逮矣。至統理此廣土之法：唐初於禹域之地，析爲十道。曰關內、曰河南、曰河東、曰河北、曰山南、曰隴右、曰淮南、曰江南、曰劍南、曰嶺南。道有大將，曰大都督。文臣曰按察使。道之下復分州（或府）縣兩級，州設刺史，縣置令。開元中，又分山南，江南爲東西道，增置黔中道及京畿都畿，共爲十五道。改按察使爲採訪使，檢察如漢刺史之職。諸州之長，盡爲所屬。是時天下聲教所被之州，三百二十一。自餘降服蕃夷，皆「即其部落，列置州縣，其大者爲都督府，以其首領爲都督刺史，皆得世襲。雖貢賦版圖，多不上戶部，然聲教所暨，皆邊州都督都護所領，著於令式。其突厥、回紇、黨項、吐谷渾隸關內道者，爲府二十九，州九十。突厥之別部及奚、契丹、靺鞨降胡、高麗隸河北者，爲府十四，州四十六。突厥、回紇、黨項、吐谷渾之別部及龜茲、于闐、焉耆、疏勒、河西內屬諸胡，西域十六國隸隴右者，爲府五十一，州百九十八。羌蠻隸劍南者，爲州二百六十一。蠻隸江南者，爲州五十一。隸嶺南者，州九十二。又有黨項州二十四，不知其隸屬，大凡府州八百五十六，號爲羈縻云。」（註三〇）此羈縻府州，新書地理志一一備列其名，並及每府所領之州，與府州所隸屬之邊州都督府都護府。當時邊州大都護府，最著者六：曰單于，統陰山之陽，黃河之北，治振武軍（今綏遠托克托縣西北）。曰安北，統漠南，治雲中（今山西大同縣）。曰安東，統高麗百濟降戶，初治平壤，後徙遼東遼西。曰北庭，統金山以西及天山北路，治庭州（今新疆迪化縣）。曰安西，統西域天山南路至波斯以東，治西州（今新疆吐魯番）。曰安南，統諸蠻，治交州（今安南東京）。緣邊戍兵，自唐初陸續建置，至玄宗世，舊書地理志稱「於邊境置十節度經略使，（安西節度，治龜茲城，兵二萬四千。北庭節度，治北庭都護府，兵二萬。河西節度，治涼州，兵七萬三千。朔方節度，治靈州，兵六萬四千七百。河東節度，治太原府，兵五萬五千。范陽節度，治幽州，兵九萬一千四百。平盧節度，治營州，兵三萬七千五百。隴右節度，治鄯州，兵七萬五千。劍南節度，治益州，兵三萬九百。嶺南五府經略，治廣州，兵萬五千四百。）式遏四夷，大凡鎮兵四十九萬八，戎馬八萬餘匹。每歲經費，衣賜則千二十萬匹段，軍食則百九十萬石，大凡千二百一十萬。」（註三一）溫公通鑑考異則云：「鎭兵四十九萬，此兵數唐曆所載也，舊紀是歲天下健兒團結彍騎等，總五十七萬四千七百三十三。此蓋止言邊兵，彼幷京畿諸州彍騎數之耳。」是當時鎭邊兵數，占全國兵額十分之八而強。新書食貨志又稱，「是時天下歲入之物，租錢二百餘萬緡，粟千九百八十餘萬斛，庸調絹七百四十萬匹，綿百八十餘萬屯，布千三十五萬餘端。」（絹絁爲匹，長四丈，布爲端，長五丈，皆闊尺八寸，綿六兩爲屯，詳見通典卷六食貨典六）（註三二）邊兵每歲所用錢綿，雖不可考，而用糧百九十萬斛，當歲入粟額之十一，用衣千二十萬匹，數逾歲入絹布之半，有唐盛世馭夷防邊之宏規，概可見矣。（註三三）至諸蕃酋渠首領朝貢之儀，享燕之數，高下之等，往來之命，乃至大酋渠之封建册立，君長之子之應襲官爵與否，來朝使主副疾病喪葬等事之料理，據唐六典所載，蓋皆掌於主客郎中員外郎、鴻臚卿、及典客令諸職焉。（註三四）

自隋文代周，中原神器，復歸漢族。至唐李氏，遂纂漢業。王夫之讀通鑑論有言，「宇文氏之亡，虜運之衰已訖也。」（註三五）然隋唐二代之祖，與北周皆出於武川。（註三六）楊李雖爲漢姓，其初血統，亦本屬華夏，然堅淵父祖，世仕北朝，西魏時皆賜虜姓，（楊堅父忠爲普六茹氏，李淵祖虎爲大野氏，）自楊堅李昞以降，累與北族通婚媾，故隋唐諸帝，血統上多混合夏夷。楊堅娶獨孤信第七女，其母崔氏，是爲隋文獻皇后。后生勇廣，是太子勇與煬帝之母，爲漢胡之混合種，而太子勇與煬帝，則漢人與混合種配合之後裔也。李昞娶獨孤信第四女（號元貞后），生李淵，是高祖爲漢胡之混合種也。淵娶竇毅之女，是爲太穆皇后，生建成、世民、玄霸、元吉四人。竇氏雖爲漢姓，然自漢末已爲部落大人，種系混雜，可不待言，而太穆皇后之母，又爲宇文氏，（宇文泰第五女）是太宗與其同母兄弟，皆漢胡與漢胡配合之混種。其異母兄弟，亦混合種與漢人（？）配合之後裔也。太宗娶長孫晟之女，是爲文德長孫皇后，生承乾，治（高宗）、泰三人。晟妻爲高勱之女，勱父岳爲高歡從弟，亦漢人而化於鮮卑者，是高宗與其同母兄弟，又混合種之混合種矣。高宗子容宗娶竇孝諶女，是爲昭成皇后，生玄宗，孝諶爲毅之三從祖孫，亦混合種之後，是玄宗又混合種與混合種配合之後矣。唐沙門法琳對太宗言：「拓拔達闍，唐言李氏，陛下之李，斯即其苗。」以李唐爲鮮卑苗裔。史稱「元吉小字三胡」，王世充將單雄信謂元吉爲胡兒。太宗子承乾，亦好胡樂、胡言、胡服、胡俗，（註三七）世因有以李唐爲蕃姓者，（註三八）其說雖屬虛妄，然唐室諸帝，高祖　太宗、高宗、玄宗爲著，而其母氏，皆爲鮮卑或鮮卑與他族之混合種，史有明證，他帝母氏多屬漢姓，是否漢胡之混合種，姑不具論；然諸帝多一祖三宗之後，因雜有北族之血統矣。隋季群雄紛起，以李密、王世充爲強，世充祖西域胡。密先爲襄平人，曾祖亦冠虜姓。（密曾祖弼爲徒何氏）至唐初功臣有封戶者，若長孫無忌、尉遲敬德（戶皆千三百）、長孫順德（戶千二百）、安興貴、安修仁、屈突通（戶皆六百）等，雖屬代北西胡後裔，（註三九）亦久同化於漢人。蓋自魏晉以降，雜居與入侵之諸族，多與北方之漢族混合。已非純粹之外族。隋唐以漢族而雜諸族之血統，亦非純粹之漢族也。南朝之漢族，血統上雖比較純正，而自陳之亡，南入於北，故吾論隋唐之歷史，以爲屬於漢胡混合之北方之統系也。（註四〇）

種族之強弱，恆視其血胤氣脈之繁雜與單簡。隋唐民族承魏晉以來漢胡混合之果，視春秋戰國民族大混合後之秦漢爲複雜，故國威之發揚，逾於秦漢。唐太宗之英武，亦可謂漢胡民族精英之結晶。（註四一）然隋唐歷史，不獨前所述統一之盛與疆土之開拓，基於漢胡混合之北統也，其治道文教，政制風俗，亦多淵源北朝。元魏齊周，皆行授田之制。（見上章）隋初男丁給永業露田，一遵後齊之法，賦調則依周制。丁男一床，租粟三石，桑土調以絹絁，麻土調以布，絹絁以匹，加綿三兩，布以端，加麻二斤，嗣減調絹一匹爲二丈。唐制一夫受田百畝，亦以二十畝爲永業，餘爲口分，賦役之制，曰租、曰庸、曰調，租「每丁歲輸粟二石，調則絹絁布，並隨鄉土所出，絹絁各二丈，布則二丈五尺，輸絹絁者綿三兩，輸布者麻三斤。」（註四二）庸役兩旬，不役則輸絹六丈。此田制賦役之因襲北朝也。西魏行府兵制，隋仍其舊，置十二衛，（曰翊衛、曰驍騎衛、曰武衛、曰屯衛、曰禦衛、曰侯衛，各分左右，皆置將軍。）以分統諸府之兵。「唐興因之，諸府總曰折衝府。凡天下十道，置府六百三十四。」（「凡府三等，兵千二百人爲上，千人爲中，八百人爲下，凡當宿衛者番上，兵部以遠近給番，五百里爲五番，千里七番，一千五百里八番，二千里十番，外爲十二番，皆以月上，若簡留直衛者，五百里爲七番，千里八番，二千里十番，外爲十二番，亦月上。皆見新書兵志。」）而關內道之舊爲北周地者，獨有府二百六十有一，此兵制之因襲北朝也。他若言治道文章，則自宇文泰召蘇綽參典機密，綽奏六條詔書爲治之要領，（見上章）泰又以「自有晉之季，文章競爲浮華，遂成風俗，泰欲革其弊，因魏主祭廟，命綽（仿尚書）爲大誥，奏行之，自後文筆皆依此體。」（註四三）「宇文氏滅高齊而以行於山東，隋平陳而以行於江左，唐因之而治術文章咸近於道」焉。（註四四）言望族門第，則北朝之「七姓十家」，（魏太和中，定四海望族，以隴西李寶、太原王瓊、滎陽鄭溫、范陽盧子遷、盧澤、盧輔、清河崔宗伯、崔元孫、前燕博陵崔懿、晉趙郡李楷，凡七姓十家爲冠。）唐世仍爲盛門，唐太宗嘗詔高士廉、韋挺、岑文本、令狐德棻等刊正姓氏，類其等第，爲氏族志。崔幹仍居第一。（太宗抑爲第三），（註四五）文宗欲以眞源臨眞二公主降士族，亦有「民間修婚姻，上閥閱，我家二百年天子，顧不及崔盧」（註四六）之嘆。唐百官內官以宰相爲最重。據新書宰相世系表，「唐宰相三百六十九人，凡九十八族，」而清河博陵崔氏凡十房有三十二人。趙郡李氏十七人。滎陽鄭氏九人。隴西李氏與范陽盧氏亦各有八人焉。言法律則「魏太和中置律博士，詔但用鄭氏（玄）章句，唐律本隋。由魏而周而隋，淵源具在。」（註四七）言儀衛，則「唐之車輅，因周隋遺法，損益可知。而祭服皆靑，朝服皆絳，常服用宇文制，以紫緋綠碧分品秩，」（註四八）以及百官乘馬，靴爲朝服，及佛教造像刻經等，（註四九）殆無一不沿自北朝。南朝政學，如唐制州縣有畿赤望緊雄上中下之別，本於梁朱異之分諸州爲五品，以大小爲守牧高下之差，定升降之等，唐人五經疏，易、書、左傳皆從南學等，雖間有一二承用，（註五〇）然槪略言之，六朝之政教風俗，蓋自陳亡而幾幾乎絕矣。

隋唐之一統，自種族言之，不徒上承漢魏以來諸族混合之果也，亦容納當時無數之四夷，加入無數之外族血統。隋代享國雖短，四夷之入中國者則甚衆，隋書音樂志稱，「高祖受命惟新，八州同貫，制氏全出於胡人，迎神猶帶於邊曲。開皇初，置七部樂，曰國伎、清商伎、高麗伎、天竺伎、安國伎、龜茲伎、文康伎、又雜有疏勒、扶南、康國、百濟，突厥、新羅、倭國等伎。」當時異域音樂師之入中國，概可想見。黨項傳又言「開皇四年（五八四），有千餘家歸化。」而新唐書諸夷蕃將列傳所載唐初蕃將，如史大奈（西突厥特勒）、馮盎（高州土酋）、李謹行（靺鞨人）等與所領之部衆，亦皆自隋世內附者。通鑑載「恭帝義寧元年（六一七），西域商胡何潘仁入司竹園爲盜，有衆數萬。」（註五一）以京兆一商胡，乘隋之亂，能擁衆至數萬，可見隋時西胡在長安之勢力。其所擁之衆，亦必有不少胡人在內。故隋書地理志言「京兆人物混淆，華戎雜錯」也。至唐則各方面皆臻極盛，唐初突厥、高昌、薛延陀、龜茲、百濟、高麗、吐蕃、黨項、奚、契丹等部入降入徙者，如太宗貞觀四年李靖破突厥，俘男女十餘萬。李世勣虜五萬餘口。突厥諸部降唐者十萬口。入居長安者近萬家。十四年（六四〇），侯君集討高昌虜七千餘口。十九年，李世勣等征高麗，前後獲口十八萬。高麗惠眞帥其衆三萬八千六百人來降。二十年，李世勣追擊薛延陀，前後虜三萬餘人。二十二年，阿史那社爾攻龜茲，虜男女數萬口。高宗永淳元年（六八二），薛仁貴將兵擊突厥餘黨阿史德元珍，捕虜二萬餘人。則天皇后天授元年（六九〇），西突厥斛瑟羅收十姓餘衆六七萬人入居內地。長壽元年（六九二），吐蕃黨項部落萬餘人內附。別部酋長昝捶率羌蠻八千餘人內附。聖曆二年（六九九），吐蕃論贊婆帥所部千餘人來降。論弓仁以所統吐谷渾七千帳來降。玄宗開元四年（七一六），奚契丹拔曳固等諸部內附。二十年（七三二），奚酋李詩瑣高帥五千餘帳來降。天寶四載（七四五），突厥毗伽可敦帥衆來降之類。（註五二）多至百十萬，合之兵將私人之虜獲，蓋難悉計。此可證者一也。唐初征伐攻取，每用蕃將，如阿史那社爾、阿史那忠（皆突厥）、契苾何力（鐵勒）、黑齒常之（百濟西部人），泉男生（高麗蓋蘇文子）、李多祚（靺鞨）、論弓仁（吐蕃）、尉遲勝（于闐國王）、尙可孤（鮮卑別種）等，多以功勳著。（註五三）其所將者，亦多係蕃兵。自開元末李林甫請顓用蕃將爲邊帥，至天寶中，諸道節度使盡屬胡人，營州雜胡安祿山卒以平盧兼河東范陽節度使亂天下。逆黨以醜類爲主，而官軍亦以「磧西突騎西北諸戎」爲主力。（註五四）肅代以後，河北三鎮，猶爲安史餘孽，自餘藩鎮，亦多降夷後裔。（註五五）新書宰相世系表載唐三公三師以軍功進者二十八，而蕃胡適居其半，（李光弼、李抱玉、李正己、李寶臣、李光顏、李克用、王思禮、王鍔、烏重胤、僕固懷恩。）唐中葉後漢將將蕃兵者，如范希朝將沙陀衆萬餘，劉沔將吐渾契苾沙陀部萬人，石雄將沙陀契苾拓跋雜虜三千騎之類，（註五六）亦史不絕書。此可證者二也。自貞觀以來，每元正朝賀，四夷酋長使者，常數百千人。故舊書西戎傳贊有「大蒙之人，西方之國，與時盛衰，隨世通塞，勿謂戎心，不懷我德，貞觀開元，藁街充塞」之言，而武后定都洛陽，亦置來庭縣廨於從善坊，以領四方蕃客。安史亂後，唐盛遠不如昔，然代宗世「回紇負功，使者相躡，復常參以九姓胡，往往留京師至千人。」（註五七）德宗即位，命使者董突盡率其徒歸國，至振武，爲張光晟擊殺九百餘人，而西胡留長安仰給於鴻臚者，王以下猶多至四千人。（註五八）此可證者三也。唐世盛行夷樂，新書禮樂志載「唐東夷樂有高麗、百濟，北狄有鮮卑、吐谷渾、部落稽，南蠻有扶南、天竺、南詔、驃國，西戎有高昌、龜玆、疏勒、康國、安國。凡十四國之樂。」「唐之盛時，凡樂人音聲人太常雜戶子弟隸太常及鼓吹者，皆番上，總號音聲人，至數萬人。」雖樂舞夷夏雜用，夷樂亦多夏人傳習，然北齊周隋，夷樂多用西胡。唐世西胡，如白明達、米嘉榮、米和郎、米禾稼、米萬槌、曹保、曹善才、曹綱、康崑崙、康迺、安叱奴、安萬善、安轡新等，亦多以音樂著稱，此可證者四也。唐時外教，有佛教、火祆教、景教、摩尼教等，以佛教爲最盛。釋道宣續高僧傳，與釋贊寧宋高僧傳中異國名僧有專傳者，都四十餘人。觀宋高僧傳義淨傳所載助譯之人，如達磨末磨、拔弩、達磨頭陀、伊舍羅；李釋迦度頗多、瞿曇金剛、阿順等，皆無專傳，則立專傳者，亦不過古名僧之極少數。此外來唐僧俗，不知凡幾矣。武宗會昌五年（八四五），用道士趙歸眞議，罷黜佛法，並毁外來他教，「勒大秦（景教徒）、穆護（摩尼教徒）、祆（火祆教徒）三千餘人還俗，不雜中華之風。」（註五九）大秦摩尼火祆，多爲流寓中國之西域人、回紇人所崇奉，一時還俗者至三千餘人，異域僧徒之衆可知。此可證者五也。唐人筆記常言長安商胡胡店及廣州、洪州、揚州諸地，波斯、大食等胡賈事，（註六〇）唐人之視西胡商賈，殆無異今人之視滬港洋行巨商。洪州胡賈，今不知其多寡，長安商胡，代宗時多至數千人。揚州則肅宗時劉展之叛，商胡波斯爲田神功所殺者，亦數千人。（註六一）而廣州尤衆。新書盧鈞傳稱其地「蕃華錯居，相婚嫁，」

本紀亦載崑崙、波斯、大食、殺都督路元叡及寇廣州事，（註六二）外史則謂黃巢破廣府之際，回教徒、猶太人、基督教徒、火教徒被殺者，達十二萬以至二十萬之數。（註六三）此可證者六也。唐時俘虜外夷，多以充奴隸，今關洛所發唐墓，男女蕃俑至夥。以送死者之衆，其養生者可知，故李庾西都賦有「室有蕃兒」之言，（註六四）而誸掠販賣者亦多。新書新羅傳載張保臯自中國歸，謁其王，至謂「遍中國以新羅人爲奴婢」。此外又有崑崙奴，大抵爲南海黑人及由大食賈人輸入中國之非洲黑奴。亦時見唐人著述中。（今發掘蕃俑亦多崑崙奴像）而海賊馮若芳掠波斯人爲奴婢，其居處至南北三日行，東西五日行。（註六五）此可證者七也。諸族雜居中土，多與漢人通婚媾，吾華民族，遂加入無數之外族血統。而各族才智之士，垂名青史者，如新羅之金仁問，「多讀儒家之書，兼涉老莊浮屠之說，七入大唐，在朝宿衞，計月日凡二十二年。」崔致遠爲高駢從事，「表狀書啓，傳之至今。」（名桂苑筆耕集）日本之阿倍仲麻呂，在唐五十四年，多所該識。藤原清河「爲遣唐大使，趍揖有異。」契丹之李光弼，「與郭子儀齊名，而戰功推爲中興第一。」鐵勒之渾瑊，「通春秋漢書，天性忠謹。」阿鐵（鐵勒部落）之李光進光顏兄弟，「稟氣陰山，率多令範。」于闐之尉遲乙僧，「善畫佛像，精妙之狀，不可名焉。」疏勒之慧琳，「撰大藏音義一百卷，京邑之間，一皆宗仰。」康居之法藏，「利智絕倫，爲華嚴宗第三祖。」印度之瞿曇悉達，撰開元占經，「徵引古籍，極爲浩博。」安息之李元諒，「節度隴右，西戎憚之。」波斯之李珣及其弟妹，雅有詩名。大食之李彥昇，大中初以進士第名顯等。（註六六）其文章事功氣節，多卓然可稱。唐太宗嘗謂侍臣曰，「自古帝王雖平定中夏，不能服戎狄，朕才不逮古人，而成功過之，所以能及此者，自古皆貴中華，賤夷狄，朕獨愛之如一，故其種落皆依朕如父母。」（註六七）觀諸人之多折心於吾華文教，雖非全屬帝王撫綏懷柔之效，然中國民族，實隨唐室國威之發揚而益大，華夏文化，亦因以益增其光榮焉。

隋自楊堅代周，至恭帝侑禪於唐，凡三主，三十七年。（五八一至六一七）。開皇九年以前，與陳南北對

峙，自滅陳統一後計之，都二十九年（五八九至六一七），而越王侗稱帝於東都者復二年。（註六八）

隋之亂亡，皆煬帝廣肆志荒淫之咎。文帝平一四海，內修制度，外撫戎夷，自強不息，朝夕孜孜，雖未能臻於至治，考之前王，足以參蹤盛烈。及楊廣外勤征討，內極奢淫，重以官吏貪殘，因緣侵漁，百姓困窮，財力俱竭，始相聚為羣盜。廣雖嚴刑峻法以臨之，而羣盜起者益衆，廣奢虐是矜，毫不知恤。大業十二年（六一六），南遊江都，時羣雄競起，賊遍天下，猶復諱亡惜諫，上下相蒙，振蜉蝣之羽，窮長夜之樂，隋雖不二年而亡，廣亦被弒江都，而生靈屠割之慘，遠烈於秦楚之際焉。李淵以隋太原留守，大業十三年（六一七）七月起兵，十一月入長安，奉代王侑為帝，踰年五月，受侑禪即帝位，改元武德（六一八），是為唐高祖。當淵初起兵時，羣雄割據者，都四十有餘人，其別號諸盜，往往屯聚山澤。淵遣次子世民馳驅掃蕩，初平隴右，定關西，次東向定河南北地，尋遣將平定東南，僭偽諸國，以次翦滅，（除據朔方之梁師都至太宗貞觀二年始平外，餘悉於武德世或降或滅。）海內復一統矣。武德元年，世民平隴右歸也，史稱「高祖令李密（初據洛口，略河南諸郡，致衆百萬，後為王世充所敗，乃降唐），馳傳迎太宗於豳州，密見太宗天姿神武，軍威嚴肅，驚悚嘆服。私謂殷開山曰：眞英主也，不如此，何以定禍亂乎。」（註六九）是知李世民之英武，實足以折服當時羣雄，有唐之廓清天下，亦幾全賴世民之力。其後世民殺兄太子建成，與弟齊王元吉，高祖乃以世民為太子，未幾受內禪，即帝位，亦皆導源於此焉。

唐自李淵受隋禪稱帝，傳至昭宣帝，為朱溫所篡，凡二十主，二百八十九年（六一八至九〇六）。

(一)高祖李淵(九年)—(二)太宗世民(二十三年)—(三)高宗治(三十四年)═則天皇后武氏(十六年)(註七〇)
(三)高宗治—(四)中宗顯(六年)
(三)高宗治—(五)睿宗旦(七年)—(六)玄宗隆基(四十三年)—(七)肅宗亨(七年)—(八)代宗豫(十七年)—(九)德宗适(二十五年)—(十)順宗誦(八月)—(十一)憲宗純(十五年)
(十一)憲宗純—(十二)穆宗恆(四年)—(十三)敬宗湛(二年)
(十二)穆宗恆—(十四)文宗昂(十四年)
(十二)穆宗恆—(十五)武宗炎(六年)
(十一)憲宗純—(十六)宣宗忱(十三年)—(十七)懿宗漼(十四年)—(十八)僖宗儇(十五年)
(十七)懿宗漼—(十九)昭宗曄(十五年)—(二十)昭宣帝祝(三年)

史稱唐有天下，其可稱者三君曰太宗、玄宗、憲宗，而太宗尤著。「其除隋之亂，比迹湯武，致治之美，庶致成康，自古功德兼隆，由漢以來未之有也。」(註七一)雖其內臻上理，外暨國威，亦多房玄齡、杜如晦、王珪、魏徵、李勣、李靖諸臣夾輔之力，然觀吳兢編貞觀政要所載太宗與羣臣論治之言，通達治體，實秦漢以來所僅見。魏徵、王珪、溫彥博、虞世南等直諫時政得失，帝亦悉聽納之。君臣之間，亦直追都俞吁咈之盛矣。(註七二)高宗永徽初政，有貞觀遺風，及五年(六五四)，納太宗才人武氏於後宮，明年，立為皇后。后初與李義府許敬宗等相濟為姦，高宗內牽嬖陰，外刼讒言，於是元老大臣，相次屠覆，后得肆志攘取威柄。自顯慶元年(六五六)後，高宗苦風疾，百司奏事，時時令后決之，常稱制，后遂專寵與政，而唐政一出於后。弘道元年(六八三)，高宗崩，中宗立，后自臨朝稱制，旋廢帝立豫王旦，既乃改國號曰周，稱皇帝。以豫王旦為皇嗣，改姓武。立武氏七廟。史稱「武氏之亂，唐之宗室，戕殺殆盡，其賢士大夫不免者十八九。以太宗之治、其遺德餘烈在人者未遠，而幾於遂絕。」(註七三)其為惡蓋逾於褒氏之滅宗周 而其忍亦千古所未有。然后有權略，能用賢才，若婁師德、狄仁傑、張柬之輩，咸集於朝，卽開元名臣如姚崇、宋璟等，且多出其選焉。（註七四）及后老且病，張柬之、崔玄暐等舉兵斬后諸嬖倖，迫后禪位，中宗復辟，復國號唐。而皇后韋氏復干預朝政，如武后在高宗時。中宗女安樂公主等，亦皆依勢用事，失政不可勝紀。韋后尋與安樂公主毒弑中宗，而立溫王重茂，后自攝政，臨淄王隆基起兵討韋氏，並其黨皆伏誅，迎其父相王旦復位，尋受內禪，是爲玄宗。玄宗卽位之初，姚崇、宋璟相繼入相，「崇善應變，以成天下之務，璟善守文，以持天下之正，」（註七五）二人協心輔佐，使賦役寬平，刑罰清省，百姓富庶。帝又內獎文學，外宣國威，唐室遂臻於極盛。然御宇既久，侈心漸動，開元二十二年（七三四），相李林甫，天寶元年（七四二），以安祿山爲平盧節度使，三載（七四四），兼范陽節度使，十載（七五一），兼河東節度使，「總三道以節制，刑賞在己。」（註七六）壽王妃楊氏於開元末入宮，天寶四載（七四五），亦進册貴妃。祿山專兵於外，楊氏蠱惑於內，而林甫固寵持權，蔽欺天子耳目。及林甫死（七五二），貴妃從祖兄國忠繼相，妬賢害功，一如林甫。朝野怨咨，政刑紕繆，而帝方色荒志怠，「窮天下之欲，不足爲其樂，而溺其所甚愛，忘其所可戒，至於竄身失國而不悔。」（註七七）讀杜甫哀江頭詩，白居易長恨歌，不勝一代盛衰之感焉。肅代中材之主，賴中外同心，安史之亂雖平，然自是禍亂紛起，一統之盛，不可復覩。初唐以來之制度，亦皆百弊叢生，寖失初意，或迭經變革，名存實亡焉。

唐代制度，最著者曰田制賦役，曰府兵，說已見前。自餘與後世關係較鉅者，曰職官制與選舉制。自魏晉以來，以尚書令、中書令、侍中諸職分理國家政務。後周建六官之職，隋文踐極，復廢周官，還依漢魏。煬帝大業中，行新令，遂以尚書、門下、內史三省爲中央政府最高機關。唐亦因之（惟改內史省復爲中書省），然其設官之意義有與魏晉適不相侔者，魏晉之世，尚書令等不過帝皇之私屬，唐則侍中中書令暨尚書左右僕射等，皆是「眞宰相」。（註七八）「其餘以他官參掌者，但加同中書門下三品，及平章事，知政事，參知機務，參與政事，及平章軍國重事之名者，並爲宰相。」（註七九）與漢之丞相及行丞相事者同其職權是也。考唐制，「中書省（其長爲中書令，下有侍郎舍人等），以獻納制册，敷揚宣勞，」取旨議決機關也。「門下省（其長爲侍中，下有侍郎，給事中等），以侍從獻替，規駁非宜，」審覆監督機關也。「尚書省（其長初爲尚書令，後爲左右二僕射，下設左右丞），以統會衆務，舉持綱目，」奉行執行機關也。（此外尚有祕書省以監錄圖書，殿中省以供修膳服，內侍省以承旨奉引，御史臺以肅清庶僚，九寺五監以分理羣司，六軍十六衞以嚴其禁禦，及東宮諸府以俾乂儲宮，牧守督護以分臨畿服，詳見通典卷十九至三十四，職官典一至十六。）凡軍國大事，中書舍人各書所見，（謂之五花判事）（註八〇）中書侍郎中書令省審之。敕旨既下，皆先經門下省，由給事中侍郎侍中等審署，事或不便與旨有違失，並得駁正封還。（註八一）而尚書省奉行政令，分立吏、戶、禮、兵、刑、工六部，（六部本於隋，迄清末始改，部有尚書，侍郎，郎中，員外郎等，亦沿用至清季）（註八二）舉天下之事畢隸焉。觀開元中所修六典，設官分職，備極詳密，弘綱鉅旨，粲然明備，實足與周官頡頏。就其總者言之，如官司之奏報，文牘之施行，皆有定式，（註八三）吾人今日尙遠遜其完密焉。然自太宗時「大省內官，凡文武定員六百四十有二而已。」（註八四）高宗武后世，仕進之門日廣，擢拜多不以次，人皆棄農、桑、工、商而身趨之。通典所載「內外文武官員凡萬八千八百五，（內二、六二〇，外一六、一八五）」諸色胥吏，「總三十四萬九千八百六十三，（內三五、一七七，外三一四、六八六。）都計三十六萬八千六百六十八人。」「當開元天寶之中，四方無虞，百姓全實，大凡編戶九百餘萬，吏員雖衆，經用雖繁，人有力餘，帑藏豐溢，縱或枉費，不足爲憂。」（註八五）安史亂後，黎庶凋瘵，出租賦者銳減，而食租賦者額則依舊，俸復倍增。且方鎮外叛，宦官內橫，朝廷百司，多不能舉其職。冗官厚祿，遂爲大病。朝廷以府庫無蓄積，不足以供賞貴，復專以官爵賞功，名器亦由是而日濫焉。隋懲九品中正制之弊，改薦舉爲考試，文帝始建秀才科，煬帝更建進士科，以策問及詩賦取士，至唐而科舉之制益備。「大要有三：由學館者曰生徒，由州縣者曰鄉貢，皆升於有司而進退之。其科之目，有秀才、有明經、有進士、有俊士、有明法、有明字、有明算、有一史、有三史、有開元禮、有道舉、有童子。而明經之別，有五經、有三經、有二經、有學究一經、有三禮、有三傳、有史科、此歲舉之常選也。其天子自詔者，曰制舉。所以待非常之才焉。」（註八六）著於令者大略如此，而有司選士之法，則因時損益不同。初以秀才科爲最高，「貞觀中，有舉而不第者，坐其州長，由是廢絕。自是士族所趨向，唯明經、進士二科而已。」（註八七）明經先試帖文，（以所習經掩其兩端，中間開唯一行，裁紙爲帖）後試經義及對策。進士則試帖文對策外，兼試詩賦，故難易迥殊。（因帖經僅資記誦，對策多可鈔襲，詩賦則非可強爲），其進士大抵得第者百一二，明經倍之，得第者十一二。開元以後，四海晏清，士恥不以文章達，故進士爲尤貴，終唐之世，「得人亦最爲盛，歲貢常不減八九百人。縉紳雖位極人臣，而不由進士者終不爲美。」（註八八）九品中正之弊致成貴族政治，矯之以科舉，而後貢選考試機會均等，不特泯貴族平民之階級，庶民之優秀者，亦得與貴族均享政權。是卽禮運所謂「選賢與能，天下爲公」也。然自科舉側重文辭，「進士以聲韻爲學，多昧古今，明經以帖誦爲功，罕窮旨趣。」（註八九）故當開天盛世，杜佑已有「選賢授任，多在藝文，才與職乖，法因事弊，隳循名責實之義，闕考言詢事之道。崇佚之所至，美價之所歸，不無輕薄之曹，浮華之伍，習程典，親簿領，謂之淺俗，務根本，去枝葉，目以迂闊。風流相尚，奔競相趨，職事委於郡胥，貨賄行於公府」之嘆。（註九〇）尙浮華而不務實際，遂爲唐以下士子之通病矣。又自魏晉以來，多沿漢制設立國學，而唐制最備。自「國子」、「太學」、「四門」外，復有「律學」、「書學」、「算學」，其學生以階級定之，（註九一）皆隸於國子監。（其地方亦各有學校，設博士助教等教之。）當太宗世，學風最盛，增築學舍至千二百區，學生多至八千餘人。爲漢後未有之盛事。高宗龍朔中，東都亦置國子監。於時場籍率先兩監而後鄉貢，諸以文儒亨達，鮮不由兩監者。天寶中，且嘗令舉人專由國學及郡縣學。（越二載，又復鄉貢。）蓋唐制學校亦科舉之一法，固與漢以國學爲講學地者異也。然自天寶後，學校遂衰，生徒流散，不逮盛時什一；且或「隳窳敗業而利口舌」，或「崇飾惡言而肆鬭訟」，或「凌傲長上而詬罵有司」，（註九二）學風之壞，亦頗爲時人所譏焉。

天下大政，曰財曰兵，唐代田賦兵制之變遷爲古今大制之樞紐者，亦悉導源於玄宗世。自開天以來，因承平日久，戶口歲增，授田之制，久成具文。庶民死徙及貧無力者，田畝隨以換易，國有土地復爲民有，官吏豪富兼併之風亦日甚。又「租庸調法，以人丁爲本。開元後，久不爲版籍，法度廢弊，至德後，天下兵起，人口凋耗，版圖空虛，賦斂之司，莫相統攝，紀綱大壞，王賦所入無幾，科斂凡數百品。吏因其苛，蠶食於人，富人丁多者以宦學釋老得免，貧人無所入，則丁存，天下殘瘁，蕩爲浮人，鄉居土著者，百不四五。」「德宗時，楊炎爲相，遂作兩稅法。夏輸無過六月，秋輸無過十一月，置兩稅使以總之。凡百役之費，先度其數，而賦於人，量出制入。戶無主客，以見居爲簿，人無丁中，以貧富爲差，不居處而行商者，在所州縣，稅三十之一，度所取與居者均，使無僥利。其租庸雜徭悉省，而丁額不廢。其田畝之稅，以大歷十四年墾田之數爲定，而均收之，歲斂錢二千五十餘萬緡，米四百萬斛以供外，錢九百五十餘萬緡，米千六百餘萬斛以供京師。天下便之。」（註九三）後世田賦分爲夏秋兩稅，又不計土壤高下，沿各地舊數而均收之，皆本楊炎之法。而古者均地均賦之義亡矣。「自高宗武后時，天下久不用兵，府兵之法寖壞，番役更代，多不以時，衛士稍稍亡匿。」至開元時，「益耗散，宿衛不能給，宰相張說乃請一切募士宿衛，共十二萬，號長從宿衛，」後「更號曰彍騎。然自是諸府士益多不補，折衝將又積歲不得遷，士人皆恥爲之。」「天寶以後，彍騎之法，又稍變廢，士皆失拊循，八載，折衝諸府至無兵可交。」時李林甫爲相，遂請停上下魚書，林甫已先奏諸軍皆募人爲兵，宋後普遍之募兵制，又自此昉也。安史亂後，藩鎮勢盛，方鎮之兵，復紛紛並起。「蓋唐有天下二百餘年，而兵之大勢三變，其始盛時有府兵，府兵後廢而爲彍騎，彍騎又廢而方鎮之兵盛矣。及其末也，彊臣悍將兵布天下，而天子亦自置兵於京師，曰禁軍。其後天子弱，方鎮強，而唐遂以亡」焉。（註九四）

唐中葉後之禍亂，大者凡三：曰方鎮、曰外夷、曰宦官。其端多由玄宗啓之，而方鎮之影響尤大。「方鎮者，節度使之兵也，原其始，起於邊帥之屯防者。唐初，兵之戍邊者，大曰軍，小曰守捉，曰城、曰鎮，而總之者曰道。道有大將一人，曰大總管，已而更曰大都督。太宗時，行軍征討曰大總管，在其本道曰大都督。自高宗永徽以後，都督帶使持節者，始謂之節度使，然猶未以名官，（睿宗）景雲二年（七一一），以賀拔延嗣爲涼州都督河西節度使。」—（註九五）節度使之官由此始。然猶第統兵，而州郡自有按察等使司其殿最。至開元中，朔方、隴右、河東、河西諸鎮，皆置節度使，每以數州爲一鎮，節度使卽統此數州，州刺史盡爲其所屬，故節度使多有兼按察使、安撫使、支度使者。既有其土地，又有其人民，又有其甲兵，又有其財賦，於是方鎮之勢日強。又「自唐興以來，邊帥皆用忠厚名臣，功名著者，往往入爲宰相，其四夷之將，雖才略如阿史那社爾、契苾何力，猶不專大將之任，皆以大臣爲使以節之。及開元末，李林甫欲杜邊帥入相之路（以久己權），以胡人不知書，乃奏言文臣爲將、怯當矢石，不若用寒畯胡人，胡人則勇決習戰，寒族則孤立無黨，陛下誠以恩洽其心，彼必能爲朝廷盡死。玄宗悅其言，始用安祿山，」—（註九六）初爲營州都督充平盧軍使，尋兼范陽節度使，後又兼河東節度使，專三鎮勁兵，積十四年不徙，卒稱兵「陷兩京。肅宗起靈武，而諸鎮之兵共起誅賊．其後祿山子慶緒及史思明父子繼起，中國大亂，肅宗命李光弼等討之，號九節度之師，」—（註九七）卒倚鎮兵及回紇等外兵之力，代宗初元，亂事弭平，而方鎮之割據，則較前益甚。新唐書藩鎮傳稱「安史亂天下，至肅宗大難略平，君臣皆幸安，故瓜分河北地付授叛將，（魏博田承嗣、成德李寶臣、盧龍李懷仙、是謂河北三鎮，皆史思明餘黨也。）護養孽萌，以成禍根，亂人乘之，遂擅署吏以賦稅自私，不朝獻於廷，效戰國肱髀相依，以土地傳子孫，脅百姓，加鋸其頸，利怵逆汚，遂使其人，自視猶羌狄然。一寇死，一賊生，訖唐亡百餘年，卒不爲王土。當其盛時，蔡附齊連，內裂河南地，爲合從以抗天子。杜牧至以山東、王不得、不王，霸不得、不霸，賊得之，故天下不安（按此引牧罪言）。又曰：大曆貞元之間，有城數十，千百卒夫，則朝廷貸以法故，於是闊視大言，自樹一家，破制削法，角爲尊奢，天子不問，有司不呵，王侯通爵，越祿受之，覲聘不來，几杖扶之，逆息虜胤，皇子嬪之。地益廣，兵益強，僭擬益甚，侈心益昌，土田名器，分割大盡，而賊夫貪心，未及畔岸。淫名越號，走兵四略，以飽其志，趙、魏、燕、齊，同日而起，梁、蔡、吳、蜀，躡而和之，其餘混澒軒囂欲相效者，往往而是。（按此本牧守論）」兵志則曰，「大盜既滅，而武夫戰卒以功起行陣列爲侯王者，皆除節度使，由是方鎮相望於內地，大者連州十餘，小者猶兼三四。故兵驕則逐帥，帥強則叛上、或父死子握其兵而不肯代，或取捨由於士卒，往往自擇將吏，號爲留後，以邀命於朝，天子顧力不能制，則忍恥含垢，因而撫之，謂之姑息之政。蓋姑息起於兵驕，兵驕由於方鎭，姑息愈甚，而兵將愈俱驕，由是號令自出，以相侵擊，虜其將帥，幷其土地，天子熟視，不知所爲，反爲和解之，莫肯聽命。」蓋自肅代姑息爲政，養癰以遺患，德宗繼之，始以強明自任，然有求治之志，而不知任賢，李泌、陸贄諸名臣，類委任不終，而信姦臣盧杞、裴延齡等，賦斂繁重，果於誅殺，以致藩鎭之亂屢見，奔走不遑。逮其晚節，偷懦之政，甚於祖考。憲宗剛明果斷，任賢相名將，若杜黄裳、李絳、武元衡、裴度、李愬、高崇文輩，內修政事，外翦強藩，首平夏蜀，繼平淮西淄青，河北諸鎭，亦先後歸命，盡遵朝廷約束，唐室號稱中興。惜末年意寖驕侈，好進奉，惑異端，任宦官，卒身陷大禍。崩後未幾，穆宗怠荒厥政，河北復叛，迄於唐亡，不能復取。舊書地理志備志肅宗至德後要衝大郡之節度觀察等使，凡四十有餘鎭，新書（卷六十四至六十九）則別立「方鎭表」，總表一代方鎭，又取魏博、成德、盧龍、淄青、淮西等鎭擅興若世嗣者，爲「藩鎭傳」。（卷二一〇至二一四）自漢季以來，鎭帥之權漸重，封建之勢益輕，至唐中葉，皇子弟之封王者不出閤，諸臣之封公侯者不世襲，封建之制，幾盡廢矣。而強藩乃私其土地甲兵人民而世守之，同於列國。馬端臨封建考本新書藩鎭傳，述諸鎭傳授之次第，以繼唐室諸王之後，下及五代之十國，與鳳翔李茂貞等，亦皆列諸封建。（註九八）蓋方鎭之世襲，亦無異古之異姓諸侯也。然「方鎭始也各專其地以自世，既則迫於利害之謀，故其喜則連衡而叛上，怒則以力而相幷，及其甚則起而弱王室，」（註九九）其禍且視封建爲尤烈。「僖昭之代，汴、晉、岐、蜀，狠據虎吞，卒裂三百年之唐而沼之」焉。（註一〇〇）

唐當開天極盛之世，四夷已多逞其野心，及安祿山以北邊諸鎭兵內犯兩京，肅宗招西北諸鎭兵以討賊，邊鎭之兵，相斫於腹裏，而「諸郡當賊衝者，皆置防禦守捉使，」「要衝大郡，皆有節度之類。」（註一〇一）於是彊臣悍將，兵布天下，而邊備益虛。四夷遂益不可制，東則新羅，東北則渤海。玄宗世，朝鮮半島北地，已多爲新羅所佔領，高麗北境，則多入於渤海。唐惟日益退讓，祿山亂起，肅宗幷退徙遼西之安東都護府亦廢之。

自漢季高麗、百濟、新羅三國鼎立半島之局，至是又由百濟高麗之滅亡，變成新羅之統一。而渤海又稱雄於東北，當唐中葉後，「討伐海北諸部，開大境宇，」「地有五京、十五府、六十二州，」「為海東盛國」。(註一〇二)唐僅能以新羅、渤海為外臣。北則回紇，天寶初，擊滅突厥餘孽，(突厥至是亡)「斥地愈廣，東極室韋，四金山，南控大漠，盡得古匈奴地。」唐安北大都護府亦一再內徙。及安史之亂，肅宗資其兵以復京畿，代宗資以平河朔，回紇遂掠東京，「略華人，辱太子，笞殺近臣，(右羽林衛將軍魏琚與中書舍人韋少華)求索無倪。」(註一〇三)又時寇唐邊，唐室為之虛耗。河北諸鎮為亂，亦多厚與回紇相結約。至武宗世，回鶻(德宗時，回紇毗伽可汗請易回紇曰回鶻，言捷鷙猶鶻然。)南窺幽州，為盧龍節度使張仲武所破，回鶻始衰焉。遠西則大食，唐初勃興於西亞，以阿拉伯半島為根據地，挾其剛強勇敢之回教徒，執可蘭刀劍以侵四境。高宗世滅波斯，更次第東嚮，蠶食烏滸河以北地，又南嚮屢侵天竺。開元初，征服西部土耳其斯坦、安國、俱密、康國、吐火羅等國，諸國雖亦心向唐，上表乞援，玄宗亦不能救也。天寶六載(七四七)，唐安西副都護高仙芝討小勃律，平其國，史稱「於是拂林大食諸胡七十二國，皆震恐歸附。」(註一〇四)十載，仙芝又將兵襲破石國，虜其王獻闕下，聞大食將興師，仙芝領兵深入，「及大食戰於怛邏斯城，敗績，」(註一〇五)仙芝逃歸，大食自是領有中亞勢力直擴張至葱嶺以東。祿山亂起，唐天子且借大食之兵收復兩京矣。西則吐蕃，吐蕃今西藏也，唐初始與中國通。太宗以宗女文成公主妻吐蕃贊普弄贊，吐蕃自是襲華風，勢日強雄。安史亂起，「邊候空虛，吐蕃乘隙暴掠，」「贊普遂盡盜河湟，薄王畿為東境，犯京師(代宗廣德元年〔七六三〕十月，吐蕃入長安，衣冠皆南奔荊襄，或逋棲山谷，凡留京師十五日，乃走)掠近輔，殘馘華人，謀夫虓帥，圜視共計，卒不得要領。」(註一〇六)其為患視回紇尤烈矣。吐蕃既侵河隴、北庭、安西兩大都護府與唐隔絕，以李元忠郭昕堅守，不下，閻朝亦固守沙州，然至德宗世卒盡亡。惟宣宗時，沙州義民張義潮乘虜運中衰，崛起與蕃寇競，經營十數年，卒復河隴，提挈開天之舊疆而歸之天子，吐蕃亦因之衰絕焉。(註一〇七)西南則南詔，自玄宗初寖驕大，天寶中以邊吏失撫馭，忿怨反，唐再討之皆大敗，會祿山反，益乘釁攻陷唐劍南道西南二徼地，破降諸蠻國。至文宗世，復「大入成都，自越巂以北八百里，民畜為空。」（註一〇八）還，掠子女工技數萬而去。懿宗初，王酋龍遂僭稱皇帝，建元建極，號大禮國。後雖為高駢所破，國勢浸衰，然唐室之亡，卒以防詔戍兵之變導其禍端。（註一〇九）

唐室宦官之禍，亦始於玄宗。玄宗晚年，耽晏遊，漸使宦者省決奏請。時高力士貴，勢傾內外，肅宗在東宮，嘗兄事之，將相大臣，多由之進。肅代庸弱，倚宦者為扞衛，故李輔國以尚父顯，程元振以援立奮，魚朝恩以軍容重；然猶未得常主兵，但假寵竊靈，挾主勢以制下。自德宗懲藩鎮之亂，以宦官竇文場、霍仙鳴等掌禁兵，管樞密，倒持太阿而授之以柄，於是攬權樹威，挾制中外，居肘腋之地，為腹心之大患。憲宗既及身為陳宏志所殺，穆宗至昭宗八君，自敬宗外，皆為宦官所立，而敬宗復為宦官所弒。史稱穆、敬、懿、僖皆昏主，宦官撓權，固已若文宗恭儉儒雅，銳意於治，太和二年（八二八），帝親策舉人，劉蕡極言宦官專恣之害，帝不敢用，後欲倚李訓、鄭注誅宦官，甘露之事，禍及忠良，不勝冤憤飲恨而已。武宗能用李德裕，宣宗性明察沈斷，雖皆稍黜宦官之權，而禍胎愈熾。楊復恭之擁立昭宗也，既自稱「定策國老」，而目昭宗為「門生天子」；及劉季述幽昭宗，至以杖畫地責帝曰，某日某事，爾不從我，罪一也，至數十不止。唐室近侍之凶悖，蓋視漢明為尤烈。中官出使及監軍之患，亦莫有如唐之甚者焉。（註一一〇）

方鎮叛於外，閹寺橫於內，回鶻，吐蕃，南詔繼為邊害，區夏瘡破，百姓愁苦。及宣宗崩，懿、僖復以昏庸相繼，日事奢侈佚遊，屬連歲旱蝗，耕桑半廢，斗米至錢三十千。而賦斂急迫，人民無可告者，諸盜遂相因而起。大中十三年（八五九，時懿宗初立），裘甫亂於浙東，咸通九年（八六八），龐勛反於桂林，雖旋告敉平，而乾符之際，濮州人王仙芝，宛句人黃巢之亂，則河濟江淮間，所過無孑遺。及仙芝伏誅，巢復南陷粵桂，北破兩京，株亂十年，荼毒幾遍中國。唐借沙陀部兵力，僅乃克之。巢黨秦宗權鴟張者復數歲，至昭宗立始伏誅。黃巢之敗也，其將朱溫先降唐，賜名全忠，為宣武軍（開封）節度使，而沙陀部酋李克用則以平巢功為河東（太原）節度使。昭宗為人明雋，初亦有志於興復，然當時國門以外，皆分裂於節鎮，「而所謂節鎮者，非士卒殺主帥，則盜賊逐牧守，朝廷不能討，因而命之。大概皆欲互相噬吞，廣自封殖，以爲子孫傳襲之計。江淮以南之蠭起者，其地非英雄所必爭，又值中州多故，無暇遠略，故皆傳世。而北方節鎮，其驟興忽敗，不能以一世，多爲宣武河東所倂。」（註一一一）及昭宗因劉季述之亂，與宰相崔胤謀，召朱全忠入殺宦官，全忠率兵入長安，誅中人無遺類。既又迫帝遷洛陽，弑之而立昭宣帝。又三年弑之而自立，國號梁。其他唐末大鎮，亦多先後僭號自立。北則燕王劉仁恭（本盧龍軍節度使），晉王李克用（本河東軍節度使），西則岐王李茂貞（本鳳翔隴右節度使），蜀王王建（本西川節度使），南則吳王楊行密（本淮南節度使），吳越王錢鏐（本鎮海鎮東軍節度使），楚王馬殷（本武安軍節度使），南漢王劉隱（本廣州節度使），閩王王審知（本威武軍節度使），紛紛並起。其後李克用子存勗，復以晉兵滅梁而爲後唐，李嗣源，王從珂，石敬塘，劉知遠，郭威等，又皆以前朝擁兵之鎮帥，篡奪而主中原（宋太祖趙匡胤亦然）。唐之方鎮，遂蟬蛻而爲五代十國。唐固以方鎮而亡滅，而方鎮之禍，唐亡後猶方興未艾焉。

自朱溫篡唐爲梁，盜據中原，後唐與晉、漢、周繼之，史稱五代。與之並峙者，有吳、南唐、前蜀、後蜀、南漢、楚、吳、越、閩、南平、東漢等十國。五代凡十三君，終始五十三年（九〇七至九五九）。唐一號而三姓，周一號而二姓，故「天下五代，而實八姓，其三出於丐養。」（註一一二）十國雖強弱各異，然傳世歷年，皆永於五代。南漢（六七）、楚（五七）、吳越（八四）、南平（五七）、及閩（五五）五國，其享國且較五代合計爲久焉。茲據歐史表五代帝系及諸國興亡年世如次。

梁——朱誠——（一）太祖晃（本名溫即位前更名在位六年）……（二）末帝瑱（十年）

唐——沙陀朱邪盡忠（德宗時）——執宜——赤心（李國昌）（懿宗時）——（太祖）李克用
- （一）莊宗存勗（三年）
- ……（二）養子明宗嗣源（八年）（本夷狄無姓氏）
  - （三）愍帝從厚（四月）
  - ……（四）養子廢帝從珂（本姓王氏）（二年）

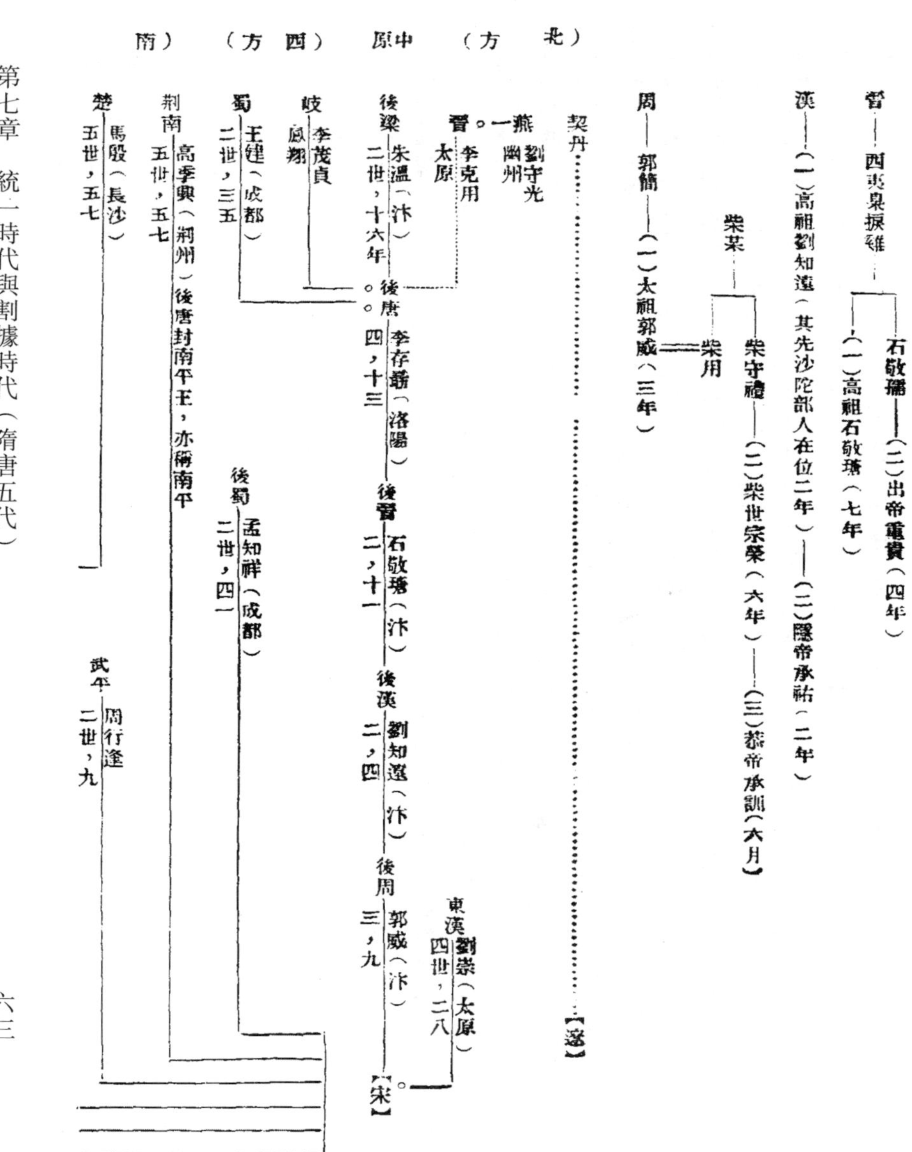
北方
中原
西方
南
晉
石敬瑭
(二)出帝重貴（四年）
(一)高祖石敬瑭（七年）
漢
(一)高祖劉知遠（其先沙陀部人在位二年）
(二)隱帝承祐（二年）
柴某
柴守禮
(二)柴世宗榮（六年）
(三)恭帝承訓（六月）
柴用
周
郭簡
(一)太祖郭威（三年）
契丹
【遼】
燕
劉守光
幽州
晉
李克用
太原
後梁
朱溫（汴）
二世，十六年
後唐
李存勗（洛陽）
四，十三
後晉
石敬瑭（汴）
二，十一
後漢
劉知遠（汴）
二，四
後周
郭威（汴）
三，九
東漢
劉崇（太原）
四世，二八
【宋】
岐
李茂貞
鳳翔
蜀
王建（成都）
二世，三五
後蜀
孟知祥（成都）
二世，四一
荊南
高季興（荊州）後唐封南平王，亦稱南平
五世，五七
楚
馬殷（長沙）
五世，五七
武平
周行逢
二世，九

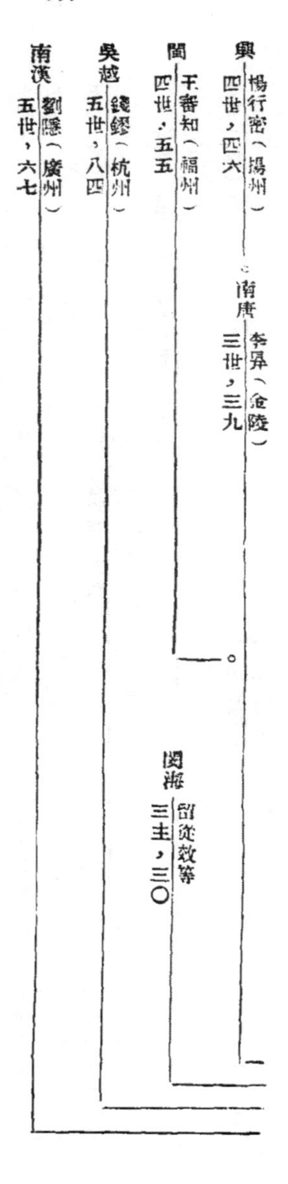

五代十國，皆唐世方鎮之支與流裔而幷合者，五代土地雖互有大小，其境內莫不多設節度，方鎮之禍，亦愈演而愈烈，當時藩帥皆用武人，諸鎮貢奉，多用鞍馬器械，或以進獻而免禍得官。藩帥之刼財，甚於盜賊，幕僚之生命，視同草芥。自餘橫征無藝，酷刑濫殺，既多前世所無，朝廷之姑息與兵將之驕縱，亦皆視唐有加。唐世軍士已廢立鎮帥，至五代其風益甚，往往害一帥，立一帥，有同兒戲。唐明宗李嗣源，廢帝王從珂，周太祖郭威，亦皆由軍士策立。蓋擁立藩鎮，則主帥德之畏之，旬犒月宴，若奉驕子，雖有犯法，亦不敢問，擁立天子，則將校皆得超遷，軍士又得賞賜剽掠，藩鎮既由兵士擁立，其勢遂及於帝王，亦風會所必至矣。下凌上替，禍亂相尋，古來僭亂之極，未有如五代者；武人專橫之罪惡與流毒，亦至五代而造其極焉。（註一一三）其次則外族陵轢中夏，禍亦烈於唐世。自唐中葉後，漢族勢力日衰，回鶻，吐蕃，南詔，唐季亦俱式微。其新興者，東北有契丹，西北有西突厥別種沙陀，及西羌遺裔黨項。黨項之禍，雖至宋始顯，後唐、晉、漢、三朝，則皆以沙陀入主中國。然沙陀自唐季「仰哺於邊，喋血助征討，」其滅朱梁而有天下，亦爲唐滌恥。（註一一四）石敬瑭與劉知遠，皆已同化華族。（其以前朝之鎮帥，乘機攘竊，與郭威，趙匡胤亦無以異，）李嗣源雖自號蕃人，歐史且稱其「寬仁愛人，有意於治，在位十年，於五代之君爲長世。兵革粗息，年屢豐登，民生實賴以休息。」（註一一五）惟契丹之南侵則爲劉石亂華後僅有之禍。契丹當唐末、乘中原多故，時入侵邊，及耶律阿保機爲部落大人，尤雄勇，既併諸部爲一，又北伐室韋女眞，西取突厥故地，擊奚滅之。東北諸夷，皆畏服之。吾北方軍民苦鎮帥暴虐，亦多亡歸契丹；契丹日益強大。阿保機旋自稱帝，（後梁開平元年，九〇七，是爲遼太祖，）親征突厥、吐渾、黨項、小蕃、沙陀諸部，皆平之。嗣復攻拔渤海，（後唐同光四年，九二六，）更名東丹國，命長子突欲鎮之。於是契丹有城邑之居百有三，「東自海，西至於流沙，北絕大漠，信威萬里。」（註一一六）然迄不能大得志於中國，阿保機亦旋殂。次子德光代立（是爲遼太宗）。後唐廢帝淸泰三年（九三四），河東節度使石敬瑭反，唐命張敬達、楊光遠等率衆討之，敬瑭從桑維翰計，稱臣契丹，引契丹之師以滅唐，契丹主德光立敬瑭爲晉皇帝，敬瑭割幽、薊、瀛、莫、涿、檀、順、新、嬀、儒、武、雲、應、寰、朔、蔚十六州以與契丹。今河北山西北部之地，遂長淪異域。（明太祖起，始完全光復。）而石晉率漢族以臣事契丹，奉契丹主爲父皇帝，尤開國史未有之先例。敬瑭卒，兄子重貴立，奉表契丹，稱孫而不稱臣。於是契丹南侵不已，開運三年（九四六），卒大舉入汴，執重貴，遷之於黃龍府，（註一一七）分遣使者以詔書賜晉之藩鎮，晉之藩鎮，爭上表稱臣，被召者多奔馳而至。明年，德光遂卽帝位於汴。既時「縱胡騎四出，以牧馬爲名，分番剽掠，謂之打草穀。丁壯斃於鋒刃，老弱委於溝壑，自東西兩畿及鄭、滑、曹、濮數百里間，財畜殆盡，」「又多以其子弟及親信左右爲節度使刺史，不通政事，華人之狡獪者，多往依其麾下，教之妄作威福，掊斂貨財，民不堪命。」（註一一八）於是所在大起，殺契丹守兵，晉北平王劉知遠亦稱帝晉陽。三月，德光北歸，盡載府庫之寶以行，道卒。兄子阮立（是爲遼世宗）。知遠遂南收汴洛，改國號曰漢，明年卒，子承祐繼之，不三年，鄴都留守郭威復廢漢爲周。自李存勗滅梁，沙陀種人竊據中國帝位者，凡二十有八年（九二三至九五〇），至是乃復歸漢族之手。五季之世運，亦否極而漸泰。當郭威之代漢也，劉知遠之弟崇方鎮晉陽，遂以河東十二州之地自稱皇帝，而稱姪於契丹。（歐史稱東漢，以其爲河東之漢也，通鑑則稱北漢，所以別於嶺南之漢也，）及周太祖崩（九五四），世宗初立，崇引契丹兵大舉入寇，世宗親征，與戰於高平，大敗之。顯德六年（九五九），世宗復大興師北伐契丹，下三關（益津、瓦橋、淤口）瀛漠，兵不血刃，方下令進攻幽州，不幸遇疾，

功志不就而還。然其撻伐有功，雖當北宋全盛之世，未有及此者矣。（註一一九）

世宗不獨北復瀛漠三關也，亦西取秦隴，南平淮右，寖寖有一中國之勢。自後梁以還，割據諸國治亂強弱興衰，各有不同，（註一二〇）自楚與荊南外，多稱帝改元。（惟吳越則僅建年號而未稱帝）其主既姦豪竊攘，其臣屬亦間抗命爭權。然節鎮之禍，視中州爲稍紓矣。若吳、南唐、前後蜀、南漢、及閩諸國，多爲中原人士託庇之所，或休兵息民，境內豐樂，務爲奢侈以自娛，吳越錢氏，兵革之禍尤鮮，卽南平土狹兵弱，地當衝要，高季興子從誨所嚮稱臣，利其賜予，諸國皆目爲賴子，其苟得無愧恥極矣，然猶有招輯綏撫之功，故雖「黥髡盜販，衮冕峨巍，」而各國之秩序，實較中朝爲安定，南唐與蜀之文學，既非五代所及（見下），閩粵之開化，且有過唐代焉。周世宗時，在者南唐、後蜀、吳越、南漢、東漢、南平六國，及武平閩海兩鎮，「帝常憤廣明以來（廣明唐僖宗年號），中國日蹙，及高平既捷，慨然有削平天下之志，」「乃命大簡諸軍，精銳者升之上軍，羸者斥去之，又以驍勇之士，多爲藩鎮所蓄，詔募天下壯士，咸遣詣闕，命太祖皇帝（趙匡胤）選其尤者，爲殿前諸班，其步騎諸軍，各命將帥選之。由是士卒精強，近代無比，征伐四方，所向皆捷。」（註一二一）初命將出師伐蜀，取秦、成、階、鳳四州，又自將伐南唐，盡取唐江北地。雖契丹之征方捷，中道崩殂，功志不就，然五六年間，外事征伐，內修制度，卓然可稱，帝固五季賢主矣。自陳橋兵變，宋祖受命，因世宗之成勢，命將出師，荊楚、巴蜀、南漢、南唐，以次削平，至於太宗，遂一海內。然佐命元勳，若范質、王溥、石守信、王審琦等，皆周顯德舊臣，世宗之所拔擢，蓋宋之機運，已開于周世矣。

北史儒林傳序言，「自正朔不一，將三百年，師訓紛綸，無所取正，隋文統一寰宇，振天網以掩之，於是四海九州強學待問之士，靡不畢集，齊、魯、趙、魏，學者尤多。負笈從師，不遠千里，講誦之聲，道路不絕，自漢魏以來，一時而已。及帝暮年，不悅儒術，專尚刑名，暨仁壽間，遂廢天下之學，惟存國子一所，弟子七十二八。煬帝卽位，復開庠序，國子郡縣之學，盛於開皇之初，徵辟儒生，遠近畢至，相與講論東都之

下，納言定其差次，一以奏聞焉。」隋代數十年中，實爲吾國學術統一之期。蓋自隋文蕩定南朝，屏革清談之習，建立黌序，徵辟儒生，承其風者，莫不尚儒術而輕玄理，南朝玄學，遂一蹶而不可復振。當時信都劉焯、河間劉炫，並以經術深湛，被用爲太學博士，爲世宗仰；而文中子（王通字仲淹）講學河汾之間，述作亦多依經典，唐初諸儒名賢，多出二劉仲淹之門，唐代學派，亦於隋代開其端。然自是而後，學術之途日狹，而好學深思之士，不可復覩矣。（註一一二）

漢立經學於學官，爲經學統一之始。唐爲五經撰正義，又爲注疏統一之始。太宗以儒學多門，章句繁雜，詔國子祭酒孔穎達與諸儒撰定五經正義，凡一百七十卷。穎達旣卒，高宗詔諸臣復考證之，就加增損，永徽四年（六五三），頒於天下，每年明經，依此考試。自唐至宋，明經考試，皆遵此本。其書並主南學，於鄭注易書，服注左氏，皆置不取，又專守一家，故多曲狥註文，有引申而無駁詰。其後賈公彥疏儀禮、周禮，楊士勛疏穀梁，徐彥疏公羊，咸用其例。（與五經正義合稱九經正義，今傳十三經疏，尚有孫奭孟子疏，邢昺爾雅論語孝經疏，皆宋人作，）經註雖由是而統一，而南北諸儒之經義及古說之存於六朝舊疏者，自正義所徵引駁斥者外，亦隨之而湮沒不彰矣。與穎達同時者，有吳縣陸德明撰經典釋文三十卷，自九經外，兼及孝經、論語、爾雅、老子、莊子，漢魏六朝音切，凡二百二十餘家，斟酌折衷，務使得宜；又博存衆訓，漢儒古義，或賴以僅傳。此外若李鼎祚周易集解，彙集羣言，發明漢學，亦有存古之功。而啖助作春秋集傳，考覈三傳，自成一家，李元植作三禮音義，王恭作三禮義證，並詳於制度典章。皆唐代經生之翹楚也。文宗太和世，嘗於國子監講論堂兩廊立石刻九經并孝經、論語、爾雅，至開成二年（八三七）畢工，五季後蜀孟昶時，亦取易、書、詩、春秋、禮記、周禮，刻石於成都學宮，今孟蜀石經傳世者，已僅存宋拓殘本數卷，字體精謹，爲書家所寶賞。開成石經，猶幸存西安碑林中。雖後者譌誤甚多，當世名儒已不窺之，然自漢立石經後，曹魏、西晉皆嘗刻石經，傳世者惟此爲完璧。不可謂非文化上之鉅製也。（註一一三）

唐代史學，尤盛於經學。今傳正史，唐人著者凡八書。雖自南北史外，昔由太宗令學士設局修撰，大開吾國官修正史之風，然若姚思廉之梁書陳書，幷承其父察之業，李百藥之北齊書，亦纘其父德林之緒，而李延壽之南北二史，一百八十卷，越時一十六年，凡所獵略，千有餘卷，連綴改定，止資一手，文省前人，事詳往牒，尤爲陳范以後所僅見；自餘史學名著，若劉知幾史通，辨諸史之指歸，殫其體統，而詳其得失；爲論史第一名著；若杜佑通典，爲卷二百，分食貨、選舉、職官、禮、樂、兵刑、州郡、邊防八門，「採五經羣史，上自黃帝。至於唐天寶之末，每事以類相從。舉其始終，歷代沿革廢置及當時羣士論議得失，靡不條載，」李翰嘗嘆爲「至粹至精」，（註一二四）不特體製宏巨，象徵唐代之偉大已也。他如言史註，則有司馬貞史記索隱，張守節史記正義，顏師古漢書注，章懷太子賢後漢書註等；言偏記小錄，則有吳兢貞觀政要；李吉甫元和會計錄，韋執誼翰林故事等；言佚事傳記，則有劉肅大唐新語，徐堅大隱傳等；推之譜牒之學，地志之書（見後），亦以唐代爲詳，今傳唐六典之修於開元世者，弘綱細目，秩然不紊，即各朝撰述之實錄國史，雖經安、史及黃巢朱溫等之亂，頗多散失，而五代時劉昫、張昭遠輩搜輯殘餘，纂修唐書，猶能成卷二百，武宗後無實錄可徵，賈緯采次傳聞，亦能爲唐年補錄六十五卷，（註一二五）蘇冕、楊紹復所撰會要、續會要缺宣宗以後事，（註一二六）宋初王溥爲新編唐會要一百卷，不獨於唐代沿革損益之制，極其詳核，且能採宣宗至唐末事續之，皆唐代史學昌明紀載詳備之徵矣。

唐人學藝，有遠較經史諸學爲發達，而雅足表見一代之特色者，曰文學與美術。隋承南北朝之後，徐（陵）庾（信）邢（邵）魏（收）流風未沫，雖文帝不好淫靡之文，煬帝亦雅尚典制，然其見於文字者，大抵不古不今，而有不醇之色。唐代名家，更番迭起，由橅仿而創造，自開風氣，遂備極文章之能事。新書文藝傳言，「唐有天下三百年，文章無慮三變，高祖太宗，大難始夷，沿江左餘風，絺句繪章，揣合低卬，故王（勃）楊（炯）爲之伯；玄宗好經術，羣臣稍厭雕琢，索理致，崇雅黜浮，氣益雄渾，則燕（張說封燕國公）許（蘇頲封許國公）擅其宗；大曆貞元間，美才輩出，擩嚌道真，涵泳聖涯，於是韓愈倡之，柳宗元、李翶、皇甫湜等和之，排逐百家，法度森嚴，抵轢晉魏，上軋漢周，唐之文完然爲一王法，此其極也。若侍從酬奉，則李嶠、宋之問、沈佺期、王維，制册則常衮、楊炎、陸贄、權德輿、王仲舒、李德裕，皆卓然以所長爲一世冠，其可尚已。」而唐詩尤盛於文，以體言，則五七雜言、以至樂府歌行律絕，無一不備，以格言，則聖神仙凡、妖豔鬼怪各品，無所不有；以調言，則飄逸雄渾，精深博大，綺麗繁縟，幽邃清奇，纖冶奥峭，無一不至；其人則帝王將相學士大夫，以至樵牧婦孺，緇流道士，無有不能。蓋唐代人主，靡不能詩，廟堂之上，雍容揄揚，侍從遊宴之作，奉詔應制之篇，不一而足，人情喜仕宦，而唐制最重進士，以詩賦選錄；即社會交際，詩酒唱和，獻酬贈答，亦莫不以是相高，故其發達有如此也。（註一二七）明高棅唐詩品彙，嘗本宋嚴羽滄浪詩話，元楊士宏唐音之說，區唐詩爲初唐（高祖至睿宗時）、盛唐（玄宗肅宗時）、中唐（代宗至文宗）、晚唐（宣宗至唐亡）四期，若初唐之四傑（王楊與盧照隣駱賓王），伯玉（陳子昂），盛唐之李白、杜甫，王（維）孟（浩然）高（適）岑（參），中唐之韋（應物）、錢（起）、韓（愈）、白（居易），晚唐之溫（庭筠）、李（商隱）、杜牧，皆詩壇百世師也。清乾隆時，勅撰全唐詩，凡九百卷，二千三百餘家，四萬八千九百餘首。自唐至清，千餘年間，湮沒不傳者何限，而其存者猶若是。自餘辭賦四六，律體駢文，亦百體爭開，總八朝之衆軌，啓後代之支流，有唐韻文，誠可謂是極其盛者矣。詩文而外，又有小說。六朝時，干寶、任昉、劉義慶輩，於小說咸有著述，至唐而大盛。或敍歷史，或記社會，或述鬼怪，或談義俠，或資諧笑，或言愛情，今太平廣記所載，尙無慮數百種焉。盛唐之際，李白、張子和始爲倚聲，李有憶秦娥、菩薩蠻、張有漁歌子，世稱爲詞之濫觴，亦唐代文學上一大創製也。中晚而降，作者蠭起，韋應物、温庭筠等多創調塡詞．五季文運萎敝．詩文皆無甚可稱，（註一二八）蜀與南唐之詞，獨精巧高麗，濃豔穠秀，蜀若韋莊，牛嶠等，南唐若二主（中主李璟，後主李煜），及馮延巳，其尤著者也。

唐代美術，最著者曰書畫，而書法則本之隋。傳世隋碑，論書者稱其「上承六代，下啓三唐，由小篆八分趨於隸楷，爲古今書學一大關鍵。」（註一二九）唐初書家，首推歐陽詢、虞世南、與褚遂良，歐、虞固嘗仕隋，褚亦生於隋世，隋唐書法，固難劃分界域矣。抑隋始置書學博士，唐代因之，以書爲教，故善書者獨多，近世發見高昌磚誌及敦煌石室經卷，多隋唐人書，書者無赫赫名，（經卷多「經生」所寫，稱「經生書」，蓋以此爲專業，）而筆致特雅健深厚，後人鮮能企及焉。歐、褚書碑多本隸法，磨崖巨石，照耀區夏，洵得北碑正傳。自太宗篤好羲之書帖，所書晉祠銘，以帖意施之巨碑，縱橫自如，是爲以行書寫碑之始。此後李邕、蘇靈芝，皆以此體擅長，至張旭、懷素出，並稱草聖，草書亦由是而盛，顏眞卿傳旭筆法，眞書行草，集篆籀分隸之大成，自宋及清，學書者無不師顏。亦可證張旭之所詣矣。自唐以前，繪畫率以線條爲主，梁張僧繇畫一乘寺，許嵩建康實錄雖謂其爲天竺法，然其傳不廣，至唐吳道玄人物畫，始廣用天竺凹凸法，所圖佛像，今猶有傳世者，筆意超妙，世共推畫聖，亦如詩之有李杜，文之有韓柳也。時王維繪水墨山水，注重暈染，與李思訓道昭父子之金碧山水特重着色者異趣，後人以思訓爲北派之祖，王維爲南派之祖。道玄雖亦兼善山水，而不專以山水馳名，故南北宗之殊，道玄無所繫屬焉。近年敦煌石室及新疆各地，發見唐絹畫壁畫甚夥，多極工細之人物，且無論神佛士女，形態皆極壯美，線條皆極雄健，毫無纖弱氣息，是亦足徵唐人風度之宏偉，與其國勢若相應和；（顧炎武曰：「予見天下州之爲唐舊治者，其城郭必皆寬廣。街道必皆正直，廨舍之爲唐舊剏者，其基址必皆宏敞。宋以下所置，時彌近者制彌陋矣。」見日知錄卷十二「館舍」篇，唐人之宏大，隨處可證如此。）藝術之神妙，猶其餘事矣。五代時，有荊（浩）關（仝）董（源）巨（然）四大家，北宋名家，多由之而出，今故宮博物院尙各藏其巨幅山水，（註一三〇）允推南宗無上傑作。是唐雖亡，藝術固未中斷也。傳世唐代藝術遺蹟，若陝西乾陵之石馬，邠州之巨佛，河南龍門賓陽洞之大像，（按龍門造像，魏造者約十之三，唐造者約十之七，）四川廣元之千佛岩，江蘇甪直楊惠子之塑像等，今並爲言美術者所寶愛，山西五台縣豆村佛光寺之正殿（建於宣宗大中十一年，八五七），敦煌千佛洞索勳洞之窟簷（建於昭宗乾寧中），則爲國內現存最古之木構，佛光寺殿內又有佛像三十餘尊。爲中原僅存之唐代塑像。梁下有唐代墨蹟題名，栱眼壁上有唐代壁畫（又有宋宣和壁畫），一殿之中，四絕共藏，較之西安碑林（現分七室：第一室爲石臺孝經，第二室爲開成石經，第三室尤爲唐碑精華所在），醴泉昭陵（尙存二十八碑），與三原獻陵（尙存八碑）之贔屓相望，僅以碑碣著稱者，其性質又不同也。自餘藝事，若音樂、歌舞等，唐世亦皆饒有進步，開天之世，尤稱極盛。蓋時當承平，物力滋殖，長安繁華，前後無比，建築雕造之美，既夥頤莫殫，即歌舞優伶之伎，亦羅列雜陳，逞豐厚博大之觀。如賀老（懷智）琵琶、公孫劍器，下及李謩、李龜年、黃幡綽之屬，均以曲技之微，備承恩寵。樂器樂歌，亦備極一時。至若騷人墨客，宅心藝事，神情爽曠，超然於聲利之外。如穎師之琴，陽冰之篆刻，以藝自娛，標舉胸臆，猶有南朝之遺風焉。（張旭之書，王維之畫，亦同此類，）然自李邕以鬻碑版文字著聞。阨窮之士，於賣文之外，兼以書法自炫，八分一字，其值千金，畫師伶工，亦恃設色倚聲之技。游食貴顯之門。以藝術為餬口殖產之資，其風又盛於唐世矣。（註一三一）

唐世學藝製作，猶有可述者數事。一曰天文曆算：隋世曆天文漏刻視祲，各有博士及生員，唐因其制，設官益多（如天文觀生九十人，天文生六十人等）。又以算為京師六學之一，故精於推步測算製作者，不乏其人。唐初王孝通為算術博士，著緝古算經。算理甚深，實為後世立天元術（今稱借根方代數）所本，太宗世，太史李淳風承其父播之學，嘗製渾儀，又著法象志，詳論前代渾儀得失之差。玄宗世，則浮圖一行與梁令瓚復更鑄渾儀，並製黃道游儀等，令瓚又別造水運渾天，上具列宿，注水激輪，每晝夜自轉一周，半入木櫃，以準地平，另立二木人，每刻擊鼓，每辰擊鐘，機械即藏櫃內。其制精巧，議者以為張衡靈憲，不能踰也。至唐世曆法。前後凡十數作，亦以開元中一行所制大衍曆最為精密。時各地測影，已立里差之法（開元十二年測各地晷影以校其差，而定各地緯度，南至交州，北及鐵勒，中為浚儀之岳臺），一行又始測見恆星之移動，由是而得歲差之實。亦足證天學之進步矣。（註一三二）二曰音韻學：隋陸法言撰定切韻五卷，集南北韻學之大成，（其書佚千餘歲，清季敦煌石室發現唐寫殘本，今藏巴黎國民圖書館），至於唐代，有長孫訥言之箋，有郭知玄、王仁煦等之附益，而孫愐復廣加增補刊正，名曰唐韻。唐人盛為詩賦，其所循用者，即此陸孫兩家韻書。當時寫本盛行，幾於家置一編，（宋歐陽修曾見女道士吳彩鸞書葉子本，見歸田錄。黃山谷所見凡六本，見山谷題跋。）唐詩律絕諸體，極聲調之美，其以諧協音律見長者，雖齊梁人亦不之逮，有自來矣。中唐時，李舟又撰切韻十卷，其書使各部皆以聲類相從，四聲之次，亦相配不紊；然唐時不顯，至宋初而始見重，有宋一代韻書部次，皆自李舟出焉。(註一三三)三曰地理學：最有貢獻者，曰賈耽與李吉甫。耽畫隴右山南圖，又撰古今郡國縣道四夷述四十卷，其古郡國題以墨，今州縣題以朱，爲後世圖書分別朱墨之濫觴。德宗貞元十七年（八〇一），耽表獻海內華夷圖，「廣三丈，從三丈三尺，率以一寸折成百里，別章甫左衽，奠高山大川，」(註一三四)圖雖不傳，今西安碑林所存僞齊阜昌間之禹迹圖，華夷圖，實爲耽圖之概本。據西人研究，其精緻尙遠過於歐西後出之圖焉。吉甫撰元和郡縣圖志四十卷，於九州士宇，考其沿革，明晰辨章，並旁及山川物產，後世地志多祖之，亦今存古代地志之鉅製也。四曰瓷器：古用陶器，籩豆則用竹木，其採石製泥埏埴煅煉而成之瓷器，約始晉初，「瓷」字亦始見晉呂忱字林。隋書何稠傳稱稠以綠瓷作器物，與琉璃不異，是爲瓷字見於史策之始。至唐代乃大盛行，當時製瓷之地，遍於南北，而越窯爲最，其昌南鎭之瓷，則今江西景德鎭瓷器之祖也。五代時之柴窯，「其瓷青如天，明如鏡，薄如紙，聲如磬，滋潤細媚，製精色異，」所謂「雨過天青雲破處，者般顏色作將來」者，(註一三五)尤爲古來諸窯之冠焉。五曰雕板印書之術：唐時始有墨板，是爲世界印刷術發明之權輿，今存文獻，以文宗太和九年（八三五），東川節度使馮宿禁版印曆日奏爲最早，觀奏稱「準勅禁斷印曆日版，劍南兩川及淮南道皆以版印曆日鬻於市，每歲司天臺未奏頒下新曆，其印曆已滿天下，有乖敬授之道」云云，(註一三六)當時版印區域已傳播甚廣，發明必遠在其前。然其時雕板者，似多爲通俗習用之簿物小籍，如曆日、字書、小學、術數、佛經之類，(註一三七)現存唐代印刷品，若敦煌發現「咸通九年（八六八）四月十五日王玠爲二親敬造普施之金剛般若波羅密經」及「一切如來尊勝佛頂陁羅尼」，亦悉屬釋典。意經史文集，唐人尙多寫爲卷軸，不付諸墨印也。五代後唐長興三年（九三二），宰相馮道請令制國子監田敏校正九經，刻板印行，至後周廣順三年（九五三），曆四朝七主二十二年乃成，共一百三十册，是爲吾國有印板經書之始，亦五季朝廷提倡文化之偉業也。時後蜀相毋昭裔復以私家之力，廣刻經史，印行流通，今蜀刻史記，猶有傳於世者。

唐代各宗教之傳佈，亦有視前世爲盛者。唐姓李氏，道士謂與教主老子同宗，故唐帝多盛倡道教，高祖追尊老子爲太上玄元皇帝，以道士隸宗正寺，班在諸王之次，中宗詔諸州各治道觀，睿宗至以二公主爲女冠，玄宗復制令士庶家藏道德經，兩京諸州，各置玄元廟，並置崇玄學，令生徒習道德經及莊文列子，以應貢舉；嗣又追號莊文列庚桑子皆爲眞人，尊其書爲眞經，以道德經爲羣經首，其兩京崇玄學各置博士助教，又置學生一百員。時公卿吏民，爭奏符瑞神異之事。李林甫等亦多捨宅爲觀。據唐六典所載，祠部所掌之道觀，至一千六百八十七所。（註一三八）其後武宗寵道士趙歸眞，親受法籙，至盡黜他教，唐帝之餌丹藥者，太宗、憲宗、穆宗、敬宗、武宗、宣宗凡六帝，除憲敬外，四帝皆以丹喪身而不悟。（註一三九）詩人如李白、李賀尤盛稱仙道，極虛無飄渺之致。然唐代道教，其宏佈實不及佛教。自隋文重隆三寶，普詔天下，任聽出家，仍令計口出錢，營造經像，佛經流布，多於儒經數十百倍。煬帝向天台宗智者大師受菩薩戒，復置翻經館及翻經學士。爰及唐初，西來大德，中土僧俗，齋經譯梵，飈起雲興。僧玄奘自隋末出家，貞觀初西行求法，歷十七年，將梵本六百五十餘部返唐，太宗詔就弘福寺翻譯，爲特製三藏聖教序，高宗時在東宮，復製述聖記，廣度僧尼，上下風靡，玄奘網羅賢哲，十九年間，共出重要經論七十四部，一千三百三十五卷，爲吾國佛教史上第一偉人。義淨繼之，游西域二十五年，亦於天后至睿宗世翻出三百餘卷，譯事稱極盛矣。唐初高僧杜順倡華嚴宗，玄奘創俱舍，法相，唯識諸宗，玄宗世，善無畏，金剛智，不空等，先後東來，復大闡密宗，淨土，三論諸宗之沿自南北朝者，亦頗後著於前，律宗以得釋道宣之顯揚，禪宗以得釋惠能之傳布，尤稱宏盛，唐帝之興佛寺，問佛道，供浮圖，迎佛骨者，不可殫述。惟玄宗曾檢責天下僧尼，然唐六典所載，天下寺總五千三百五十餘所，（註一四〇）私廟蘭若不與焉。武宗大毀佛寺，復僧尼爲民，然未幾宣宗立又悉復原狀矣。特自中唐而後，天竺佛教日以陵夷，僧徒之東來與邦人士之西遊，皆絕無僅有，佛教在吾國，亦僅由邦人士因襲演繹，與前之爲中印兩方之共業者異矣。唐末，舍禪、律、淨土三宗外，餘皆衰落。然禪宗初開南嶽青原兩派，又由兩派闢爲五宗，（南嶽分爲潙仰，臨濟。青原分爲曹洞、雲門、法眼）宋後之佛教，又於此植其基焉。（註一四一）

佛道而外，唐世又有火祆教、景教、摩尼教及回教。火祆教亦名拜火教，祆教，波斯之國教也。當前六世紀中葉，創於哲人蘇魯支（Zoroaster，俗譯瑣羅斯脫，此據姚寬西溪叢話），其教以火爲光明之原，又崇信天神，教人拜火拜神，故名（祆卽天神之簡寫）。其傳入中國，始北魏孝明主時（六世紀初），齊周及隋，並加崇祀，唐承周隋之舊，長安置有祆祠及官。貞觀中，有傳法穆護何祿，詣闕奏聞，太宗又敕令於長安置寺。據近人考證，唐世長安有祆祠四所，洛陽亦有三所，祠內有祆正薩寶府官等，率以胡祝充之。景教爲基督教之別派，當五世紀中葉，倡於東羅馬教徒乃司脫爾氏（Nestor）。初行於西亞，後得波斯王尊信，盛行於中亞，貞觀九年（六三五），有大秦國上德阿羅本（Alopen）將經像來長安，太宗詔於義寧坊造大秦寺一所，度僧二十一人，高宗時，崇阿羅本爲鎮國大法王，仍令諸州各置景寺，謂之景教者，取炳曜教旨之義也。（李淵父名昞、唐諱丙，代以景，）德宗世，大秦寺僧景淨建景教流行中國碑，其碑久湮，至明季始發現，今存西安碑林中。摩尼教當三世紀末，創於波斯人摩尼（Mani），蓋本祆教舊說，參以佛教基督教義者。唐武后延載元年（六九四），波斯人佛多誕（Fur—sta—dan 義云知教義者）將其教入中國，開元七年（七一九），吐火羅支汗那王帝賒上表獻解天文人大慕闍，並請置法堂，至二十九年（七三二），卽加禁止，然西胡自行，則不科罪。天寶以後，回紇在中國勢盛，回紇人多篤信摩尼教，遂大行於中國。回教本名伊斯蘭教（Islamism），亦號天方教，宋以後奉其教者多自號回回，故今普稱回教，實嚴肅之一神教也。傳入中國，約始於唐中葉。觀武宗之罷黜諸教，有大秦、摩尼、火祆，獨無回教，明其時唐廷尚未知有此教矣。大食東南境傅海，唐中葉後，商賈航海來華者衆，故廣州頗有教徒，又自大食東漸，教益廣衍，漸流入天山南路，旋乘其地佛教之衰，取而代之。唐末，回紇一部以西域爲退避所，生齒蕃息，至宋後（稱畏吾兒）多奉其教。今新省之唯吾爾族（俗稱纏回），大抵皆回紇後裔也。（註一四二）

唐代文化上尙有一盛事，卽華化之廣播各地是也。當時域外文物，自音樂宗教，以及藝術珍異，雖盛行中國，外族之衣服飲食游戲習俗，唐人亦時時倣效，舊書輿服志至謂「開元末，太常樂尙胡曲，貴人御饌，盡供胡食，士女皆竟衣胡服，故有范陽羯胡之亂，」然論傳播之廣溥與影響之深至，則遠不足與華夏文物比。自太宗尊崇儒術，廣築國學學舍，四夷若高麗、百濟、新羅、高昌、吐蕃，相繼遣子弟入學，而日本學生及學問僧之隨遣唐使來華留學者，尤相踵而至，姓名事蹟今可考見者，尚不下百數十人。(註一四三)渤海亦屢遣學生。唐代文人學士，名播戎夷者，史册所載，如舊書歐陽詢傳稱「高麗甚重其書。嘗遣使求之，」柳公權傳稱「外夷入貢，皆別署貨貝，曰此購柳書，」蕭穎士傳稱「新羅使入朝，言國人願得蕭夫子爲師，」馮定傳稱「源寂使新羅，見其國人傳寫諷念定所爲黑水碑，畫鶴記，韋休符使西蕃，見其國人寫定商山記於屏障」之類，實未易更僕數。石刻碑版，遠至吐火羅及拂菻西界，(註一四四)今雖湮沒無聞，而近世金石家著錄者，朝鮮則有平百濟碑，劉仁願記功碑，新疆則有姜行本碑，濟木薩殘碑，敦煌有索勳殘碑，漠北則有苾伽可汗碑、闕特勤碑、九姓回鶻可汗碑，西藏則有盟吐蕃碑，書法多妙入能品。(註一四五)倭人之「那須直韋提碑」，首書「永昌元年己丑四月」，亦用武后紀元焉。(註一四六)各國之典章制度，若新羅之宗廟祭祀，職方選舉，渤海之職官地理，皆壹本於唐。吐蕃、南詔亦襲華風。(註一四七)而倭人之中古文化，自儒書、佛典、史籍、文章、曆算、美術、下至方技工藝、音讀、儀服、以及一切學校、貢舉、法令、律例、戶籍、計帳、賦役、田調等等，尤無不自唐移植而去；卽遠至大食，自阿拔斯朝之摩哈美德立(九世紀初)，亦仿吾華建立年號。(註一四八)自餘西域諸地，據近世探險家發現之唐代遺物，有高昌交河縣及柳中縣署調查之戶籍帳，有代宗大曆中傑謝(于闐附近)唐官與于闐王之公文，及人民上唐官之訴狀，其時葱嶺以東與唐室之關係，殆無異內地。經籍遺文、釋典而外，四部要籍之殘軸零章亦不尠。倭人某(橘瑞超氏)西域考古圖譜載論語鄭氏子路篇殘卷，得於中亞細亞，漢書張良傳及史記仲尼弟子傳殘文，得於龜茲附近，皆唐人寫本也。高昌發見之壁畫磚誌，其爲唐代遺物者，尤多精美可觀。卽敦煌鳴沙山之千佛洞石室，雖在今甘肅境內。唐時亦爲邊陲之區，徒以地當東西交通孔道，往來行人及住民，時將儒釋典籍圖像，供奉神前，以祈福佑，洎至清季，殘餘漢文卷軸，猶數盈巨萬，歐陸名都中古遺存之圖籍，未能或之先也。華夏文物之傳播，至唐可謂極盛矣。特新羅、日本、渤海諸國，與唐交通，多始於唐初，而其大用中國文化，反多在李唐中衰之後，是知華夏文物，雖隨唐室之聲威而益增其光榮，而諸國之用夏變夷，初非讋服於唐之國威，或唐之政治金錢勢力逼之使然，此尤言唐代華化者所當知也。

隋唐混一區宇，各地謠俗，大抵沿自古昔，間有稍變舊風者，學者取史記貨殖傳，漢書地理志，與隋書地理志、通典州郡典比觀，卽可明古代謠俗同異變遷之概略。自晉後諸族入主北方，至隋唐而中原民俗，仍多與古不殊，亦可見諸族之侵入，不特未能變革華夏之舊習，且多為吾民所同化矣。至唐世盛行之特殊風尚，多淵源北朝，說已見前。崇尚門第之習，太宗高宗世曾力矯之，太宗嘗勅撰氏族志，以當日冠冕為姓氏高下，抑崔幹為第三姓。高宗世，李義府等復刊定姓氏錄，各以品位高下為敍。（註一四九）然甲姓族望，曾不稍減。觀袁誼言「門戶須歷代人賢名節風教為衣冠顧矚，始可稱舉。」（註一五〇）柳玭述家訓以戒子孫，稱「昭國里崔山南琯，子孫之盛，仕族罕比。山南曾祖母長孫夫人，年高無齒，祖母唐夫人事姑孝，每旦櫛縰笄，拜階下，升堂乳姑，長孫不粒食者數年。一日，病，言無以報吾婦，冀子孫皆得如婦孝，然則崔之門安得不大乎。東都仁和里裴尚書寬，子孫衆盛，實為名閥，天后時，宰相魏玄同選尚書之先為壻，未成婚而魏陷羅織獄，家徙嶺表，及北還，女已踰笄，其家議無以為衣食資，願下髮為尼，及荆門，則裴齎裝以迎矣。余舊府高公先君兄弟三人，俱居淸列，非速客不二羹胾，夕食齕蔔瓠而已，皆保重名於世。夫名門右族，莫不由祖考忠孝勤儉以成立之，莫不由子孫頑率奢傲以覆墜之，成立之難如升天，覆墜之易如燎毛。」（註一五一）則以一姓門戶，綿歷昌大至數世若數十世，視帝王朝代尤為久長者，其事實至不易，且亦皆有所本也。自唐末亂離，朱溫肆淸流之毒，名族亦多遭亂喪亡，而沙陀起代北，入主中夏，義兒養子，胡漢雜糅，於是其風始隳焉。信崇佛教，唐世益變本加厲，自天子逮庶人，皆震動而奉之。今之持齋蔬食，行香散齋，中元道場，盂蘭盆會，及焚紙錢等，大抵皆唐俗也。宮闈之淫亂，至北朝而極矣，而隋煬帝自高祖大漸暨諒闇之中，卽烝淫無度；唐世武韋之禍，且視北魏胡后為烈。新書列女傳序言「唐興，風化陶淬，且數百年，而聞家令姓，窈窕淑女，至臨大難，守禮節，白刃不能移，與哲人烈士爭不朽名，寒如霜雪，亦可貴矣。」史臣采獲尤顯行者著之篇，自李德武妻裴淑英以下，都數十人；而諸公主列傳，則載高祖至肅宗諸帝公主，再嫁者凡二十七人，甚有三嫁者，安樂公主之再嫁，且至大赦賜酺賜勳。宣宗以夫婦教化之端，詔公主縣主有子而寡，不得復嫁，無子者亦不禁也。延及五季，周太祖四娶皆再醮婦焉。（註一五二）

自隋煬窮極侈靡，至太宗一矯之以儉約。然馬周於貞觀十一年上疏，猶言「今京師及益州諸處，營造供奉器物，幷諸王妃主服飾，議者皆不以爲儉。」（註一五三）高宗而降，多奢侈逾恆，至玄宗初政，雖刻厲節儉，及「侈心一動」，遂「窮天下之欲不足爲其樂，」又以「國用豐衍，視金帛如糞壤，賞賜貴寵之家，無有限極。」（註一五四）史載楊氏一門之驕侈，旣爲古今所僅見，而長安富豪俠少，如王元寶、楊崇義、郭萬金等之奢逸，見於王仁裕開元天寶遺事者，亦與楊氏一門相應和。世族高門雖家法修整，以累代仕宦，履豐席厚，如韋安石子陟「侍兒閹豎列左右常數十，侔於王宮主第，窮治饌羞，擇膏腴地藝穀麥，以鳥羽擇米，每食視庖中所棄，其直猶不減萬錢，宴公侯家，雖極水陸，曾不下筯，」（註一五五）其生活亦極豪華。然帝室巨族，競恣奢欲，多自剝割萌黎而來，故天寶十四載十一月，杜甫自京赴奉先縣詠懷詩，有「朱門酒肉臭，路有凍死骨，榮枯咫尺異，惆悵難再述」之句。安祿山反，陷河北諸郡，亦以是月。後雖大難削平，朝廷將相，猶習於泰侈。郭子儀「再造王室，勳高一代，」大曆中入朝，羣臣宴於其第，一宴之費，至三十萬。史臣紀子儀之富貴，至謂「侈窮人欲」，不獨元載裴冕等侈僭無度已也。（註一五六）惟其時商業經濟之發展，實度越漢世。漢季以降，雖喪亂頻仍，商業經濟，仍時有進步。晉初，左思賦魏、蜀、吳三都，稱述洛陽、成都、姑蘇、建業各地之繁榮，洛陽雖未復東京舊觀，成都、姑蘇、建業則多邁往昔。自五胡之亂，河洛丘虛，函夏蕭條，以人文論，洛陽亦有「荒土」之目，（註一五七）及拓跋宏遷都，人物日趨殷阜，繼以宣武孝明，再世經營，繁華遂有逾魏晉。楊衒之記當時「洛陽大市，週迴八里，市東有通商，達貨二里，市南有調音，協律二里，市西有退酤治觴二里，市北有慈孝奉終二里；別有準財金肆二里。凡此十里，多諸工商貨殖之民，千金比屋，層樓對出，重門啓扇，闔道交通，迭相臨望，金銀錦繡，奴婢緹衣，五味八珍，僕隸畢口。」（註一五八）金陵當梁武御宇時，其盛亦爲魏晉以來所未有，而武陵王紀都督益州，在蜀十七年，南開寧州，越嶲，西通資陵，吐谷渾，殖其財用，黃金一斤爲餅，百餅爲簉，至有百簉，銀五倍之，其他錦罽繒采稱是。（註一五九）隋文統一區夏，煬帝時內則廣開運河，交通便捷，外則緣邊州郡，與諸蕃皆有互市。史載煬帝之侈靡，亦社會富厚與物力充牣之反映也。唐室繼興，內外商貨流通之種類與數量，視隋益增，舊書（卷九十四）崔融傳載融言「天下諸津，舟航所聚，旁通巴漢，前指閩越，七澤十藪，三江五湖，控引河洛，兼包淮海，弘舸巨艦，千軸萬艘，交貿往還，昧旦永日。」元稹長慶集（卷二三）亦有「求珠駕滄海，採玉上荊衡，北買黨項馬，西擒吐蕃鷹，炎州布火浣，蜀地錦織成，越婢脂肉淨，奚童眉眼明」之句。商業之盛，概可想見。當時長安表裏雄富，實爲世界最大都會，世界各種珍異，幾無不可於長安得之。「京城」之名，直遠傳至東羅馬（譯音爲 Khonbdan），東都洛陽，亦與長安相伯仲，丹陽之市廛列肆，又「埒於二京」。至與海外諸蕃貿易之商港，據九世紀中阿剌伯人之記載，最著者爲「交」「廣」「泉」「揚」四州，而廣州「有婆羅門、波斯、崐崘等船，不知其數；並載香藥珍寶，積載如山。」（註一六〇）凡知蕃船稅事者，咸財蓄不貲。揚州以兼爲鹽鐵轉運使所在地，盡斡利權，判官多至數十人，商賈如織，誦張祜「十里長街市井連，人生只合揚州死」之句，其盛可想。抑唐世鹽鐵使兼榷鹽茶諸稅，代宗世，劉晏改漢以來之鹽專賣法爲就場征稅法，視鹽與其他商貨相等，糶之商人，聽其所之，由是天下之賦，鹽利居半，歲至六百餘萬緡。茶茗之見於史者，始於三國吳志，（註一六一）然時飲之者猶少，南朝頗行，至唐乃大盛。而茶遂爲重要商品，德宗世，茶稅亦歲至四十餘萬緡。唐之商稅，蓋重於田賦矣。而商人以齎錢貿易之不便，憲宗世，復發明飛錢之法，今世銀行匯兌，號稱商業金融之神經樞紐者，寔肇端於唐人焉。

唐代極重科目，而進士尤爲士林華選，其事蓋與武后之稱制及開天之郅治有關。（沈既濟言「國家自顯慶以來，武太后任事，參決大政，太后頗涉文史，好雕蟲之藝，永隆中，始以文章進士，及永淳之後，太后君臨天下，二十餘年，當時公卿百辟，無不以文章達，因循日久，寖以成風。至於開元天寶之中，上承高祖太宗之遺烈，下繼四聖治平之化，賢人在朝，良將在邊，家給戶足，人無苦窳，四夷來同，海內宴然，雖有宏猷上略無所措，奇謀雄武無所奮，百餘年間，生育長養，不知金鼓之聲，烽燧之光，以至於老，故太平君子，唯門調戶選，徵文射策，以取祿位，此行己立身之美者也。父教其子，兄教其弟，無所易業，大者登臺閣，小者任郡縣，資身奉家，各得其足，五尺童子恥不言文墨焉。是以進士為士林華選，四方觀聽希其風采，每歲得第之人，不浹辰而周聞天下。」（見通典卷十五選舉典三，）影響於士風者亦極鉅，蓋其以官階誘人，使應試者止知尚利祿而不尚道義，士子投牒自進，不特不知氣節為何物，苟可以得選，亦無所不用其極，武后時左補闕薛登論舉人疏，已言「今之舉人，有乖事實，鄉議決小人之筆，行修無長者之論，策第喧競於州府，祈恩不勝於拜伏，或明制纔出，試遺搜敭，驅馳府寺之門，出入王公之第，上啟陳詩，唯希欬唾之澤，摩頂至足，冀荷提攜之恩，故俗號舉人，皆稱覓舉，覓為自求之稱，未是人知之辭，察其行而度其材，則人品於茲見矣。狥己之心切，則至公之理乖，貪仕之性彰，則廉潔之風薄。故選司補署，諠然於禮闈，州貢賓王，爭訟於階闥，謗義紛合，浸以成風。」（註一六二）德宗時，禮部員外郎沈既濟亦言「是非相陵，毀稱相騰，或扇結鈎黨，私為盟毀，以取科第，而聲名動天下；或鈎摭隱匿，嘲為篇詠，以列於道路，迭為談訾，無所不至。」（見同前）憲宗世，中書舍人李肇撰國史補，則言「進士為時所尚，故爭名常為時所弊。其都會謂之舉場，通稱謂之秀才，投刺謂之鄉貢，得第謂之進士，互相推敬謂之先輩，俱捷謂之同年，有司謂之座主，京兆府考而升之者謂之等第，外府不試而貢者謂之拔解，將試各相保謂之合保，羣居而賦謂之私試，造請權要謂之關節，激揚聲價謂之還往，既捷列名於慈恩寺塔謂之題名，大燕於曲江亭子謂之曲江會，籍而入選謂之春關，不籍而醉飽謂之打毷氉，匿名造謗謂之無名子，退而肄業謂之過夏，執業以出謂之夏課，挾藏入試謂之書策，此其大略也。」抑唐代進士及第，仍未釋褐，士子為求祿仕與得衣食，多不恥干謁，宋姚鉉唐文粹選錄自薦書至兩卷，即賢如昌黎，亦拜北平王於馬前，其三上宰相書，尤為世所習知。（註一六三）諸科第出身者，每以先輩、同年、門生、座主之關係，互相援引，重家法崇門第者，惡其浮薄，不根藝實，則又痛抑之以為快，穆宗以後，遂啓朋黨之爭。

（所謂牛李黨爭是，牛黨如牛僧孺李宗閔皆重科舉，李黨如李德裕、鄭覃，皆重門第，）宋項安世家說言「風俗之弊，至唐極矣，」蓋猶僅就干謁一端言之耳。（註一六四）至若託名隱逸者，「唐世亦多假隱自名，以詭祿仕，肩相摩於道，至號終南嵩少為仕途捷徑。」（註一六五）觀安祿山之變，唐臣貴如宰相陳希烈，親如駙馬張垍，皆甘心從賊，覥顏為之臣，如顏常山（杲卿）盧中丞（奕）張睢陽（巡）輩，忠義奮發者，不數數覯。及朱溫之篡，張文蔚、蘇循、楊涉、張策、薛貽矩、趙光逢等，亦率文武百官，北面拜賀於殿廷。（註一六六）其視魏晉以降勝國之臣即為興朝佐命者，亦無以異也。五代之亂極矣。當時搢紳，偷生朝位，廉恥蕩然，武夫肆意忘行，無復人理，甚至李彥珣發矢斃母，已非人類，石敬瑭於其降也，仍拜為房州刺史而不之罪。歐陽修五代史，以表彰節義自任，雖時君旌表細民，備書於紀，忠臣義士，一篇之中，三致意焉。然自開平訖于顯德，終始五十三年，僅得全節之士三（王彥章、裴約、劉仁贍），死事之人十五（張源德、夏魯奇、姚洪、王思同、張敬達、翟進宗、沈斌、王淸、史彥超、孫晟、馬彥超、宋令詢、李遐、張彥卿、鄭昭業）一行之士五（鄭遨、張薦明、程福贇、李自倫、石昂），及王凝妻李氏守節斷臂一事足以風世而已。（註一六七）張全義媚事朱溫，溫幸全義會節園避暑，留旬日，全義妻女皆逼幸之，全義不以為愧，馮道歷事四姓十君，視喪君亡國未嘗屑意，老而自樂。然因全義治洛有功，道亦能以救濟為心，當時異口同聲，皆以二人為名臣。（註一六八）杜荀鶴詩曰：「舉世盡從愁裏老，誰人肯向死前閑，」喪亂之世，小民救死無方，全義與道之得譽，容何足怪，然如歐陽氏之言，忠義之節，既出於武夫戰卒。而高節之士，亦「往往抱經伏農野，守死善道，蓋五十年不改。」（註一六九）自餘建學院書樓，聚書延四方學者，使得肄業於其間，其事亦數數見。（註一七〇）宋初儒者，如聶崇義、王昭素、尹拙、田敏等，亦多五季經師，（註一七一）是則聖賢彝教，雖當極亂之際，固猶緜緜不至於亡也。

（註一）語本隋書卷二高祖紀下。

（註二）隋書食貨志記載隋氏之富實極詳，可參閱。馬端臨言「古今稱國計之富者莫如隋」，推其致富之原，由於文帝之「躬履朴儉」。

（通考卷二十三國用考一）杜氏通典則謂由於高熲建輸籍之法。「煬帝即位，戶口益多，男子以二十二成丁，（文帝初以十八歲以上爲丁，後以二十一成丁），高熲以人間課稅，雖有定分，年常徵納，除注恆多，長吏肆情，文帳出沒，既無定簿，難以推校，乃爲輸籍之樣，請偏下諸州，每年正月五日縣令巡人各隨近五黨三黨，共爲一團，依樣定戶上下，帝從之，自是姦無所容。」佑論之曰，「隋受周禪，得戶三百六十萬，開皇九年平陳，又收戶五十萬，洎於大業二年，干戈不用，惟十八載，有戶八百九十萬矣。其時承西魏喪亂，周齊分據，暴君慢吏，賦重役勤，人不堪命，多依豪室，禁網隳紊，姦偽尤滋。高熲覩流冗之病，建輸籍之法，於是定其名，輕其數，使人知爲浮客，被強家，收大半之賦，爲編甿，奉公上，蒙輕減之征，先敷其信，後行其令，烝庶懷惠，姦無所容，隋氏資儲，遍於天下，人俗康阜，熲之力焉，功規蕭葛，道亞伊呂，近代以來，未之有也。」（皆見通典卷七食貨典七）。

（註三）詳見通鑑隋紀四至五，拙著綱要第三册一〇五節「統一之盛」頁三至六及頁二三曾節引之。

（註四）語本隋書卷四煬帝紀下。

（註五）舊唐書卷七十四馬周傳「貞觀十一年（六三七），周上疏曰，隋家貯洛口倉，而李密因之，東都積布帛，而世充據之，西京府庫，亦爲國家之用，至今未盡。」

（註六）見新唐書太宗本紀。又王溥唐會要載「貞觀四年，諸蕃君長詣闕請太宗爲天可汗，上曰，我爲大唐天子，又行天可汗事，於是後降璽書賜西域北荒君長皆稱爲皇帝天可汗，諸蕃酋帥有死亡者，必下詔册立其後嗣焉。統制四夷，自此始也。」（卷七十三及一百合文）。

（註七）見新唐書卷二一七下薛延陀傳。

（註八）西域記成於貞觀二十年，此序載高麗藏本他本無。

（註九）見唐會要卷七。

（註一〇）見王昶金石萃編卷六十引宋趙楷記。

（註一一）見氏著「據鞍錄」。（藕香零拾本）楊氏於清高宗乾隆四年（一七三九）六月二十日，自西寧監司述職入都，其遊昭陵在七月十七日）。據唐會要卷二十，此十四番酋，爲「突厥頡利可汗右衛大將軍阿史那咄苾，突厥突利可汗右衛大將軍阿史那什鉢苾，突厥乙彌泥孰俟利苾可汗右武衛大將軍阿史那李思摩，突厥都布可汗右衛大將軍阿史那社尒，薛延陀眞珠毘伽可汗，吐蕃贊普，新羅樂浪郡王金貞德，吐谷渾阿源郡王烏地也拔勒豆可汗慕容諾曷鉢，龜茲王訶黎布失畢，于闐王伏闍信，焉耆王龍突騎支，高昌王左武衛將軍麴智盛，林邑王范頭黎，帝那伏帝國王阿羅那順。」

（註一二）按武氏自高宗末，已屢奉帝如東都（洛陽），高宗崩，既自爲太后，臨朝稱制，嗣改元光宅，復改東都爲神都，武氏遂居洛陽矣。垂拱四年（六八八）四月，唐同泰獻僞石，稱獲之於洛水，太后命曰寶圖，十二月，「太后拜洛受圖，皇帝皇太子皆從，內外文武百官蠻夷，各依方敍立，珍禽奇獸雜寶，列於壇前，文物鹵簿之盛，唐興以來，未之有也。」是年毀乾元殿，作明堂，「高二百九十四尺，方三百尺，凡三層，號曰萬象神宮。又於明堂北起天堂五級，以貯大像，（大像，其小指中猶容數十人），至三級，則俯視明堂矣。」「延載元年（六九四）八月，武三思帥四夷酋長請鑄銅鐵爲天樞，立於端門之外，銘紀功德，黜唐頌周。」天冊萬歲元年（六九五）四月，天樞成，高一百五尺，徑十二尺，八面，各徑五尺，下爲鐵山，周百七十尺，以銅爲蟠龍麒麟縈繞之，上爲騰雲承露盤，徑三丈，四龍人立捧火珠，高一丈，工人毛婆羅造模，武三思爲文，刻百官及四夷酋長名，太后自書其榜曰大周萬國頌德天樞。」先是，天堂火，延及明堂，「太后命更造明堂天堂，又鑄銅爲九州鼎，各置其方。」「萬歲通天元年（六九六）三月，新明堂成，號曰通天宮。」「神功元年（六九七）四月，鑄九鼎成，徙置通天宮。豫州鼎高丈八尺，受千八百石，餘州高丈四尺，受千二百石，各圖山川物產於其上，共用銅五十六萬七百餘斤。自玄武門曳入，令宰相諸王帥南北牙宿衞兵十餘萬人幷仗內大牛白象共曳之。」詳見通鑑唐紀卷二十至二十二。

（註一三）見藥昌熾語石卷一。

（註一四）見杜少陵集卷十三。

（註一五）新唐書卷二一六下吐蕃傳贊語。又按拙著綱要第三冊頁一至二九論隋唐統一之盛頗詳，以上皆係就彼書節錄，可參閱。

（註一六）錄柳先生中國文化史下冊頁一至二。

（註一七）隋書卷八十四突厥傳語。

（註一八）同上書卷八十三西域傳語。

（註一九）同上書卷八十二赤土傳，「煬帝大業三年，屯田主事常駿、虞部主事王君政等請使赤土，帝……遣齎物五千段以賜赤土王。其年十月，駿等自南海郡乘舟……至赤土界，其王利富多塞以舶三十艘來迎，月餘至其都。至王宮，駿等宣詔訖，因謂駿曰，今是大國中人，非復赤土國矣，尋遣其子那邪迦隨駿貢方物。」按明史卷三二四暹羅傳謂暹羅卽隋唐赤土國，清丁謙非之，謂赤土當在今馬來半島巴大年，吉蘭丹、丁加奴等部地。詳丁氏隋書四夷傳地理考證。

（註二〇）仝上書卷八十一琉球傳「大業三年，煬帝令羽騎尉朱寬入海，訪求異俗，到琉求國。明年，帝遣武賁郎將陳稜，朝請大夫張鎮州率兵自義安浮海擊之，進至其都，焚其宮室，虜其男女數千人，載軍實而還。」

（註二一）新唐書卷二一五上突厥傳語。

（註二二）同上註十七。

（註二三）同上註十五。

（註二四）新唐書卷二二一上天竺傳語。按玄策曾三至印度，說詳柳先生「王玄策事輯」，載學衡雜誌第三十九期。

（註二五）通鑑唐紀十六語。

（註二六）新唐書卷二二一下大食傳作二世，舊唐書卷一九八大食傳則作三世，與大食史合，茲從之，惟回曆以摩訶末遷都默地那之歲（唐武德五年，六二二），爲元年，至永徽二年，以回曆計之，首尾僅三十一年（以中歷西歷計之，僅三十年），據舊書卷四高宗本紀「永徽六年六月、大食國遣使朝貢」有國三十四年之言，或係此年使者所言歟？

（註二七）唐會要卷七十三「龍朔元年六月十七日，吐火羅道置州縣使、王名遠進西域圖記，并請于闐以西波斯以東十六國，分置督都府及州八十、縣一百一十、軍府一百二十六，仍以吐火羅國立碑以記聖德，詔從之。以吐火羅國葉護居遏換城，置月氏都督府，嚈噠部落居活路城，置大汗都督府，訶達羅支國居伏寶瑟顛城，置條支都督府，解蘇王居數瞞城，置天馬都督府，骨咄施國王居沃沙城，置高附都督府，罽賓國王居遏紇城，置修鮮都督府，失范延國王居伏戾城，置寫鳳都督府，石汗那國王居豔城，置悅般州都督府，護特健國王居遏密城，置奇沙州都督府，怛沒國王居怛沒城，置姑墨州都督府，烏拉喝國王居摩喝城，置旅獒州都督府，多勒建國王居低保那城，置崑墟州都督府，俱密國王居褚瑟城，置至拔州都督府，護密多國王居摸達城，置鳥飛州都督府，久越得健國王居步師城，置王庭州都督府，波斯國王居疾陵城，置波斯都督府。各置縣及折衝府，並隸安西都督府。」

（註二八）新唐書卷二二一下波斯傳語。

（註二九）見同上書卷二一九渤海傳。

（註三〇）見同上書卷四十三下地理志七下。

（註三一）按通典卷六食貨典六云，「自開元中及於天寶，開拓邊境，多立功勳，每歲軍用，日增其數，糴米粟則三百六十萬匹段，給衣則五百三十萬，別支計則二百一十萬，餽軍食則百九十萬石，大凡一千二百六十萬而賜賚之費此不與焉。」較舊志所載其數略增。

（註三二）按通典云：「天寶中，天下計帳戶約有八百九十餘萬，其稅錢約得二百餘萬貫，其地稅約得千二百四十餘萬石，課丁八百二十餘萬，其庸調租等，約出絲綿郡縣，計三百七十餘萬丁，庸調輸絹約七百四十餘萬匹，綿則百八十五萬餘屯，租粟則七百四十餘萬石；約出布郡縣計四百五十餘萬丁，庸調輸布約千三十五萬餘端，其租約百九十餘萬丁，江南郡縣，折納布約五百七十餘萬端，二百六十餘萬丁江北郡縣，納粟約五百二十餘萬石。大凡都計租稅庸調，每歲錢粟絹綿布，約得五千二百二十餘萬端疋屯貫石。諸色資課及句剝所獲，不在其中。（據天寶中度支，每歲所入端屯疋貫石都五千七百餘萬，計稅錢地稅庸調折租得五千三百四十餘萬端疋屯，其資課及句剝等當合得四百七十餘萬），」所載數亦較新志爲增。見仝上註。

（註三三）本節係節錄拙著綱要第三冊一〇六節「疆域之開拓與四夷之關係」（頁二九至四七）。可參閱。

（註三四）唐六典卷四「主客郎中、員外郎、掌諸蕃朝聘之事。凡四蕃之國，經朝貢以後，自相誅絕，及有罪見滅者，蓋三百餘國，今所在者，有七十餘蕃。其朝貢之儀，享燕之數，高下之等，往來之命，皆載于鴻臚之職。」卷十八「鴻臚卿之職，凡四方夷狄君長朝見者，辨其等位，以賓待之，凡夷狄君長之子襲官爵者，皆辨其嫡庶，詳其可否，以上尙書。若諸蕃大酋渠有封建禮命，則受册而往其國。典客令掌東夷西戎南蠻北狄歸化在蕃者之名數，丞爲之貳。凡朝貢宴享送迎預焉。皆辨其等位而供其職事。凡酋渠首領朝見者，則館而以禮供之，若疾病，所司遣醫人給以湯藥；若身亡，使主副及第三等以上官，奏聞。其喪事所須、所司量給、欲還蕃者，則給轝遞至境。（首領第四等已下不奏聞，但差車牛送至墓所，）諸蕃使主副五品以上，給帳氈席、六品以下、給幕及食料丞一人判廚事。季終則會之、若還蕃，其賜各有差給於朝堂；典客佐其受領，教其拜謝之節焉。」

（註三五）見卷九。

（註三六）參廿二史劄記卷十五「周、隋、唐皆出自武川」節。

（註三七）法琳言見藏經護法部「法琳別傳」。元吉小字三胡，見新書七十九本傳。單雄信言見劉餗隋唐佳話。承乾事詳新書八十太宗諸子傳。

（註三八）近人劉盼遂嘗著「李唐爲蕃姓考」，（登北平女師大學術季刊一卷四期）陳寅恪著「李唐氏族之推測」，（登中央研究院歷史語言研究所集刊第三本第一分）亦言「李唐先世，疑出邊荒雜類，必非華夏世家。」惟陳君近著「唐代政治史述論稿」（三十二年五月商務印書館出版）上篇「統治階級之氏族及其升降」，則已捨棄舊說，而主李唐先世出於趙郡李氏，謂「李唐血統，其初本是華夏，其與胡夷混雜，乃一較晚之事。」陳君又引隋書經籍志史部譜序篇序「後魏遷洛，……中國人士，第其門閥，有四海大姓、郡姓、州姓、縣姓，及周太祖入關，諸姓子孫有功者，並令爲其宗長，仍撰譜錄，紀其所承，又以關內諸州爲其本望」之文，謂李唐之稱西涼嫡裔，改趙郡郡望爲隴西郡望，卽在是時，所論頗新穎可喜。

（註三九）據新書宰相世系表，長孫氏出自拓跋，安興貴、安修仁，爲安息國王子世高後，又據魏書官氏志，尉遲屈突皆代北部族姓。

（註四〇）拙著綱要第三冊一〇七節「漢胡混合之北統」（頁六〇至八一）論述此問題頗詳，本節及下節多就彼書節錄，可參閱。

（註四一）王國維詠史詩云：「塞北引弓士，塞南冠帶民，耕牧旣殊俗，言語亦異倫。三王大一統，乃以禹跡言，大漠突度漢，長城已築秦。古來制漢北，獨有唐與元。元氏儲祥地，唐家累葉婚，神堯出獨孤，官氏北地尊。英英文皇帝。母后黑獺孫。用玆代北武，緯以江左文。婉孌服弓馬，瀟洒出經綸。蕃將在閫外，公主過河源。所以天可汗，古今惟一人，」見觀堂集林卷二十四。

（註四二）並據通典卷六食貨典六。

（註四三）語本北周書卷二十三蘇綽傳。

（註四四）王夫之讀通鑑論卷九語。

（註四五）詳見新唐書卷九十五高儉傳。

（註四六）見同上書卷一七二杜兼傳。

（註四七）沈家本「重刻唐律疏議序」語，序見「寄簃文存」（寄簃叢書本）卷六。

（註四八）遼史卷五十五儀衞志一語。

（註四九）王昶金石萃編卷三十九北朝造像諸碑總論言「造像立碑，始於北魏，迄於唐之中葉。」（參上章註八十三）葉昌熾語石卷四曰：「佛經之有石刻也，其在高齊宇文周時乎？陽曲一石（天保二年）齊刻之最先者也；鄒嶧四石（大象元年），周刻之最先者也。」「刻經有三：其一摩厓，其一經碑，其一卽經幢也。隋以前無經幢，宋以後無摩厓（惟元居庸關一刻），唐一代，刻經建幢者十之七，建碑者十之三，刻於厓壁者，所見不過三四通耳。」又按唐僧神淸北山錄卷四有曰：「宋人魏人、南北兩都，宋風尙華，魏風猶淳，淳則寡不據道，華則多遊於藝。夫何以知？觀乎北則枝葉生於德教，南則枝葉生於辭行。」蓋南北朝時，佛教亦各異其趣，「南方偏向玄學義理，上承魏晉以來之系統，北方重在宗教行為，下接隋唐以後之宗派，故唐世有分佛教為南北二系之論也。」（語本湯用彤漢魏兩晉南北朝佛教史第十四章）。

（註五〇）按唐人五經疏雖從南學，然唐疏亦兼采南北諸儒說也。又唐修開元禮，雖係賡續梁修天監禮，然開元禮多採北朝諸儒之說，亦兼承南北也。又如音樂，新書禮樂志言「自漢魏之亂，晉遷江南，中國遂沒於夷狄，至隋滅陳，始得其樂器，稍欲因而有作，鄭譯牛弘等相與撰定，唐興卽用隋樂。」此特指名存實亡之古樂言耳。隋唐時最盛行中國者為龜茲樂，又自北朝傳入者也。又如法書，唐太宗最善王羲之書，嘗躬撰晉書王羲之傳論，推其「盡善盡美」，臨終且以蘭亭序殉葬，智永虞世南亦以南派名家，然南派不顯於隋。（葉昌熾語石四曰「前人謂北書方嚴遒勁，南書疏放妍妙，囿於風氣，未可強合，至隋則混一區宇，天下同文，並無南北之限。乃審其字體，上而廟堂之制作，下而閭巷之鐫題，其石具在，未有如世所傳法帖者。豈平陳之後，江左舊派，亦與國步具遷乎？」）貞觀時雖大顯，歐陽詢，褚遂良等，亦皆出北派。洎永徽以後，直至開成，碑版石經，尙沿北派餘風焉。（語本阮元揅經室三集南北書派論）

（註五一）見隋紀八。

（註五二）詳見唐紀九至三十一，拙著綱要第三冊頁八四至八六曾略引之。綱要三冊一〇八節「外族之歸化」（頁八二至一一二）論述唐代外族之歸化頗詳，本節全文，卽係就彼書節錄，可參閱。

（註五三）諸人皆見新唐書卷一一〇諸夷蕃將列傳。

（註五四）肅宗嘗憂賊強，以問李泌，泌言「今獨虜將或為之用，中國之人，惟高尙等數人，自餘皆脅從耳。」然泌又曰，「我所恃者，磧西突騎，西北諸戎耳。」見通鑑唐紀三十五及新書泌本傳。

（註五五）說詳劉掞藜「唐代藩鎮之禍可謂為第三次異族亂華」。載武漢大學文哲季刊一卷四號。

（註五六）見新唐書卷一七〇范希朝傳，卷一七一劉沔傳及石雄傳。

（註五七）新唐書卷二一七上回鶻傳上。

（註五八）詳見新唐書卷一七〇王鍔傳及通鑑唐紀四十八「貞元三年」下。

（註五九）見唐會要卷四十七。

（註六〇）詳見宋李昉纂集之太平廣記神仙類、妖怪類、寶類等中。張星烺氏中西交通史料匯篇第三冊曾遂錄之，可參閱。

（註六一）見通鑑唐紀四十一「大曆十四年」下及新唐書卷一四一鄧景山傳及卷一四四田神功傳。

（註六二）新唐書卷四則天后紀「文明元年七月，廣州崑崙殺其都督路元叡。」又卷六肅宗紀「乾元元年九月癸巳，大食波斯寇廣州」。

（註六三）據張星烺中西交通史料匯篇第三冊譯法人萊奴德(M Reinaud)阿剌伯人及波斯人印度中國紀程。

（註六四）見姚鉉輯唐文粹卷二。

（註六五）見故倭人某（元開）著唐大和尙東征傳（續羣書類從本）。

（註六六）金仁問、崔致遠、見故高麗金富軾三國史記卷四十四及四十六。阿倍仲麻呂、藤原淸河、見故倭人某（源光國）大日本史卷一一六。李光弼、渾瑊、李光進、李元諒等，皆見新書本傳。尉遲乙僧見朱景玄唐朝名畫錄。慧琳、法藏、見宋高僧傳卷六卷五。瞿曇悉達見四庫總目提要。李珣見黃休復茅亭客話。李彥昇見全唐文卷七六七陳黯華心說。拙著綱要第三冊頁一〇四至一一二嘗備錄之，可參閱。

（註六七）見通鑑唐紀十四貞觀廿一年下。

（註六八）大業十二年，煬帝之江都，代王侑留守西京，越王侗留守東都。十三年，李淵起兵太原，入長安，奉侑爲帝，遙尊煬帝爲上皇。翌年三月，宇文化及弒煬帝於江都，五月，淵受侑禪卽帝位，西都亡。東都留守官元文都等得煬帝凶聞，奉越王侗卽位。嗣王世充又殺文都等執其權，翌年，世充廢侗，自稱鄭帝，隋亡。

（註六九）見舊唐書卷二太宗本紀上。又本節多據拙著綱要第三冊一一二節「隋之亂亡與唐之興」（頁二一五至二二七），可參閱。

（註七〇）按宏道元年（六八三）十二月，高宗崩，中宗卽位，尊武后爲皇太后，臨朝稱制。明年（六八四），改元嗣聖，二月，太后廢中宗爲廬陵王，立豫王旦爲皇帝，改元文明。天授元年（六九〇），太后改國號曰周，稱皇帝，降睿宗爲皇嗣。聖曆元年（六九八），以廬陵王爲太子，豫王旦爲相王。神龍元年（七〇五），中宗復辟，復國號唐，景龍四年（七一〇），皇后韋氏（中宗后）弒中宗，相王旦復位，改元景雲。太極元年（七一二），睿宗傳位太子（卽玄宗），自尊爲太上皇，改元先天。自嗣聖至先天，都計二十九年。

（註七一）新唐書卷二太宗本紀贊語。

（註七二）詳廿二史劄記卷十九「貞觀中直諫者不止魏徵」節。

（註七三）新唐書卷三高宗本紀贊語。

（註七四）詳廿二史劄記卷十九「武后之忍」與「武后納諫知人」二節。

（註七五）新唐書卷四九姚崇宋璟傳贊語。

（註七六）見姚汝能安祿山事迹卷上（藕香零拾本）。

（註七七）新唐書卷五玄宗本紀贊語。拙著綱要第三冊一一三節（頁二二七至二四七）論述唐初諸帝及治亂較詳，趙翼說亦多備錄，可參閱。

（註七八）按侍中爲門下省長官，中書令爲尙書省長官，通典卷十九「職官典一」及卷二十一「職官典……」總敍宰相沿革時，兩言「大唐侍中中書令爲眞宰相。」至尙書省長官爲尙書令，武德初，太宗爲秦王時，嘗居之，其後人臣莫敢當，遂廢此官，而以左右二僕射爲尙書省長官。通典職官典三曰，「尙書左右僕射，亦嘗爲宰相」。又卷二十二職官典四曰，「大唐左右二僕射，因前代本副尙書令，自尙書令廢闕，二僕射則爲宰相。故太宗謂房元齡、杜如晦曰，公爲僕射，當洞開耳目，訪求才賢，是爲宰相弘益之道，今以決辭聽訟不暇，豈助朕求賢之意。乃令尙書細務爲悉委於兩丞，其寃滯大故當奏聞者，則關於僕射。及貞觀末，除拜僕射，必加同中書門下平章事，及參知機務等名，方爲宰相，不然則否，然爲僕射者亦無不加焉。自開元以來，始有單爲僕射，不兼宰相者。」

（註七九）見通典職官典三。

（註八〇）「中書舍人六員專掌詔誥，侍從署敕，宣旨勞問，授納訴訟，敷奏文表，分判省事。自永淳以來，天下文章道盛，臺閣髦彥，無不以文章達，故中書舍人爲文士之極任，朝廷之盛選，諸官莫比焉。」見同上註。

（註八一）日知錄卷九有「封駁」篇，論唐代給事中掌封駁之制頗詳，可參閱。當時因避免中書門下之紛爭，兩省長官每先共同議定，然後奏聞。通典職官典三云：「舊制，宰相常於門下省議事，謂之政事堂，至永淳三年七月，中書令裴炎以中書執政事筆，其政事堂令在中書，遂移在中書省。開元十一年，張說奏改政事堂爲中書門下，其政事印亦改爲中書門下之印。」

（註八二）「尚書省、都堂（大廳）居中，左右分司，都堂之東，有吏部、戶部、禮部三行，每行四司，左司統之；都堂之西，有兵部、刑部、工部三行，每行四司，右司統之，凡二十四司，分曹共理，而天下之事舉矣。」「開元以前，諸司之官兼知政事者，午前議政於朝堂，午後理務於本司。自開元以來，宰相員少，資地崇高，又以兵吏尚書權位尤美，而宰臣多兼領之，但從銜軸，不自銓綜，其選試之任，皆侍郎專之，尚書通署而已。」見通典職官典四及五。

（註八三）唐六典卷一「尚書都省掌舉諸司之綱紀，與其百僚之程式，以正邦理，……凡內外百司所受之事，皆印其發日，爲之程限，一日受，二日報，小事五日，中事十日，大事二十日，獄案三十日，其急務者不與焉。小事判句經三人已下者給一日，四人以上給二日，中事每經一人給二日，大事各加一日，內外諸司咸率此。……若諸州計奏達於京師，量事之大小多少以爲之節，二十條以上，二日。倍之，三日。又倍之，四日。又倍之，五日。雖多不是過焉。凡制敕施行，京師諸司有符移關牒，諸下州者，必由於都省以遣之，凡文案既成，句司行朱訖，皆書其上端，記年月日，納諸庫。凡施行公文應印者，監印之官考其事目，無或差謬，而後印之，必書於歷，每月終，納諸庫，凡內外百僚，日出而視事，既午而退，有事則直官省之，其務繁不在此例。

（註八四）通典職官典一文。新唐書卷一八一曹確傳亦云：「太宗著令，文武官六百四十三。」又卷四十六百官志一則云：「太宗省內外官，定制爲七百三十員。」

（註八五）見卷四十職官典二十二。按末段爲杜佑德宗建中中併省官吏議文。

（註八六）見新唐書卷四十四選舉志一，各科試法不同，志文甚詳，不備錄。

（註八七）通典卷十五選舉典三語。

（註八八）通考卷二十九選舉考二語。下文又曰「其推重謂之白衣公卿，又曰一品白衫，其艱難謂之三十老明經，五十少進士。」

（註八九）開元二十五年敕語，見同上註。

（註九〇）見通典卷七食貨典七。佑以玄宗世編戶名籍，數皆不實，謂此病由是。

（註九一）唐六典卷二十一「國子博士掌教文武官三品以上及國公子孫從二品以上曾孫之爲生者。太學博士掌教文武官五品以上及郡縣公子孫三品曾孫之爲生者。四門博士掌教文武官七品以上及侯伯子男子之爲生者，若庶人子爲俊士生者。律學博士書學博士算學博士掌教文武官八品以下及庶人子之爲生者。」

（註九二）見柳宗元與太學諸生喜詣闕留陽城司業書。唐柳先生集卷三十四。

（註九三）語本通考卷三田賦考三。

（註九四）語皆本新唐書卷五十「兵志」。志又曰：「夫置兵所以止亂，及其弊也，適足爲亂，又其甚也，至困天下以養亂，而遂至於亡焉。」

（註九五）見同上註。

（註九六）見通鑑唐紀三十二天寶六載下。

（註九七）同上註九十四。

（註九八）見文獻通考卷二七六。

（註九九）新唐書卷六十四方鎭表序語。

（註一〇〇）明張大齡唐藩鎭指掌語。按拙著綱要第三册一〇一節「方鎭之割據」（頁一三七至一六三）述唐代之方鎭較詳，本節多就彼書節錄，可參閱。

（註一〇一）新書卷四十九下「百官志四下」及舊書卷三十八「地理志」語。

（註一〇二）皆見新唐書卷二一九渤海傳。

（註一〇三）皆見新唐書卷二一七回鶻傳。

（註一〇四）見新唐書卷二二一下西域傳下。

（註一〇五）語本新唐書卷五玄宗本紀。舊唐書卷一〇九李嗣業傳載其事，可參閱。

（註一〇六）皆見新唐書卷二一六吐蕃傳。

（註一〇七）見羅振玉「補唐書張義潮傳」（丙寅稿本）。

（註一〇八）語本新唐書卷二一五上突厥傳序。

（註一〇九）懿宗世，南詔復盜邊，武寧兵七百戍桂林，六歲不得代，糧料判官龐勛率以反。勛後爲康承訓所誅，雖未爲大患，然實黃巢之亂之先道。新書突厥傳序言「唐興，蠻夷更盛衰，嘗與中國亢衡者有四：突厥、吐蕃、回鶻、雲南是也。」「凡突厥、吐蕃、回鶻、以盛衰先後爲次，終之以南蠻，記唐所繇亡云。」本節所述，皆係節錄拙著綱要第三册頁五〇至六〇，可參閱。

（註一一〇）參閱廿二史劄記卷二十「唐代宦官之禍」及「中官出使及監軍之弊」二節。拙著綱要第三册頁二五三至二六二論述唐代宦官，既備錄趙翼說，復略加補苴，可參閱。

(註一一一)文獻通考卷二七六封建考中語。

(註一一二)歐陽修新五代史卷三十六義兒傳語。

(註一一三)參閱廿二史劄記卷二十一「五代諸帝多由軍士擁立」，及卷二十二「五代姑息藩鎮」，「五代藩郡皆用武人」、「五代藩帥劫財之習」、「五代幕僚之禍」、「五代諸侯貢奉多用鞍馬器械」、「魏博牙兵凡兩次誅戮」、「一軍中有五帝」諸節。(拙著綱要第三册頁一六九至一八一備錄之)

(註一一四)據新唐書卷二一八沙陀傳贊。

(註一一五)新五代史卷六明宗本紀語。按明宗在位八年，史贊稱十年，疑誤。

(註一一六)遼史卷二太祖紀贊語。

(註一一七)詳新五代史卷十七晉家人傳。

(註一一八)皆見通鑑後漢紀一「天福十二年」下。

(註一一九)拙著綱要第三册頁二七五至三〇七論列五代十國較詳。本節及下節多就彼書節錄，可參閱。

(註一二〇)後唐莊宗同光三年(九二五)，郭崇韜帥師滅蜀，以孟知祥帥蜀，知祥遂續據其地，是爲後蜀。晉高祖天福二年(九三七)。吳楊氏爲其臣徐知誥所篡，是爲南唐。出帝開運二年(九四五)，南唐滅閩王氏，而留從效據漳泉，號閩海。周太祖廣順元年(九五一)，南唐滅楚馬氏，而劉言王逵及周行逢承之，號武平(歐史附楚世家後)。劉知遠弟崇亦於是年稱帝晉陽，是爲東漢。

(註一二一)通鑑後周紀二語。

(註一二二)本節及下節所述，略本劉師培「國學發微」，登乙巳年國粹學報第十期及十一期。

(註一二三)孟蜀石經殘帙，廬江劉氏有影印本。張國淦「歷代石經考」(燕京大學印本)，於各代石經記述，搜摭頗備，可參閱。

(註一二四)皆通典李翰序語。

(註一二五)見新五代史卷五十七賈緯傳。

(註一二六)「蘇冕嘗次高祖至德宗九朝之事，爲會要四十卷，宣宗大中七年，又詔楊紹復等次德宗以來事，爲續會要四十卷，以崔鉉監修，段公路北戶錄所稱會要，即是等之書也。」(四庫總目卷八十一政書類一)。

(註一二七)語本坊行本曾毅中國文學史。

(註一二八)五代時詩文最著稱者，爲和凝與王仁裕，皆以多爲富者也。歐史卷五十六云：「和凝，幼聰敏，形神秀發，爲文章，以多爲富，有集百餘卷，嘗自鏤版以行於世。」又卷五十七云：「王仁裕，爲人儁秀，以文辭知名，喜爲詩，其少也，嘗夢剖其腸胃，以西江水滌之，顧見江中沙石，皆爲篆籀之文，由是文思益進，乃集其平生所作詩萬餘首，爲百卷，號西江集。仁裕與和凝，於五代時皆以文章知名。又嘗知貢舉。仁裕門生王溥，凝門生范質，皆至宰相，時稱其得人。」

（註一二九）見葉昌熾語石卷一。

（註一三〇）二十六年四月，南京開第二次全國美術展覽會時，四家山水各陳列一巨幅。爲荆浩「匡廬圖」，董源「洞天山堂」，巨然「秋山圖」，至關仝所作，今已不能憶矣。

（註一三一）末段略本劉師培「中國美術學變遷論」。（載丁未年國粹學報第三十一期），按「八分一字値千金」，係杜甫「李潮八分小篆歌」語。潮，子美甥也。舊書卷一九〇文苑傳稱「李邕長碑頌，中朝衣冠及天下寺觀多齎持金帛往求其文，前後所製凡數百首，受納饋遺亦至鉅萬，時議以爲自古鬻文獲財，未有如邕者。」子美八哀詩「贈祕書監江夏李公邕」云：「干謁走其門，碑版照四裔，各滿深望還，森然起凡例。蕭蕭白楊路，洞徹寶珠惠。龍宮塔廟湧，浩劫浮雲衞。宗儒俎豆事，故吏去思計。眄睞已皆虛，跋涉曾不泥。向來映當時，豈獨勸後世。豐屋珊瑚鉤，騏驎織成罽。紫騮隨劍几，義取無虛歲。……嗚乎江夏姿，竟掩宣尼袂。」

（註一三二）本節多據朱文鑫天文考古錄（商務印書館二十一年出版）。

（註一三三）參閱王國維「書巴黎國民圖書館所藏唐寫本切韻後」，「書吳縣蔣氏藏唐寫本唐韻後」，「唐諸家切韻考」，及「李舟切韻考」（皆見觀堂集林卷八）。

（註一三四）見舊唐書卷一三八賈躭傳。

（註一三五）見藍浦景德鎭陶錄。

（註一三六）原奏見全唐文卷六二四，友人錢穆讀書記曾引之，惟未能得其年代（見齊魯大學責善半月刊第二卷第十八期），今按册府元龜卷一百六十巳引宿奏，繫於太和九年，茲從之。

（註一三七）孫毓修「中國雕板原流考」，引「柳玭訓序」，稱「中和三年（八八三），在蜀閱書肆所鬻字書，率雕本」，又引「國史志」稱「唐末始有雕板，多術數小學字書」。至時賢論唐代印刷者，以友人向達「唐代刊書考」爲最詳，載南京國學圖書館第一年刊，可參閱。

（註一三八）（註一四〇）皆見卷四。

（註一三九）參廿二史劄記卷十九「唐諸帝多餌丹藥」節。

（註一四一）參閱中國文化史第二編第十五章「隋唐之佛教」（下册頁五九至七三）。

（註一四二）關於四種宗教在中國流行之研究資料，時賢頗多有價値譯者。火祆教有陳垣「火祆教入中國考」（載北大國學季刊一卷一期）。摩尼教有陳垣「摩尼教入中國考」（載同上書二期三期），沙畹著「摩尼教流行中國考」（馮承鈞譯商務印本），及王國維「摩尼教流行中國考」（載觀堂別集後編）。景教有馮承鈞「景教傳行中國考」（商務出版）。回教有陳垣「回回教入中國史略」（載東方雜誌二十五卷一號）及陳漢章「中國回教史」（載史學與地學第一期）。

（註一四三）參陳捷譯本「中日交通史」第六章、第八章。

（註一四四）吐火羅立碑，見上註二十七。佛菻西界立碑，見端方陶齋藏石記卷二十一「大唐故波斯國大酋長右屯衞將軍上柱國金城郡開國公波斯君丘之銘，」稱「君諱阿羅憾，顯慶年中，差充佛菻國諸蕃招慰大使，並於佛菻西界立碑，峨峨尚在。宣傳聖教，實稱蕃心。」

（註一四五）見語石卷二。

（註一四六）見傳雲龍日本金石志卷一（載氏著遊歷日本圖經中）。

（註一四七）新羅之華化，詳金富軾三國史記。渤海詳新書渤海傳、唐宴渤海國志、及金毓黻渤海國志長編。吐蕃南詔亦皆見新書本傳。拙著綱要第三册頁一二三至一三七論述唐代華化之傳播較詳，本節多就彼書節錄，可參閱。

（註一四八）據張星烺中西交道史料匯篇第三册。

（註一四九）同前註四十五。

（註一五〇）見舊唐書卷一九〇上袁朗傳。按誼為朗孫。

（註一五一）詳見新唐書卷八十八柳公綽傳。按玭父仲郢、祖公綽，皆以行誼敦篤著。新書、舊書（卷一六五）本傳皆詳載之。舊書又云：「初公綽理家甚嚴，子弟克稟誡訓，言家法者，世稱柳氏云。」

（註一五二）參閱廿二史劄記卷二十二「周祖四妻皆再醮婦」節。

（註一五三）見舊唐書卷七十四馬周傳。

（註一五四）見新唐書卷五玄宗本紀及通鑑唐紀卷三十一「天寶八載」下。

（註一五五）見新唐書卷一二二韋安石傳。

（註一五六）詳見舊唐書卷一二〇郭子儀傳卷一一八元載傳及卷一一三裴冕傳。

（註一五七）洛陽伽藍記卷二載陳慶之語朱異曰：「自晉宋以來，號洛陽為荒土」。

（註一五八）見同上書卷四。原書又云：「時有劉寶者，最為富室，舟車所通，足跡所履，莫不商販，是以海內之貨，咸萃其庭，產匹銅山，家藏金穴，宅宇踰制，樓觀出雲，車馬服飾，擬於王者。」自退酤里以西，有王子坊，並皇宗所居，「河間王琛最為豪首，琛常會宗室，陳諸寶器，金瓶銀瓮百餘口，甌檠盤盒稱是。自餘酒器，有水晶鉢、瑪瑙盃、琉璃碗、赤玉巵數十枚，作工奇妙，中土所無，皆從西域而來。又陳女樂及諸名馬。復引諸王按行府庫，錦罽珠璣，冰羅霧縠，充積其內，繡纈紬綾絲綵越葛錢絹等，不可數計。」當時工商業之發達，可推見其梗概。

（註一五九）隋書卷七十五何妥傳稱：「父細脚胡，通商入蜀，遂家郫縣。事梁武陵王紀，主知金帛，因致巨富，號為西州大賈。」是蕭紀之財富，大抵為與外夷通商所得之盈餘也。

（註一六〇）隋書卷三十一地理志下言「丹陽舊京所在，市廛列肆，埒于二京。」交、廣、楊、泉四州之記載，見阿拉伯人伊賓考爾大貝(Ibnkhodadbeh)道程及郡國志。廣州多外舶，據倭人唐大和尚東征傳。

（註一六一）吳志卷二十，韋昭傳（今本避司馬昭諱，作曜），「孫皓每饗宴，席無能否，率以七升爲限，昭素飲酒不過三升，初見禮異時，常爲裁減，或密賜茶荈以當酒。」

（註一六二）見舊唐書卷一〇一薛登傳。

（註一六三）友人錢穆「記唐人干謁之風」述此事頗詳，見責善半月刊第二卷第十九期，可參閱。

（註一六四）項氏曰，「風俗之弊，至唐極矣，王公大人巍然於上，以先達自居，不復求士，天下之士，什什伍伍，戴破帽，騎蹇驢，未到門百步，輒下馬奉幣刺，再拜以謁於典客者，投其所爲之文，名之曰求知己；如是而不問，則再如前所爲者，名之曰溫卷；如是而又不問，則有執贄於馬前，自贊曰某人上謁者。嗟乎，風俗之弊，至此極矣，此不獨爲士者可鄙，其時之治亂蓋可知矣。」見文獻通考卷二十九選舉考二。

（註一六五）語本新唐書卷一九六隱逸傳序。

（註一六六）見新五代史卷三十五唐六臣傳。

（註一六七）詳見新五代史卷三十二死節傳，卷三十三死事傳，卷三十四一行傳及卷五十四雜傳第四十二。

（註一六八）廿二史劄記卷二十二「張全義馮道」節言之頗詳，可參閱。

（註一六九）語本晁歸來子序張穆之觸鱗集；見文獻通考卷三十選舉考三。

（註一七〇）說詳錢穆「五代時之書院」，見責善半月刊第二卷第十八期。

（註一七一）詳見宋史卷四三一儒林傳一。拙著綱要第三册頁一八二至二一五述隋唐五代之風俗頗詳，本章論風俗，多就彼書節錄，可參閱。

第八章　漢族式微與北方諸族崛興時代（宋元）

自後梁開平元年，遼太祖阿保機稱帝，而契丹立國於吾國之東北，傳九世，二百一十九年（九〇七至一一二五）。宋仁宗寶元元年，夏景宗元昊稱帝，而西夏立國於吾國之西北，傳十世，百九十年（一〇三八至一二二七）。宋徽宗政和五年，金太祖阿骨打稱帝，而女眞遂滅遼而與宋平分中夏，傳九世，百二十年（一一一五至一二三四）。宋寧宗開禧二年，蒙古太祖鐵木眞稱成吉斯汗，而其後遂滅夏、金、南宋，入主中國，國號曰元，傳十四世，一百六十三年（一二〇六至一三六八）。宋介其間，初困於遼夏，繼亡於金，終滅於元，雖延至十八帝，三百二十年（九六〇至一二七九），而積弱已甚。故自五代迄元末，實爲漢族式微北方諸族崛興時代。（自阿保機稱帝迄元之亡，凡四百六十二年，九〇七至一三六八，自宋祖稱帝迄元亡，則凡四百有九年，九六〇至一三六八），治國史者，多以兩晉、南北朝爲外族第一次入侵華夏時期，而自宋迄元，則爲第二次入侵時期，然比而觀之，前後史實，有未可一概論者，其大者計有三端。

一則當時漢族之式微，遠甚於晉隋之際，外族之禍，亦烈於劉石、拓拔、宇文。且契丹、黨項、女眞、蒙古，各有國書，（後詳）雖自蒙文外，亦皆出於華文，然與五胡之僅各有語言，而文字一同華夏者固異。遼、金、元三朝皆以國制與漢制並用，著名三史者，種人亦視漢人倍蓰，與胡羯、氐羌、鮮卑之一切師法中土，而文職十九任用華人者亦殊。蓋五胡自漢魏以來，雜居邊陲，久習吾國之政教，契丹、黨項，雖與唐世，而漸染華化之程度甚淺，女眞、蒙古，則在宋世尚僻處窮荒，與中土相隔絕也。特諸族之以武力興者，仍多歆羨華夏之文教，用漢人以啓其政學，比之五胡，開化雖有先後，而其同化於漢族及其與漢族之混合，亦無大異耳。

二則自典午南渡，華夏文物中心，雖漸自北而南，及鮮卑革夷從夏，洛邑猶視江左爲盛。隋唐之世，以北統南，五季沙陀入主，契丹南牧，北方亦爲正統，宋因後周之成勢，仍都於汴，南服雖繼續開闢，文化中樞，猶在中原。至女眞入侵，宋室南遷，巨室世家，多隨以俱行，南渡名將，自張浚、韓世忠、岳飛、劉光世、劉錡、吳玠、吳璘、楊存中以下，尤無一非出自山陝，故雖南宋之偏安，猶是北宋之餘力。（註一）然淮河以北之文物，既飽受外族之摧殘，漢民或死於鋒鏑溝壑，或被驅掠轉徙，罹禍尤深，女眞、契丹之入宅中原者，又皆游牧蠻民，由是文化陵夷，人材湮沒。而南方爲漢族正統所在，各地優秀分子，麕聚雜居，人文之盛，既遠邁往昔。朝廷欲增庫入，復招徠遠人，阜通貨賄，商業之發達，經濟之繁榮，尤凌駕北方而上之。故南宋以降南方之開化，實遠非東晉後之南朝可及；大江以南，亦自南宋後始爲吾華文明中心焉。

三則魏晉以降，篡亂相仍，醜穢之史，充塞彌漫，易代之際，士大夫亦莫不傳舍其朝，忠義之氣，變化殆盡。自宋祖受命，崇重儒學，表彰節義，行事一以忠厚施之，其寬仁待士，尤累世奉爲典則，宋代政治，亦多出於士大夫之手，歷代女主外戚宗王強藩之禍，宋皆無之，宦寺雖爲禍，亦視漢唐爲不侔。（註二）故吾國之君主政體，實以宋世最爲純潔，與兩晉南北朝之黑暗，迥不相同。對外雖力多不競，而文治之隆，則度越前世遠甚。中外薦紳，亦率以「名節相高，廉恥相尙。故靖康之變，志士投袂，起而勤王，臨難不屈，所在有之，及宋之亡，忠節相望，班班可書。」（註三）流風餘沫之所鍾，雖金元以外族入主，其亡也，殉節殉難者，亦史不絕書焉。

宋太祖起介冑之中，踐九五之位，懼將帥效五季之習，即位之第二年（建隆二年，九六一），即用趙普之言，以從容杯酒之間，罷石守信、高懷德、王審琦等典禁兵。復以後苑之宴，罷王彥超等節鎭；既又以文臣知州事，諸鎭長吏或死或遷或致仕或遙領者，皆以文臣代之；設通判於諸州，統治軍兵之政，事皆專達，與長吏均禮。又令節鎭所領支郡，皆直隸京師，得自奏事，不屬諸藩。又選常參官知縣事。置諸路運轉使，專掌各路賦稅，雖節使及刺史，皆不預僉書金穀之籍，諸州除度支經費外，凡金帛悉送汴都，無得占留。命諸州長吏選本道兵驍勇者，送都下，補禁衞，復立更戍法，分遣禁旅戍守邊城，使往來道路，以習勤苦均勞逸，而將不得專其兵。令諸州大辟不得專決，皆錄案奏聞，付刑部詳復之。方鎭世襲專地、專政、專利、專兵、專殺之積弊，由是盡革，唐中葉以來外重之局，復變而爲內重之局。（註四）節度使本唐藩鎭官名，宋雖猶存此官，亦無所職掌，或以待勳賢故老矣。（註五）然帝雖厲行中央集權政策，盡收節鎭兵柄，亦常注意於謀帥，分部守邊，具得要領。故終帝世「無西北之憂，以至命將出師，平西蜀，拓湖湘，下嶺表，克江南，所向遂志。」（註六）繼以太宗「沈謀英斷」，（註七）「吳越請吏，漳泉來歸，薄伐太原，遂僨北漢，而海內一矣。」（註八）又自太祖以降，「遠人慕義，東若高麗，渤海，雖阻隔遼壤，而航海遠來，不憚跋涉；西若天竺、于闐、回鶻、大食、高昌、龜茲、拂林等國，雖介遼夏之間，筐篚亦至，屢勤館人，黨項、吐蕃、唃厮囉、董氈、瞎征諸部，宋之威德，亦暨其地，交趾、占城、眞臘、蒲耳、大理、濱海諸蕃，接踵修貢。」（註九）太祖又「務農興學，制禮作樂」，（註一〇）太宗亦「勤以自勵，講學以求多聞」，（註一一）眞仁繼之，名世之臣輩出，海內艾安，文治洽和，宋室承平且百年；論者謂「三代而降，考論聲名文物之治，道德仁義之原，宋於漢唐，蓋無讓焉。」（註一二）然內治雖隆，而對外則力頗不競，蓋太祖務強主勢，矯枉過直，兵財多聚京師，藩籬日削，卒至主勢強而國勢反弱，太宗而後，遂深受其禍焉。

宋當建國之初，契丹國勢方盛。太宗旣滅北漢（太平興國四年，九七九），欲乘勢恢復幽薊，遂移師伐遼，圍幽州，遼主賢（景宗）遣耶律休哥將軍赴援，「休哥智略宏遠，料敵如神，」（註一三）大敗宋師於高梁河（北平西直門外），太宗脫身走免。明年，復伐之，莫州一役，宋兵又敗，及賢卒（九八二），聖宗隆緒立，年甫十二，母后蕭氏攝政，復國號曰契丹，蕭后「聞善必從，羣臣咸竭其忠。」（註一四）太宗信邊臣謳言，謀乘契丹釁；雍熙三年（九八六），命曹彬、潘美、楊業等率軍分道北伐，宋師再敗，業被禽死。自是宋惟聊固吾圉，不敢復言進取，而契丹益懸師深入爲邊患，十餘年間，兩國構兵不已，宋師屢北，河朔山後，長爲戰衝。眞宗景德元年（一〇〇四），契丹主隆緒大舉入寇，「直犯貝魏，中外震駭。」帝問羣臣方略，「參知政事王欽若，江南人也，請幸金陵，陳堯叟，蜀人也，請幸成都，」（註一五）賴宰相寇準固請親征，奉帝幸澶州，契丹氣稍沮，宋亦苦兵，遂定和議：契丹主以兄禮事宋，而宋歲輸契丹銀十萬兩，絹二十萬匹；宋北邊之禍稍紓矣。而黨項復強於西北。黨項爲西羌別種，本處西川邊境，服屬唐廷，以苦吐蕃侵暴，徙居靈夏。唐季部族漸蕃，其酋拓跋思恭以破黃巢功，賜姓李氏。思恭據夏、銀、綏、宥、靜、五州之地（今陝北及綏遠伊克昭盟地），稱夏州節度使，後嗣歷五季世有其地。宋太宗世，李繼捧舉族入朝納土，族弟繼遷不服叛歸，嗣受契丹封爲夏國王，乘宋與契丹方搆兵，屢擾宋邊，宋亦縱繼捧還故鎮。繼遷子德明兩臣遼宋，不窺宋邊，宋賜賚亦甚厚。仁宗世，元昊嗣立，「雄毅多大略，以兵法勒諸部，」（註一六）蠶食宋疆，又城興州（今寧夏）而都之，西擊回紇、吐蕃、嗢斷囉等部，取武威、張掖、酒泉、敦煌地；於是今陝甘北境綏遠、寧夏、河西之地，多爲所有，儼然爲宋西北一大強敵，與佔據東北之契丹，遙若相對。寶元元年，元昊自稱大夏皇帝。明年，上表於宋，且求冊命，（註一七）仁宗詔削其官爵，絕互市。自是連歲搆兵，宋師屢敗，西邊騷然。乃分陝西爲涇原、秦鳳、鄜延、環慶四路，命韓琦、范仲淹禦之，撫熟蕃，築城砦，少遏其鋒，然四路恆爲兵衝。時契丹主宗眞（興宗）乘宋有事於西，聚兵燕薊，聲言南下，慶曆二年（一〇四二），遣使索關南地，仁宗遣富弼報之，往復辨喻，再與定盟，加歲幣銀絹各十萬兩匹，定名曰納。（註一八）元昊亦以國中困敝，上書乞款，四年（一〇四四）上誓表，宋冊元昊爲夏國王，歲賜銀、綺、絹、茶共二十五萬五千，（註一九）「約稱臣奉正朔，而元昊帝其國中自若也。」（註二〇）仁宗之世，于宋室爲至平極盛之時，然兵弱財匱，積弊已深，置西北之狡寇，若天建地設而不可犯，惟歲賂巨幣，以圖苟安，賴非夷狄昌熾之時，慶曆後邊境無事者二十餘年，亦云幸矣。

自唐中葉以降，變亂迭興，政法大弊，宋之改制，僅能謀中央之集權，圖皇位之暫安，若儀衞禮文，選舉科目，既多因襲唐舊，即於設官治兵理財之大，亦因循苟且，而鮮經久之方。五代之世，尙書各部漸成閒曹。宋初「尙書門下並列於外，又別置中書禁中，是爲政事堂，與樞密對掌大政。（一主民政、一主軍政、合稱二府，當時仍以同中書門下平章事爲正相，參知政事副之，樞密院則以樞密使爲正官，副使副之，又有知院事比使，同知院事比副使。）天下財賦，內庭諸司，中外筦庫，悉隸三司（鹽鐵、度支、戶部三職，合稱三司，有三司使及副使）。……台省寺監官無定員，無專職，悉皆出入分涖庶務。故三省六曹二十四司（吏部有吏部、司封、司勳、考功四司，戶部有戶部、度支、金部、倉部四司，禮部有禮部、主客、祠部、膳部四司，兵部有兵部、職方、駕部、庫部四司，刑部有刑部、都官、比部、司門四司，工部有工部、屯田、虞部、水部四司），類以他官主判，雖有正官，非別敕不治本司事。事之所寄，十亡二三，……居其官不知其職者，十常八九。其官人受授之別，則有官，有職，有差遣；官以寓祿秩，敘位著，職以待文學之選，而別爲差遣以治內外之事。其次又有階，有勳，有爵。故仕人以登台閣升禁從爲顯宦，而不以官之遲速爲榮滯；以差遣要劇爲貴途，而不以階勳爵邑有無爲輕重。」（註二一）吾國官制名實之乖迕，未有甚於宋者。蓋太祖懲五代藩鎮專恣，每留節度等使於京師，而任朝官爲知州，爲通判，或州鎮有缺，卽令朝官權知，稍後則州縣守令多帶中朝職事官外補，致有官者不復能盡涖本司治事，其勢不能不以他官權代；於是以他官主判遂成通例，而名實大淆。至若尚書省六部職掌，與中書樞密三司使及寺監等，類多重複，而二十四司廢爲閒所，更不待言矣。「自眞宗、仁宗以來，議者多以正名爲請，然朝論異同，未遑釐正」（註二二）也。宋初兵制，雖有禁軍廂軍及鄉兵之分，（宋史卷一八七兵志序云：「天子之衞兵，以守京師備征戍，曰禁軍。諸州之鎮兵，以分給役使，曰廂軍。選於戶籍或應募，使之團結訓練，以爲在所防守，則曰鄉兵。又有蕃兵，其法始於國初，具籍塞下，團結以爲藩籬之兵，其後分隊伍，給旗幟，繕營堡，備器械，一律以鄉兵之制。」）然惟禁軍爲主要，廂軍特禁軍之備補，鄉兵又以佐禁軍之不足者也。「太祖起戎行有天下，收四方勁兵，列營京畿，以備宿衞，分番屯戍，以捍邊圉，於時將帥之臣，入奉朝請，獷暴之民，收隸尺籍，雖有桀驁恣肆，而無所施於其間，」（註二三）頗能矯累朝藩鎮之積弊。當時禁軍之數，不足二十萬，併廂軍等合計，亦纔三十七萬八千，其兵亦多精練。自後每乘凶歲，輒增募饑民以增其額，太宗、眞宗、仁宗之世，遂遞增至六十六萬六千，九十一萬二千，一百二十五萬九千。（註二四）兵既日增，因所募多市井選愞，且累歲不親兵革，多偸惰而不可用，惟竭民脂膏以優廩之，歲歲戍更就糧，供億無藝。初太祖太宗因「吳、蜀、江南、荊湖、南粵之蓄藏，守以恭儉簡易，天下生齒尚寡，而養兵未甚蕃，仕宦未甚冗，佛老之徒未甚熾，外無金繒之遺，百姓亦各安其生，不爲巧僞放侈，故上下給足，府庫羨溢。承平既久，戶口歲增，兵籍益廣，吏員益衆，佛老外國，耗蠹中土，縣官之費，數倍於昔，百姓亦稍縱侈，上下始困於財。」(註二五)宋制待士又極寬仁，官吏自俸錢祿米外，內官則有職錢及傔人衣糧餐錢，乃至茶酒廚料，薪蒿炭鹽，飼馬芻粟，米麵羊口之給，靡不畢具。外官則有職田及公用錢茶湯錢，其優厚既爲歷代所僅見。而蔭補賞賚，尤極猥濫，一人入仕，子孫親族俱可得官，大者並可及於門客醫士。(註二六)「宗室疏屬，皆有祿秩，所寓州縣，月有廩餼，至於宗女適人，亦有恩數。」(註二七)宗室吏員受祿者，眞宗時，計九千七百八十五員，仁宗皇祐時，增至萬五千四百四十三，英宗時，視皇祐又增十之三，(註二八)祿廩奉賜，因是歲有增益。每三歲郊祀，賞賚之費，「太宗至道末，計緡錢常五百餘萬，眞宗景德郊祀七萬餘萬，東封八萬餘萬，祀汾上寶册又增百二十萬，至皇祐饗明堂，增至一千二百餘萬。」國家歲計，「至道末，總入緡錢二千二百二十四萬五千八百」；不二十年，至眞宗天禧末，已增至「一萬五千八十五萬一百，出一萬二千六百七十七萬五千二百，」雖尙有羨餘，然至「皇祐元年，入一億二千六百二十五萬一千九百六十四，而所出無餘；英宗治平二年，入一億一千六百十三萬八千四百五，出一億二千三十四萬三千一百七十四，非常出者又一千一百五十二萬一千二百七十八，」(註二九)不足之數至千五百餘萬焉。

宋初冗兵冗官冗費之結果，徒令「財不足用于上，而下已敝，兵不足威於外，而敢驕於內，制度日益叢雜，一切苟且，不異五代之時。」(註三〇)此種現象，仁宗世已極顯著，朝野改革之議，亦卽盛於是時。慶曆三年(一〇四三)，元昊乞款，西事暫平，帝數以當世急務問宰執，樞密副使韓琦富弼先後陳世務及捄弊若干條。(註三一)吳人范仲淹(生太宗端拱二年，九八九)，自入仕途，卽「矯厲尙風節」，「初在制中(母喪去官，晏殊知應天府，召寘府學)，遺宰相書極論天下事，」「請擇郡守，舉縣令，斥游惰，去冗僭，愼選舉，撫將帥，凡萬餘言；」嗣受命「安撫江淮」，復「條上捄弊十事」。是年，除樞密副使，繼自樞密副使除參知政事，(按琦弼除樞密副使，亦在是年，見宋史卷二一一宰輔表二，)仲淹感仁宗知遇，適會帝手詔督問，「退而上十事：一曰明黜陟（二府非有大功大善者不遷，內外須在職滿三年，在京百司非選舉而授，須通滿五年，乃得磨勘，庶幾考績之法矣）；二曰抑僥倖（罷少卿監以上乾元節恩澤，正郎以下若監司邊任，須在職滿二年始得蔭子，大臣不得薦子弟任館閣職，任子之法無冗濫矣）；三曰精貢舉（諸路州郡有學校處，奏舉通經有道之人，專於教授，務在興行，進士諸科請罷糊名法，參考履行無闕者以名聞，進士先策論，後詩賦，諸科取兼通經義者，賜第以上皆取詔裁，餘優等免選注官，次第人守本科，選進士之法，可以循名而責實矣）；四曰擇長官（委中書樞密院先選轉運使提點刑獄大藩知州，次委兩制三司御史臺開封府官諸路監司舉知州通判，知州通判舉知縣令，限其人數，以舉主多者從中書選除，刺史縣令可以得人矣）；五曰均公田（外官廩給不均，何以求其爲善，請均其入第給之，使有以自養，然後可以責廉節，而不法者可誅廢矣）；六曰厚農桑（每歲預下諸路，風吏民言農田利害堤堰渠塘，州縣選官治之，定勸課之法，以興農利，減漕運，江南之圩田，浙西之河塘，隳廢者可興矣）；七曰修武備（約府兵法，募畿輔強壯爲衞士，以助正兵，三時務農，一時教戰，省給贍之費，畿輔有成法，則諸道皆可舉行矣）；八曰推恩信（赦令有所施行，主司稽違者，重寘於法，別遣使按視其所當行者，所在無廢格上恩者矣）；九曰重命令（法度所以示信也，行之未幾，旋卽釐改，請政事之臣參議可以久行者，刪去煩冗，裁爲制敕，行下命令，不至於數變更矣）；十曰減徭役（戶口耗少，而供億滋多，省縣邑戶少者爲鎮，併司州兩院爲一，職官白直，給以州兵，其不應受役者悉歸之農，民無重困之憂矣）。」（註三二）蓋以吏治選舉爲主，兼及農田兵事。時歐陽修（生景德四年，一〇〇七）撰本論，言「均財而節兵，立法以制之，任賢以守法，尊名以厲賢，此五者相爲用，」（註三三）所論亦與仲淹相表裏。史稱「天子方信嚮仲淹，悉采用之，宜著令者，皆以詔書畫一頒下，獨府兵法衆以爲不可而止。」仲淹又請釐正輔臣執掌，兼判一切政刑兵賦。（註三四）時「中外想望其功業，仲淹亦以天下爲己任，裁削倖濫，考覈官吏，日夜謀慮興致太平，然更張無漸，規模闊大，論者以爲不可行；」且「自任子之恩薄，磨勘之法密，僥倖者不便，於是謗毀稍行，而朋黨之論浸聞上矣。」四年（一〇四四），仲淹出爲陝西河東宣撫使，「其在中書所施爲，亦稍稍沮罷。」比仲淹卒（皇祐四年，一〇五二，年六十四），慶曆之改革，遂消逝於無形。嘉祐三年（一〇五八），臨川人王安石（生天禧五年，一〇二一）自提點江東刑獄入爲度支判官，慨然上萬言書，請法先王之政，以合當世之變，(註三五)仁宗畫而不能用。八年（一〇六三），帝崩，英宗亦享國日淺，「以疾疢不克大有所爲」。(註三六)神宗自命大有爲之才，嘗欲克復燕雲，恢張先烈，以成蓋世之功，卽位之初，卽謂文彥博曰：「養兵備邊，府庫不可不豐。」而環顧廷臣，皆習故守常，莫有能任其事者。安石以學者見信于神宗，君臣遂如魚水之相投，(註三七)熙寧二年（一〇六九）二月，以安石參知政事，並置「制置三司條例司」，以安石與知樞密院陳升之領之，「經畫邦計，議變舊法，以通天下之利，」(註三八)此後五年之間，農田水利（分遣諸路常平官使專領農田水利，吏民能知土地種植之法，陂塘圩埠堤堰溝洫利害者，皆得自言行之有效，隨功利大小酬賞，起熙寧三年至九年，開封府界及諸路與脩水利田凡一萬七百九十三處，爲田三十六萬一千一百七十八頃有奇），青苗（初，陝西轉運使李參貸民以錢，俟穀熟還官，號青苗錢，至是依其例，以常平糴本作青苗錢，散與人戶，令出息二分，春散秋斂），均輸（以發運之職，改爲均輸，假以錢貨，凡上供之物，皆得徙貴就賤，用近易遠，預知在京倉庫所當辦者，得以便宜蓄買），保甲（十家爲一保，選主戶有幹力者一人爲保長，五十家爲一大保，選一人爲大保長，十大保爲一都保，選爲衆所服者爲都保正，又以一人爲之副，戶兩丁以上選一人爲保丁，授弓弩、教戰陣、警盜賊、糾姦慝、置牌以書其戶數姓名），免役（據家貲高下，各令出錢顧人充役，下至單丁女戶本來無役者，亦一概輸錢，謂之助役錢），三舍（盡大學生員爲三等，始入者爲外舍，初七百人，後增至二千，外舍升內舍，員三百，內舍升上舍，員一百，各執一經，從所講官受學，初月一試，優等以次升舍，後改爲歲一試，與今學校年級制略類），市易（出內帑錢帛，置市易務於京師，凡貨之可市及滯於民而不售者，平其價市之，願以易官物者聽，若欲市於官，則度其抵而貸之錢，責期使償，半歲輸息十一，及歲倍之），保馬（凡五路義保願養馬者，戶一匹，以監牧見馬給之，或官與其直，使自市，歲一閱其肥瘠，死病者補償），方田均稅（以東西南北各千步當四十一頃六十六畝一百六十步爲一方，歲以九月，令佐分地計量，驗地土肥瘠，定其色號，分爲五等，以地之等均定稅數）諸法。相繼並興。(註三九)安石之學不用於嘉祐者，蓋盡用於熙寧，而前之萬言書謂「願明詔大臣爲之以漸，法先王之政意，則吾所改易更革，不至乎傾駭天下之耳目，囂天下之口」者，今以主上信任，政權在手，銳意革新，肆無顧忌，眞至乎「傾駭天下之耳目，囂天下之口」矣。

安石新法，以富國強兵爲鵠，欲強兵，必先富國，故于理財足用之法，設施尤多，其性質多略當於近世之國家社會經濟政策。青苗法因經手官吏以多借爲能，不顧民之願否，任意分配，不肖者又藉以行其頭會箕斂之術，病民最甚，當時攻擊者亦最衆，然其初意實略同今日之農貸事業。免役法改差役制爲募役制，令民出代役之稅以充募貲，釐革當世之弊政，收效亦宏。餘如保甲法欲改宋之募兵爲民兵，三舍法欲脩學校以代科舉，以及所頒農田水利約束與方田均稅法等，亦皆饒有改革精神。(註四〇)然數年之間，粗有圖議，尚未能大樹規模，而當時舊臣若韓琦、富弼、文彥博、范鎮、司馬光、呂公弼、呂公著、暨范純仁、程顥、程頤、蘇軾、蘇轍等，羣起反對。安石既「性強忮，自信所見，執意不回，」(註四一)神宗亦「斷然廢逐元老，擯斥諫士，行之不疑，」(註四二)於是「忠正之士，相繼遠引。」(註四三)安石所任章惇、蔡確、韓絳、呂惠卿輩，復皆功利之士，罔識大體，遂致各走極端，由政黨之爭議，羼雜私人意氣之攻訐。又以新法「施行太驟，陳義太高，蚩蚩之氓，相率咨怨，而奉行之官吏，尤不能盡如立法者之意，益以堅反對者之口實。」(註四四)熙寧七年（一〇七四），安石累疏乞解機務，四月，罷知江寧府，以呂惠卿韓絳繼其任。八年二月，安石再執政，僅頒行三經新義（周官、及詩、書）及罷手實法（法爲呂惠卿所立，官爲定立物價，使民各以田畝室宅資貨畜產，隨價自占，凡居錢五當蕃息之錢一，而定所當輸錢，蓋以免役法所定人民出錢率或未均，故以此法濟之，且可賅見各地人民之物產錢數也）。九年十月，再罷知江寧府。元豐元年（一〇七八）正月，安石三執政，惟改定官制，釐正有名無實之本官與差遣，使尚書六部暨他省臺寺監各還其職，餘多循熙寧之法行之，蓋以反對者之烈，不能舉舊制一一研索，掃地而更張，而安石之氣，亦稍稍餒矣。

熙寧元年，有王韶者詣闕上平戎策三篇，謂「欲取西夏，當先復河湟，」以恩信招撫沿邊諸種爲助，神宗方欲用兵以威四夷，奇其方略，安石亦力贊之，遂遣韶至邊，詔「用兵有機略」，(註四五)擘畫經營，數敗吐蕃羌酋，前後闢地二千餘里，招撫大小蕃族三十餘萬，宋之力大伸于西番矣。安石又遣章惇、熊本等經略湖川夷蠻。交趾主李乾德入寇。(按交趾唐以前皆隸中國，五代時始爲十八曲承美所據，宋初封丁部領爲交趾郡王，始有獨立之勢，丁氏三傳，爲大臣黎桓所篡，黎氏亦三傳，爲大臣李公蘊所篡，公蘊孫日尊始建元稱帝，國號大越，日尊卒，子乾德嗣，)安石亦命郭逵、趙卨等發兵進討。(以上皆熙寧間事)交趾之役，逵卨大捷於富良江，(安南北境)以冒暑涉瘴地，官兵死者過半。得乾德表降卽歸。熊本察訪梓夔，亦討降瀘夷及渝州獠。而章惇察訪荆湖北路，經制蠻事，所招降武陵蠻、五溪蠻巨酋以十數，闢地數十州，同化湖南苗蠻之功尤偉。然遼、夏、宋之大敵，熙寧七年，遼主(英宗治平四年，契丹復改國號曰遼。)以宋河東路沿邊增修戍壘，起鋪舍，侵入蔚、應、朔三州界內，使人來議疆事，宋亦報使，往復者再，遼使堅持另定新界，宋不能拒，安石亦謂帝「吾將取之，寧姑與之，」(註四六)八年，卒徇遼請，劃河東新疆與之，凡東西失地七百里。神宗初立，卽對夏用兵，宋亦時有小捷，元豐四年(一〇八一)，以夏主秉常(惠宗)爲其母梁氏所囚，有機可乘，詔熙河經制李憲等會陝西河東五路之師，大舉伐夏，以諸將逗撓，師潰于靈州，五年再舉，復敗于永樂，綜「靈州永樂之役，官軍熟羌義保死者六十萬人，錢粟銀絹以萬數者不可勝計，」(註四七)天下困弊。史稱帝「中夜得報，起環榻行，徹旦不能寐，」(註四八)安石時位特進，封荆國公，未聞有以慰帝，變法強兵之效，亦云僅矣。八年(一〇八五)三月，神宗齎志以崩，哲宗繼位，明年(元祐元年)四月，安石亦薨。然自哲宗卽位，太皇太后高氏聽政，召用司馬光、呂公著等，於是守舊黨得勢，凡王呂等所建新法，「不數月之間，剗革殆盡，」(註四九)特舊黨雖偏重守成，而於學校貢舉等，亦思另立新制，以袪舊弊。(註五〇)觀新舊兩派之起伏，宛如近世各國政黨之朝野交替，而各自奉行其政策者。惜司馬光執政，僅及歲餘而薨，(註五一)未能多所建樹，舊派尋復分洛黨(程頤爲首、朱光庭、賈易爲輔)，蜀黨(蘇軾爲首、呂陶等爲輔)，朔黨(劉摯、梁燾、王巖叟、劉安世爲首、輔之者尤衆）等互訌。(註五二)八年（一〇九四），高后崩，哲宗親政，明年改元紹聖，章惇等復起得勢，再行新法，立異者悉坐貶竄。及哲宗崩（一一〇〇），徽宗立，向太后聽政，復用舊派韓忠彥等，而斥新黨。未幾徽宗親政，改元崇寧（一一〇二），又舍舊而相新黨蔡京等。紛紜反覆，互爭政權，訖北宋被滅于金始已。蓋自王安石、司馬光卒後，新舊兩方，已漸不以政策爲重，日事爭奪權位，至蔡京雖託名紹述，而倒行逆施，流毒四海。崇寧元年，京立元祐黨籍碑，籍司馬光以下百二十人，誣加罪名，目爲姦黨，刻石示衆，三年（一一〇四）復重定一籍，通三百九人，刊石朝堂，並令郡國仿刻，(註五三)爲吾國政黨史上永留一汚點，亦安石始議變法時所不及料也。

自徽宗世蔡京當國，內則事聚斂，以奉一人之欲，窮極土木，搜集珍奇，復崇道教，寵方士，「鑄九鼎，建明堂，修方澤，立道觀，作大晟樂，製定命寶。」(註五四)「君臣逸豫，相爲誕謾，怠棄國政，日行無稽。」(註五五)外則欲立邊功以自重，諷邊吏招誘辰溪、王江諸蠻，使納土內附；又遣童貫、王厚等擊西羌吐蕃，復湟、廓、鄯三州，尋復平晏州夷，拓地千里，貫既得志於西，頗輕邊事，遂謂遼亦可圖，政和元年（一一一一），自請使遼以覘之，遼自聖宗隆緒世全盛，興宗宗眞時，餘威猶赫，道宗洪基時，（仁宗至和二年〔一〇五五〕立）耶律乙辛用事，「羣邪並興，讒巧競進，衆正淪胥，諸部反側，甲兵之用，無復寧歲。」(註五六)國勢遂衰，天祚主延禧（徽宗建中靖國元年〔一一〇一〕立）繼以驕肆廢弛，昔時勁悍之氣，銷亡殆盡。而女眞完顏部崛起東北白山黑水間，其酋阿骨打乘遼之敝，累破遼師。貫與遼人馬植俱歸，謀約女眞夾攻遼。及阿骨打稱帝，（政和五年）國號金，勢益張雄，宋乃遣趙良嗣（宋賜馬植姓名）與金主訂約，金取遼中京，（今熱河）宋取遼燕京，事定後，宋取燕雲故地，而以致遼歲幣輸金。宣和四年（一一二二）金克遼中京，繼克西京。（雲州今大同）宋亦遣童貫蔡攸等進兵，一再攻燕，俱敗績，金人得貫約，復引兵南克燕京。宋遣使如金求地，金以下燕非宋力，且責宋出兵失期，宋許益燕京代稅錢百萬緡，並置榷場互市，金始以燕及涿、易、檀、順、景、薊諸州之地歸宋，盡掠其吏民金帛而東，宋所得唯空城而已。七年（一一二五），徽宗以燕京克復，勒碑延壽寺紀其功，宰執皆進位，童貫且封廣陽郡王。（註五七）而金人以宋渝盟納降，是年滅遼，即大舉入寇，北宋以亡。論者或歸咎馬植之首謀圖燕，然宋人積弱，本無圖遼之力，貪功輕敵，妄欲因金以復故地，遼亡而宋亦受其禍矣。

遼帝系表

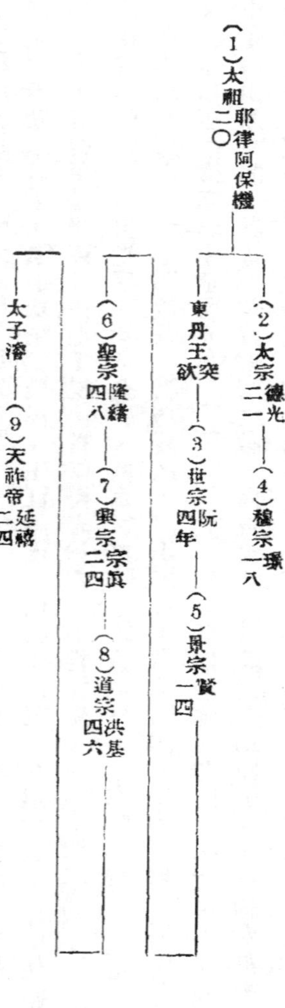

（遼亡後，阿保機九世孫耶律大石西走，建「西遼」於中亞，稱強國，南宋末爲乃蠻部所滅，傳國凡五主，八十八年）。

女眞之初興也，族小人寡，徽宗初舉兵抗遼，衆纔滿千。自政和四年（一一一四），阿骨打叛遼，至宣和七年，太宗吳乞買滅遼而獲天祚，十一歲耳；內收遼漢之降卒，外籍部落之健士，遣粘罕（宗翰）斡離不（宗望）分道南侵，懸軍深入。宋上闔下煬，文恬武嬉，政事不修，兵備全弛，及聞金師日迫，徽宗亟下罪己詔，傳位欽宗。明年，（靖康元年一一二六），金兵渡河圍汴，廷臣自李綱、何㮚、張叔夜、聶昌等數人外，多迫欲和，無鬬志，一再遣親王宰相如金軍以求成。金索中山（河北定縣）、太原、河間三鎮，及金五百萬兩，銀五千萬兩，表緞百萬匹，牛馬萬頭，及宋納貢稱姪，歸燕雲之人在漢者。宋相李邦彥等力勸欽宗從金議，括借都城金銀，得金二十萬兩，銀四百萬兩，詔四方勤王兵稍集，遂不俟金幣數足，金兵北去。宋又密詔三鎮使固守不下，復招誘遼將之降金者使爲應援，而又不爲備，於是金二將復分道南侵，會趣汴，圍京城。宋用郭京輩選六甲以禦金，京衆敗逃，城遂破。金人以二帝后妃宗戚北去，「凡法駕鹵簿，皇后以下車輅鹵簿，冠服禮器法物，大樂教坊樂器、祭器、八寶、九鼎、圭璧、渾天儀、銅人刻漏古器、景靈宮供器、大清樓祕閣三館書、天下州府圖，及官吏內人內侍技藝工匠倡優，府庫畜積爲之一空。」（註五八）時靖康二年（一一二七）四月，上距宣和七年十月女眞入寇，爲時僅一年有六月耳。高宗卽位南京，（河南歸德）改元建炎（卽靖康二年）。時兩河州郡猶多爲宋守，帝內相李綱，外用宗澤，協謀恢復，人望中興，乃未幾卽惑于黃潛善、汪伯彥輩而罷綱，南幸揚州。金將兀朮（宗弼）等復分道南侵，破河南州郡，長趨人淮泗；羣盜亦所在蜂起，建炎三年（一一二九），帝渡江南奔，金人尾追之，入建康，破臨安，陷越州，四年，金人陷明州，帝走溫州，宋室至此，幾不國矣。幸女眞之興也驟，得地而不欲守，飽掠北歸，不復南牧。建炎紹興（建炎五年改元紹興，一一三一）之間，韓世忠、岳飛、張浚、劉光世諸將，因得以勦撫寇賊，措設軍府，淮漢以南，粗可自立。金則謀以中國制中國，初于山東立劉豫爲齊帝，（建炎四年；豫本知濟南府，建炎二年降金，）命世修子禮，奉金正朔，繼復以陝西地予之。高宗亦名豫爲大齊，凡僞仕于豫而其家屬之在東南者，悉厚加撫恤。劉長孺勸豫反正，邢希載勸豫通宋，豫誅囚不顧。蓋豫甘爲夷狄作虎倀，宋亦禮之若敵國矣。然自紹興四年（一一三四），豫欲爲金人前驅，興師入寇，高宗決意親征，「十月發臨安，十一月下詔討豫，始暴豫罪惡，士氣大振，」僞軍來犯者，宋韓、岳諸將屢敗諸江淮間。「七年（一一三七）三月，帝進駐建康」。（註五九）十一月，金人亦執豫廢之，與家屬俱徙臨潢，而置行臺尙書省于汴。明年，宋亦定都臨安，名曰行在，官司曰行在某司，以示不忘恢復；雖中原迄不可復，而與金交兵，則互有勝負，與前之遇敵輒敗遁者，稍稍異矣。（註六〇）然與敵講和及稱臣納幣之議，亦卽盛于是時。

宋自高宗南渡，以屢敗積弱之餘，兵將驕惰，盜賊滿野，高宗又父母皆在虜廷，建炎以來，已屢遣王倫等奉使如金，及秦檜自金歸，（建炎四年）遂專意與敵解仇息兵，帝亦專用之，俾成和議。紹興七年，徽宗與鄭后訃至，（五年崩）「帝號慟發喪，即日授檜樞密使，恩數視宰臣，」（註六一）復遣王倫使金，奉迎梓宮，因及和議。會金主合剌（熙宗、漢名亶）廢劉豫，因要宋稱臣，而以陝西、河南地歸宋，并歸梓宮及高宗生母韋太后，歲幣等悉議。八年（一一三八），金人遣使張通古偕倫還報，以詔諭江南為名，所過州郡，迎以臣禮，高宗一屈已受之，雖胡銓抗疏極諫，高宗亦置不顧。（註六二）論史者每謂時女真宗室撻懶，宗盤等當國，思結宋以為外援，故許割河南地與宋。然史載當時虜謀臣楊克弼、楊憑、獻書論和議三策，已以還宋梓宮、歸親族、以全宋之地責其歲貢而封之，為上策，守兩河（河東、河北）還梓宮，為中策，以議和款兵繳歲幣，出其不意舉兵攻之，僥倖一旦之勝，為下策。（註六三）蓋河南之地，本非女真所欲得，故初以賜劉豫，豫既被廢，則棄以予宋，而責稱臣納幣之實利，於計亦未為失也。九年（一一三九），宋大赦河南新復州軍，（赦文略曰，上穹開悔禍之期，大金報許和之約，割河南之境土，歸我輿圖，戢宇內之干戈，用全民命云云，）遣王倫往金受地，金主亦下詔河南，以陝西、河南故地歸宋。而金兀朮以割地非計，撻懶，宗盤適以謀叛誅，兀朮遂毀成約，執宋使，復分道南侵。十年（一一四〇），金人再取河南、陝西州郡。宋亦出兵與爭，劉錡有順昌之捷，岳飛有郾城之捷，韓世忠有淮陽之捷，張浚有水城、亳州之捷。宋史（卷三六五）岳飛傳又言「飛遣王貴等分布經略西京，汝、鄭、潁、昌、陳、曹、光、蔡諸郡。又命梁興渡河，糾合忠義社，取河東北州縣，自以其軍長驅，以瞰中原。未幾，所遣諸將相繼奏捷。飛自以輕騎駐郾城，兀朮合軍進逼，飛大敗之。梁興會太行忠義及兩河豪傑等，累戰皆捷，中原大震。飛進軍朱仙鎮，距汴京四十五里，與兀朮對壘而陣奮擊大破之，兀朮遁還汴京。飛檄陵臺令行視諸陵，葺治之，指日渡河。」（註六四）自女真入寇，抗虜有功，未有能如飛者！宋亦已有恢復河南之機矣，而高宗秦檜以急於求和，遽令諸將班師，新復河南州郡復陷。十一年（一一四一），虜使來議，盡翻王倫成約；前之以黃河為界，金歸陝西、河南地與宋者，今則以淮水為界，命宋割唐、鄧二州及陝西縣地；前之歸地時猶未議及歲幣者，今則歲貢銀絹各二十五萬兩匹，高宗悉從其命，定議和盟誓；十二年，（一一四二，金熙宗皇統二年），命何鑄奉誓表往，虜亦遣劉筈來致册命。此表文與册命，同爲吾民族有史以來最屈辱之外交文書，雖五季沙陀石敬瑭、重貴父子之於契丹，蓋未嘗有是也！

「紹興十二年二月，簽書樞密院何鑄，知閤門事曹勛，進誓表於金；表曰：臣構言：今來畫疆，合以淮水中流爲界，西有唐鄧州、割屬上國。自鄧州西四十里，并南四十里爲界，屬鄧州。其四十里外，並西南，盡屬光化軍，爲敝邑沿邊州城。既蒙恩造，許備藩方，世世子孫，謹守臣節。每年皇帝生辰并正旦，遣使稱賀不絕。歲貢銀絹二十五萬兩匹，自壬戌年（紹興十二年）爲始，每春季差人搬送至泗州交納。有渝此盟，明神是殛，墜命亡氏，踣其國家。臣今既進誓表，伏望上國早降誓詔，庶使敝邑永有憑焉。」

「三月，金遣左宣徽使劉筈以衮冕圭寶佩璲玉册來致册命，其册曰：皇帝若曰：咨爾宋康王趙構不弔，天降喪於爾邦，亟瀆齊盟，自貽顛覆，俾爾越在江表。用勤我師旅，蓋十八年於玆。朕用震悼，斯民其何罪。今天其悔禍，誕誘爾衷，封奏押至，願身列於藩輔，今遣光祿大夫左宣徽使劉筈持節册命爾爲帝，國號宋。世服臣職，永爲屛翰，嗚呼，欽哉，其恭聽朕命。」（註六五）

宋所得者，惟一母后與三旅櫬（徽宗與鄭后及高宗后邢氏）而已。尋和議之成，秦檜實主之，然高宗非闇主，其所以不辨是非，不計利害，甘從檜言，而忍辱蒙羞一至于此，蓋亦有故。史稱紹興八年王倫與金之定和約也，「時劉豫既廢，傳言金人欲立淵聖（高宗即位，遙尊欽宗爲孝慈淵聖皇帝）於南京，以和定而止。」（註六六）是金人本有以欽宗刼制宋帝之計，意秦檜揣知高宗之忌兄而不欲其歸，遂造爲不和則太后不歸而金且擁立欽宗之說，終乃教帝以拒兄之實，而使之不得不和。故和議既定，欽宗獨留而不遣。「韋后將南旋，淵聖臥車前泣曰，歸語九哥（按高宗爲徽宗第九子）與丞相（指秦檜），我得太乙宮使足矣，他不敢望也，后許之，且與誓而別。及歸，帝至臨平奉迎，見后喜極而泣，后至臨安，入居慈寧宮，始知朝議（指不許欽宗南歸），秦檜遂不敢述淵聖車前之語。」（註六七）其後「金人來取趙彬輩三十人家屬，洪皓請俟淵聖皇帝及皇族歸乃遣，秦檜大怒。」（註六八）「張邵亦坐與檜言金人有歸欽宗意，斥爲外祠。」（註六九）則檜之主持對金和議，以女眞羈留欽宗爲宋室一切讓步主要之代價，其事蓋彰彰明甚。高宗既以是遂固位之私願，「檜亦因是藉外權以專寵利，竊主柄以遂姦謀。」（註七〇）此其所以定和約於郾城勝後，宋猶稱臣割地而貢幣，而以岳武穆之盡忠報國，爲女眞所僅畏，高宗本賜札「設施之方一以委卿」者，亦不惜因和議故，特令班師，且恐其梗和議而誣殺之也。（飛下獄在紹興十一年十月，殺飛在十二月。）和議既定，檜以功加太師，封魏國公。檜又使其黨程克俊爲赦文曰：

「上穹悔禍，副生靈願治之心。大國行仁，遂子道事親之孝。可謂非常之盛事，敢忘莫報之深恩。而況中遣使軺，許敦盟好。來存沒者萬餘里，慰契闊者十六年，禮備送終，天啓固陵之吉壤。志伸就養，日承長樂之慈顏。」（註七一）

其所以媚虜者，無所不用其極！而竊據相位，收攬威柄，誅賞予奪惟所欲，「察事之卒，滿布京城，小涉譏議，即捕治中以深文，」（註七二）又起文字之獄，以傾陷善類，諸以語言文字稍觸其忌而橫遭誣害者，不可勝計。（註七三）及檜死，帝謂楊存中曰：「朕今日始免靴中置刀矣」。（註七四）朱子言「檜之罪，萬死而不足以贖；」（註七五）君子曰：高宗亦有罪焉。

自紹興和約成，金始置屯田軍于中原，凡女眞、奚、契丹人多內徙，與漢人雜處，自燕南至淮隴北，皆有之，築壘於村落間，以防漢人之反抗。宋則偷安江左，粉飾太平，修舉彌文，殆無虛日；士大夫又從而治園囿臺榭，以樂其生於干戈之餘，上下晏安，而錢塘爲樂國矣。紹興十九年（一一四九），金主亮弒熙宗亶自立，內則淫虐肆威，外則欲混一中國。二十三年（一一五三），自會寧遷都于燕。三十一年（一一六一），又自燕遷都於汴。遂大括兵馬，自將六十萬衆南侵，宋金和議纔二十載而復破。金人以亮淫暴無人理，亦另立亮從弟雍於遼陽（是爲金世宗）。亮攻陷江淮數州，宋虞允文大敗之于采石；亮限諸將尅期渡江，至瓜州，金人殺之北還。明年，金主雍定都於燕，下令散南征之衆，遣使聘宋。高宗亦禪位於太子眘，是爲孝宗。時宋已復海、泗、唐、鄧諸州，孝宗銳意恢復，更遣張浚進規淮北，卒以將帥不和，師潰宿州。金以重兵脅宋，乾道元年（一一六五），卒復定和約：宋割海、泗、唐、鄧四州，地界如紹興時；易舊約君臣之稱爲叔姪之稱，書稱姪大宋皇帝再拜奉於叔大金皇帝，改詔表爲國書；易舊約歲貢爲歲幣，減銀絹五萬兩匹。史稱「孝宗聰明英毅，卓然爲南渡諸帝之稱首。」[註七六]而金世宗亦「孳孳爲治，得爲君之道。」[註七七]乾道和後，南北無事者垂四十年，宋雖有陳亮等屢陳恢復之議，[註七八]孝宗亦塞耳無聞也。淳熙十六年（一一八九），金世宗雍卒，章宗璟立。孝宗亦傳位於太子惇，是爲光宗；五年（一一九四）又以疾禪位其子寧宗，韓侂胄當國。侂胄內蓄羣奸，外欲立不世功以自固。會金北邊諸屬部叛，連歲用兵，議者謂金勢已弱，必亂亡，侂胄信之。開禧二年（一二〇六），宋下詔伐金，分遣諸將進兵，然金師一出，迭破淮南諸州，宋不能支，吳曦復以蜀叛。宋乃誅侂胄，嘉定元年（一二〇八），函其首畀金以乞和，且贖淮南地。金乃還宋新失地，再定和約：疆域如故；依靖康故事，易舊約叔姪之稱，世爲伯姪之國；增歲幣爲銀絹三十萬兩匹；別畀金犒師銀三百萬兩。侂胄用兵之結果如是。然是時蒙古已勃然興起，金雖先宋而亡，宋亦繼受其禍，國史又由宋金之對峙，轉入蒙古一統之機運矣。

蒙古部落爲室韋別種，其先出於東胡，各有君長。不受一共主約束，自五季以來，世貢遼金，至南宋高宗季年，也速該併合諸部，勢始盛大。生子鐵木眞，（紹興二十五年生，一一五五，）深沉有大度，用兵如神，光宗寧宗之世，以次吞滅漠南北諸部，於是東起黑水，西抵西域，盡合爲一；開禧二年，稱尊號於斡難河，曰成吉斯汗。（年五十二）宋金嘉定和後，汗興師侵金，先後略取遼海、河朔、山東及關右地。復遣將西征，滅乃蠻部及其所襲據之西遼，降天山南北之畏吾兒；葱嶺東西各地，盡爲蒙古有。尋自將滅花剌子模（今阿母河西），遣哲別、速不台襲欽察部，破阿羅斯聯軍於阿速海旁；自今錫爾河流域至高加索山附近，盡皆陷落，遠至俄羅斯邊境。遂定四子分地，以今西伯利亞西部，俄羅斯東部，封長子朮赤，以今新疆省及俄屬中央亞細亞，封次子察合台，以乃蠻西境及吉利吉斯故地，封三子窩闊台，以蒙古故地及乃蠻東境封四子拖雷。及旋軍，復滅西夏，窩闊台汗（太宗）之世，滅金，據有中夏，蠶食宋郊。復遣朮赤子拔都率大軍西征俄羅斯，陷莫斯科，取幾輔，遂戡定俄羅斯全境，建欽察汗國。分軍趨馬札兒（今匈牙利），孛烈兒（今波蘭），敗日耳曼聯軍於利固尼資，盡佔多瑙河以北地，西抵威尼斯，歐人震駭。蒙古軍滯留東歐者凡數年，會窩闊台訃至軍，乃全師東返。蒙哥汗（憲宗）世，滅大理，定吐蕃，殘交趾；遣弟旭烈兀西征木剌夷（裏海南），盡滅報達，阿拉伯諸回教國，遂戡定波斯，建伊兒汗國，復舉兵釁宋。自鐵木眞稱大汗以來，至是五十餘年矣，軍鋒所至，屠戮生民如羊豕，部族國家被滅者盈數百，宋雖未亡，而蒙古帝國之版圖，已奄有今之內外蒙古天山南北路及夏金舊壤與中亞西亞東歐諸地；至忽必烈汗（元世祖）興，乃滅宋而一華夏。關於蒙古初興吞滅諸部及西征三大役，茲不敍，(註七九)惟略述夏、金、南宋、與蒙古之關係及其滅亡之經過。

金滅遼時，夏主乾順卽稱藩於金，自後與宋隔絕，與金亦未嘗交兵。及成吉斯汗興，屢出兵攻夏，夏主安全求救於金，金主永濟新立，不能出師，夏人怨之。及遵頊立，遂侵金取其西邊地，復貽書於宋，請會師伐金，不報。夏金搆難十年，兩國皆弊。會成吉斯汗西征歸，復伐夏，取河西及靈州諸城邑。夏主德旺憂悸卒，國人立睍。汗留兵圍夏都，而自引兵略夏地；蒙兵盡克夏城邑，夏民穿鑿土石，以避鋒鏑，免者百無一二，白骨蔽野，睍力屈而降。時汗已前卒矣，蒙古將遵汗遺命，殺睍而屠其城民。夏自元昊稱帝，凡十主百九十年而亡。

西夏世系表

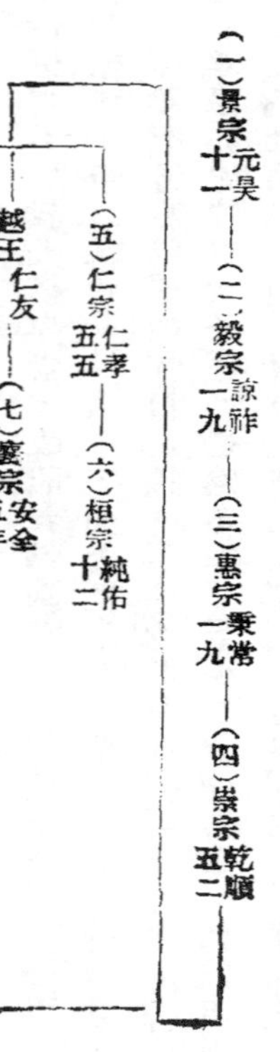

—某—彥宗—(八)神宗遵頊十二—(九)獻宗德旺四年
清平郡王—(十)末帝晛一年

金自熙宗亶世與宋和議，全盛之期已過。世宗雍章宗璟之世，文治較隆，而兵力漸衰。嘉定和後，章宗璟旋卒，衞王永濟立；時西夏侵金取西邊地，金不能勝，蒙古兵繼至，盡陷西京諸地。永濟兵敗於外，政亂於內，嘉定六年（一二一三），金人弒之而立宣宗珣。蒙古兵益分路進逼，以重師圍燕，別分兵掠城邑，「凡破金九十餘郡，兩河山東數千里，人民殺戮幾盡，屋廬焚燬，城郭邱墟，」（註八〇）金不得已與蒙古平。旋懼其逼，去燕京而南遷於汴。宋寧宗從眞德秀之議，亦罷金歲幣。蒙古復以金既和徙汴而入侵，取燕京，逼潼關。金勢日蹙，謀取償於宋，遂以嘉定十年（一二一七），分道南侵，宋亦下詔伐金，傳檄詔諭中原官吏軍民：雖兩軍互有勝敗，而金則兵財大竭。蒙古又繼取河東、河北、山東州郡。嘉定十六年（一二二三），哀宗守緒嗣立，金併力守河南，圖存於亡，力盡卒斃；蓋自蒙古兵起，金兵望風奔潰，（註八一）與遼宋之末季，如出一轍，而蒙古屠戮之慘，尤駕女眞而上之焉。理宗紹定五年（一二三二）窩闊台汗遣將速不臺圍汴，尋遣王檝來宋，議夾攻金，時宋相史彌遠擅權，以爲可遂復仇之舉，與定議，約事成以河南地歸宋。明年，守緒走歸德，金崔立以汴降蒙古，金宗室完顏氏一族，蒙古誅之無噍類。金主尋出守蔡州，乞糧於宋，不與。蒙古圍蔡，宋將孟珙以兵會之。端平元年（一二三四），「蔡州城中絕糧，鞍靴敗鼓皆糜煮，且聽以老弱互食，諸軍日以人畜和芹泥食之，又往往斬敗軍全隊，拘其肉以食。」（註八二）守緒傳位於宗室承麟，兩國兵遂入蔡，守緒自經，承麟亦死於亂兵。金凡九主一百二十年而亡。

金世系表

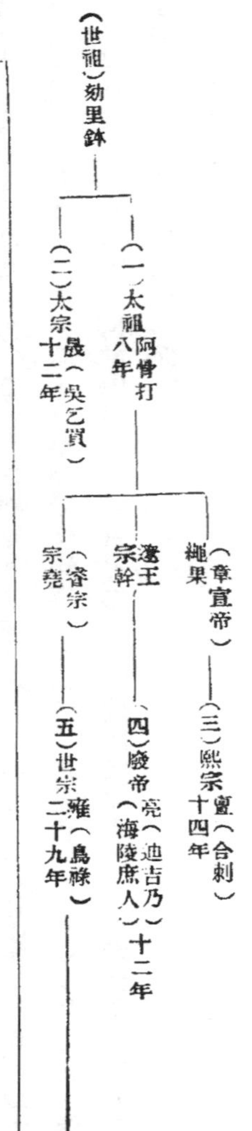

宋與蒙古之合師入蔡也，自蔡西北，時已屬蒙古，宋不於軍前求復河南地，聞蒙古師退，宋將趙范、趙葵等忽欲乘時撫定中原，建「守河據關收復三京」之議，遣兵恢復汴洛，蒙古回師南下，宋師遂皆潰歸。(註八三)自是以後，兵連禍結，迄宋亡始已。論者每謂會女眞以滅契丹，會蒙古以滅女眞，旋以自滅，若合符契。然蒙古雖與宋啓釁，猶側重西域，金亡之明年，卽遣拔都西征，又建都城於漠北和林，以爲會同之所，不以全力侵宋也。蒙兵之入侵楚、蜀、江、淮者，孟珙、杜杲等皆力戰禦之，蒙兵引去，失地寖復，宋遣余玠守蜀，建城築關，邊形完固，尤有賢名，當時宋之兵將，戰守猶皆有所恃，不似北宋末之聞聲而慄，望影而奔也。理宗淳祐元年（一二四一），窩闊台汗卒，皇后乃馬眞氏臨朝稱制者四年，及貴由汗（定宗）立，不二歲而殂，（淳祐六年〔一二四六〕七月卽位，八年春卒，在位三載，實不足二年，）皇后斡兀立氏臨朝，復逾三年，（蒙哥汗淳祐十一年夏始立，）史稱「當時前後七年，漠北無君，二后稱制，崇信奸回，疏斥親舊，政無統紀，內外離心，」(註八四)宋苟蒐其甲兵，觀釁而動，卽以此時渡淮絕漢，中原亦非必不可復也。乃宋坐失機宜，至蒙哥汗立，既命弟忽必烈經營中夏，又遣旭烈兀西征，西域大定，思纘祖宗未竟之緒。寶祐五年（一二五七），命將分道南侵，蒙哥自將入蜀，圍合州，宋守將王堅堅守不下，開慶元年（一二五九）蒙哥中矢殂於城下，卒不能克而去。然時蒙古別將已自南而北，由廣西進掠湖南，忽必烈一軍則渡江圍鄂，宋中外大震。賈似道時以右相兼樞密，率師援鄂，密遣使詣蒙古營乞和，忽必烈亦聞蒙哥汗之喪，許之。蒙兵北返，忽必烈卽帝位於開平。似道則以功入專國政，掊摭諸閫將罪，死廢者比比，又因舖張鄂功，諱言和議，蒙古使郝經至，則拘之，而邊事悉聽諸將自爲，坐視不救。度宗咸淳四年，（一二六八），蒙古阿朮圍襄陽，繼圍樊城，九年（一二七三），樊城陷，襄陽繼降。明年，度宗卒，次子㬎立（是爲恭帝），年僅四歲。元（咸淳七年蒙古改國號曰元，）伯顏率師大舉南下，勢如破竹，宋事遂不可爲。帝㬎德祐元年（一二七五），張世傑與元兵戰於焦山，敗績，宋不能軍。翌年，伯顏軍至皋亭山（今杭縣東北），宋奉表乞降，伯顏引三宮（理宗后謝氏、度宗后全氏、及帝）北去，宋已亡矣。而李庭芝、姜才力守江北，猶支撑半年。（註八五）㬎兄益王昰以判福州，弟廣王昺以判泉州故，不及於難，陸秀夫、張世傑等復相與立昰於福州（是爲端宗），改元景炎（卽德祐二年）。文天祥先以議和使見執於元軍，至是脫歸入覲，亦開府南劍州，經略江西。及元兵日逼，浙東、閩、廣相繼失，端宗崎嶇海上，三年（一二七八），崩於碙州。秀夫、天祥等復稱帝遺志，立其弟昺，改元祥興（卽景炎三年），遷於厓山。六合全覆，而爭之一隅，城守不可，而爭之海島，三尺之童知其不可爲者，猶盡吾心焉以冀興復，「難回者天，不負者心！」（註八六）誦秀夫擬景炎皇帝遺詔；「海桴浮避，澳岸棲存。雖國步之如斯，意時機之有待；」及擬祥興皇帝登寶位詔：「以趙孤猶幸僅存，盍使爲宗祧之主。以漢賊不容兩立，庶將復君父之仇」等語，（註八七）孰不悲壯其志事哉！十一月，元張宏範襲執天祥。祥興二年，（一二七九，忽必烈汗至元十六年）進攻厓山，世傑軍潰，秀夫將負帝蹈海，恐遺體辱於異類，用黃金碪腰間，君臣赴水而死，宋祚始絕；上距宋祖受命，已三百二十歲矣。世傑尋墜海死。天祥則至燕京，居獄四年，從容就義。天祥在獄中旣作正氣歌以見志，臨死衣帶中復有贊曰：「孔曰成仁，孟曰取義；惟其義盡，所以仁至。讀聖賢書，所學何事，而今而後，庶幾無愧。」（註八八）斯人浩氣，雖與日月爭光可也！

宋世系表（註八九）

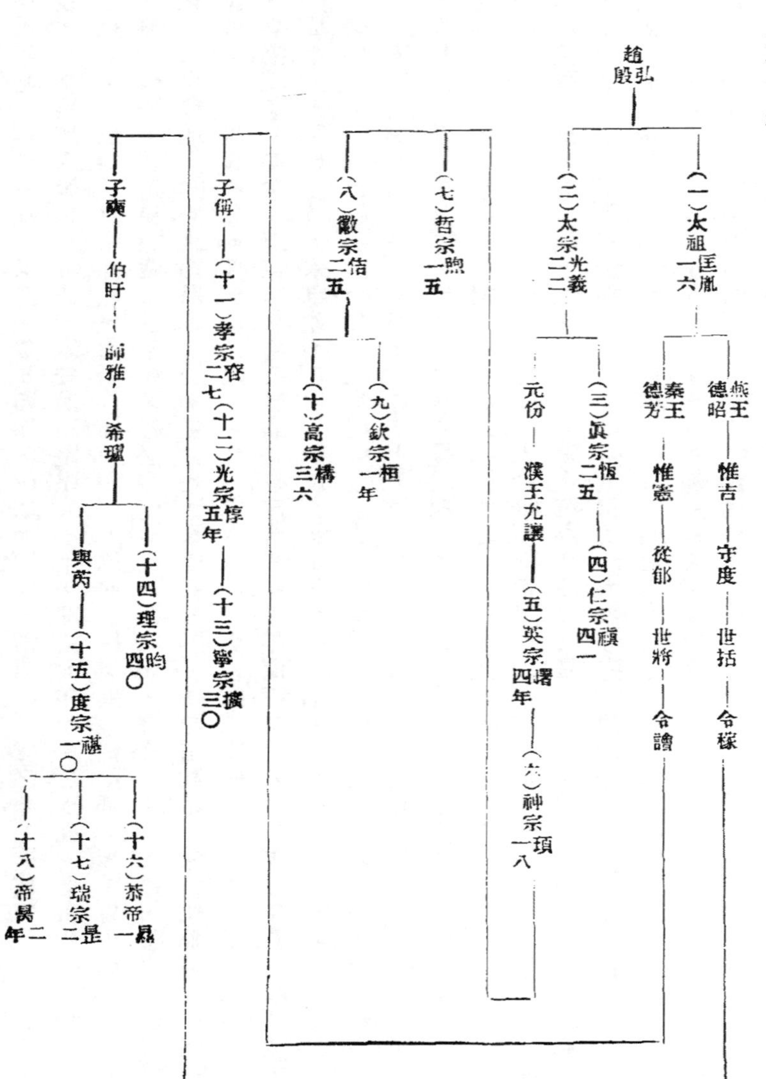

自鐵木眞稱大汗，至忽必烈汗滅宋而入主中國，甫七十四年（一二〇六至一二七九），竟締造一曠世之蒙古大帝國，轄境橫絕亞洲大陸而跨歐洲。汗復頻頻宣威南東，以丕張先烈。當成吉斯汗窩闊台汗之世，經略首重西北，蒙哥汗時，忽必烈始引兵南略，自甘肅、臨洮經山谷二千里（卽今西康至雲南道），至金沙江濟，降摩莎蠻（今雲南麗江），取大理（大理段氏，於石晉時建國，南詔故地亦屬之，至是亡，前後凡二十傳，三百五十年，）諸蠻部，遂略定吐蕃。分遣其將兀良合台攻諸夷未附者，合台盡平西南夷，得五城、八府、四郡，蠻部三十七；復入交趾（交趾李氏，至南宋孝宗時，始正式賜以安南國名，李氏八傳至昊旵，無子，以女主國事，遂爲其壻陳日煚所有，是曰陳氏安南，此卽日煚時），敗交人於洮江，屠其城而班師。及忽必烈卽汗位，滅宋後，數興南征之師。一曰緬國，在大理西南，宋時始直接通中國。（漢通西南夷時，稱曰撣，唐時曰驃國，嘗因南詔貢樂人，）時威振後印度，汗遣使促朝貢，不應，再出師伐之，緬王請降。西藏東南諸蠻部及暹國，（暹之名始見元史，明史以地望推之，謂卽隋時赤土國，見第七章註十九，）均相繼內附。二曰占城，卽今安南中南圻。汗以其叛服不常，安南亦時與通謀，一再興海陸軍兩攻之，二國乃降。三曰爪哇。汗初遣楊廷璧奉詔招諭海外諸番國，來降者凡十：曰馬八兒（在印度東岸）、曰須門那、曰僧急里、曰南無力、曰馬蘭丹、曰那旺、曰丁呵兒、曰來來、曰急蘭亦解、曰蘇木都刺（多今南洋羣島地），皆遣使貢方物。（註九〇）獨爪哇不服，黥元使之面，汗遣史弼率水師擊降之。雖不久仍叛，然元威播南洋矣。至東方之征討，則爲高麗與日本。自唐世新羅統一半島，五代時，漢州人王建繼興，奄有半島全境，建國號曰高麗（是謂王氏高麗）。宋世嘗受册封。嗣因受契丹女眞兵禍，故亦兼臣遼金。蒙古初興，高麗叛服不恆，窩闊台汗嘗一再遣將討之，卒入貢納質。忽必烈汗時，屢以兵力扶植其王禃，助之復國。自是高麗事元，世用藩臣禮，元目之爲內屬國，常干預其內政焉。日本自唐季停派遣唐使，五代兩宋，緇流估客，來者仍衆，華化之移植，南宋時尤稱極盛。（註九一）忽必烈汗初立，以高麗人言日本國可通，爰貽書遣使，諭之稱臣，時日本北條時宗執權，拒不納。至元十一年（一二七四），遣蒙漢高麗軍萬五千八往征，拔對馬壹岐，至肥前沿海郡邑，以遭颶還師。尋復兩遣使，日人皆殺之。十八年（一二八一），又以江南水軍十萬會蒙古高麗兵往征，至九州筑肥間，以軍艦爲颶風所壞，江南軍幾盡沒。（註九二）吾國歷代征倭者，惟此兩役，因當時航海之術不精，倭地又孤懸海外，遂皆未達其的；然日人震蒙古兵威，嗣後禳祀無虛歲云。

忽必烈汗時，爲蒙古極盛之世，馬可波羅行記嘗譽汗「爲人類元祖阿聃以來迄於今日世上從來未見廣有人民土地財貨之強大君主；」（註九三）然蒙古大帝國之分裂，亦肇端於是時。成吉斯汗廣封宗藩，其諸弟多封於東，子孫則多封於西（元史稱東諸侯西諸侯），諸將有功者，亦各有分地。及卒，繼位大汗，即由諸宗王羣藩集一大會號稱「庫裡泰」者合議推舉；無一定傳統序次，故每逢絕續之交，恆啓爭奪之隙。蒙哥汗之立，窩闊台汗子孫已頗懷怨望。蒙哥汗卒，忽必烈恐其少弟阿里不哥（時居守和林）襲據汗位，遽先自立於開平，阿里不哥亦稱帝於和林，汗親征敗之，阿里不哥窮蹙來降。窩闊台汗孫海都復繼之叛亂，諸宗藩亦奉海都爲大汗，嗣後東西諸王，叛者相續，或與大汗戰，或自相搆兵，同室操戈，紛爭者垂四十年（鐵木耳汗末始已）。蓋忽必烈汗未卒，大帝國已寖解紐矣。抑汗黷武嗜利，既拓地南東，復籌防西北，干戈歲月不休，國用既匱，則急於求利。阿合馬、盧世榮、桑哥三巨奸，先後柄政，皆挾宰相權以網天下大利，凡鈔法鹽鐵榷酤商稅田賦等，無不盡情搜括，復以刑爵爲販賣。汗在位三十餘年，幾與此三人者相爲終始。（註九四）而蒙人之爲封君及路府州縣官吏者，尤貪暴性成，視編戶齊民若魚肉。由是民不聊生，聚衆反抗者數十起；雖維時名都大邑，駐兵碁布，偏置郵傳，無間水陸，一方小蠢，軍書夕至，大軍朝發，終能以次平定，而元室衰亂之源，實始於此。鐵穆耳汗繼立，史或稱爲「守成令主」，（註九五）然當時法令雜亂，政出多門，實極無法之弊，即以贓官汚吏論，其發覺者多至萬八千餘人，其未發覺者尚不在內也。海山汗信用托克托，踵行忽必烈汗苛斂之政，流毒百姓，而西僧之淫暴，尤無復紀極。自忽必烈汗尊吐蕃僧八思巴爲帝師，終元之世，師位傳授不絕，朝廷所以隆重而供億之者，無所不至，其弟子拜三公封大國者，前後相望，其徒散布中國者，多怙勢恣睢，肆爲奸利，每歲興佛事，必奏釋天下輕重囚徒，以爲福利，兇慾多賚緣幸免。海山汗佞之尤深，於西僧之侵虐百姓，陵犯法紀者，皆釋不問。且下旨宣政院，毆西僧者截其手，詈之者斷其舌，其驕縱喇嘛極矣。又鐵穆耳汗以後，汗位時啓紛爭；鐵穆耳、海山、愛育黎拔力八達、也孫鐵木耳、和世㻋、圖帖睦爾六汗，皆爲權臣所擁立，也孫鐵木耳汗與圖帖睦爾汗之立，且由鐵失弒碩德八剌汗，與燕鐵木兒弒和世㻋汗之故；權臣負擁戴功，擅威福者三十餘年，吏治闒茸，武備廢弛，統治實力，日即削弱，朝廷亦有如虛君，不獨汗統凌亂已極已也。妥懽貼睦爾汗立，復暱比羣小，信奉淫僧，惟耽樂之從，政事怠廢。時各地水旱蝗疫之災，紛至迭見，益以賈魯治河之役，工巨民勞，於是近自畿輔，遠暨嶺海，先後起兵者以百數，江淮以南，漢民尤蜂屯潮沸，稜鉏棘矜，相挺而起。明太祖洪武元年（一三六八），徐達、常遇春率師北伐，妥懽帖睦爾卒狼狽失據，竄歸舊巢。自忽必烈汗至是，凡百有九年（一二六〇至一三六八），自宋亡至是凡八十九年），并漠北四君數之，亦才百六十有三年，而元亡矣。

蒙古及元世系表（註九六）

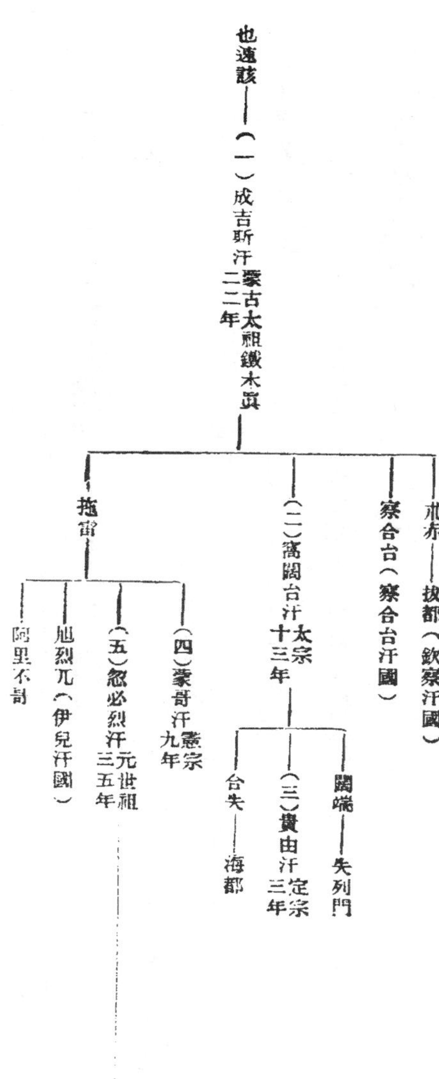

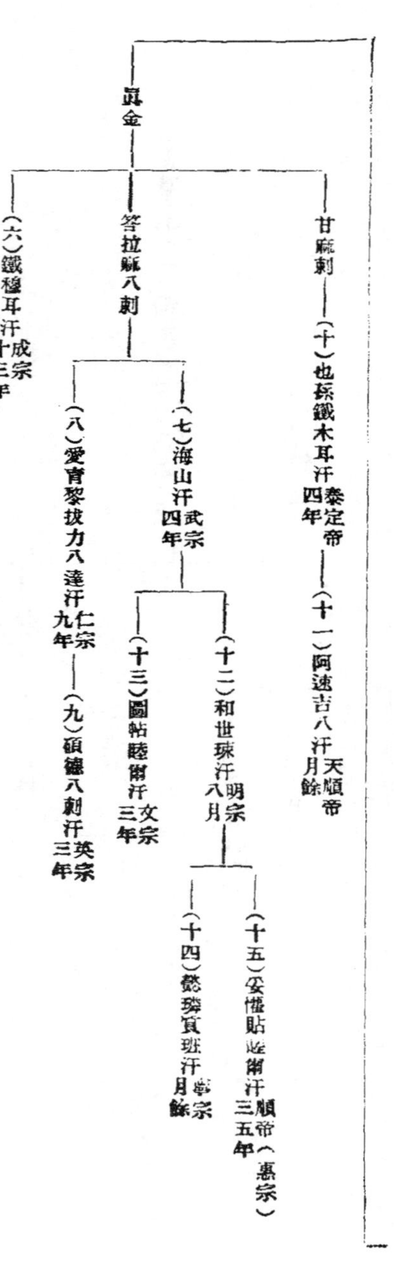

宋與遼、夏、金、元和戰興亡外之重要史實，有宜特加彙敍者，其一則各國之京邑州域也。北宋都汴，實有四京。（初因周舊，以大梁爲東京、洛陽爲西京、眞宗建宋州爲南京、仁宗又建大名府爲北京，）初法唐制，分天下爲十道，（河南、河東、河北、關西、劍南、淮南、江南東西、浙東西、廣南，）繼分爲十五路（京東、京西、河北、河東、陝西、淮南、江南、湖南、湖北、兩浙、福建、西川、峽西、廣東、廣西），凡府州軍監三百二十有一，縣一千一百六十二。東南皆至海，西盡巴僰，北極三關。自王安石柄用，頗多紛更，元豐世，定制爲二十三路。及徽宗建燕山（山前諸州），雲中（山後諸州）兩路，而宋旋亡矣。南宋初以臨安府爲行都，後定都焉。輿地登於職方者，東盡明越，西抵岷嶓，南斥瓊崖，北至淮漢，補短截長，分路十六（浙西、浙東、江東、江西、淮東、淮西、湖南、湖北、京西、成都、潼川、利州、夔州、福建、廣東、廣西）。遼起自臨潢，與宋以白溝河爲界，西至金山，迄於流沙，北至臚朐河，東至海，延袤萬里。建五京。（臨潢曰上京、遼陽曰南京、遼西曰中京、幽州曰南京亦曰燕京、雲州曰西京，）有府六，州軍城百五十有六，縣二百有九，部族五十有二，屬國六十。夏當元昊世，有州十四（夏、銀、綏、宥、靜、靈、鹽、會、勝、甘、涼、瓜、沙、肅），而洪、定、威、龍，卽堡鎭號州者，尙不在內。元昊仍居興州（本靈州懷遠鎭建），阻河依賀蘭山爲固。後復陷豐州，於是東據河，西至玉門，南臨蕭關（今鎭原縣北），北控大漠，延袤萬里。金起自海濱，滅遼南侵，與宋分疆。襲遼制，建五京，（上京會寧府、北京臨潢府、南京遼陽府、中京大定府、西京大同府、京亦稱路，）置十四總管府，是爲十九路，閒散府九，節鎭、防禦郡、刺史郡、軍、一百四十有七，縣六百三十二。東極海，西逾積石，北過陰山，南抵淮漢，地方一萬餘里。蒙古自成吉斯汗以下五世，皆都和林，至忽必烈汗，乃以開平爲上都，燕爲大都。及摧滅南宋，自察合台、窩闊台、欽察、及伊兒四大汗國外，（察合台汗國統今新疆及俄屬中央亞細亞，都阿力麻里，遺址在今伊犂城西霍爾果斯；窩闊台汗國統今貝加爾湖以西至阿爾泰山及吉利吉思草原，都也米里，在今新疆塔城額米爾河上；欽察汗國統有今俄羅斯至西伯利亞西部，都沙來，在窩瓦河下游今蘇聯戰時首都古比雪夫附近，伊兒汗國統有波斯及敍利亞全境，都瑪拉加，在波斯西北。）立中書省一，統河北、山東、山西地，謂之腹裏，又立行中書省十有一，（嶺北、遼陽、河南、陝西、四川、甘肅、雲南、江浙、江西、湖廣、征東，）分鎭藩服，路一百八十五，府三十一，州三百五十九，軍四，安撫司十五，縣一千一百二十七。東盡遼左，西極流沙，南越海表，北逾陰山，東西萬餘里，南北幾二萬里焉。（註九七）

其二則諸族強盛之由也。自阿保機、元昊，阿骨打、吳乞買、及成吉斯汗以次諸蒙古大汗，皆智勇兼備，故能統率部曲，併合諸種，恢張土宇，建立國家；而甲兵之強，尤爲諸族興盛之主要原因。契丹初興，以部族軍爲基本隊伍；凡部人及俘降諸衆，勝兵甲者（十五以上三十以下），卽著軍籍，「每正軍一名，馬三匹，打草穀、守營鋪、家丁各一人，」戎備整完。自餘屬國助軍從征，則爲屬國軍。親王大臣征伐之際，往往各置私甲，以從王事，則爲大首領部族軍。而御帳親軍爲太祖述律后及太宗德光所置者，合騎五十萬，皆「摘蕃漢精銳，選天下精甲，」宮衛騎兵，合十萬餘騎，每契丹主「入則居守，出則扈從，葬則因以守陵，有兵事則傳檄而集，」尤「兵甲犀利，教練完習。」至行軍之法，「鼓三伐，不問晝夜，大衆齊發，未遇大敵，不乘戰馬，俟近敵師，乘新羈馬，蹄有餘力，成列不戰，退則乘之，多伏兵，斷糧道，冒夜舉火，上風曳柴，饋餉自賚，散而復聚，善戰能寒，此兵之所以強也。」（註九八）西夏之制，史稱「其民一家號一帳，男年登十五爲丁，率一丁取正軍一人，每負擔（隨軍雜役）一人，爲一抄，四丁爲兩抄，餘號空丁，願隸正軍者，得射他丁爲負擔，無則許射正軍之疲弱者爲之，故壯者皆習戰鬬，而得正軍爲多。」「諸軍兵總計五十餘萬，別有擒生十萬，興靈之兵精練者又二萬五千，別副以兵七萬爲資贍。」「用兵多立虛砦，設伏兵包敵，以鐵騎爲前軍，乘善馬，重甲刺斫不入，用鉤索絞聯，雖死馬上不墜，遇戰則先出鐵騎突陣，陣亂則衝擊之，步兵挾騎以進。」（註九九）夏兵之衆強如是，故得屢敗宋師，遼金盛時，亦莫敢輕侮焉。金史兵志言「金興，用兵如神，戰勝攻取，無敵當世，曾未十年，遂定大業。原其成功之速，俗本鷙勁，人多沉雄，兄弟子姪，才皆良將，部落保伍，技皆銳兵。加之地狹產薄，無事苦耕可給衣食，有事苦戰可致俘獲，勞其筋骨，以能寒暑，徵良調遣，事同一家。是故將勇而志一，兵精而力齊，一旦奮起，變弱爲強，以寡制衆，用是道也。」宇文懋昭大金國志又云：「金國凡用師征伐，上自大元帥，中自萬戶，下至百戶，飲酒會食，略不間別，與父子兄弟等，所以上下情通，無閉塞之患。國有大事，適野環坐，畫灰而議，自卑者始，議畢卽漫滅之，不聞人聲。軍將大行，會而飲，使人獻策，主帥聽而擇焉，其合者卽爲特將，任其事。暨師還戰勝，又大會，問有功者，隨功高下支賞，舉以示衆，薄則增之。」故女眞初起，天下莫強焉。元史兵志言「元肇基朔漠，兵力雄勁。典兵之官，視兵數之多寡爲爵秩崇卑，長萬夫者爲萬戶，千夫者爲千戶，百夫者爲百戶（軍士則有蒙古軍（皆蒙人）、探馬赤軍（諸部族人）。其法，家有男子十五以上七十以下，無衆寡盡僉爲兵，十人爲一牌，設牌頭，上馬則備戰鬬，下馬則備牧養。孩幼稍長，又籍之，曰漸丁軍。」諸領兵者，皆直隸大汗，選其中尤忠勇者約萬人，爲大汗「怯薛」，番直宿衞，禁軍之中堅也。蒙古騎兵，最稱精銳，蓋其沙漠萬里，牧養蕃息，俗善騎射，兵各伴乘馬三四匹以上，可番替，終日馳騁而不頓，遇急行軍時，飢餐馬乳，渴不得水，則破馬脈而飲其血，如是者能掯旬日，行不賚糧，戰不反旆，故能霆轟風飛，所至如摧枯拉朽焉。(註一〇〇)返觀宋人，則籍兵以募，又時招朱梁盜賊之陋習，黥之使不得齒於齊民，故鄉黨自好之良，咸以執兵為恥，其願應募者，非遊手無籍之徒，則負罪亡命之輩耳；與諸族之尊兵貴兵，丁壯皆尚戰鬭，且人以戰鬭為榮者，適相反對。開國之初，因周世宗之遺規，嚴簡諸軍升為宿衛，太祖太宗又皆久歷戎行，習知兵事利弊，揀選訓練，皆有成法，故至至道世，禁軍猶稱精銳。(註一〇一)自「咸平(真宗年號)以後，承平既久，武備漸寬。」(註一〇二)仁宗神宗世與西夏搆兵，屢戰屢敗。「崇寧大觀(皆徽宗年號)以來，兵弊日滋，至於受逃亡，收配隸，猶恐不足，政和之後，久廢蒐補，軍士死亡之餘，老疾者徒費廩給，少健者又多冗占，階級既壞，紀律遂亡。」(註一〇三)故自女真入寇以訖蒙古南牧，我華夏廣土衆民，徒為北族揚武呈威之資，讀史者所為鬱悒憤慨不能自已者也。(註一〇四)然彼諸族武力，雖強極一時，數世而後，因軍政頹弛，種人或漸染文弱，或習於奢縱，昔年勇健質實之風，變革殆盡，卒亦不能抵抗他族之侵陵，身膏敵人之斧鉞，今自蒙族外，皆澌滅無存者矣。是知欲國族長保其獨立，必賴有恆久強大之武力，宋與諸族往事，可永為吾人殷鑑也。

其三則諸族創製之文字也。五代史稱「阿保機多用漢人，漢人教以隸書之半增損之，作文字數千，以代刻木之約。」(註一〇五)據遼史紀傳，則契丹文字之製成與頒行，皆在神冊五年(梁貞明六年，九二〇)，契丹人突呂不實贊其事。(註一〇六)遼史又載阿保機子突欲工遼漢文章，嘗譯陰符經，耶律庶成則譯方脈書，蕭韓家奴又譯通歷、貞觀政要及五代史，(註一〇七)是字雖不多，已敷繙譯漢籍之用，且自成其為遼文矣。金世通契丹字者猶衆，蒙古初興，突欲八世孫耶律楚材尚能以契丹文作詩歌，今傳湛然居士集中之「醉義歌」，為長篇七言古風，(註一〇八)即譯自契丹文者也。然遼與宋通使，嚴禁文籍出境，故宋人通契丹文者甚鮮，僅王易燕北錄略載數字而已。(註一〇九)民國十九、二十年間，熱河發掘遼陵，得遼聖宗道宗帝后石刻哀册，聖宗帝后哀册皆漢文，道宗帝后哀册則漢文遼文兩種皆有，(註一一〇)學者取漢遼文比讀研索，不特明契丹文之形體，即造字行文之旨，亦略可通曉矣。(註一一一)宋史夏國傳稱「元昊自製蕃書，命野利仁榮演繹之，成十二卷，字形體方整類八分，而書頗重複，教國人紀事用蕃書，而譯孝經、爾雅、四言雜字爲蕃語。」其後譯出釋典甚夥，行布亦廣，元時河西猶有新刻本。(註一一二)元末主順帝至正八年(一三四八)立之莫高窟造像記，(在甘肅敦煌千佛洞，以漢文西夏蒙古畏吾兒梵藏六體書唵嘛呢八咪吽六字)及元代所刻「居庸關六體刻經」(在居庸關內，俗稱過街塔，以漢文及西夏蒙古畏吾兒梵藏六體書之)，亦皆列西夏文於漢字之次，蒙文之上。然曩時傳世者，僅有金石刻數事，自西曆千九百十年，俄大佐柯智洛夫氏(Kozlov)於河西甘州(張掖)古塔內，掘得西夏國書刻本經册十數箱，有行楷篆各體，載歸俄都，(藏俄都大學附屬人種博物館)嗣是西夏遺書，時有出現，而元刻河西字藏經，近年爲北平圖書館所購藏者尤多。(註一一三)俄人所得典籍中，有字書一册，曰番漢合時掌中珠者，並列中夏兩文，各注音於旁，(夏國書旁皆注漢字音，漢語傍亦注西夏字音，每字均兩對譯語及兩國字音，四言駢列，)中西學者以是津梁，研究考索，塵蘊七百年之文字，今已能通其形義及音讀矣。(註一一四)

金史稱「金人初無文字，與鄰國交好，迺用契丹字。太祖命完顏希尹撰本國字，備制度，希尹乃依倣漢人楷字，因契丹字制度，合本國語，製女眞字。天輔三年(宋宣和元年，一一一九)八月，字書成，太祖命頒行之。其後熙宗亦製女眞字，與希尹製字俱行用。希尹所撰，謂之女眞大字。熙宗所撰，謂之小字。」(註一一五)熙宗世宗時，温迪罕締達，徒單鎰等，嘗以女眞字譯書教學。世宗大定十三年(宋孝宗乾道九年，一一七三)，置女眞國子學，專授翻譯經籍，其教學選舉之法，略與用漢文者相等。復設譯經所，廣譯漢籍。據金史紀傳所載，當時譯出者，經部有易、書、論語、孟子等，史部有史記、漢書、新唐書、貞觀政要等；子部有老子、揚子、文中子、劉子、白氏策林等，(註一一六)其行用盛於契丹西夏國書矣。今傳世女眞字，自明四夷館華夷譯語中之女眞譯語殘帙外，約有石刻十數；(註一一七)因女眞譯語駢列漢文音義，石刻如皇弟都統郎君行紀、宴臺碑，及金太祖誓師碑等，亦皆漢文與女眞國書並刻，故學者尚能略識其大凡；然其譯書則不可見矣。

蒙古初興，亦無文字。成吉斯汗滅乃蠻後，始用畏吾兒字教授子弟，並以記言。及南使金夏，乃兼用漢楷。蒙古文字之製作，實始於忽必烈汗。(註一一八)元史(卷二〇二)釋老傳稱「八思巴者，吐蕃薩斯嘉人，中統元年

（一二六〇）世祖卽位，尊爲國師，命製蒙古新字，字成上之。其字僅千餘，其母凡四十有一，其相關紐而成字者，則有韻關之法，其以二合三合四合而成字者，則有語韻之法，而大要則以諸聲爲宗也。至元六年（一二六九），詔頒行於天下，」譯書一切文字。嗣後凡降璽書，並用此新製字，（通稱八思巴蒙古字）仍各以其國字副之。至元八年（一二七一），立京師蒙古國子學，十四年（一二七七）又立蒙古國子監，並專授蒙文，生員多百官子弟，蒙人外，色目漢人皆有。終元世，流行頗廣，傳世莫高窟造像記上所刻蒙文，卽此種八思巴文字也。沿至明清，頗多改變，今日通行之蒙字，則與滿洲文字體屬同一系統，蓋明清以後所改作者。惟與八思巴字要皆原本蕃書（藏文），屬梵文一支系，與遼夏金文字之屬漢文統系者異耳。

其四則民族之遷徙混合與漢族在諸族統治下之地位也。唐季北方俶擾，邊人多亡人契丹，及阿保機興，復時入塞俘擄漢民，故能興築漢城，以漢人自爲一部，與諸部大人別居。自五季至北宋，河朔之民，被驅掠入契丹者尤衆。然觀後唐明宗與契丹爭戰，俘其壯健者五千餘人爲契丹直，阿保機子突欲以不容於弟德光，亦率其部曲自東丹越海奔唐，（註一一九）則契丹人之入中國者，數亦衆矣。遼史稱「自太祖以來，攻掠五代宋境，得其人則就用東北二部，以農以工，有事則從軍政。」（註一二〇）然契丹制官皆世選，統遼一代任國事者，唯耶律氏與后族蕭氏，（註一二一）自阿保機以下，雖皆尊用漢士，其地位實遠不能與契丹人比。宋田況儒林公議言「始石晉時，關南山後初陷虜，民既不樂附，又爲虜所侵辱日久，企思中國聲教，常若偸息苟生。周世宗止平關南，功不克就。歲月既久，漢民宿齒盡逝，新少者漸便習不怪，然居常右虜下漢，其間士人及有識者，亦嘗悵然，無可奈何。太宗既夷幷壘，乘銳直壓其境，然未能攘奸掃穢，料取全勝。爾後河朔之民，數被其毒，驅掠善良入國中，分諸路落，鞭笞凌辱，酷不可聞。漢人每被分時，夫妻母子各隨虜居而去，號哭之聲，震動天地，風雲多爲之變色，聞者無不傷心。」此又漢民所受慘禍之記錄也。宋史夏國傳載宋夏對峙時，嘗各招納逃亡，藏匿隱蔽，故緣邊之地，蕃漢雜厅甚多。又言「夏得漢人勇者爲前軍，號撞令郎，若脆怯無他伎者，遷河外耕作，或以守肅州。」是其待漢人，亦與契丹略同矣。金初滅遼，以遼地人爲漢人。繼取宋河南、山東，復以宋地人爲南人。(註一二二)漢族之遭遇，以靖康之禍爲最慘酷，諸「陷於金虜者，帝子王孫，官門仕族之家，盡沒爲奴婢，使供作務。每人一月支稗子五斗，令自舂爲米，得一斗八升，用爲餱糧，歲支麻五把，令緝爲裘，此外更無一錢一帛之入。男子不能緝者，則終歲裸體，虜或哀之，則使執爨，雖時負火得煖氣，然纔出外取柴歸，再坐火邊，皮肉脫落，不日輒死。惟喜有手藝如醫人繡工之類，尋常只團坐地上，以敗席或蘆藉襯之。遇客至開筵，引能樂者使奏技，酒闌客散，各復其初，依舊環坐刺繡，任其生死，視如草芥」焉。(註一二三)自紹興和後，金人慮中原士民懷貳，創置屯田軍，凡女眞奚契丹之人，多自本部徙居中州，與百姓雜處，計戶授田，以「猛安」(百夫長)「謀克」(千夫長)分統之，一切以軍法爲治，世襲其職，不隸州縣。時又行「推排物力」(分按民之貧富而籍之以應科差之謂)之制，猾吏亦肆意侵漁，不獨種人之爲屯田軍者，驕縱暴橫，多倚勢不法已也。蒙古兵起，女眞人往戰輒敗，主兵者請括民田之冒稅者給之，以勵士氣，於是武夫悍卒，惟良田是擇，雖耕之數世者，亦以冒占奪之。及宣宗南遷，漢人羣起，向之恃勢奪田者，皆視爲血讎骨怨，期必殺而後已，元遺山紀其事，至謂「尋蹤捕影，屠戮盡淨，」「雖赤子亦不免」。(註一二四)然觀明章丘志稱此邑朮姓有三四百丁，自云金丞相朮虎高琪之後，則今代山東氏族，其出於女眞之裔者多矣。(註一二五)

元代種族最繁，大別爲四：一曰蒙古，有本爲蒙古部族(稱黑塔塔兒)及本非蒙古而歸於蒙古者(稱白塔塔兒及野塔塔兒)之分。二曰色目人，凡西征戡定各種族皆屬之。三曰漢人，亡金中原之遺民與夫契丹、女眞、渤海、高麗之不通蒙語者是。四曰南人，卽亡宋遺民是。當時以蒙古軍探馬赤軍戍守中原，蒙人色目人之仕宦營商者，多散處內地，其任地方掌印辦事官及錄事司者，尤遍於中國，且與漢南人互通婚媾。(註一二六)故自種族之遷徙混合言之，實爲諸族大遷徙及與漢族大混合之時期。而種族之界亦綦嚴。蒙人最貴，固已。色目人之東徙者，因言語風習類似蒙古，且降服在前，待遇僅亞蒙人一等。若漢人南人，則疏賤而奴畜之。窩闊台汗嘗括漢戶分賜諸王貴戚，其視無罪之民，與俘奴奚擇。忽必烈汗號稱以漢法治漢民，然時阿里海涯行省荆湖，恣行俘掠，其後經朝廷覈赦爲民戶者，數盈巨萬，(註一二七)其未籍免者，不知有幾何也。至中外百官，偏重國姓，爲一代定制。時「漢人惟史天澤耶律鑄嘗爲中書丞相，天澤僅以通譯自命，鑄亦委蛇伴食，無所建白。漢人平章，王文統稍有權，不久以嫌疑誅。南人唯葉李一爲丞相，外此卽不再見。鐵穆耳汗以後，內而省院臺部，外而宣慰廉訪路府州縣，其長非蒙人不居，後且限及郡府幕官之長，亦必用本種人焉。蒙人亦知漢南人之非心服也，則禁不得執弓矢行獵，（漢人滿百執弓矢獵者死，不滿百者流，）漢人南人非官臺察，不得挾弓矢，不得私藏軍器，雖鐵尺手撾及杖之藏刃者，必輸之官，不得乘馬，有馬者拘入官，不得聚衆與蒙人相毆。且不得學習蒙文畏吾兒文，既縛其手足，又錮其心思，更以不中之刑罰隨其後，由是孱懦者垂首屏息，輸租納稅應役外，毋敢有它覬。文弱者蘄得科舉吏員進身，用文章刀筆，博升斗之祿，往往遭忌引去。桀黠者竄名怯薛人匠，或投身諸王駙馬功臣位下，冒充軍站鷹坊控鶴等戶，隱蔽差繇，藉庇門戶。」（註一二八）然諸炎黃子孫不甘受他族統治者，則時時聚衆反抗，此撲彼起，終元世曾無休止。宋亡後纔八十餘年，明太祖卒驅胡元於漠北焉。

其五則諸族之華化也。契丹當唐季，已置城邑，教民種桑麻，習織組。阿保機之立，亦本漢人之教。又用漢人韓延徽、韓知古等爲謀主，城郭宮殿，禮儀法度，井井有則。遼史太祖紀稱其用兵四方，恆用漢字刻石紀功，又嘗自矜其能漢語。則契丹立國之規模，與其所以能彈壓諸部者，固有吾國文教之關係矣。阿保機嘗於上京置國子監，設祭酒司業監丞主簿等官，（其後太宗德光置南京大學，道宗洪基置中京國子監）又建孔子廟，命子突欲春秋釋奠。史稱突欲工畫知書，其立國東丹，建元設官，一用漢法，藏書於醫巫閭山絕頂，及航海歸唐，載圖籍數千卷。其後遼室諸主如聖宗興宗道宗等，史皆美其通曉漢學。（註一二九）抑遼自耶律德光兼制中國，於是官分南北，北面用國制，治契丹部族屬國之政，南面用漢制，治漢人州縣租賦軍馬之事，亦以招徠中國之人。遼史禮樂儀衞諸志，備載華夏之制及其淵源所自，儀衞志言之尤詳。一則曰「太宗盡致周秦兩漢隋唐文物之遺餘而居有之，路車法物，以隆等威，金符玉璽，以布號令，文謂之儀，武謂之衞，足以成一代之規模。」再則曰「金吾黃麾六軍之仗，遼受之晉，晉受之後唐，後唐受之梁唐，其來也有自。」三則曰「太宗立晉以要册禮，入汴而收法物，於是秦漢以來帝王文物，盡入于遼，周宋按圖更製，乃非故物，遼之所重，此其大端。」中原文物，爲榛狉陋族所歆羨如此，不特覘遼國之漢化，且可以見元代修遼史者之心理焉。

西夏諸酋，世仕唐宋，故亦通漢文。元昊之興，尤以兼通內外典籍，故能刱製物始。（註一三〇）又以張（元）吳（昊）二人爲謀主，（註一三一）立國遂有規模，宋史夏國傳稱「其設官之制，多與宋同，朝賀之儀，雜用唐宋，而樂之器與曲則唐也。」又載「諒祚上書自言慕中國衣冠，表求太宗御製草詩隸書石本，且進馬五十匹，求九經、唐史、册府元龜、及宋正至朝賀儀。」「乾順建國學，設弟子員三百，立養賢務，仁孝增三千，尊孔子爲帝，設科取士，又置宮學，自爲訓導。」是夏雖以武力背宋，其於文化，固未嘗背宋也。惟傳世西夏文書籍，十九爲釋典譯本，刼餘之西陲石刻，多記釋氏故實，其畫像雕刻，亦多屬佛教藝術，則夏人所取諸華夏者，印土文物之影響，尤爲深至矣。金之先，出於靺鞨。當唐時，粟末靺鞨嘗建渤海國，有文字禮樂官府制度。五代時，渤海亡，而黑水靺鞨之生女眞代之而興。覩其初起之情狀，若未受渤海文化之影響，自黑水粟末，實同一種，粟末先進，既能吸受中國之文教，則女眞後起者，雖專以武力勝，故亦易於濡染華風。阿骨打之興，吳乞買等勸稱帝，不從，楊朴獻策，卽稱皇帝，建國號焉。及滅遼而悉有其文物，又用遼地漢人時立愛、劉彥宗、韓企先等爲宰相，中國文獻，遂假契丹之手而輸入女眞。逮破宋入汴，舉北宋之典章禮樂，悉收而北。於是遼所得者，止於石晉及唐之遺，而金所得者，兼有遼宋南北兩方之積。北宋文物，經八帝百六十餘年之儲蓄創造，迥非石晉可比，雖以女眞之虓暴，未必能一一研索而得其用，然其所承受之豐，自必影響於民族。且契丹未嘗南下，國都僻在東北，金則自燕而汴，都邑屢遷，兵力所及，遠至江浙，其爲宋患者滋深，卽其受宋教者亦滋鉅。金史文藝傳謂「金用武得國，無以異於遼，而一代制作能自立於唐宋之閒，有非遼世所及，」宜矣。抑金之暴主，首推海陵庶人亮，然金之國學，實始於海陵之時，世宗章宗，迭加增益，京府節鎭，各處設學，學生盛時至千八百人，所傳習者，皆華夏經籍也。史稱「熙宗款謁先聖，北面如弟子禮；」「頗讀尙書論語及五代史遼史諸書，或以夜繼日，」（註一三二）又用漢禮，頒官制。世宗嘗讀史傳，尤尙儒風，欲以五經譯本，徧化女眞種人，猛安謀克，皆須通知古今。氈裘毳幕之俗，至是蓋丕變矣。然世宗雖慕華夏文教，仍欲保其種族舊風。諄諄訓誡，屢見於史，嘗禁女眞人毋得譯爲漢姓，不得學南人衣裝，命歌者時歌女眞詞，使諸王宗室等知女眞純實之風，又以女眞語名諸王小字。然觀當時諸王，多不熟習國語，(註一三三)保存舊習之效，亦云僅矣。章宗繼立，「正禮樂，修刑法，定官制，典章文物，粲然爲一代治規。」(註一三四)元遺山詩曰：「神功聖德三千牘，大定(世宗年號)明昌(章宗年號)五十年，」(註一三五)世宗章宗爲金室文治極隆之世，實亦華化最盛之時代；而女眞武力之不競，亦始於此時矣。(註一三六)蒙古初起，專尚武功，俗樸事簡，因游牧人種性也。窩闊台汗之世，親貴猶有言漢人無補於國，不若盡殺之，空爲草地，以廣畜牧者，賴耶律楚材之諫而止。汗尋立中書省，拜楚材爲令，始有官制，別軍民，籍戶口，定稅課，設科舉，譯經籍，立國漸具規模矣。忽必烈雖生長漠北，中年分藩用兵，多在漢地，又召用劉秉忠、張文謙、竇默、姚樞、許衡等，俾與謀議。及卽汗位，深知非漢法不足治漢民，乃引用儒臣，參決大政，諸所設施，如官制(總政務者曰中書省、秉兵柄者曰樞密院、司黜陟者曰御史臺、其次內有寺監衞府，外有行省行臺宣慰廉訪司、其牧民者則曰路府州縣)，賦稅(取於內郡者，曰丁稅、曰地稅、取於江南者，曰秋稅、曰夏稅)等，多取法中夏，一變祖宗諸兄武斷之風，漸開文明之治。嗣後諸主，或興廟學，或行科舉取士之法。圖帖睦爾汗尤性愛典禮，欲革腥羶本俗。雖元代諸汗多以國語徽稱爲尊，又不習漢文，進呈文字，必譯以國書，一代職官，如達魯花赤(掌印辦事官)、札魯忽赤(斷事官)、火兒赤(侍左右者)等，多沿用蒙名，(註一三七)蒙人之爲官吏者，尤多不識漢字，率以木印簽押，其國學亦以蒙古國子學(授蒙文)、回回國子學(授回文)與京師國子學(授漢文)並立，而漢人之學蒙語或效慕蒙名以爲榮施者，亦史不絕書。(註一三八)然當時漢化洪流，實隨處呈現其勢力，故當易代之際，諸眷戀中夏者，寧捨其舊習，同爲編戶，不願遄返北土。而色目人當蒙古未下西域之先，已雜受印度、猶太、波斯、希臘、亞拉伯諸國之文明者，自入中國，一傳再傳，尤多敦詩書而悅禮樂。(註一三九)王士禎曰：「元名臣文士如廉希憲、貫雲石、畏吾人也，趙世延、馬祖常、雍古部人也，迺賢、葛邏祿人也，薩都剌、色目人也，郝天挺、朶魯別族也，余闕、唐兀氏也，顏宗道、哈剌魯氏也，贍思、大食國人也，辛文房、西域人也，事功節義文章，彬彬極盛，雖齊魯吳越衣冠士冑，何以過之。」（註一四〇）是亦足證中國文明之威力矣。

有宋一代，爲百學昌明之世，上承漢唐，下啓明淸，紹述創造，靡所不備。然經學則頗變於古。王應麟云：「自漢儒至於慶曆間，談經者守故訓而不鑿；七經小傳（劉敞作）出，而稍尙新奇矣；至三經義（卽王安石三經新義）行，視漢儒之學若土梗。」（註一四一）觀慶曆及慶曆稍後儒者，歐陽修易童子問，排擊繫辭；李覯常語，司馬光疑孟，深議孟子；蘇軾書傳則譏顧命；晁說之詩序論又黜詩序；卽伊川（程頤）易傳世所稱粹然爲儒家言者，亦一掃漢魏古說。蓋毀棄傳註，獨標己見，甚或議經疑經，實爲當時一般風氣，不獨劉敞、王安石然矣。自後如陳祥道禮書，掊擊鄭學。胡安國春秋傳，錯綜三傳，自求奧旨。卽朱子集宋學之大成，其通博爲康成以後所未有，所著周易本義，則冠以河洛九圖，大學中庸章句，論孟集注、詩集傳、及弟子蔡沈所作書集傳等，莫不思以其說加之漢唐諸儒之上。今存宋人說經之書，多於唐者，奚啻十倍，雖其發明經旨，或非前人所及，要多自矜新義，不免空疏之弊。然若李如圭儀禮釋宮與朱子儀禮經傳通解（弟子黃幹續成），皆貫通經傳，考訂詳悉；衛湜禮記集說，采摭賅博，不啻禮學淵海：是宋學亦未可一概論矣。元仁宗世定科舉法，以四書五經試士，自禮記用鄭注外，餘皆遵宋人說解，（四書用朱子章句集注，易用程傳朱子本義，書用蔡傳，詩用朱傳，春秋用胡傳）宋儒之說，由是奪漢唐諸儒之席而代之，學者亦因之鮮習注疏，遂爲經學積衰時代焉。（註一四二）

宋史儒林傳外，於講求修身爲人之道之學者，特立「道學傳」（後世則稱之爲理學），是實宋儒之學之主體，不能以經學概之；且遠視經學爲盛者也。道學傳以周敦頤、程顥、程頤、張載、邵雍、朱熹、張栻諸人爲主，程朱門人亦以類從。若歐陽修、司馬光、陸九齡、陸九淵等，則或立專傳，或列儒林，其意蓋嚴於統系，而未能備見宋儒之學派。近代黃宗羲、全祖望編宋元學案百卷，自安定（胡瑗）、泰山（孫復）、高平（范仲淹）、廬陵（歐陽修）、涑水（司馬光）、東萊（呂祖謙）、艮齋（薛季宣）、止齋（陳傅良）、水心（葉適）、龍川（陳亮）、象山（陸九淵）、西山（蔡元定）諸儒，以至王安石、蘇軾，下及元之魯齋（許衡）靜修（劉因）、草廬（吳澄）等，皆分立學案，標舉其學術宗旨，馮梓材復為補遺百卷，(註一四三)「於是宋儒之學，囊括無遺。蓋周程諸儒，固擅道學之正統，而自安定泰山以下，乃至荊蜀之學，雖有淺深純駁之差，而其講求修身為人之道，則同一鵠的也。隋唐之世，外競雖力，而風俗日即于奢淫，士習日趨於卑陋，皇綱一墜，藩鎮朋興，悍將驕兵，宦官盜賊，充塞於唐季五代之史籍，人羣棼亂極矣。物極則反，有宋諸帝，崇尚文治，而研窮心性篤於踐履之諸儒，乃勃興於是時。推諸儒所以勃興之原，約有數端：一則鑒於已往社會之墮落，而思以道義矯之也；一則鑒於從來之學者專治訓詁詞章，不足以淑人羣也；一則韓李之學，已開其緒，至宋而盛行古文，遂因文而見道也；（唐韓愈作原道、排佛老、李翺作復性書、述大學中庸之旨）一則書籍之流通，盛於前代，其傳授鼓吹，極易廣被也。而其尤大之原因，則溝通佛老，以治儒書，發前人之所未發，遂別成為一時代之學術；雖其中有力求與佛說異者，要皆先嘗涉獵，而後專治儒書，是固不必為之諱也。」

「宋儒之學，派衍支分，不可殫述。有講術數者，（如邵康節之皇極經世、司馬光之潛虛）有務事功者，（如薛季宣陳傅良葉適陳亮之類、世所稱永康永嘉學派者是）有以禮制為主者，（如張載）有兼治樂律者，（如蔡元定）而朱陸之分，尤為灼然共見。茲擇其可以表示文化之進步，軼於前代，而為後人所祖述者，大要有四：

「一則修養之法之畢備也　躬行實踐，不專事空談，此宋儒共同之點。雖其途術各有不同，要皆以實行有得，人人能確指修養之法，以示學者。如周子之主一，張子之變化氣質，明道之識仁，伊川之用敬致知，上蔡（謝良佐）之去矜，豫章（羅從彥）、延平（李侗）之觀喜怒哀樂未發前氣象，南軒（張栻）之辨義利，朱子之格物致知，象山之先立乎大等，皆諸儒以其生平得力之處，示學者以正鵠，學者可由之以證入之法也。

「二則教育之復興也　自漢以後，學校教育，皆利祿之途，無所謂人格教育也。宋仁宗時，胡瑗倡教於蘇州、湖州及太學，以經義治事分齋，而以身教人之風始盛。周張二程，皆於私家講學，而師道大興；濂洛之學，遂成統系。朱陸諸子，亦隨在講學。雖爲世所詆毀，而師生相從，講習不倦。其所感化，自門弟子以至鄉人異端，皆有徵驗。第取朱子語類觀之，當時學子對於其師之一話一言，皆謹錄之，以爲世法，錄者九十九人，成書至一百四十卷，亦自古所未有也。

「三則哲學之大昌也　自宋以前，儒者之學，僅注重於人倫日用之間，而不甚講求玄遠高深之道。宋儒則不囿於人生觀，而必欲窮宇宙之原理。如司馬光潛虛，立原、熒、木、丱、基之名象。邵雍皇極經世，則言太陰、太陽、少陰、少陽、太剛、太柔、少剛、少柔。而周敦頤作太極圖及說，首曰無極而太極，尤窮極萬化之根本。其後朱陸諸儒，於無極之有無，爭辯至烈，諸不言無極太極者，張子則推本太和，謂中涵浮沉升降動靜相感之性，明道謂凡人類禽獸草木，莫非乾元一氣所生，伊川謂沖穆無朕，萬象森然已具，名義儘自分立，其於萬物一體之理，無不透闢發揮焉。

「四則本末之一貫也　宋儒言心言性，務極其精微，而于人事復各求其至當，所謂明體達用，本末兼賅，此尤宋儒之特色也。程朱諸子，其學固皆一天人，合內外，而無所不備。即象山之學，亦以宇宙內事爲己分內事，故其服官治政，治效卓然。至若張子西銘謂乾坤爲父母，民物爲胞與，以參天地之化育，使天下民物盡得其所，爲生人之鵠的；論語說又言「爲天地立心，爲生民立命，爲往聖繼絕學，爲萬世開太平，」其心量之廣遠，迥非區區囿于一個人一家族一社會一國家一時代者所可及也。」(註一四四)

宋元之世，書院講學之風，亦與儒學至有關係。宋初國學，範圍甚小，自王安石立太學三舍法，規制始宏。時又有「律」「算」「書」「畫」「醫」諸學及「武學」。州郡地方，亦無不有學。南宋建太學於臨安、亦用三舍法，學規尤稱嚴峻。然時重科舉，祿利之途既開，奔競之心日甚，學者既悉萃精力於考試，學校亦多近於科舉，且因學校進身不如科舉之捷，故學校之盛，反不迨科舉。吾元代京師國子學及蒙古國子學回回國子學，僅爲科舉變相者。更不足論。其時與儒學教育關係較鉅者，則曰書院。書院之名，昉於唐之「集賢殿書院」，蓋匯萃學士，以備朝廷之顧問應對，猶後世之翰林院也。憲宗元和間，衡州李寬嘗建石鼓書院（宋初賜額）。五代石晉初，南唐主李昪復就廬山南麓白鹿洞建學館，置田以給諸生，學者大集，以李善道爲洞主，掌教授。是爲吾國有講學書院之始（當時謂之白鹿洞國庠）。沿及宋興，儒生往往依山林即閒曠以教授，學徒少者數十百人，多者數千百人；嵩陽（河南登封太室山下）、嶽麓（湖南長沙嶽麓山）、睢陽（亦稱應天府即宋南京）及白鹿洞尤著，天下所謂四書院者也。（註一四五）自後書院之建，日增月益，南宋時尤盛；蓋北宋諸儒講學尚多在私家，南宋諸儒則多講學於書院，官立私立，所在有之。其規模小者，不過小屋四五間，大者則有禮殿講堂。學生膏火，或取之田租，或取之官費。講學之法，或官吏延師，或主者自教，或別請大儒，或代以高第弟子。雖無一定之規制，要之經濟獨立，講學自由，異于國學及府縣之學。故當時各地雖皆有學校，士大夫仍於學校之外，增設書院，不以並行爲病。諸淡於榮利志在講求修身治人之法者，且多樂趨於書院。其學術上之成就與教育上之影響，亦遠非學校所及。若朱子所定白鹿洞書院教條，取聖賢所以教人爲學之大端，條列而揭之楣間，（曰五教之目，「父子有親，君臣有義，夫婦有別，長幼有序，朋友有信」，曰爲學之序，「博學之、審問之、愼思之、明辨之、篤行之」，曰修身之要，「言忠信、行篤敬、懲忿窒慾、遷善改過」，曰處事之要，「正其誼不謀其利、明其道不計其功」，曰接物之要，「己所不欲，勿施於人，行有不得，反求諸己」，）其最可稱誦者矣。元代書院，據元史選舉志，凡「先儒過化之地，名賢經行之所，與好事之家出錢粟贍學者，並立爲書院，」故其數視宋更增。書院山長，亦爲定員。是元雖以蒙古入主中國，而教育之權，仍操之漢族儒者之手；而宋儒講學之風，雖易代不衰，亦可見矣。（註一四六）

宋代史學之撰作，亦極爲繁富。宋太祖命薛居正等修五代史，踰年書成（凡百五十卷）。仁宗以劉昫等所撰唐書多漏缺，命宋祁歐陽修等重刪撰之，歷十七年始成（共二百二十五卷，世稱新唐書）。修又別撰五代史記七十五卷，博採羣言，旁參互證，卷帙雖僅及薛史之半，而訂正之功倍之；文直事核，與新書同稱良史。餘如司馬光之資治通鑑（二九四卷、又目錄三十卷、考異三十卷），鄭樵之通志（二百卷），袁樞之通鑑紀事本末（四二卷），馬端臨之文獻通考（三四八卷），並爲乙部名著。官修類書，若太平御覽（一千卷），册府元龜（一千卷）等，徵引浩博，亦爲後世考史者之所寶愛。而宋人自記當代之書，若實錄國史，若雜記小錄，尤稱詳備。今後者見存者無慮數百種。前者雖僅存殘帙，然傳世之李燾續資治通鑑長編（記北宋九朝，據宋史卷三八八本傳，凡九七八卷，卷第總目五卷，今本缺徽欽二朝，凡五二〇卷），王偁東都事略（一三〇卷），李心傳建炎以來繫年要錄（記高宗一朝，二〇〇卷），與朝野雜記（四〇卷），徐夢莘三朝北盟會編（起政和七年，止紹興三十一年，爲徽、欽、高三朝，二五〇卷），及宋會要（二百册，約可五百卷）等，卷盈千百，大抵多據實錄國史，卽元修宋史，亦皆襲宋國史底本，故四百九十六卷之鉅編，曾不二載而成書也。（註一四七）餘如年譜、目錄、地志、金石之類，宋人考訂述作者並衆；而地志與金石二者之貢獻尤大。傳世宋代志書，「如樂史太平寰宇記、王存元豐九域志、歐陽忞輿地廣記等，固爲總志之要籍。而郡邑地志，賡續修葺，冠以年號，前後相踵，如周淙乾道（孝宗年號）臨安志，潛說友咸淳（度宗年號）臨安志之類，亦始於宋。後世志乘之廣，遠軼前代，以備史料，以覘文化，信而有徵，不得謂非宋人啓之也。」（註一四八）自唐世有拓石，宋人轉以此法施於拓存彝器文字，時高原古冢，重器屢出，祕閣太常，旣多蒐藏，士大夫輩，亦幾家有其器，人識其文，金石之學，一時稱盛。考訂之書，自歐陽修集古錄跋尾、呂大臨考古圖、趙明誠金石錄、薛尙功鐘鼎款識法帖以下，著稱者無慮數十家。金石之學，「禮家明其制度，小學正其文字，譜牒攷其世謚，」（註一四九）範圍又出史學外矣。遼金元之世，國史記載，遠不如宋，然亦並有實錄，故元人修遼金史，明人修元史，皆能本末完具，今亦並稱「正史」。元世又嘗修大一統志千三百卷，經世大典八百八十卷，實政典地志之鉅製；惜今僅經世大典敍錄尙首尾完具而已。（註一五〇）

宋元之世，文學美術之進步，亦隨在可見。宋之文家如歐陽修、王安石、蘇氏父子（蘇洵及子軾、轍）、曾鞏，詩家如蘇軾、黃庭堅、陸游，其作品多別開戶牖，爲奕世著作家所宗仰。卽若司馬光、朱熹等以學問發爲文章，雖襲前人之遺軌，而平正明暢，務以理勝，非後世號爲古文專家所能企及。下及金之元好問，元之姚燧、虞集、楊維楨輩，詩文亦多佳妙可誦。然宋元文學之特產，尤有三焉，曰詞，曰小說，曰曲。詞起於唐，漸盛于五代，時僅有小令中調。宋熙寧中立大晟府，爲雅樂寮，選用詞人及音律家，日製新曲，謂之大晟詞；於是小令中調之外，復增長調，詞調成於此際居多。工詞者亦先後輩出，若北宋之晏殊、晏幾道、歐陽修、柳永、張先、蘇軾、秦觀、賀鑄、周邦彥、李清照，南宋之辛棄疾、陸游、王沂孫、姜夔、吳文英、張炎，或婉約蘊藉，或穠麗豪放，無不備極其致，實爲倚聲極盛時代。論者謂宋之於詞，猶唐之於詩，然「詞尚協律，便于絃歌，由詩而進於詞，其體愈美，而其用亦愈普焉。」小說唐時已稱盛，然皆文人著述之餘事。北宋時始有演述故事之小說（稱諢詞小說），南渡後益盛。吳自牧夢粱錄分爲小說、談經（演說佛書）、及講史書諸家，總稱曰說話人，（註一五一）今世所傳之宋人平話（如宣和遺事、五代史平話、京本通俗小說、及大唐三藏取經詩話等），皆當時說話人之底本也。「由其以說爲主，故多用當時語言，與文人著述之用古文紀事者有別。又其述說不限時日，故必多分章回，以便使人聽而忘倦。」吾國之小說，至是始專以對於一般社會傳播灌輸爲事，爲純粹之平民文學焉。「合詞與小說而爲戲曲，亦始於宋時。然宋時劇本，今多不傳，傳世者惟元人之雜劇。其體係代劇中人立言，或用俗語演述，或用韻文申敘，俗語謂之科白，韻文則謂之曲，曲出於詞而較長，各按宮商而爲調。元時又有南曲北曲之分，北曲字多而聲調緩，南曲字少而聲調繁，蓋因南北習尚而各爲風氣者也。元劇至多，今傳者尚有百數十種。（註一五二）其著名之作者，有關漢卿、馬致遠、鄭至、白樸、王實甫等。其詞多雜俚語，而表情述事，眞摯秀傑，實爲一代之絕作。近世英法諸國有譯本者，亦不下三十種焉。」

宋之書家以蘇（軾）、黃（庭堅）、米（芾）、蔡（襄）爲著，（註一五三）元則趙孟頫最負盛名，然多由唐人變化而出，未足爲一代之特色。宋世與書學最有關係者，曰法帖。五季南唐時，嘗集古今名人書札摹勒上石，是爲法帖之始。宋太宗淳化中，出御府所藏翰墨，命侍書王著以棗木仿刻，共十卷，卽後世著稱之淳化閣帖也。仁宗徽宗世，復繼續摹刻。自是學書者取法於帖，法帖亦孳乳浸多。降至元明，其風不衰，考證批評，蔚爲專門之學焉。「唐代繪事，已甚發達，宋元則尤爲進步。宋初若黃筌之花卉，李成、范寬之山水，李公麟之人物，皆卓絕於世。徽宗酷嗜書畫，嘗設書畫學及書藝畫圖等局，有書畫學博士，故繪事幾成專門之學。傳世宣和畫譜，其所譜錄者，皆御前書畫所諸名家（若宋喬年、米芾等）所審定。提倡美術，殆莫盛于宣和。降及南渡，仍置御前畫院，當時待詔有李（唐）、劉（松年）、馬（遠）、夏（珪）等四大家，其餘知名者尤衆。」近世論畫者，至謂「大地萬國之畫，當西十五世紀前，無有我中國，中國之畫，亦至宋而後變化至極。」（註一五四）元承宋緒，畫學蟬嫣不絕，畫手著名者亦多。黃（公望）、倪（瓚）、王（蒙）、吳（鎮）四家，以寫胸中邱壑爲尚，尤爲後世所宗仰。蓋我國畫學，以宋代爲轉變期，六朝隋唐皆以人物畫爲中心，崇尚寫實，宋以後則以山水畫爲主體，人物畫退居附庸，尚寫意而不重形似，元四家其代表也。說者謂吾國畫學之衰，亦始於是焉。

宋人之精於天算者，以沈括（一〇三〇至一〇九四），蘇頌（一〇二〇至一一〇一）爲最。「括博學善文，於天文、方志、律曆、音樂、醫藥、卜算、無所不通。」（註一五五）熙寧七年，上渾儀、浮漏、景表三議，（註一五六）其景表一議，尤有特見。頌「邃於律曆」，著新儀象法要三卷，繪圖極精。元祐中，頌與韓公廉別制渾儀，「爲臺三層，上設渾儀，中設渾象，下設司辰，貫以一機，激水轉輪，不假人力，時至刻臨，則司辰出告星辰躔度所次，占候測驗，不差晷刻，晝夜晦明，皆可推見，前此未有也。」（註一五七）而秦九韶於南宋末，著數學九章，發明立天元一法，元初李冶著測圓海鏡，言之益精，爲今西人代數學之權輿，（代數學 Algebra 義云東來法），尤爲有功於算術。至元時集天曆之大成者，曰郭守敬（一二三一至一三一六）。元史本傳載守敬製簡儀、高表、候極儀、渾天儀、玲瓏儀、仰儀、立運儀、證理儀、景符、闚几、日月食儀、星晷、定時儀等器，種類之繁，爲前此言測驗者所未有。（註一五八）守敬又奏請忽必烈汗廣設測驗所，於是元主「遂設監候官一十四員，分道而出，東至高麗，西極滇池，南踰珠崖，北盡鐵勒，四海測驗凡二十七所。（註一五九）至元十六年（一二七九），守敬建觀星臺於河南登封縣告成鎮周公廟，創四丈長表及景符，今遺址尚在，吾國現存之天文臺，以是爲最古矣。及十七年（一二八〇），守敬所撰新曆告成（名授時曆），「行世垂四百年。自三統以

來爲術者七十餘家，莫之倫比也。」(註一六〇)

宋元時代工藝製造之進步，猶有可述者數事。一曰營造。哲宗世，「李誡奉敕撰營造法式三十六卷，詳載當時宮殿戸牖柱階簷井建築雕刻彩畫塗塈之法，集吾國營造學之大成，元明及清，宮殿之建築，多取法於是書。而元世阿爾尼格及弟子劉元之塑像，亦稱絕藝，今北平寺刹，倘有二人所塑像焉。二曰印刷。自五季廣刊經籍，至兩宋而公私印刷，遂臻大盛。其刊於國子監者(世稱監本)，字體古雅，雕鏤極工，校勘尤稱精審。仁宗慶曆(元年，一〇四一)中，布衣畢昇復發明活字排印之法，(註一六一)時爲西元第十一世紀中葉，距德人葛登堡(Gutenburg 一三九七至一四六八)之發明活字版，蓋先約四百年。遼世刊本，自釋典外，無傳世者。金則其國學印行書籍，殆不下於宋監。元世官私刻版，尤盛於宋。世傳金刊經籍，其佳者足與宋刊媲美，而元人槧本，亦與宋刻同珍焉。三曰瓷器。陶瓷之業，唐五代已稱盛。宋世士大夫盛倡品茶繪畫諸事，帝室復多精研美術，瓷窯咸受國家之保護，若著名之「定」「汝」「官」「哥」諸窯，皆在敕命下製造經營。陶工既爲社會所崇敬，「陶瓷工藝，因之盡美極妍。世稱宋世爲瓷業完成而大放光彩之時代，非虛譽矣。元有浮梁瓷局，專掌景德鎮瓷器，(鎮以宋眞宗景德年間進御瓷器底書「景德年製」而著稱，然宋世之名，尚不及定汝官哥四窯)世稱爲樞府窯，然其成績亦不能及宋也。」四曰火器。吾國自隋唐時已有火藥。南宋初，虞允文與金人采石之戰，以紙爲霹靂礮，中實以石灰硫磺，投水中，而火自水跳出，紙裂而石灰散爲煙霧，眯其人馬，遂大敗之，此蓋略如今日爆竹之類。孝宗時，魏勝又創製礮車，施火石，可二百步，其火藥用硝石硫磺柳灰爲之，是爲近代用火具之始。「其後蒙古得回回人阿喇卜丹、伊斯瑪音等製造大礮，其製益精。元代與歐洲交通頻繁，其法遂流傳彼土，而開後來世界火器大興之局焉。」五曰指南針。我國自古已知有磁針。漢魏以降，張衡、馬鈞、祖冲之等，皆嘗造指南車。其用磁針以航海，則始於宋時。宋彧萍洲可談稱「海舶舟師識地理，夜則觀星，晝則觀日，陰晦觀指南針，」可爲明證。西人之製航海磁針盤，始于十四世紀初葉，蓋亦元世由東方傳入者也。六曰棉布。我國古無木棉，織物率用麻絲。(麻織者曰布，絲織者曰帛，說文解字無棉字，凡云絮纊等，皆以絲爲之，或雜以麻）六朝時，木棉始由西南夷入貢中國，猶未有其種。宋時始稍稍自種之，（棉字亦宋人所增）民亦漸以爲服；至元而其植始廣。元史世祖紀稱「至元二十六年，置浙東、江東、江西、湖廣、福建木棉提舉司，責民歲輸木棉十萬匹，以都提舉司總之，」足徵浙東等地產棉之盛。降及明世，木棉之利，乃普及海內焉。

宋元之世，宗教之傳布，亦有可注意者。道教在唐世雖頗流行，然道藏之編訂，教會之分立，與教權之確定，則皆在此時代。北宋眞宗徽宗諸帝，甚尊道教。眞宗自澶淵盟後，天書封祀，幾無寧歲，（註一六二）皆假道祖之命以行之。又賜信州道士張正隨（漢張道陵後人世居信州龍虎山）爲虛靜先生，立授籙院及上清觀，蠲其田租；自是凡嗣世者皆賜號，即後世張天師之始也。時京師建玉清昭應宮，會靈觀，管以宰相職，各路亦遍置宮觀，以侍從諸臣退職者領之，號爲祠祿，迄南宋未改。而道教學者姚若谷、張君房等，亦努力編定道藏（名「寶文統錄」），以與佛藏對立焉。徽宗信用方士魏漢津、王老志、王仔昔、林靈素等，立道學，置道經博士。嘗行千道會，費帑無數。又欲盡毀釋氏，改天下佛寺爲宮觀。自稱教主道君皇帝，未幾而父子悉爲金虜矣。金世道士蕭抱珍倡大乙教，傳太一三元法籙之術。王喆倡全眞教（道士出家不娶者爲全眞），其徒丘處機自號長春子，嘗應成吉斯汗召，西行至雪山，汗尊禮之，稱爲神仙，處機徒尹志平等，在元代世奉璽書，襲掌其教。（今北平白雲觀，即尹志平與建以祀其師者）又有眞大道教者，亦始金季道士劉德仁，以苦節危行爲要，五傳至酈希誠，見知蒙哥汗，始名其教曰眞大道，授希誠太玄眞人，領教事。及忽必烈汗平定江南，又召信州道士張宗演，待以客禮，號正一天師；子孫襲領江南道教，主領三山符籙。（註一六三）蓋道教宗派，滋多於是矣。宋世佛教，以禪宗爲最盛，雖鮮空前盛跡之可紀，然宋儒理學，乃至詩文書畫，多受禪之影響，佛教亦自是流爲純粹中國化之宗教。太祖開寶四年（九七一），勅高品、張從信、往益州雕大藏經板，至太宗太平興國六年（九八一），竣工，凡四百八十一函，五千四十八卷，是又中土佛藏刻板印行之始也。契丹諸主，多崇信佛教，而道宗尤甚，遼史至稱其「一歲而飯僧三十六萬，一日而祝髮三千。」（註一六四）遼時佛教遺址，今存者猶夥。如遼寧義縣之奉國寺，山西大同之華嚴寺，並爲遼代舊刹。其正殿猶留當年形製。(註一六五)河北薊縣獨樂寺觀音洞，建於聖宗隆緒統和二年(九八四)者，今猶完好，爲吾國現存古代之第三木構(第一第二見上章)；菩薩像高約十五公尺，亦屬遼物。山西應縣佛宮寺之木塔，建於道宗洪基清寧二年(一〇五六)，斗拱梯欄塑像，均遼代物。吾國佛寺木塔之遺存，又以此爲最古矣。金自海陵以降，諸主亦多佞佛，特不如遼之甚，惟所刻漢字藏經，傳世者卷盈千百，較遼刻者尤夥焉。(註一六六)西夏文物，以佛教爲主體，說已見前。然自夏據河西，隔絕西域，不使與中國通，又因兵亂頻仍，敦煌石室之封閉，亦在是時，(註一六七)中世以降之佛教聖地，至是日趨於荒廢，可見也。蒙古成吉斯汗起朔方時，已崇尚釋教。忽必烈汗設宣政院，專掌釋教僧徒。然終元世所崇信者，實爲西藏之喇嘛教，與唐以來相沿之佛教迥異；其徒衆之害民病國，亦無所不至其極。中土僧徒，惟「摳衣接足，丐其按顱摩頂，」(註一六八)官私雖各刻佛藏，亦無若何影響可言，實爲吾華佛教積衰時代。自道釋外，元世盛行之宗教，又有回教與基督教。宋世與大食交通頗盛，回教傳佈漸廣。元則入據中夏之先，已盡滅中亞西亞諸回教國，回教徒入中國者，泛稱色目人，與蒙人皆隨便居住，其教遂遍傳中夏。元世基督教徒，景教派、希臘派、羅馬派皆有；蓋自蒙兵歷次西征，各派教徒之被擄及隨節至和林者，不可勝計。羅馬教宗之使命，如柏朗嘉賓(Joan De Plano Carpini)羅柏魯(Gulielmus de Rubrupuis)諸教士，亦先後至和林。金宋既滅，塞外之教徒，遂隨軍旗瀰蔓內地。元史中每以「也里可温」「答失蠻」與「僧」「道」並稱。也里可温爲基督教之總稱，答失蠻爲天方教，明其時諸教皆並立矣。(註一六九)抑自蒙古西征，凡唐中葉以降，西北各地區割裂分離之局，經五代宋、遼、金、夏而不能合者，盡混而爲一，且又併中亞西亞東歐諸地，聯合歐亞。雖分封四大汗國，諸汗王各君其土，然皆受節制于蒙古大汗，故威令行而道路不梗。當時東西陸道交通頻繁。蒙古諸大汗對於各國人士，又一視同仁。因是歐洲客商，聯袂偕來，或謀什百之利，或圖仕祿于王朝，如意大利人馬非倭(Maffeo)尼古羅(Nicolo)兄弟及尼古羅子馬可波羅(Marco-Polo)三人，留仕元庭至十七年，其最著者也。馬可波羅之歸也，嘗著東方見聞錄(今稱行紀或遊記），其肅州章下云：「前此所言之三州，（沙州、哈密州、欣斤塔剌思州）並屬一大州，即唐古忒州（西夏）也，如是諸州之山中，並產大黃甚富，商人來此購買，販售世界；」（註一七〇）可見其時商業之興盛矣。商旅之外，阿剌伯、波斯、印度學者，及法蘭西、意大利藝術家，多偕傳道僧侶及教宗使節等東來，歐西美術及西亞之文字天算醫方工匠武術，遂多輸入我國；固不獨也里可溫與答失蠻之宗教，流行於我朝野而已。吾華之印刷術、火藥與羅盤針等基本發明，亦傳入西方。東西文物經濟傳輸之盛，蓋前史所未有矣。特自忽必烈汗以後，蒙古帝國，不久瓦解，中西交通，日以衰息，基督教亦隨元亡而絕跡於中夏，明初宋濂輩纂修元史，遂不知也里可溫爲一種宗教。而其影響及於歐人者，則歷久而長存，法人萊彌塞（Abel Remusat）曰：「此交通，乃將中古之黑雲，一掃而淨，屠殺之禍雖慘，殊可以警奮數世紀來衰頹之人心，而爲今日全歐復興之代價也。」（註一七一）

宋世風俗，有能起唐五季之衰弊者，則士大夫之尚忠義是也。宋史言「士大夫忠義之氣，至於五季，變化殆盡。宋之初興，范質、王溥，猶有餘憾，藝祖首褒韓通，次表衞融，足示意嚮。厥後西北疆場之臣，勇於死敵，往往無懼。眞仁之世，田錫、王禹偁、范仲淹、歐陽修、唐介諸賢，以直言讜論倡於朝。於是中外縉紳，知以名節相高，廉恥相尚，盡去五季之陋矣。」（註一七二）史册所載當時士大夫之家法家學，師友昆弟間之樂善友愛，如「景德中，陳堯叟掌樞密，弟堯佐直史館，堯咨知制誥，與（父）省華同在北省，賓客至，堯叟兄弟侍立省華側，客不自安，多引去。」宋庠與弟祁俱以文名擅天下，而友愛至篤。（註一七三）「趙抃廬墓三年，縣榜其里曰孝弟，及子屼執父喪，而甘露降墓木，屼卒，子雲又以毀死，人稱其世孝。」「唐介敢言聲動天下，子淑問難進，義問強敏，孫恕高行，不隕家聲。」（註一七四）「范仲淹汎愛樂善，胡瑗、孫復、石介、李覯之徒，多出其門下；子純仁，仲淹沒始出仕，以兄純祐有心疾，奉之如父，藥膳居服，皆躬親時節之。」（註一七五）歐陽修「獎引後進，如恐不及，曾鞏、王安石、蘇洵、洵子軾、轍，布衣屛處，未爲人知，修即游其聲譽，謂必顯於世。」」「劉敞博學雄文」，「弟攽，子奉世，世稱三劉」；與曾鞏、曾肇兄弟皆以家學稱。(註一七六)呂夷簡諸父蒙正，子公弼、公著，「更執國政，三世四人」；「公著子希哲，希純，世濟其美。」（希哲子好問，好問孫祖謙，呂氏自夷簡祖龜祥知壽州，遂爲壽州人，好問始居婺府，史稱祖謙之學，本之家庭，有中原文獻之傳，呂氏實爲宋代第一世家，祖謙弟祖儉、從弟祖泰，皆別見忠義傳），(註一七七)邵雍「清而不激，和而不流，」「司馬光、韓維、呂公著、程頤兄弟，皆交其門；」子伯溫「入聞父教，出則事司馬光等，而光等亦屈名位輩行，與伯溫爲再世交；」「雍疾，光、張載、頤兄弟晨夕候之。」(註一七八)司馬光「在洛時，每往夏縣展墓，必過其兄旦，旦年將八十，奉之如嚴父，保之如嬰兒；」子康亦「濟美象賢」。「范鎮清白坦夷，遇人必以誠；從子百祿受學於鎮，議論操脩，粹然一出於正；」「從孫祖禹平居恂恂，口不言人過，至遇事，則別白是非，不少借隱；」「自鎮至祖禹，比三世居禁中，士論榮慕。」(註一七九)「呂大防自少持重，燕居如對賓客，與兄大忠、弟大鈞、大臨、同居相切磋，論道考禮，冠昏喪祭，一本於古，關中言禮學者推呂氏。」(註一八〇)「蘇軾器識閎偉，一時文人如黃庭堅、晁補之、秦觀、張耒、陳師道，舉世未之識，軾待之如朋友，未嘗以師資自予；」「蘇轍與兄進退出處，無不相同，患難之中，友愛彌篤，無少怨尤。」(註一八一)皆至足稱美，固不特濂洛諸儒研窮心性，篤於踐履，門弟子淵源所漸，班班可考，以及南北宋亡時忠節相望已也。

日知錄言「宋自仁宗在位，四十餘年，雖所用或非其人，而風俗醇厚，好尚端方，論世之士，謂之君子道長。(註一八二)及神宗朝，荆公秉政，驟奬趨媚之徒，深鉏異己之輩，鄧綰、李定、舒亶、蹇序辰、王子韶諸奸，一時擢用，而士大夫有十鑽之目（原注．鑽者取必入之義，鄧綰傳以頌王安石得官，謂其鄉人曰，笑罵從汝，好官須我爲之），干進之流，乘機抵隙。馴至紹聖崇寧，而黨禍大起，國事日非，膏肓之疾，遂不可治。」(註一八三)降至南宋，此風未已。紹興六年（一一三六），右司諫陳公輔以不悅尹焞，楊時（皆程門高弟），痛詆程學，疏請禁止。及秦檜和金，宗程氏者皆斥和議，程學遂遭罷黜。孝宗世，攻洛學與宋熹者紛紛，賴帝兩左右之，未顯禁絕。及寧宗立，韓侂胄與趙汝愚爭權，侂胄以汝愚挾熹等以自重，且憾熹嘗上疏斥己也，唆使其徒何澹，劉德秀等目道學爲僞學，肆志排擊，舉海內知名士，貶竄殆盡，復令省部籍記僞學姓名，自汝愚熹以下，凡五十九人，是爲慶元（寧宗年號）黨案；（註一八四）論史者至與元祐黨案並稱。然觀淳熙（孝宗年號）十五年（一一八八），熹入奏事，（時以周必大薦爲江西提刑）「有要之於路，以爲正心誠意之論，上所厭聞，戒勿以爲言，熹曰，吾平生所學，惟此四字，豈可隱默以欺吾君乎。」慶元中，劉德秀、姚愈等「攻僞學日急，而熹日與諸生講學不休，或勸其謝遣生徒者，笑而不答。」（註一八五）陸游「才氣超逸，晚年再出，爲侂胄撰南園閱古泉記，卽見譏淸議。」（註一八六）是知信道篤而自知明者，初不以外界之毀譽爲從違，是非曲直之在人心者，亦終不可得而掩也。特當時「淺陋之士，自視無堪以爲進取之地，輒亦自附于道學之名，裒衣博帶，危坐闊步，或抄節語錄，以資高談，或閉眉合眼，號爲默識；」（註一八七）「凡治財賦者，則目爲聚斂，開閫扞邊者，則目爲麤材，讀書作文者，則目爲玩物喪志，留心政事者，則目爲俗吏；自詭其學爲正心修身齊家治國平天下，夷考其所行，則言行了不相顧，率皆不近人情之事；」（註一八八）然洛閩之徒無是也。又宋世學校大興，自徽宗時太學生陳東率諸生伏闕上書，請誅蔡京、王黼、童貫、梁師成、李彥、朱勔等六賊，用李綱，至南宋而太學生言事者益多。其初雖奮不顧身，欲爲國家社會定大計，抗外禍，辨賢奸，明邪正，及號召徒衆，寖成風氣，亦多挾勢以利私圖。周密謂「三學之橫，盛于淳祐景定（理宗年號）之際。凡其所欲出者，雖宰相台諫，亦直攻之使必去，權乃與人主抗衡。其所以招權受賂，豪奪庇姦，動搖國法，作爲無名之謗，扣閽上書，經臺投卷，人畏之如狼虎。若市井商賈，無不被害，而無所赴愬；非京尹不敢過問。」及賈似道當國，於學生則「以術籠絡，每重其恩數，豐其饋給，增撥學田，種種加厚，於是諸生啖其利而畏其威，雖目擊似道之罪，而噤不敢發一語。」於道學則專用假名冬烘之流，「列之要路，名爲尊崇，其實幸其不才憒憒，不致掣其肘耳，以至萬事不理。」（註一八九）及恭帝立，似道雖竄死，而宋亦不久亡矣。

兩宋之世，對外雖力多不競，繁綺之風，則視唐有加。北宋以徽宗時爲極盛。孟元老東京夢華錄序所謂

「太平日久，人物繁阜，垂髫之童，但習鼓舞，斑白之老，不識干戈；時節相次，各有觀賞，燈宵月夕，雪際花時，乞巧登高，教池遊苑；舉目則青樓畫閣，繡戶珠簾；雕車競駐於天街，寶馬爭馳於御路；金翠耀目，羅綺飄香；新聲巧笑于柳陌花衢，按管調絃於茶坊酒肆；集四海之珍奇，皆歸市易；會寰區之異味，悉在庖廚；花光滿路，何限春遊；簫鼓喧空，幾家夜宴；伎巧則驚人耳目，侈奢則長人精神」者，當年汴京之節物風流，概可想見。及偏安杭州，因河山淸謐，半壁堪懷，北狩之奇辱，日遠日忘；和議之足貪，相引相蔽，無復雪恥之志，共耽處堂之安；昇平自慶，朝野恬嬉；讀吳自牧夢粱錄所紀臨安之承平氣象，與城池苑囿之富，風俗人物之盛，尤駕東京夢華錄而上之。至其俗尙之異於前代者，則爲工農商賈等市民之團體組織與娛樂集會，及政府對社會救濟事業之設施。夢粱錄有「團行」一則，歷舉臨安市肆之團行。（名爲團者，如花團、青果團、柑子團、鯗團，名爲行者，如方梳行、銷金行、冠子行、魚行、蟹行、薑行、菱行、北豬行、南豬行、南土北土行、菜行、鮮魚行、布行、鷄鵝行；更有名爲市者，如藥市、花市、珠子市、肉市、米市）又有「社會」一則，歷舉臨安之娛樂等集會，自文士之西湖詩社，武士之射弓踏弩社，及蹴鞠打球射水弩社外，「諸寨建立聖殿者，俱有社會，諸行亦有獻貢之社，每遇神聖誕日，諸行市戶，俱有會迎獻不一。」（如府第內官以馬爲社，七寶行獻七寶玩具爲社，又有錦繡社，臺閣社、窮富賭錢社、遏雲社、女童淸音社、蘇家巷傀儡社、青果行獻時果社、東西馬塍獻異松怪檜奇花社、魚兒活行以異樣龜魚呈獻，豪富子弟緋綠淸音社、十閑等社）蓋宋世商業甚盛，團行之組織，所以保障同團同行間之利益，避免行團內之無謂競爭，並抗拒官吏及團行外之不法侵犯，實爲都市商業發達後之自然現象。至每遇神聖誕日，集會迎獻，即後世因事酬神演劇醵飲之俗，蓋以是聯同行朋曹之歡，自娛兼以娛人者也。夢粱錄又有「恩霈軍民」一則，於當時之社會救濟事業，如米場（年歲荒歉，官司置立米場，以官米賑濟，或量收價錢，務在實惠及民）火災賑濟（因熒惑爲災，延燒民屋，官司差官吏於火場上具抄被災之家，各家老小，隨口數分大小給散錢米）柴場（官置柴場、城內共設二十一場，許百司官廳及百姓從便收買，價錢官司量收，與市價大有饒潤）藥局（州府置施藥局，來者診視，詳其病源，給藥醫治，朝家撥錢一十萬貫下局，或民以病狀投局，則畀之藥）慈幼局（官給錢典雇乳婦，養在局中，如陋巷貧窮之家，或男女幼而失母，或無力撫養，拋棄於街坊，官收歸局養之，若民間之人願收養者聽，官仍月給錢一貫，米三升，以三年住支）養濟院（老疾孤寡貧乏不能自存及丐者等人，官籍家姓名，每名官給錢衣贍之）之類，詳紀其施行之法。(註一九〇)世益降而民之貧富區別益深，遭際不幸者，需公衆之救濟亦愈亟，政府之設施，因亦日趨完備，後世相承，自政府及平民，靡不認救濟窮困扶助貧弱爲公共事業之最要者，其風實自宋啓之矣。

宋世不獨國內商業發達也，對外之海上貿易，亦視唐爲盛。宋史食貨志稱「開寶四年，置市舶司于廣州，後又於杭明州置司。凡大食、古邏、闍婆、占城、勃泥、麻逸、三佛齊諸蕃，並通貨易，以金、銀、緡錢、鉛、錫、雜色帛、瓷器，市香藥、犀象、珊瑚、琥珀、珠琲、鑌鐵、鼊皮、瑇瑁、瑪瑙，車渠、水精、蕃布、烏樠、蘇木等物。」其時對外貿易，蓋以國營爲主，廣、杭、明三州，則爲國家指定之貿易港，市舶司卽爲收買蕃貨之主持人，凡與對外貿易有關諸事，如徵稅稽察招徠等，亦均由其掌管。「大抵海船至，十先征其一，價直酌蕃貨輕重而差給之，歲約獲五十餘萬斤條株顆。」(註一九一)然時雖令禁私與蕃商貿易，利之所在，人多趨之，哲宗世，泉州與密州板橋之開港，續置市舶司，亦以其地爲「商賈所聚，海船之利，顓於富家大姓」故耳。(註一九二)南渡後，政府欲增庫入，以市舶利大，遂盛獎勸外蕃通商。「紹興六年，知泉州連南夫奏請諸市舶綱首能招誘舶舟，抽解物貨，累價及五萬貫十萬貫者，補官有差，大食蕃客囉辛販乳香直三十萬緡，綱首蔡景芳招誘舶貨，收息錢九十八萬緡，各補承信郎。閩廣舶務監官抽買乳香，每及一百萬兩，轉一官。又招商入蕃興販，舟還在罷任後，亦依此推賞。海商入蕃，以興販爲招誘。僥倖者甚衆。」(註一九三)觀史載「皇祐中，總歲入象犀珠玉香藥之類，其數五十三萬有餘，至治平中，又增十萬，」(註一九四)比「中興，歲入二百萬緡」，(註一九五)是南宋初期，較北宋中葉所增已至三倍有奇，商人貪利而私自貿遷者，其數更不知幾何。夢粱錄謂「杭城富室，多是外郡寄寓人，其寄寓人，多爲江商海賈，穹桅巨舶，安行于雪濤渺莽之中，四方百貨，不趾而集，自此成家立業者衆，」（註一九六）皆可推見對外通商之盛也。時泉州以近臨安，得地利，貿易尤年盛一年。自唐以來，與蕃夷互市，均以廣州爲第一，至是泉州乃與廣州頡頏，不相上下。及宋元之交，竟凌駕廣州而上之，凡海船出入，均輻輳于是。元初海外通商者，不下二十餘國，雖慶元上海澉浦，亦置市舶使，與泉州同爲通商口岸，然仍以泉州爲最繁榮。西人東來至其地者，若馬可波羅及伊本巴都他(Ibn Batuta)，皆稱之爲當時世界無二之大貿易港焉。（註一九七）至其時金融設施對人民影響最巨者，則爲紙幣與銀錠之制。唐人之創飛錢，雖爲紙幣之權輿，然其性質實爲匯劃之票據。宋初行鐵錢，「眞宗時，張詠鎮蜀，患蜀人鐵錢重，不便貿易，設質劑之法，一交一緡，以三年爲一界而換之，謂之交子，富民十六戶主之，」是爲吾國眞正有紙幣之始。「後富民貲稍衰，不能償所負，爭訟不息。」（註一九八）仁宗世，官爲置益州交子務，收其發行之權而專之，禁民造。後更漸自益州推行於他地，而紙幣之用始廣。徽宗時曰錢引，高宗孝宗時，又有會子、公據、關子等名，皆紙幣也。金海陵世，亦於汴京設印造鈔引庫及交鈔庫，印造大鈔（一貫、二貫、三貫、五貫、十貫五等）小鈔，（一百、二百、三百、五百、七百五等）與錢並行。章宗璟時，自印鈔外，又以生銀鑄造銀錠；元初復廣鑄之，每錠重五十兩，名爲「元寶」；明淸兩代，公私皆沿用之。然蒙古當窩闊台汗世，已造交鈔，忽必烈汗中統至元中，又造中統鈔、至元鈔，武宗至大中，則造至大鈔，終元之世，銀貨與鈔幣並用焉。自鈔幣發明後，有司祇知鈔可代錢，而不知儲積準備及操縱維持之法，每以出鈔爲利，收鈔爲諱，故行之不久，其法卽敝，雖別定價值，改立名目，而其敝益甚。如宋寧宗嘉定初，詔以舊券之二易新券之一，眞德秀已奏言「遠近之人，賫持舊券，徬徨四顧，無所用之，棄擲燔燒，不復愛惜，豈不逆料它時之必至此乎。」馬氏通考至謂「自是羅本以楮，鹽本以楮，百官之俸給以楮，軍士支犒以楮，州縣支吾，無一而非楮。」（註一九九）金則宣宗珣南遷後，先造貞祐寶券，未幾又製貞祐通寶，凡一貫當寶券千貫，嗣作興定寶泉，一貫又當通寶四百貫。元光二年（一二二三），復限銀一兩不得過寶泉三百貫，蓋寶券之行，未逾十年，已十有二千萬貫才貿銀一兩矣。元則造至元鈔時，卽五倍于中統，及造至大鈔，又五倍于至元，至妥懽貼睦爾復更鈔法，京師料鈔十錠，至易斗粟不可得，所在郡縣，皆以物貨相貿易，公私所積鈔俱不行，人視之若敝楮。是皆讀史者所宜知也。

契丹女眞諸族，皆遊牧種人也。遼史所謂「生生之資，仰給畜牧，績毛飲湩，以爲衣食，」(註二〇〇)「其富以馬，其強以兵，縱馬於野，弛兵于民，有事而戰，彍騎介夫，卯命辰集，馬逐水草，人仰湩酪，挽強射生，以給日用，糗糧芻茭，道在是矣」(註二〇一)者；凡北族大抵皆然，無足深論。及漸染華夏文教，則又多革其故習，說已見前。惟蒙古風俗見於鄭所南心史者，頗足補他書所未詳。心史大義略序曰：「舊韃靼所居，並無屋宇，氈帳爲家，得水草處卽住。獸皮爲衣，無號令，以合同出入。不識四時節候，以見草青爲一年，人間歲數，但以幾度青草爲答。韃人甚耐寒暑雨雪饑渴，深雪中可張幕露宿。高山窮谷，馬皆可到。褁粮以肉爲麨，乾貯爲備，饑則水和而食，甚漲。飽可一二日。撈馬乳爲酒，味腥酸，飲亦醉。犖虜會飲，殺牛馬曰大茶飯，但飲酒曰把盞。雜坐喧溷，上下同食，舉杯互飲，不恥殘穢。飲酒必囚首。氈藉地坐。以小刀刺肉授人，人卽開口接食爲相愛，卑者跪受賜。行坐尙右爲尊。久不相見，彼此兩手相抱肩背，交頸搖首齧肉跪膝摩膁爲極殷勤。韃主剃三搭辮髮(三搭者，環剃去頂上一彎頭髮，留當前髮剪短散垂，却析兩旁髮，垂綰兩髻，懸加左右肩衣褉上，曰不狼兒)頂笠穿靴。衣以出袖海青衣爲至禮。(其衣於前臂肩間開縫，卻于縫間出內兩手衣裳袖，然後虛出海青兩袖，反雙懸紐背縫間，儼如四袖)虜主虜吏虜民僧道男女上下尊卑禮節服色，一體無別。男子俱戴耳墜。」(註二〇二)其野陋亦云至矣。而可馬波羅行紀述元代都城之雄偉，宮廷之壯麗，則極口稱歎，譽爲並世無兩。(註二〇三)「蓋鄭氏所識者，蒙古草昧之風，而歐人所覩者，元代極盛之世，當時漢族文教制度，遠軼韃靼，故深惡其野蠻，歐洲文教制度，不及中國，故大驚其宏偉也。」(註二〇四)抑元世風習尙有可稱述者。宋儒呂大防、大鈞兄弟嘗于關中創爲鄉約，糾集本鄉同志之人，以德業相勸，過失相規，禮俗相交、患難相恤爲約，有善則書於籍，有過若違約者亦書之，三犯而行罰，不悛者絕之；(註二〇五)其後朱子又增損之，別爲月旦集會讀約之禮；未能推行全國也。元則有勸農立社之制，縣邑所屬村僮，凡五十家，立一社，擇高年曉農事者一人爲之長，以教督農桑爲事。觀元典章元史所載條例，有呂朱鄉約之意，而以農民全體行之，又舉農田水利樹藝漁畜教育勸懲，一寓於立社之中，此實吾先哲研求民治培植國本之法，而元世乃能普遍施行，是亦一奇事也。(註二〇六)夢粱錄嘗稱臨安文士有西湖詩社，「乃行都搢紳之士及四方流寓儒人，寄興適情，吟詠膾炙人口，流傳四方。」至元則搢紳之徒，益以風流相尚。如「貫酸齋工詩文，所至士大夫從之。浦江吳氏結月泉社，聘謝皋羽爲考官。松江呂璜溪嘗走金帛聘四方能詩之士，請楊鐵崖爲主考，第其甲乙，厚有贈遺，一時文人畢至，傾動三吳。又顧仲瑛玉山草堂，楊廉夫、柯九思、倪元鎮、張伯雨、于彥成諸人，嘗寓其家，流連觴詠，聲光映蔽江表。其他以名園別墅書畫古玩相尚者，如倪元鎮之淸閟閣、楊竹西之不礙雲山樓之類，更不一而足。明史張簡傳稱「當元季，浙東西士大夫，以文墨相尚，每歲必聯詩社，聘一二文章鉅公主之。四方名士畢集，讌賞窮日夜，詩勝者輒有厚贈。」是其風至元季而益盛。蓋自宋之亡，遺民故老，相與唱歎於荒江寂寞之濱，文士則以詩文集社，寄其亡國之感，流風餘韻，久而弗替，遂成風會歟。」(註二〇七)

(註一)廿二史劄記卷二十六「宋南渡諸將皆北人」節曰：「宋南渡諸將立功雖在江南，而其人皆北人也。張俊，鳳翔府成紀人；韓世忠、張宗顏，皆延安人；岳飛湯陰人；劉光世，保安軍人；劉錡，德順軍人；吳玠、吳璘、郭浩，皆德順軍隴干人；楊存忠，代州崞縣人；王德，通遠軍熟羊砦人；王彥，上黨人；楊政，原州臨涇人；牛皋，汝州魯山人；曲端，鎮戎人；成閔，邢州人；解元，保安軍德清砦人；王淵，熙河人；趙密，太原淸河人；李寶，河北人；魏勝，宿遷人；王友直，博州高平人；李顯忠，綏德靑澗人。統計諸名將，無一非出自山陝者；是南宋之偏安，猶是北宋之餘力也。」

(註二)宋史卷二四二后妃傳序云：「宋三百餘年，外無漢王氏之患，內無唐武韋之禍。」又卷四六三外戚傳序云：「仁、英、哲三朝，母后臨朝聽政，而終無外家干政之患。」又卷四六六宦者傳序云：「宋世待宦者甚嚴。……中更幼主，母后聽政者凡三朝，在於前代，豈非宦者用事之秋乎？祖宗之法嚴，宰相之權重，貂璫有懷姦慝，旋踵屏除，君臣相與防微杜漸之慮深矣。然而宣政間童貫、梁師成之禍，亦豈細哉。南渡苗（傅）劉（正彥）之逆，亦宦者所激也。」

(註三)語本宋史卷四四六忠義傳序。

(註四)詳陳邦瞻輯宋史紀事本末卷二「收兵權」篇。

(註五)宋史卷一六六職官志六：「節度使，宋初無所掌，其事務悉歸本州知州通判兼總之。亦無定員 恩數與執政同。……又遵唐制，以節度使兼中書令或侍中或中書門下平章事，皆謂之使相，以待勳賢故老。」

（註六）宋史卷二七三李進卿等傳論語。論又曰：「太祖常注意於謀帥，命李漢超屯關西，馬仁瑀守瀛州，韓令坤領常州，賀惟忠守易州，何繼勳領隷州，以拒北敵。又以郭進控西山，武守琪戍晉州，李謙溥守隰州，李繼勳領昭義，以禦太原。趙贊屯延州，姚內斌守慶州，董遵誨屯環州，王彥昇守原州，馮繼業鎮靈武，以備西夏。其族在京師者，撫之甚厚，郡中筦榷之利，悉以與之，恣其貿易，免其所過征稅，許其召募亡命以爲爪牙。凡軍中事皆得便宜。每來朝，必召對命坐，厚爲飲食錫賚以遣之。由是邊臣富貲，能養死士使爲間諜，洞知敵情，及其入侵，設伏掩擊，多致克捷。」

（註七）（註十一）宋史卷五太宗本紀贊語。

（註八）宋史卷四七八列國世家序語。

（註九）宋史卷四八五外國傳序語。

（註一〇）（註一二）宋史卷三太祖本紀贊語。

（註一三）遼史卷八三耶律休哥傳語。

（註一四）遼史卷七一后妃傳語。

（註一五）宋史卷二八一寇準傳語。

（註一六）（註二〇）宋史卷四八五夏國傳上語。

（註一七）表文見同上註，略云：「以十一月十一日郊壇備禮，爲世祖始文本武興法建禮仁孝皇帝，國號大夏，年號天授。伏望皇帝陛下許以西郊之地，册爲南面之君」云云。

（註一八）詳見宋史卷三一三富弼傳。

（註一九）宋歲賜西夏銀綺絹茶。宋史夏國傳備列總數，李燾續資治通鑑長編則備載之，計歲賜數銀五萬兩，絹十三萬匹，茶二萬觔；乾元節回賜銀一萬兩，絹一萬匹，茶五千觔；賀正回賜銀五千兩，絹五千匹，茶五千觔；仲冬賜銀五千兩，絹五千匹；生日賜銀器二千兩，絹衣一千匹，雜帛二千匹；總計銀七萬二千兩，絹帛十五萬三千匹，茶三萬觔，三者合計共二十五萬五千。

（註二一）（註二二）宋史卷一六一職官志序語。文獻通考卷四七職官考一略同，蓋皆本諸宋舊史者。至官職差遣之分，官如各部尚書侍郎員外郎等，職則翰林學士院諸學士（宋史卷一六二職官志二「翰林學士院」詳載諸學士職掌，蓋皆文學侍從之臣，最爲清要，而諸寺監則多爲冷曹，故時人語曰寧登瀛，不爲卿，寧抱槧，不爲監也）。差遣則凡云判某某或知某某者皆是。金石萃編卷一三〇賜陳堯咨勅云「龍圖閣直學士尚書工部郎中知永興軍府陳堯咨」，龍圖閣直學士，職也，尚書工部郎中，官也，知永興軍府，則差遣也。階勳爵之等，詳見宋史卷一六九職官志九；階分文官，文階一稱文散官，自開府儀同三司至將仕郎，凡二十九，武階一稱武散官，自驃騎大將軍至陪戎副尉，凡三十一；勳自上柱國至武騎尉，凡一十二；爵自王至開國男，亦一十二。此外尚有「賜」「食邑」「食實封」（見職官十）等。金石萃編卷一三一增修中嶽廟碑云「朝散大夫行尚書比部員外郎知制誥判大理寺輕車都尉賜紫金魚袋陳知微」，朝散大夫，階也，行尚書比部員郎，官也、知制誥及判大理寺，皆差遣也，輕車都尉，勳也，賜紫金魚袋，則賜也。近人金毓黻「宋代官制與行政制度」（登文史雜誌二卷四期）剖析宋代官制頗細，可參閱。

（註二三）宋史卷一八七兵志序語。

（註二四）據宋史兵志一所載兵數，「（太祖）開寶之籍，總三十七萬八千，而禁軍馬步十九萬三千。（太宗）至道之籍，總六十六萬六千，而禁軍馬步三十五萬八千。（眞宗）天禧之籍，總九十一萬二千，而禁軍馬步四十三萬二千。（仁宗）慶曆之籍，總一百二十五萬九千，而禁軍馬步八十二萬六千。英宗治平之兵，一百十六萬二千，而禁軍馬步六十六萬三千。神宗熙寧之籍，禁軍凡五十六萬八千六百八十八人，元豐之籍，六十一萬二千二百四十三人。」

（註二五）宋史卷一七九食貨志七「會計」語。

（註二六）詳宋史卷一七〇至一七二「職官志十」「雜制」，及「十一」「十二」「俸祿制」。廿二史劄記卷二十五「宋郊祀之費」、「宋制祿之厚」、「宋祠祿之制」、「宋恩蔭之濫」、「宋恩賞之厚」及「宋冗官冗費」諸節，可參閱。

（註二七）宋史卷二四四宗室傳序語。

（註二八）見同上註二十五。文獻通考卷四七職官考一記宋內外官員數，引元豐間宋祁曾鞏議經費，言「景德官一萬餘員，皇祐二萬餘員，治平總二萬四千餘員，」較宋史所記爲多。

（註二九）見同上註二十五。

（註三〇）歐陽修「本論」語，見歐陽文忠公文集（四部叢刊影印元刊本）卷五十九。

（註三一）宋史卷三一二韓琦傳：「慶曆三年，召爲樞密副使。元昊要索無厭，宰相晏殊等厭兵，將一切從之，琦陳其不便，條所宜先行者七事：一曰清政本，二曰念邊計，三曰擢材賢，四曰備河北，五曰固河東，六曰收民心，七曰營洛邑。（按全文見宋文鑑卷四十四）繼又陳救弊八事，欲選將帥，明按察，豐財利，遏僥倖，進能吏，退不才，謹入官，去冗食，謂數者之舉，謗必隨之，願委計輔臣，聽其注措。」又卷三一三富弼傳，慶曆三年，拜樞密副使。帝銳以太平責成宰輔。數下詔督弼等，又開天章閣給筆札，使書其所欲爲者。弼上當世之務十餘條，及安邊十三策，大略以進賢退不肖止僥倖去宿弊爲本，欲漸易監司之不才者，使澄汰所部吏，於是小人始不悅矣。」又同卷文彥博傳「慶曆八年，拜同中書門下平章事，與樞密使龐籍議省兵，凡汰爲民及給半廩者合八萬，論者紛然，謂必聚爲盜，帝亦疑焉。彥博曰，今公私困竭，正坐兵冗，脫有難，臣請死之。其策訖行，歸兵亦無事。」潞公在當時最稱老成持重，主張裁兵堅決如此，亦足見當日改革之確不容緩矣。又按宋史卷一七九食貨志七載韓琦議省冗費（全文見宋文鑑卷四十四），卷一七八兵志一載韓琦議定兵額，可參閱。

（註三二）全疏見宋文鑑四十三。茲據宋史卷三一四范仲淹本傳錄存大要，僅三曰精貢舉，下據文鑑略加二語耳。仲淹在條奏之前，有「我國家革五代之亂，富有四海，垂八十年，綱紀制度，日削月侵，官壅於下，民困於外，夷狄強盛，盜賊橫熾，不可不更張以救之，然則欲正其末，必端其本，欲清其流，必澄其源」云云，蓋以吏治選舉爲一切改革之張本，亦與王安石之變法偏重財利者有別。

（註三三）見同上（註三〇）按本論有「今宋之爲宋，八十年矣」之言，知亦撰於此時。

（註三四）同上。宋史本傳稱「仲淹建言周制三公分兼六官之職，漢以三公分部六卿，唐以宰相分判六曹。今中書古天官冢宰也，樞密院古夏官司馬也，四官散於羣有司，無三公兼領之重，而二府惟進擬差除，循資級，議賞罰，檢用條例而已，上非三公論道之任，下無六卿佐王之職，非治法也。臣請倣前代以三司司農審官流內銓三班院國子監太常刑部審刑大理羣牧殿前馬兵軍司，各委輔臣兼判其事，凡官吏黜陟，刑賞重輕，事有利害者，並從輔臣予奪，其體大者，二府僉議奏裁。」按本節下文有括弧處，亦皆用本傳文。

（註三五）見王臨川先生文集（四部叢刊影印明嘉靖撫州刊本）第三十九卷「上仁宗皇帝萬言書」。宋史卷三二七王安石傳言「嘉祐三年，安石上萬言書，以爲今天下之財力日以困窮，風俗日以衰壞，患不知法度，不法先王之政故也。法先王之政者，法其意而已。法其意，則無所改易更革，不至乎傾駭天下之耳目，囂天下之口，而固已合先王之政矣。因天下之力，以生天下之財，取天下之財，以供天下之費，自古治世未嘗以財不足爲公患也，患在治財無其道爾。在位之人才既不足，而閭巷野草之間亦少可用之才，社稷之託，封疆之守，陛下其能久以天幸爲常，而無一旦之憂乎。願監苟且因循之弊，明詔大臣爲之以漸，期合於當世之變。臣之所稱，流俗之所不講，而議者以爲迂闊而熟爛者也。」後安石當國，其所注措，大抵皆祖此書。

（註三六）宋史卷十三英宗本紀贊語。

（註三七）參廿二史劄記卷二十六「王安石之得君」節。

（註三八）宋史卷一六一職官志一語。

（註三九）安石新法，宋史本傳僅略記農田水利、青苗、均輸、保甲、免役、市易、保馬、方田等八法，選舉志、職官志、食貨志、兵志則紀錄極詳，（三舍法見卷一五七選舉志三，熙寧元豐新官制備見卷一六一至一七二職官志各卷，農田水利見卷一七三食貨志一，方田均稅見卷一七四食貨志二，青苗法見卷一七六食貨志四，免役法見卷一七七至一七八食貨志五至六，市易法與均輸法皆見卷一八六食貨志十四，保甲法見卷一九二兵志六，保馬法見卷一九八兵志十二），神宗本紀亦備載各法創立之歲月。此外則文獻通考田賦職役征榷市糴學校兵考等所記，與宋志多同，宋史紀事本末卷三十七「王安石變法」篇亦頗具概要。近人梁啓超王荊公傳（商務，中華兩書館皆有印本），於諸法頗多論評，初學者閱之，最易領悟。本書因篇幅所限，括弧所附說明農田、水利、保甲、三舍、市易四法，略據宋志，餘皆本安石本傳。

（註四〇）參梁啓超「王荊公傳」第九至第十二章。

（註四一）宋史安石本傳論語。

（註四二）宋史卷十六神宗本紀贊語。

（註四三）宋史卷三七七范祖禹傳載祖禹對哲宗語，

（註四四）語本柳先生中國文化史第二編第十九章「政黨政治」下冊一一三。

（註四五）有括弧處，皆本宋史卷三二九王韶本傳。

(註四六)宋史卷八五地理志序語。

(註四七)宋史卷四八六夏國傳下語。

(註四八)宋史卷二四二英宗宣仁高皇后傳語。

(註四九)宋史卷三三六司馬光傳論語。

(註五〇)宋史紀事本末卷三八學校科舉之制篇云：「元祐元年四月，司馬光請立經明行修科。五月，命程頤等修定學制。……頤以爲學校禮義相先之地，而月使之爭，殊非教養之道，請改試爲課，有所未至，則學官召而教之，更不考定高下，置尊賢堂以延天下道德之士，鐫解額以去利誘，省繁文以專任委，勵行檢以厚風教，及置待賓吏師齋，立觀光法，如是者亦數十條。七月，立十科取士法：一曰行義純固可爲師表科，二曰節操方正可備獻納科，三曰智勇過人可備將帥科，四曰公正聰明可備監司科，五曰經術精通可備講讀科，六曰學問該博可備顧問科，七曰文章典麗可備著述科，八曰善聽獄訟盡公得實科，九曰善治財賦公私俱便科，十曰練習法令能斷請讞科。」

(註五一)按司馬光生於眞宗天禧三年(一〇一九)，王安石生於天禧五年(一〇二一)，二人同卒於元祐元年(一〇八六，安石卒於四月，光卒九月)，光長于安石凡二歲(光年六十八，安石六十六)，清顧棟高著「司馬溫公年譜」及「王荆公年譜」，(皆見南潯劉氏求恕齋叢書)備詳二人生卒，可閱參。

(註五二)宋史紀事本末卷四十五「洛蜀黨議」篇。

(註五三)參宋史紀事本末卷四十九「蔡京擅國」篇，及黃宗羲，全祖望宋元學案九十六「元祐黨案表」。

(註五四)宋史卷四七二蔡京傳語。至窮極土木搜集珍奇事，參京傳與卷四七〇朱勔傳，及宋史紀事本末卷五十「花石綱之役」篇。

(註五五)宋史卷二二徽宗本紀贊語。

(註五六)遼史卷二六道宗本紀贊語。

(註五七)宋史卷四六八童貫傳「宣和七年，詔用神宗遺訓，能復全燕之境者，胙土錫以王爵，遂封廣陽郡王」。

(註五八)語本宋史卷二三欽宗本紀。

(註五九)語本宋史卷四七五叛臣劉豫傳。

(註六〇)自女眞入寇，宋軍望風奔潰，至建炎紹興之際，始漸有轉機。建炎四年，兀朮之飽掠北歸也，韓世忠扼之于鎭江江上，凡四十八日，是爲宋人第一次榮譽戰役，(江蘇吳縣靈巖山韓蘄王碑言「是舉也，兀朮僅以身免，俘獲殺傷者不可勝計，所遺錙重山積，所掠男女獲免者不知數，又獲龍虎大王舟千餘艘，」固稍涉誇大，然兀朮之敗，則確爲實事，卽金史卷三太宗本紀亦言「天會八年三月，宗弼及韓世忠戰於鎭江不利」也)。金人亦自是不敢再窺江南。兀朮歸而攻陝，張浚與戰於富平，大敗，陝西之地亡失大半。明年(紹興元年)，兀朮自寶鷄渡渭攻和尙原，吳玠、吳璘督軍與戰，大敗之，(李心傳建炎以來繫年要錄卷四十八詳載之)是爲宋人第二次榮譽戰役，及四年，復大敗之於仙人關，金人自是不敢再圖陝南，荆襄四川諸地乃得保全。及劉豫與金人入寇，宋諸將復敗之於襄陽，敗之于淮上，敗之于渦口，敗之於淮陰，高宗中興之成功，卽基於諸將之能戰也。參金毓黻「南宋中興之基運」，見責善半月刊第二卷第一、二期合刊。至紹興十年以後之戰役，見下正文中。

（註六一）語本宋史卷四七三姦臣秦檜傳。

（註六二）原疏見宋史卷三七四胡銓傳及宋史紀事本末卷七「秦檜主和」篇。

（註六三）見畢沅續資治通鑑卷一二〇。時宋王庶亦言「金人自破大遼及長驅中原，踰十三年，所得土地，數倍漢唐，所得子女玉帛，莫知紀極，地廣而無法以經理，財豐而恃勢以相圖，又老師宿將，死亡殆盡，幼主權分，有患失之慮。……所用之人，非若昔日之勇銳，所發之軍，非若昔日之強悍。又淮上虛荒，地無所掠，大江浩渺，未可易渡，諸將兵勢，不同曩時。」「以目今金人利害言之，講和爲上，用兵爲下。」「又言「若以河爲界，則東西四千里，兵火之餘，白骨未斂，幾無人跡，財賦既無所從出，所費歲賂無慮數百萬，若欲重斂，諸路困弊已極，安可取以充壑之，彼之爲計，可謂盡善。」可與二榻之論參證，見同書卷一二一。

（註六四）按宋史飛傳所載，多本諸飛孫珂之金陀粹編，近人以孝子慈孫稱述祖德，或非盡合事實，進軍朱仙鎮云云，南宋熊克撰中興小紀、李心傳撰建炎以來繫年要錄，及徐夢莘撰三朝北盟會編皆無紀錄，頗有疑爲虛構者。實則熊、李、徐三家之書，多本諸官修實錄及正史（總稱宋國史），實錄正史又多依據日曆及時政記，秦檜爲相既自撰時政記，又命子熺以祕書少監領國史，進建炎元年紹興十二年日曆五百九十卷，其於岳飛戰功，自多湮沒，三家之書不言飛進軍朱仙鎮，乃間接本諸檜熺書所撰之史故耳。又考繫年要錄卷一三六紹興十年六月己亥下及卷一四三紹興十一年十一月癸巳下兩引呂中大事記，亦皆言飛進軍朱仙鎮，惟以出自私家所記，列入附註，宋史本傳所言在粹編外，固另有旁證，其爲實事，蓋無可疑。（至郾城之捷，則諸書皆載之），又金史卷七七宗弼傳言「宋岳飛、韓世忠分據河南州郡要害，復出兵涉河東，駐嵐石保德之境，以相牽制。」又卷六八阿睿補傳言「宋將岳飛劉光世等襲取許、潁、陳三州，旁郡皆響應」云云。則宋史稱飛克復京西州郡，並遣梁興會太行忠義及兩河豪傑累戰皆捷者，亦必非虛語也。說詳金毓黻「宋國史所載岳飛戰功辨證」。

（註六五）見續資治通鑑卷一二五。

（註六六）（註六七）（註七一）（註七四）皆本宋史紀事本末「秦檜主和」篇。

（註六八）見續資治通鑑卷一二六。

（註六九）（註七二）皆宋史姦臣秦檜傳語。

（註七〇）（註七五）皆朱子「戊午讜議序」語，見朱文公文集卷七十五。戊午爲紹興八年、胡銓於是年上疏。讜議爲魏元履所編次。

（註七三）詳見廿二史劄記卷二十六「秦檜文字之禍」一節。

（註七六）見宋史卷三五孝宗本紀贊。

（註七七）金史卷十一世宗本紀贊語。

（註七八）參閱宋紀事本末卷七十九「陳亮恢復之議」一篇。

（註七九）參閱寄蒙兀兒史記卷二至五，卷二七至二九，卷三二至三五，卷一四三至一四七，及馮承鈞譯本多桑蒙古史（商務書館出版）第一卷、第二卷。

（註八〇）見宋史紀事本末卷八五「蒙古侵金」篇。

（註八一）參閱廿二史劄記卷二十八「金用兵先後強弱不同」節。

（註八二）見宋史紀事本末卷九十「蒙古取汴」篇。

（註八三）見同上書卷九二「三京之復」篇。

（註八四）語本蒙兀兒史記卷五「古余克（貴由）汗本紀」論。

（註八五）見廿二史劄記二十六「張世傑、李庭芝、姜才」節。

（註八六）王炎午望祭文丞相文語，見程敏政宋遺民錄卷一。

（註八七）皆見顧沅輯乾坤正氣集卷九七「陸忠烈公集」。

（註八八）見宋史卷四一八文天祥傳。

（註八九）自太祖至欽宗九帝，一六七年，史稱北宋。高宗至帝昺九帝，一五三年，史稱南宋。初太祖以其母杜太后遺命，舍子德昭不立，而立弟光義，然太宗則不傳幼弟光美及姪德昭，而立子恆。續資治通鑑長編嘗據吳僧文瑩湘山野錄載斧聲燭影之說，謂太祖不豫時，夜召光義，屬以後事，左右皆不得聞，但遙見燭影下，光義時或避席，若有所遜避狀，既而帝引柱斧戳地，大聲謂光義曰：好爲之，已而帝崩，中外多疑之云。靖康之亂，太宗裔孫屠戮幾盡，高宗復因太子夭亡，感上虞縣丞婁寅亮之言，乃訪求太祖後人鞠養宮中，後立爲皇太子，復禪之焉。故北宋眞宗以下諸帝，雖皆太宗子孫，而南宋自孝宗以下，則皆太祖後裔，亦一異也。參宋史卷三九九婁寅亮傳及宋史紀事本末卷七十六「孝宗之立」篇。

（註九〇）語本元史卷二百十馬八兒等國傳。

（註九一）詳陳捷譯倭人某著「中日交通史」下卷第二章。

（註九二）黃遵憲日本國卷五「鄰交志上二」敘蒙古征倭兩役，較元史卷二〇八日本傳爲詳，可參閱。

（註九三）語本馮承鈞譯本（商務書館出版）第二卷第七十五章。同章又云：「忽必烈汗，猶言君主之太君主或皇帝，彼實有權彼此名號云。」

（註九四）參閱元史二〇五姦臣阿合馬盧世榮桑哥傳，及廿二史劄記卷三十「元世祖嗜利黷武」節。

（註九五）蒙兀兒史記卷九「鐵木耳汗本紀」論語。

（註九六）成吉斯汗卒後，四子拖雷監國一年，窩闊台汗立。至窩闊台汗卒後，皇后乃馬眞氏斡兀立氏臨朝稱制者六年（實七年餘），說已見正文。蒙古俗不諱名，「窩闊台汗」「貴由汗」等皆諸主生時通稱，本書於忽必烈汗以前，皆稱汗號，不稱太宗定宗等廟號，忽必烈汗以後，雖因行文之便，間用廟號　亦以汗號為主，從其俗也。又自忽必烈汗以下諸主卒後，除「世祖」「成宗」等廟號外，又別有蒙語尊號，如世祖曰「薛禪可汗」，（亦稱薛禪皇帝下同），成宗曰「完澤篤可汗」，武宗曰「曲律可汗」，仁宗曰「普顏篤可汗」，英宗曰「格堅可汗」，明宗曰「忽都篤可汗」，文宗曰「扎牙篤可汗」，惠宗曰「烏哈客圖可汗」是，見元史卷二十九泰定帝登極詔及蒙兀兒史記卷七至卷十七諸主本紀。

（註九七）詳顧祖禹讀史方輿紀要卷七卷八「歷代州域形勢七」及「八」。

（註九八）皆本遼史卷三十一至三十六營衞志及兵衞志。

（註九九）皆見宋史卷四八六夏國傳下。

（註一〇〇）見馮譯本馬可波羅行紀第一卷第六十九章及多桑蒙古史第一卷第十章。

（註一〇一）宋史卷一八七兵志一「（太宗）至道元年（九九五），帝閱禁兵，有挽強弩至一石五斗，連二十發而有餘力者，謂左右曰，今宇內阜安，材武間出、弧矢之妙，亦近代罕有也。又令騎步兵各數百，東西列陣，挽強彀弩，視其進退發矢如一，容止中節，因曰此殿庭間數百人爾，猶兵威可觀，況堂堂之陣，數萬成列者乎。」

（註一〇二）見同上註。

（註一〇三）見同上註。接下又云「童貫握兵，勢傾內外，凡過陣敗，恥於人言，第申逃竄，河北將兵　十無二三，往往多住招闕額，以其封樁為上供之用，陝右諸路，兵亦無幾，种師道將兵入援，止得萬五千人，故靖康之變，雖盡一之詔哀痛激切，而事已無及矣。」

（註一〇四）馬端臨曰：「自募兵之法行，顧應募者，非游手無籍之徒，則負罪亡命之輩耳，良民不為兵也。故世之訾人者，曰黥卒，曰老兵，蓋言其賤而可羞。然則募兵所得者，皆不肖之人也。夫兵所以捍國，而皆得不肖之小人也，則國之所存幸也。」（文獻通考卷一五四）貴與親見南宋之亡，故其言之痛切如此。

（註一〇五）見新五代史卷七十二「四夷附錄第一」。

（註一〇六）見遼史卷一太祖本紀及卷七十五突呂不傳。

（註一〇七）皆見遼史本傳（列傳第一、第十九、第二十六）

（註一〇八）見滿然居士集（四部叢刊影印本）卷八。

（註一〇九）見商務印書館涵芬樓排印本說郛。

（註一一〇）見金毓黻遼寧石刻集錄。

（註一一一）參閱厲鼎煃著契丹國書要略說。

（註一一二）（註一一三）河西字藏經，在甘肅寧夏廢址出土，現藏北平圖書館者共一百册。元世河西路尚盛行西夏國書；此河西藏經之刻始于世祖世，成宗時中斷，後仍續刊，至大德六年告成。參王靜如「河西字藏經雕版考」。

（註一一四）參羅福萇西夏國書略說（東方學會寫印本），俄人伊鳳閣西夏國書說（北大國學季刊一卷四號），及北平圖書館館刊西夏文專號，至「番漢合時掌中珠」，參東方學會影印本及王靜如寫印本「西夏番漢合時掌中珠補」（國立中央研究院出版）

（註一一五）見金史卷七十三完顏希尹傳。

（註一一六）見金史卷八世宗本紀下及卷九十九徒單鎰傳。

（註一一七）女眞譯書殘帙，東方學會有寫印本。此外女眞字資料，有「大金皇弟都統經略郎君行記碑」，（在陝西乾陵），「晏臺碑」，（一名女眞進士題名碑，在開封）「金太祖誓師碑」，（一名大金得勝陀頌，在吉林石碑崴子）「金太祖收國二年碑」，（在遼寧海龍）「金太祖大破遼軍息馬立石碑」，（在遼寧柳河界）「永寧寺碑」碑陰，（同永樂中立，在黑龍江北）及朝鮮慶源之「女眞字碑」，與北青之「女眞字碑」等。又朝鮮京城李王家博物館及總督府博物館，各藏女眞字鏡一面。

（註一一八）據法國天主教士 Rulernck 遊記，在八思巴創制文字前，蒙人嘗因景教教士之助，用敘利亞字體記蒙古音，是爲最初之蒙古字，今南北諸地，尙多見之，友人向達云。

（註一一九）同上註一〇五。

（註一二〇）遼史卷四十八「百官志四」語。

（註一二一）參廿二史劄記卷二十七「遼后族皆姓蕭氏」及「遼官世選之制」節。蕭氏，其先本乙室拔里氏，阿保機書比之爲蕭相國，遂賜姓蕭氏，非漢族也。

（註一二二）參廿二史劄記卷二十八「金元俱有漢人南人之名」節。

（註一二三）洪邁容齋三筆卷三語。

（註一二四）參廿二史劄記卷二十八「金推排物力之制」「明安穆昆散處中原」及「金末種人被害之慘」諸節。

（註一二五）見日知錄卷二十三「二字姓改一字」節。

（註一二六）參陔餘叢考卷十八「元制蒙古色目人隨便居住」節及廿二史劄記卷三十「色目人隨便居住」節。

（註一二七）參廿二史劄記卷三十「元初諸將多掠人爲私戶」節。

（註一二八）據蒙兀兒史記卷十七「妥懽帖睦爾汗本紀」論。不得學習蒙文云云，皆指平民言，至百官子弟，仍許就學於蒙古國子學及回回國子學；見續文獻通考學校考一。廿二史劄記卷三十「元制百官皆蒙古人爲之長」節，陳捷、陳清泉譯倭人某「元代蒙古漢色目待遇考」（商務印書館出版），及蒙思明「元代社會階級制度」（燕京大學出版），言元代社會階級差別問題甚詳，可參閱。

（註一二九）見遼史卷七十二「義宗傳」及神宗與宗道宗等本紀。

（註一三〇）宋史夏國傳上稱「元昊善繪畫，能刱製物始，曉浮圖學，通蕃漢文字，案上置法律，常攜野戰歌，太乙金鑑訣。」

（註一三一）參張鑑西夏紀事本末卷九「華州二憾」篇。

（註一三二）見金史卷一二五文藝傳序及卷四熙宗紀。

（註一三三）金史卷九章宗本紀「大定二十五年十二月，進封原王，判大興府事，入以國語謝，世宗喜，且爲之感動，謂宰臣曰：朕嘗命諸王習本朝語，惟原王語甚習，朕甚嘉之。」是當時諸王多不熟習國語也。

（註一三四）金史卷十二章宗本紀贊語。

（註一三五）遺山先生文集卷八「甲午除夜」。

（註一三六）以上論契丹西夏女眞之華化，係節錄柳先生中國文化史第二編第二十章「遼夏金之文化」（下册頁一二三至一四二），惟略增數行。

（註一三七）參廿二史劄記卷二十九「蒙古官名」及卷三十「元諸帝多不習漢文」節。

（註一三八）參同上書卷三十「元漢人多作蒙古名」節。

（註一三九）說詳陳垣「元西域人華化考」，刊於北大國學季刊第一卷第四號及燕京學報第二期。

（註一四〇）見池北偶談卷七「元人」節。

（註一四一）見困學紀聞卷八「經說」。

（註一四二）參皮錫瑞經學歷史「八、經學復古時代」，及「九、經學積衰時代」。

（註一四三）四明叢書刊本。

（註一四四）以上係節錄中國文化史第二編第十八章「宋儒之學」，下册頁九六至一〇八。

（註一四五）略據呂祖謙鹿洞書院記。

（註一四六）此節係節錄中國文化史第二編第二十二章「宋元之學校及書院」，下册頁一六一至一八一。

（註一四七）宋室於每帝崩後，卽纂修編年體之實錄，經數帝後，復纂修紀傳表志體之正史，是爲國史正本，國史外又有會要，爲國史之別體。李氏長編與繫年要錄。多據實錄國史。（北盟會編則彙集公私記載而成）通考紀宋事，則多據會要。今本宋史，紀傳據國史正本，各志據會要及通考，一經比勘痕跡具在焉。又按宋代史學，較唐代尤爲發達，上文所舉諸家外，宋史卷三三一呂夏卿傳云：「夏卿學長於史。貫穿唐事，博採傳記雜說數百家折衷整比又通譜學，創爲世系諸表，於新唐書最有功，」則歐宋新書，得力夏卿者不尟也。溫公通鑑，修書分屬。漢則劉攽三國訖於南北朝則劉恕唐則范祖禹三人皆名史家也。劉攽傳見宋史卷三一九，范祖禹見卷三三七，劉恕見卷四四四）恕尤「篤好史學，自太史公所記，下至周顯德末紀傳之外，至私記雜說，無所不覽，上下數千載間鉅細之事，如指諸掌。司馬光編次通鑑，遇史事紛錯難治處，輒以委恕，恕於魏晉以後事，考證差謬，最爲精詳。」（皆本傳語、又以通鑑始周威烈王二十三年，乃「采太古以來至周威烈王時事，史記左氏傳所不載者，爲通鑑外紀，」宋時古史者，未能或之先也。攽著東漢刊誤，攽兄敞，敞子奉世，亦皆精漢書學，世以三劉並稱。祖禹哲宗世爲翰林學士，「嘗進唐鑑十二卷，……深明唐三百年治亂，學者尊之，目爲唐鑑公云。」祖禹書沖，高宗世主修神哲兩朝實錄，史稱「冲修神宗實錄也，爲考異一書，明示去取，舊文以墨書，删去者以黃書，新修者以朱書，世號朱墨史，及修哲宗實錄，別爲一書，名辨誣錄。」（宋史卷四三五本傳語）其史學素養，概可想見。他如徐夢莘弟得之及從子天麟，亦皆以史名家，史稱「得之著左氏國紀史記年，天麟著西漢會要七十卷，東漢會要四十卷，漢兵本末一卷，西漢地理疏六卷，山經三十卷。」（宋史卷四三八夢莘傳語），宋人之邃於史學者，蓋未易僂計也。

（註一四八）見中國文化史第二編第二十三章　宋元間之文物」下册頁一九七。自此以下論文學美術及工藝製造，多就「宋元間之文物」章（頁一八一至二一〇）節錄，凡用括弧標明而不註明出處者，大抵係節錄原文，閱者須詳參該書。

（註一四九）劉敞先秦古器記自序語。

（註一五〇）蘇天爵元文類卷四十至四十三載經世大典序錄全文。元大一統志據元祕書監志爲一千三百卷，四庫全書總目提要引明焦竑國史總籍志，則作一千卷。

（註一五一）見夢粱錄（學津探原本）卷二十「小說講經史」節。

（註一五二）據王國維宋元戲曲史稱「今日確存之元劇，爲吾輩所能見者，實得一百十六種，」以臧晉叔元曲選百種，除明人所作，實得九十四種，加西廂五劇及元刻古今雜劇中爲元曲選所無者十七種，合計而得。王氏卒後，南京國學圖書館又影印所藏明刊本「元明雜劇」六册，中有五種爲他選本所無。前歲滬上所發現「元明雜劇」六十四册，內元人著而世無傳本者，復不下三十餘種。則今存元劇，實得百五十餘種矣。

（註一五三）宋史蘇軾本傳（卷三三八）不稱其書畫，蓋爲文章政事所掩；於黃庭堅則稱「善行草書，楷法亦自成一家」；於米芾則稱「特妙於翰墨，沈著飛翥，得王獻之筆意」（皆見卷四四四文苑傳六）；於蔡襄則稱「工於書，爲當時第一」（卷三二〇）。

（註一五四）語本康有爲萬木草堂書目序。

（註一五五）宋史卷三三一沈括傳語。

（註一五六）宋史卷四八天文志一備載之。

（註一五七）見同上書卷三四〇蘇頌傳。自蘇頌後、宣和中，又設璣衡所，下詔造璣衡小様，亦頗精審。宋史卷六十八律曆志序云：「儀象推測之具，雖亦數改，若熙寧沈括之議，宣和璣衡之制，其詳密精緻，有出於（李）淳風（梁）令瓚之表者，蓋亦未始乏人也。」

（註一五八）見元史卷一六四郭守敬傳。自上所舉十三器外，守敬尙作正方案等九種，共二十二器。同書卷四八天文志一詳載守敬所製簡儀仰儀等制度，惜不全耳。

（註一五九）見同上註。天文志一詳載二十七地測驗之差度。

（註一六〇）阮元疇人傳卷二十五「郭守敬傳」語。

（註一六一）江少虞皇朝事實苑類：「慶曆中，有布衣畢昇爲活板。其法用膠泥製字，薄如錢脣，每字爲一印，火燒令堅。先設一鐵板，其上以松脂蠟和紙灰之類冒之。欲印，則以一樣範置鐵板上，乃密布字印滿鐵範爲一板，持就火煬之，藥稍鎔，則以一平板按其面，則字平如砥。若止印二三本，未爲簡易，若印數十百千本，則極爲神速。常作二鐵板，一板印刷，一板已用布字。此印者才畢，則第二板已具，更互用之，瞬息可就。每一字皆有數印，如之也等字，每字有十餘印，以備一板內有重複者。不用則以紙貼之，每韻爲一貼，木格貯之。有奇字素無備者，旋刻之，以草火燒，瞬息可成。」

（註一六二）參宋史紀事本末卷二十二「天書封祀」篇。

（註一六三）元史卷二〇二釋老傳略述金元道教各宗派，惟不及全眞教，金史王嚞亦無傳，近人張鵬一在石山房文稿有「補金史王嚞傳」，可參閱。至丘處機西遊記，王國維有校注本，見蒙古史料四種。

（註一六四）見遼史卷二十六道宗本紀贊。

（註一六五）華嚴寺建築，北平營造學社曾出專册介紹，予昔有其書，今並爲倭人劫奪以去矣。下文所述遼代寺塔，亦多據該學社所攝照片及說明。

（註一六六）見蔣唯心雲中訪經禮佛記，南京內學院刊本。

（註一六七）清季敦煌石室發見者，有五代宋初由西域傳入之文物，蓋其時敦煌與西域之交通，猶未斷絕也，及夏占河西，典藏僧人懼因兵亂而喪失石室之文物，乃封閉以圖保全，及僧人避亂死亡。後來者乃不知封存物之所在，後石洞淪爲道觀，清季道觀壁壞，封物始出現。

（註一六八）釋如惺高僧傳四集卷二語。至元時西僧橫暴，詳見元史釋老傳，陳邦瞻元史紀事本末卷十八「佛教之崇」篇，及陔餘叢考卷十八「元時崇奉釋教之濫」節。

（註一六九）洪鈞元史譯文證補附「元世各教名考」，述元時崇奉各宗教頗詳。至也里可溫，則詳見陳垣「元也里可溫考」，商務印書館東方文庫本及陳氏自印本。

（註一七〇）見馮譯本第一卷第六十章。按馮譯本稱「馬可波羅行紀」此外張星烺君亦有譯本，稱「馬哥孛羅遊記」。（共兩種，一爲玉爾氏英文本，燕京大學印行，僅出版一册，一爲拜內戴拖發現之新本，商務印書館二十六年出版，則爲全書）、關於馬可生平，參柯劭忞新元史記卷一百一十七「馬可保羅傳」及張星烺著「馬哥孛羅遊記導言」。

（註一七一）見李思純元史學（中華書局出版）頁一〇至一一。

（註一七二）宋史卷四四六忠義傳序語。下文已引見二頁，參（註三）。田錫王禹偁傳見宋史卷二九三，歐陽修見卷三一九，唐介見卷三一六。史稱「錫耿介寡合，未嘗趨權貴之門，居公庭危坐終日無懈容。慕魏徵李絳之爲人，以盡獻替爲己任；」「禹偁詞學贍敏，遇事敢言，以直躬行道爲己任；」（宋史以張詠與錫禹偁同傳，論曰，「傳云，邦有道，危言危行，三人者，躬骨鯁謇諤之節，蔚爲名臣，所遇之時然也，」）「介爲人簡伉，以敢言見憚；」「修天資剛勁，見義勇爲，雖機穽在前，觸發之不顧，放逐流離，至於再三，志氣自若；」而

「仲淹每感激論天下事，奮不顧身，一時士大夫矯厲尚風節，自仲淹倡之」云。（皆本傳語）

（註一七三）皆見宋史卷二八四本傳。同卷論曰：「咸平天聖間，父子兄弟以功名著聞於時者，於陳堯佐宋庠見之，……君子以為陳之家法，宋之友愛，有宋以來不多見也。」

（註一七四）語皆本宋史卷三一六本傳。

（註一七五）語皆本宋史卷三一四本傳。

（註一七六）語皆本宋史卷三一九本傳。同卷論曰：「宋之中葉，文學法理，咸精其能；若劉氏曾氏之家學，蓋有兩漢之風焉。」

（註一七七）參宋史卷二六五呂蒙正傳，卷三一一呂夷簡傳，卷三三六呂公著傳，卷二六二呂好問傳，卷三七六呂本中傳，卷四三四呂祖謙傳，及卷四五五呂祖儉祖泰傳。

（註一七八）語本宋史卷四二七邵雍傳及卷四三三邵伯溫傳。又卷三一三文彥博傳稱「彥博逮事四朝，任將相五十年，窮貴極富，而平居接物謙下，尊德樂善如恐不及。其在洛也，洛人邵雍程顥兄弟皆以道自重，賓接之如布衣交。與富弼司馬光等十三人，用白居易九老會故事，置酒賦詩相樂，序齒不序官，為堂繪像其中，謂之洛陽耆英會，好事者莫不慕之」云。

（註一七九）語皆本宋史卷三三六司馬光傳及卷三三七范鎮傳。祖禹子沖見前註一七四。

（註一八〇）語本宋史卷三四〇呂大防傳。按「大鈞從張載學，能守其師說而踐履之。」「大臨學於程頤，與謝良佐、游酢、楊時，在程門號四先生。」皆附大防傳。

（註一八一）分見宋史卷三三八蘇軾傳及卷三三九蘇轍傳。按東坡集中和寄子由詩極多，獄中遺由詩有「是處青山可埋骨，他年夜雨獨傷神，與君世世為兄弟，又結來生未了因」之句，可證史傳「患難之中友愛彌篤」一語。

（註一八二）按宋史卷十二仁宗本紀贊云：「仁宗在位四十二年之間，吏治若偷惰，而任事蔑殘刻之人，刑法似縱弛，而決獄多平允之士；國未嘗無弊倖，而不足以累治世之體，朝未嘗無小人，而不足以勝善類之氣；君臣上下惻怛之心，忠厚之政，有以培壅宋三百餘年之基。」

（註一八三）見日知錄卷十三「宋世風俗」節。

（註一八四）參宋元學案卷九七「慶元黨案表」。至陳公輔以下攻擊道學事，詳宋史紀事本末卷八十「道學崇黜」篇。

（註一八五）語皆本宋史卷四二九熹本傳。按熹生於建炎四年，卒於慶元六年，年七十一，一一三〇至一二〇〇。

（註一八六）語本宋史卷三九五陸游傳。

（註一八七）周密齊東野語卷二語。

（註一八八）周密癸辛雜識下引沈仲固語。

（註一八九）皆見癸辛雜識後集。

（註一九〇）「團行」見夢粱錄卷十三，「社會」見卷十九，「恩霈軍民」見卷十八。（學津討原本）

（註一九一）皆見宋史卷一八六食貨志十四。

（註一九二）同上註稱「太宗時置榷署於京師，詔諸蕃香藥寶貨，至廣州、交阯、兩浙、泉州，非出官庫者，無得私相貿易。雍熙中，遣內侍八人齎勅書金帛分四路招致海南諸蕃，商人出海外蕃國販易者，令並詣兩浙司市舶司請給官券，違者沒入其寶貨，太平興國初，私與蕃國貿易者，計直滿百錢以上論罪，十五貫以上黥面流海島，過此送闕下。淳化五年，申其禁，至四貫以上徒一年，稍加至二十貫以上黥面配本州為役兵，天聖以來，象犀珠玉香藥寶貨，充牣府庫，嘗斥其餘以易金帛芻粟，縣官用度。實有助焉。熙寧五年，詔發運使薛向曰：東南之利，舶商居其一，比言者請置司泉州，其創法講求之。元豐五年、知密州范鍔言板橋瀕海，東則二廣、福建、淮、浙，西則京東、河北、河東三路，商賈所聚，海舶之利，顓於富家大姓，宜即本州置市舶司，板橋鎮置抽解務。……元祐三年，乃置密州板橋市舶司，而前一年亦增置市舶司於泉州。」

（註一九三）見宋史卷一八五食貨志十三。其前言「建炎四年，泉州抽買乳香一十三等，八萬六千七百八十斤有奇。詔取赴榷貨務打套給賣，陸路以三千斤，水路以一萬斤為一綱。紹興元年，詔廣南市舶司抽買到香，依行在品答成套，召人算請，其所售之價，每五萬貫，易以輕貨輸行在。」

（註一九四）見同上註一九一。

（註一九五）按宋史食貨志無此條，此據王應麟玉海卷一八六。

（註一九六）見卷十八「恤老濟貧」節。

（註一九七）說詳陳裕菁譯倭人某著「蒲壽庚考」（中華書局出版）第一章「蕃漢通商大勢」。

（註一九八）宋史卷一八一食貨志九語。

（註一九九）見眞德秀集卷三及文獻通考錢幣考二。張蔭麟「南宋亡國史補」（載燕京學報第二十期）嘗論及宋季楮幣之濫發與抵折，又據靜齋至正雜記，言「宋亡十餘年後，楮幣有觀音鈔、畫鈔、折腰鈔、波鉅、攤不爛之說，觀音鈔，描不成，畫不就，如觀音貌美也，畫者，如畫也，折腰者，折半用也，波者，俗言急走，謂不樂受即走去也，攤不爛者，如碎絮筋查也，南宋理度時之情形，當去此不遠，」可參閱。下文論金元交鈔，略據廿二史劄記卷三十「元代專用交鈔」節及羅振玉影印「四朝鈔幣圖錄」序。

（註二〇〇）遼史卷三十二「營衛志中」語。

（註二〇一）同上書卷五十九「食貨志上」語。

（註二〇二）南京內學院刊本，丁未年國粹學報附錄亦備載之、

（註二〇三）見馮譯本第二卷第八十三章八十四章。

（註二〇四）見中國文化史第二編第二十一章「蒙古之文化」頁一五二。

（註二〇五）宋史卷三四〇呂大防傳稱「大防書爲鄉約」云云，宋元學案卷三十一呂范諸儒學案則言「大鈞條爲鄉約」云云，茲特兄弟兩列之。

（註二〇六）見同上註二〇四頁一五六至一五八。又柳先生常撰「中國鄉治之尙德主義」，論述更詳，元典章文亦皆備錄，登學衡雜誌十七、二一、三六諸期。茲錄元史卷九十三食貨志一文如次：「至元七年（宋度宗咸淳六年，一二七〇），頒農商之制一十四條（元典章戶部立社門作勸農立社事理十五款），條多不能盡載，載其可法者。縣邑所屬村疃，凡五十家立一社，擇高年曉農事者一人爲之長，增至百家者，別設長一員，不及五十家者，與近村合爲一社，地遠人稀不能相合各自爲社者聽，其合爲社者，仍擇數村之中立社長，官司長以教督農桑爲事。凡種田者，立牌橛於田側，書某社某人於其上，社長以時點視勸誡，不率教者，籍其姓名。以授提點官責之。其有不敬父兄及凶惡者，亦然。仍大書其所犯於門，俟其改過自新，乃毀。如終歲不改，罰其代充本社夫役。社中有疾病凶喪之家，不能耕種者，衆爲合力助之，一社之中災病多者。兩社助之。凡爲長者復其身，郡縣官不得以社長與科差事。農桑之術，以備旱暵爲先，凡河渠之利，委本處正官一員以時濬治。或民力不足者，提舉河渠官相其輕重，官爲導之。地高水不能上者，命造水車，貧不能造者，官具材木給之，俟秋成之後，驗使水之家俾均輸其直。田無水者鑿井，井深不能得水者，聽種區田，其有水田者，不必區種、仍以區田之法散諸農民。種植之制，每丁歲種桑棗二十株，土質不宜者聽種榆柳等，其數亦如之，種雜果者。每丁十株，皆以生成爲數，願多種者聽，其無地及有疾者不與，所在官司申報，不實者罪之。仍令各社布種苜蓿，以防饑年。近水之家，又許鑿池養魚幷鵝鴨之屬、及種蒔蓮藕鷄頭菱芡蒲葦等，以助衣食。凡荒閑之地，悉以付民，先給貧者，次及餘戶。每年十月，合州縣正官一員巡視境內，有蟲蝗遺子之地，多方設法除之。其用心周悉若此，亦仁矣哉。」

（註二〇七）據廿二史劄記卷三十「元季風雅相尙」節。張翥見明史卷二八五文苑傳一趙壎傳內。玉山草堂云云，趙氏係據顧嗣立元詩選，據明史本傳（仲瑛名德輝，明史附文苑傳一陶宗儀傳）：「仲瑛，崑山人，購古書名畫彝鼎祕玩，築別業於茜涇西。曰玉山佳處，晨夕與客置酒賦詩其中，四方文學士，河東張翥、會稽楊維楨、天台柯九思、永嘉李孝光、方外士張雨、于彥成、琦元璞輩，咸主其家，園池亭榭之盛，圖史之富，暨餼館聲伎，並冠絕一時。」倪元鎭（瓚）淸閟閣，據明史卷二九八本傳「元鎭，無錫人，工詩，善書畫，四方名士日至其門，所居有閣曰淸閟，幽迥絕塵，藏書數千卷，皆手自勘定，古鼎法書，名琴奇畫，陳列左右，四時卉木，縈繞其外，高木修篁。蔚然深秀，故自號雲林居士，時與客觴詠其中。」又楊維楨傳（亦見文苑傳一）稱「維楨，山陰人，少時日記書數千言，父宏築樓鐵崖山中，繞樓植梅百株，聚書數萬卷，去其梯，俾誦讀樓上者五年，因自號鐵崖。元泰定四年，成進士。……忤達識丞相，徙居松江之上海內，鶴紳大夫與東南才俊之士，造門納屨無虛日，酒酣以往，筆墨橫飛。或戴華陽巾，披羽衣，坐船屋上，抱鐵笛作梅花弄，或呼侍兒歌白雪之辭，自倚鳳琶和之，賓客皆蹁躚起舞，以爲神仙中人，」皆元季事也。

中國通史要略

第三册

繆鳳林著

中華民國三十五年九月初版

中國通史要略第三册目錄

概說　本時代之特徵　清興之因　一、兵強　二、得明降人之力　入關前之文教（文字圖籍　政制　淸與滿洲之追改）　福臨之入關與順治朝政治——對於漢族之屠毒　玄燁初政與三藩之役　康熙朝之政治　玄燁聖學之虛誕　胤禛之卽位與專制　乾隆朝之政治——滿清專制之極則　弘曆之汰侈　清代之政制　一、官制——明制之損益與獨夫之專斷　二、職方制　三、兵制　四、科舉與學校　五、賦役（丁賦攤入地糧）　清室盛世之經略邊境與四裔關係　一、西北諸藩部之戡撫　藩部之統治——理藩院　二、東南西極諸國之臣屬　外夷之向慕　南洋經營之禁止　三、歐亞列邦之交通朝聘　中俄尼布楚與恰克圖條約　英使馬戛爾尼之入貢　弘曆之尊寵和珅與清室之中衰　嘉慶朝之內亂——白蓮教海賊與天理教　道光朝吏治之腐敗與回部等之亂　太平天國之起滅　湘淮軍之平定髮捻回亂與滿漢勢力之消長　嘉慶以降之外患　鴉片戰爭英法同盟軍之役與不平等條約　俄人之鷙狠及其對我東西國境之侵略　咸豐末年之變法　同治朝之新政　光緒初年之新政與藩屬之淪喪　新政之有名無實與甲午之戰　中日戰後之外患與戊戌變法　大阿哥之立與拳匪之禍　庚子後之變法　日俄之戰　清季之立憲運動　僞立憲之因果　孫文之革命運動與民國之創建　清初諸儒之卓絕　清代經學之盛（吳派　皖派　常州今文派）　清代著名史學家　清儒治經實皆考史　輿地學　金石學　古器物學　清代文學　桐城派爲古文正宗　陽湖派　清廷刻書之夥　圖書集成與四庫全書　私家刻書之盛　清代書家　畫家　康雍乾三朝美術工藝之極盛　道教與佛教　西教之流布　新教之來華　耶教興盛之因　清季西教勢力劇增之原因　清初西士對中國文化之貢獻（一、天歷儀象　二、測繪輿圖）　清代學者所受西學之影響　華化傳播歐洲　近世中國變從西法之原因及西化輸入之徑途（一、繙譯西籍　二、西法印刷與日報期刊之興起　三、游學各國　四、仿製機械）　遺臣逸士之志節　清廷之摧挫士氣　帝王威權之重及其對世風與學術之

第九章　漢族復盛時代（明）

自明太祖洪武元年，至莊烈帝崇禎十七年，（一三六八至一六四四）共十六帝，二百七十七年，爲吾漢族繼蒙族後君臨中夏之世。莊烈以後，弘光、隆武、永曆三帝，雖仍延明祚十有七年，臺灣鄭氏，復續延明曆二十二年。然弘光南都之立，纔一歲而敗滅，隆武永曆，崎嶇山海之間，播遷流離，明室至此，已名存而實亡矣。以國族盛衰及政治文化之變遷言之，此時代之特徵，大者計有三端。五季以降，北方諸族崛興，漢族衰弱已甚。明祖奮起淮甸，興師北伐，驅逐胡元，奄奠海宇。成祖六師屢出，漠北塵清，威德遐被，四方賓服。吾漢族既一洗四百數十年來積弱之風，中國亦重覩漢唐之盛，一也。明初禮樂兵刑學校薦舉諸政，多卓然立一代之制，非漢唐二祖之世所能及；沿及清世，職官職方科舉等制，仍皆襲用。自餘理學文物，亦多上承宋而下啓清。故近古國史，實以明代爲之樞紐，二也。明初屢遣使海外，閩廣各省濱海居民，亦多望海謀生，東南海島，皆有明人之足跡。同時歐人亦航海東來。亞歐人士遂以海洋之媒介而加增其接觸。及明季西教東漸，西洋之學術文化，復隨以傳入。吾國由是植身世界各國之列，大陸之歷史亦漸變而爲海洋之歷史，三也。三者之中，第一點尤爲重要，故今稱曰：「漢族復盛時代」焉。

自元政不綱，羣雄蜂起，海內分裂；方國珍首興師浙東，韓林兒繼稱帝於亳，徐壽輝稱帝於蘄，陳友諒稱帝於九江，張士誠稱王於姑蘇，明玉珍稱帝於西蜀。明祖初依郭子興起兵於濠州，尋離子興自立，取滁州，渡江據金陵，力征經營，戡亂摧強，十有五載（一三五三至一三六八）而成帝業。史稱「帝天授智勇。當其肇造之初，能沉機觀變，次第經略，綽有成算。嘗與諸臣論取天下之略曰：朕遭時喪亂，初起鄉土，本圖自全。及渡江以來，觀羣雄所爲，徒爲生民之患，而張士誠陳友諒尤爲巨蠹。士誠恃富，友諒恃强；朕獨無所恃，唯不嗜殺人，布信義，行節儉。初與二寇相持，士誠尤逼近，或謂宜先擊之。朕以友諒志驕，士誠器小，志驕則好生事，器小則無遠圖，故先攻友諒。鄱陽之役，士誠卒不能出姑蘇一步，以爲之援。向使先攻士誠，浙西負固堅守，友諒必空國而來，吾腹背受敵矣。二寇旣除，北定中原。所以先山東，次河洛，止潼關之兵不遽取秦隴者，蓋擴廓帖木兒、李思齊、張思道，皆百戰之餘，未肯遽下，急之則併力一隅，猝未易定。故出其不意，反旆而北，燕都旣舉，然後西征，張李望絕勢窮，不戰而克，然擴廓猶力戰不屈。向令未下燕都，驟與角力，勝負未可知也。帝之雄才大略，料敵制勝，率類此。」（註一）觀自燕都旣下，元主北出漁陽，旋與大漠，將復故土，不失舊物。於是忽答一軍駐雲州，王保保（即擴廓帖木兒）一軍駐沈兒峪，納哈出一軍駐金山，失喇罕一軍駐西涼；引弓之士，不下數十萬衆。太祖復命徐達、李文忠、馮勝、藍玉諸將，分道出師，追奔逐北，東北自鴨綠江至混同江，西北自青海至庫倫，戰區之長，幾達七千餘里，悉殲其渠帥，降其部曲，「長策風行，已振金徽之表，揚威電發，遠響沙場之外，」（註二）不特盡復五季兩宋四百數十年淪喪之版圖已也。推明祖所以成功之故，固由其本身之聰明神武，抑亦左右丞弼多國士之助。史稱「太祖旣下集慶，所至收攬豪雋，徵聘名賢，一時韜光韞德之士，幡然就道。（註三）明史所載，若劉基、宋濂（卷一二八），若王禕（卷二八九），若陳遇、秦從龍、葉兌等（卷一三五），類宏才大節，建豎偉然。而基「博通經史，於書無不窺，尤精象數之學，佐定天下，料事如神。」（上引明祖自述取天下之略，皆出基謀，）濂「自少至老，未嘗一日去書卷，於學無所不通，」「從容輔導」，「一代禮樂制作，濂所裁定者居多。」（註四）尤卓然爲一代佐命臣首。又當時所統率指揮者，將多才勇，士皆精練，而又兵食具足，亦成功之一因。史載帝自渡江，即簡拔民兵，編糾爲伍，以曠野沃壤，多爲荒蕪，悉命諸將屯田，凡駐軍所在之地，及時開墾，以收地利。天下旣定，則師唐府兵遺意，立軍衞法：「度要害，自京師達於郡縣，皆立衞所，地係一郡者設所，連郡者設衞，大率五千六百人爲衞，千一百二十八人爲千戶所，百十有二人爲百戶所，所設總旗二，小旗十，大小聯比以成軍；（其取兵有從征，有歸附，有謫發，從征者，諸將所部兵，既定其地，因以留戍，歸附則勝國及僭僞諸降卒，謫發以罪遷隸爲兵者，）洪武二十六年，（一三九三），定天下衛所，凡內外衛三百二十九，守禦千戶所六十五，」（註五）都計一百九十餘萬人，多屯田自爲耕種。（註六）帝又隨時隨地，檢練軍馬，尙慮其屯軍久而弛武事，自洪武四年（一三七一），命徐達往北平，馮勝往陝西，鄧愈往襄陽，操練軍馬，至二十四年（一三九一），命漢衛谷慶寧岷六王練兵臨清，其中慶命元勛宿將，分道練兵，終帝世訓練未嘗稍怠。傳世岐陽王（李文忠）平番圖（國立北平圖書館影印本）所寫明初騎兵體魄之雄偉，蓋駕北族而上之焉。史稱「明興諸將，以六王爲稱首，」而「徐達言簡慮精，在軍令出不二，諸將奉持凜凜，嚴戢部伍，與下同甘苦，士無不感恩效死，」「常遇春沉鷙果敢，善撫士卒，摧鋒陷陣，所向必克，」（註七）尤稱名將。明初將士之精良如是，故在胡元君臨中夏之後，吾漢族仍能發揮其強大之戰鬪力，而其成就，且非漢唐開創之君所及也。降及成祖，宣宗、或「雄武之略，同符高祖，」或「英姿睿略，克繩祖武，」（註八）竟太祖未竟之緒，而益恢宏焉。征伐四克，遠夷賓服，遂爲明室極盛時代。茲分方述之如左。

一、東北之開拓及與東夷之關係　明初，元遼陽參政籍所部來降，明設遼東都指揮使司，遣將鎮之。及納哈出據金山。（今遼寧開原西北），數侵遼東，太祖命馮勝率師擊降之。於是遼河流域，悉入明之版圖。太祖又於今熱河東部，部置大寧都司營州諸衛，封子權爲寧王，使鎮焉。嗣因兀良哈諸部來降，太祖復於其地置朵顏（今嫩江一帶）福餘（今農安附近）泰寧（今洮南一帶）三衛指揮使司，俾其頭目各自領其衆，以爲聲援，於是今東蒙附近黑龍江南洮南一帶之地，亦受明羈縻。自靖難兵起，成祖以三衛衆誘執寧王權，又選兀良哈部爲奇兵從戰。天下既定，盡割大寧地畀三衛以償前勞，明遂於東北失一重鎮，然帝創置建州（本建州女眞部地）海西（本海西女眞部地）諸衛，今吉林松花江東西地，皆爲明所統治。嗣又於黑龍江北岸奴兒干地方，置奴兒干都司，遣行人邢樞太監亦失哈等率官軍戰船數至其地，招撫諸部。永樂十一年（一四一三）九月，樞建永寧寺碑於今黑龍江北岸之特林觀音堂，碑稱「永樂九年春，亦失哈等率官軍一千餘人，巨船二十五艘，至其國，十年冬，亦失哈等復至其國，自海西抵奴兒干及海外苦夷（今庫頁島）諸民男婦，賜以衣服器用，給以穀米，宴以酒食，□□□懽忻，無一人梗化不率者。」至宣宗世，猶頻頻遣使至其地撫恤軍民，並任命都指揮，命諸部皆受節制。觀重建永寧寺碑，上鐫「宣德八年」字，稱「宣德初，復遣亦失哈部衆再至，七年，亦失哈同都指揮康政率官軍三千，巨舡五十□至，」（註九）是至宣宗時，今黑龍江北及庫頁島諸部，猶悉受明之統管矣。至明與東夷諸國之關係，一曰琉球。居東南大海中，隋時始通中國。「洪武初，其國有中山山南山北三王，屢遣使入貢。」永樂中，山北為中山山南所併。宣德世，「山南亦為中山所併。自是惟中山一國，朝貢不絕，其虔事天朝，為外藩最云。」（註一〇）二曰朝鮮。明初，高麗王顓及偽主辛禑屢遣使貢方物。洪武二十五年（一三九二），「大將李成桂自立，遂有其國。王氏自五代傳國數百年，至是絕。帝命仍古號曰朝鮮（是為李氏朝鮮）。自後貢獻，歲輒四五至。」及成祖「遷北都，朝鮮益近，而事大之禮益恭，朝廷亦待以加禮，他國不敢望。」史稱「朝鮮在明，雖稱屬國，而無異域內，故朝貢絡繹，錫賚便蕃，殆不勝書；」（註一一）明史亦止著其有關治亂者於篇焉。三曰日本。洪武二年（一三六九），帝嘗遣行人楊載詔諭其國，命其主入朝，日人拒不奉命，諸島夷且時入寇沿海州縣，帝屢遣將巡海，並海築城，設衛所，選近海壯丁充戍卒以備之。建文帝三年（一四〇一），日足利將軍義滿遣使貢獻，書稱「日本准三后道義（時義滿已讓職其子義持，削髮稱道義，）上書大明皇帝陛下：誠惶誠恐頓首頓首謹言，」自後屢稱臣入貢。永樂四年（一四〇六），帝封其國肥後阿蘇山為日本之鎮山，號壽安鎮國之山，御製碑文立其上。及義滿薨，日主詔贈太上天皇號，子義持不受，明賜諡恭獻，義持受之。明又敕封義持為日本國王。其後義教、義勝、義政諸將軍，咸臣於明。宣宗世，頒賜義教銀綺綵匹等，極稱豐厚。而義政於英宗景帝憲宗世，表乞書籍銅錢，屢求無厭，明室概允所請，頒賜不絕焉。（註一二）

二、北邊之攻守　自太祖一再命將深入漠北，元裔益衰。「太祖亦封燕晉諸王為邊藩鎮，更歲遣大將巡行塞下，督諸衛卒屯田，戒以持重，寇來輒敗之。」（註一三）洪武末，蒙族遂去元國號，稱韃靼，仍居北徼，其地東至兀良哈。而別部瓦剌，在韃靼西，居今綏寧北境以至新疆一帶。成祖世，韃靼瓦剌常互相仇殺，叛服靡常。永樂七年（一四〇九），帝命邱福等五將將兵北討韃靼，敗沒。明年，帝自將親征，敗之於斡難河。瓦剌復侵襲之，韃靼窮蹙內附，思假息塞外，帝納而封之。十二年（一四一四），帝以瓦剌驕蹇，將入犯，復親征之，敗之於土剌河。既，韃靼以數年生聚畜牧，日以蕃盛，時入窺塞，兀良哈亦叛附之。二十年（一四二二），帝再率師親征，韃靼遠遁。還擊兀良哈，敗之。明年，帝復親征，師次西陽河，聞韃靼爲瓦剌所敗，部落潰散，遂駐師不進。及二十二年（一四二四），帝再出師北征，不見敵，有疾，還至榆木川而崩。終帝世，凡「五駕北征」，北徼諸部，皆破敗乞降。帝又以北平三面近塞，特遷都之，以京師爲攻守邊疆之重鎮，雄圖武略，實唐太宗以後所僅見矣。宣宗世，兀良哈跳梁塞下爲邊患，宣德三年（一四二八），帝親征敗之，嗣復再次巡邊，北虜皆頗受戎索矣。（註一四）至北邊之防守，史稱「東起鴨綠，西抵嘉峪，綿亙萬里，分地守禦，初設遼東宣府大同延綏四鎮，繼設寧夏甘肅薊州三鎮，而太原總兵治偏頭，三邊制府駐固原，是爲九邊。」（註一五）太祖世，經營規畫，最稱閎遠，凡今長城內外諸要隘，皆置戍守禦，參用南北軍士，旣屢遣諸公侯校沿邊士馬，以籍上，又詔諸王近塞者，每歲秋勒兵巡邊，北邊萬里，聲勢聯絡。（註一六）成祖「於邊備甚謹，自宣府迤西迄山西，緣邊皆峻垣深濠，烽堠相接，隘口通車騎者，百戶守之，通樵牧者，甲士十八守之。」（註一七）史稱「明初邊政嚴明，官軍皆有定職，總兵官總鎮軍爲正兵，副總兵分領三千爲奇兵，遊擊分領三千往來防禦爲遊兵，參將分守各路東西策應爲援兵，營堡墩臺，分極衝次衝，爲設軍多寡，平時走陣哨探守瞭焚荒諸事，無敢惰，稍違制，輒按軍法。」（註一八）此又有明盛世北邊防守之規制也。

三、西域之制馭　自太祖命馮勝戡定河西，抵瓜沙州，分布戍守阨塞關隘而還。及成祖西建哈密等衛，於是今新疆一部，亦入明之版圖。至青海西藏及西域等地，明世制馭之方不一。史稱「太祖甫定關中，卽法漢武拟河西四郡，隔絕羌胡之意，建重鎮於甘肅，以北拒蒙古，南捍諸番，俾不得相合。又遣西寧等四衞土官與漢官參治，令之世守。且多置茶課司，番人得以馬易茶。而部落之長，亦許其歲時朝貢，自通名號於天子。彼勢既分，又勤於利，不敢為惡。即小有蠢動，邊將以偏師制之，靡不應時底定。」「永樂時，諸衛士官輻輳京師。其他族種，如西寧十三族、岷州十八族、洮州十八族之屬，大者數千人，小者數百，亦許歲一奉貢，優以宴賚。西番之勢益分，其力益弱，西陲之患亦益希。」(註一九)此言制馭青海及鄰近諸番族也。西藏諸地，太祖初置朵甘烏斯藏兩行都指揮使司，自是至永樂世，時有增置，皆以番人官之。成祖又「以番俗惟僧言是聽，乃寵以國師諸美號，賜誥印，令歲朝，由是諸番僧來者日多。迄宣德朝，禮之益厚。」史稱「太祖以西番地廣人獷悍，欲分其勢而殺其力，使不為邊患，故來者輒授官；又以其地皆食肉，倚中國茶為命，故設茶課司於天全六番，令以馬市。而入貢者，又優以茶布。諸番戀貢市之利，且欲保世官，不敢為變。迨成祖，益封法王及大國師西天佛子等，俾轉相化導，以共尊中國。以故西陲宴然，終明世無番寇之患。」(註二〇)此言制馭西藏諸番族也。明史稱「元太祖盡平西域，封子弟為王鎮之，其小者則設官置戍，同於內地，元亡，各自割據，不相統屬，洪武永樂間，數遣人招諭，稍稍來貢，地大者稱國，小者止稱地面，迄宣德朝，效臣職奉表箋稽首闕下者，多至七八十部。」(註二一)又曰：「自成祖以武定天下，欲威制萬方，遣使四出招徠，由是西域大小諸國，莫不稽顙稱臣，獻琛恐後，餘威及於後嗣，宣德正統朝，猶多重譯而至。」(註二二)此言招徠西域大小諸國諸部也。明史於西域諸國部，備列撒馬兒罕以下三十餘國、及哈三等數十餘部；(註二三)最有關係者，曰撒馬兒罕國，即西史之帖木兒帝國也。當元綱解紐於東，察合台伊兒欽察三汗國，亦寖失勢於西。帖木兒(屠寄蒙兀兒史記稱生元末主妥懽貼睦爾汗元統元年、卒明永樂三年、年七十二、一三三三至一四〇五)，以蒙古疏族，起家列將，雄勇善戰，征伐四克。明洪武初，已悉定察合台汗國，據錫爾阿母兩河間地，遂建帝國，定都撒馬兒罕(明史稱撒馬兒罕國以此)。嗣復滅伊兒汗，平欽察汗，東出天山，西抵地中海，北侵俄羅斯，南服五印度，聲威所播，幾執世界壇坫之牛耳。自比蒙古太祖鐵木眞，號成吉斯大汗，無媿色焉。(註二四)太祖世，帖木兒嘗遣使通好於明，帝命傅安郭驥等往聘，帖木兒留不遣。成祖既立，帖木兒遂決策侵明。永樂二年，親率軍二十餘萬東侵，明年春，將假道別失八里，向中國北邊進發，帝敕甘肅總兵官宋晟儆備。帖木兒忽罹寒疾，道卒。身既不獲與我文皇相見於疆場，明兵亦未能與西夷交綏。帖木兒既卒，諸子相爭，國復分裂，曩所平定地，紛紛獨立，復成羣雄割據之局；明史於撒馬兒罕傳後以次所載之諸國諸部，皆異時帝國境內諸城名也。帖木兒裔孫雖仍擁祖號，然無統治實權，諸國諸部，多相率朝貢於明。明史且稱「永樂中，西域憚天子威靈，咸修貢職，不敢擅相攻」焉。特當時諸國之臣服，實歆於經濟之利益，故史又曰：「成祖欲遠方萬國，無不臣服，故西域之使，歲歲不絕，諸番貪中國財帛，且利市易，絡繹道途。商人率僞稱貢使，多攜馬駝玉石，聲言進獻。既入關，則一切舟車水陸晨昏飲饌之費，悉取之有司，郵傳困供億，軍民疲轉輸。比西歸，輒緣道遲留，多市貨物，東西數千里間，騷然繁費，公私上下，罔不怨咨，廷臣莫爲言，天子亦莫之恤也。」（註二五）

四、南服之經營　洪武中，平定雲南貴州諸地。置雲南等處承宣布政使司，及貴州都指揮使司。永樂中，又增設貴州等處承宣布政使司。雲貴與中朝關係，視前世益密切矣；其地遂亦日趨開化。至後印度半島諸國，如安南、占城、眞臘、暹羅等，太祖世皆遣使朝貢不絕。「洪武二十六年，置緬中宣慰使司，永樂元年，設緬甸宣慰使司，以士酋卜剌浪，那羅搶爲使。」而麓川、平緬、木邦、孟養、車里、老撾、八百等地，亦皆於洪永間先後置宣慰使。（註二六）今雲南西邊至緬甸諸地，悉屬羈縻。洪永間，安南臣黎氏（季犛）竊柄，迭行廢立，篡陳氏之位，僭國號大虞，又侵暴諸國。成祖遣沐晟張輔等討平之，「遂設交趾布政司，以其地內屬。自唐之亡，交趾淪于蠻服者，四百餘年，至是復入版圖。」（註二七）交人尋復叛，輔再往討平之。自此乍服乍叛，輔前後凡四往，規畫甚備，交人所畏惟輔云。宣宗時，交趾又叛，帝命將往討，敗績。廷議棄交趾，遂悉召官吏軍民北還，命黎氏世爲安南王。明置交趾布政司凡二十一年而能（永樂五年至宣德二年，一四〇七至一四二七。）安南雖貢獻不絕，如常制，然西南夷朝貢者，稍稍不至矣。惟明在南洋之國威，宣德世仍維持不墜。初「成祖疑惠帝亡海外，欲蹤跡之，且欲耀兵異域，示中國富強。」（註二八）由是遣使屢出，最著者爲鄭和。史稱「永樂三年六月，命和及其儕王景弘等通使西洋，將士卒二萬七千八百餘人，多齎金幣，造大舶，修四十四丈、廣十八丈者，六十二，自蘇州劉家河泛海，至福建，復自福建五虎門揚帆，首達占城，以次遍歷諸番國，宣天子詔，因給賜其君長，不服則以武懾之。」「和先後七奉使，（自永樂三年至宣德七年、一四〇五至一四三二。）（註二九）所歷占城、爪哇、眞臘、舊港、暹羅、古里、滿剌加、浡泥、蘇門答臘、阿魯、柯枝、大葛蘭、小葛蘭、西洋瑣里、瑣里、加異勒、阿撥、把丹、南巫里、甘把里、錫蘭山、喃渤利、彭亨、急蘭丹、忽魯謨斯、比剌、溜山、孫剌、木骨都束、麻林、剌撒、祖法兒、沙里灣泥、竹步、榜葛剌、天方、黎伐、那孤兒，凡三十餘國。」（註三〇）航程所至，自今南洋羣島外，西至紅海，南達非洲東岸。以同時期西人航行遠洋者較之，蔑如是之衆且數矣！當時南洋各國，悉屬於明，古麻剌朗、馮嘉施蘭、浡泥、滿剌加、蘇祿諸國，其王曾率妻子陪臣來朝，（註三一）爲歷代所未有也。又據明史所載，當時國人移居南洋者甚衆，如梁道明之王三佛齊，「閩粵軍民泛海從之者數千家」，「爪哇國有新村，最號饒富，中華及諸番商舶輻輳，其村主即廣東人，」以及陳祖義之爲舊港頭目，（註三二）皆洪永宣間事也。明初沿海人民之拓殖，蓋與政府之經營，相得益彰焉。

洪永宣之世，不獨外張國威也，內治亦頗有可紀。史稱太祖「懲元政廢弛，治尚嚴峻，而能禮致耆儒，考禮定樂，昭揭經義，尊崇正學，加恩勝國，澄清吏治，修人紀，崇風教，正後宮名義，內治肅清，禁宦豎不得干政，五府六部，官職相維，置衞屯田，兵食俱足，武定禍亂，文致太平，太祖實身兼之。」（註三三）實則帝始建國，首以人才爲務，徵辟四方宿儒，羣集闕下，隨其所長而用之，諸儒亦各展所蘊，以潤色鴻猷黼黻文治，故內治　漢唐二祖之世所及耳。抑太祖天性猜忍。藉諸功臣以取天下，及天下既定，幾欲盡舉取天下之人而盡殺之。臣下稍有觸犯，刀鋸隨之，胡惟庸之獄，放誅至三萬餘人。藍玉之獄，族誅至萬五千餘人。刑戮之慘，古所未見！（註三四）覽天下章奏，動生疑忌，往往以文字疑誤殺人，（註三五）實爲盛德之玷。又廣封諸子於各省各府，雖參酌古制，「分封而不錫土，列爵而不臨民，食祿而不治事，」（註三六）外以壯藩衞，而實無事權。然亦懲宋削藩鎮權，致淪積弱，故如燕晉諸王，統兵鎮邊塞者，皆連城數十，得專征伐。卒釀異時尾大不掉之弊，晏駕未幾，靖難變起。雖以建文帝「天資仁厚，踐阼之初，親賢好學，召用方孝孺等，典章制度，鋭意復古」

者，卒亦「不知所終」。（註三七）未始非太祖貽謀之不善也。「文皇少長習兵，據幽燕形勝之地，乘建文孱弱，長驅內向，奄有四海。即位以後，躬行節儉，水旱朝告夕振，無有壅蔽，知人善任，表裏洞達，成功駿烈，卓乎盛矣！」（註三八）史稱「永樂中，天下本色稅糧三千餘萬石，絲鈔等二千餘萬計；是時宇內富庶，賦入盈羨，米粟自輸京師數百萬石外，府縣倉廩蓄積甚豐，至紅腐不可食，歲歉，有司往往先發粟振貸，然後以聞。」（註三九）然帝政術鮮可考見，惟墨守太祖舊章而已。仁宗專務以德化民，惜在位甫一年，遽崩。宣宗繼立，「吏稱其職，政得其平，綱紀修明，倉庾充羨，閭閻樂業，歲不能災，蓋明興至是，歷年六十，民氣漸舒，蒸然有治平之象矣。」（註四〇）抑自「永樂以後，大臣多久於其位；楊士奇在內閣四十三年，金幼孜三十年，楊榮二十八年，楊溥二十二年，六卿中蹇義爲吏部尚書三十四年，夏原吉爲戶部尚書二十九年，當時朝廷之上，優老養賢，固可想見。而諸臣龐眉白首，輝映朝列，中外翕然稱名臣無異詞，其必有以孚衆望矣。」（註四一）至論明一代政制，大抵洪武中所定；茲言其與清世最有關係者。曰職方。「洪武初，建都江表，（元年八月、以應天爲南京、開封爲北京，）革元中書省，以京畿應天諸府直隸京師，後乃盡革行中書省，置十二布政使司，分領天下府州縣及羈縻諸司。成祖定都北京（今北平），乃以北平爲直隸，又增設貴州交阯二布政使司。仁宣之際，南交屢叛，旋復棄之外徼。終明之世，爲直隸者二（京師、南京），爲布政使司者十三（山東、山西、河南、陝西、四川、湖廣、浙江、江西、福建、廣東、廣西、雲南、貴州），其分統之府百有四十，州百九十有三，縣千一百三十有八，羈縻之府十有九，州四十有七，縣六，編里六萬九千五百五十有六。」極盛時版圖，「東起朝鮮，西據土番，南包安南，北距大磧，東西一萬一千七百五十里，南北一萬零九百四里；其聲教所訖，歲時納贄，而非命吏置籍，侯尉羈屬者，不在此數。」（註四二）曰職官。明初仍元制，設中書省，置左右丞相，「綜理機務，而吏戶禮兵刑工六尚書爲曹官。」洪武十三年（一三八〇），丞相胡惟庸以專誅，遂罷中書省，廢丞相官，析其政歸六部，「以尚書任天下事，侍郎貳之，其糾劾則責之都察院，章奏則達之通政司，平反則參之大理寺。」帝方自操威柄，雖倣宋制置殿閣大學士，祇備顧問，鮮所參決。至「成祖簡解縉胡廣楊榮等直文淵閣，參預機務，」有歷升至大學士者。迨仁宣朝，「諸大學士歷晉尙書保傅，品位尊崇，」「而宣宗丙柄無大小，悉下大學士楊士奇等參可否，」閣權之重，偃然漢唐宰輔，特不居丞相名耳。」(註四三)其地方官則設布政按察兩司，分掌錢穀刑名，其下有府州縣官等，皆親民之官。其巡按總督巡撫諸官，皆屬朝官之出使者，非地方之長官也。其掌兵者，外有都指揮使，(與布按並稱三司、爲封疆大吏、)以領衞所番漢諸軍；而於京師建五軍都督府(左右前後中)，俾外都指揮使司各以其方附焉；而征調則隸於兵部。(有征伐、則兵部命將充總兵官、調衞所軍領之、旣旋、則將上所佩印、兵亦各歸衞所、兵部有出兵之令、而無掌兵之權、五軍有統兵之權、而無出兵之令、)成祖時，內外衞四百九十三，守禦屯田羣牧千戶所三百五十九，親軍衞二十二，合計軍額三百二十八萬有奇；而番邊衞所不與焉。曰科舉。其定式頒於洪武十七年(一三八四)，蓋「沿唐宋之舊，而稍變其試士之法。專取四子書及易書詩春秋禮記五經命題試士，其文略仿宋經義，然代古人語氣爲之，體用排偶，謂之八股，通謂之制義。三年大比，以諸生試之直省，曰鄉試，中式者爲舉人；次年以舉人試之京師，曰會試；中式者天子廷試，分一二三甲以爲名第之次。」(註四四)除兵制外，是皆爲清世所襲用者；而科目制義，沿至清季，(自洪武十七年至清光緒三十年始停、凡五百二十一年、一三八四至一九〇四、)尤爲世所詬病。然明世選舉之法，科目之外，猶有學校與薦舉。明初「中外大小臣工，皆得推舉賢才，(其目曰聰明正直、賢良方正、孝弟力田、儒士、孝廉、秀才、人才、及耆民等、)下至倉庫司局諸雜流，亦令舉文學才幹之士，其被薦而至者，又令轉薦；以故山林巖穴，草茅窮居，無不獲自達於上；由布衣而登大僚者，不可勝數。」(註四五)而學校之制尤善。太祖稱吳王時，卽設國子學。(註四六)洪武中，於南京雞鳴山創建新舍，東爲文廟，中爲國學，西爲官署，總名曰國子監。永樂中，復設北京國子監。而南監(明時稱南雍)規制，一仍太祖時之舊。學生盛時，永樂二十年，多至九千九百七十餘人。據嘉靖世黃佐所撰南雍志，(註四七)其時學舍講院占地之廣，職官學生之衆，規制之宏，實遠軼唐宋。在世界教育史上，亦爲五百年前第一之大學校。其學制之最可稱譎者，卽學生於讀書之外，復有歷事之法。洪武中，如清塡田賦，編繪魚鱗圖册，修治水利，及清查黃册，稽覈案牘等事，均隨時隨地，分遣學生擔任。又令國子生於諸司實習吏事，是爲歷事生。蓋期學生於力學敦品之餘，復能周知世務。學生亦無畢業年分，隨能任使，力能勝任，從而任之，才力不及，回監讀書，此實明祖辦學之精意，爲歷代國學所無者也。(註四八)明史稱「洪武二十六年，盡擢監生劉政龍鐔等六十四人爲行省布政按察兩使及參政參議副使僉事等官，其時布列中外者，太學生最盛。」(註四九)明祖之重用學生，實亙古無與倫比。且學校起家者，可不由科舉，而科舉出身者，必由學校，學校尤爲科舉之本矣。此外直省府州縣衛，無不有學，教養之法亦甚備。特其後偏重科舉，學生亦僅務考試，而埋首於時文，迨開納粟之例，學生流品亦日雜，乃始不爲世重耳。

明帝系表(註五〇)

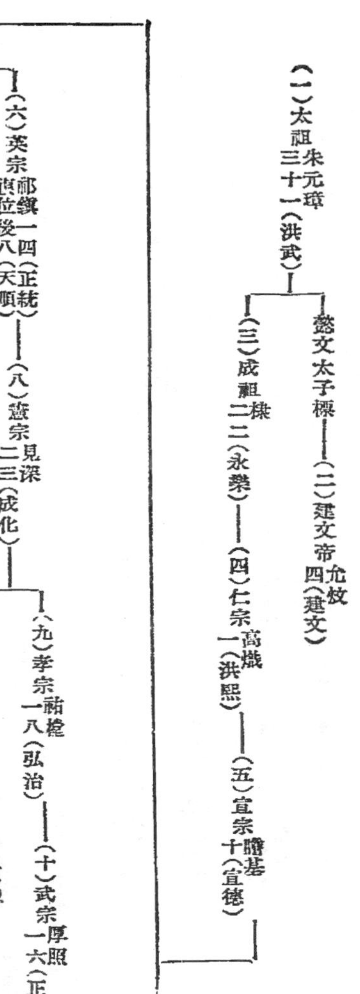

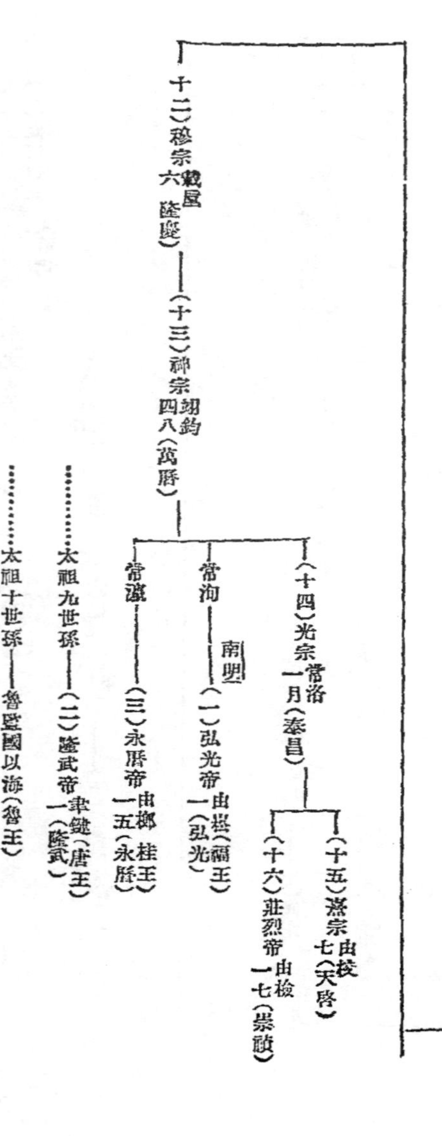

明史英宗紀稱帝「承仁宣之業，海內庶富，朝野清晏，大臣如三楊胡濙張輔，皆累朝勳舊，受遺輔政，綱紀未弛。以王振擅權開釁，遂至乘輿播遷。」後雖還京，而明室之衰，實始於是。自後禍亂紛起，其大者，曰外夷，曰宦官，曰權奸，曰朋黨。而宦官之爲害尤烈；外夷之患，初即由宦官引發；巨奸大惡，自嚴嵩父子外，多出於寺人內豎；朋黨門戶之爭，亦因廷臣附閹宦以相傾軋，而禍始愈烈；餘如廠衛之酷刑，礦稅之秕政，皆宦官之凶焰與流毒也。初太祖鑒歷代覆轍，著令內侍不得干預政事。「及燕師迫江北，內臣多逃入其軍，漏朝廷虛實，文皇以爲忠於己，即位後，遂多所委任；明世宦官出使專征監軍分鎮刺臣民隱事諸大權，皆自永樂間始」（註五一）。英宗朝，諸財利官及邊防要職，多以中人爲之，而王振尤跋扈。正統十四年（一四四九），瓦剌酋也先入寇，振挾帝親征，至土木，大敗，帝陷於寇，振亦爲亂兵所殺。于謙等擁立景帝，尊英宗爲太上皇。瓦剌兵直逼北京，謙等固守擊卻之；也先奉還上皇以請和。史稱「景帝篤任賢能，勵精政治，強寇深入，而宗社乂安。」（註五二）然自上皇之歸，帝頗猜防之。景泰八年（一四五七），帝疾，宦官曹吉祥與武臣石亨結，迎上皇復辟。吉祥怙功，「門下厮養冒官者，多至千百人，」（註五三）嗣以謀反誅死。及憲宗立，又惑於太監汪直，「盜竊威柄，稔惡弄兵，」（註五四）威勢傾天下。後雖廢黜，又寵任梁方與方士李孜省僧繼曉等，暴斂苛征，以從事奇巧奢侈。「孝宗恭儉有制，勤政愛民，」（註五五）史稱「是時中官多守法奉詔」；（註五六）然帝寵任李廣，文武大臣賂廣黃白者相繼也。武宗即位，又任宦者八虎（劉瑾、馬永成等，正八盡斥，朝政日毀。而劉瑾尤狡狠。初成祖遷都北平後，立東廠，令宦者刺外事，又幸紀綱，令宿錦衣衛詔獄。（註五七）憲宗時，又別設西廠刺事，以汪直督之，所領緹騎倍東廠，自京師及天下，旁午偵事，冤死者相屬。至是瑾令其黨分領東西廠；復立內廠，自領之，雖東西廠皆在伺察中，加酷烈焉。及瑾伏誅，帝復任江彬，「耽樂嬉遊，暱近羣小，」（註五八）卒崩於豹房。「世宗崇尚道教，享祀弗經，營建繁興，府藏告匱。」（註五九）時雖「閹官斂迹，而嚴嵩父子（世蕃）濟惡，貪饕無厭。」（註六〇）嵩又務爲蒙蔽，殺直臣楊繼盛沈鍊等，毒流天下。帝後雖誅世蕃而斥嵩，獨任徐階，然嵩竊政已二十年矣。穆宗時，高拱與階傾軋。神宗初，張居正復軋去拱，獨專大政者十年。史稱「居正爲政，以尊主權課吏職信賞罰一號令爲主，雖萬里外，朝下而夕奉行，」（註六一）其綜核名實爲明代冠。然威柄之操，亦幾於震主。自居正卒，帝始親政。未幾，即荒於酒色，「因循牽制，晏處深宮，綱紀廢弛，君臣否隔。」（註六二）因寧夏朝鮮播州用兵，「三大征踵接，國用大匱，」兼宮殿屢災，「營建乏資，計臣束手，」「始開礦增稅」。開礦遣官，自二十四年始。其後言礦者爭走闕下，帝即命中官與其人偕往，天下所在有之。」多假開採之名，橫索民財，或富產稍豐，則誣以盜礦，良田美宅，則指爲下有礦脈，其開採者，礦脈微細無所得，又勒民償之。嗣又於通都大邑增設稅監，「兩淮則有鹽監，廣東則有珠監，或專遣，或兼攝，大璫小監，縱橫繹騷，吸髓飲血，以供進奉；大率入公帑者，不及什一，而天下蕭然，生靈塗炭矣。」帝「寵愛諸稅監，自大學士趙志皋沈一貫而下，廷臣諫者不下百餘疏，悉寢不報，而諸稅監有所糾劾，朝上夕下，輒加重譴；以故諸稅監益驕。」「當是時，帝所遣中官，無不播虐逞兇者。」（註六三）迨帝崩，始用遺詔罷之，而毒痛已遍天下矣。

自閹寺竊權，內外臣僚競掊克百姓，以厚賄與援，民咨胥怨，所在盜起。武宗世，安化王寘鐇反於寧夏，傳檄以誅劉瑾爲名，幸旋即平定。嗣寧王宸濠反於南昌，亦藉王守仁力，克討誅之。然明之國勢，已疲不復振，外夷迭侵邊塞，不能復制。北則瓦剌，會脫懽自宣宗世破韃靼而降其部屬，雄視漠北。英宗世，脫懽子也先東降兀良哈，西制哈密，遂大舉入寇，英宗北狩，非于謙之忠勤，明祚幾於不保。及也先爲所部戕殺，韃靼復熾。「天順間，有阿羅出者，率衆入河套居之，擄中國人爲鄉導，抄掠延綏無虛時，而邊事以棘。」成化中爲王越所破，「自是不復居河套，邊患稍弭，間盜邊，弗敢大入，亦數遣使朝貢，」然「迄成化末無寧歲」。孝宗世，韃靼之達延汗，盡平大漠南北，統一諸部，稱大元大可汗，（號小王子）分封諸子。（清初之內外蒙古諸部、多其苗裔、）其孫俺答，據陰山附近，尤稱強盛。嘉靖中，屢攻明北邊，西及青海，再圍京師。穆宗時，始受撫不爲寇，「西塞以寧；而東部土蠻猶數擁衆寇遼塞。」史稱自「正統後，邊備廢弛，聲靈不振，諸部長多以雄傑之姿，恃其暴強，迭出與中夏抗，邊境之禍，遂與明終始。」（註六四）觀王越之襲河套，時稱西北戰功第一，然紅鹽池之捷，禽斬僅二百五十，威寧海之捷，斬首亦僅四百三十有奇，明室兵威之不振，於茲可見矣。（註六五）西則畏兀兒土魯番諸族。景帝而後，更盛迭衰。憲宗世，哈密爲土魯番殘破，至世宗乃徙其部落於肅州近境，而棄其地於土魯番，有明西界，自是極於酒泉外之嘉峪關，漢武四郡，僅有其三，嘉峪以西，天方撒馬兒罕諸國，雖仍多入貢，然皆番商「貪中華互市者，據敕往來，費供億，殫府庫，以實谿壑」（註六六）者也。迤青海諸番，自正德以降，韃靼時入侵其地，「番不堪剽敓，私饋皮幣，曰手信，歲時加饋，曰添巴，或反爲嚮導，交通無忌，而中國市馬亦鮮至。」其熟番本頗柔服者，亦「褻通生番爲內地患。」蓋「自邊臣失防，北寇得越境闌入，與番族交通，西陲遂多事；然究其時之所患，終在寇而不在番」（註六七）云。南則平緬麓川蠻，自英宗世竊發，侵據孟養木邦緬甸諸地。王驥率衆往討，破之，師踰伊洛瓦底江（明史稱金沙江）西之孟養，至孟那，（今密芝那）諸部皆震讋。師還，驥立石江岸爲界，誓部酋曰：「石爛江枯，爾乃得渡。」然至憲宗世，孟養兵即犯約渡江。嘉靖中，孟養木邦諸酋擊破緬，分據其地。緬之遺族復興於南部，既復故地，又兼併鄰近諸部，大發兵破暹羅，遂崛強於西南。萬曆中，漸侵入雲南邊內諸土司。嗣爲暹羅所敗，勢頓衰。然近緬諸部，仍服屬之，終明世不能復，緬亦於天啓後絕貢賦。南洋羣島諸地，宣德後，朝貢多不至。及嘉靖以降，西力東漸，各島多被葡萄牙西班牙荷蘭諸國所併吞，吾華民驟見侵逼，勢日陵夷。然人民之前往開發謀生者，明史所載，如呂宋傳稱「閩人以其地近且饒富，商販多者至數萬人」之類，猶踵相接也。明史婆羅傳又稱「萬曆時，爲王者閩人也。」三佛齊傳則稱「萬曆五年，商人詣舊港者，見廣東大盜張璉列肆爲蕃舶長，漳泉人多附之，猶中國市舶官。」乃如美洛居國，因荷蘭（明史稱紅毛番）西班牙（明史稱佛郎機）「構兵，人不堪命，」亦由「華人游說兩國，令各罷兵。」（註六八）是我民之僑居南域者，猶時能嶄然露其頭角。然因無政府之保護，與國族爲之後盾，遂時受歐人之凌侮屠戮；而呂宋之禍尤慘。明史呂宋傳稱「佛郎機既奪其國，其王遣一酋來鎮，慮華人爲變，多逐之歸，留者悉被其侵辱；」嗣復一再驅逐。「然華商嗜利，趨死不顧，久之復成聚。」萬曆中之開鑛也，王時和、張嶷等至呂宋勘察，西人「謂天朝將襲取其國，諸流寓者爲內應，」計盡殲之，「先後死者二萬五千人」。明廷雖敕閩撫徐學聚「移檄呂宋，數以擅殺罪，竟不能討也。」東則倭寇。自足利氏臣明，倭人已斂迹不敢爲大患，然沿海稍稍侵盜，亦不能竟絕。嘉靖世，足利氏中衰，倭寇復出沒黃海東海間。明廷又因夏言言罷市舶，（明初設市舶司於寧波泉州廣州，寧波通日本、泉州廣州通琉球占城暹羅西洋諸國、）嚴通番之禁，海盜遂導倭入寇。時承平久，船敝伍虛，賊帆所指，無不殘破，分掠內地，縱橫往來，若入無人之境。嘉靖四十二年（一五六三），俞大猷戚繼光大破之於平海衛，患始寢息。然東南塗炭者，將二十年矣。（註六九）萬曆初，足利氏亡，倭國羣雄割據，豐臣秀吉起而定之。統一既成，猛將謀夫雄傑之士，桀驁巧狙喜爭好功之心猶未已也，則用兵朝鮮。自二十年（一五九二）五月出兵，至七月，朝鮮八道幾盡沒，旦暮且渡鴨綠江。明以朝鮮爲國藩屬，傾國與爭，初以宋應昌，繼以顧養謙、楊鎬等爲經略，史稱「前後七載，喪師數十萬，糜餉數百萬，迄無勝算。至秀吉死，（二十六年卒、一五九八，）兵禍始休，諸倭亦皆退守島巢。」(註七〇)朝鮮乃復國。是役也，明以宗主國盡字小之責，殫力七年，朝鮮已失土地，舉尺寸還之故主。倭既未能得志，且內外困敝，然秀吉承足利氏歷世臣明之後，竟欲滅明藩屬，復拒受明廷册封，(註七一)倭人之實行海外侵略，圖與上國抗衡，實肇端於是焉。東北則建夷。自正統初，撤退奴兒干都司同知官，退守遼東之鐵嶺衛，東北邊塞，遂盡於鐵嶺開原。而建州女眞諸部族，勢日張雄，明廷時與攻戰，亦互有勝負。(註七二)嘉隆之際，建州悍酋王杲，屢寇遼瀋，爲患滋甚。萬曆初，張居正柄政，名將李成梁任遼東軍事，攻杲斬之；嗣又平杲子阿台。史稱「成梁鎭遼二十二年，先後奏大捷者十，威振絕域，邊帥武功之盛，二百年來未有。」然成梁晚年，貴極而驕，部下健兒，「皆富貴擁專城，暮氣難振，又轉相掊克，士馬蕭耗。迨成梁去遼，十年之間，更易八帥，邊備益弛。」(註七三)杲外孫努爾哈赤(生嘉靖三十八年、一五五九，)適於是時崛起東陲，以次併建州及海西女眞諸部，復通好蒙古，恩結三衞，旁噬朝鮮及黑龍江上諸夷。萬曆四十四年(一六一六)，稱汗號於部內，建國號曰金(紀元天命)。越二年，起兵叛明，破撫順，陷清河。明遣楊鎬率師二十萬會朝鮮兵往討，明年，大敗於薩爾滸。努爾哈赤遂屠鐵嶺，陷開原，盡一女眞諸部，儼然與明爲敵國。加以三衞及蒙古，非受役屬，卽與聯合，明之邊氛，混成一片，更不能偸旦夕之安矣。(註七四)

官寺橫於內，建夷叛於外，而朋黨門戶之爭，亦烈於是時。明制，百僚布衣，皆得上書言事。臺諫之以言爲職者，據明史職官志所載，都察院有「左右都御史、副都御史、僉都御史，」及「十三道監察御史一百十人，」「都御史職專糾劾百司，爲天子耳目風紀之司；凡大臣姦邪小人搆黨者劾；凡百官猥茸貪冒者劾；遇朝覲考察，同吏部司賢否陟黜；大獄重囚會鞫于外朝，偕刑部大理讞平之。十三道監察御史主察糾內外百司之官邪，或露章面劾，或封章奏劾；凡政事得失，軍民利病，皆得直言無避；有大政，集闕廷預議。」又「吏戶禮兵刑工六科各都給事中一人，左右給事中各一人，給事中若干人，掌侍從規諫，補闕拾遺，稽察六部百司之事；凡制敕宣行，大事覆奏，小事署而頒之，有失，封還執奏；凡大事廷議，大臣廷推，大獄廷鞫，六掌科皆預。」其職既專，其權尤重。(明以左右都御史與六部尚書合稱七卿，明史特創七卿年表紀其除罷。)故主威雖震，士氣彌盛。然自中葉以降，建言者已漸以矯激相尙，意氣用事，其甚者多結壘求勝，任情恣橫。然淸心忌惡，秉正嫉邪者亦不尠。萬曆中，吏部郎無錫顧憲成削籍里居，偕同志高攀龍，錢一本等講學東林書院，「當是時，士大夫抱道忤時者，率退處林野，聞風響附，講習之餘，往往諷議朝政，裁量人物，朝士慕其風者，多遙相應和；由是東林名大著，而忌者亦多。」（註七五）既而淮撫李三才被言官劾論，憲成貽書廷臣葉向高，孫丕揚訟其賢，攻三才者大譁，羣指目憲成等爲東林黨。時帝在位久，怠於政事，章奏多不省，「朝事廢弛，大寮或空署，士大夫推擇遷轉之命，往往不下，上下乖隔甚，廷臣部黨勢漸成。」（註七六）「祭酒湯賓尹，諭德顧天埈，各收召朋徒，干預時政，謂之宣黨崑黨。」（註七七）言路又有齊楚浙三黨；「而賓尹輩陰爲之主，其黨趙興邦，張延登輩與相倡和，務以攻東林排異己爲事。」（註七八）「正類不勝忿激，交相攻訐。」於是「門戶紛然角立」矣。自萬曆末至天啓初，朝臣復有梃擊（萬曆四十三年，男子張差持梃入太子宮，跡似行刺，被執，問官定爲瘋癲，旋會鞫，則爲鄭貴妃宮監所主使。）紅丸（光宗有疾，輔臣方從哲進李可灼紅丸，帝再服而崩。）移宮（光宗既崩，寵姬李選侍挾皇長子（卽熹宗）踞乾淸宮，謀專權，楊漣左光斗等逼而遷之。）三案之爭，盈廷互訟。時以爭三案者爲東林黨，謂梃擊爲貴妃主謀，詆紅丸爲方從哲罪，不移宮爲李選侍罪。以三案爲不足爭者爲非東林黨，謂張差爲瘋癲，紅丸爲有效，移宮爲薄待先朝嬪御。萬曆季年，三黨勢盛，東林被斥一空。光宗之崩，「宮府危疑，人情危懼，賴給事中楊漣 御史左光斗，協心建議，排閹奴，扶冲主；宸極獲正，兩人力爲多。」（註七九）熹宗既立，葉向高復爲首輔，周嘉謨、趙南星先後爲吏部，大起用東林之在廢籍者，諸與東林忤者，廢黜殆盡。三案之爭，亦皆東林之議獲伸。無何，「魏閹（忠賢）用事，羣小附之；漣（時巳進左副都御史）益與南星、 斗（時亦左僉都御史）、魏大中（給事中）輩激揚諷議，務植善類，抑憸邪，「閹及其黨銜次骨。」（註八〇）諸東林黨既先後抗疏論魏閹不法，漣至劾列其二十四大罪，言「寸臠不足盡其辜」。魏閹則逮漣、光斗、大中等，同夕斃之獄中。向之三案被劾、京察（明制，京官六年一察，吏部王之）被謫者，亦咸欲倚閹以圖報復，如蛾赴火，如蟻集羶，甘爲虎狗兒孫而不辭。（註八一）魏廣微顧秉謙既黜縉紳便覽，以諸東林爲邪黨，附魏閹者爲正人，俾閹據是爲黜陟。秉謙嗣又修三朝要典，極意詆諸黨人惡，盡翻三案。於是諸縉紳以次斥逐，罷爲東林擯棄者，無不拔擢。魏閹益廣用羣小爲爪牙，「淫刑痡毒，快其惡正醜直之私，衣冠塡于狴犴，善類殞於刀鋸。」(註八二)史稱當魏閹「橫時，宵小希進干寵，皆陷善類以自媒，始所羅者，皆東林也，其後凡所欲去者，悉誣以東林而逐之；自(天啓)四年十月，迄熹宗崩(一六二四至一六二七)，斃詔獄者十餘人，下獄謫戍者數十人，削奪者三百餘人，他革職貶斥者，不可勝計。」(註八三)明代官官之毒焰，與衣冠之禍，蓋至魏閹而極矣！雖莊烈帝立，即正魏閹罪，旋毀要典，定逆案，凡附魏閹者，悉誅譴有差。(註八四)然渠憸雖除，而各立門戶互攻爭勝之習，仍牢不可破；是非蜂起，叫呶嚀沓，其禍不徒內中於朝廷，且外及於邊事。方楊鎬之喪師也，廷議以熊廷弼代爲經略；廷弼「有胆知兵」，在遼年餘，「所至招流移，繕守具，分置士馬，」「爲守禦計，令嚴法行，守備大固。」「時熹宗初立，朝端方多事，而封疆議起，」(註八五)諸言官交疏劾之，廷弼再疏抗辯，(註八六)且求罷。朝議允廷弼去，代以袁應泰。而瀋陽遼陽隨陷，應泰亦死，朝廷復思廷弼，諸前劾廷弼者貶謫有差，詔加廷弼兵部尙書，經略遼東；又擢王化貞巡撫廣寧。廷弼建三方布置策，(廣寧用馬步兵、天津登萊各置舟師、而山海關特設經略、節制三方、)(註八七)化貞厄之，廷弼意在愼重，化貞頗主乘機，戰守二意，經撫互各有主，勢成水火。中朝右化貞者，多詆廷弼，令化貞毋受廷弼節制，或言廷弼不宜駐關內。廷弼抗疏謂「臣以東西南北所欲殺之人，而適遘事機難處之會，諸臣能爲封疆容則容之，不能爲門戶容則去之，」(註八八)其言亦良痛矣！天啓二年(一六二二)，化貞果敗，廷弼護衆入關。廷議論二人罪未定，前之以劾廷弼貶降者，悉復原官。及二人並論死，廷弼以兼忤魏閹，先棄市，傳首九邊，而「化貞稽誅者且數年」，(崇禎五年始伏誅)王在晉、孫承宗繼任東事；承宗命袁崇煥城寧遠，外飭邊備，內撫軍民，寧遠遂爲關外重鎭。六年(一六二六)，努爾哈赤與兵圍寧遠，崇煥以西夷巨礮擊却之，努酋亦受創，不久卒。史稱自建夷「舉兵，所向無不摧破，諸將罔敢議戰守，議戰守自崇煥始。」然崇煥雖敍功，魏閹亦因崇煥功受上賞。皇太極之世，崇煥再捷錦州，寧遠戰守之功益著。而魏閹卒排去之；崇煥雖爲魏閹建生祠，終不爲所害也。洎魏閹伏誅，廷臣爭請召崇煥，莊烈帝因命崇煥督師薊遼。崇煥則曰：「以臣之力，制全遼有餘，調衆口不足，一出國門，便成萬里，忌能妒功，夫豈無人，卽不能以權力掣臣肘，亦能以意見亂臣謀。」建夷以崇煥之在錦寧也，崇禎二年（一六二九），自蒙古直薄京師，「崇煥千里赴救，自謂有功無罪。然都人驟遭兵，怨謗紛起，謂崇煥縱敵擁兵；朝士因前通和議，（皇太極初立、崇煥曾再遣使與往還）誣其引敵脅和，將爲城下之盟；」(註八九)建夷因縱反間；帝下崇煥詔獄。魏閹遺黨復誣毀之 崇煥遂磔死。邊事益無人矣。九年（一六三六）皇太極改國號曰清，（建元崇德）。自後一再出入塞垣，自河北直趨山東，遠者乃至海州。洪承疇率師援松山，亦爲皇太極所敗降。建夷至此，勢如日中天矣。

東禍之烈如是，而流賊之亂，復與之相表裏。流賊興自陝西，其近因爲水旱饑荒，爲政府暴斂，爲官吏貪黷，爲裁山陝驛站；其遠因則在神熹之世。神宗怠荒棄政，好貨畜財，充其意殆欲不理一事，不設一官，但取民之脂膏，積之內庫，礦稅四出，中涓羣小，侵漁百端；末年兵事愈急，益加賦重征，(註九〇)喪師蹙地，朝廷反因以爲利；綱紀廢壞，海內困敝，不問也。熹宗暱近閹人，濫賞淫刑，「元氣盡澌，國脈垂絕。」及莊烈繼統，陝西連歲大饑，陝北諸賊，因飢煽亂，一時並興。「是時秦地所徵，曰新餉，曰均輸，曰間架，其目日增，吏因緣爲姦，民大困。以給事劉懋議，裁驛站，山陝游民仰驛糈者，無所得食，俱從賊，賊轉盛。」時安塞賊高迎祥稱闖王，米脂賊李自成屬之，稱闖將，延安賊張獻忠，則據十八寨稱八大王，自餘名號繁多，「所在蜂起，或掠秦，或東入晉，屠陷城堡，旋滅旋熾。」初「賊渠率衆，無專主，遇官軍，人自爲鬭，勝則爭進，敗則竄山谷不相顧，或分或合，東西奔突。」(註九一)崇禎九年，迎祥伏誅，諸賊惟自成獻忠爲大，賊黨共推自成爲闖王，獻忠亦已別爲一軍。獻忠旣自秦寇晉豫，又由豫入楚蜀，轉掠江右，旋犯粵西。自成則自秦入豫，由蜀躪楚，轉寇關東，僭號襄鄧。其時中朝執政柄者，如周延儒、溫體仁、薛國觀等，或「庸懦無材略，」「務爲柔佞」，或「蔽賢植黨」，「日與善類爲仇」。(註九二)結閹遺黨，與諸假名東林者，尤時相水火。閫帥如楊鶴、陳奇瑜、熊文燦、丁啓睿等，皆「剿撫乖方」，「僨師玩寇」。(註九三)建夷復時時出入塞垣，與流賊遙若應和，明竭全力以防禦，猶苦不給。諸剿賊有功者，盧象昇則戰死賈莊，洪承疇則敗降松山。由是賊氛益張，而益不可制。觀左懋第十四年（一六四一）疏云：「臣自靜海抵臨清，見人民饑死者三，疫死者三，爲盜者四，米石銀二十四兩，人死取以食，」又言「臣自魚臺至南陽，流寇殺戮，村市爲墟，其他饑疫死者，屍積水涯，河爲不流，」（註九四）及他明史流賊傳所載諸慘象，歷代「盜賊之禍，未有若斯之酷者也！」（註九五）帝雖「憂勤惕勵，殫心治理，臨朝浩歎，慨然思得非常之材，」（註九六）前後任用閣臣，至五十人。又以「廷臣競門戶，兵敗餉絀，不能贊一策，乃復委寄內侍，曲兵監鎮，」（註九七）布列要地。而用非其人，益以僨事，卒至潰爛而莫可救。（註九八）十七年，獻忠西據兩川，自成復自陝而晉，略定三邊，東取居庸，長驅京邑，禁軍潰於城下，宦豎降於闕門；城既陷，帝自縊崩，時甲申三月十九日也。明史流賊傳綜論之曰：「莊烈之繼統也，臣寮之黨局已成，草野之物力已耗，國家之法令已壞，邊疆之搶攘已甚。莊烈雖銳意更始，治核名實，而人才之賢否，議論之是非，政事之得失，軍機之成敗，未能灼見於中，不搖於外也。且性多疑而任察，好剛而尙氣，任察則苛刻寡恩，尙氣則急遽失措。加以天災流行，饑饉洊臻，政繁賦重，外訌內叛。譬一人之身，元氣羸然，疽毒並發，厥症固已甚危，而醫則良否錯進，劑則寒熱互投，病入膏肓，而無可救，不亡何待哉。是故明之亡，亡於流賊，而其致亡之本，不在於流賊也。」

方流寇內逼，明廷議盡撤山海關外城戍，召寧遠總兵吳三桂統邊兵入援。比三桂至豐潤，聞京師陷，莊烈帝死，愛姬陳沅亦爲自成所掠，遽回軍遣使乞降於清，且請師。時皇太極已前卒，（崇禎十六年秋八月卒）九子福臨嗣（是爲清世祖），叔父多爾袞攝政，改元順治。（元年卽崇禎十七年）得三桂書，疾引軍入關，與三桂夾擊自成軍，大破之；自成還京西走，多爾袞遂入燕京。時明南都諸臣方擁立神宗孫福王由崧（明年、建元弘光、是爲弘光帝、）多爾袞則遣將分定畿輔及山東河南山西郡縣，福臨亦自遼至燕，卽帝位。既命將追擊自成，（明年、自成走死湖北通城、又明年、獻忠始被殺於四川、）弘光元年，（一六四五、順治二年、）復集各路兵南下。南都福王之立也，馬士英以翼戴功專政；「士英爲人，貪鄙無遠略。」（註九九）又引用魏閹遺黨阮大鋮，日事報復，至翻逆案，重頒三朝要典，追卹逆案諸臣，「置國恤於罔聞，逞私圖而得志，黃白充庭，青紫塞路。」（註一〇〇）「武臣亦各占分地，賦入不以上供，恣其所用，置封疆兵事一切不問，與廷臣互分黨援，干預朝政，排擠異己，奏牘紛如，紀綱盡裂。」（註一〇一）雖得一史可法，忠義奮發，開府揚州，提督諸鎮之師；而「權臣掣肘於內，悍將跋扈於外，兵頓餉竭，疆圉日蹙。」（註一〇二）四月，清兵陷揚州，可法死之。五月，清兵渡江，陷南京，追執弘光帝於蕪湖（尋殂），欲遂戡定南士，所至屠殺立威。於是明宗室故臣，紛自樹立。魯王以海稱監國於紹興，唐王聿鍵卽帝位於福州（明年、改元隆武、是爲隆武帝、）益王由本起兵於江西。及隆武敗亡，（隆武元年（順治三年、一六四六、）八月、帝被執、不食死、時益王在福州、亦被執見殺、）桂王由榔復卽帝位於肇慶（明年、改元永曆、（順治四年、一六四七）、是爲永曆帝、）而江南州縣，起兵自保，及聚衆城守者，贛州則楊廷麟、萬元吉、郭維經，嘉定則黃淳耀、侯峒曾，江陰則閻應元、陳明遇，松江則沈猶龍，績溪則金聲，吳江則吳易，宜興則盧象觀，太湖則葛麟，崇明則荊本徹，崑山則朱集璜、王佐才，嘉興則徐石麟，或通表隆武，受其封拜，或近隸魯監國，受其節制；雖皆不久敗滅，然致命遂志，義聲震天地矣！（註一〇三）永曆帝支柱西南，何騰蛟、瞿式耜等「崎嶇危難之中，介然以艱貞自守。」（註一〇四）其間因得流寇餘黨及降將金（聲桓）李（成棟）等之反正，聲勢盛時，奄有雲貴兩廣湘贛四川七省。然帝「仁慈有餘，英斷不足。」（註一〇五）朝臣復各樹黨相攻，吳楚分立，朝端水火，帝雖「令盟於太廟，然黨益固不能解。」（註一〇六）及清兵分途進犯，騰蛟式耜先後死，諸省以次淪亡。十三年，（順治十六年、一六五九、）帝走緬甸，託絕域爲禁錮。越二年，緬人卒執以獻清，（明年、爲吳三桂所弒、）明祚滅矣。而隆武遺臣鄭成功，自隆武覆亡，卽據金門廈門兩島謀興復，嗣受帝封爲延平王。三年，（一六四九、順治六年、）魯監國臣張煌言以舟山不守，亦奉監國往依之。帝入緬之歲，成功偕煌言北征，直抵江寧。及敗還，復退據臺灣，任賢修政，招民墾荒，遺老來歸，汙萊日闢，清廷至令福建沿海居民遷徙界內，（時以距海三十里爲界、）禁漁舟商船出海，絕閩臺交通之路以困之。及帝殂，成功亦卒。（魯王亦薨於臺灣、煌言則後二年被執不屈死、）而成功子經、孫克揆、奉永曆年號 ，猶二十有二年。至克塽降清（永曆三十七年、清康熙二十二年、一六八三、）明之正朔始絕；（註一〇七）上距洪武 元，已三百十六歲矣。

明史儒林傳序稱「太祖起布衣，定天下，當干戈搶攘之時，所至徵召耆儒，講論道德，修明治術，興起教化，煥乎成一代之宏規；嗣世承平，文教特盛，大臣以文學登用者，林立朝右。」然明儒經學，實不逮宋人遠甚。自元人以宋儒經注試士，學者已鮮習注疏。至明永樂十二年，敕翰林學士胡廣等修五經大全及四書大全，逾年成書，頒行天下，（註一〇八）二百餘年，以此取士，有明一代士大夫學問根柢，其在於斯。而其書皆就先儒成編，雜爲抄錄，由漢至宋之經術，於是盡變。明人之經學，較之元人，亦遂不及，蓋元人猶株守宋人之說，明人則備抄襲元人之說，卽宋注亦鮮研究。「至專門經訓授受源流，則二百七十餘年，未聞以此名家者。」（註一〇九）誠每況而益下矣。惟洪武中劉三吾等奉敕修書傳會選六卷，顧炎武嘗稱其「有功後學」，「宋元以來諸儒之規模猶在。」（註一一〇）而梅鷟（正德舉人）之尚書考異五卷，辨古文之僞，多中肯綮；陳第以時名將，（出戚繼光麾下）著毛詩古音考，立本證旁證之法，鉤稽參驗，本末秩然；皆開清代考證學派之先河。且清初諸大經師，多爲明季遺老，積水堅冰，其來有漸。是亦不得謂明無人也。

宋史有儒林道學二傳，明史雖僅有儒林而無道學，而列名儒林者，多衍伊雒之緒言，探性命之奧旨，實皆以道學或理學著稱。黃宗羲著明儒學案六十二卷，分立十七學案，就學者派別言，明儒似遜宋儒；（宋元學案共有學案八十七、及荆公新學、蘇氏蜀學等、）然明儒實有其獨特之貢獻，且有爲宋儒所不及者。明初儒者，以方孝孺、（生元至正十七年、卒 文四年、一三五七至一四〇二、）曹端、（生洪武九年、卒宣德九年、一三七六至一四三四、）吳與弼、（號康齋）（生洪武二四年、卒成化五年、一三九一至一四六九、）薛瑄（號敬軒）（生洪武二二年、卒天順八年、一三八九至一四六四、）等爲最。梨洲於康齋立崇仁學案，曰：「一稟宋人成說」。於敬軒立河東學案，曰「恪守宋人矩矱」。於方曹等則彙立爲諸儒學案，曰「宋人規範猶在。」（註一一二）蓋「皆朱子門人之支流餘裔，師承有自，篤踐履，謹繩墨，守儒先之正傳，無敢改錯」（註一一三）者也。然自新會陳獻章（生宣德三年、卒弘治十三年、一四二八至一五〇〇。）受業於康齋，別開白沙學派。康齋門婁諒，諒傳王守仁，（生成化八年、卒嘉靖七年、一四七二至一五二八、）則開姚江學派。皆與朱子不同，於是學術始分。宗獻章者，曰江門之學，孤行獨詣，其傳不遠。惟增城湛若水（生成化二年、卒嘉靖三九年、一四六六至一五六〇、）從之受學，別爲甘泉學派。宗守仁者，則曰姚江學、陽明學、或王學，傳者極廣。以明儒學案考之，有浙中王門（徐愛、錢德洪、王畿等、）江右王門（鄒守益、聶豹、羅洪先等、）南中王門（黃省曾、朱得之等、）楚中王門（蔣信、冀元亨、）北方王門（張後覺、孟秋等、）粵閩王門（薛侃、周坦、）之分。其別出者，又有止修（李材、鄒守益弟子、）泰州（王艮、王襞、王棟等、）諸派。最後之東林（具前）蕺山，（劉宗周）亦皆出於王學，而求濟其末流之弊者。故明儒之學，一姚江之學而已。（註一一四）

明儒之大異於宋儒者。宋儒立言垂教，多務闡明大義，不專提倡數字以爲講學宗旨也。明儒自白沙姚江，自開門戶，則一家有一家之宗旨，各標數字以爲的，如白沙之學，以靜爲主，其教學者，但令端坐澄心，於靜中養出端倪，陽明以致良知及知行合一爲宗，甘泉則以隨處體驗天理爲宗。王門後學及其別派，於致良知之功，若緒山（錢德洪）主於事物上實心磨練，龍谿（王畿）主見成良知，不假工夫修整，東廓（鄒守益）以獨知爲良知，主戒懼慎獨，雙江（聶豹）主歸寂以通感，執體以應用，念庵（羅洪先）主主靜無欲，特拈收攝保聚四字，心齋（王艮）標不學不慮，特主自然與學樂等，既多不同。而見羅（李材）又自出手眼，諄諄以止修兩字，壓倒良知。餘若高景逸（攀龍）之主靜坐，劉念臺（宗周）之主慎獨，皆紛然如禪宗之傳授衣鉢，標舉宗風者然。亦梨洲所謂「有明理學，前代之所不及，牛毛繭絲，無不辨晰，眞能發先儒之所未發」（註一一五）者也。然陽明良知之學，本自困心衡慮勘心忍性中得來，高明蹈絕之見，皆可徵諸身與庶民。陽明又病世以知識爲知，則輕浮而不實，故必以力行爲工夫，因倡知行合一之教，勸人即知即行，使知不但徒騰口說無益，及冥心妙悟而不驗之實事亦無益，尤吾國從古以來聖哲眞傳，亦當時科舉中人口孔孟而心跖蹻之對證良藥。史稱「守仁始以直節著；

比任疆事，提弱卒，從諸書生，掃積年逋寇，平定孽藩，終明之世，文臣用兵制勝，未有如守仁者；當危疑之際，神明愈定，智慮無遺。」（註一一六）以一身兼立德言功業，實爲周孔以後所僅見。歿後紹述師說者徧中國，皆盛言良知，而鮮及知行合一。言良知者，亦惟江右爲得其傳。自餘門徒之廣，首推泰州與龍谿。「泰州之學，一傳而爲顏山農（均），再傳而爲羅近溪（汝芳）、趙大洲（貞吉）。龍谿之學，一傳而爲何心隱（本名梁汝元），再傳而爲李卓吾（贄）、陶石簣（望齡）。」（註一一七）末流衍蔓，大抵憑虛見而忽躬行，以揣摩爲妙悟，縱恣爲自然，浮誕不逞，不僅非名教之所能羈絡，且多越繩墨以自放，浸爲小人之無忌憚。王世貞謂「今之學者，偶有所窺，則欲盡廢先儒之說而出其上，不學，則借一貫之言以文其陋，無行，則逃之性命之鄉以使人不可詰，」（註一一八）其流弊亦云至矣！自顧憲成（生嘉靖二九年、卒萬曆四〇年、一五五〇至一六一二、）講學東林，嘗言「官輦轂，念頭不在君父上，官封疆，念頭不在百姓上，至於水間林下，三三兩兩，相與講求性命，切磨德義，念頭不在世道上，卽有他美，君子不齒也。」（註一一九）於當時政治，旣力持淸議，而於王學末流之樂趨便易冒認自然者，抨擊尤不遺餘力。及劉宗周（生萬曆六年、卒弘光元年、一五七八至一六四五、）講學山陰，獨標愼獨宗旨，亦頗有自王反朱之傾向。明淸之際諸大儒，若亭林船山等，皆排斥姚江，若放淫辭。故至淸初而王學復衰焉。

明儒與書院講學之風，亦有可言者。「宋元之間，書院最盛，至明而寖衰。蓋國學網羅人才，士之散處書院者，皆聚之於兩雍，雖有書院，其風不盛。及國學之制漸墮，科舉之弊孔熾，士大夫復倡講學之法，而書院又因之以興。」（註一二〇）陽明所在講學，據錢德洪王文成年譜所載，在龍場則構龍岡書院，在貴陽則主貴陽書院，在贛則修濂溪書院，在越則闢稽山書院，及巡撫兩廣，又有敷文書院，蓋「隨處經營，隱然以復古學校爲己任」矣。時湛若水與陽明平分講席，「生平所至，必建書院以祀（其師陳）獻章。」而陽明弟子鄒守益，「謫廣德州判官，亦建復初書院，與學者講授其間。」（註一二一）比陽明歿，而四方建書院以祀之者尤夥。嘉靖十六七年，世宗嘗因游居敬、許讚等言，詔毀書院，然毀者自毀，建者自建。萬曆初，張居正當國，痛恨講學，立意甄抑，欲遍撤天下書院，然亦不能盡毀。及居正敗，書院之風復起，顧憲成、高攀龍等講學之無錫東林書院，鄒元標、馮從吾等在京師所建之首善書院，其最著者。萬曆三十二年（一六〇四），東林書院之成也，憲成「大會四方之士，一依白鹿洞規，其他聞風而起者，毗陵有經正堂，金沙有志矩堂，荊溪有明道書院，虞山有文學書院，」（註一二二）一時之盛，概可想見。至魏閹竊政，以講學者忤閹，遂矯旨盡毀天下書院。魏閹敗，儒者雖仍立書院，浙東如劉宗周之證人，沈國模之姚江。沿及清初，講學不絕，東林顧高子弟顧培高世泰等，亦衍東林之遺緒，然其風已日趨衰熄矣。書院之外，明儒講學之所，又有寺觀祠宇之集會。嘉靖初，陽明歸姚江，嘗定會於龍泉寺之中天閣，每月以朔望初八二十三爲期。其後陽明門人方獻夫、歐陽德等，每集會同志於京師南畿。徐階京師靈濟宮之會，「集四方名士，與論良知之學，赴者至五千人。」（註一二三）諸王門高弟以講學名者，如錢德洪、王畿等，所至立講舍開講，垂老不衰。而樵夫陶匠農工商賈，亦皆可聽講講學，（註一二四）斯實前世之所未有也。

自漢書以降，歷代正史所志藝文經籍，大抵兼舉前代及當時所有之書籍，惟明史不志前代之書，第述有明一代之著作。四部著錄者，總計四千六百三十三部，十萬零五千九百七十四卷，（經部九四九部、八七四六卷、史部一三一六部、二八〇五一卷、子部九七〇部、三九二一一卷、集部一三九八部、二九九六六卷、）卷帙之富，爲唐宋所不及。雖明人經子著作，多鈔襲前人成編，故昔人有「得明人書百卷，不若得宋人書一卷」之言。（註一二五）史部之纂述前代事者，自宋濂、王褘等纂修之元史（二一〇卷）外，以改編宋史之著作爲較可稱道；最著者三家，曰王洙宋史質（一〇〇卷），曰柯維騏宋史新編（二〇〇卷），曰王惟儉宋史記（二五〇卷）；大抵皆尊宋統，抑遼金，以元人宋遼金三史並列爲非。而柯著會三史爲一，以宋爲正，遼金列於外國，與西夏同，又敍宋亡訖於祥興，而爲衛益二王作本紀，褒貶去取，義例謹嚴，閱二十年而始成，功力尤勝諸書。他如馮琦原編、陳邦瞻纂補之宋史紀事本末，凡立一百九目，兼詳遼金，亦條分縷晰，眉目井然。然要皆「見聞未廣，有史才而無史學。」（註一二六）惟明人喜談本朝掌故，私家作史之風頗盛；傳世者如陳建之皇明通紀，（二一七卷、又續紀十卷、）鄧元錫之明書，（四五卷）何喬遠之名山藏，（三七卷）朱國禎之史概，（一二〇卷）陳仁錫之皇明世法錄，（九二卷）王世貞之弇州史料，（一〇〇卷）及徐學聚之國朝典彙（二〇〇卷）等，（註一二七）皆撰於明亡之前，爲今徵明事者所寶愛。而自太祖以下之累朝官修實錄，存者幾三千卷，（註一二八）諸淸修明史所不詳者，多可於實錄考得其始末，尤研明史者之無盡寶藏。其餘儒臣奉敕編輯之書，卷册最富者，無過於千部類書類之永樂大典；自永樂元年七月修撰，至五年十一月告成，與其事者，初僅一百餘人，後增至二千餘人，共二萬二千九百三十七卷。（註一二九）其書以洪武正韻爲綱，排列古書字句於下，而體例不一，或以一字一句分韻，或析取一篇，以篇名分韻，亦有舉全部大書悉納於一韻之一字中者。雖「割裂龐雜，漫無條理，然元以前佚文祕典，世所不傳者，轉賴其全部全篇收入，得以排纂校訂，復見於世。」淸世修四庫書，「裒輯成編者，凡建部六十六種，史部四十一種，子部一百三種，集部一百七十五種，共四千九百二十六卷，」（註一三〇）明人保有古籍之功，亦云偉矣。

明代文學著作，亦名家輩出。明史文苑傳序稱「明初文學之士，承元季虞（集）柳（貫）黃（溍）吳（萊）之後，師友講貫，學有本原，宋濂、王禕、方孝孺以文雄，高（啓）楊（基）張（羽）徐（賁）劉基、袁凱以詩著，其他勝代遺逸，風流標映，不可指數，蓋蔚然稱盛矣。永宣以還，作者遞興，皆沖融演迤，不事鉤棘，而氣體漸弱。弘正之間，李東陽（生正統十二年、卒正德十一年、一四四七至一五一六、）出入宋元，溯流唐代，擅聲館閣；而李夢陽（生成化八年、卒嘉靖八年、一四七二至一五二九、）何景明（生成化十九年、卒正德十六年、一四八三至一五二一、）倡言復古，文自西京，詩自中唐而下，一切吐棄，操觚談藝之士，翕然宗之；明之詩文，於斯一變。迨嘉靖時，王愼中（生正德四年、卒嘉靖三八年、一五〇九至一五五九、）唐順之（生正德二年、卒嘉靖三九年、一五〇七至一五六〇、）輩，文宗歐曾，詩倣初唐；李攀龍（生正德九年、卒隆慶四年、一五一四至一五七〇、）王世貞（生嘉靖五年、卒萬曆一八年、一五二六至一五九〇、）輩，文主秦漢，詩規盛唐；王李之持論，大率與夢陽景明相倡和也。歸有光（生正德元年、卒隆慶五年、一五〇六至一五

七一、）頗後出，以司馬歐陽自命，力排李何王李；而徐渭、湯顯祖、袁宏道、鍾惺之屬，亦各爭鳴一時；於是宗李何王李者稍衰。至啓禎時，錢謙益、艾南英，準北宋之矩矱；張溥、陳子龍，擷東漢之芳華；又一變矣。有明一代文士，卓卓表見者，其源流大抵如此。」明代文學，一開一闔，一詭一正，儼有縱橫馳騁之觀，而要其歸，則專於沿襲，無特創之可稱。「其特創者，惟八股文，最擅名者，前則王鏊、唐順之，後則歸有光、胡友信；順之有光皆能爲古文，然其古文亦有八股文氣息，八股文旣盛行，於是有彙選評點之本。而學者治古書，往往亦用此法，故明代批評經史子集之書最多，是亦一時之風氣也。時文之外，小說戲曲，亦頗有創製。今世所傳三國演義（羅貫中作）水滸傳（傳羅貫中作）西遊記（吳承恩作）及金瓶梅（傳王世貞作）號稱小說界四大奇書者，皆明人所著。明代小說之盛，當軼於古文之價值矣。元代戲曲多以質樸勝，至明之湯顯祖、阮大鋮等所編傳奇，（湯有玉茗堂四夢、阮有春燈謎、燕子箋等、）則綜各種文體，皆入於詞曲中。」又崑山魏良輔造曲律，以歌里人梁辰魚之詞曲，後世目爲崑腔，則又因傳奇之盛興，而自製新調。是皆明世文藝之可稱者也。（註一三一）

明代文士兼擅書畫者甚多，而東南尤盛。若長洲之沈周，（號石田、生宣德二年、卒正德四年、一四二七至一五〇九、）及徐（禎卿）祝（允明）唐（寅）文（徵明）等吳中四才子，皆能詩善文，兼長書畫。周書尤工，「評者謂爲明世第一」。（註一三二）而「徵明（生成化六年、卒嘉靖三八年、一四七〇至一五五九、）主風雅數十年，與之遊者，王寵、陸師道、陳道復、王穀祥、彭年、周天球、錢穀之屬，皆表表吳中。徵明長子彭、次子嘉，復並能詩，工書畫篆刻，世其家。」（註一三三）「華亭自沈度、沈粲以後，張弼、陸深、莫如忠、及子是龍，皆以善書稱。董其昌（生嘉靖三四年、卒崇禎九年、一五五五至一六三六、）後出，超越諸家，始以宋米芾爲宗，後自成一家，其畫集宋元諸家之長，行以己意，瀟灑生動，非人力所及。」（註一三四）同時陳繼儒（亦華亭人、生嘉靖三七年、卒崇禎一二年、一五五八至一六三九、）亦「與其昌齊名」，「工詩善文，兼能繪事。」（註一三五）然概未能度越唐宋名家也。惟明世工藝美術，有軼於前代者數事。一曰瓷陶器。江西景德鎮之瓷器，莫盛於明，以諸帝之年號名其窰，而一朝有一朝之特色，(如永樂尚厚、成化尚薄、宣德青尚淡、嘉靖青尚濃、宣德祭紅、則以西紅寶石末入泑、凸起瑩厚如堆脂、)宣德窰選料畫料，製器題款，無一不精，尤為明窰極盛時代。宜興陶器，至萬曆世亦著稱於世，雅淡質素，又與景德瓷以濃彩勝者不同焉。二曰漆器。以永樂果園廠製最精，有剔紅填漆戧金倭漆螺鈿諸種。明季徽州吳氏漆絹胎鹿角灰磨者，螺鈿用金銀粒雜蚌片成花者，皆絕，古未有此也。三曰銅器。宣德中，以銅鑄鼎彝爐鬲等，是為宣德爐；其材料多選各國各地絕精之物為之，(如暹羅國風磨銅、天方國碙砂、三佛齊國紫石、渤泥國臙脂石、琉球國安瀾砂、及辰州硃砂、雲南棋子等、)每銅一斤，煉十二次，僅存銅精四兩，光色煥發，又以赤金水銀等物塗而熏之，故與尋常銅器迥異，是皆明代工藝美術之特色也。至若南京報恩寺塔，自永樂十年至宣德六年(一四一二至一四三一)，建築經二十九年始成，九級八面，咸甃以五色琉璃丸。塔上下金剛佛像，千百億金身，一金身琉璃磚十數塊湊成之，其衣摺面目鬚眉，不爽分毫。時海外夷蠻重譯至者百有餘國，見是塔，必頂禮讚嘆，謂為四大部州所無；蓋與永宣國勢相應和矣。而北京宮殿，如天安門太和殿等，與昌平明陵，曲阜孔顏諸廟，雕刻石柱，咸精深華美，至今猶存。皆可以想見明之注意工藝美術焉。(註一三六)

世譏明人之學多空疏，然當時縉紳儒流，以藏書著稱者甚夥，官私刻書，其風極盛，諸研性理詩文者，亦多博洽之士。(註一三七)至以實學顯者，首推李時珍(萬曆中卒)之本草綱目。明史本傳稱「醫家本草，自神農所傳，止三百六十五種，梁陶弘景所增亦如之，唐蘇恭增一百一十四種，宋劉翰又增一百二十種，至掌禹錫唐慎微輩，先後增補，合一千五百五十八種，時稱大備。然品類既繁，名稱多雜，或一物而析為二三，或二物而混為一品，時珍病之。乃窮搜博採，芟煩補闕，歷三十年，閱書八百餘家，稿三易而成書，曰本草綱目，增藥三百七十四種，釐為一十六部，合成五十二卷。首標正名為綱，餘各附釋為目，次以集解詳其出產形色，又次以氣味主治附方。」至今醫家奉為典型。他如徐宏祖(生萬歷十四年、卒崇禎十三年、一五八六至一六四〇)之霞客遊記二十卷(丁文江編輯本)，潘耒序稱其「閩粵楚蜀滇黔，百蠻荒徼之區，皆往返再四，先審視山脈如何去來，水脈如何分合，既得大勢後，一丘一壑支搜節討。沿溯瀾滄金沙，窮南北盤江之源，實中土人創闢之事，山川條理，臚列目前，土俗人情，關梁阨塞，時時著見。向來山經地志之誤，釐正無遺，然未嘗有抵迂侈大之語，欺人以所不知。」為我國以科學精神攬勝探險研治地理惟一之專籍。宋應星之天工開物十八卷，（崇禎十年（一六三七）刊行）凡食物被服用器以及冶金製器丹青珠玉之原料工作，無不具備，說明之外，各附以圖；三百年前言工業天產之書，如此其詳且明者，世界之中，無與倫比。方以智之物理小識六卷，（崇禎十六年（一六四三）刊行）大別為天曆風雷雨暘地占候人身醫藥飲食衣服金石器用草木鳥獸鬼神方術異事等十五類，搜羅甚廣，時有精義；今之講物理者，猶盛稱其書。正不得以空疏二字概明之學者也。抑明之儒者，多究心於武事。若陽明之凡兵家祕書，莫不精究，固已。明史稱「唐順之於學，無所不窺，自天文樂律、地理兵法、弧矢勾股、壬奇禽乙，莫不究極[illegible]委。」「羅洪先躍馬挽強，考圖觀史，自天文地志、禮樂典章、河渠邊塞、戰陣攻守，下逮陰陽算數，靡不精究。」（註一三八）順之為龍谿弟子，洪先則江右王門巨擘，皆貫兼文武如此，是又與宋儒之重文輕武者異矣。

明世文化上尚有一盛事，堪與李唐媲美者，則華化之廣播各地是也。明史土司傳稱「西南諸蠻，自巴夔以東及湖湘嶺嶠，盤踞數千里，種[illegible]殊別，歷代以來，自相君長。迨有明踵元故事，大為恢拓，分別司郡州縣，額以賦役，而法始備。考洪武初西南夷來歸者，即用原官授之，其土官銜號，曰宣慰司，曰宣撫司，曰招討司，曰安撫司，曰[illegible]官司，以勞績之多寡，分尊卑之等級；而府州縣之名，亦往往有之。襲替必奉朝命，雖在萬里外，皆赴闕受職，文武相維，比於中土。」（註一三九）吾國散居西南川滇黔桂及湖廣諸省之苗蠻，至明始遍置郡縣土司。雖其間叛服不常，誅賞互見，然中夏文物之漸次滲入諸族，與諸族之漸沐華化，實以明代為一大關鍵。洪武中國子監之建也，史稱「直省諸士子雲集輦下，雲南四川，皆有土官生，日本琉球暹羅諸國，亦皆有官生入監讀書，輒加厚賜，幷給其從人，永宣間先後絡繹，至成化正德時，琉球生猶有至者，」（註一四〇）而高麗及交趾，亦先後遣生徒入學。當時因各國及土官生入監者眾，至於監前別造房百間居之，名曰「王子書房」，（註一四一）其規制逾於唐之國學矣。明史又稱「自成祖遣使四出招徠，北窮沙漠，南極溟海，東西抵日出沒之處，凡舟車可至者，無所不屆，自是殊方異域鳥言侏𠌯之使，輻輳闕廷，歲時頒賜，庫藏爲虛。」（註一四二）其時錫賚賂遺，萬里相望，百工所作，無一不具。重以商旅往來，懋遷有無，吾國文物之廣播亞洲海陸，概可想見。觀永寧寺碑屹立黑龍江北，封山貞珉，遠屆日本、浡泥、滿剌加、柯枝諸國。（註一四三）而部儓如瓦剌，酋也先自立爲「大元田盛（猶言天聖）大可汗，」亦仿吾華建立年號，上書末署「添元元年」。（註一四四）則明世文物之傳播，固不僅冠服幣帛而已。學士文人名播戎夷者，明史所載，如宋濂傳稱「外國貢使亦知其名，數問宋先生起居無恙否；高麗安南日本至出兼金購文集；」馬理傳稱「名震都下，高麗使者慕之，錄其文以去，安南使者至，問馬先生安在，」張弼傳稱「善詩文，工艸書，自號東海，張東海之名，流播外裔，」文徵明傳稱「外國使者道吳門，望里肅拜，以不獲見爲恨，」董其昌傳稱「名聞外國」之類，與唐賢亦不相上下。（註一四五）至各國受華化影響最深者，則爲安南琉球朝鮮及日本。明太祖嘗頒科舉詔於安南。張輔之平交阯也，成祖「詔訪求山林隱逸、明經博學、賢良方正、孝弟力田、聰明正直、廉能幹濟、練達吏事、精通書算、明習兵法、及容貌魁岸便利、膂力勇敢、陰陽術數、醫藥方脈諸人，悉以禮敦致，送京錄用，於是輔等先後奏舉九千餘人。」及黎利復國，復「建東西二都，分十三道，各設承政司、憲察司、總兵使司，擬中國三司，置百官，設學校，以經義詩賦二科取士，彬彬有華風焉。」（註一四六）明史琉球傳記琉球遣官生入監讀書最詳，迄萬曆世猶不絕。雖國小政簡，然如法司、察度、及大夫、長史等官，並仿中華，「無曆官，亦諳漢字而知正朔。」至「陪臣子弟與凡民之俊秀，皆令習讀中國書。」「可謂守王章重文教者矣」。（註一四七）朝鮮自李成桂得國，子孫承業，勵精文治，獎崇學術，科舉考試學校書院之制，皆同中國，挾册讀書者，四方競起，博古通經文學優贍之士，先後輩出。天順成化中，王瑈及曉命諸臣纂修經國大典，嗣王娎復命諸學士編纂東國輿地勝覽及東國通鑑等書，於是政制職方及編年史册，粲然明備；蓋「外國之有文獻者，以朝鮮爲稱首。」（註一四八）觀明初會典載成桂宗系不覈，朝鮮累遣使奏請更正，不果，至萬曆中，明廷諭將重修會典已改正朝鮮之條，頒賜朝鮮，王晗親告宗廟社稷及文廟，又下令謂變禽獸之域，爲禮義之邦，是東方再造箕疇復敍之日，亦可見其華化之程度矣。日本自足利氏臣明，明廷頒賜銅錢書物，累代不絕。而賈舶往返，典籍名畫織物及什器等，輸去亦多。由是「直接間接促進日本學問美術工藝之發達，使貴族社會文化生活之內容，益行豐富；東山時代（足利義滿於東山造銀閣，自號東山殿故名。）之特異文化，卽對於此等輸入品加以精細之研究而能正當理解之之效果也。」時禪僧入明求法請益者，後先相望，多好究儒學，苦心學習中國詩文，今倭入猶自詡其時僧徒文學，與中古及德川時代不同，「完全脫去倭臭，爲純粹之中國文學」焉。（註一四九）明代華化之漸被各國若是。至由各國輸入者，悉屬貿易商品及貢獻方物。雖多奇珍異寶，名禽殊獸，而影響於中國文化者至尠，其影響較深關係較鉅者，首推明季自歐西傳入之耶教及學術。

明世佛道諸教，傳佈頗廣。京師置「僧錄司、道錄司，掌天下僧道，在外府州縣有僧綱、道紀等司，分掌其事。僧凡三等，曰禪，曰講，曰教。道凡二等，曰全眞，曰正一。」（註一五〇）明諸帝多奉道教，世宗尤躬親齋醮，不理朝政，信道士邵元節、張彥頨、陶仲文等，封祀無虛日，旣上皇考皇妣道號，（皇考爲大帝、皇妣爲元君、）復自號爲「眞君」「帝君」。然時道士除煉丹服食外，他所稱靈異，皆少翁帛書飯牛類也。惟萬曆世，北平全眞白雲觀重編道藏，都五千四百八十五卷，刊行宏布；今日傳世之道藏，以是編爲最古最備焉。「太祖以僧爲帝，故立國極重釋教。明儒講心學者，尤多出入於釋氏。然禪門如溈仰、雲門、法眼三宗，俱已失傳，存者惟臨濟、曹洞，而隋唐諸宗更無論矣。明僧之著者，僅萬曆間紫柏（眞可）雪浪（洪恩）蓮池（袾宏）憨山（德淸）諸師，大抵以禪門參淨土，未能特創一宗也。」惟佛藏自北宋以來，雖有官私諸刻本，而明代所刻最多。官刻者，旣有南北兩藏及石藏，私刻者，又有武林徑山二本。且後者皆改梵夾爲方册，以普及流通爲的，定價發售，無論僧俗，皆可按價購買，與宋元刻藏之以藏諸名山大刹爲鵠者迥異。明世釋典之宏布，蓋軼於前世矣。（註一五一）佛道而外，以耶教爲最可稱尙。自元之亡，耶教已絕跡於中夏。及十六世紀初葉，北歐新教革命運動起，南歐西歐之舊教徒，亦組織耶穌會，自教會內部改良舊教。除在歐陸奮鬬外，復積極努力於海外之傳教事業，値歐亞交通，明代大啓，其徒遂涉海東來中土。嘉靖三十一年，（一五五二）羅馬教士方濟各(Francis Xavier)首抵中國，不幸死於廣東之三灶島。（在澳門西南三十里）及萬曆九年，（一五八一）意大利亞教士利瑪竇(Matteo Ricci)汎海九萬里，時越三載，抵廣州之香山澳，矢志學習中華言文，宣傳教義，二十九年，（一六〇一）偕件入京，設立會堂，遂樹耶教不拔之基；利氏亦「爲我中國首開天主教之元勳。」(註一五二)時則耶穌會士絡繹來華。明史稱「自瑪竇入中國後，其徒來益衆。……其國人東來者，大都聰明特達之士，專意行教，不求祿利，其所著書，多華人所未道，故一時好異者咸尙之。而士大夫如徐光啓、李之藻輩，首好其說，且爲潤色其文詞。故其教驟興。時著聲中土者，更有龍華民(Nicolons Longobardi)畢方濟(Franciscus Sambaiaso)艾儒略(Julius Aleni)鄧玉函(Joannes Terrens)諸人。華民、方濟、儒略、及熊三拔(Sabbathinus, de Unsis)，皆意大利亞國人；玉函、熱而瑪尼國（今譯日耳曼）人；龐迪我(Didacus de Pantoja)，依西把尼亞國（今譯西班牙）人；陽瑪諾(Emmanuel Dias)，波而都瓦爾國（今譯葡萄牙、明史又稱爲佛郎機及蒲都麗家、）人；皆歐羅巴州之國也。」(註一五三)及明之季年，奉教者達數千人，永曆僑寓嶺表，其太妃及皇太子等，亦皆領洗，耶教之勢力可覩矣。(註一五四)

利瑪竇之東來也，原以傳教爲職志，然同時亦挾有超越中土之科學技藝。吾國學人於彼教本格不相入，徒以感科學技藝之不如，遂從而受業，重其學，重其藝，非重其教也。利子在端州時，嘗畫坤輿圖（世界全圖），製地圖渾儀天地球考時晷報時具，以贈於當道，人多奇而喜之，從學天學曆數。及利子入京，首貢萬國圖誌時鐘，兼自述製器觀象之能，其與名公論學，尤時旁及度數，其實心實行實學，既爲士大夫所欽服，以是因緣，徐光啓李之藻等名士，卒信教受洗。(註一五五)萬曆三十八年，（一六一〇）利子歿，南都旋起激烈之反對。神宗納禮部郎中徐如珂等奏，令禁耶教，耶穌會士悉放逐澳門，聖堂邸第，悉被封禁；是爲耶教入中國後之一厄。然天啓崇禎間，明廷因建夷患亟，需造銃礮，以資戎行。又因舊曆疏舛，交食不驗，議開局纂修。諸教士遂以製礮明曆之能，復見召用。佈教既得自由，聖堂邸第，又次第修復矣。綜觀當日教士輸入之學藝，足補吾華文化所不逮者，自陽瑪諾等所譯耶教經典外，（萬曆三十年印行之聖教日課，集陽瑪諾、伏若望(Joannes Forez)、費奇規(Gaspend Ferreira)、費樂德(Rode Figueredo)、郭居靜(Lagarus Callaneo)諸人所譯者爲一篇，流傳至今。）」一曰天文曆算。利瑪竇嘗與徐光啓譯（希臘歐幾里得(Euclidis)著十三卷之前六卷）幾何原本、測量法義等書，與李之藻譯圜容較義、同文算指、渾蓋通憲等書，是爲泰西天文數學傳入中國之始。及崇禎世開曆局，徐光啓李天經先後董其事，復徵龍華民鄧玉函湯若望(Johannes Adam Schall Von Bell)羅雅各(Giacomo Rho)等，用西洋新法釐正舊曆，成曆書一百三十六卷，（總名崇禎曆書）製有日晷星晷窺筩（即望遠鏡）定時考驗諸器，遠視明代沿用之元郭守敬授時曆及觀象臺諸儀器爲精密。明史天文志云：「瑪竇等精於天文曆算之學，發徵闡奧，運算製器，前此未嘗有也。」二曰地理學。自利子齎進萬國圖誌，言天下有亞細亞、歐羅巴、利未亞（非洲）、亞墨利加、墨瓦臘泥加（泛指南極地方）等五大洲，又著乾坤體義，介紹泰西地圓新說，又屢繪「坤輿萬國全圖」，刊印傳佈，（註一五六）是爲吾國知有世界五洲及地爲球形之始。及艾儒略取西來所攜手輯方域梗概，增補以成職方外紀五卷，前冠以萬國全圖，中述五大洲，後附以四海總說，所紀皆絕域風土，爲自古圖經所不載。不特利子等所繪輿圖，先測量各地之經緯度，以經緯線表示弧形之地面，爲中國地理學上空前之作也。（國人一般觀念，皆以地爲平面，地圖之傳統繪法，亦只知用計里開方之法。）三曰哲學。龐迪我萃西哲格言，著「七克」七篇（伏傲、解貪、防淫、熄忿、釋饕、平妒、策怠，）詞旨淵粹，與高一志(P. Alphonrus Vagnoni)所譯之「西學修身」，實同爲倫理學名著。畢方濟口授徐光啓筆錄之「靈言蠡勺」，則經院哲學之心理學也。傅汎濟(Francisco Furtado)與李之藻合譯之「名理探」與「寰有詮」，前者爲希臘大哲亞里士大德所著辯證法大全之疏解，後者譯自亞氏之形而上學釋本。雖皆非亞書全帙；然西哲微言，翻以華文，實以此爲嚆矢。（按自西學修身以下四書，皆十七世紀初年葡萄牙尚因勃耳(Coimbre)大學講義，爲亞氏倫理學、心理學、論理學、及形而上學作詮釋者，原書在當時俱膾炙人口，推爲傑作。）至利子之「天主實義」；與龐迪我之「天主實義續編」，湯若望之「主制群徵」等，則又入神學範圍矣。四曰物理工藝。自製造銃礮外，（明史兵志僅言「萬曆後，大西洋船至，得巨礮，長二丈餘，重者至三千斤，能洞裂石城，震數十里。天啓中，錫以大將軍號，遣官祀之。崇禎時，大學士徐光啓請令西洋人製造，發各鎮。」清季廣伯祿撰正教奉褒，又載「天啓二年，上依部議，敕羅如望、陽瑪諾、龍華民等製造銃礮，以資戎行。崇禎十三年，兵部，旨，着湯若望指樣監造戰礮。若望先鑄鋼礮二十位，帝派大臣驗放，精堅利用，詔再鑄五百位」。）以鄧玉函口授王徵譯繪之「奇器圖說」為最著。玉函在泰西時，為近代物理學之祖伽利略（Galilei Galileo）知友，其書分重解、器解、力解、動解諸篇，凡伽氏在物理學上之發明，為玉函所及知者，如槓杆、滑車、螺旋及其用法、與比例規等，無不採入，實為當時世界最新之物理學書。（註一五七）次則熊三拔之泰西水法，專記取水蓄水之方，亦為講水利者所必資；徐光啓之「農政全書」，後六卷即全錄熊子書，欲因其法以興農田水利者也。（又湯若望之遠鏡說，詳言遠鏡之用法原理及製造，亦為西洋光學入中國之權輿。）餘如拉丁文注音（利子之「西字奇蹟」及金尼閣(Nicolas Trigault)之「西儒耳目資」、皆以拉丁音注漢字、即以西洋之音通中國之音也、）西樂（利子嘗齎來西琴，並著「西琴曲意」；西琴即今鋼琴、）西畫（利子嘗進呈天主圖像，又以宗教畫四幅贈程大約、大約刊入「墨苑」中、）暨西式建築（澳門肇慶南京北京上海杭州所建之教堂、皆屬西式、）等，亦無不於明季傳入。所可惜者，當時西士來華，每齎帶典籍，萬曆末，比利時教士金尼閣齎來圖書，且逮七千餘部之多，（註一五八）然譯出者不逮百一。士大夫受西學薰陶者，自與西士共同譯著之徐光啓、李之藻、王徵、李天經等外，亦僅徐宏祖、方以智輩數人。（註一五九）丁明之亂，名理哲學以至物理工藝，皆未生實際普遍之影響。製造火器一事，雖小小試用，而用之不得其人，轉以資敵。（明史兵志言「光啓請令西洋人製大礮．發各鎮，然將帥多不得人，城守不固，有委而去之者。及流寇犯闕，三大營兵不戰而潰，鎗礮皆為賊有，反用以攻城，城上亦發礮擊賊，時中官已多異志，皆空器貯藥，取聲震而已。」至孔有德等挾西礮降建夷事，別見下章。）曆書雖成，亦因明亡而未及施行；天文儀器，且盡毀於流賊。亦可慨矣。

明初社會，有與胡元迥異者。其一則衣冠悉復唐制也。自蒙古入主中夏，其冠服車輿，雖雜用宋金之制，亦並存其族之舊俗。故天子有冕服，儒士有唐巾，皆沿中夏之法；而常服之「質孫」，（註一六〇）則爲胡服。明祖驅逐胡元，洪武元年二月，即詔衣冠悉如唐制，此實漢族戰勝外族之標識。而明史輿服志僅稱「太祖甫有天下，考定邦禮，車服尚質，酌古通今，合乎禮意，」不言其取別胡元之意，蓋諱之也。明之服制，雖與古禮不盡同。然觀明史所載，上自皇帝冕服，下至士庶冠服，大抵皆周漢以來相承之式。自滿清入關，辮髮胡服，而明人多抵死不從者，實亦文野之教殊也。（註一六一）其二則泯滅種族之界限也。自安懽貼睦爾竄歸舊巢，諸蒙古色目人淹留中夏者，實繁有徒，明祖概一視同仁。洪武元年大赦天下詔有曰：「蒙古色目人既居我土，即我赤子。有才能者，一體擢用。鰥寡孤獨廢疾不能自養者，官爲存恤。朕既爲天下主，華夷無間，姓氏雖異，撫字如一。」又詔胡服胡語胡姓，一切禁止。於是蒙古色目人多改爲漢姓，與華人無異。其後頻年征伐，塞外之俘累累，皆使之雜入各衞，分居內地，編置勘合，給賜姓氏，至成祖世遂沿爲例。據明會典所載：「洪武五年，令蒙古色目人氏既居中國，許與中國人家結婚姻，不許與本類自相嫁娶，違者男女兩家抄沒入官爲奴婢。」（註一六二）明祖實欲以政治之力，融合華夷之血統，以泯滅種族之界限。雖華宗上姓，由是與旃裘之種相亂。然吾中華民族，實因是而得平和之擴大。而禹域之內，終明世亦無漢胡屠殺之慘禍焉。

明史稱「太祖懲元季吏治縱弛，民生凋敝，重繩貪吏，置之嚴典，……洪武五年，下詔有司考課，首學校農桑諸實政，日照知縣馬亮善督運，無課農興士效，立命黜之，一時守令畏法，潔己愛民，以當上指，吏治煥然丕變矣。下逮仁宣，撫循休息，民人安樂，吏治澄清者百餘年。英武之際，內外多故，而民心無土崩瓦解之虞者，亦由吏鮮貪殘，故禍亂易弭也。」（註一六三）明初縣令及州縣佐貳，每因部民乞留而久任，且有超遷加擢者，（註一六四）朝廷旌舉賢能，以示勸勉，所以風厲激勸者甚至。故吏治度越唐宋，幾有兩漢之風。又明初甚重紳士耆民。「以大戶爲糧長，掌其鄉之賦稅，多或至十餘萬石，運糧至京，得朝見天子，洪武中或以人材授官。」「太祖令天下州縣設立老人，選年高有德衆所信服者，使勸民爲善，鄉閭爭訟，亦使理斷；」「若戶婚田宅門毆者，則會里胥決之，事涉重者，始白於官，若不由里老處分，而徑訴縣官，謂之越訴。（笞五十）」（註一六五）故終明世紳權亦稱重。然自「嘉隆以後，資格既重甲科，縣令多以廉卓被徵，梯取臺省，而龔黃之治，或未之覯焉。神宗末年，徵發頻仍，礦稅四出，海內騷然煩費，郡縣不克修舉厥職；而廟堂考課，一切以虛文從事，不復加意循良之選。吏治既以日媮，民生由之益蹙，仁宣之盛，邈乎不可復追，而太祖之法蔑如矣。（註一六六）因重紳權，「而縉紳居鄉者，亦多倚勢恃強，視細民為弱肉，上下相詬，民無所控訴。觀宜興周延儒方為相，陳于泰方為翰林，二家子弟暴邑中，宜興民至發延儒祖墓，又焚于泰于鼎廬，王應熊方為相，其弟應熙橫於鄉，鄉人詣闕擊登聞鼓，列狀至四百八十餘條，贓一百七十餘萬，其肆毒積怨於民可知矣。」（註一六七）且當時江南仕宦之家，畜奴之風頗盛。士大夫一登仕籍，臧獲盡來門下，謂之投靠，多者或至千人。其豪悍者，率假借主勢專恣橫暴，里黨不能安居。然主勢一衰，則跋扈而去。甚有反占主田產，坑主資財，轉獻新貴有勢，因而投牒興訟者，有司亦惟力自視而已。及明之季年，綱紀廢弛，吳中豪奴，尤所在報怨逞威，揭竿為亂，手刃其主。故至清初畜奴之風遂渺焉。

自宋以前，西北各地農田水利，尚多修舉，故富力不偏於南方。南渡以降，河淮區域，疊受女眞蒙古諸族之摧殘，黃河又南徙入淮，（註一六八）縱橫糜爛，北方元氣大耗。農田水利，尤多失修，故旱則赤地千里，潦則洪流萬頃。而東南水利大興，圩田圍田陂塘堰閘之制畢設，有豐年而鮮水患。於是南北之饒瘠迥殊。元明都燕，由政治地理言，以北方控制東南。由經濟財政言，則皆聚南方之金帛粟米，以供給北方之政府，而漕運乃為國之大事。元世祖至元中，開會通河及通惠河，江淮之粟，遂可直達燕都。然元世又盛行海漕，（初由海門縣開洋、後由上海等處開洋、）江南之粟，分為春夏三運，每歲至京師者，多者至三百數十萬石。（註一六九）明初猶踵行海運；洪永之世，大開會通舊河，運道通利，始罷海漕。「正統初，運糧四百五十萬石，成化八年，始定四百萬石；自後以為常。（清代定額亦同此）北糧七十五萬五千六百石，南糧三百二十四萬四千四百石；」當時南糧視北糧四倍有幾，「而南直隸正糧獨百八十萬，蘇州一府七十萬，浙賦視蘇減數萬，江西湖廣又殺焉。」（註一七〇）糧賦之多寡，實爲各地物力盈絀之標識也。明史又稱「宣德四年，始設鈔關，於是有漷縣、濟寧、徐州、淮安、揚州、上新河、許墅、九江、金沙洲、臨清、北新諸鈔關。量舟大小修廣，而差其額，謂之船料。（每船百料、納鈔百貫、後減至六十貫、正統初、復減爲二十貫、）不稅其貨，惟臨清北新則兼收貨稅。各差御史及戶部主事監收。」（註一七一）蓋漕運之道，即通商之道，運河通利，商旅因之輻輳，國家乃設關譏征。然商貨既因捐稅而增值，運漕之卒，遂多附載私貨，以其無捐稅之累，價廉而利厚。執政者初雖以爲私弊，後亦姑息而不問。（註一七二）然其所夾帶者，大抵皆南產之物貨也。南方經濟力之度越北方如是。以人文言，南亦遠優於北。明史選舉志稱「初禮闈取士，不分南北。洪熙元年，仁宗命楊士奇等定取士之額，南人十六，北人十四。宣德正統間，分爲南北中卷，以百人爲率，則南取五十五名，北取三十五名，中取十名；南卷應天及蘇松諸府浙江江西福建湖廣廣東，北卷順天山東山西河南陝西，中卷四川廣西雲南貴州及鳳陽廬州二府滁徐和三州也。」所謂中卷，實亦南卷。而北卷中之順天，復多南人。則明世進士，南人殆逾十七。「景泰二年會試，禮部奏準取士不分南北，戶科給事中李侃等謂北人拙於文詞，向日定爲南北之分不可改。」（註一七三）則分卷正爲北士而設，苟自由競爭，北卷尙不能得此比率矣。觀陳建皇明統紀載自洪武四年至萬曆四十四年，總二百四十五年間，會試第一及廷試一甲及第者，凡二百四十四人；北直隸（七人）山東（七人）山西（四人）河南（二人）陝西（九人）僅二十九人；而南直隸獨有六十六人，浙江江西各四十四人，福建亦有三十一人。（註一七四）明時北方人文之衰落，殆與經濟力之衰落相表裏；此顧炎武所以興「今日北方有二患，一曰地荒，二曰人荒」之嘆也。（註一七五）

明代士習受科舉影響，其弊極矣。然亦有未可概論者，則翰林院與庶吉士之選是也。明制，翰林院有學士、侍讀學士、侍講學士、及史官修撰、編修、檢討、庶吉士等，實爲中央政府最高顧問及學術機關。（永樂後之內閣、亦由翰林院分出、）諸由科舉出身者，一甲進士，每授修撰編修檢討。其二三甲進士文學優等及善書者，別選爲庶吉士，「以翰詹（詹事等輔導太子）官高資深者一人課之，謂之教習。三年學成，優者留翰林爲編修檢討，次者出爲給事御史，謂之散館；與常調官待選者，體格殊異。」（註一七六）蓋翰林院本爲國家儲才士子養望之地，而庶吉士制，則又所以教育英俊啓迪後進者也。明史稱「自天順二年，李賢奏定翰林纂修專選進士，由是非進士不入翰林，非翰林不入內閣，南北禮部尚書侍郎及吏部右侍郎，非翰林不任；而庶吉士始進之時，已羣目爲儲相。通計明一代宰輔一百七十餘人，由翰林者十九。蓋科舉視前代爲盛，翰林之盛，則前代所絕無也。」（註一七七）然自選人偏重科舉，科舉偏重文，流弊所屆，至明季遂不可勝言；而以炎武之論爲最痛切。曰：「楊子常曰。十八房（明制會試用考試官二員總裁、同考試官十八員分閱五經、謂之十八房、詩易各五房、書四房、春秋禮記各二房。）之刻，自萬曆壬辰（二十年）鉤玄錄始；旁有批點，自王房仲選程墨始。一科房稿之刻，有數百部，皆出於蘇杭，而中原北方之賈人市買以去。天下之人，惟知此物可以取科名，享富貴，此之謂學問，此之謂士人，而他書一切不觀。昔邱文莊（濬）當天順成化之盛，去宋元未遠，已謂士子有登名前列，不知史冊名目，朝代先後，字書偏旁者。舉天下而惟十八房之讀，讀之三年五年，而一幸登第，則無知之童子，儼然與公卿相揖讓，而文武之道，棄如弁髦，嗟乎！八股盛而六經微！十八房興而二十一史廢！」曰：「今之所謂時文，既非經傳，復非子史，展轉相承，皆杜譔無根之語。以是科名所得，十八之中，其八九皆爲白徒。而一舉於鄉，卽以營求關說爲治生之計。於是在州里則無人非勢豪，適四方則無地非遊客。」曰：「今日科場之病，莫甚乎擬題，且以經文言之，初場試所習本經義四道，而本經之中，場屋可出之題，不過數十。富家巨族，延請名士館於家塾，將此數十題各譔一篇，計篇酬値，令其子弟及僮奴之俊慧者，記誦熟習。入場命題，十符八九，卽以所記之文抄謄上卷。四書亦然，發榜之後，此曹便爲貴人，年少貌美者，多得館選，天下之士，靡然成風，而本經亦可以不讀矣。因陋就寡，赴速邀時，成於勦襲，得於假倩，卒而問其所未讀之經，有茫然不知爲何書者。故愚以爲八股之害，等於焚書！爲敗壞人才，有甚於咸陽之郊所坑者但四百六十餘人也！」（註一七八）

明代門戶朋黨之爭最烈，其事亦有與科舉爲因緣者。蓋自「薦辟之法既廢，而科舉尤重進士，神宗以來，遂有定例，州縣印官，以上中為進士缺，中下為舉人缺，最下乃為貢生缺；舉貢歷官，雖至方面，非廣西雲貴不以處之；以此為銓曹一定之格。間有一二舉貢受知於上，拔為卿貳大僚，則必盡力攻之，使至於得罪譴逐且殺之而後已。於是不由進士出身之人，遂不得不投門戶以自庇。」所謂「科第不與資格期，而資格之局成；資格不與朋黨期，而朋黨之形立」也。(註一七九)又明自中葉以後，士大夫趨權附勢，已相習成風。嚴嵩當國，朝士為乾兒義子者，至三十餘輩，次亦多「日夕策馬候權者之門」。(註一八〇)張居正輔政，「蒼頭游七入貲為官，勳戚文武之臣，多與往還通姻好，七具衣冠報謁，列於士大夫。」「居正病，四閱月不愈，百官並齋醮為祈禱，南都秦晉楚豫諸大吏，亡不建醮。」(註一八一)及魏閹擅權，頌德建生祠者，遍於天下。「監生陸萬齡至請以魏閹配孔子，以魏閹父配啓聖公。」閹每出，「所過士大夫遮道拜伏，至呼九千歲，閹顧盼未嘗及。」(註一八二)曹欽程以附閹擢太僕少卿，後閹「削其籍，瀕行，猶頓首閹前曰，君臣之義已絕，父子之恩難忘，絮泣而去。」(註一八三)顧炎武曰：「自萬歷季年，搢紳之士，不知以禮飭躬，而聲氣及於胥人，詩字頒於輿皁，至於公卿上壽，宰執稱兄，而神州陸沉，中原塗炭，夫亦有以致之矣！」(註一八四)痛哉言乎！雖然，明之末造，朝野亦頗有氣節可言，人物可數。當居正病，百官齋醮為祈禱也，顧憲成時以進士為戶部主事，獨持不可，同官代之署名，憲成手削去之。後與弟允成、錢一本、史孟麟、薛敷教、葉茂才等講學東林，既「清節姱修，為士林標準。」(註一八五)若趙南星、鄒元標、孫慎行、高攀龍、馮從吾諸人，咸「持名檢，勵風節，嚴氣正性，侃侃立朝，天下望之如泰山喬嶽。」(註一八六)「熹宗之時，龜鼎將移，其以血肉撐拒，沒虞淵而取墜日者，東林也。毅宗之變，攀龍髯而蓐螻蟻者，東林也。」比明之亡，「勇者燔妻子，弱者埋土室，忠義之盛，度越前代，猶是東林之流風餘韻也。一堂師友，冷風熱血，洗滌乾坤。」(註一八七)明儒講學之效，亦云偉矣！

(註一)明史卷三「太祖本紀」語。至明祖奠定禹域之經過，則以明史卷四十地理志一之言，最為簡核。曰：「明太祖奮起淮右，首定金陵，西克湖湘，東兼吳會；然後遣將北伐，并山東，收河南，進取幽燕；分軍四出，芟除秦晉，訖於嶺表；最後削平巴蜀，收復滇南；禹跡所奄，盡入版圖，近古以來所未有也。」至其詳可參閱谷應泰明史紀事本末卷一至卷十二。

（註二）此爲唐太宗貞觀二十年平北荒詔語；原文見舊唐書北狄傳。上文有數行，略據明史紀事本末卷十「故元遺兵」篇。

（註三）明史卷一二八劉基等傳贊語。

（註四）皆明史卷一二八本傳語。

（註五）皆見明史卷八十九及九十兵志一至二。

（註六）明史卷七七食貨志稱洪武中，「天下衞所州縣軍民，皆事墾闢。其制移民就寬鄉，或召募，或罪徙者，爲民屯，皆領之有司；而軍屯則領之衞所。邊地三分守城，七分屯種。內地二分守城，八分屯種。每軍受田五十畝爲一分，給耕牛農具，教樹植，復租賦，遣官勸諭，誅侵暴之吏。」

（註七）六王爲中山王徐達、開平王常遇春、岐陽王李文忠、寧河王鄧愈、東甌王湯和、黔寧王沐英，見明史卷一二五至一二六。此所引爲卷一二六贊語，及卷一二五常遇春本傳語。

（註八）明史卷七「成祖本紀贊」。及卷九「宣宗本紀贊」語。

（註九）奴兒干永寧寺碑凡二：一題「永寧寺記」，永樂十一年立；一題「重建永寧寺記」，宣德八年立；爲清季曹廷杰所發現，今藏海參威博物館。曹君著西伯利東偏紀要，於此碑粗有紀述；魏聲龢之鷄林舊聞錄，則於紀錄此碑形式及未泐原文外，并附甘鵬雲之跋語。故倭人某「讀史叢錄」內有「明東北疆域辨誤附奴兒干永寧寺碑記」及「奴兒干永寧寺二碑補考」，並附二碑影片，與楊成能史訓選合譯倭人某「東北開發史」（辛未編譯社發行）第三章「明代之滿洲經營」，論列此碑史實皆詳，可參閱。

（註一〇）皆本明史卷三二三「琉球傳」。

（註一一）皆本明史卷三二〇「朝鮮傳」。

（註一二）明史卷三二二日本傳，於日人表文皆不載。日釋周鳳著善鄰國寶記，則於足利氏屢次表文及明室頒賜之數，記錄甚詳。日本國志卷五鄰交志二備載足利氏臣明事，即據周鳳書，可參閱。又按明史卷三二五浡泥傳稱永樂中，浡泥王上言「臣蒙恩賜爵，臣境土悉屬職方，乞封國之後山爲一方鎮；乃封爲長寧鎮國之山，御製碑文，令中官張謙等勒碑其上。」滿剌加傳稱永樂中，其酋遣使入朝；「其使者言王慕義，願同中國列郡，歲效職貢，請封其山爲一國之鎮，帝從之，製碑文勒山上。」卷三二六柯枝傳稱永樂中，其國入貢，其使者請賜印誥，封其國中之山，帝遣鄭和齎印賜其王，因撰碑文，命勒石山上」云云。成祖之封肥後阿蘇山，事亦同此，皆仿唐虞時對諸侯所行封山之典也。明史日本傳不載壽安鎮國山碑，（明人嚴從簡殊域周咨錄，故宮博物院圖書館排印本卷二「日本」，及日本國志「鄰交志二」，皆載之。）而浡泥傳柯枝傳則備錄兩鎮國山碑文，滿剌加傳亦錄碑末綴詩。又琉球傳稱憲宗時，「貢使至，會冊立東宮，請如朝鮮安南賜詔齎賞，禮官議琉球與日本占城，並居海外，例不頒詔，乃降敕」云云。皆可考見明時日本之國際地位。

（註一三）明史卷三二七「韃靼傳」語。

（註一四）參明史卷六卷七「成祖本紀」及「韃靼傳」「瓦剌傳」（卷三二八）。至「五犯北征」語，見卷九二兵志四。

(註一五)(註一七)(註一八)皆見明史卷九一兵志三。

(註一六)明史載「洪武二年，命大將軍徐達等備山西北平邊，諭令各上方略。從淮安侯華雲龍言，自永平薊州密雲迤西二千餘里，關隘百二十有九，皆置戍守，於紫荊關及蘆花嶺設千戶所守禦。又詔山西都衞於雁門關太和嶺幷武朔諸山谷間，凡七十三隘，俱設戍兵。九年，敕燕山前後等十一衞，分兵守古北口、居庸關、喜峯口、松亭關，烽堠百九十六處，參用南北軍士。十五年，又於北平都司所轄關隘二百，以各衞卒守戍。詔諸王近塞者，每歲秋勒兵巡邊。十七年，命徐達籍上北平將校士卒，復命將籍遼東定遼等九衞官軍。是後，每遣諸公侯校沿邊士馬，以籍上。二十年，置北平行都司於大寧，而封皇子權爲寧王，調各衞兵往守。先是李文忠等取元上都，設開平衞及興和等千戶所，東西各四驛，東接大寧，西接獨石。二十五年，又築東勝城於河州東受降城之東，設十六衞。與大同相望。自遼以西數千里，聲勢聯絡。」見同上註。

(註一九)明史卷三三〇西域傳二語。「西寧等四衞」指「西寧河州洮州岷州等番族諸衞。」

(註二〇)皆見明史卷三三一西域傳三。

(註二一)(註二二)(註二三)(註二五)皆見明史卷三三二西域傳四。

(註二四)略據蒙兀兒史記卷一四一帖木兒傳論。至帖木兒帝國略史，除此傳外，可參閱布哇(L. Bowvat)著「帖木兒帝國」。(馮承鈞譯本商務印書館出版)

(註二六)麓川平緬見明史卷三一四雲南土司傳二。餘皆見卷三一五雲南土司傳三。

(註二七)明史卷一五四張輔傳語。又卷三二一安南傳稱「永樂五年五月，安南盡平。六月朔，詔告天下，改安南爲交阯，設三司。……設十五府，分轄三十六州，一百八十一縣。又設五州，直隸布政司，分轄二十九縣。其他要害，咸設衞所控制之。六年六月，輔等振旅還京，上交阯地圖，東西一千七百六十里，南北二千八百里，安撫人民三百二十一萬有奇，獲蠻人二百八萬七千五百有奇，象馬牛二十三萬五千九百有奇，米粟一千三百六十萬石，船八千七百六十餘艘，軍器二百五十三萬九千八百。」

(註二八)(註三〇)皆見明史卷三〇四鄭和傳。時隨和往者，有會稽人馬歡、太倉人費信、應天人鞏珍，歸誌其事，各撰一書。珍撰西洋番國志，已佚而不傳。歡撰瀛涯勝覽，信撰星槎勝覽，今皆存。(二書版本甚多、瀛涯勝覽以商務印書館排印之馮承鈞校註本爲善、星槎勝覽則以羅振玉影印之天一閣藏舊鈔本爲較佳、)自餘關於鄭和紀載尙多，參向覺明(達)「關於三寶太監下西洋的幾種資料」，(見商務出版小說月報二十卷一號)及伯希和「鄭和下西洋考」。(馮承鈞譯商務印本)鄭鶴聲編鄭和傳(勝利出版社出版)至和所經歷各國今地所在，以馮承鈞著「中國南洋交通史」(商務出版中國文化史叢書本)考論爲最核，可參閱。

(註二九)關於鄭和七次下西洋年月，明史紀傳所載多誤。婁東劉家港天妃宮石刻通番事蹟記(載錢穀吳都文粹續集卷二十、首由友人鄭鶴聲君檢出、)及長樂三峯塔寺石刻天妃靈應記，(馮著中國南洋交通史備錄之)所紀最爲詳確。馮君中國南洋交通史第十章「鄭和之下西洋」據之，重爲考訂，歷歷如數家珍矣。

（註三一）明史卷三二三外國傳四載「古麻剌朗，永樂十八年八月，其王幹剌義亦奔敦率妻子陪臣來朝。」「馮嘉施蘭，永樂四年八月，其酋嘉馬銀等來朝，貢方物。六年四月，其酋玳瑁里欲二人各率其屬朝貢。」又卷三二五外國傳六載「浡泥，永樂六年八月，其王麻那惹加那率妃及弟妹子女陪臣泛海來朝。十年九月，王遐旺偕其母來朝。」「滿剌加，永樂九年，其王拜里迷蘇剌率妻子陪臣五百四十餘人來朝。十二年，王子母幹撒干的兒沙來朝，告其父訃，即命襲封。十七年，王率妻子陪臣來朝謝恩。二十二年，西里麻哈剌以父沒嗣位，率妻子陪臣來朝。宣德八年，王率妻子陪臣來朝。」「蘇祿，永樂十五年，其國東王巴都葛叭哈喇，西王麻哈剌叱葛剌麻丁，峒王妻叭都葛巴剌卜，並率其家屬頭目，凡三百四十餘人，浮海朝貢。」

（註三二）見明史卷三二四爪哇傳及三佛齊傳。

（註三三）同上註一。

（註三四）參明史卷一三二藍玉傳，卷三〇八胡惟庸傳，明史紀事本末卷十三「胡藍之獄」篇，及二十二史劄記卷三十二「胡藍之獄」節。

（註三五）詳二十二史劄記卷三十二「明初文字之禍」節。又同卷「明祖行事多仿漢高」、「明祖文義」、「明初文人多不仕」、「明祖晚年去嚴刑」、及「明初徙民之令」諸節，多綜述明祖時事，可參閱。

（註三六）明史卷一二〇諸王傳贊語。又明室封建，尚有積弊。一在以王府之尊，而居於外郡，則勢力足以病民。一在支庶蕃衍，皆仰給縣官，不使之出仕及別營生理，以至宗藩既困，而國力亦不支。說詳二十二史劄記卷三十二「明分封宗藩之制」節。

（註三七）皆見明史卷四惠帝本紀。本書以惠帝係清乾隆世追諡，仍稱建文帝，詳下註五〇。

（註三八）同上註七。

（註三九）語本明史卷七十八食貨志二。

（註四〇）同上註八。明史食貨志序又曰：「洪永熙宣之際，百姓充實，府藏衍溢，蓋是時劭農務墾闢，土無萊蕪，人敦本業，又開屯田中鹽以給邊軍，（時召商輸糧邊境而與之鹽，謂之開中，爲有明鹽法之最善者。）餫餉不仰藉於縣官，故上下交足，軍民胥裕。」

（註四一）據明史卷一〇九宰輔年表一，楊士奇自洪武三十五年（建文四年秋七月，燕王即位，仍稱洪武三十五年。）至正統九年（一四〇二至一四四四），金幼孜自洪武三十五年至宣德六年（一四〇二至一四三一），楊榮自永樂元年至宣德五年（一四〇三至一四三〇），楊溥自洪熙元年至正統十一年（一四二五至一四四六）。又據卷一一一七卿年表一，蹇義自洪武三十五年至宣德十年（一四〇二至一四三五），夏原吉自洪武三十五年至宣德五年（一四〇二至一四三〇）。至此處所引，語本二十二史劄記卷三十三「明大臣久任者」節。參明史卷一四七至一四九諸人本傳。史以房杜姚宋比三楊，言「明稱賢相，必首三楊，均能原本儒術，通達事幾，協力相資，靖共匪懈。」於蹇夏亦美其「能通達政體，諳練章程，使吏治修明，民風和樂，成績懋著，蔚爲宗臣」云。

（註四二）皆見明史卷四十地理志一。

（註四三　據明史卷七十二職官志一及卷一〇九宰輔年表序。自秦漢始設丞相，以爲人君之副貳，歷魏晉至隋唐，而變爲尚書中書門下之三省。宋承唐制，時有變革，北宋初以中書侍郎爲宰相本官，南宋孝宗又廢門下省合中書省。元亦罷門下省，以御史臺司監察。嗣復廢尚書省，併其職於中書，六部俱隸入焉，三省遂變而爲一省。至明幷中書省而廢之，而以前尚書省之僚屬任天下事矣。黃宗羲明夷待訪錄置相篇曰：「有明之無善治，自高皇帝罷丞相始也。……宰相既罷，天子更無與爲禮者矣。遂謂百官之設，所以事我；能事我者，我賢之，不能事我者，我否之。設官之意既訛，尚能得作君之意乎？入閣辦事者，職在批答，猶開府之書記也。其事既輕，而批答之意，又必自內授之，而後擬之，可謂有宰相之實乎。」清因明制，故自洪武十三年迄清亡，凡五百三十一年（一三八〇至一九一一），吾國無眞宰相焉。

（註四四）見明史卷七十選舉志二。一甲止三人，曰狀元、榜眼、探花，賜進士及第。二甲若干人，賜進士出身。三甲若干人，賜同進士出身。狀元榜眼探花之名，制所定也。而士大夫又通以鄉試第一爲解元，會試第一爲會元，二三甲第一爲傳臚云。並見同卷。

（註四五）見明史卷七一選舉志三。

（註四六）明史卷一太祖本紀及卷六十九選舉志一皆稱設於乙巳年，即元末主至元二十五年（一三六五），太祖稱吳王之第二年也。

（註四七）南京國學圖書館有影印本。

（註四八）說詳柳先生「五百年前南京之國立大學」。（載學衡雜誌第十三十四期）

（註四九）見明史卷六十九選舉志一。

（註五〇）按建文帝舊無諡，弘光帝時追諡惠宗，清乾隆元年，又追諡恭閔惠皇帝。（明史據以題署、王鴻緒明史稿則仍稱「建文帝」、）成祖文皇帝崩後，本以太宗爲廟號，所修實錄，今猶以太宗名之，世宗時始改號成祖。景帝之諡，乃成化中所上，弘光帝復追諡代宗。崇禎帝殉國後，南都初上諡曰烈皇帝，廟號思宗，明年，又改號毅宗；至明史所題之「莊烈愍皇帝」，乃清人入京師後所加諡也。弘光帝殂後，初稱聖安皇帝，後諡安宗。隆武帝遇害後，初稱思文皇帝，後諡紹宗。永曆帝被弒後，鄭成功曾諡爲昭宗。明史稿於南明三帝，稱曰「福王」「唐王永明王」，然猶立專傳（卷一一一列傳第六下），明史則僅附由崧事於福王常洵傳（卷一二〇），聿鍵事於唐王桱傳（卷一一八），由榔事於桂王常瀛傳（卷一二〇）；且所敍極簡略焉。清初查伊璜撰罪惟錄，（原百餘卷、今商務書館四部叢刊三編影印稿本、凡存八十四卷、）本紀中稱建文帝爲惠宗，成祖爲太宗，景帝爲代宗，崇禎帝爲毅宗，弘光帝爲安宗，隆武帝爲紹宗，附以桂王魯監國，其題署貿遠勝明史。今以行文及通俗之故，除建文弘光隆武永曆皆以年號爲帝稱，魯王稱魯監國外，餘悉仍明史之舊云。

（註五一）（註五三）（註五六）皆明史卷三〇四宦官傳一語。

（註五二）明史卷十一景帝本紀贊語。

（註五四）明史卷十四憲宗本紀贊語。

（註五五）明史卷十五孝宗本紀贊語。

（註五七　廠與衛每相倚，言者因並稱廠衛。明史卷九五刑法志三略言其概，可參閱。至其闇禁慘酷，今惟德蘇之祕密警察類之。

（註五八）明史卷十六武宗本紀贊語。

（註五九）明史卷十八世宗本紀贊語。

（註六〇）明史卷三〇八奸臣傳語。

（註六一）明史卷二一三張居正傳語。

（註六二）明史卷二一神宗本紀贊語。

（註六三）除「始開礦增稅」一語據明史卷八十一食貨志五，餘皆見卷三〇五宦官傳二。時最橫者爲陳增、陳奉、高淮等，傳詳載之；而志則分言「礦」（坑冶）「稅」（商稅）尤備。明史紀事本末卷六十五「礦稅之弊」篇，及二十二史劄記卷三十五「萬曆中礦稅之害」節，亦可參閱。

（註六四）同上註十三。

（註六五）參二十二史劄記卷三十四「明中葉南北用兵強弱不同」節。

（註六六）同上註二十一。

（註六七）同上註十九。

（註六八）皆見明史卷三二三及三二四本傳。

（註六九）參明史紀事本末卷五十五「沿海倭亂」篇。明人紀載倭寇書至夥，以胡宗憲幕客鄭若曾纂輯之「籌海圖編」，較爲詳備。近人述明時倭寇者，亦有數小册，不備列。

（註七〇）明史卷三二二日本傳語。至秀吉侵朝鮮事，明史載卷三二〇朝鮮傳中。宋應昌經略復國要編十六卷，（南京國學圖書館影印明萬曆刊本）紀其在經略任內及事後疏奏文牘等，拙撰該書提要（附影印本首及拙著日本論叢中）論述朝鮮之役頗備，可參閱。

（註七一）自明興師援鮮討倭，倭將小西行長欲與明和，沈惟敬與倭交通，因以封貢餌之，行長亦爲秀吉乞封。及倭使藤原如安抵京，明遂封秀吉爲日本國王。（其册書今猶藏倭人石川氏家，文曰：「奉天承運皇帝制曰、聖仁廣運、凡天覆地載、莫不尊親、帝命溥將、暨海隅日出、罔不率俾、昔我皇祖、誕育多方、龜紐龍章、遠錫扶桑之域、貞珉大篆、榮施鎮國之山、嗣以海波之揚、偶致風占之隔、當茲盛際、宜纘彝章、咨爾豐臣平秀吉、嶠起海邦、知尊中國、西馳一介之使、欣慕來同、北叩萬里之關、懇求內附、情既堅於恭順、恩可靳於懷柔、茲特封爾爲日本國王、錫之誥命、於戲、寵貴芝函、襲冠裳於海表、風行卉服、固藩衛於天朝、爾其念臣職之當修、恪循要束、感皇恩之已渥、無替款誠、祗服綸言、永遵聲教、欽哉、萬曆二十三年正月二十一日」、）蓋行長意秀吉必以受封爲榮，明廷亦循封足利氏之例而封之也。二十四年，册使至，伏見晤秀吉，秀吉已服明所錫冠服矣，怒以册文不當意，毀冠服，逐明使者，下令復發兵，和議乃絕。

（註七二）參孟森清朝前紀（十九年商務書館出版）第四篇「建州紀」。孟氏此書，係掇述明人紀載滿黃台吉（後改皇太極）以前事。孟氏嗣又據明實錄及朝鮮李朝實錄，著「明元清系通紀」，則遠較此書爲詳贍。惟行世者僅有北京大學鉛印本，講義十數册，蓋未完成也。

（註七三）皆見明史卷二三八李成梁傳。

（註七四）參清朝前紀第十二篇「太祖紀」。

（註七五）見明史卷二三一顧憲成傳。

（註七六）見明史卷二四〇葉向高傳。時向高爲閣臣。傳載向高疏，言「自閣臣至九卿臺省曹署皆空」，又言「今六卿止趙煥一人，而都御史十年不補。」又趙煥傳（卷二二五）稱「萬曆四十年二月，煥改署吏部。（本刑部尚書兼署兵部）時神宗怠於政事，曹署皆空。內閣惟葉向高，杜門者已三月。六卿止一煥在，又兼署吏部，吏部無復堂上官。兵部尚書李化龍卒，召王象乾未至，亦不除侍郎。戶禮工三部各止一侍郎而已。都察院自温純罷去，八年無正官。故事給事中五十人，御史一百十人，至是皆不過十人。煥累疏乞除補，帝皆不報。」此足徵「大寮或空署」之言矣。參閱二十二史劄記卷三十五「萬曆中缺官不補」節。

（註七七）見明史卷二二四孫丕揚傳，「以賓尹宣城人，天埈崑山人也。」

（註七八）見明史卷二三六夏嘉遇傳。傳又云：「帝（神宗）久倦勤，方從哲獨柄國，碌碌充位。中外章奏悉留中，惟言路一攻，則其人自去，不待詔旨。臺諫之勢，積重不返，有齊楚浙三方鼎峙之名。齊則給事中行詩教、周永春、御史韓浚；楚則給事中官應震、吳亮嗣；浙則給事中姚宗文，御史劉廷元。」

（註七九）明史卷二四四左光斗傳語。

（註八〇）同上卷楊漣傳語。

（註八一）時交結魏閹者：「外廷文臣，則崔呈秀、田吉、吳淳夫、李夔龍、倪文煥、主謀議，號五虎；武臣則田爾耕、許顯純、孫雲鶴、楊寰、崔應元、主殺僇，號五彪；又吏部尚書周應秋、太僕少卿曹欽程等、號十狗；又有十孩兒四十孫之號。」見明史卷三〇五宦官傳二。

（註八二）（註八三）皆見明史卷三〇六閹黨傳。當時死詔獄者，自漣光斗大中外，尚有周朝瑞、袁化中、周起元、繆昌期、周順昌、周宗建、黃尊素、李應昇等，未死前皆受酷刑，五毒備具。漣光斗昌期死尤慘，以漣疏劾魏閹二十四大罪，光斗與其謀，而漣疏有言係昌期代草也。其詳明史卷二四四與二四五各本傳及卷九十五刑法志三。梨洲從相篇嘗曰：「吾以謂有宰相之實者，今之宮奴也。有明之閣下，賢者貸其殘膏剩馥，不賢者假其喜笑怒罵。」明史職官志序亦曰：「內閣之擬票，不得不決於內監之批紅，而相權轉歸之寺人。於是朝廷之紀綱，賢士大夫之進退，悉顛倒於其手，伴食者承意志之不暇。間有賢輔，卒藹目而不能救。」觀熹宗立，葉向高爲首輔，向高嘗右東林，朝士指目爲黨魁，海內正人亦倚以爲重。然魏閹擅權，「卒不能有所匡救。蓋政柄內移，非一日之積勢，固無如何也。」（明史本傳語）天啓四年七月，向高以時事不可爲罷去，魏閹遂次第戮辱貶削朝士之異己者。明世廠衛詔獄，殺人至慘，而不麗於法，是數者多奄寺掌之，遂舉朝野命一聽之宦豎之手；搢紳之禍烈於漢唐之季，此又一因矣。

（註八四）詳明史卷三〇六閹黨崔呈秀傳。

（註八五）（註八七）（註八八）皆明史卷二五九熊廷弼傳語。

（註八六）明史本傳所載，有一疏略云：「今朝堂議論，全不知兵。冬春之際，敵以冰雪稍緩，閧然言師老財匱，馬上促戰。及軍敗，始愀然不敢復言。比臣收拾甫定，而愀然者又復閧然責戰矣。自有遼難以來，用武將，用文吏，何非臺省所建白，何嘗有一效。疆場事，當聽疆吏自為之，何用拾括帖語，徒亂人意，一不從輒怫然怒哉。」明人程開祜輯「籌遼碩畫」四十六卷，（商務書館影印北平圖書館善本叢書本）備載萬曆四十六年夏迄四十八年秋籌遼疏奏方略，中載廷弼奏疏最多，可參閱。

（註八九）明史卷二五九袁崇煥傳語。

（註九〇　明史卷七八食貨志二「萬曆四十六年，驟增遼餉三百萬，時內帑充積，帝靳不肯發。戶部乃援征倭播例，畝加三釐五毫，天下之賦增二百萬有奇。明年，復加三釐五毫。明年，以兵工二部請，復加二釐。通前後九釐，增賦五百二十萬，遂為歲額。」時御史郝錦疏言「陛下內廷積金如山，以有用之物，置無用之地，與瓦礫糞土何異。乃發帑之請，叫閽不應，加派之議，朝奏夕可」云云。神宗好貨畜財如此。及「崇禎三年，軍興，乃於九釐外畝復增三釐，……共增賦百六十五萬四千有奇。後五年，……概徵每兩一錢，名曰助餉。越二年，又畝加徵一分四釐九毫。越二年，畝加練餉銀一分。」綜計至崇禎末，凡「加派遼餉至九百萬，勦餉三百三十萬，練餉七百三十餘萬。」（皆見食貨志二）而明亦旋亡矣。

（註九一）（註九五）皆明史卷三〇九流賊傳語。

（註九二）（註九九）語皆本明史卷三〇八奸臣傳。傳文稱「士英招權罔利，諸白丁隸役輸重賂，立躋太帥，都人為語曰，職方賤如狗，都督滿街走，共刑賞倒亂如此。」

（註九三）語本明史卷二六〇楊陳等傳。

（註九四　見明史傳二七五本傳。

（註九六）語本明史卷二四莊烈本紀贊。

（註九七　同上註五一。

（註九八）明史載（臣言帝時積弊者頗衆，茲略錄一二。如路振飛「陳時事十大弊：曰務苛細而忘政體；喪廉恥而壞官方；民愈窮而賦愈亟；有事急而無事緩；知顯患而忘隱憂；求治事而不求治人；責外重而責內輕；嚴於小而寬於大；臣日偷而主日疑；有詔旨而無奉行。」熊汝霖言「將不任戰，敵南北往返，諸隨其後，如廝養之於貴官，負弩前驅，望塵莫及」云。（皆見卷二七六本傳）

（註一〇〇　此熊汝霖對弘光帝語，見同上註。

（註一〇一）語本明史卷二七三劉澤清傳。

（註一〇二）明史卷二七四本傳贊語。

（註一〇三）明史於贛州城守事，記載較詳，見卷二七八。金聲等則見卷二七七，（黃淳耀則見文苑傳）多缺略不具。參溫睿臨南疆逸史烈士義兵等傳。

（註一〇四）明史卷二八〇本傳贊語。

（註一〇五）南疆逸史序語。

（註一〇六）明史卷二七九朱天麟傳語。傳稱當是時朝臣各樹黨。從李成棟至者，曹燁、耿獻忠等，自誇反正功，氣凌朝士。從廣西扈行至者，天麟及嚴起恆等，自恃舊臣，詆曹耿等嘗事異姓。（倪在田續明史紀事本末卷十四永曆黨禍篇，述此兩黨外，尙有吳炳、陸世廉等皆自諸路赴行在，爲一黨、陳世傑、楊邦瀚等皆廣東人官本州，爲一黨、）久之，復分吳楚兩黨。主吳者，天麟、嚴起恆、吳貞毓、李用楫、堵允錫、王化澄、萬翱、程源、郭之奇，皆內結馬吉翔，外結程邦傳。主楚者，袁彭年、丁時魁、蒙正發、劉湘客、金堡，皆外結瞿式耜，內結李元允。」同卷贊曰：「明自神宗而後，寖微寖滅，不可復振。揆厥所由，國是紛呶，朝端水火，寧坐視社稷之淪胥，而不能破除門戶之角立。故至桂林播越，且夕不支，而吳楚之樹黨相傾，猶仍南都翻案之故態也。顚覆之端，有自來矣。」又按永曆帝立後，隆武舊臣蘇觀生本欲奉永曆，丁魁楚等拒之，觀生遂別立隆武帝弟聿𨮁於廣州，改元紹武，僅月餘，即爲淸兵所執而死，見明史卷二七八蘇觀生傳。

（註一〇七）明史於南明諸帝，皆附列諸王傳。其臣下及有關人物，雖散見列傳卷一六一至一六八，（卷二七三至二八〇，他卷尙有，茲不舉），而所遺者亦甚多。淸人述南明三朝及魯監國事別撰一書者，以溫睿臨之南疆逸史四十四卷，徐鼒之小腆紀年附考二十卷，及小腆紀傳六十五卷，補遺五卷，爲最詳。至明季野史，全祖望曾謂不下千家，今傳者猶夥，參近人謝國楨撰晚明史籍考（國立北平圖書館出版）。

（註一〇八）五經大全，計周易傳義大全二十四卷，義例一卷，書傳大全十卷，詩集傳大全二十卷，禮記大全三十卷，春秋集傳大全三十七卷，共一二三卷。四書大全三十六卷。時又有性理大全七十卷，亦廣等奉敕修撰。合稱三大全。

（註一〇九）（註一一三）皆明史卷二八二儒林傳序語。

（註一一〇）詳日知錄卷十八「書傳會選」條。

（註一一二）見明儒學案卷一、卷七、及卷四三、三學案敍錄。

（註一一四）明儒學案共立十七學案，自上所舉崇仁至蕺山十六學案外，尙有三原學案（王恕王承裕等），亦河東之別派也。

（註一一五）明儒學案凡例語。至上論各家宗旨，皆據學案及明史卷二八三儒林傳二。參中國文化史第二編第二十五章「明儒之學」。

（頁二二三至二三一）

（註一一六 明史卷一九五本傳贊語。

（註一一七）（註一一八）皆本日知錄卷十八「朱子晚年定論」節。亭林深惡王學末流，至曰：「昔范武子論王弼何晏二人之罪，深於桀紂，以爲一世之患輕，歷代之害重，自喪之惡小，迷衆之罪大；而蘇子瞻謂李斯亂天下，至於焚書坑儒，皆出於其師荀卿高談異論而不顧者也。」又曰：「以一人而易天下，其流風至於百有餘年之久者，古有之也，王夷甫之淸談，王介甫之新說；其在於今，則王伯安之良知是也。」

（註一一九）（註一二二）皆見明儒學案卷五十八。

（註一二〇）本節論書院講學，多本中國文化史第二編第二十五章「明之文物」，頁二四九至二五五。

（註一二一）（註一二三）皆見明史卷二八三儒林傳二。

（註一二四）明儒學案卷三十二泰州學案：「樵夫朱恕，泰州草偃場人。樵薪養母。一日過心齋講堂，聽心齋語，浸浸有味。於是每樵必造階下聽之，饑則向都養乞漿解裹飯以食，聽畢則浩歌負薪而去。」「陶匠韓樂吾，興化人。以陶瓦爲業。慕朱樵而從之學，後乃卒業於東崖。（心齋仲子襞）畫識文字。久之覺有所得，遂以化俗爲任，隨機指點，農工商賈從之遊者千餘。秋成農隙，則聚徒談學，一村既畢，又之一村，前歌後答，絃誦之聲，洋洋然也。」

（註一二五）亭林文集卷二鈔書自序語。

（註一二六）錢大昕跋宋史新編，（見潛研堂文集二十八）曰：「柯氏新編用功已深，義例亦有勝於舊史者，惜其見聞未廣，有史才而無史學耳。」余謂馮陳書亦然。

（註一二七）諸書明史卷九七藝文志二皆著錄，（自通紀至世法錄皆見正史類、弇州史料係董復表從弇世貞弇山堂別集識小錄少陽叢談及明野史彙等而成、見雜史類、典彙見故事類、）今皆有明刊本傳世。藝文志正史類又有談遷國榷一百卷，係汰明列朝實錄並補崇禎朝缺文而成書，前南京國學圖書館藏有鈔本。故事類又有王圻續文獻通考二五四卷，韓明事甚備，流傳尤廣。茲因國榷顯於清世，續通考兼及元代事，姑不論。至正史類著錄之王大綱皇明朝野紀略一千二百卷，實爲明史之巨著，惜今已無傳本矣。

（註一二八　明史藝文志正史類載明太祖實錄二五七卷，成祖實錄一三〇卷，仁宗實錄十卷，宣宗實錄一一五卷，英宗實錄三六一卷，（內附景泰帝事蹟凡八七卷）憲宗實錄二九三卷，孝宗實錄二二四卷，武宗實錄一九七卷，世宗實錄五六六卷，（又世宗父睿宗實錄五〇卷）穆宗實錄七〇卷，神宗實錄五九四卷，光宗實錄八卷，熹宗實錄八四卷，都計二千九百〇九卷。（併睿宗實錄合計則爲二九五九卷）今惟熹宗實錄缺天啓四年十二卷，及六年六月一卷，餘並有傳鈔本。（明代惟建文莊烈兩帝無實錄，然萬曆中已附建文事於太祖實錄、南京國學圖書館有抄本崇禎實錄十七卷、則爲後人所補輯、）近年商務印書館已取北平圖書館所藏明實錄全帙影印，以抗倭戰起，致印刷稽延，迄今尙未問世也。

（註一二九）（註一三〇）皆本四庫全書總目卷一三七子部類書類存目一「永樂大典」條。明世永樂大典共有寫本三部，一藏南京，餘二分藏北京文淵閣及皇史宬。明祚既傾，南京本與皇史宬本並燬。淸修四庫書時，文淵閣本亦已殘闕二千餘卷，至庚子之亂，燬於兵燹。今尙存百數十册。北平圖書館月刊（第三卷三四號）永樂大典專號，有袁同禮「永樂大典考」述大典零册散藏中外各地者頗詳，及趙萬里「永樂大典內輯出之佚書目」，凡經部書六九種，附錄四種，史部一〇三種，附錄五種，子部一三三種，附錄二九種，集部一八二種，附錄六種，共四百八十七種，附錄四十四種，又校補書二七種，附錄三種。

（註一三一）同上註一二〇，頁二五六至二五八。

（註一三二）明史卷二九八隱逸傳沈周傳語。

（註一三三）語本明史卷二八七文苑傳三文徵明傳。史稱「徵明四絕，不減趙孟頫，而陸師道並傳之，其風尚亦略相似」云。至徐禎卿唐三人皆見卷二八六文苑傳二。

（註一三四）語本明史卷二八八文苑傳四董其昌傳。自沈度至陸深，皆見文苑傳二。（莫如忠是龍則附其昌傳）史稱「度粲兄弟皆善書，度以婉麗勝，粲以遒逸勝；」「張弼公草書怪偉跌宕，震撼一世；」「陸深工書，倣李邕趙孟頫。」

（註一三五）明史卷二九八隱逸傳陳繼儒傳語。

（註一三六）本節論工藝美術，皆見同上註一二〇，頁二六一至二六三。

（註一三七）明代藏書家掌故，葉昌熾藏書紀事詩三卷徵錄最詳，中國文化史下册頁二三二至二三四亦略引十數人。明史文苑傳三載「華亭何良俊有清森閣藏書萬卷」；「章邱李開先性好蓄書，名聞天下；」「蘭谿胡應麟築室山中，藏書四萬餘卷。」至明世博洽之士，首推新都楊愼，詳明史卷一九二本傳。又文苑傳所載，如陶宗儀（卷二八五）程敏政（卷二八六）田汝成、王世貞（卷二八七）焦竑、陳仁錫、董其昌、王惟儉、張溥（卷二八八）等，皆閎雅博物君子也。

（註一三八）唐順之見明史卷二〇五。羅洪先見儒林傳二。（本節多據同上註一二〇，頁二五九至二六一。）洪先又嘗本元朱思本「輿地圖」，增廣爲「廣輿圖四卷」。（前南京龍蟠里國學圖書館藏有嘉靖刊本）朱氏原圖注意於方位分率之眞確，羅氏因其圖，更以當代之省府州縣，皆以衛所，註以前代郡縣之名，蓋視朱圖尤爲詳備矣。

（註一三九）明史卷三一〇至三一九皆土司傳，此爲卷三一〇土司傳總序語。

（註一四〇）語本明史卷六九選舉志一。

（註一四一）據清修續文獻通考卷四七學校考。

（註一四二）同上註二十一。

（註一四三）詳上註十二。

（註一四四）見明史卷三二八瓦剌傳。

（註一四五）參本書第七章「唐代華化之廣播」節。自宋濂外，馬理見儒林傳，餘皆見文苑傳。

（註一四六）皆本明史卷三二一安南傳。

（註一四七）語皆本殊域周咨錄卷四琉球。

（註一四八）殊域周咨錄卷一「朝鮮」引祁順語。上文及下文敍朝鮮，多據陳淸泉譯故倭人某「朝鮮通史」。（商務印書館出版）

（註一四九）詳陳捷譯本「中日交通史」下卷第八章至第十章，有括號處，見二六八頁及二九八頁。

（註一五〇　本明史卷七四職官志三。

（註一五一）同上註一二〇，頁二五八至二五九。

（註一五二）馬良跋艾儒略大西利先生行蹟（新會陳氏排印本）語。

（註一五三）明史卷三二六外國傳七意大里亞傳語。

（註一五四）據黃伯祿正教奉褒卷一稱「明季各教士得隨處建堂敷教，不被阻撓，統計奉教者有數千人。其中宗室百有十四，內官四十，顯官十四，貢士十，舉子十一，秀士三百有奇。其文定公徐光啟，少京兆楊廷筠、太僕卿李之藻、大學士葉益蕃、左參議瞿汝說、忠宣公瞿式耜、爲奉教中尤著者。」至永曆太妃等奉教事，詳高勞「永曆太妃遣使於羅馬教皇考」。（見商務印書館東方雜誌八卷五號）參柳先生中國文化史第三編第二章「西教之東來」（下冊頁二七六至二八六）及拙著「中國人之佛教耶教觀」。（載中華書局十二年出版學衡雜誌第十四十六期）

（註一五五　按徐光啟入教在萬曆三十一年；李之藻入教在三十八年，利子亦於是年卒矣。光啟泰西水法序曰：「泰西諸君子，以茂德上才，利賓於國。其始至也，人人共嘆異之；及驟與之言，久與之處，無不意消而中悅服者；其實心實行實學，誠信於士大夫也。……其緒餘更有一種格物窮理之學，凡世間世外萬事萬物之理，叩之無不河懸響答，絲分理解，退而思之，窮年累月，愈見其說之必然而不可易也。格物窮理之中，又復旁出一種象數之學。象數之學，大者爲曆法，爲律呂。至其有形有質之物，有度有數之事，無不賴以爲用，而用之無不盡巧極妙者。」之藻刻職方外紀言序曰：「西賢入中國三十餘年，吾中國人利名婚宦事，一塵不染，三十餘年如一日，其儕十許人，學問品格如一人。譬則儀鳳遊麟，不必產自花囿，偶爾來賓，斯亦聖朝之瑞也。」又刻天學初函題辭曰：「天學者，唐稱景教，自貞觀九年入中國，歷千載矣。皇朝有利瑪竇者，九萬里抱道來賓，重演斯義，迄今又五十年。多賢似續，翻譯漸廣，顯自法象名理，微及性命根宗，義暢旨玄，得未曾有。」二子於西士欽佩至此，其入教非偶然也。

（註一五六．說詳禹貢半月刊第五卷第三、四期「利瑪竇世界地圖專號」。

（註一五七）說詳方豪「伽利略與科學輸入我國之關係」，載中外文化交通史論叢第一輯。奇器圖說作於天啟七年，去伽氏之卒（一六四二）尚十有五年，是在伽氏生時，其學說與發明已輸入吾國矣。

（註一五八　說詳方豪「明季西書七千部流入中國考」見同上書。

（註一五九）按方以智所著物理小識及通雅皆言及西學器藝，徐霞客亦與西洋教士有間接之關係（說詳方豪徐霞客與西洋教士關係之初步研究，見同上註）。至徐李王等，可參閱明史曆志及劉師培「徐光啟傳」（載國粹學報十九期）陳垣李之藻傳（附輔仁社影印「名理探」末，又陳氏排印本。）黃節王徵傳（載國粹學報第六期）。

（註一六〇、元史卷七八輿服志一「質孫，漢言一色服也。天子質孫，冬服凡十有一等，夏服凡十有五等。百官質孫，冬服凡九等，夏服凡十四等。至於樂工衛士，皆有其服，精粗之制上下之別雖不同，總謂之質孫云。」按其制有暖帽鈸笠比肩等；暖帽鈸笠，大致如清世之暖帩涼帽，比肩蒙俗稱曰襻子答忽，則今所謂背心也。

（註一六一）同上註一二〇，頁二六三至二六四。

（註一六二）見明會典卷二十戶口二「婚姻」節。

（註一六三）（註一六六）皆見明史卷二八一循吏傳序。

（註一六四　詳見明史循吏傳，及二十二史劄記卷三十三「明初吏治」「因部民乞留而留任且加擢者」諸節。

（註一六五）皆本日知錄卷八「鄉亭之職」節。

（註一六七）語本二十二史劄記卷三十四「明鄉官虐民之害」節。

（註一六八）自大禹導河後，黃河潰決遷徙，最大者六。一在周定王五年（前六〇二）。二在王莽始建國三年（一一）。三在宋仁宗慶曆八年（一〇四八）。四在金章宗明昌五年（一一九四），河決陽武，南北分流入海，河水大半入淮，而北清河之流猶未絕。五在元世祖至元二十六年（一二八九），會通河成，於是始以一淮受全河之水，及明弘治中，築斷黃陵岡支渠，而北流於是永絕矣。（清胡渭禹貢錐指撮述頗詳，可參閱。）六在清咸豐五年（一八五五），河決銅瓦廂，再改道北徙，由大清河入海。

（註一六九　元史卷九三食貨志一及元史紀事本末卷十二「運漕」篇，備載元世海漕歲運之數，以「泰定三年三百三十七萬五千七百八十四石，至者三百三十五萬一千三百六十二石，天曆二年，三百五十二萬二千一百六十三石，至者三百三十四萬三千三百六石」爲最多。

（註一七〇、皆本明史卷七九「食貨志三」。

（註一七一、見明史卷八一「食貨志五」。

（註一七二）本節以上所述，多本中國文化史第二編第二十四章「河流漕運及水利」。（下册頁二一一至二二二）

（註一七三）（註一七五）皆見日知錄卷十七「北卷」條。同條又曰：「北人自宋時，卽云京東西河北河東陝西五路舉人拙於文辭聲律，況又更金元之亂，文學一事，不及南人久矣。今南人教小學，先令屬對，猶是唐宋以來相傳舊法。北人全不爲此，故求其習比偶調平仄者，千室之邑，幾無一二人；而八股之外，一無所通者，比比也。愚幼時，四書本經俱讀全註。而北方則有全不讀者，欲令如前代之人，參互諸家之注疏而通其得失，間數百年不得一人，且不知十三經注疏爲何物也。間有一二五經刻本，亦多訛文誤字，而人亦不能辨。此古書善本，絕不至於北方；而蔡虛齋林次崖諸經學訓詁之儒，皆出於南方也。」（按虛齋名清次崖名希元皆見明史儒林傳一）

（註一七四、見皇明統紀卷十三。此外湖廣八人，廣東四川各六人，廣西二人。

（註一七六、（註一七七）皆見明史卷七十選舉志二。

（註一七八）見日知錄卷十六「十八房」「經義論策」「擬題」諸節。

（註一七九）見同上書卷十七「進士得人」節。

（註一八〇）宗臣報劉一丈書語。

（註一八一、明史卷二一三張居正傳語。二十二史劄記卷三五「張居正久病百官齋醮之多」節。稱「明朝小史所載更詳。萬曆十年，居正病久，帝大出金帛爲醫藥資。六部大臣九卿五府公侯伯俱爲設醮，已而翰林科道繼之，部屬中行又繼之，諸雜職又繼之。仲夏赤日中，舍騎而奔走焉。其同鄉門生故吏，有再舉三舉者。司香大僚，執爐日中，當拜表章，則長跪弗起，至有賄道士數更端以息膝力者。所拜章必書副本，賂其家人達之相公，或見而頷之，目籍記其一二疏語，自是爭募詞客爲之，務其一新覽。不旬日而南京倣之。山陝楚閩淮漕撫按藩臬，無不醮者。于愼行筆塵又記建醮時，有朱御史於馬上首頂香盒詣醮所，已而奉使出都，騶騎官例致牢餼，則大罵曰，爾不知吾爲相公齋耶，奈何以肉食餽我。」

（註一八二）皆見明史卷三〇五魏閹傳。至爲魏閹建生祠事，詳見明史卷三〇六閹黨閻鳴泰傳；二十二史劄記卷三五「魏閹生祠」節，鄭修閹傳文。

（註一八三　語本明史卷三〇六閹黨曹欽程傳。

（註一八四　語本日知錄卷十三「流品」節。

（註一八五）明史卷二三一顧憲成等傳贊語。

（註一八六）明史卷二四三趙南星等傳贊語。

（註一八七）明儒學案卷五十八「東林學案」語。

第十章　滿族入主時代（清）

自清世祖福臨順治元年，至末主溥儀宣統三年，（一六四四至一九一一）共十主，二百六十八年，爲滿族入主中夏之世。以滿族統治力之盛衰言之，略可區爲四期：自順治元年至康熙二十二年延平鄭氏之亡，（一六四四至一六八三、共四十年、）爲明人圖謀恢復失敗時期；自康熙二十三年訖乾隆之世，（一六八四至一七九五、共一百十有二年、）爲清室鼎盛時期；自嘉慶元年至光緒二十年中日之戰，（一七九六至一八九四、共九十九年、）爲清室中衰時期；自是以後，（一八九五至一九一一、共十七年、）則爲清室日趨滅亡時期。滿族勢力之伸絀，在各期雖頗有不同，而其政治設施，則前後相承，不能斬截劃分。一代學術社會風尚以及國際關係之轉變，亦在在與政治有關。略言其要，計有三端。清世政制，一切沿襲朱明之舊，其因事補苴者，惟以箝束漢人擴張　權爲宗旨；故吾國歷代獨夫專制之淫威，惟清爲甚。一也。清初諸儒，多不忘種姓，有志經世。及滿洲酋豪橫肆摧抑，於是士氣熸然，雍乾以降之學者，惟自限其心思於文字訓詁考訂之間。雖百學昌明，遠軼元明，而學術既與政治脫節，亦遂與世運無關。二也，滿族以猜防刼制愚弄爲統治之心法，雖曾博一時之榮華，而我民族國家之元氣命脈，則斵喪殆盡。及統治力既衰，內亂迭起，政治社會之積弊，亦全體呈露。值西力東漸，我遂無術與抗，外禍之烈，迄清亡而未已。三也。

滿清之興，一以兵強；一以得明人之力；而又適值明室朝野腐敗，流賊孔熾，遂得乘明之弊，力征經營，盜竊神器焉。考明世女眞，共分三部：曰野人，曰海西，曰建州。建州又分三衛：曰建州衛，曰建州左衛，曰建州右衛；左　卽清之所自出也。建州左衛之建，始於永樂十年，明以猛哥帖木兒（清初追稱肇祖原皇帝）爲都指揮；其後嗣叛服不常。至努爾哈赤生時，其祖覺昌安（明紀載作叫揚、清初追號景祖翼皇帝、）正就款於明，故努酋幼而出入遼東鎮臣李成梁家如童奴然，成梁亦撫之如子。讀書識字，好看三國水滸二傳。稍長，乃歸建州（古城在今遼寧興京稍東、時稱赫圖阿喇。）成梁之攻王杲與阿台也，覺昌安及子塔克世（明紀載作他失）、即努爾哈赤父、清初追稱顯祖宣皇帝、）皆陰為之導；然阿台既滅、覺昌安塔克世父子亦共死兵火。努酋以祖父之罹難、為別部酋尼堪外蘭所搆，（註一）萬曆十一年，（一五八五、努酋時年二十五、）興師復仇；時僅有其父遺甲十三副，勝兵百數人耳。十四年，執斬尼堪外蘭。繼復以次剿建州及他女眞諸部，以自附益。對明廷初頗效順，故有都督與龍虎將軍之命。然自兼併日大，雖[illegible]數，修貢彌勤，窺邊亦彌急，因貿市而索援明邊，蓋無寧歲。儲積既充、能以利誘遠人，歸者亦日衆。（註二）二十九年（一六〇一），初以牛彔額眞分統部衆，編三百人為一「牛彔」，設「額眞」一。（初女眞凡出兵校獵、不計人之多寡、各隨族黨屯寨而行。獵時、每人各取一矢、凡十人、設長一領之、令毋離隊越次、是為「牛彔額眞」，至是遂以名官，漢語猶言「守備」也。順治十七年改稱佐領。雍正元年、額眞又改稱章京。）嗣乃以五牛彔設一「甲喇額眞」，（漢語猶言遊擊參將、後改稱參領、）五甲喇設一「固山額眞」，（漢語猶言總兵官、後改稱都統、）每固山額眞左右設兩「梅勒額眞」；（漢語猶言副將、後改稱副都統、）一固山額眞所統，是為一旗，旗七千五百人。初有四旗，旗以純色為別，曰黃，曰紅，曰藍，曰白。四十三年，（一六一五、努酋年五十七、）復添設四旗，參用其色以鑲之（幅之黃白藍者緣以紅、幅之紅者緣以白，）共為八旗，六萬人。（註三）旗為行軍用兵之標幟，八旗之制，即以軍之區分為部族之區分，為人民之所隸屬。循至設官分職，聽訟理政，亦悉視旗為分畫。蓋通國皆兵，合部族與國家為一，而舉以兵法部勒之也。八旗既建之明年，努酋遂黃衣稱汗，國號金，建元天命。（萬曆四十四年、一六一六、）自後牛彔額眞之設及其所領丁壯，日有增益，而八旗之制依舊。努酋實錄稱「行軍時，地廣則八旗並列，分八路，地狹則八旗合一路而行，隊伍整肅，節制嚴明，軍士禁喧囂，行伍禁攙越。當兵刃相接時，被堅甲執長矛大刀者為前鋒，被輕甲善射者從後衝擊，俾精兵立他處，勿下馬，相機接應。每預籌方略，瞭如指掌，戰則必勝。克城破敵之後，察核將士戰功必以實，用兵如神。將士各欲建功立名，每聞征伐，靡不懽忻效命，攻則爭先，戰則奮勇，威如雷霆，捷如風雨。」皇太極實錄載其訓言，亦曰：「我國士卒，初有幾何。因嫺於騎射，所以野戰則克，攻城則取。天下稱我兵曰：「立則不動搖，進則不回顧。威名震懾，莫與爭鋒。」觀萬曆四十七年薩爾滸之戰，五日之間，努爾以八旗兵破楊鎬四路二十萬衆，崇禎十四年松山之戰，皇太極破洪承疇等所領兵十三萬，如摧枯拉朽，指顧而定，有以知其言之非虛矣。建夷之兵威如是，明廷所以禦之者則如何。自楊鎬喪師，明以熊廷弼爲經略，廷弼疏陳遼情，稱現有殘兵額兵募兵援兵，戰守皆不足恃，遼人亦多傾心向敵。（註四）及廷弼經營歲餘，嚴固守備，幸能阻努酋之前進，卒爲黨論反覆攻訐而首領不保。袁崇煥踵之，恃西夷火器以却敵，努酋亦以攻寧遠受創卒。然自皇太極之立，（天啓六年、一六二六、）厚招明工匠仿製大礮，至崇禎四年（皇太極天聰五年、一六三一、）礮成（共四十位）；是年金兵圍拔大淩河城，又以礮擊明兵取勝矣。（註五）六年、（天聰七年、一六三三、）明登州叛將孔有德耿仲明率兵丁萬數千人，挾新製西洋巨礮，航海降金，廣鹿島副將尙可喜率衆繼之，（註六）金號其兵爲天祐軍天助軍，是後攻略中國，遂以彼等爲前導，又藉降人以習洋礮，金軍兵器，乃不復居劣勢。漢族臣仕虜廷者，或奏兵機，或陳事宜，或獻取明方策，或請乘時進取，後先相踵，今傳天聰朝臣工奏議，（註七）可證也。八年，（天聰九年、一六三五、）金收內蒙察哈爾部；皇太極以諸降附從軍者衆，遂分蒙古爲八旗，兵額萬六千八百四十。明年，即帝位，改國號曰清，建元崇德。十五年，（崇德七年、一六四二、）又分漢軍爲八旗，兵額二萬四千五十。（註八）及洪承疇降松山，錦州繼降，（皆在崇禎十五年、）吳三桂守寧遠，復因流寇入京師，遣使請附，於是明禦外精卒盡爲淸有；多爾袞悉驅以入關。既據北平，遣阿濟格（時號英王）攻陝西，都統塔準攻山東，多鐸（時號豫王）攻江淮，兵鋒所至，悉以漢軍爲前驅。而明將左良玉高傑等所統兵，先後降阿濟格多鐸軍前，爲清人效力者，復數十萬。時江南義師，暨閩粵監國，紛紛謀興復。淸廷初以洪承疇招撫南方總督軍務（順治二年、一六四五、）繼復命承疇經略湖廣廣東廣西雲南貴州，（順治十年、一六五三、）諸降將孔耿尙等率師攻兩廣，三桂率師入川滇，亦所至有功；南明之覆敗，皆此諸人力矣。當孔耿之航海至也，皇太極嘗行滿洲抱見禮。及洪承疇請降，五日陳百戲作賀。諸虜將不悅，則喻之曰：「譬之行者，君等皆瞽，今得一引路者，吾焉得不樂。」（註九）蓋皇太極深知女眞族小人寡，非藉明人之力，決不足覆明而有中國。而漢族不能協力自衞其國族，甘爲虎作倀，中原神器，遂爲建夷所僭竊，亦可痛矣！

自蒙古滅金，女眞遺族之散居東北者，因受蒙人統治，一時盛行之女眞文字，亦日以澌滅，惟語言猶仍舊習而已。當努爾哈赤併合諸部，凡文移記錄，初皆沿用蒙文。萬曆二十七年（一五九九），努酋始命巴克什（初意爲文人學者，後譯爲筆帖式，即錄事。）額爾德尼、噶蓋等，假蒙古字編寫女眞語，頒行通用，是爲建夷自有文字之始。（後稱滿文，說見下。）然時備以蒙文綴合女眞語成句，尚未別爲書體也。至皇太極命巴克什達海細加正訂，以十二字頭貫一切音，因音立字，合字成語，繼復增加圈點，切字諧聲，音義益趨詳密。達海并譯出明會典、素書、三略諸書，巴克什庫爾纏又用以記注政事，是爲建夷有圖籍記載之始。然翻譯記述，皆因漢籍陳規，非能於學術有何剏造也。抑努酋初興，首重攻戰，每興師，與部衆適野而謀，畫地而議，上馬而傳令，無上下等威可言，固純然打牲部落習性也。嗣因禁悖亂，戢盜賊，始稍立法制，置理政聽訟大臣五人，札爾固齊（蒙古語理事官）十人，佐理國事。凡聽斷之事，先經札爾固齊十人審問，然後言於五大臣，五大臣再加審問，然後言於諸貝勒（建夷以夷語定爵號，其最尊重者稱貝勒，次稱貝子。）衆議既定，猶恐有冤抑，則努酋自加詳問：「蓋部族褊小，故政令之簡如此。史亦美其「無留獄，無遯情，令簡而速，故事無不舉；」（註一〇）與明人之上下隔閡，樹黨相攻，紛呶水火者，正相反也。然時初立旗制，諸理政大臣及札爾固齊，往往即以各旗之固山額眞梅勒額眞等兼任，不皆分授，則猶純以軍治爲治矣。努酋既卒，皇太極以四貝勒繼立。即位之初，即集諸貝勒定議；每旗仍各設總管大臣一，是爲八大臣，凡議國政，與諸貝勒偕坐共議，出師行獵，各領本旗兵行；佐管大臣每旗各二，（是爲十六大臣）贊理本旗事務，不令出征；又每旗各設調遣大臣二，（亦稱十六大臣）出兵駐防，以時調遣，所屬詞訟，仍令審理；是軍民之政仍未劃分。而朝會行禮，代善（努酋子）阿敏（努酋弟子）莽古爾泰（努酋子）等三大貝勒，俱以兄行與皇太極幷坐，同受朝拜，當時實爲四大貝勒合議制，亦部族宗酋分權制；不知漢族君臣之禮也。（崇禎三年、阿敏以罪被幽禁、代善與莽古爾泰仍與皇太極同列而坐、稱三佛尊、）然自對明連歲用兵，交通頻繁，時受諸降人之指導，知漢族文化影響於國家社會者至深，始欲振興文教，仿明制設諸職官。崇禎二年，（天聰三年、一六二九）、設文館，考生員。（註一二）四年，初設六部，部以一貝勒主之，各有承政、參政、啓心郎（翻譯員）等官，以滿洲蒙古漢人兼授，（時吏部有李廷庚、戶部有吳守進、禮部有金玉和、兵部有金礪、刑部有高鴻中、孟喬芳、工部有祝世蔭等，均爲漢承政。）又令貝勒大臣子弟十五歲以下，八歲以上，俱就學讀，不願者啓奏。（註一二）又「用禮部參政李伯龍言，更定元旦朝賀行禮班次；」（註一三）明年，行新定朝儀，代善與莽古爾泰侍坐於側，皇太極儼然南面稱尊矣。（滿族竊用漢人朝儀及君臣禮法自此始。）初努爾哈赤建元稱汗，不過由一部落之酋長，進而爲較大之酋長，國號曰金，第欲承襲女眞，雄長東北而已。皇太極天聰之世，猶不敢自居帝稱。故臣工奏議，多稱曰汗；與朝鮮使命往還，則曰「金國汗致書朝鮮國王」；與明將毛文龍祖大壽等通書，則曰「金國汗致書毛大將軍」，「金國汗致書祖大將軍麾下」；（註一四）其攻永平，以明七大罪誓師，則曰「金國汗諭官軍人等知悉」；其追稱努爾哈赤，則皆曰「先汗」。及更定朝儀後四年，（崇禎九年、一六三六、）皇太極始即帝位，改元崇德，既以金號之陋，改金爲「淸」，又以女眞建夷名不雅馴，爰借酋長之命名，自稱其部族曰「滿洲」；諸淸修官書稱淸初爲滿洲，暨滿文滿語滿俗滿制等，以及崇德以前之稱淸稱帝，皆崇德以後所追改者也。（註一五）然皇太極雖稱號自尊，及命諸貝勒致書朝鮮，乞鮮王共進尊號，朝鮮君臣拒不承認，（註一六）皇太極出師夷其國都，王綜乃稱臣乞降。（朝鮮自是屬淸、崇德九年、）皇太極後增設都察院，奏劾宗室百官曠職不敬者。嗣又設理藩院，專治蒙古諸部事。兩院官制與六部同，幷稱八衙門。至是行政設施，亦日趨完備矣。而其與明議和，猶僅欲以錦州爲界，互市贈金而止，（註一七）明廷則以禮同敵國拒之。崇禎十五年，皇太極以媾和不成，命將大舉入塞，殘破明州縣數十以息憤。明年，淸師北還。未幾，皇太極亦卒。後日嗣子福臨入關稱帝，固非皇太極始意其及料也。

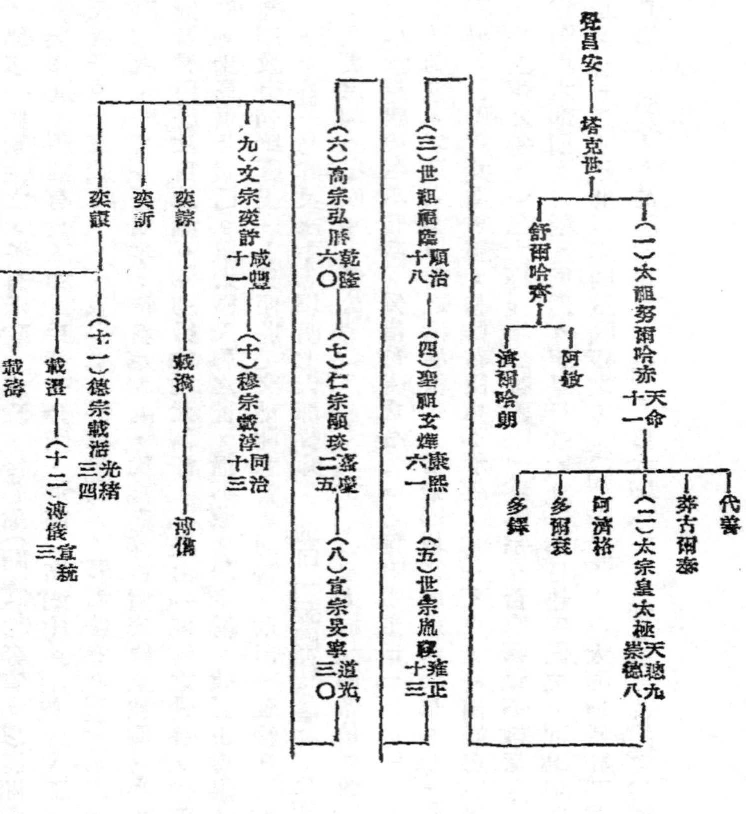

清之竊主中夏，始於福臨，而福臨實爲其叔多爾袞所擁立。當皇太極卒，多爾袞實力在握，捨皇太極長子

豪格不立，立年僅六齡之三子福臨，而自與濟爾哈朗（努酋弟子、號鄭親王、）共輔政，罷諸王貝勒貝子兼管部務，以秉中治權。入關之役，多爾袞自居首功，及迎福臨都燕，遂自號「皇叔父攝政王」，尋又號「皇父攝政王」，福臨母亦下嫁焉。（註一八）既以疑忌逼死豪格，而奪其妃，降濟爾哈朗為郡王，兵事則委之同母弟多鐸。時朝臣啓奏，皆先上副本於多爾袞，批答章疏，咸用其旨，即內庫信符與賞功册，亦藏其第。蓋自順治元年至七年，實為多爾袞專橫時代，朝野上下，知有多爾袞，不知有福臨也。方多爾袞之入關也，用漢臣范文程洪承疇等議，不毀降人，不焚廬舍。洎抵北京，又令能明季額賦外一切加派。然旗兵所至，宛如蜂蠆毒螫，皆肆意圈占居民田廬以為己業。多爾袞復藉口清釐無主荒田莊田，諭令戶部將近京州縣田地，分給東來諸王勳臣兵丁人等；爾後凡旗下退出荒地與游牧投來人丁皆復行圈補以為例，歷順治至康熙初猶未已。各省駐防兵士之圈占民屋者，且令被逐之屋主代為修葺。（註一九）其肆毒蓋逾於女眞之屯田軍矣。又自以族小人寡，恐明軍降者，或多乘機反正，特嚴薙髮之令。二年六月，諭禮部「自今布告之後，京城內外限旬日，直隸各省地方，自部文到日，亦限旬日，盡行薙髮，遵依者為我國之民，遲疑者同逆命之寇；該地方文武各官皆當嚴行察驗，若有復為此事瀆進章奏，欲將已定地方人民，仍存明制，不隨本朝制度者，殺無赦！」（註二〇）其檄下各縣，并有「留頭不留髮，留髮不留頭」之語。令至江南，諸不忍上國衣冠淪於夷狄者，紛起義師，以圖抗拒。清兵一以屠殺之威，南幾有嘉定之屠，江陰之屠，浙江有嘉興之屠，金華之屠，自餘丁壯誅戮，婦女毀節者，難可悉數。明季流寇之亂，遺黎彫喪，東南一隅，猶自完具，至是遂悉殘破，雖蒙兀之下江南，無若斯之慘毒也。雖連年開科以聳動迷信科舉之漢士，一面又諭戶部「將前代鄉官監生名色盡行革去，一應地丁錢糧雜泒差役，與民一體均當，蒙混冒免者，治以重罪。」（註二一）滿朝自後遂以摧抑縉紳學士為家法。七年（一六五〇）十二月，多爾袞以貪淫致疾卒，清廷追尊為「義皇帝」，廟號成宗。明年，福臨親政，嚮為多爾袞排斥之濟爾哈朗等，紛起追論多爾袞罪狀，誅黨與，奪封典，籍家產，朝廷政權，一轉而濟爾哈朗一派所占有。然其施政方針，仍一本多爾袞成規，既委任洪承疇等平定南服，任法嚴峻，漢官如陳名夏譚泰陳之遴劉正宗輩，稍有差失，無不立予誅黜。而懲歷士子尤嚴。十四年丁酉(一六五七)鄉闈大獄，順天江南兩闈，以沿明季積習，交通關節，賄賂者衆，事發，主司房考及中式之士子，誅戮及遣戍者無數，甚至弟兄叔姪，連坐同科，妻子家產，皆籍沒入官；科場慘禍，爲亙古所未聞！(註二二)十八年(一六六一)，以直隸各省錢糧多沿明世舊例，士紳拖欠者多，飭有司盡力督催，定巡撫以下州縣以上催徵錢糧未完數分處分例。時各省皆嚴厲催徵，蘇撫朱國治造欠册，悉列江南紳衿一萬三千餘人，號曰抗糧。此呈報到部，凡列名逋糧册者，雖欠僅分釐，見任官則降調，在籍官與士流，無不黜革比追，甚或發本處枷責，或鋃鐺起解，探花 方謁以欠一錢亦被黜。(註二三)時福臨已卒，玄燁以八齡稚子即位，則主持其事者，必爲滿族之宗黨，蓋亦假是以塗毒漢族紳士而已。綜福臨之世，親貴招權納賄，朝廷棼如亂絲，給事中魏裔介應詔陳言，所謂「上下之情未通，滿漢之氣未協，大臣闒茸以保富貴，小臣鉗結而惜功名，紀綱日弛，法度日壞，貪官暴吏，轉相吞噬，以鳴得意」者，(註二四)實可爲當時寫照。不特了無盛德大功之可言，即開國規模，亦訖無足紀。徒因張李諸賊殺掠過甚，民生無聊，亂極思治，滿族又以兵力刑殺劫制漢人，使之強就銜勒，乃得倖成一統之業焉。

玄燁之初立也，滿族索尼、蘇克薩哈、遏必隆、鰲拜等四人輔政。索尼年耄，務姑息。鰲拜藐玄燁沖幼，恣意專擅，遏必隆亦與之比奸。以蘇克薩哈不附己，殺之。鰲拜專政凡八年，始爲玄燁所罷黜，雖犯種種惡蹟，難以枚舉，以其爲滿洲勳舊，亦特宥一死焉。時故明宗室已蕩焉無存，臺灣鄭氏亦不足爲大患，惟明降將吳三桂王滇，尚可喜王粵，耿仲明子繼茂及孫精忠王閩，皆分藩開府，握兵馬財賦之大權；三桂專制雲南，兵衆餉足，尤隱如敵國。康熙十二年(一六七三)，清廷下令撤藩，三桂首起兵反抗，遣將攻黔蜀湖南，軍鋒所至，滿兵多退避；精忠與尚之信(可喜子)相繼應之。玄燁雖命宗室勒爾錦等率衆往攻，老師數載，毫無尺寸之功。奈三桂白首興戎，趨重保守，得岳州後，扼守不進，滿廷因得從容布置，(註二五)綠營漢將又各出死力以助，(註二六)擾攘八載，三藩之變，卒告敉平。二十二年，施琅率師攻臺灣，鄭克塽出降；於是克塽之祖若父兩世經營二十年，且爲明人圖謀恢復之最後根據地者，亦入清之版圖。明季遺民匡復之業，至是結局，滿清統一之功，乃大告成，時玄燁年甫三十，上距福臨入關，已四十歲矣。族史所載，於玄燁一生，最多褒美，如任賢、蠲租、勤政、好學、崇儉諸端，諛者直者，皆雷同無異詞。然夷考其實，玄燁罷斥鰲拜以後，即任用滿族索額圖明珠等，索等之樹黨營私，小民之愁苦無告，且有甚於鰲時者。十八年（一六七九）七月，京師連地震，左都御史魏象樞入對，極言係時相索額圖明珠植黨市權以剝蒸黎之應。出語副都御史施維翰曰：「今民生困苦已極，而大臣之家，日益富饒，皆地方官吏諂媚上司，朘削百姓，督撫司道轉餽送在京大臣，以天地有限物力，民生易竭脂膏，盡歸貪吏私囊，小民愁苦之氣，上干天和，致召水旱日食星變地震泉涌之異。又會推選擇，徇私不公，行間將帥，復無紀律，蠲免錢糧，災黎不沾實惠，刑官鬻獄，豪右罔利，等威蕩然，貴賤倒置，皆爲可憂。」（註二七）時顧炎武客居關中，亦曰：「以今所覩，國維八表，視昔（指崇禎末）十不得二三。而民窮財盡，又倍蓰而無算。關輔荒涼，非復十年以前風景，而雞肋蠶叢，尙煩戎略，飛芻輓粟，豈顧民生。至有六旬老婦，七歲孤兒，挈米八升，赴營千里。於是强者鹿鋌，弱者雉經，闔門而聚哭投河，併村而張旗抗令。」（註二八）較象樞所陳，尤遠過之矣。玄燁因索額圖貪黷成性，雖旋解其大學士職，然猶任爲議政大臣暨內大臣。（至四十二年、始因罪拘禁於宗人府、尋死於禁所、）於明珠則因其首議撤藩有功，一任貪婪不法，尊信逾恆；至二十七年（一六八八），始以御史郭琇之劾而黜免。噶禮又繼以樹黨擅威福貪貲巨萬聞矣。唐甄有云：「清興五十餘年，四海之內，日益困窮。中產之家，嘗旬月不觀一金，不見緡錢，無以通之。故農民凍餒，豈年如凶；良賈行於都市，列肆煜耀，冠服華膴，入其家室，朝則囪[illegible]烟，寒則蝟體不申。吳中之民，多鬻男女於遠方，徧滿海內。」（註二九）康熙中祀，號爲家給人足，甄言發其覆蒙矣。觀郭琇疏劾明珠「督撫藩臬缺出，無不展轉販鬻；必索及滿欲而後止；是以督撫等官遇事朘削，小民重困。」「學道報滿之後，應陞學道之人，率往論價，缺皆豫定；由是學道皆多端取賄，士風文教因之大壞。」（註三〇）明珠雖罷大學士職，然後亦任用至內大臣。四十七年（一七〇八），明珠以內大臣卒，玄燁猶「命三子胤祉奠茶酒，賜馬四匹。」（註三一）玄燁之諡好恤惡如是，故貪墨成風，黎民重困，寬假之令，免賦之詔，雖數數降，其惠不及下，又可知也。自二十三年以後，玄燁欲對漢民示威市德，嘗以臨閱黃淮爲名，六次南巡。（二十三年、南巡至蘇州還。二十八年、三十八年、四十二年、四十四年、四十六年、皆至杭州還。）史稱其勤劬，且云往返供億，悉發內帑，沿途行宮，不施采饋。然左右侍衞，下及閹寺牧圉，所至例有需索，有司一意奉承，流弊遂深及於百姓。五次南巡之役，兩江總督阿山於四十三年（一七〇四）即議增賦供應，因江寧知府陳鵬年力爭而罷；然明年鵬年即以主辦龍潭行宮不謹獲罪矣。玄燁嘗自言年十七八時，讀書過勞，至於咯血，而不肯少休，老年亦手不釋卷。諛之者至謂「臨摹名家手卷，多至萬餘，寫寺廟匾榜，多至千餘，雖羲睃不能方其專，而天象、地輿、曆算、音樂、考禮、行師、刑律、農政，下至射御、醫藥、奇門、壬遁、滿蒙西域外洋之文書字母，殆無一而不通。」（註三二）今考故宮發現之玄燁硃筆批件，少或數言，多則數行，皆俚鄙不文，字類童蒙，頗雜諧音別體，所謂算草，亦不出初階加減乘除諸法。乃知史冊所載，悉屬虛誕，所謂御筆，無一非南書房翰林代筆，所謂聖學，實皆徐乾學、高士奇、李光地、梅瑴成等之學，而御纂欽定諸書，亦徒盜名欺世而已。惟當時宮中服用，較之明季，實多減省，崇尚節儉，似可徵信。然玄燁嘗封福臨乳母樸氏爲奉聖夫人，又納姑爲妃，則其淫樂是尚，依然建夷本色。有子三十五人，率暴戾自恣。初立胤礽爲太子（十四年），諸子胤禔、胤禛、胤禩、胤禟、胤䄉、胤禵等，亦多結黨引類，自立門戶。及胤礽以狂易廢（四十七年），諸子益各樹黨援，競覬君位。嗣胤礽再立（四十八年），再廢（五十一年），玄燁乃不復言建儲事。而諸子爭競劇烈，互相傾陷，漢滿諸臣，紛紛鑽營交結，玄燁雖幽胤禔，黜胤禩，屢罪疏言建儲諸臣，而卒不能制。六十一年（一七二二），遂憤懣而死。（註三三）四子胤禛繼立，自以得位不正，不爲諸昆弟所服。甫即位，即解胤禵大將軍職，（時胤禵以撫遠大將軍征策旺阿喇布坦、駐師西寧、）謫守陵寢。雍正二年（一七二四），廢太子胤礽死於幽所。「三年，召廷臣宣示胤禟罪狀，幷及胤禩、胤䄉、胤禵。」（註三四）四年（一七二六），削胤禩、胤禟之宗籍，改胤禩名爲「阿其那」（滿語犬也），胤禟名爲「塞思黑」（滿語豕也），皆加幽禁；幷拘胤禔、胤䄉、胤禵等。尋又命宗室羣臣廣宣阿其那、塞思黑、及胤禵等罪狀，曲加醜詆。阿其那、塞思黑先後以暴卒聞，胤禔、胤䄉、胤禵，後亦錮死，胤祉後亦卒於禁所。蓋玄燁身死未幾，諸子惟胤祥以與胤禛同母，猶得保全祿位，諸與胤禛異母者，非斥爲異類，亦視若寇讎，或殺或錮，惟意所欲，自餘黨附諸臣，或死或遣戍，或降革有差，不知凡幾，阿其那等之子孫親戚，亦皆伏辜。胤禛不獨酷待諸昆弟及其黨與也，自初即位，即「諭宗室及覺羅人等（清制，塔克世本支爲宗室，伯叔兄弟之支爲覺羅，）當念宗室覺羅須閉戶家居，安分靜守，愼毋怙過不改，再罹重罪。」幷「禁止八旗官員詬罵屬下人等父母，違者交各管官懲治。」（註三五）又「勒八旗人員有爲本旗都統本管王公刁難苛索者，許其控訴。」（註三六）又以清初八旗之制，上三旗（鑲黃、正黃、正白，）爲大酋所親將，下五旗（正紅、鑲白、鑲紅、正藍、鑲藍，）爲諸王所分將，五旗戶籍皆爲王公僚屬，其關係若奴隸之於主人，承平日久，諸王習於驕汰，御屬下多不法，特嚴禁宗藩與外吏之交通，非廷見不得私謁；其王府屬下，惟護衛諸官得由本主遷擢，餘悉改隸有司；以所屬值宿護軍，撤歸營伍，宮廷禁地，另代以內府護軍。諸滿族親貴，自是皆懍然奉法。自皇太極南面稱尊以還，經福臨玄燁諸酋，專制威儀，雖以時增益，而部族宗酋分權制之意味，猶極濃厚，至胤禛惟朕獨尊，一切政制之損革，尤悉以集權爲鵠的（見下），清室乃進而爲一大酋專制之政治焉。胤禛之初立也，隆科多以元舅爲顧命大臣，年羹堯（父遐齡，爲鑲藍旗漢軍人，）以藩邸舊人，命率師平青海有功，幷喧赫一時。胤禛陽爲寵信，而陰懷疑忌，卒亦兩興大獄，羹堯賜死（雍正三年），隆科多則禁錮終身（雍正五年）。羹堯記室汪景祺，隆科多門客查嗣庭，復各以文字疑忌，罪極刑。（註三七）侍講錢名世因曾投詩羹堯頌其功，「專發，革去職銜，上親書名教罪人四字懸其門，幷令文臣作爲文詩刺惡之。（註三八）胤禛旣治尚嚴酷，所以防制臣下者無不至，密設緹騎，四出偵察，凡閭閻細故，內外百官之私生活，極至起居飲食之瑣末，無不上聞。各省督撫幕客姓名，皆須造册呈報。所寵眷如田文鏡、李衛，並以瑣屑苛細著稱。鄂爾泰、張廷玉號稱股肱，亦皆謹愼自將，倚辦成事。胤禛又剛戾自用，好以苛察爲明，臣僚疏奏，動加批斥，盈章累牘，詰誡諄諄，萬里外儼若覿面，坊刻硃批諭旨，多至三百六十卷，尚不過十之三四。（註三九）故當時大臣咸狩祿而阿諛，小臣則畏罪而將順，獨夫專制之淫威如是，胤禛猶以爲未足也。旣創儲位密建法，（註四〇）以一人之愛僧，定君位之繼承。復希冀不死，永專之於一己之身；於是招方士婁近垣、賈士芳等入內供奉，學仙術，求長生，十餘年中，禱祠林立，封神殆遍。及賈士芳誅死，(註四一)張太虛、王定乾之徒，復聯翩繼入。時欽天監及封疆奏報，皆侈言符瑞，休徵畢至。胤禛亦自以為神仙可致矣。然在位纔十有三年，忽一日以暴崩聞矣。弘曆繼立。即位之初，即以玄燁治頗縱弛，胤禛治太嚴厲，佯言欲去煩苛，與民休息。而諸臣習於揣摩迎合，一時條奏，務主於寬，弘曆乃嚴厲誡飭，屢申執兩用中之意。(註四二)史因美乾隆朝政治能寬猛互濟，得文武張弛之道，然當時所謂寬大諸政，如蠲免租賦，豁除賠累，增廣赦條，起用廢員等，特陽示寬仁，以為愚弄漢民之地。弘曆既深惡羣臣揣測己意，妄導迎合。又深慮其營私植黨竊弄威柄，故事無大小，悉由獨斷。於玩愒諸臣，既盡法懲治，不少寬假。如鄂爾泰、張廷玉等顧命大臣，亦止於「侍直樞廷，承旨書諭，」(註四三)從不畀以實權。而猜防之周至，用心之深刻，較諸乃祖乃父，尤過之而無不及。雍正世，有呂留良、嚴鴻逵、曾靜、張熙等之獄，呂嚴雖戮屍，並誅其族，而靜熙則邀赦免。胤禛又將呂嚴等學說，與己之辯駁，合刊為大義覺迷錄，(註四四)頒行天下，各省特設觀風整俗使一官，廣事宣傳講解。(曾靜即任此職)弘曆則以書中所論滿清得國華夷一家諸說，不特愈辯而愈歧，且徒使漢人資為口舌，即位後，即命盡毀此書，入諸禁書目錄，靜熙等亦皆殺戮。(註四五)此其一也。胤禛雖乾綱獨斷，然於硃批諭旨，亦樂由臣僚刊刻流布。弘曆則因習見胤禛時「每召九卿等進見，訓誨開導反復數千言，諸臣退出，惟竊語詭昵踰晷，形體疲勞，從無言及聖訓之當深體者，足見衆情非可口舌化導，故不欲以批答之詞，宣布之旨，付之剞劂。」以黃檢刊其祖廷桂奏本，載胤禛及弘曆硃批，特將檢交部嚴加議處，並「諭令將所有板片及刷存之本，或已經分送者，查明解京銷毀。並通諭各督撫詳悉曉諭確查，如大臣家有似此曾經鐫刻者，即令其子孫將板片書本一併繳出，奏聞，送京銷毀。」(註四六)此其二也。清世歷朝實錄，雍正以前，本已任意撰造，然至乾隆世，則天命至雍正六朝實錄，凡弘曆認為事涉忌諱者，悉加刪改。國史宗室王公列傳，亦多重作。(註四七)乾隆三十年(一七六五)，且諭「將國初以來滿漢大臣已有列傳者，通行檢閱覈實，增刪改正；其未經列入之文武大臣，並綜其生平，均照實錄所載及內閣紅本所藏，據事排纂；」悉呈弘曆「親加㕘定」。(註四八)乃至如谷應泰明史紀事本末記吳三桂敗李自成軍事，五十一年(一七八六)，亦諭軍機大臣據開國方略修改。(註四九)務期關於清初史實之是非曲直，皆已經弘曆最後論定，他人不得再行論議；關於清室紀載，亦不令有一字供後世之姍笑。此其三也。康熙時，始有莊廷鑨明史獄，戴名世南山集獄，雍正世，則有汪查呂嚴及陸生楠(著封建論)徐駿(詩集有譏訕語)等獄，文字之禍，已極慘酷。乾隆時，海內清謐，人民已無復有繫戀舊君之思，而弘曆毛舉周納，誅求益深。如胡中藻(著堅磨生詩鈔)王錫侯(著字貫)徐述夔(著一柱樓詩)諸獄，皆指摘篇章，比附妖言，處以極刑。其獄興而滅迹者尤多。故宮博物院排印之清代文字獄檔，僅出八册，已有六十四案，自屈大均案(雍正時)外，皆悉屬乾隆世；且自四十年至四十八年，九年間多至三十七案；大抵不見他書之記載。檔案之未發現，與雖發現而未編印者，尚不知凡幾！(註五〇)雖就文字獄檔觀之，其中多出於有司之吹求，實則希冀迎合風旨及為事發避禍計耳。窺弘曆之意，殆不願任何人敢對清室有一字之譏訕，乃至可能作譏訕之解釋與比附。此其四也。玄燁胤禛之世，不聞大舉銷毀前代圖籍也。弘曆則借開四庫館之美名，乾隆三十九年(一七七四)，下詔求書，命有觸忌諱者毀之。四十一年(一七七六)，江西巡撫海成獻應毀禁書八千餘通，傳旨褒美，督他省摧燒益急。五十七年(一七九二)，四庫全書告成已十載，尚嚴諭遵行。初所切齒者，猶僅限於明季野史，繼則雖宋人言遼金元，明人言元，及明隆慶以後諸將相憲臣所著奏議文錄，四裔載紀，絲䄂寸札，靡不燒滅。(註五一)傳世「銷燬抽燬書目」「禁書總目」「違礙書目」及「奏繳咨禁書目」等所載，總計將三千種。而官吏妄揣意旨，額外蒐誅，小民懼禍，私自焚棄者，尚不知幾何！其不銷毀者，則雖業已行世久遠之正史，亦輒令刊落「胡」「虜」等字，務使記述或論議建夷遼韶，乃至可以影射或比附譏斥建虜者，不令有一字之存留。此其五也。玄燁嘗以朱子之學為帝王之家學，特表章程朱，以自掩飾。既命李光地等編纂朱子全書，又詔朱子配享孔廟在十哲之次。雍正時，謝濟世注大學，且以謗毀程朱獲咎戾。弘曆於朱子雖亦陽示尊崇，然於程頤論經筵劄子所稱「天下治亂繫宰相」一語，則深致詆諆。(註五二)時尹嘉銓師朱子宋名臣言行錄體例，輯錄康雍以來名臣言行。弘曆諭謂「朱子當宋朝南渡式微，今尹嘉銓乃欲於國家全盛之時，逞其私臆，妄生議論，實爲莠言亂政。」「名臣之錄，必其勳業能安社稷，方爲無愧，然社稷待名臣而安之，已非國家之福。本朝紀綱整肅，無名臣，亦無奸臣；何則，乾綱在上，不致朝廷有名臣奸臣，亦社稷之福耳。」嘉銓遂奉旨處絞立決。(註五三)此其六也。漢滿畛域之見，玄燁胤禛何意圖調和。即以用人論，康雍時疆臣，漢人尙多於滿人，特漢人多屬漢軍而已。弘曆則歧視特甚。杭世駿時務策嘗言「天下巡撫，尙滿漢參半，總督則漢人無一焉，何內滿而外漢也。三江兩浙，天下人才淵藪。邊隅之士，間出者無幾。今則果於用邊省之人，不計其才，不計其操履，不計其資俸。而十年不調者，皆江浙之人。豈非有意見畛域。」弘曆則謂「此中裁成進退，權衡皆出自朕心，即左右大臣，亦不得參與，況微末無知之小臣。且國家敎養百年，滿洲人才輩出，何事不及漢人。」世駿遂以是革職。(註五四)及弘曆季年，則不惟總督，即各省巡撫，亦滿多於漢焉。(註五五)此其七也。弘曆吟詩習字，一切漢化，且常自詡其博雅，而於滿人，則極力禁止。胡中藻之獄，以鄂昌(鄂爾泰姪)與中藻往復唱和，詔爲「喪心已極」，旣賜令自盡，復嚴諭八旗，「務崇敦樸舊規，毋失先民矩矱，儻有託名讀書，無知妄作，哆口吟詠，自蹈囂凌惡習者，朕必重治其罪。」「嗣後八旗滿洲，須以淸語騎射爲務，如能學習精嫻，朕自加錄用，初不在其學文否也。如有與漢人互相唱和，較論同年行輩往來者，一經發覺，決不寬貸。」(註五六)此其八也。弘曆所以統治與夫切制猜防漢族，幷爲滿族計慮久長者若此，淸室專制集權，至是蓋造其極矣！弘曆又性習汰侈，好夸飾，事事欲追蹤玄燁而突過之。以玄燁嘗開制科，詔舉博學弘儒也，(十七年下詔、十八年集被舉者百四十三人、試以詩賦、取五十人、)乾隆元二年，弘曆亦兩開博學鴻詞科。(元年試被荐者百七十六人、取十五人，逾年補試、又取四人。)(註五七)以玄燁嘗六次南巡也，終乾隆世，弘曆亦六度南巡，(註五八)而供辟繁奢，勞民傷財，視康熙世不止倍蓰焉。(玄燁又嘗西至五台、東往關東、北出塞外、弘曆亦循其例也。)以玄燁南巡時，嘗召試諸生特予出身也，弘曆車駕所至，亦輒召諸生試詩賦，漢兒與試就籠絡者，視康熙時又或過之焉。以玄燁嘗普免天下錢糧二次，漕糧一次也，弘曆五十六年，已普免錢糧四次，漕糧二次，及六十年，復將各省漕糧普免一次，又命將嘉慶元年各省錢糧逈行蠲免焉。以玄燁胤禛世嘗經營圖書集成(見下)，而玄燁又假名御纂經籍若干種也，弘曆則開設四庫館，編訂四庫全書(見下)，其命臣工纂輯撰述者，又多至數倍焉。以玄燁胤禛世嘗奠定臺灣經營準部青海及西藏也，乾隆世，亦兩平準噶爾，一定回部，兩掃金川，一靖臺灣，一入緬甸，一復安南，兩勝廓爾喀，弘曆且以「十全大武揚」，(五十七年、廓爾喀歸降命凱旋班師詩、)自詡，特製「十全記」，以志武成，而自號爲「十全老人」焉。乃至玄燁胤禛嘗御乾清宮召宴內閣翰詹等官，君臣賦詩唱和，(玄燁在二十一年、胤禛在四年、玄燁製首句「麗日和風被萬方」、諸臣以次賡續成章、)乾隆四年(一七三九)，亦踵行其事，及九年(一七四四)，甲子，翰林院重修工竣，弘曆復仿行焉。(弘曆製首句「重開甲子文治昌」、諸臣亦以次賡續成章、)玄燁嘗舉行「千叟宴」，(六十一年、集在職及致仕八旗文武大臣年六十五以上者百八十人、宴於乾清宮、越三日、宴漢官年六十五以上者三百四十人、亦如之、)弘曆則於五十年徵年六十以上者三千人賜延，(弘曆詩有云、「祖孫兩舉千叟宴、史册饒他莫并肩、」)及嘉慶元年，復集年七十以上者三千人賜宴焉。玄燁在位六十一載，弘曆雖自謂不敢上同其數，踐阼之初，嘗告天默禱，在位六十年，卽當歸政嗣子。及六十一年元旦，傳位顒琰，改元嘉慶，自爲太上皇帝，然仍自擅大權，且不時南面受朝，或賜宴自作主人，命顒琰陪侍其側。至嘉慶四年(一七九九)，正月，弘曆始卒，壽八十有九，上及祖父，下逮元孫，五世一堂，親見七代，則又玄燁所未有矣。(玄燁壽六十九歲、子孫百五十餘人、)綜弘曆一生，處高履厚，未嘗艱苦。然當時文教無論矣，卽武事亦多粉飾張皇，苟且蒇事，暮年志得意滿，怡情聲色，委政和坤，紀綱廢弛，教匪因以竊發。蓋清世一切衰象，又皆於乾隆中葉後伏之。然比而觀之，由康熙中臺灣鄭氏乞降，以至弘曆之世，實爲清室鼎盛時期。各種政制及對外之開拓與四裔之關係，茲復分端彙述如次。

清自福臨入關，一切因明遺制，然或因事立法，或隨時損益，制度精神，乃多與明制迥不相同。就中特異之點，莫甚於雜用滿蒙之人而定其額。據清會典所載，內閣六部之首領，內閣大學士，滿洲二人，漢二人，六部尚書暨左右侍郞，均滿洲一人，漢一人。自餘內外百官，咸定若者爲宗室與滿洲缺，若者爲蒙古與漢軍缺，若者爲內務府包衣缺及漢缺。（註五九）其不定額者，亦時時用滿人爲之焉。明廢宰相而提高六部實權，蹇義（吏部尙書）夏原吉（戶部尙書）胡濙（禮部尙書）馬文升（歷各部尙書）等，皆以尙書皿卓著政績。及閣職既崇，亦靡所不領，百官任用，由部院屬官府縣正佐，皆由吏部擇人注授，大僚由廷議會推（名曰廷推）。清初機務出納，名義上亦悉關內閣。然軍國重務，皆付議政五大臣（皆滿人）議奏，故內閣大學士止於傳寫諭旨。六部長官，一部六人，各無專事，且一人每兼數職，既不得對督撫直接發布命令，侍郎又與尙書皆爲敵體，（註六〇）且皆得單獨上奏。故各部尙書不特非總轄全國行政之長官，亦並非統率各該部之唯一長官，曲承稟仰，幾與具員無異。（註六一）而內外大員，皆由特旨簡授，既無廷推之制，吏部亦無銓衡之權，即一命以上，由部按例注闕者，亦必經引見，然後給憑赴職。蓋用人行政，事事悉仰獨夫之專斷矣。雍正十年（一七三二），用兵西北，胤禛以議政諸臣皆貴族世爵，不諳國務，而內閣在太和門外，慮儤直者洩機密，始設軍需局於隆宗門內，後名軍機處，簡閣臣及部院卿貳兼攝其職，曰軍機大臣。（又選部曹及內閣侍讀中書等爲僚屬，曰軍機章京，據清會典稱滿漢各十六人，清史稿職官志則稱滿洲十有六人，漢十二人。）其職掌初亦以書諭旨爲主，而會典所釐定者，則曰：「綜軍國之要，以贊上治機務，議大臣，讞大獄，得旨則與，軍旅則考其山川道里與兵馬錢糧之數，以備顧問。」（註六二）蓋自軍機處設立，而議政之制革，（註六三）內閣之權，皆移於軍機處，而一國之政皆名曰軍機矣。（註六四）明制，通政司受內外本章，有敷奏封駁之權；其監察官吏，各道監察御史雖隸於都察院，而稽察六部百司掌侍從規諫補闕拾遺並得封駁制敕之吏戶禮兵刑工六科給事中，則自爲一曹，無所隸屬，科道用人，其途亦廣，三年考滿之推官知縣，亦可入任，謂之「行取」。清初皆沿其舊。胤禛以通政司職權太重，始命內外諸臣有緊密事，改用摺奏，專設奏事人員以受之，使得立達御前，自是通政司爲閒曹。又以明世言路紛爭，實爲羣臣朋黨之代表，故言官有所陳白，必多方駁斥；且命六科給事中改隸都察院以抑之，由是臺諫合一，給事中轉爲御史官之一部，非復如明世之爲諫官言官矣。抑自軍機設，惟明降諭旨與例行本章，始歸內閣，其重要摺奏，皆入於軍機處，諭旨之諭軍機大臣行者，概歸軍機大臣直接封發，名曰廷寄，（註六五）外廷無術預聞，任何專斷失政，無人亦無法能監督糾正，六科給事中雖有封駁之名，亦無所用之焉。（至行取之制，乾隆十六年行停止，由是內外官之制始嚴，地方親民官，甚少昇遷之望矣。）明代地方官，以布政使爲主，其總督巡撫諸官，皆屬朝官之出使者，因事而設，事畢復命，職亦消滅。清則以軍職陵駕民政之上，總督巡撫爲地方常設之長官，布按兩司不啻其屬吏。（註六六）而「國家與大兵役，特簡經略大臣參贊大臣，親寄軍要，吏部助之用人，戶部協以巨餉，督撫儀品，雖與相埒，亦不過承號令，備策應而已。」（註六七）當滿族盛時，經略督撫等多其族人。乾隆朝，漢人仕外官者，能游至兩司，已爲極品。弘曆且嘗欲用筆帖式等官爲知縣，執劉統勳「州縣治百姓當使身爲百姓者爲之」之對而止；否則民事之受滿人荼毒者，更不知若何矣。綜清之官制，惟以箝束漢人擴張君權爲宗旨。其視前代爲愈者；惟裁抑宦官，不使預政；又自三藩平後，不復以兵柄土地世予臣下，宗室功臣之封爵，率優以虛榮而無實權，亦無封建之禍。而官府奔走服役與夫守簿書定則會之胥吏，在明世已成極弊者，清則一仍舊貫。蓋閹寺封建與一大會之集權專制有礙，故清廷特加裁抑，胥吏與長官朋比爲奸，有害於漢人，而無損於滿族，故一任其攘臂縱橫，弄法舞文也。他如言職方，清初劃土分疆，多沿明制，但改南直隸爲江南。玄燁世，分陝西爲甘肅，分江南爲江蘇安徽。湖廣爲湖北湖南；又置奉天寧古塔（後移吉林）黑龍江將軍，臺灣亦設府治。延及胤禛，喀爾喀青海諸部，及賀蘭山厄魯特，迄於西藏四譯之國，稽顙內鄉。弘曆定大小金川，收準噶爾回部，設伊犁總統將軍。其時本部有省十八，奉吉黑伊將軍四，凡府一百八十四，州六十四，廳十六，屬州一百五十，屬廳十，屬縣一千三百有一，（註六八）羈縻土府州縣司等，不在其內；蒙古青海西藏，並隸版圖。「東極三姓所屬庫頁島，西極新疆疏勒，至於蔥嶺，北極外興安嶺，南極廣東瓊州之崖山，（註六九）幅員之廣，軼於明世。自餘稱蕃內附，來享來王者，尚十數國。可謂盛矣。言兵制，滿蒙漢軍，入關前皆稱八旗，說已見上。入關後，則以在京師者爲禁旅，分鎮各省者爲駐防；初定兵額約二十萬，居京師者約半數，仍一號八旗。其後佐領丁壯，時有增益，佐領多時，數將二千，（註七〇）因兵額不增，故實際兵數，亦無人能言之。至入關後專以漢人編成之兵，則仍前明規制，名曰綠營，統以提鎮鎮撫，分列各省，共有制兵六十六萬餘人。(註七一)滿酋以任其窳敗藉免叛亂爲得計，故訓練名額，類有名無實。然玄燁胤禛弘曆世，平三藩，征青海，定西疆，雖以旗兵爲主，綠營亦咸有勳績。此外又有出於召募之防軍，於綠旗外別自成營，其初雖無若何編制可紀，兵數多寡亦不定，然後日之練勇練軍，又皆自此昉也。(註七二)言科舉，則以制義取士，「一沿明制。二百餘年，雖有以他途進者，終不得與科第出身者相比。康乾兩朝，特開制科博學鴻詞，號稱得人，然所試者亦僅詩賦策論而已。」(註七三)科場弊端，雖懲治綦嚴，康熙世，玄燁嘗以徐乾學中表揚某主順天鄉試，關節賄賂，已降旨親審矣，乾學令人傳語稱賀曰：「國初以美官授漢兒，漢兒且不肯受，今漢兒營求科目，足覘人心歸附，」玄燁遂置不問。(註七四)則清世特重科第，特以是籠絡中國秀民而已。抑明世選舉，科目外，以學校之制爲最善。「有清學校，向沿明制，京師曰國學，直省曰府州縣學。」(註七五)府州縣學之生員，曰廩膳生，曰增廣生，曰附生。國學之生員，曰貢生，曰監生，曰學生。(註七六)其所謂學校，實卽科舉之初基，與明初國學以養成人材爲鵠的者，性質迥異焉。言賦役，明初徵賦於夏秋兩季，與唐之兩稅略同。嗣因額外附加繁雜，不勝其弊，嘉靖間，總無名之暴賦，行一條鞭法。(註七七)然自後加派之舉，仍因外患而時時加立名目，(註七八)吏緣爲奸，民不堪命，流賊乘之，而明以亡。清初首頒豁除加派之令，定賦役全書，悉沿萬曆條鞭舊制。五年一編審，丁增而賦隨之。順治十八年編審，直省人丁二千一百六萬有奇。至康熙五十年(一七一一)編審，二千四百六十二萬有奇。玄燁以承平已久，滋生日繁，而有司編審時，因恐增加錢糧，不將所增實數開明具報。爰諭將現今丁數，弗增弗減，永爲定額，由後所生人丁，不必徵收錢糧，編審時止將實數察明造報。廷議五十年以後，謂之盛世滋生人丁，永不加賦。雍正初，復定丁隨地起之法，直省丁賦，以次攤入地糧。乾隆五年(一七四〇)，遂併停編審，以保甲丁額造報；及季年各省奏報民數，增至三萬萬有奇，(註七九)其盛爲自古所未有。然丁徭口賦，取之田畝，無地之丁，不納國賦，遂不復知人民對於國家之義務焉。

康雍乾之世，不獨內治稱盛也，經略邊境及與四裔關係，亦頗有可紀。其一則西北諸藩部之戡撫也。明中葉以降，蒙古部落，大別爲四；自瀚海以北，爲漠北蒙古，亦語之喀爾喀；喀爾喀東南，爲科爾沁；科爾沁西南，爲漠南蒙古，部落不一，而以察哈爾爲大宗；其喀爾喀以西，天山以北，則爲厄魯特蒙古（明時謂之瓦剌、瓦剌酋也先卒而中衰，其地復分爲和碩特、準噶爾、杜爾伯特、及土爾扈特四部。）自建夷勃興，皇太極之世，「科爾沁部首內附。旣滅察哈爾，諸部踵降。正其疆界，悉遵約束，有大征伐，幷帥師以從。」（註八〇）然喀爾喀僅遣使貢獻，厄魯特則以荒遠非能致。洎福臨入關，喀爾喀貢使中絕。厄魯特之和碩特部，自明季已據有青海（是爲青海蒙古），時則以青海爲根據，兼控御西藏。準噶爾部尤張雄，康熙初，酋噶爾丹盡一厄魯特諸部，南攻天山南路回部，皆下之，威令行至青海衛藏，終乃東併喀爾喀。喀爾喀款塞內附，淸廷遣官發粟贍之，且假科爾沁水草地，俾游牧。康熙二十九年（一六九〇），噶酋窺伺漠南，勢且深入與中國爭衡，玄燁率師親征，敗之於烏蘭布通（今熱河赤峯縣境）。嗣後復再臨朔漠征之「噶爾丹竄死，朔漠平，喀爾喀諸部復還舊牧。」（註八一）漠北蒙古，自是與漠南蒙古同永爲中國外藩。然準部聘使往來，猶用鈞禮。噶酋兄子策妄阿拉布坦，及策妄子噶爾丹策零，世濟其惡，雍乾世一再抗衡狂突。胤禛弘曆復再出師征之，掃穴犂庭，夷其疆域，厄魯特人多剿絕。時回酋霍集占兄弟煽衆爲亂，移師南嚮，南疆亦歸平靖。青海和碩特部，自玄燁征準部時已來庭。雍正初，部酋羅卜藏丹津叛，旋爲年羹堯岳鍾琪所平服。西藏迭遭和準部蹂躪，至康熙末，淸兵入藏撫綏，衛藏亦遂爲我屬領。（註八二）綜自淸初至是，所收蒙古青海西藏新疆之地，周可數萬餘里。淸室統治之法，除烏魯木齊以東地改置州縣，隸於甘肅省，天山南北路各回城，治以參贊辦事領隊各大臣，統於伊犂將軍，青海之番衆，設置土司，設西寧辦事大臣以統轄之外，自餘概名爲「外藩」或「藩部」。（註八三）蒙古諸部及回部之哈密吐魯番，各區爲旗。據會典所載，都百九十有九旗。（註八四）「旗各建其長曰札薩克，而治其事，無札薩克，則繫於將軍若都統若大臣而轄之。」其蒙古之有喇嘛廟，以及前藏後藏，則又轄以喇嘛，「凡喇嘛之轄衆者，令治其事如札薩克。」（註八五）而西藏復「置駐藏大臣，以統前藏後藏，而理喇嘛之事。」（註八六）皆悉統於理藩院。「理藩院掌外藩之政令，制其爵祿，定其朝會，正其刑罰，以布國之威德，」（註八七）其則例釐訂，極爲詳備。史亦美其「撫馭賓貢，奠越漢唐，屏翰之重，所以寵之，甥舅之聯，所以戚之，銳劉之衞，所以懷之，教政之修，所以宣之，」以視「元之威垣自爲風氣，明之蓄衞虛有名字者，蓋未可以同年而語。」(註八八)然清於蒙古，純取閉塞主義。因其游牧之俗，而以喇嘛教愚之，惟欲其蒙昧無知，便中朝之籠絡；凡蒙人耕種居室，學習漢文，乃至研讀蒙文，皆干禁令。尤禁漢人前往蒙地，任其地廣人稀，絕不輕議開發。其於青海西藏，亦皆以舊俗羈縻。流毒所至，各地雖受清室之統治，而卒不獲於統治過程中同化於華夏之文教焉。

其二則東南西極諸國之臣屬也。清自入關前，已夷朝鮮爲臣僕。洎福臨入主中夏，「順治三年，琉球聞聲，首先請封。九年，暹羅，十七年，安南，相繼歸附。雍正四年，蘇祿，七年，南掌，先後入貢。『弘曆』盪平回疆，而浩罕、布魯特、哈薩克、安集延、瑪爾噶朗、那木干、塔什干、巴達克山、博羅爾、阿富汗、坎巨提，相率款塞。」(註八九)於是葱嶺以西諸國，兵不血刃，而就我銜勒，附我藩墉。惟緬甸、安南、廓爾喀三國，乾隆世嘗以力征。緬甸自順治末執送明永曆帝後，絕不與中國通。至乾隆十八年，始入貢。三十一年，緬甸攻破暹羅。「恃強侵雲南邊，『弘曆』疊遣將軍明瑞、大學士傅恆、將軍阿桂、阿里袞等征之。」(註九〇)三十四年(一七六九)，緬懼乞降。時「暹羅守長鄭昭，以緬甸困於中國，率衆乘其疲敝，擊破之，國復。昭、中國廣東人也，父賈於暹羅，生昭，仕暹羅。既破緬軍，國人推昭爲王。四十六年，昭遣使入貢。明年，昭卒，子華嗣立。五十一年，華遣使入貢，並請封，十二月，封鄭華爲暹羅國王。」(註九一)於是緬益懼，五十三年(一七八八)，乃遣使入貢，清廷亦封緬酋孟雲爲緬甸國王。安南於明季分爲大越(在北，屬黎氏、)廣南(在南，屬阮氏、)二國。康熙初，大越黎氏受封爲安南國王。乾隆末，廣南阮文岳引兵入大越，大越王黎維祁請救於中國。弘曆命兩廣總督孫士毅率師討阮氏，初敗之於富良江，後以疏備爲所乘。清兵雖敗，阮氏亦懼而乞降。清遂封阮光平(文岳弟文惠更名)爲安南王，故王維祁則安置於北京焉。廓爾喀在衞藏西南，乾隆末嘗興師寇藏，弘曆初發偏師問罪，以敷衍受降了事。嗣以廓人大舉入寇，乃命福康安率兵往征，五十七年(一七九二)，廓人稽首稱藩。弘曆好勤遠略，以十全武功自詡，其關涉外夷者，惟此四役，且皆苟且蒇事；雖視明之征交趾緬甸爲暹，然亦康雍世所未有也。自廓人入貢，史稱「於是環列中土諸邦，悉爲屬國，版圖式廓，邊備積完，」（註九二）清室於斯爲極盛矣。觀史載「乾隆十九年，蘇祿國王麻喊味安柔律噒遣使貢方物，並貢國土一包，請以戶口人丁，編入中國圖籍。帝喩蘇祿國傾心向化，其國之土地人民，即在統御照臨之內，毋庸復行齎送圖冊。」「蘇祿本巫來由番族，悍勇善鬥。西班牙既據呂宋，欲以蘇祿爲屬國，蘇祿不從，西人以兵攻之，爲所敗。獨慕義中國，累世朝貢不絕。」（註九三）清世各國之臣屬，多純任自然，慕義歸化，依然一秉吾國漢唐以來之王道字小主義，與西人之力征經營以拓殖爲國策者，實迥不相侔。故雖鄭昭以華人而入主暹羅，亦僅納其朝貢而止也。史又載「康熙五十八年，琉球國建明倫堂於文廟南，謂之府學。擇久米大夫通事一人爲講解師。月吉，讀聖諭衍義。三六九日，紫金大夫詣講堂，理中國往來貢典，察諸生勤惰，籍其能者補保舉。八歲入學者，擇通事一人爲訓詁師教之。文廟在久米村泉崎橋北，創始於康熙十二年，廟中制度，俎豆禮儀，悉遵會典。」（註九四）其效慕華風，亦與明世如出一轍。惟南洋華島諸地，自明季爲西葡荷蘭等國所吞噬，清代除蘇祿外，無一稱臣納貢者，較之明初，實遠不逮。又以懲臺灣鄭氏之禍，康熙五十六年（一七一七）嘗令禁「漢人南洋往來，其在外人民，不得歸化故土。」嗣雖改爲「凡五十六年以前出洋民人，限三年回籍。」然自後私出者，仍一概不准歸國。又凡出洋商船，除篙槳木棍外，礮械軍器，概禁攜帶，否則一經查出，即視同賊艘。於是我民之前往南洋各島開闢經營生息者，一行放洋，即喪失國籍，不惟不得國家之保護，且剝奪其自衛之權利，遂令海外僑民，死亡無日。乾隆六年（一七四一），爪哇紅河之役，我丁壯多被斬戮，老幼婦女，咸膏荷人斧鉞。署福　總督滿人策楞奏稱「被害漢人，久居番地，自棄王化，按之國法，皆干嚴譴，今被戕殺，孽由自作。」（註九五）吁，可痛已！

其三則歐洲列邦之交通朝聘也。明季歐人始來華貿易，最早而最占勢力者，爲葡萄牙人。嘉靖世，葡人借濠鏡（澳門）爲居留地，銳意經營，據若已有，地位益固。西班牙荷蘭及英吉利諸國商人，雖繼有至者，然不能與葡人敵也。清初，沿明例，許澳門葡人至廣東市易。時荷人方經營臺灣，順治十年，首「因廣東巡撫請於朝，願稱外藩，修職貢。十三年，齎表請朝貢，部議五年一貢，詔改八年一貢，以示柔遠。」及「鄭成功攻臺灣，逐荷人，而取其地，詔徙沿海居民，嚴海禁。」(註九六)康熙初，荷人雖遣使入貢，(註九七)然不能互市也。二十二年，臺灣平，「荷人以曾助攻鄭氏，首請通市，許之。而大西洋諸國，因荷蘭得請，於是凡明以前未通中國、勤貿易、而操海舶爲生涯者，皆爭趨疆臣；因請開海禁，設粵海閩海浙海江海榷關四，於廣州之澳門，福建之漳州，浙江之寧波，江南之雲臺山(海州)，署吏以涖之。」然時雖「與大西洋互市，尚嚴南洋諸國商販之禁，自安南外，並禁止內地人民往販。」「雍正七年，因粵閩浙各疆臣以弛禁奏請，遂大開洋禁。凡南洋之廣南、港口、柬埔寨、及西南之柔佛六坤、大呢、吉蘭丹、丁噶奴、單咀、彭亨諸國，咸來通市。」(註九八)日本德川幕府，雖厲行鎖國政策，嚴通海之禁，然其國人亦潛來各口貿易。兩洋諸國，遠至瑞典、丹墨，亦咸來互市。」(註九九)乾隆四十八年(一七八三)，美利堅甫建新國，明年，卽遣船來我國購茶，亦事之至可紀念者也。至當時與各國關係最複雜，及對後日影響最深者，首推俄羅斯與英吉利。當明季建夷遣兵定黑龍江畔索倫諸部也，俄羅斯遠征軍，亦越外興安嶺，以達西伯利亞極東之鄂霍海岸。順治世，清廷不暇注意東北，俄人益乘間侵略黑龍江境，築城雅克薩河口，游騎抄掠至松花江流域，數與中國戍兵相衝突。及玄燁平三藩，乃命將率水陸大軍北征。會俄主彼得新立，亟欲與中國和。二十八年(一六八九)，與俄立約尼布楚，議定兩國疆界：「自黑龍江支流格爾必齊河，沿外興安嶺以至於海，凡嶺南諸川注入黑龍江者屬中國，嶺北屬俄；西以額爾古納河爲界，河南屬中國，河北屬俄。」書以漢、滿、蒙古、拉丁、及俄羅斯五體文字，勒碑格爾必齊河東及額爾古納河南爲界標。是爲清代與外國立約之始。未幾，喀爾喀諸部內附，俄人故與喀爾喀爲鄰，且與土謝圖部貿遷有無，於是中俄互市問題起，中國北境與俄領西伯利亞之交涉亦益繁。至雍正五年(一七二八)，復與俄人締結恰克圖條約：「以恰克圖爲兩國通商之地；自額爾古納河岸至齊克達奇蘭，以楚庫河爲界，自此以西，以博木沙奈嶺爲界，各立界碑誌之；以烏特河地方爲兩國中立地，彼此不得侵佔；俄國商人得三年一至北京貿易，(但員數以二百人爲限、留京不得過八十日、)京師俄羅斯館，聽嗣後俄人來京者居住。」又定俄人來京就學額數。(註一〇〇)乾隆中，因俄人渝約收稅，其邊界頭目又時擱人刼掠，嘗數次停止貿易，至五十七年，復立恰克圖市約五款，首款謂「恰克圖互市，於中國初無利益，因爾薩那特。(註一〇一)衙門籲請，是以允行；若復失和，罔再希冀開市。」清室是時國威，概可想見焉。英吉利雖自康熙間通市，其商船初未嘗每歲來華，至雍正七年(一七二九)後，始互市不絕，英人亦不久卽取得歐洲各國在中國貿易之領袖地位。時廣州因鄰近外商南洋根據地，華商組織之公行亦頗完備，故中西貿易，漸趨集中。然粵關關吏於正稅外，多索取規禮，外商行動，限制尤嚴。英人欲在廣州外另增商港，且改良廣州方面之待遇也，乾隆二十年(一七五五)後，初則數以賈船試航浙江寧波等地貿易，繼則直航天津，投遞稟帖，痛訐粵關積弊。清廷雖下令撤查，粵關監督李永標且因是革職。(註一〇二)然要求條款，不特未達目的，清室疆吏，懲前毖後，益厲行以官制商以商制夷政策。既將外商貿易專限於廣州，在廣經商之西人，則悉受中國行商之控御，并由行商負西人行動越軌之責任。(註一〇三)英人亦遂進一步慫慂其政府採取正式交涉之行動。五十八年(一七九三)，英廷遣正使馬戛爾尼(George Lord Macartney) 副使斯當東 (Sir George L. Staunton) 來華，奉表獻物；是爲英吉利與吾國正式通聘之始。然其動機，則純係借名進貢，提出各種要求，以圖解決英商在華貿易所遭遇之困難，並謀此後之發展。故譯出表文，有派人留京照料買賣學習教化之請，有寧波天津收泊碼頭之請，有照俄羅斯任京設立貨行之請，有給舟山相近小海島居住之請，有給廣東省城小地方一處，或准澳門居住英人出入自便之請，有廣東下澳門、由內河、且減稅之請；且漫言請准英人傳教。時滿廷僅認英吉利爲海外朝貢國之一，以爲此特荒遠不識天朝體制，妄行乞請。一方雖賜使臣筵宴，優加賞賚，以盡懷柔之意。一方則敕諭英王，盛稱天朝盛德。而於英人所要求者，則駁斥無遺。故英使所得者除頒賜禮物外，僅三道敕諭而已。(註一〇四)然英使之企求雖失敗，而問題之癥結仍存，卽後日之割地租地增闢口岸減輕關稅自由傳教，以及最惠國條例利益均霑等要求，均萌芽於此時矣。

清代極盛於乾隆之六十年，嘉道以降，則為中衰之世。然一切衰象，如軍備之廢弛，財用之耗數，下情之壅遏，海內之困窮，實皆伏於乾隆中葉以後。而弘曆於四十年後甘寵和珅，致官吏貪黷成風，紀綱敗壞，尤為嘉慶世白蓮教徒等變亂之主因之所在。和珅，籍滿洲正紅旗，以一官學生充鑾儀衛校尉，偶以奏對稱旨，弘曆擢充總管，累遷至戶部侍郎。乾隆四十一年，命在軍機處行走，旋由尚書授大學士。（註一〇五）寵用之專，一時無兩。珅既得志，唯以聚斂自豐為務，鬻爵賣官，招權納賄，無所不為。疆吏畏其傾陷，皆輦貨奉之，及贓狀敗露，弘曆雖事誅殛，（時督撫如國泰、王亶望、陳輝祖、福崧伍拉納浦霖等，皆以贓伏法。）而貪風自若；或且惴惴焉懼羅法網，益務攘奪刻剝，多方設法以相餽結，隱為自全之地，雖明知其不可，而舉趨於不得不然之勢。章學誠上執政論時務書謂「自和珅用事，上下相蒙，惟事婪贓黷貨，始則蠹食，漸至鯨吞。初以千百計，俄而非萬不交注矣，俄而萬且以數計矣，俄以數十萬計百萬計矣。一時不能猝辦，由藩庫代支，州縣徐括民財歸款。貪墨大吏，胸臆習為寬侈，視萬金呈納，不過同於壺簞餽問。屬吏迎合，非倍往日之搜羅剝括，不能博其一歡。」「情知虧空為患，而上下相與講求彌補，謂之設法；設法者，巧取於民之別名耳。……既講設法，上下不能不講通融。州縣有千金之通融，則胥吏得乘而牟萬金之利。督撫有萬金之通融，州縣得乘而牟十萬之利。種種意料難測之饕墨之弊，皆由設法而生」（註一〇六）者，殆可為當日官場寫照。觀嘉慶四年顒琰宣布和珅罪狀稱一所藏以珠寶石，不計其數，　銀兩數逾千萬，　夾牆藏金二萬六千餘兩，私庫藏金六千餘兩，地窖埋藏銀兩百餘萬。」（註一〇七）私家所紀，且有謂當時抄沒贓賄凡百有九號，已估值者二十六號，共計銀二億二千三百八十九萬兩有奇，未估者尚有八十三號，未知其值又若干。（註一〇八）珅以二十年之宰相，而所蓄至此，官吏層層中飽與夫輾轉藉以牟利者，當更倍蓰而無算。此所以白蓮教徒初起，皆以官逼民反挺而走險為辭也。

白蓮教始於宋亡後欒城韓山童，假治病持齋，號召徒眾，實為具有政治性質之民間祕密宗教集社。明季嘗一度盛行北方諸省。乾隆中，安徽劉松及其黨劉之協，宋之清等傳教授徒，徧川陝湖北。松等先後以謀舉兵被捕，惟之協遠颺。嘉慶元年，清廷有旨大索，自豫而皖而楚，三省大吏展轉根究，不肖州縣，變本加厲，「逐戶搜緝，胥吏乘虐，而武昌同知常丹葵奉檄荊州宜昌，株連羅織數千人，富破家貧陷死無算。時川湖粵貴民方以苗寨困軍興，（乾隆六十年、湖南貴州有紅苗之亂、清廷發川湖粵貴諸省兵會剿、至嘉慶四年始大定、）而無賴之徒，亦以禁私鹽私鑄失業，至是益讎官思亂。於是發難於荊襄達州，蔓延於陝西而亂作。」（註一〇九）清廷又大發兵征剿，然諸滿將領軍者，率尾追不迎擊。（註一一〇）又廣募鄉勇，每「臨陣，輒令鄉勇居前，綠營兵次之，滿兵又次之。而賊營亦先驅難民抗我顏行，其眞賊皆在後觀望。故鄉勇日與難民交鋒，而兵賊常不相値。及戰勝，則後隊弁兵又攘以爲功，而衝鋒陷陣之鄉勇，反不得與。」（註一一一）和珅時居樞府，復任意壓閣軍報，並令各路統軍將帥虛張功級，濫叨封爵，且於覈算報銷時，勒索重賄。將帥遂肆意侵剋軍餉，且恃有和珅蒙庇，多「奏報粉飾，掩敗爲功。其在京諳達侍衞章京，亦無不營求赴軍，其歸自軍中者，無不營置田產，頓成殷富。故將吏日以玩兵養寇爲事。」（註一一二）顒琰尸居帝位，明知珅與教匪表裏相呼吸，徒以上皇寵任，亦隱忍而不敢發。匪徒遂愈剿愈多，自川湖蔓延河南陝西甘肅，而益不可制。及弘曆卒，珅始奪職賜死。顒琰既罷遣諸將之尤不稱職者，復委任勒保、額勒登保等，以專責成，行堅壁清野之策，定優䘏鄉勇之制，以五省環攻之兵力，且撫且剿，漢將楊遇春楊芳羅思舉桂涵等又每戰必致其死力，（註一一三）至七年（一八〇二），乃告敉平。嗣以寗陝新兵之變，又二年而再報戡定。「計前後出兵九載，費帑銀計二萬萬兩，所奏殺賊數十萬計，而官兵鄉勇之陣亡，與五省良民之罹毒者，無得而稽焉。」（註一一四）時閩粵海賊蔡牽、朱濆等，亦乘間大起，賴李長庚（初爲定海總兵、後爲浙江提督、）及部將邱良功、王得祿等先後奮擊，至十四年（一八〇九）而始靖。十八年（一八一三）九月，白蓮教餘黨天理教魁滑縣李文成、大興林清等，復舉事於京南及北京宮廷，雖至十九年（一八一四）正月卽告平定，然亦騷動四省（直魯豫陝）。（註一一五）綜計二十年間，羣盜如毛，此仆彼興，迄無寗歲。滿廷之無能，與中外官吏之泄沓尸素，蓋至嘉慶朝而呈露無隱矣。抑自和珅誅後，顒琰雖極意整飭吏治，如絞殺廣興、胡齊崙，褫革汪志伊、王紹蘭等案，而錮習已成，不可挽救。二十五年（一八二〇），顒琰卒，次子旻寧立，明年更元道光。旻寧初信任曹振鏞。振鏞庸碌無能，唯伺人主意旨以竊位固寵；又復拘牽文義，好毛舉臣工瑕疵，以相箝制，衡文校閱，尤嚴於疵累忌諱，士習益以闒茸，儽儽無生氣。及晚年，又偏任穆彰阿；闒庸無識，怙勢攬權，論者至謂不減和珅。故道光朝吏治之腐壞，賄賂之公行，有更甚於嘉慶世者。湘鄉劉蓉於辛丑（道光二十一年、一八四一）壬寅（二十二年、一八四二）間，嘗有致某官書云：「今天下之吏亦衆矣，未聞有以安民爲事者。而賦斂之横，刑罰之濫，朘民膏而殃民命者，天下皆是！……又有甚者。府史胥徒之屬，不名一藝，而坐食於州縣之間者以千計，而各家之中，不耕織而享鮮褻者，不下萬焉。鄉里小民，偶有睚眦之故，相與把持愚弄，不破其家不止。」「今之大吏，以苞苴之多寡，爲課績之重輕，而黜陟之典亂。今之小吏，以貨賄之盈虛，決訟事之曲直，而刑賞之權乖。」「民之黠者，旣巧爲規避，而非法律所得制，富者又得以獻納贖免，雖罹罪網而不刑。是以法之所及止於愚魯貧民，而豪猾者流，日寢饋於法禁之中，而常逍遙於文網之外。於是法律之施，不惟不足以整齊夫風俗，又且驅天下之風俗而益敗壞之」（註一一六）者，其所言亦可痛矣！當時內外兵禍，紛至沓出。其大者，若天山之回部，亂事先後凡三起，擾擾二十餘年，幾與旻寧一代相終始；若湖廣之猺亂，竭三省之兵力以與剿，亦旋平旋起，前後經二十年而始獲底定；而中英鴉片之戰，割地償金，乞盟城下，尤爲前史未有之奇變。（見下）自餘各地時有叛亂，（註一一七）雖皆不旋踵而卽平。然國家元氣，損傷已多。且兵機大起，不可遏抑。及末年而東南數省盜賊蝟與，廣西以連歲大饑，聚衆揭竿者，尤所在皆是。三十年（一八五〇）正月，旻寧卒，四子奕詝繼立；斥穆彰阿，累詔求直言，通民隱，朝野方延頸舉踵以望治，而太平軍首領洪秀全已於是年六月起兵桂平縣金田村矣。

因政治之不良，假宗教迷信之力，藉祕密結集，號召民衆，組織民衆，以反抗滿淸，太平軍之起，其性質與白蓮天理諸教徒，曾無以異；惟白蓮天理諸教所憑藉者，大抵爲佛道之支流下乘，其構成原質，不出釋道二宗，而太平軍所依據之教理，則爲變相之遠西耶教，非中國民間固有之信仰耳。洪秀全故廣東花縣諸生，初與同縣馮雲山師事白蓮教餘裔粤人朱九濤。九濤卒，乃與雲山取耶教教義自樹一幟，謂之上帝教，名其教會曰三黠會，秀全自爲之長。道光中葉，與雲山至廣西潯州一帶，陰事佈教，信者寖衆，諸豪傑不逞之徒，尤爭相依附，秀全更自爲教主，以耶穌爲耶和華長子，而己爲其弟，稱耶和華曰天父，耶穌曰天兄，命其黨造眞言寶誥諸書，以實其說。及是，乘機起事，有衆二千人。時桂省額兵二萬三千，士卒一萬四千，然皆失於僨事，一任外潰。秀全遂以咸豐元年（一八五一）閏八月，破永安，建國號曰太平天國，自號天王。北趨湖南，陷岳州，順流東下，以得舟師之利，二年（一八五二）十二月，據有武漢。自是而九江，而安慶，而金陵，僅三閱月，而江南數千里要害之地，盡爲所有；乃建金陵爲天京。分軍北伐，由安徽河南山西而至直隸，雖爲清將僧格林沁殲於山東，然江南北地盤踞如故，清廷亦無如之何也。徒以太平軍初起，雖明揭種族革命之幟，（註一一八）以推翻滿清爲號召，及既都金陵，自秀全以下，咸志得意滿，日唯爭奪權位，甚且自相賊殺，北伐偏師既殲，即不再度興兵，作搖滿朝根本之計。又其人政治思想既幼稚，道德觀念尤薄弱。在金陵時，雖頒行天朝田畝制度，試行均產主義，然理想簡單，務破壞吾國從來一切法制，而又未能得他國完美之法以爲之導，惟知標榜變相之耶教教義以愚民，而於吾國歷世相承之名教，則一取仇視態度，不惜徹底毀滅。師行所至，尤多褻瀆良民，採用流寇恐怖政策，有破壞而無建樹，與白蓮天理諸教徒所爲，亦無以異。由是漢族士夫，對太平軍，亦皆深惡痛絕，認爲公敵。咸豐二年（一八五二）十一月，太平軍方陷岳州漢陽，清廷已命在籍侍郎曾國藩督辦湘省團練，國藩遂以儒生創練湘軍。既深鑒額軍之弊，（註一一九）薾然以召募易行伍，盡廢官兵，使儒生領農民，各自成營，勤訓練，勵忠誠，重赴援，榮戰死。（註一二〇）四年（一八五四）一月，湘軍水陸發自衡州，國藩移檄遠近，既以「殄此凶逆，拔出被脅民人，慰孔孟人倫之隱痛，爲百萬生靈報枉殺之仇，爲上下神祇雪被辱之憾」（註一二一）自誓。一代人物如胡林翼、江忠源、羅澤南、郭嵩燾，李續賓、續宜兄弟、彭玉麟、楊岳斌，以及左宗棠、李鴻章等，先後從國藩者甚衆。國藩又務規全局，不急近功。雖兵事利鈍，瞬息千變，而進退計劃，前後一貫。知人將將之明，幕府賓僚之盛，（註一二二）尤冠絕一世。清廷初雖不欲專任漢人，徒以滿族無可倚恃，乃用以漢攻漢之策；然於國藩，亦第責其率軍馳驅，不付以方面實權。洎咸豐八年（一八五八）後，事勢益急，英法聯軍亦數度北犯，（見下）十年（一八六〇）四月，始命國藩署兩江總督，六月實授以欽差大臣督辦江南軍務，有統籌全局之旨，七月，命皖南軍務統歸國藩督辦。十一年（一八六一）七月，奕詝卒，子載淳（同治）以沖齡踐祚，滿族載垣、端華、肅順等謀擅權。母后那拉氏結奕訢，戮載垣等，而垂簾聽政，而於漢人則倚任彌專。是年十月，命國藩統轄江蘇安徽江西浙江四省軍務，巡撫提鎮以下，悉歸節制。嗣以浙省破，又命左宗棠任浙撫，自皖南進師。蘇事急，又命李鴻章任蘇撫，自滬北進師。國藩弟國荃，則於復安慶後，率軍進圍金陵。多方並進，卒之蘇先下，浙繼之，至同治三年（一八六四）六月，湘軍克金陵。太平軍始成為一歷史名詞，然上距秀全金田起事，已「十有五年，竊據金陵者亦十有二年，其蹂躪竟及十六省，淪陷至六百餘城之多」（註一二三）焉。當太平軍之據江南也，淮北復有捻黨之亂，（註一二四）與太平軍互為聲援，流竄魯冀豫皖諸省。及太平軍敗，餘黨多加入，捻匪勢益蔓延。至同治七年（一八六八），始為李鴻章率領之淮軍所剿平。而雲南陝甘新疆之回民，復先後乘粵捻之患而變作。滇回之變，起於咸豐五年（一八五五），至同治十一年（一八七二）始為岑毓英所底定。陝甘新疆回變，始於同治元年（一八六二），天山南北之地盡失，關隴亦多糜爛，賴左宗棠劉松山及子錦棠募湘軍西征，平關隴，定塞外，至光緒四年（一八七八），始全告肅清。綜道光末至是，前後幾三十年（一八五〇至一八七八），自直省一部外，亂事遍中國，其削平皆賴漢人之力，滿族之兵權，亦由是全歸漢人之手。國藩撰湘鄉昭忠祠記，既自謂「一縣之人，征伐遍於十八行省，近古未嘗有。」（註一二五）郭嵩燾論湘軍人才，則言「苟能軍，無不將帥者，苟能事，無不軒冕者。」（註一二六）史亦稱是時湘淮楚營士卒，徒步起家，多擢提鎮，參游以下官益猥雜。」（註一二七）即以外官最高之督撫論，自弘曆以下，不輕易授予漢人者，而湘軍中先後任總督者凡十四人，任巡撫者十有三人；（註一二八）當同治己巳（八年一八六九）庚午（九年一八七〇）間，各省督撫，湘淮軍功臣佔其大半。滿漢勢力之消長，此又一大關鍵矣。

嘉道以降之外患，亦與內亂相表裏；而其爆發，則始於道光二十年（一八四〇）中英之鴉片戰爭。自馬戛爾尼來華後，乾隆六十年及嘉慶十年（一八〇五），英廷復兩次恭備表文貢物，由在粵英商齎呈（註一二九）嘉慶二十一年（一八一六），又遣故印度總督羅耳阿羅士德（William Pitt Lord Amherst）使華，冀於商業利益有所裨補；然英使至京後，未及覲見，清帝卽以不合禮制遣歸。(註一三〇) 清廷又以教徒海寇，騷亂十餘載，以爲宗教迷信與海上貿易，爲致亂召寇之媒，由是對於歐人布教收徒，固嚴厲禁止，卽粵海通商，亦益採嚴格防範政策，防夷則例，層出不窮。(註一三一) 英人旣習知清廷上下虛誕之習，益啓輕視中國朝野之念，英廷固不再派遣使節，英商態度亦日趨強硬，道光朝，曾屢次故違禁例，甚或以兵船要挾，於官吏憲令，視之蔑如。時英商貿易，以販賣鴉片煙爲大宗，道光三年（一八二三）以前，每歲已達銀數百萬兩，自後年有增益，道光十四年（一八三四）以後，僅粵關一口，每歲幾達銀三千萬兩。黃爵滋所謂「以中土有用之財，塡海外無窮之壑，易此害人之物，漸成病國之憂」者，(註一三二) 其禍眞烈於洪水猛獸矣！時中外臣工，紛請禁煙；湖廣總督林則徐疏云：「鴉片不禁絕，則國日貧，民日弱，十餘年後，豈唯無可籌之餉，蓋且無可用之兵。」(註一三三) 言之尤極剴切。旻寧以則徐深識遠慮，十九年（一八三九），特派至粵查禁。則徐飭令英商盡出所蓄鴉片二萬二百八十三箱，就虎門焚燬。英人不自省其售販鴉片之有背人道，輒建白政府興師以雪焚煙之恥，中英第一次不名譽之鴉片戰爭，於焉開始。二十年，英人犯廣州，明年，復沿海北侵閩浙，繼復溯江陷鎮江，犯江寧。清廷以力不敵，先遣戍則徐，復與英訂立南京條約，割香港，賠煙款軍費等二千一百萬圓，開廣州廈門福州寧波上海五港，許英國商民通商居住。而鴉片則公然開禁，一任國民吸食，英人販賣焉。

南京條約訂立之明年，中英復訂五口通商章程，許英人以關稅協定權。於是美利堅法蘭西諸國，紛紛援例與我國訂約；道光二十四年（一八四四），先後在澳門黃埔締結中美中法條約。清廷至是，遂確認諸國爲平等敵體之列邦，公文照會，俱禁用夷字。嗣以粵民禁阻英人入廣州城，廣西又有殺害法教士案，英法協力謀我，咸豐七年（一八五七），有英法聯軍之役。聯軍初陷廣州，刼粵督葉名琛以去。繼復乘清室有髮捻之亂，北陷大沽。八年，遂訂中英中法天津條約。其十年，英人堅持率軍入北京面請帝換約，清廷拒之，聯軍進陷京師，盡刼圓明園珍物，復縱火焚園。奕訢逃避熱河，由奕訢等與西人續訂中英中法北京條約，自增開牛莊登州臺灣潮州瓊州天津漢口九江諸商埠，割九龍半島予英，償英法軍費銀各八百萬兩，准洋人內地自由設堂傳教，及互派公使，此後兩國官吏辦公交涉，按品位准用平等禮式。外若領事裁判權與觀審會審權，關稅協定與海關稅務管理權，沿海貿易軍艦行駛停泊及內河航行權，以及畫定租界及最惠條款等等主要不平等條約，凡外人思慮所及，認爲與己國有利者，無不於此諸約中一一規定焉。英法之迫害如是，而俄人乘間侵略，其陰鷙兇狠，尤遠過英法。自尼布楚明訂界約後，道光末季，俄人已乘中國多事，侵佔黑龍江北岸地，置兵屯守。咸豐五年，俄西伯利亞總督木喇福岳福率艦隊下黑龍江，要我更訂界約，未遂。及英法釁起，俄人移兵黑龍江口，肆意要脅，清廷遂命黑龍江將軍奕山與俄督訂愛琿條約：「黑龍江松花江左岸，由額爾古納河至松花江海口，爲俄國屬地，右岸順江流至烏蘇里河，爲中國屬地，由烏蘇里河至東海岸之地，爲兩國共管地。」於是尼布楚條約所定屬我之大興安嶺以南迄黑龍江北之廣大領土，割爲俄有，而雍正朝恰克圖約明定兩國共有之烏特河流域，更無論矣。英法天津條約成，俄亦要我訂天津條約，自恰克圖約所定陸路通商仍舊外，並得在上海等五口及台灣瓊州二處通商設領，停舶兵船，「若別國再有在沿海增添口岸，准俄國一例照辦，」「日後中國若有優待他國通商等事，俄國一律享有。」及聯軍陷京師，俄人以斡旋和議有功，復乘機要索愛琿條約所定烏蘇里河以東至海兩國共管地爲報償，清廷不能拒，遂繼英法北京條約後，與俄續訂北京續約：「自烏蘇里河口而南，上至興凱湖，兩國以烏蘇里及松阿察二河爲界，其二河東之地屬俄國，二河西屬中國；自松阿察河之源，兩國交界踰興凱湖，直至白稜河；自白稜河口順山嶺至瑚布圖河口，再由瑚布圖河口順琿春河及海，中間之嶺至圖們江口，其東皆屬俄國，其西皆屬中國，兩國交界與圖們江之會處，及該江口相距不過二十里。」（意謂南境盡處，距圖門江海口尚有二十里，此二十里乃俄國與朝鮮交界。）自愛琿條約割黑龍江以北大興安嶺以南之廣大區域割讓俄人之後，不三年，復依此約舉烏蘇里河東九十萬三千方里之地，悉割隸於俄，計我所割讓者，東西廣及二十餘經度，南北長及於十餘緯度。俄人不損一兵一卒，欺滿人之懦弱，肆其鯨吞；復於此新獲地區建阿穆爾州及沿海州，殫力經營，蔚爲東方重鎮。其中俄天津條約之援最惠國條例，悉得享受英法天津條約中所獲之各項權利，更無論矣。然俄人之野心與兇狠，猶不止此。自道咸以還，向屬中國之葱嶺以西中亞細亞各回部，若浩罕、布魯特、哈薩克、布哈爾諸邦，俄人既先後以兵力吞噬，置費干、錫爾達利亞諸省。（惟阿富汗未爲俄人所併、巴達克山與博洛爾亦皆爲阿所併占。）同治中，新疆回亂起，俄人復乘機入據伊犂。光緒初，回亂平，俄人不欲返我侵地，交涉再四，至七年（一八八一），訂還付伊犂條約，除許俄人蒙古新疆商務利益外，復償俄盧布九百萬，「自伊犂西部別珍島山，順霍爾果斯河過伊犂河，南至烏宗島山廓里札特村，沿此等地劃一線，其以西之地割讓俄國。」蓋所返還者，僅伊犂及其南部地，而霍爾果斯西三萬二千方里之地，則俄人已攫奪以去，隸于七河省矣。（註一三四）

清代中葉後之外患若是，其反應則何如。自鴉片戰爭後，朝野上下，一切如故，初未因外患而有所變革。雖間有一二卓見之士，研索列國國情，海防險要，如魏源之撰海國圖志，徐繼畬之著瀛寰志略，然亦鮮爲世所注意。清廷因外患而有所變革，自咸豐十年庚申始。「時英法互起要求，當事諸臣不敢易其一字，講成增約，其患日深。」（註一三五）滿人工部右侍郎文祥偕恭親王奕訢等通籌洋務全局，奏擬善後章程六條：一、京師立總理各國事務衙門；二、分設南北口岸大臣；三、新立稅關，派員專理；四、各省辦理外國事件，將軍督撫互相知照；五、廣東上海各擇通外國語言文字者二人來京，仿俄羅斯館教習例，選八旗子弟年十三四以下者學習；六、各海口內外商情，並外國新聞紙，按月咨報總理各國事務衙門。（註一三六）清廷從之。是年「十二月，始置總理各國事務衙門，命奕訢桂良（大學士）文祥管理；以崇厚充三口（牛莊、天津、登州。）通商大臣，薛煥（江蘇巡撫）兼辦上海等處通商洋務；准旗人學習外國語言文字。十一年二月，勅直省遇有交涉，即行酌辦請旨，勿許推諉。」（註一三七）同治元年，京師復設同文館。（註一三八）蘇撫李鴻章亦在上海立廣方言館，並召集士子學習泰西語言文字及學術，而雇西人教習。時曾國藩總制兩江，深惟「自強之道，貴於銖積寸累，一步不可蹈空，一語不可矜張。」（註一三九）因廷臣有採買外洋船礮之議，謂不如購其機器，自行製造，經費較省，新舊懸殊，三年，遂遣粵人容閎出洋採辦機器。（註一四〇）是年，洪楊之亂亦平，國藩益致思於洋務，以力求自強爲己任，兢兢於綢繆未雨之謀。四年（一八六五），清廷以兩江總督兼理南洋大臣，管五口通商暨條約交涉諸事。國藩首設江南製造總局於上海。五年（一八六六），清廷又以閩浙總督左宗棠之請，在閩建船政局，試造輪船；嗣宗棠移督陝甘，因以沈葆楨總理船政。容閎所購機器百數十種，於是年至滬，即併入製造總局（南京天津亦先後設立機器局。六年（一八六七），江南製造局設繙譯館，搜羅西學象緯輿圖格致器藝兵法醫術諸科要籍，一一由西士口譯，華士筆受。時各國遣公使領事先後來，而我未報聘。七年（一八六八），總署請派志剛、孫家穀、偕美人蒲安臣等充辦理中外交涉事務大臣，歷聘歐美各國；至美京，並與美國議定續增條約。（註一四一）九年，罷三口通商大臣，以直隸總督李鴻章兼理北洋大臣，管理三口通商暨交涉事宜。十年（一八七一），以國藩鴻章議，遣幼童出洋留學，由刑部主事陳蘭彬、江蘇同知容閎、率領赴美。十一年，設招商局，購置輪船。是年，國藩卒，此後洋務，遂多由鴻章負責籌辦。十三年（一八七四），日本興師犯臺灣番社，海防議起，廷議興海軍，籌沿海防務。未幾，載淳卒，母后那拉氏以奕譞子載湉為己妹所出，且年甫四齡，利其沖幼，立為奕詝嗣子，入承大統，仍自為皇太后聽政。雖於海陸防務及練兵購械諸端，仍一委鴻章；鴻章亦傾心考求西法，日事傚倣，如派遣武弁往德國學習水陸軍械技藝也，購買新式後膛槍礮、使淮練各營學習洋操也，奏設南北兩洋、並接辦蘇浙閩粵、與添設津通暨山海關等處電線也，（註一四二）創設天津水師學堂暨武備學堂也，奏辦上海織布局暨開平煤礦也，修築沿海要隘、如旅順威海等處礮壘也，在在以一身負統籌全局之責，其於購買鐵甲兵船，建立北洋海軍，尤幾竭全力以赴。自餘疆臣，如沈葆楨、丁寶楨、左宗棠、丁日昌、劉坤一、張之洞等，亦多喜談洋務，言富強；「之洞尤滋官所至，必有興作，務宏大，不問費多寡。」（註一四三）然外患之來，相續不絕，朝野仍無術與抗。光緒五年（一八七九），日本入琉球，夷為沖繩縣，虜其王及世子而去；我五百餘年之藩屬，卒坐視為倭人所滅而不能救。時左宗棠復新疆，清廷以俄人久據伊犁不歸，命侍郎崇厚赴俄交涉，訂喪權辱國之約以歸。及再命出使大臣曾紀澤赴俄力爭，亦仍割地償金（見前），宗棠雖席西征全勝之兵威，清廷不敢命移師以奪失地也。九年（一八八三），法人侵我越南，清廷命鴻章與法交涉，初議分界保護。十年（一八八四），我滇桂軍援越者，爲法人所敗，鴻章與法人再定和議，委曲求全，認越南全歸法保護。四月，鴻章已遵旨籌辦法越交涉畫押定約事宜矣，而法人復借端廢約，分途進犯，陷臺北基隆，燬福州船廠，殲我海軍於馬江。十一年（一八八五），復由越南攻我廣西鎮南關，提督馮子材率軍力戰敗之，乘勝復諒山，而清廷仍依鴻章以定和議；雖關外大捷，而越南之自秦世已隸中國者，卒拱手讓諸法人，一任宰割。英人亦乘機取我緬甸，以爲印度之屬地。南掌自咸豐世已「兼貢越南之順化，法人得越南全境，南掌又折入於法。」（註一四四）暹羅雖以英法交爭得幸存，朝貢亦不入於中國。我中南半島諸藩邦，至是盡脫羈絆矣。蓋自載湉立，那拉氏再聽政，日肆荒淫，中朝初仍用奕訢。十年，以訢「委靡因循」，（註一四五）罷之，改任奕譞，委蛇保榮，因循瘝曠，更甚於訢。領總署爲奕劻。大臣自滿人福錕崑岡以下，衆至十餘，然多不達外事。朝野舉倚恃鴻章。鴻章亦知有兵事，不知有民政，知有外交，不知有內政，知有朝廷，不知有國民，知有洋務，不知有國務，且於中西立國根本，初未了了，亦不能舉國中積弊，一一更張，徒襲西政緒餘，以塗飾耳目。而上下所重，仍別有在。凡所興創，遂皆淮橘爲枳，若存若亡，不能實收其效。（註一四六）諸滿族於西法既瞶瞶無所知。即以國防言，亦從未視爲首圖，寬籌經費，一任鴻章放手經營。光緒初「戶部指撥南北洋海防經費，每歲共四百萬兩，而各省關實際所解者，約僅及原撥四分之一，」（註一四七）致大宗船械，皆無法購買。六年（一八八〇），致仕臺灣巡撫劉銘傳入覲，力陳鐵路之利，奏請興築，以圖自強，鴻章亦力贊之，（註一四八）而廷議以費鉅置之。九年，鴻章疏請展接山海關等處電線，謂「津沽北塘至山海關，經營口，直達旅順，俱係北洋沿海扼要之區，非有電報，無以速傳遞而赴事機。但陸路二千餘里，設線經費約需銀十萬兩，北洋難籌鉅款，只可擇北塘至山海關四百餘里，暫設單線一條，估銀三萬餘兩，剋期蕆事。」（註一四九）及法越事起，廷議始決建海軍，立海軍衙門於京師，以奕譞督辦，李鴻章爲會辦，向英法諸廠定購之鐵甲船快船，先後至者七艘；（註一五〇）北洋海軍，規模粗具。然諸滿族親貴，初不知海軍爲何物。十二年（一八八六），鴻章請奕譞巡閱北洋水陸軍操演，奕譞至請那拉氏寵閹李蓮英偕行，於是北洋海陸諸將，自丁汝昌、衞汝貴、葉志超、龔照璵以下，皆對李閹奉厚贄，稱受業。十四年

（一八八八），定海軍經制，北洋海軍，由是正式成軍。適會清廷詔修頤和園，以爲那拉氏歸政後（載湉十五年行婚禮、那拉氏始歸政、）頤養之所，「水衡錢不供，奕譞乃移海軍費奉之，」（註一五一）北洋自是年後，遂未能增購一船。戶部猶不時奏請南北洋購買外洋槍礮機器，暫行停購，雖隨時添配零件，亦議任其缺損。（註一五二）十七年（一八九一），海軍第一次校閱，時奕譞已前卒（十六年卒），滿族親貴惕於海上風波，皆不敢參與，僅令鴻章及山東巡撫張曜會校。甲午中倭釁起，鴻章知海軍窳弱不可恃，力主和，顧無如樞府何，不得已而戰。」（註一五三）倭海陸軍先發制人，船械亦較清軍犀利，（註一五四）我陸軍既連失利，由鮮境退至遼寧，大東溝一戰，海艦亦幾盡熸，循至旅順大連威海衛諸要塞，倭人上陸攻取，易如拾芥。鴻章二十年經營之淮練各營與海軍海防，一戰而盡。清廷以瀋陽爲陵寢重地，京師則宗社攸關，而倭勢逼遼瀋，「犯畿疆」，遂「皤然定計」，命鴻章赴倭行成，甘割地償銀，以爲苟安之計。（註一五五）二十一年（一八九五）三月，定馬關條約，既將箕子舊封之朝鮮，劃爲倭人保護國，復割我遼東半島及臺灣澎湖島，償軍費二百兆兩，開沙市重慶蘇州杭州爲通商口岸，並一任內江自由通航，內地從事製造。倭寇之禍，蓋前史所未有也！

自光緒二十一年乙未馬關訂約以後，爲清室日趨滅亡時期，雖歷年不滿兩紀，其間時勢推演，若外患與變法，若反動與維新，若立憲與革命，實極古今之鉅變。甲午之戰，清室陸海軍之無能，我國政治社會之積弊，全體呈露，有如紙虎之被戳破者然。朝野上下，既感受非常之痛苦，而病舊制之不適，覺中國欲競存於此新世界，非變從西法不可。時順天府尹胡燏棻條陳變法自強事宜，言「今日卽孔孟復生，舍富強外，亦無治國之道，而舍倣行西法一途，更無致富強之術，」實可代表一般士夫之見解。燏棻所條陳十事：曰開鐵路以利轉輸，曰鑄鈔幣銀幣以裕財源，曰開民廠以造機器，曰開礦產以資利用，曰折南漕以節經費，曰減兵額以歸實際，曰創郵政以删驛遞，曰創練陸兵以資控御，曰重整海軍以圖恢復，曰設立學校以儲人才。清廷雖認爲「皆應及時舉辦，着各省將軍督撫將以上諸條，各就本省情形，與藩臬兩司暨各地方悉心籌畫，酌度辦法，限文到一月內分晰覆奏。」（註一五六）然要僅一紙空令；此後數年，僅練兵開礦鐵路郵政及學堂諸事，粗有圖議，其他實際改革，初未能急遽推進。而外患已紛至沓來，有不可終夕之勢。初馬關約成，俄人以倭占遼東，嫉之，糾合德法，脅倭人還我遼東。我旣增付賠款三千萬兩，俄人復索厚酬於淸，淸廷不能拒。二十二年（一八九六），俄王尼哥拉斯行加冕禮，淸廷遣鴻章使俄，與訂密約，許俄以東三省築路權。二十三年（一八九七），德人藉口山東鉅野二教士被戕，強佔我膠州灣，以山東省爲其勢力範圍。俄人亦強佔我旅順大連灣，以東三省爲其勢力範圍。明年，英人亦結揚子江沿岸不割讓他國之約；繼復佔我威海衛，並索香港對岸地，拓其舊佔九龍界。法則初約海南島不割讓於他國；繼續佔我廣州灣，約兩廣雲南三省不割讓於他國。日本亦約福建不割讓於他國。乃至意大利亦欲援均勢主義，索我三門灣，其駐使且提最後通牒，淸廷拒之，並擲還哀的美敦書，其事始已。乃自開秦皇島吳淞三都澳（屬閩）等地爲商埠，以杜各國之要求。然海疆之險，頃刻殆盡，失地失權之事，紀不勝紀，（註一五七）其勢正如風掃殘葉，不可收拾。時載湉親政已數年，那拉氏移住頤和園，仍隱握大權，不稍寬假；載湉間日往請安，每日章疏，閱後皆封送園中。自遼東喪師，載湉憤國勢阽危，頗欲革新庶政，特畏那拉氏意不欲，遲遲不敢發。至是，各國皆相逼而來，瓜分之說，騰於全球，遂決意爲發憤自強之計。「環顧樞輔大臣，皆選耎玩愒，無動爲大，無足與謀天下大計者。」（註一五八）南海康有爲，乙未公車一再上書，載湉固心識之。二十四年戊戌（一八九八）正月，有爲再請誓羣臣以定國是，開制度局以議新制，別設法律等局以行新政。（註一五九）尚書李端棻，學士徐致靖、張百熙等，先後疏薦之。載湉遂欲倚有爲行新政。四月，「詔定國是，諭中外大小諸臣，自王公至於士庶，宜各發憤爲雄，以聖賢義理之學植其根本，兼博採西學之切時勢者，實力講求，以成通達濟變之才。」（註一六〇）「時大員黜陟，皆須詣頤和園取進止，載湉不得自專，故有爲僅以工部主事命在總理事務衙門行走，其門人舉人梁啓超僅領譯書局。」（註一六一）有爲亦告載湉；「大臣守舊，當廣召小臣，破格擢用。」遂「召侍讀楊銳、中書林旭、主事劉光第、知府譚嗣同，參與新政。有爲連條議以進。於是詔定科舉新章，罷四書文，改試策論；立京師大學堂譯書局；興農學；獎新書新器；改各省書院爲學校；許士民上書言事。諭變法，裁詹事府通政司大理光祿太僕鴻臚諸寺、及各省與總督同城之巡撫、河道總督、糧道、鹽道。並議開勤懋殿，定制度，改元易服，南巡遷都。」（註一六二）然時滿族親貴，旣懼以變法而削弱其政治地位；老耄舊臣，尤多「痼習空文，於中外時局，素未講求，而迂談謬論，成見塞胸，不惟西法之長，不能采取學步，卽中法之弊，亦不肯銳意掃除，」（註一六三）祇日影朝暮，假息圖存。載湉雖抱大有爲之志，而上有攬權猜忌之母后，一切請命而不行，下有頑固庸俗之大臣，屢經嚴責而不恤，有爲等又皆新進小臣，無權無位，徒知銳意更張，而「險躁自矜，忘投鼠之忌，而弗恤其同濟。」（註一六四）故自四月至七月，除舊布新之詔雖數數下，行者猶未及百一。諸歷因改革而受淘汰，及希冀依附滿族以維持或升遷其個位者，羣起指責，蜚語中傷，謂將不利於母后。於是那拉氏自園還宮，以載湉病爲辭，復垂簾訓政。詔捕康有爲等，有爲與啓超走免，譚嗣同、楊銳、劉光第、林旭、楊深秀、及有爲弟廣仁，俱捕斬於市；（註一六五）其餘漢大臣自李端棻、徐致靖以下，禁錮謫戍降革者凡數十人。所施新政，悉反其舊。自詔定國是至是，才百有三日，（四月二十三日乙巳至八月初六日丁亥）以「維新」始者，卒以「政變」終；而「百日維新」與「戊戌政變」，成爲歷史上兩名詞焉。

那拉氏之再訓政也，初猶與載湉並坐，若二君焉，旣乃幽載湉於瀛臺。二十五年己亥（一八九九），立載漪子溥儁爲大阿哥（滿人呼皇子爲阿哥、大阿哥義猶皇長子、或太子、）以嗣載淳，時時思廢載湉而立之；特忌各國駐使責言，未敢倉卒行。載漪又急欲其子得天位，計非藉兵力懾使臣，固難得志也。二十六年庚子（一九〇〇），白蓮教餘裔義和團起山東，初以仇耶教爲名，刼殺相尋，蔓延滋害；旣乃以扶清滅洋爲號。東撫毓賢獎擁於先，直督裕祿禮迎於後，載漪及宗室載勛、載瀾、及大學士徐桐、軍機大臣剛毅、啓秀、趙舒翹等，復導之入都，那拉氏亦信其術，思倚以鋤敵而立威。吏部左侍郎許景澄、太常卿袁昶、連疏極諫，皆不報，且借端殺之。「盈廷惘惘，如醉如痴。」（註一六六）拳匪擊殺德意志公使克林德及日本使館書記，圍各國使館，日日毀教堂，殺教民，株連無辜。蓋之因甲午喪師演爲戊戌政變者，至是復因己亥之建儲，釀成庚子之拳亂，（註一六七）卒召各國聯軍入京之禍。（時兩江總督劉坤兩湖總督張之洞兩廣總督李鴻章相約對外宣言保境安民，故各國聯軍未擾及東南沿海各省。）那拉氏偕載湉西遁，由宣化大同，經太原，而至西安。仍顧李鴻章與各國折衝。二十七年辛丑（一九〇一）正月，成和議。除賠款四萬五千萬兩，遣專使至德日謝罪，停仇教地方考試五年，開復冤殺各員許景澄袁昶等原官外，毀大沽礮臺及天津城，並撤京津間軍備，拓京城各國使館界，界內駐戍兵，不准華人雜居，改總理各國事務衙門為外務部，班六部上。其首禍諸臣，除徐桐、剛毅先死者外，載漪、載瀾、發極邊永禁，載勛、英年、趙舒翹，賜死，毓賢、啓秀、徐承煜、並論斬；大阿哥溥儁以載漪子，亦廢黜。於是守舊者奪氣。那拉氏且先於二十六年十二月行在西安時詔議變法，「飭軍機大臣大學士六部九卿出使各國，大臣各省督撫各就現在情形，參酌中西政要，舉凡朝章國故，吏治民生，學校科舉，軍政財政，各抒所見，詳悉條議以聞。」（註一六八）二十七年三月，仿宋熙寧制置三司條例司遺意，「詔立督辦政務處；奕劻、李鴻章、榮祿、崑岡、王文韶、鹿傳霖、並為督理大臣，劉坤一、張之洞遙為參贊，」（註一六九）「各官章奏，均交政務處審別可行與不可行。」時中外臣工條奏變法者紛如，總其要歸，大抵不外「育才興學」「整頓中法」及「采用西法」等三大端。兩江總督劉坤一、湖廣總督張之洞、先後合上三疏：第一疏建議與育才興學有關者四事，「一曰設文武學堂，二曰酌改文科，三曰停罷武科，四曰獎勵游學；」第二疏「將中法之必應整頓者，酌擬十二條，一曰崇節儉，二曰破常格，三曰停捐納，四曰課官重祿，五曰去書吏，六曰去差役，七曰恤刑獄，八曰改選法，九曰籌八旗生計，十曰裁屯衞，十一曰裁綠營，十二曰簡文法；」第三疏就應采西法之切要易行者，臚舉十一條，一曰廣派游歷，二曰練外國操，三曰廣軍實，四曰修農政，五曰勸工藝，六曰定礦律路律商律交涉刑律，七曰用銀圓，八曰行印花稅，九曰推行郵政，十曰官收洋藥，十一曰多譯東西各國書；」洋洋數萬言，可謂集變法章奏之大成。（註一七〇）然所陳雖極剴切，而所籌議各條，實皆卑卑無甚高論。蓋當時執政者，猶以康梁與義和團為維新與守舊之兩極端，（註一七一）所謂變法，務求折衷於其間。故應詔陳言者，於中法但論其弊去太甚，於西政亦不過就三十年來陸續議辦者，求其推廣施行。張劉負一時人望，而如鴉片之病國害人，亦因稅收關係，未敢遽議禁絕，至以官收洋藥為變法之一要目，則其識見與魄力，固猶遠在戊戌諸臣下矣。

惟自經庚子之變，朝野痛定思痛，於我國積弊及西人之優長，旣昌言不諱，(註一七二)即在極端守舊及對西法素未講求者，亦從此不敢訾議新政；自咸豐季年以來，變法之局，經數十年之張弛起伏，由是始臻穩定。自後如廢八股時文，停科舉，辦學堂，獎游學，考試出洋學生予以出身，訓練新軍，停止武科，裁屯衛，汰綠營，去書吏差役，修正法律，停止刑訊，定礦律商律路律交涉律，以及改官制，立農工商部，行銀圓，取印花稅，擴郵政等事，皆逐漸施行；輓近舊制之日趨消滅，新法之日有增益，實基於此。然滿族徒因畏中外訾論，標榜變法，初非眞欲藉是措國家於富強。西政之效，旣難驟見。中法之弊，尤非短時所能廓清。故辛丑以還，外觀雖極紛更，實際亦無若何效果。此後「風氣之開闢日新，人心之趨向各異，」(註一七三)益以國際形勢於國民思想之演變，滿廷之政治改革，表面上似漸趨積極，滿族之統治力，實際上則日益削弱。及立憲革命之說盛，愛新覺羅氏之部族政權，遂岌岌不可終日矣。

庚子之亂，俄人除參與聯軍進佔平津外，復大興師據東北三省。辛丑和議成，各國遵約撤兵，而俄人之據關東者，藉口與中國有特別關係，獨遷延不撤；並以海陸軍向朝鮮侵略。日本以俄人劍及履及，旣與英國締結同盟以爲聲援，復與俄議分割我東北三省利益，俄人則將我東北全然劃出日本勢力圈外，且圖染指朝鮮。光緒二十九年(一九〇三)十二月，日遂與俄開戰，以我遼東爲戰場，清廷不敢致一詞，惟僅守所謂「局外中立」。及俄人敗北，三十一年(一九〇五)九月，日俄朴資茅斯條約成，我人民生命財產之損失與毀傷者，皆置不論，且強劃我東北三省爲南北兩部，由兩國分區經營。此後日人侵暴，層出不窮，清廷雖在關東各地設官，推行新政，亦形同守府。又以日俄之戰，日以立憲而勝，俄以專制而敗，我全國士大夫之思想言論，爲之一變，前之守舊或主張變法者，至是多盛唱立憲之論。時袁世凱鎮北洋，參與朝政，銳意圖改革，頗迎合其說。清廷亦迫於衆議，不得不爲塗民耳目之計。三十一年，命載澤等五人爲考察政治大臣，(註一七四)出洋考求日本英美法德諸國憲法；置考察政治館，擇各國政法宜於中國者，纂訂成書，取旨裁定。明年正月，載澤等奏請宣布立憲，言「憲法者，所以安國內，禦外侮，固邦基，保人民，濫觴英倫，踵行法美，近百年間，環球諸君主國，無不次第舉行。……立憲政體，利於民而獨不便於庶官。」(註一七五)七月，澤等回國，清廷遂宣佈預備立憲事宜，「仿行憲政，大權統於朝廷，庶政公諸輿論，預備立憲基礎，內外臣工切實振興，俟數年後規模粗具，參用各國成法，再定期限實行。」(註一七六)九月，詔更定官制，自內閣軍機處外，設部十一，(外部、民政、陸軍、度支、吏、禮、學、法、農工商、郵傳、及理藩、)由內閣總理大臣統屬各部尙書。又改大理寺爲大理院，專司審判。(法部則專掌司法行政)改督辦政務處爲會議政務處。三十三年(一九〇七)，各省官制亦次第編訂，於布政使外，設提法(按察使改)提學(學政改)等使，勸業巡警等道。提法使下有各級審判廳，以爲司法獨立之始基。諭下各省督撫實行預備立憲政治詔，飭條舉立憲辦法。改考察政治館爲憲政編查館，歸併會議政務處於內閣，以專責成。詔設資政院及各省諮議局，以立議院及各省議會之基礎。三十四年(一九〇八)，資政院王大臣擬定資政院院章。憲政編查館亦訂立各省諮議局並各議員選舉章程，尋復擬定憲法大綱及議院法選舉法要領，及議院未開以前逐年應行籌備事宜。令刊刻謄黃，分發在京各衙門在外各督撫府尹司道，懸掛大堂，責成依限舉辦，每屆六個月，將舉辦成績臚列上聞；限定九年，「將各項籌備事宜一律辦齊，屆時卽行頒布欽定憲法，並召集議員之詔。」(註一七七)時清廷於預備立憲等事，極意鋪張，說者謂那拉氏「自顧倦勤，畏後世議己，姑以塗飾耳目，幸免及耳。」(註一七八)實則當時滿族心理，徒以此粉飾觀聽，遷延歲月。且滿人領袖者爲奕劻，以貪庸著聞於天下，(註一七八)自餘宗室親貴，亦無一人能足當軍國之重者，(註一八〇)猶懼以立憲故漸失權勢，陽借化除滿漢畛域之名，陰則仍謀以滿人把持一切。若憲政編查館，若資政院，既皆以奕劻爲主持人；所訂憲法，皆由劻等擬定，借「皇帝欽定」名義，不許士子論議，人民干預，有「欽賜憲法」之稱。及載湉病，那拉氏亦不豫，詔授載湉弟載灃爲攝政王。十月二十一日，載湉卒，那拉氏詔以載灃子溥儀卽皇帝位，嗣載淳後，兼承載湉之祧。載灃以攝政王監國，尊那拉氏爲太皇太后，載湉后爲隆裕皇太后，頒詔明年改元宣統。翌日那拉氏亦卒。自宣佈預備立憲以來，籌備之事，大率有名無實。及宣統改元，載灃嘗再下詔申明實行預備立憲，降革各省官吏玩誤憲政者若干員，頒行府廳州縣及城鎮鄉地方自治章程，並以九月一日爲各省諮議局開會之期。二年(一九〇〇)九月，資政院亦舉行開院禮。十月，並縮短預備立憲年限爲七年。然載灃之徒具文飾，了無立憲誠意，與那拉氏如出一轍。資政院之開會也，議員大半由朝廷指派，既有欽賜議員之稱，而中樞部臣，仍多任用滿族。當光緒三十二年初更內閣部院官制，除奕劻 內閣總理大臣，餘十一部尚書，滿人竟占其七，有滿族內閣之號。(註一八一)及載灃監國，以直隸總督兼北洋大臣袁世凱爲漢大臣魁率，旨罷其職；載灃自統禁衛軍，而以其弟載洵載濤分主軍政。三年頒布內閣官制，改立責任內閣，罷舊內閣辦理軍機處及會議政務處，設部十，(較光緒三十二年裁吏禮兩部、增海軍部、)仍以奕劻爲總理大臣，以世續徐世昌爲協理大臣，餘十部國務大臣，滿人又居其七，(註一八二)而軍諮大臣(猶今參謀總長)仍屬之載濤。時各省諮議局議員以閣員多爲皇族，謂皇族內閣，列國所無，不特無補國家，且非皇族之福，要求改組。載灃則嚴旨申斥，謂「用人爲君主大權，議員不得干涉。」蓋時雖假名預備立憲政，而其以一國之政權，私諸一家之親貴，猶是滿朝家法，載灃之用心，固與多爾袞福臨以下諸滿酋無以異也。然武昌革命，亦卒於是年爆發焉。

自太平軍覆敗以還，革命之祕密組織，未嘗絕迹，滿人之無能力，既爲漢族所共喻，而歐美之新思想，又漸次輸入。於是官僚學者，思以新法扶翼滿室，而反之者，則以推翻滿朝恢復中華爲職志。然因鑒於太平軍之敗亡，亦頗有以懲艾其缺失，既不假借耶教，定一尊於天主，亦不采流寇恐怖政策，務破壞社會一切秩序，惟求實現其崇高之民族願望與政治理想，以建設眞正之民主國家。代表是種潮流者，今國民黨故總理孫文其首也。文字逸仙，廣東香山人。(同治五年生)幼從英人某業醫，長習經世之學；憤清政不綱，外侮頻仍，慨然以救中國爲己任。「自乙酉(光緒十一年一八八五)中法戰敗之年，始決傾覆清廷，創建民國之志。」(註一八三)甲午中倭戰起，文感外患日急，乃赴檀島創立興中會。嗣又回香港廣州，擴大會務，以「掃除韃虜恢復中華」爲宗旨，鼓吹革命，號召徒黨。乙未馬關約成，舉國愁怨，文遂糾合同志，謀起兵於廣州。事敗，陸皓東等死之。文走日本，遊美英，定三民主義五權憲法爲革命建設之準則。庚子拳亂起，文復命鄭弼成起事於惠州；瀏陽唐才常亦謀舉兵於漢口。革命運動，自是日演日廣。甲辰日俄戰後，國人留學日本者，一時驟逾萬人，文特至日本講演宣傳，學生服膺其說者，亦月異而歲不同。於是與黃興宋教仁等設同盟會於日本東京，漸擴充及於內地各省。時研求國故之士，如章炳麟、鄒容、劉師培、黃節等，時時刺舉宋明遺老之言論行誼，以鼓吹革命。光復之義，如日中天。而革命行動，亦先後蠭起，或以個人行暗殺之策，或以團體爲起義之舉。乙巳（三十一年一九〇五）九月，吳樾圖炸甃出洋考察憲政之五大臣，未中。丁未（三十三年一九〇七）五月，徐錫麟殺安徽巡撫恩銘。辛亥（宣統三年一九一一）三月，溫生才殺廣州將軍孚琦。而起兵者亦相踵。丁未七月，黃興起於廣州。十月，孫文起於鎮南關。戊申（三十四年一九〇八）三月，黃興又起於河口。七月，熊成基起於安慶。庚戌（宣統二年一九一〇）正月，倪映典起於廣州。辛亥三月，黃興、趙聲等復起於廣州。雖事皆不成，然黨人既不以挫折灰其志，革命之機，遂愈轉而愈急。時國際形勢，十分緊迫，日俄英法諸國，對我均締結祕密協定，預事處置。日人又併朝鮮，（宣統二年一九一〇）俄則增兵蒙古，英法亦各窺伺西藏滇邊，清廷胥置不問，惟以僞立憲塗民耳目，其官吏復日以製造革命爲事。奕劻既以老奸竊位，多引匪人。載澤因其妻與隆裕爲姊妹，篡握度支，其勢與奕劻抗。載洵、載濤皆以兄載灃監國故，分掌樞府重權，藉以殖其私財，賣官鬻缺，苞苴競進。劻又引頑鈍貪斂之盛宣懷長郵傳部，上鐵路國有策，欲因是以大借外債。川鄂人士，羣起反對。清廷既命趙爾豐入川，肆意誅屠，鄂督瑞澂又大搜捕革命機關。辛亥八月十九日，民軍遂起於武昌，擁黎元洪爲都督。各省聞風響應。清廷初起用袁世凱爲湖廣總督，督兵攻民軍。繼復任世凱爲內閣總理大臣，組織責任內閣，滿族自載灃以下，皆退歸藩邸。而世凱亦不慊於清廷，陰持兩端。十月，遂停戰議和。十一月，十七省代表開選舉臨時大總統選舉會於上海，公舉孫文爲臨時大總統，立政府於南京，定號曰中華民國；爲南北對峙之局。世凱命唐紹儀爲代表，與南軍代表伍廷芳議開國會，易專制爲共和。滿人良弼、鐵良等，與諸親貴結宗社黨，以良弼爲黨魁，猶欲頑抗。黨人彭家珍以一彈斃弼，諸親貴皆膽落，紛走天津青島大連，託庇外人宇下，雖隆裕召集王公會議，亦鮮有至者。世凱遂一面與南軍討論優待清室條件，一面陰迫清主退位。是年十二月二十五日（中華民國元年二月十二日），清隆裕太后頒退位詔，清祚由是告終，民國統一於焉肇始。四千餘年帝制之國，遂一變而爲民主之國。我國家歷史之新葉，由是開端。此後我國族之命運，亦直接由我全民族自身負其全責矣。

明代學術之陋極矣，而其亡也，通儒輩出。若餘姚黃宗羲，（生明萬曆三八年、卒清康熙三四年、一六一〇至一六九五、）「上下古今，穿穴羣言，自天官地志九流百家之敎，無不精研。」（註一八四）若崑山顧炎武，（生萬曆四一年、卒康熙二一年、一六一三至一六八二、）「凡國家典制，郡邑掌故，天文儀象河漕兵農之屬，莫不窮究原委，改正得失。」（註一八五）若衡陽王夫之，（生萬曆四七年、卒康熙三一年、一六一九至一六九二、）竄身猺峒，聲影不出林莽，「著書凡四十年，其學深博無涯涘。」（註一八六）以及容城孫奇逢、（生萬曆一二年、卒康熙一四年、一五八四至一六七五、）太倉陸世儀、（生萬曆三九年、卒康熙一一年、一六一一至一六七二、）陳瑚、（生萬曆四一年、卒康熙一四年、一六一三至一六七五、）桐鄉張履祥、（生萬曆三九年、卒康熙一三年、一六一一至一六七四、）濟陽張爾岐、（生萬曆四〇年、卒康熙一六年、一六一二至一六七七、）盩厔李顒、（生天啓七年、卒康熙四四年、一六二七至一七〇五、）博野顏元、（生崇禎八年、卒康熙四三年、一六三五至一七〇四、）等，莫不以明之遺民，爲清之名儒。其造詣雖不盡同，要皆以博學篤志，矯明人之空疏。不僅此也，諸儒又皆以苦節蜚遯者自處，而以讀書講學爲立身行己之基；一面蘄求博學，而學必見之躬行，徒以滿族在位，既不欲出而佐寇，又無力與寇相競，猶時思立一王之法，以待後世之興。若宗羲之明夷待訪錄，炎武之日知錄與郡縣論，夫之之黃書，皆極注意於法制，顏元李顒世儀陳瑚亦皆欲以其學大有造於世，其思想議論，皆有影響於後世。與明儒之專講良知心性者固異，與清代諸考證學者只講讀書之法者亦不同。「世之論者，或多其反對明儒，或矜其昌明古學，且若其所就不逮乾嘉諸子之盛者，實則清初諸儒之所詣，遠非乾嘉間人所可及，乾嘉間人僅得其考據之一部分，而於躬行及用世之術，皆遠不逮，其風氣舊截然爲二，不可併爲一談也。」（註一八七）

清初諸儒，於經學咸有述作。顧炎武之音學五書（一音論、二詩本音、三易音、四廣韻音、五古音表、）於古音尤有發明。此外如毛奇齡（生天啓三年、卒康熙五五年、一六二三至一七一六、）朱彝尊（生崇禎二年、卒康熙四八年、一六二九至一七〇九、）胡渭（生崇禎六年、卒康熙五三年、一六三三至一七一四、）閻若璩（生崇禎九年、卒康熙四三年、一六三六至一七〇四、）等，亦多能自成一家言。然自炎武外，多草創未精博，未能深入漢儒之堂奧也。清儒經學之著系統者，「自乾隆朝始，一自吳，一自皖南。」（註一八八）吳始惠棟；（生康熙三六年、卒乾隆二三年、一六九七至一七五八、）承其祖周惕父士奇之業，其學好博而尊聞，確宗漢詁，撰九經古義、周易述等，皆以掇述爲主，扶植徵學，篤信而不疑。其弟子有江聲、余蕭客，而王鳴盛、錢大昕、亦被其風。江余之書，（聲爲尙書集註音疏、蕭客爲古經解鈎沉、）言必稱師，綴次古義，鮮下己見。鳴盛始稍發舒。至大昕，（生雍正六年、卒嘉慶九年、一七二八至一八〇四、）博學深思，囊括萬象，文字、音韻、訓詁、天算、地理，無不精研；吳中之學，自是不待外求矣。皖南始江永、（生康熙二十年、卒乾隆二七年、一六八一至一七六二、）戴震。（生雍正元年、卒乾隆四二年、一七二三至一七七七、）永生婺源，爲諸生數十年，博通古今。震生休寧，其學亦出於永，「然發輝光大，曲證旁通，以小學爲基，以典章爲輔，而歷數、音韻、水地之學，咸實事求是，以求其原，於宋學之誤民者，亦排擊防閑不稍懈。」（註一八九）「其鄉里，同學有金榜、程瑤田，後有淩廷堪、三胡（匡衷、承珙、培翬、）皆善治禮；而瑤田兼通水地、聲律、工藝、穀食之學。震又教於京師，任大椿、盧文弨、孔廣森、皆從問業。（文弨以校讐名家、大椿傳震典章制度之學、廣森傳震測算之學、）弟子最知名者，金壇段玉裁，（生雍正十三年、卒嘉慶二十年、一七三五至一八一五、）高郵王念孫。（生乾隆九年、卒道光十二年、一七四四至一八三二、）玉裁爲六書音韻表，以解說文，說文明。念孫疏廣雅，以經傳諸子轉相發明，諸古書文義詰詘者皆理解；授子引之，（生乾隆三一年、卒道光一四年、一七六六至一八三四、）爲經傳釋詞，明三古辭氣，漢儒所不能理繹。其小學訓詁，自魏以來未嘗有也。」「凡戴學數家，分析條理，皆參密嚴瑮，上溯古義，而斷以己之律令，與蘇州諸學殊矣。」（註一九〇）自徽吳以經術倡，江北浙閩湘粵，翕然承風。或師友講習，淵源濡染；或鈎深窮高，獨立名家；通人名德，百年千里，比肩接迹。其一藝一能之士，雖不必爲通儒，而著述足以羽翼經傳者，尤更僕難數。然漢幟既張，非談經不足以動世，而考訂之學，非耽詞章者所便習。「文士既以嬰蕩自喜，又恥不習經典，於是有常州今文之學，」(註一九一)始於武進莊存與(生康熙五八年、卒乾隆五三年、一七一九至一七八八、)之春秋正辭，陽湖劉逢祿公羊釋例，長州宋翔鳳五經要義、通義等繼之。及邵陽魏源、仁和龔自珍、邵懿辰出，益「欲以前漢經術，助其文采，不素習繩墨，故所論支離自陷，乃往往如嚶語。」(註一九二)洎至晚清，猶有善化皮錫瑞、湘潭王闓運、井研廖平輩，以今文名其學。特自江戴以還，徽學已屹然爲漢學之正統，雖當今文學披猖之際，以實學自鳴者，於蟬嫣不絕。清季若番禺陳澧、德清俞樾、定海黃以周、瑞安孫貽讓、樾弟子餘杭章炳麟、暨儀徵劉師培等，其著述亦多足與乾嘉諸經儒媲美焉。

清儒經學，遠軼元明，其考訂名物度制，且度越唐宋諸儒，又範圍廣博，雖以漢學標名，亦不過用漢儒之訓故以說經，及用漢儒注書之條例以治羣書，初非盡襲漢儒之說，或僅習漢儒所治之書也。其最精者，首推「小學」（聲音訓詁文字音韻之學）。(註一九三)其治學方法最可稱誦者，則爲「徵實」；(註一九四)而於史學之貢獻亦至鉅。清初顧王諸儒，皆邃於史學，而黃氏之傳尤遠。鄞人萬斯大斯同兄弟，皆師事宗羲。斯大長於禮春秋。斯同則以史著，纂明史稿數百卷，一以明實錄爲主，「凡實錄之難詳者，以他書證之，他書之誣且濫者，以實錄裁之；」(註一九五)與宗羲合稱爲黃萬之學。自後餘姚四明之間，士多宗之，最著者，曰全祖望，(鄞人、生康熙四四年，卒乾隆二十年、一七〇五至一七五五、)曰邵晉涵。(餘姚人、生乾隆八年、卒嘉慶元年、一七四三至一七九六、)祖望熟於鄉邦佚史，究心晚明文獻，所著書曰鮚埼亭集，多表章遺獻之作。(黃氏宋元學案、亦祖望續成、)晉涵常自永樂大典中輯出薛五代史，又撰南都事略，並有志重修宋史，今本畢沅續通鑑，亦晉涵所校定也。會稽章學誠，(生乾隆三年、卒嘉慶六年、一七三八至一八〇一、)亦熟於文獻；既乃雜治史例，著文史校讎諸通義，上追劉子玄鄭樵之傳，區別古籍，因流溯源，以究其派別。時仁和杭世駿，天台睿召南，亦均博涉諸史，然以校勘著聞，與黃萬之學殊矣。浙人之外，以史名家者。曰鄒平馬驌，（生明泰昌元年、卒康熙十二年、一六二〇至一六七三、）著繹史百六十卷，纂錄太古至秦末之事，爲吾國上古史第一巨著。曰大名崔述，（生乾隆五年、卒嘉慶二一年、一七四〇至一八一六、）著考信錄三十六卷，極辨傳記註疏之失，爲儒者言史之正宗。曰大興徐松，（生乾隆四六年、卒道光二八年、一七八一至一八四八、）嘗自永樂大典中輯出宋會要數百冊；又鈎稽羣籍，撰唐兩京城坊考，唐登科記考，讀者驚嘆其難；所著西域水道記、漢書西域傳補註等，亦極精博。而嘉定錢大昕、王鳴盛、陽湖趙翼、三氏於正史工力尤深；大昕著二十二史考異，鳴盛著十七史商榷，翼著廿二史劄記，皆考訂諸史，逐年累積而後成。大昕於乙部書無不討尋，輿地、官制、氏族，考核尤精，（註一九六）有清代第一史家之目。弟大昭、族子塘、坫，治史亦皆有心得，家學稱極盛焉。大昕嘗有志改修元史，所補元史氏族志、藝文志、精博無涯涘。雖全書未成，然自是元史之研究，蔚成風氣。邵陽魏源作元史新編，稍後又有吳縣洪鈞作元史譯文證補，武進屠寄作蒙兀兒史記，膠州柯劭忞作新元史，於舊史多所補正焉。湘潭王闓運雅以文名，所著湘軍志，雖僅寥寥十四卷，然詞義典雅，遠紹太史公書，得其神髓，南宋以來史著，未能或之先也。抑乾嘉諸儒，雖皆以經學名，然「治經實皆考史，或輯一代之學說（如惠棟易漢學之類），或明一師之家法（如張惠言周易虞氏義之類），於經義亦未有大發明，特區分畛域，可以使學者知此時代此經師之學若此耳。其於三禮，尤屬古史之制度；諸儒反覆研究，或著通例（如江永儀禮釋例、凌廷堪禮經釋例之類），或著專例（如任大椿弁服釋例之類），或爲總圖（如張惠言儀禮圖之類），或爲專圖（如戴震考工記圖、阮元車制圖考之類），或專釋一事（如沈彤周官祿田考、胡匡衷儀禮釋宮之類），或博考諸制（如金鶚求古錄禮說、程瑤田通藝錄之類），皆可謂研究古史之專書。卽今文家標舉公羊義例（如劉逢祿公羊何氏釋例凌曙公羊禮說之類），亦不過說明孔子之史法，與公羊家所講明孔子之史法耳。其他之治古音，治六書，皆爲古史學，尤不待言。惟限於三代語言文字制度名物，尚未能舉歷代之典籍，一一如其法以治之，是則尚有待於後來者耳。」（註一九七）

清儒研究史之範圍甚廣，目錄校勘，辨僞輯佚，述作如林，不遑縷舉。其關係尤鉅者，曰輿地學與金石學。清初顧祖禹撰讀史方輿紀要百三十卷，論歷代州域形勢、疆域沿革、山川險要最備，爲吾國歷史地理第一名著。同時劉獻廷著廣陽雜記，於人地相應之故，言之頗詳。然清儒侈古成癖，地理著作，亦以考證古水道或古郡國者爲多。自康乾兩朝用兵西陲，闢地萬里，嘉道以後學人，多究心於西北地理。壽陽祁韻士，初撰西陲總統事略、藩部要略。徐松繼之，復撰新疆事略。至平定張穆撰蒙古游牧記，光澤何秋濤撰北徼彙編（清末奕詝賜名朔方備乘）。於是西北地理之研究，其初僅以新疆伊犂爲範圍者，繼則擴及蒙古全部，兼包東北邊徼。清季杭州曹廷杰，嘗著東三省輿圖說、東北邊防紀要、與西伯利東偏紀要，雖卷帙不多，然考訂精審，言東北邊徼地理者，必首推此三書焉。金石之學，著於宋而衰於元明，至清乾嘉世，以考證學派多兼嗜金石，因以大盛。清代以此名家者，實繁有徒，略紀一二。如錢大昕之潛研堂金石目錄，繆荃孫之藝風堂金石文字目，此屬於目錄著也。（翁方綱之兩漢金石記、則兼有目錄與文字、）劉喜海之金石苑，張燕昌之金石契，陳經之金石圖，此屬於圖像者也。錢大昕之潛研堂金石跋尾，武億之金石跋，嚴可均之鐵橋金石跋，此屬於考訂者也。而王昶之金石萃編百六十卷，（陸增祥踵之、作八瓊室金石補正百三十卷、）則又兼著錄與考訂爲一書。抑自乾隆世，弘曆命廷臣錄內府所藏彝器，撰西清古鑑、西清續鑑諸書，士大夫聞風承流，相與購致古器，蒐集拓本，或集諸家[illegible]拓文爲一書，（始於阮元積古齋鐘鼎彝器款識、而以吳之苾之攈古錄金文爲最富、）或著錄一家藏器；（始於錢坫之十六長樂堂古器款識、而以端方之陶齋吉金錄爲最多、）吉金彝器之研究，覩石刻碑版尤遠過之，凡所著錄，視宋人書不啻倍蓰。又自禮樂兵器璽印泉幣外，兼及梵像符契車器馬飾，以及封泥明器瓦當專甓古玉古匋古器橅範等；莫不各有專書。其初雖附庸於金石學，其繼則別立「古器物學」之名。（註一九八）至清季，西陲墜簡，敦煌殘卷，及洹水甲骨出，好古者亦莫不搜羅研討。是皆學術進步之徵矣。

清代文學，亦頗稱盛，然實由明季諸遺老開其源。梨洲亭林船山三先生詩文，皆無愧作者，津逮後人亦遠，特文名爲學行所掩耳。自餘山林遺逸，若魏（禧）侯（方域）申（涵光）吳（嘉紀），皆開一代風氣之先。錢謙益歸命新廷，亦以詩文雄於時，足負起衰之責。康熙之世，人文猋起，最負盛名者，北則新城王士禎，（生崇禎七年、卒康熙五十年，一六三四至一七一一。）南則秀水朱彝尊。時滿人納喇性德長倚聲，好賓禮士大夫，與顧貞觀、陳維崧等遊。貞觀維崧皆工詞，與彝尊稱詞家三絕。孔尚任之桃花扇傳奇，洪昇之長生殿傳奇，號稱冠冕一代者，亦均出於其時。（曹雪芹之紅樓夢，爲古今小說第一傑作，雖成於乾隆世，據近人考證，所記亦康熙間事，（註一九九））然其關係尤鉅者，則爲桐城方苞之古文。苞（生康熙七年、卒乾隆十四年，一六六八至一七四九。）振起於康熙之末，爲文上規史漢，下仿韓歐，以有物有序爲宗，非闡道翼教有關人倫風化不苟作。同里劉大櫆游苞門，傳其義法。姚鼐（生雍正九年、卒嘉慶二十年，一七三一至一八一五。）繼起，撰古文辭類纂，以盡古今文體之變。三人皆籍桐城，世傳以爲桐城派。論者或謂桐城諸家，雖尸程朱爲後，亦未得程朱要領，徒援引膚末，大言自壯，與漢學之儒競名，（註二〇〇）諸爲漢學者，如汪中、孔廣森、孫星衍、洪亮吉輩，其文采詞筆，且非桐城諸家所及。然後者論文嚴於義法，凡所爲文，粹然一出於醇雅，實得唐宋以來古文正傳，清之古文，亦自是儼成一王之法焉。鼐主梅花、鍾山、紫陽、敬敷諸書院講席凡四十年，所成就士甚衆；管同、梅曾亮、方東樹、姚瑩，尤稱高足弟子，各以所得傳授徒友，往往不絕，曾亮之傳尤遠。陽湖惲敬、陸繼輅，亦陰自桐城受義法，捨其考據駢儷之學，專志以治古文；於是陽湖古文之學特盛，世號陽湖派。「曾亮在京師二十年，京師治古文者，皆從梅氏問法，湘鄉曾國藩亦起而應之。國藩又從唐鑑、倭仁、吳廷棟講身心克治之學，其於文推挹姚氏尤至。」（註二〇一）及國藩領兵戡亂，又樂與當時賢士大夫以學問文章相切劘，主海內之盟凡二十年。國藩爲文旣規恢閎闊，一時遊其門者若李元度、薛福成、黎庶昌、張裕釗、吳汝綸輩，皆極文章之選，說者謂清代文章，「其體實正自望溪方氏，至鼐而詞始雅潔，至國藩始變化以臻於大」云。（註二〇二）

清代學者對於書籍之整理與流布，亦至有可稱。康乾之世，每特開館局，使學人從事於圖書筆研之間，食以廩粟，書成則冠以「御製」「欽定」字樣，印行流布。綜武英殿雕刻御製欽定之書，凡經類二十六部，史類六十五部，子類三十六部，集類二十部，論者謂歷代政府刻書之多，未有若清廷者。至其卷帙最鉅者，首推圖書集成。其體例蓋創自閩人陳夢雷，經始於康熙三十九年，至雍正三年始成（一七〇〇至一七二五），共六彙編（曆象、方輿、明倫、理學、經濟、博物、）三十二典（曆象彙編分乾象、歲功、歷法、庶徵四典、方輿分坤輿、職方、山川、邊裔、明倫分皇極、宮闈、官常、家範、交誼、氏族、人事、閨媛、理學分經籍、字學、學行、文學、經濟分禮儀、選舉、銓衡、食貨、戎政、考工、樂律、祥刑、博物分藝術、神異、草木、禽獸、）六千一百九部，都一萬卷，以聚珍銅字印行。其書卷數雖不及永樂大典之半，然大典成而未刊，則類書之印行於世者，無過於此書矣。自圖書集成蕆事，至乾隆朝，復編訂四庫全書，命紀昀等任其事，始於三十八年，至四十七年告竣（一七七三至一七八二）。自敕撰諸書，內府藏本，暨輯自永樂大典者外，各省採進本、私人進獻本、暨通常流行各書，收入者亦不尠。總計存書三千四百五十七部，七萬九千七十卷。其附於存目者，六千七百六十六部，九萬三千五百五十六卷。同時繕錄七部，分庋文淵（京師）文源（京西圓明園）文溯（奉天）文津（熱河）文匯（揚州）文宗（鎮江）文瀾（杭州）七閣，淵源津溯稱內廷四閣，匯宗瀾稱江浙三閣；（註二〇三）好學之士，准其赴閣檢視鈔錄。此清廷對於吾國圖籍整理之偉業也。「而外省督撫，禮聘儒雅，廣修方志，郡邑典章，粲然大備。阮元補四庫未收書四百五十四種，復刊學海堂經解一千四百十二卷；王先謙續刊一千三百十五卷，甄采精博，一代經學人文萃焉。曾國藩督兩江，倡設金陵蘇州揚州浙江武昌官書局，張之洞督粵，設廣雅書局，皆慎選通儒，審校羣籍，廣爲剞劂，以惠士林。而私家校勘精鏤亦夥。叢書之富，曩代莫京。」（註二〇四）之洞嘗著勸刻書說云：「如歙之鮑，（鮑廷博刻知不足齋叢書三十集、二百二十種，）吳之黃（黃丕烈刻士禮居叢書十九種），南海之伍（伍崇曜刻粵雅堂叢書三十集、一百八十五種），金山之錢（錢熙祚刻守山閣叢書一百一十種、珠塵別錄二十八種、指海十二集、九十種，）可決其五百年中決不泯滅。」（註二〇五）實則諸家之外，清世以校刻古籍暨雕自著書與同時人著書名者，無慮千百家，凡張氏書目答問所載，其有清代刻本者，大抵皆清人家刻本也。清代百學昌明，學者對於書籍之整理與流布，遠軼前代，亦爲一主因焉。

清代書畫藝術，亦名家輩出。「自明清之際，工書者，河北以王鐸，傅山爲冠，繼則江左王鴻緒、姜宸英、何焯、汪士鋐、張照、王澍等，接踵而起。」（註二〇六）乾隆世，王文治與劉墉，梁巘與梁同書，兩兩並稱。（時稱墉曰濃墨宰相、文治曰淡墨探花、巘曰北梁、同書曰南梁、）乾嘉之間，懷寧鄧石如，嘉定錢坫，陽湖錢伯坰，皆以書名；而石如分篆眞隸以及行草，無一不工，爲清人書第一。「咸同以來，以書名者，何紹基、張裕釗、翁同龢三家最著；同龢規模閎變，尤爲一代後勁云。」（註二〇七）「清初畫學蔚盛，大江以南，作者尤多，各成派別，以婁東王時敏爲大宗。」（註二〇八）時敏（生萬曆二〇年、卒康熙一九年、一五九二至一六八〇、）少時親炙董其昌，爲一代畫苑領袖。與族姪鑑（字圓照、生萬二六年、卒康熙一六年、一五九八至一六七七、）孫原祈（號麓臺、生崇禎一五年、卒康熙五四年、一六四二至一七一五、）常熟王翬（字石谷、生崇禎五年、卒康熙五九年、一六三二至一七二〇、）（是爲四王）皆以山水著稱。合常熟吳歷（字漁山、生崇禎五年、卒康熙五七年、一六三二至一七一八、）武進惲格（號南田、生崇禎六年、卒康熙二九年、一六三三至一六九〇、）並稱清初六大家。而明之遺民隱於僧而以畫著者，則有釋道濟（字石濤）髡殘（字石溪）朱耷（號八大山人）宏仁等：道濟「畫筆縱恣，脫盡窠臼；」髡殘「畫山水，奧境奇闢，緬邈幽勝；」朱耷「畫簡略秀勁，生動盡致；」（註二〇九）較四王尤富於創造性及個性焉。「自康熙至乾隆朝，當國家全盛，文學侍從諸臣，每以藝事供奉內廷，大學士蔣廷錫及子溥，董邦達及子誥，尙書錢維城，侍郎鄒一桂，與詹事周鵬翀，爲尤著。」（註二一〇）時「又設如意館，制仿前代畫院；」（註二一一）「畫史供御者，由大臣引荐，如獻書稱旨召入，與詞臣供奉體制不同。」（註二一二）其卓著可傳者，自唐岱、張宗蒼、金廷標、丁觀鵬等外，若郎世寧與艾啓蒙，皆西洋人，以西法繪事受清主之賞異；（註二一三）濟寧焦秉貞、膠州冷枚、婁縣陳枚等，亦皆參用西法。（註二一四）自明季傳入西畫，至是始稱盛行，特士流尙鮮有傳習耳。（註二一五）抑康乾之世，不特繪事稱盛也，自餘藝術製造，亦無一不精。時「如意館兼及百工之事，自畫史外，雕琢玉器，裝潢帖軸，皆在焉。」凡有一技之能者，往往召入供奉。「故其時供御器物，雕組陶埴，靡不精美，傳播寰瀛，稱爲極盛。」（註二一六）江西景德鎮瓷器，尤冠絕古今。自「明以中官兼景德鎮窰務，後改巡道督府佐知其事，清初因之。康熙中，江西巡撫郎廷佐所督造，精美有名，世稱郎窰。其後御窰與工，每命工部或內務府司官往，專任其事。年希堯（雍正中內務府總管）曾奉使造窰甚夥，世稱年窰。唐英繼之，自雍正中至乾隆初，任事最久，講求陶法，尤有心得，其所造者，世稱唐窰。」（註二一七）綜三朝御窰製品，美備精良，超越前古。康熙中所創琺瑯彩器，（花文彩色、悉做銅胎琺瑯器爲之、故名、亦稱瓷胎琺瑯、俗稱古月軒器、）尤爲至精極美之品。（註二一八）然自唐英卒後，清瓷已成絕響。以言繪事，「清畫家聞人，亦多在乾隆以前；」嘉道以降，「吳越間作者雖衆，然足繼前哲名一家者，蓋寥寥焉。」（註二一九）詞臣供奉者，自黃鉞、戴熙、張之萬外，可稱者亦尠。（註二二〇）光緒中，那拉氏「嘉藝事，稍復如意館舊規，畫史皆凡材，無可紀者。」（註二二一）清代藝術之盛衰，蓋與國勢相消息焉。

清世佛道諸教，遠較前代爲式微，惟耶教之傳播，則視明季爲盛。清世道教，僅信州龍虎山張天師一派，爲朝廷所敕許，仍襲明制，封正一眞人；然其儀制，則由明之正二品降爲正五品，又不許朝覲，僅令禮部帶領引見。清代諸主，惟胤禛嘗學仙術，求長生，然於方士亦未能眞心信奉也。自福臨至弘曆，皆嘗款禮禪師，究心釋典。而清僧求如明季蓮池憨山其人者，眇不可得。故佛教在清代，實與道教同其末運，僅民間延請祈禳超度而已。惟清季石埭楊仁山居士，刻經金陵，發宏佛願，繼起研究，大有其人。倭人於清光緒世印行我明藏後，復搜羅我國古德之未入藏者，彙輯成書，號曰續藏，爲書一千七百五十餘部，七千一百四十餘卷，中多中士久佚之書，亦於清季重行輸入，是則清代佛教史上一可紀念之事也。（註二二二）清初因採用西教士所定之新曆，於湯若望等尊崇備至。（順治二年、以若望掌欽天監事、管欽天監印信、累加太僕太常寺卿、敕賜通玄教師、）當福臨世，除關東外，內地各省，皆准隨意往來傳教，入教者達十餘萬人。比玄燁立，因歙縣民楊光先等對西教西法，肆意排擊，（註二二三）若望與南懷仁（Ferdinand Verbiest）（比利時人、順治末入中國、）暨各省西士，悉遭拘禁，教堂亦多被破壞；是爲耶教入中國後之二厄。及康熙八年（一六六九），因西法測驗無誤，始翻前案，監禁西士，悉行釋放，祓毀教堂，再行修築。顧玄燁之出此，亦重其學而非崇其教，朝廷雖任用西士，（八年、南懷仁爲欽天監副、十二年、擢監正、）而天主教祇准西洋人自行，各省立堂入教，仍嚴行禁止。至三十一年（一六九二），取銷是項禁令，入教者始漸增盛。而西教士之內訌亦日烈。自明季以還，西教士來華宣教者，向受葡萄牙之保護，對於吾華固有禮俗，頗知尊崇。康熙中，法人力謀破壞葡人之保護權，自任總督，自遣宣教師。教士派別既多，爭論漸滋。四十三年，羅馬教皇遣特使至北京傳達教命，嚴禁教徒崇拜祖先。玄燁憤其蔑視吾國禮教，既捕遣教使於澳門，四十五年（一七〇六），復嚴頒禁約：凡在華宣教西士，皆須向內務府領票，塡「永不復回西洋」字樣，「若無票而不願領票者，驅往澳門安插，不許存留內地。」嗣復屢加禁阻；而地方官之仇教者，並領票之宣教師亦加排斥。歷雍正乾隆嘉慶以訖道光朝，淸廷對待耶教之態度，雖時有寬嚴之別，而不許內地自由傳教則一。西士之任事欽天監者，亦於道光十七年（一八三七）終止焉。當嘉慶十二年（一八〇七），英宣教師馬禮遜（Rev. Robert Morrison）來廣東，是爲新教入中國之始。馬氏組織印刷所，刊布新約譯本，授徒傳道。越七年，僅得所中手民蔡高一人受洗。而高弟顯同事所中者，溫和純靜，反於教旨格不相入，(註二二四) 其傳教之效可睹矣。馬氏後又得弟子梁發，嘗著「勸世良言」，宣傳教義。道光中，洪季全得馬梁諸氏譯著，遂以天弟自命。及太平軍興，所部軍士，悉屬主內弟兄，所頒規條詔書，並敷演耶教教旨，兵鋒所至，先聖學宮關岳廟宇，無不殘破。幸也湘軍以擁護名教起而討之。洪軍既平，隨洪軍而興之變相耶教，卒如曇花之一現。特自鴉片戰爭以還，准各國自由傳教之條約，次第訂立，(註二二五) 入教者遂日盛一日。桀黠者亦率以入教爲護符，魚肉齊民，霸產抗糧，無所不至。地方官懾於外人之勢力，未敢按律懲治。人民仇教之舉動，遂屢屢發生；而教案發生一次，耶教即多一重之保障。教士之氣燄，如日中天矣。新教自馬禮遜來粵後，各國教士紛至，以次遍佈全國，入教者亦年盛一年，庚子拳亂後，增加尤劇。據西人統計庚子年受餐教徒凡八萬五千八，至宣統二年，增至十七萬二千九百四十二人，(註二二六) 合新舊兩教計之，淸季吾華教友，殆在百萬以上。自淸之亡，不特日增靡已，且愈增而愈速也。雖[illegible]教者少，吃教者多。此極少數之信教徒，又鮮英才碩彥，擬之六朝隋唐之大德，固望塵莫逮，卽較之明末淸初之敎徒，亦多愧色。然其外表勢力，遠非佛道諸敎所可幾及矣。語其原因：則自條約保護外，入敎有特殊之利益，（如同治元年諭「迎神演戲賽會燒香等事、與敎民無涉、永遠不得勒攤勒派、」及兵興時可托庇敎堂之類、不一而足、）一也；敗類以敎會爲護符，二也；帝國主義者之利用，三也；金錢勢力之誘迫，四也；媚洋風氣之日盛，五也；學校醫院之廣設，六也；而眞信道者僅矣。

自耶敎流衍中土，西方之學藝亦隨以輸入。其事始盛於明季，說見上章。及滿淸入主中國，西士對吾華學藝之貢獻，其成就有視明季爲大者。一曰天曆儀象。順治元年六月，湯若望啓請多爾袞採用新曆，多爾袞諭定「名爲時憲曆，自明歲順治二年爲始，卽用新曆，頒行天下。」（註二二七）嗣改崇禎曆書爲「西洋曆法新書」，（收入四庫全書時、又易名新法算書、）若望又加入「曆法西傳」與「新法曆引」二卷，介紹西儒歌白尼(Cobernic) 第谷 (Tyaho-Brahé) 加白爾 (Kepler) 等學說。淸廷又以明季所造天文儀器，盡毁於流賊，康熙八年，旣任南懷仁爲欽天監副，命改造觀象臺（臺在北京齊化門內、建於明世、）儀器，十三年告成，「曰黃道經緯儀，赤道經緯儀，地平經儀，地平緯儀，紀限儀，天體儀；」（註二二八）懷仁撰靈臺儀象志記其事。十七年（一六七八），懷仁又編成康熙永年曆法三十二卷。自後至乾隆世，復續命西士監製儀器多種。（註二二九）蓋淸初諸主，飫聞西人之學說，亦略識曆算天文之學，故奕世製作，不厭求詳。淸之製曆，所以測驗精而分秒無差，卽恃有是種精密之儀象，而時憲曆亦沿用至淸季焉。二曰測繪輿圖。正敎奉褒載「康熙四十七年諭傳敎士分赴蒙古各部，中國各省，遍覽山水城廓，用西學量法，繪畫地圖，」是年派日耳曼人白進(P. Joach Bonvet)費隱(P. Xav. Ehrembert Fridelli) 法蘭西人雷孝思 (P. Jean-Baptiste Régis) 杜德美 (P. Pierre Jartonx) 等往蒙古及直隸，四十九年，（一七一〇），費隱等往黑龍江，五十年，雷孝思等往山東，費隱等往山西陝西甘肅，五十一年（一七一二），法蘭西人馮秉正 (P. Jos. de Moyra de Mailla) 德瑪諾 (P. Rom. Hinderer) 等往河南江西浙江福建，五十二年（一七一三），法蘭西人湯尙賢 (P. Pierre Vincent de Tantre) 葡萄牙人

麥大成 (P. J. Francois Cardozo) 等往江西廣東廣西，費隱、潘如(Bonjour Angustin)(法人)往四川，五十四年（一七一五）雷孝思等往雲南貴州湖南湖北繪圖；五十六年，各省地圖繪畢，白進等彙總圖一幅，並將各省分圖進呈，玄燁命名皇輿全覽圖。」是卽世所稱康熙內府輿圖。至乾隆世，復命宋君榮(Antwine Gaubil)傅作霖 (F. l'Arrocha) 高愼思 (J. Espinha) 等測繪新疆中亞，重訂爲乾隆朝皇輿全圖。我國用西法測繪之全國地圖，實以此兩圖爲嚆矢焉。(註二三〇)自餘西法繪事、建築、工藝製品之傳播，暨國人對於拉丁文字之學習，(註二三一)亦皆視明季爲盛。西士譯著，若利類思 (P. Ludorrcus Bughio) 之彌撒經典、七聖事禮典、司鐸典要及超性學要，(天主教神學大師聖多瑪斯(S. Thomas Agninas) 所著神學大綱之節譯、)衞匡國 (P. Martinus Martini) 之靈性理證，亦皆屬耶教重要典籍。華士受西學影響者，據清史稿疇人傳所載；若淄川薛鳳祚，「順治中，與法人穆尼閣 (Joan Nicolous Smogolenski) 談算，盡傳其術，(天步眞原一書、卽穆氏口述鳳祚筆譯者、所傳比例表、以加減代乘除、以折代開方、爲對數輸入中國之始、)著算學會通正集十二卷，考驗二十八卷，致用十六卷，貫通中西，不愧爲一代疇人之功首。」柘城杜知耕，「精硏幾何，删削利徐所譯幾何原本，作幾何約論七卷，又雜取諸家算學，參以西人之說，作數學鑰六卷。」吳江王錫闡，(生崇禎元年、卒康熙二一年、一六二八至一六八二、)「兼通中西之學，自立新法，用以測日月食，不爽秒忽，著曉菴新法六卷，又作大統西歷啓蒙，三辰晷志，俱能究術數之精微，補西人所不逮；與同時薛鳳祚齊名，稱南王北薛。」廣昌揭暄，「著璇璣遺書七卷，深明西術，而又別有悟入。」以及宣城梅文鼎，(生崇禎六年、卒康熙六十年、一六三三至一七二一、)「所著曆算之書凡八十餘種」，暨孫瑴成，「御製數理精蘊、曆象考成諸書，皆與分纂，」號稱一代疇人世家者，實皆「中西薈萃，遂集大成」(註二三二)者也。(淸儒明曆算者如江永戴震錢大昕等、幷精通西法、)然名理哲學，則已成絕響。工藝水利，亦無人推演其緒，以利民生者，惟製造火器一事，功效猶遠勝明季。當康熙世，西士最受恩眷者，爲南懷仁。三藩事起，玄燁頻命監造礮位，先後共達五百餘尊，(十三年迄十五年、共製大小礮二百位、十九年十一月、又奉旨鑄造戰礮三百二十位、二十年八月造成、）以爲平定各地，屠殺漢人之用；懷仁亦以是而益得寵幸。（官至通政使、加工部右侍郎職銜、）以敬天信道之人，而所爲如此，亦可謂不善用其學矣！懷仁卒後，（康熙二九年、一六八八、）西士中有名天曆者，以德人戴進賢（Ignatius Kögler）爲著，自康熙末奉詔佐理曆政，於雍正世暨乾隆初，補授欽天監正。進賢旣與監官劉松齡（P. A. Hallerstein）鮑友管（P. A. Gogeisl）等據西洋新測星度，累加測驗，編製儀象考成，於懷仁儀象志頗多更定。又採用英儒奈端（Newton）等之新說，撰曆象考成後編，以釐正第谷之舊法。皆天曆史上至可紀念之事也。乾隆十一年（一七四六），進賢卒，松齡繼授監正。自松齡卒後，（三十九年、一七七四、）以至道光中葉，雖仍續由西士任監職。然西學之輸入，則自是中絕焉。（註二三三）

西士之來華佈教也，同時亦傳播吾華文化於西土，艾儒略稱「利子嘗將中國四書，譯以西文，寄回本國，國人讀而悅之，」（註二三四）是爲西人譯我國經籍之始，時萬曆二十一年（一五九三）也。惜書已失傳，內容今亦不可考知耳。當明之季年，西士介紹中國之著作，在歐陸印行者頗多。然經籍之刊布，則始於康熙二十六年（一六八七），柏應理（Philippus Couplet）在法京巴黎出版之拉丁文大學論語中庸譯本。（大學論語、康熙元年、殷鐸澤（P. Prosper Intercella）與郭納爵（P. Ignatus Dacosta）譯、旋鐸澤復譯中庸、先後審定三書譯文者凡十五人、柏應理帶回歐洲之先、曾在印度卧亞發行合刊本二次、）五十年，衛方濟（P. Franciscus Noël）之「中國六經」，（內容爲四書與孝經三字經）亦在今捷克巴拉加問世。雍乾之世，易、書、詩、禮、春秋、及道德經、亦皆有拉丁譯文。（註二三五）而西士之論列吾華政治教學，記述史地風俗，暨翻譯文學作品，介紹美術工藝者，更層出不窮。雖所有譯著，不特未能曲盡原書之義理，且多不乏曲解與誤會，所有介紹，亦徒憑一知半解，而非吾國文化之全貌。然述作旣衆，各國學人輾轉翻譯研索，英法德諸邦宗教政治文學哲理，皆生相當之影響。英人之主自然神教（deism）者，尤好徵引我先聖之說，以譏訐傳統之耶教。（註二三六）下至戲劇繪畫建築園林，以暨服裝用具，（織品瓷器漆器等）歐人對之，亦多發生濃厚之興趣。（註二三七）蓋自十七世紀末以至十八世紀，實爲中國文化流行歐洲之時代。惟任傳播之責者，仍悉屬西士；國人雖有隨西士赴歐研求教理者，(註二三八)固未克負荷介紹文化之大業也。然自近世工業機械文明興，西力東侵，我國族既飽受陵侮，歐人崇拜華化之狂熱，亦日以消逝，而歐化之輸華，則日盛一日焉。

自乾隆三十四年，蘇格蘭人瓦特 (James Watt) 發明蒸汽機關，而世界之變更，即肇於是。嘉慶十二年(一八〇七)，美人富爾敦(Robert Fulton)發明汽船，道光五年(一八二五)，英人史蒂芬孫(George Stephenson)發明火車，十七年，美人摩爾斯 (Samuel Finley Breese Morse) 發明電報，皆若與吾國邈不相涉也。而其後鴉片之戰，天津北京聯軍之役，胥此等機械成之。咸同之際，吾國深識之士，知世局既變，舊中國欲競存於此新世界，非輸入西方文明，變從西法不可。以西藝原本於西學，西人政教修明，又為西國富強之基也，故自機械製造，以至政學理法，無一非吾研索倣效之對象。朝野開明士夫，殊途同歸，莫不以是為兢兢。數千年閉關自守之國，亦由是而與世界日進日新。其一則繙譯西籍也。以海寧李善蘭、無錫徐壽、金匱華蘅芳、與侯官嚴復(註二三九)等為著。善蘭咸豐初客上海，從英士偉力亞力、艾約瑟等游，與偉力君譯幾何原本後九卷，(合徐利所譯六卷、共成十五卷足本、)談天十八卷，及美人羅密士代微積拾級十八卷，與艾君譯胡威立重學二十卷。壽與蘅芳，同治中主持江南製造局繙譯館，招致西士偉力君與傅蘭雅、林樂知、金楷利等，口譯諸書，而自與李鳳苞、王德均、趙元益等筆受，先後成書數百種，自象緯輿圖格致器藝兵法醫術，罔不畢備。復尤為近世譯才之首。光緒季年，「復譯黑胥黎天演論，標舉譯例，以「信」「達」「雅」為尚。嗣譯斯密亞丹之原富，穆勒約翰之名學，斯賓塞爾之羣學肄言，孟德斯鳩之法意，甄克思之社會通詮等書，悉本信達雅三例，以求與晉隋唐明諸譯書者相頡頏。於是華人始知西方哲學計學名學羣學法學之深邃，非徒製造技術之軼於吾土，是為近世文化之大關鍵。」(註二四〇)復之外，閩侯林紓以古文自名，嘗與舌人魏易「譯小說數百種。雖文筆雅潔不足與復相比，亦能使國人知西方文學家之思想結構焉。」

其二則西法印刷與日報期刊等之興起也。與譯事並興者，有西法印刷術。鉛印石印之類，皆興於咸同間。其始由西人創立書館推行(如滬上字林印字館墨海美華書館等)，國人繼起仿設，自滬粵諸地，漸次流布重要都市。「不特新譯諸書，賴以迅捷印行，中國舊籍，亦賴以廣為傳播。又進而有銅版鋅版玻璃版之類，影印書畫，皆不下眞迹。又其藉印刷之速而日出不窮者，有新聞紙及雜誌。」其初亦大抵由西人主持其事，（同治初年、字林印字館始設華文日報。申報倡於同治十一年、英人美查主之。又滬林華書院每週出中西新聞一冊、為中國週報之始、後改名萬國公報。）以傳遞消息為主、繼則國人紛起創辦。凡討論政治，表示民意，介紹學術，指導社會，乃至宣傳主義，鼓吹革新，一寓於其間。「為文者務極痛快淋漓，以刺激人之耳目，又欲充實篇幅，不憚冗長，而近世文字之體格乃大變。其以覺世牖民為主者，則用通俗語文，解釋事理，期略識文字之人，亦能閱覽。淺學者利其便易，從事提倡，而白話文遂以萌芽。」是皆普及文化之利器也。

其三則游學各國也。「初各國訂約，未有及游學者。同治七年，志剛孫家穀等使美，訂中美續約，第七款規定嗣後中國人欲入美國大小官學學習各等文藝，須照相待最優國之人民，一體優待。十年，清廷即從曾李等議，派遣幼童，由陳蘭彬容閎率領赴美，入哈佛各校肄業。其後福州船政局督辦沈葆楨，又請選派生徒赴法英兩國肄業。此游學之第一時期也。赴美幼童，先後都百五十人，嗣遂停止。光緒十六年，總理衙門奏請出使英法俄德美五國大使，每屆酌帶學生兩名，後又各增兩名；為數既少，功效亦未大彰。甲午以後，游學之風復盛，人取速化，不求深造，官私學生，多往日本游學。赴日本學師範者尤夥，（其議實張之洞倡之、日本高等師範學校校長嘉納治五郎為之特設速成師範班於弘文學院、有數月畢業者、有一年畢業者、略講教授管理之法、即歸國創辦學校、）而陸軍學生亦多。光緒末年，提倡教育改革軍制者，大抵皆日本留學生也。三十一年，考試出洋學生，予以進士舉人出身，並授以檢討主事等官。利祿之途大開，人人以出洋為獵官之捷徑，而日本之中國學生，多至數萬。是為游學之第二時期。當赴日學生極盛時，留學於歐美者亦不乏人，有由官吏派送者，有由教會資給者，有由自費而遠遊者。觀於游日者之足以得官，亦爭歸而應考試。故光緒三十二年考試出洋學生，其予出身而授官者，大都留學於歐美各國者也。然其人數，究不逮在日本者之多，故其灌輸西洋文化，較之由日本間接而得者，反勢有所不敵。三十四年，美國國會議決退還庚子賠款，（美金一千三百六十五萬四百九十元）清廷議以其款按年派學生百人往美留學。逾年，遂設游美學務處於北京，並建游美學生肄業館於清華園。於是游美之學生日多。民國以來學術思想，多採美學之風尚，以此也。」

其四則仿製機械也。同治初，曾國藩任安慶創機器局，命徐壽主其事，試造洋器；是為近世仿製西洋新式機械之始。嗣曾國藩又與李鴻章設江南製造總局於上海，左宗棠亦於福州籌設船政局，（同時天津南京等地，亦先後設立機器局。）滬局以製造輪船鎗礮彈藥為主，閩局則專造兵商輪船，雖規模初具，然出品仍不周於用，（滬局自同治六年至十二年，造成兵船五號，小輪三號。閩局初設九年間，成兵商輪船十五號。）（註二四一）故各地軍營暨海軍商輪，仍多購用外洋鎗礮艦船也。「次則電機。同治十三年，倭人覬覦臺灣，沈葆楨奏請設立電報，以利軍備，事寢不行。光緒初，以李鴻章之主持，初辦南北兩洋電綫。嗣後陸續展接，遍及南北各省，以逮新疆蒙古。而電話電燈電車之屬，亦皆興於光緒中。始自上海，繼則及於各地。至光緒末，軍用無綫電亦開始設立。而利用電力之機械，及電氣機械之製造，亦先後興起。及清之亡，電氣事業正方興未艾也。又次則鐵路。光緒二年，英商自上海租界造鐵路達吳淞，行駛火車，江督沈葆楨因民情惶駭，購其路而毀之。然纔閱二年，直省創辦唐山開平煤礦，即與築輕便鐵道，以利運輸；光緒十二年改築，軌廣四尺八寸半，遂為中國鐵路軌道定制。至甲午以前，鐵路造成者，有榆關內外七百零五里。中日戰後，朝野上下，咸以築路為急務，遂設鐵路總公司於上海，先造盧漢幹路，次及蘇滬粵漢等。於是借款購料，一切仰給於外人，而各國爭我路權者麕起。及辛丑變法後，各省紳民紛紛自辦鐵路，然成者僅潮汕新寧滬浙數路，而其材料機器，仍須購之國外。惟唐山工業專門學校，於三十一年創設，專究鐵路工程，此後我國遂漸能自造客貨車及機車焉。又次則開礦。「吾國採礦，多恃人工，其用機器開採化鍊，亦自同光間始。開平之煤，漠河之金，大冶之鐵，萍鄉之煤，為世所豔稱。而山西河南之煤鐵，四川雲南之銅錫，湖南之銻，延長之石油，亦相繼以西法開採。其沿鐵道之礦，為外人攫取，如撫順淄川各地之煤，更無論矣。」又「自甲午以前，官辦局廠之用機械者雖多，而商民之創辦公司經營製造者，尚未大盛。自馬關條約明訂日本臣民，得將各項機器任便裝運進口，在中國通商口岸城邑任便從事各項工藝製造，(第六款第四項)於是土貨益為洋貨所困，而商民始知自奮。紡織、印刷、釀造、陶瓷、紙、革、茶、糖 澱粉、玻璃、肥皂、火柴之類，靡不購機設廠，競師西法。」雖較之各國，尚屬幼稚，然吾國向為手工業，至是始漸趨於機械工業，是實文化之一大進步也。(註二四二)

餘如文武各級學校之設立，民刑商律之修訂，行政制度之改革等，亦多採自西法。然僅肇端於清季，至民國而始臻完成，當詳述於下章。至新經濟制度之採用，則別見於章末。

清初士習最可稱誦者，無過於明末遺臣逸士之志節。其始「不惜九死一生，以圖再造，及事不成，雖浮海入山，而回天之志終不稍衰，迄於國亡已數十年，呼號奔走，逐墜日以終其身，至老死不衰。」(註二四三)若前述亭林、梨洲、船山 暨孫奇逢、陸世儀、李顒、顏元等大儒之艱貞絕俗，介然如金石之確而不可易，無論矣。錢儀吉碑傳集「逸民」、李元度國朝先正事略「遺逸」、及清史稿「遺逸傳」所載，卓卓可稱者，無慮百十人。(註二四四)或有托而逃，則有若徐州萬壽祺、興化理洪儲、山陰祁班孫、益陽郭都賢、寧鄉陶汝鼐等之祝髮逃禪，常熟鄧大臨、暨張雪崖，顧石賓等之竄身為黃冠。(陽曲傅山、甲申後亦改黃冠裝、衣朱衣、居士穴以養母、及卒、以朱衣黃冠斂、)或蹈海全節，則有若餘姚朱之瑜之留寓日本，鄞縣沈光文、惠安張士椰等之遯迹臺灣。或發憤著書，欲托空文以自見，則有若興化李清之編次南渡錄，海寧談遷之纂國榷，錫山顧祖禹之撰讀史方輿紀要。而苦隱巖穴貞修篤行之士，如長洲徐枋、宣城沈壽民、嘉興巢鳴盛、平湖李天植之倫，尤未易更僕數。枋遁跡天平山麓，布衣草履，終身不入城市，雖寒餓交迫，不納人一絲一粟。鳴盛母歿，即築室於墓，三十七年，跬步不離墓次。壽民匿跡深山，採葵藿以自食，不履城市者三十年。天植居乍浦蜃園，與妻白頭相對，時絕食；寧都魏禧糾同志為繼粟，枋聞之，曰：李先生不食人食 ，聽其以餓死可也。；乍浦有鄭嬰垣者，與天植稱金石交，先天植凍死雪中，及天植以餓死，臨歿，曰：吾無愧於老友矣。昔程正叔謂餓死事小，失節事大，諸先生眞無媿斯言矣。惟儒者學優則仕，科舉仕宦，實為當時士子正業，諸儒以夷夏大義，棄身草

野，甘爲遺逸以沒世，其事非人人所能，且其勢亦不可久。故其本身雖拙死支撐，而其親黨子姓，仍多屈服於夷族之前。如以亭林之耿介，兩甥徐乾學元文兄弟，則爲清顯官。以船山之艱貞，子敔則以時文名。（與車無咎、王元復、陳之駓、稱楚南四家、）以顏習齋之嚴峻，其徒李塨乃應舉游幕。求如桐城方以智子中德、中履、「隨父出亡，備嘗險阻；」武進惲日初子「格、風雨常閉門臥，以畫爲生，然於其人不與；」漳浦張若化子士楷、「能繼父志，隱居不仕；」儼然遺民世家者，實甚尠也。仁和應撝謙嘗以預備兒子就試，匆匆於色，徐狷石笑曰：「吾輩不能永錮其子弟以世襲遺民也，亦已明矣，然聽之則可矣，又從而爲之謀，則失矣。」(註二四五) 撝謙爲理學名儒，全謝山所稱爲「遯世無悶，隱約蓬門，其身彌高，其道彌尊」者，(註二四六) 而狷石譏之如此，亦足徵遺民世襲之不易，而國統之不可中斷矣。

明世紳權最重，士氣亦盛。清之大異於明者，在摧挫士氣，抑制紳權。自明之亡，學士大夫起兵死義者，相望於東南，經數十年始定。故清之治術，一面誘以名位利祿，一面脅以刑罰殺戮，而後各地帖服，無復明代紳士囂張之氣矣。清之入關，既以圈地薙髮等事肆毒，而懲治紳士尤嚴，如江南奏銷以及各省科場之禍，皆明之積弊，至清而始發者。（已見本章首）雖以懲創貪猾，抑制豪強，而士氣熸然矣。清之學者，有謹守臥碑之語；臥碑者，順治九年所頒，刊立直省儒學明倫堂，以語誡學校生員者也。所開禁例，有「生員當愛身忍性，凡有官司衙門，不可輕入，即有切己之事，止許家人代告，不許干與他人詞訟，亦不許牽連生員作證；」「軍民一切利病，不許生員上書陳言，如有一言建白，以違制論，黜革治罪；」「生員不許糾黨多人，立盟結社，把持官府，武斷鄉曲，所作文字，不許妄行刊刻，違者聽提調官治罪」等。蓋明季學校中人，結盟立社，其權勢往往足以刼制官吏，清初以臥碑禁之。而後官權日尊，爲所欲爲，爲士者一言建白，即以違制論，無知小民，更不敢自陳其利病矣。故吾國無民治，自清始。清之摧挫民治，自士始。今日束身自好之士，漠視地方團體利病，不敢一謀公益之事者，其風皆臥碑養成者也。」(註二四七)

清代專制政治，虔越前世，說已見前。帝王威權之重，清世亦遠視明爲甚。明制「大朝儀、贊禮唱鞠躬大樂作、贊四拜、興，」「常朝儀、朔望御奉天殿、常朝官一拜三叩頭、謝恩見辭官於奉天門外五拜三叩頭，」清始有三跪九叩首之制，凡大朝暨他朝儀，王公百官皆行此禮。明制，「凡早朝行禮訖、四品以上官入侍殿內，凡百官於御前侍坐、有官奏事必起立、奏畢復坐，」（註二四八）清則奏對無不跪於地者。明世六尙書與左右都御史一切謝恩乞休之類，旨下皆稱卿，以示重，清則率斥爲爾。蓋滿人惟恐漢人之不尊之，故因前代帝王之制，而益高自位置。若滿蒙八旗以世僕自居者，雖仕至督撫，其奏摺咸自稱奴才，更無論矣。（註二四九）管同嘗擬言風俗書云：「明之時，大臣專擅，今則閣部督率，不過奉行詔令。明之時，言官爭競，今則給事御史，皆不得大有論列。明之時，士多講學，今則聚徒結社者，渺焉無聞。明之時，士持清議，今則一使事科舉，而場屋策士之文，及時政者皆不錄。……大臣無權，而率以畏愼。臺諫不爭，而習爲緘默。門戶之禍不作於時，而天下遂不言學問。清議之持無聞於下，而務科第，營貨財，節義經綸之事，漠然無與於其身。」（註二五〇）滿清專制影響及於世風者若此！抑淸初諸儒講學，尙多拳拳不忘種姓之別，興亡之痛，家國之治亂，身世之進退。自文網日密，爲詩文者，既多頌諛獻媚，或徜徉山水，消遣時序，及尋常應酬之作。乾嘉以降之學者，亦無敢談法制經濟。惟可講求古書，盡萃其才力聰明於正訓詁、明音韻，考名物、覈度數，號稱漢學。語其善，則「明徵定保，遠於欺詐；先難後得，遠於徼幸；習勞思善，遠於媮惰；故其學不應世，尙多悃愊寡尤之士。」（註二五一）而諸儒之重師承，（如惠戴之學，發於一二人，而流及全國。）傳家學，（如東吳之惠、高郵之王、嘉興之錢、或一門通經、或數世遞嬗、）及守專門，（如毛詩、鄭禮、何氏公羊，以此名其學者固多，卽歐陽夏侯之書、齊魯韓之詩、久亡佚者、亦爲之綴輯補注、成一家言、）亦足與兩漢經儒媲美。然經學雖盛，而先王經世之業，則弗敢與問，弗敢與知，學術既與政治脫節，亦遂與世運無關。士類至婢膝奴顏於夷族淫威之下，以自鳴其學，亦可悲矣！

明祖之光復華甸也，於諸族之淹留中夏者，概一視同仁；且務求融合華夷之血統，以泯滅種族之界限。及建夷入主中夏，則純以征服民族自居，而視漢人爲被征服者。滿漢通婚，既一代懸爲禁令。（至光緒二十七年十二月、始下詔開禁。）滿人雖總數不逮漢人百一，而京外諸官缺，滿人反較漢人爲多。福臨嘗謂「朕自親政以來，各衙門奏事，但有滿臣，未見漢臣。」又面諭漢滿諸臣曰：「事有當異議者，何以滿洲官議內無一漢官，漢官議內無一滿洲官。」（註二五二）及玄燁晚年，猶時言「九卿會議時，漢大臣必有涉於彼之事，方有所言，若不涉於彼之事，即默無一語；」「近日外官，滿洲所參，大抵多漢人，漢人所參，大抵多漢軍。」（註二五三）當時漢官懾於滿人，緘默自容，情形概可想見。又其族人概編爲八旗，或屯聚京師（禁旅）或分駐各省（駐防），皆以兵之名額坐領餉糈，分編參佐領，以爲管轄。故漢人無不納稅，即以所納之稅，供滿族之需，而滿人則有分利而無生利。漢人皆歸地方官管理，而滿人則所在地方官不得而約束之。淸初又有圈地之制，被圈民人不堪他徙者，圈主加以編制，即爲包衣奴僕；（其帶地投充之丁戶亦同）其或因戰爭而俘獲，與漢人有罪發配八旗者，亦皆永世爲奴；有逃必戮，諸有隱匿，斷斬無赦。其苛暴漢人極矣！滿酋家法所以誥誡訓練其族人者，首崇滿語騎射。國學之祭酒司業，雖滿漢並列，並設宗學旗學，分教宗室八旗，又廣譯經籍，另設繙譯童試鄉會試，諸通漢文者，亦得與漢人同應鄉會試，以爲進身之階。然滿語騎射，必令兼習，其有偏尙文學怠於習武者，必奉旨嚴飭。務令握槧操觚者，悉拖躍馬彎弓之能，俾得以武力挾制漢人。然承平既久，滿族多漸染浮薄，荒廢本業，其習吟詠，尙虛文，樂與漢人相往還，尤成爲不可遏抑之洪流。又以生齒日繁，滿廷定例不准旗人買地與人，而旗人則自違禁令，漸次典與民家爲業，致恆產日少。又以一甲之丁，衍爲數什百倍，一甲之糧，不足贍此數什百倍之人。於是生計亦日促；滿廷雖於俸餉外，添設佐領之官，優給養育之糧，而衣食之支絀自若。蓋自雍乾以降，滿人雖政治地位依舊，文化則淪爲漢人之附屬，經濟地位亦日非一日。及咸同軍興，政治地位復漸次移入漢人之手。然觀光緒初中俄伊犂交涉，初命滿人侍郎崇厚以特派頭等全權便宜行事大臣之銜往俄，比訂喪權辱國之約以歸，再命出使大臣曾紀澤赴俄改訂，以紀澤漢人，僅予「二等公使」銜，不稱全權大臣，致俄人屢有「頭等所定，豈二等所能改，全權者所訂尙不可行，豈無全權者所改轉可行」之誚。（註二五四）滿族卑視漢人之心理，固歷二百數十年而未改也。

滿人對漢人本有之階級禁忌，有任其淆亂，置若罔聞，甚或明令加以廢除者。清初上海姚廷遴紀事編述明清之交風俗變遷有云：「明季，服色俱有等級。鄉紳舉貢秀才俱戴巾，百姓俱戴帽，寒天絨巾絨帽，夏天鬃巾鬃帽。又有一等士大夫子弟戴飄飄巾，卽前後披一片者，純陽巾，前後披盤雲者。庶民極富，不許戴巾。今概用貂鼠狐皮纓帽，不分等級，傭工賤役，與現任官員一體亂戴。」「明季，現任官府用雲緞爲圓領，士大夫在家，亦有穿雲緞袍者，公子生員輩，止穿綾綢紗羅。今凡有錢者，任其華美，雲緞外套，遍地穿矣。」（註二五五）清代命服，雖有定式，有僭干者，至罪及製造之家。而於明代相沿之等級，則放任若是。康熙九、十年間，便服褻帽，亦嘗一度申明禁令，然不逾年卽行弛禁。故終清世，常服皆貴賤溷淆，上下無別也。自明世以來，各地每有賤業奴隸之名籍，如山陝之樂戶，（相傳其先世當明永樂靖難時、不附燕兵、成祖惡之、貶敎坊樂籍、世世不得自拔、）浙江之惰民，（相傳其先世爲宋將焦光瓚部落、由宋降金、故編其籍曰丐戶。一說其先世從陳友諒抗明太祖、爲太祖所貶、其業與山陝樂籍同）等，清胤禛卽位，卽予以解放。雍正五年（一七二七）四月，又諭內閣曰：「近聞江南徽州府有伴當，寧國府有世僕。本地呼爲細民，幾與樂戶惰民相同。又其甚者，如二姓丁戶村莊相等，而此姓乃係彼姓伴儅世僕，凡彼姓有婚喪之事，此姓卽往服役，稍有不合，加以箠楚。此朕得諸傳聞者。若果有之，應予開豁爲良，俾得興奮向上，免至汚賤終身，累及後裔。」七年五月，復諭廣東督撫曰：「聞粤東地方，四民之外，另有一種，名爲蜑戶，卽猺蠻之類，以船爲家，以捕魚爲業，通省河路，俱有蜑船，生齒繁多，不可數計。粤民視蜑戶爲卑賤之流，不容登岸居住。蜑族亦不敢與平民抗衡，畏威隱忍，跼蹐舟中，終身不獲安居之樂，深可憫惻。著該督撫等轉飭有司，通行曉諭凡無力之蜑戶，聽其在船自便，不必強令登岸；如有力能建造房屋及搭棚棲身者，准其在與近水村莊居住，與齊民一同編列甲戶，以便稽查，勢豪土棍，不得借端欺凌驅逐。並令有司勸諭蜑戶開墾荒地，播種力田，共爲務本之人，以副朕一視同仁之至意。」（註二五六）胤禛之言如此，而清人自定科舉仕宦條例，則又極重流品。凡「娼優隸卒之家，不准考試，其皁隸馬快小馬禁卒之子孫，有朦混捐納者，俱照例斥革。」（註二五七）「童生考試，以同考五人互結，廩生認保出結，……有出身不正，如門子長隨番役小馬皁隸馬快步快禁卒仵作弓兵之子孫，倡優奴隸樂戶丐戶蜑戶吹手，凡不應應試者混入，認保派互結之五童，互相覺察，容隱者五人連坐，廩保黜革治罪。」（註二五八）蓋滿族對彼征服之漢人，雖一概視同齊民，因欲維持朝廷之尊嚴，對於欲入仕途之舉貢生員，仍保持嚴格之標準，故一切賤籍皆不得報捐應試也。沿至清末，因政治教育經濟社會之劇變，此種賤民階級觀念，始逐漸廢除焉。（註二五九）

自西教東漸，其基本教義，若人類之原始罪惡，若天主爲唯一眞神，若教主耶穌因贖人罪而降生而受戮，而復活，若祭祀神祇祖先皆屬邪逆等，與吾華禮俗信仰，實至不相容。明季以還，士大夫斥距者亦甚衆。清初楊光先著不得已，至謂「天主教令皈其教者，必毀天地君親師之牌位而不供奉。不尊天地，以其無頭腹手足踏踐汚穢而賤之也。不尊君，以其爲役使者之子而輕之也。（按西教尊上帝，不尊天地，又謂天爲上帝之役使，故楊氏云然。）不尊親，以耶穌之無父也。天地君親尚如此，又何有於師，此宣聖木主之所以遭其毀也。乾坤俱汨，五倫盡廢，非天主教之聖人學問，斷不至此。」（註二六〇）雖其所挾持之天曆學超越中土，光先則謂「寧可使中夏無好曆法，不可使中夏有西洋人。無好曆法，不過如漢家不知合朔之法，日食多在晦日，而猶享四百年之國祚。有西洋人，吾懼其以揮金收拾我天下之人心，如厝火於積薪之下，而禍發之無日。」（註二六一）其攻擊西教至矣。因滿廷崇信西學，任用西士，仍許自行其教。而諸教士亦務緣飾儒術，解釋吾華固有信仰習慣，謂無背於教義，（康熙三十九年，西士閔明我等奏，略謂國人「拜孔子，在尊仰其人格，非因祈福祐聰明利祿而然。祭祀祖先，則出於親愛之義，孝思之念，所謂報本反始之禮，而非以求福祐，立祖先牌，非謂祖先之魂在上，不過子孫追遠，稍抒如在之懷，至於郊天之典禮，非祀蒼蒼有形之天，乃敬天地萬物之原，此孔子所謂郊祀之禮以事上帝也。」（見正教奉褒頁一二三）以求推行。康熙中葉，羅馬教皇屢頒禁約，嚴命耶教之神不許用天之稱號，教徒亦不得祀祖祭神，玄燁憤其不明「中國之大理」，「與和尚道士異端小教相同」，（註二六二）下令取締，西教遂入厄運。道咸而後，因條約許各國教士自由傳教，所在得置產設堂，於是通都大邑，邊徼蠻荒，靡不有西士蹤跡。以吾華搢紳，鮮肯捨祖宗神祇而惟崇耶穌，良儒者且以西教挾帝國主義者爲後盾，視同蛇蝎。教士則以下層社會爲佈道對象，立書塾，建醫院，救濟孤兒棄嬰，破除民間弊俗，又廣佈語體譯經，舉行禮拜宣傳。入教者既間接受西人之保護，桀黠者亦每以教會爲逋逃藪，相激相演，教徒與齊民，儼然成一對峙局面，同光之際，民教相仇，遂爲社會上一嚴重問題。極至釀成庚子之拳亂，朝野創鉅痛深，仇教者旣悉受懲儆，排外者亦一變而爲媚外，西人之教學政俗，幾無一不爲國人謳歌歆羨之對象。張之洞劉坤一第二次會奏變法事宜疏云：「近日民情，羨外國之富，而鄙中士之貧；見外兵之強，而疾官兵之懦；樂海關之平允，而怨釐局之刁難；誇租界之整肅，而苦吏胥之騷擾，於是民從洋教，商掛洋旗，士入洋籍；」（註二六三）實可爲淸末社會寫照。歐美之勢力，由是通貫於吾社會之任何方面；吾民族之自尊心與自信力，亦至是而斵喪幾盡。影響所及，吾華與日本之地位，亦復冠履倒易。當淸之興，日本德川幕府方繼豐臣氏而竊國柄，「投戈講藝，尊崇儒術，專欲以詩書之澤，銷兵革之氣。幕府旣建大成殿於江戶，以祀先聖，鳥革翬飛，輪奐俱美，諸藩聞風傚傚，各建學校。由是人人知儒術之貴，爭自濯磨，文治之隆，遠越前古。諸爲程朱學、陸王學、漢唐注疏學、暨詩詞古文辭者，實繁有徒。旣各持其說，無以相勝，則曲託賈豎，郵呈詩文於中國士大夫，得其一語褒獎，乃誇示同人，榮於華袞。而朝鮮信使偶一來聘，又東西奔走，求一接謦欬，以證其所學之精。」（註二六四）洎明治維新，結交歐美，廣求知識於世界，於吾華學藝，旣棄之如遺；且效法西人，以侵略吾國爲其唯一之國策。昔之以輸入中國文化，由野蠻而進於文明者，今乃以刼奪中國主權，由弱小而變爲強大。吾華震於其變法之效，留學者以數萬計，所聘教習，多至數百，西洋之學藝制度，及以漢字翻譯西文之新名詞，反多由日本輸入焉。

清季西洋勢力之侵入，對吾經濟之影響，亦至深且鉅。「吾國歷代，雖有各國通商互市之事，然在道咸以前，大都鎖國獨立，其經濟之變遷，要皆限於國內。自五口通商以後，門戶洞開，海陸商埠，逐年增闢，始多迫於條約，繼或自行開放；綜計道光二十二年至宣統元年，全國闢爲商埠之地凡九十有三處。（直隸省爲北京、南苑、天津、秦皇島、張家口。山東爲煙臺、濟南、濰縣、青島、周村。江蘇爲上海、吳淞、鎮江、南京、蘇州、海州。安徽爲蕪湖、安慶。江西爲九江。湖北爲漢口、沙市、宜昌、武昌。湖南爲岳州、長沙、湘潭、常德。四川爲重慶、萬縣。浙江爲寧波、溫州、杭州。福建爲福州、廈門、三都澳、鼓浪嶼。廣東爲廣州、九龍、澳門、汕頭、瓊州、北海、三水、江門、惠州。廣西爲南寧、梧州、龍州。甘肅爲嘉峪關。雲南爲昆明、騰越、思茅、蒙自、河口、大理。奉天爲營口、大連灣、安東、大東溝、瀋陽、遼陽、新民屯、法庫門、通江子、鐵嶺、鳳凰城。吉林爲哈爾濱、吉林、長春、琿春、寧古塔、三姓、局子街、龍井村、頭道溝、百草溝。黑龍江爲齊齊哈爾、愛琿、海拉爾、滿州里。新疆爲伊犂、塔爾巴哈臺、喀什噶爾、烏魯木齊、古城、哈密、吐魯番。外蒙古爲庫倫、恰克圖、烏里雅蘇臺、科布多。西藏爲亞東、江孜、噶大克。共九十四處。中惟恰克圖，因雍正五年中俄條約開放。）輪車走集，物貨塡委，其附近各地及與之關連者，罔不仰通商大埠之鼻息。而此通商大埠又聽命於世界各大商場，銅山東崩，洛鐘西應，牽連鉤貫，而吾國之經濟，遂息息與世界各國相通。嚮之荒陬僻壤，而變爲最重要之都市。昔之家給人足者，多變爲不平均之發展。語經濟之發達，則爲遠軼於前。論財政之困難，又覺迥殊於古。當光緒以前，對外貿易總額，均無正確數字可稽，其有正式統計，始於光緒三年之海關册。計自三年以至十三年，全國進出口總數，均在二億兩以內。其後歷年增加，至三十四年增至六億兩左右。宣統年間，增至八億左右。然出入對比，皆屬有絀無盈；其所恃以抵補者，轉賴在海外之商工僑民，輸入其工資及商業所得焉。淸初國用，歲不過二三千萬兩。雍正元年歲入，計共四千餘萬兩。同治末年歲出，在七千萬上下。宣統之末，增至三萬萬數千萬元。國用增加，所增之稅收，未能彌補，則恃內外債以救急。季寧募昭信股票及愛國公債，因辦理不善，所收無幾，轉不如舉外債之便易，而外資遂源源輸入。又以條約賠款之關係，吾海關稅等收入支配，遂多操諸外人之手。西商又在各商埠設立銀行，經營中外匯兌存款放款之業，以輔助其母國商人攫奪遠東商權，以其資本金及公積金之雄厚，又能發行紙幣，吸收我國現金。故吾國社會金融，隱在外人掌握。而淸季貪墨官吏，懼以贓私獲罪，暨富商大賈信外人之可恃者，多以其款存儲於外國銀行，外人乃取而貸之清廷，盤剝重利。是皆至可痛心之事也。」至若外商販賣之鴉片，道光間弛禁後，內而年增數十百萬無形之墮廢，外而年鑠數千百萬立罄之脂膏，不特國計民生，兩受其害，且因國人倣效栽種，土藥瀰漫，徧於中國，使我國民體力智力墮落至於無地者，更不待言矣。惟自外人經濟勢力入侵後，國人亦多襲取其術，吸收散殊之各點，集中於新闢之地，新興之業，冀與外人相競爭，或以操縱吾愚民。雖卒之仍爲外人所操縱，然近世新經濟制度之採用，實肇端於是焉。一曰公司。「吾國商業，從來雖有獨資合資之別，要皆無大規模。自與西人通商，震於其公司之財力雄厚，知非小商業所能抵制，則集小資本爲大資本，而公司之制以興。同光之間，李鴻章創辦輪船織布等局，招商集股，尚未名爲公司。其後各省經營鐵路，相率倣行公司之制。清廷修訂商律，首頒公司法，分爲合資公司、合資有限公司、股分公司、股分有限公司四種。然法律雖極嚴密，而公司之權，往往操之大股東及經理人之手，腐敗墮落，已成者每破產倒閉，未成者或積久而不能募集焉。二曰銀行。吾國昔之操金融權者，惟錢莊與票號。錢莊營業不鉅，資本亦微。票號流通全國，爲匯兌專業，其資本亦不過數十萬兩。甲午戰後，講求變法，始有倡設銀行爲通商惠工之本者。光緒二十四年，盛宣懷等首設中國通商銀行。三十一年，戶部奏設戶部銀行，（三十四年、改爲大清銀行、）爲今中國銀行之前身（民國元年改）。三十三年（一九〇七）郵傳部又奏設交通銀行，以綰合輪路郵電四政。繼是而商民合資開設，冀與官立銀行爭利者，亦競起焉。又清代貨幣，兼用銅銀，銅曰制錢，銀曰元寶。而廣東與外人互市，多用墨西哥銀元。光緒十六年（一八九〇），張之洞督粵，設銀元局，自鑄銀幣，其後各省亦相繼仿鑄。而銅元之制，亦倡於廣東，福建繼之。辛丑以後，各省競鑄銅元，制錢之用遂微。光緒三十一年，戶部設造幣廠於天津，兼鑄銅銀各幣。及銀行成立，又發行紙幣。並爲民國以來所襲用焉。（註二六五）

（註一）清史稿卷一太祖本紀載此事略云：「鄰部古勒城主阿太（即阿台）爲明總兵李成梁所攻，阿太王杲之子，禮敦（覺昌安子）之女夫也，景祖挈子若孫往視。有尼堪外蘭者，誘阿太開城，明兵入殲之，二祖皆及於難。」所云二祖，即景祖覺昌安與顯祖塔克世也。

（註二）本書敍努爾哈赤事，多據孟森清朝前紀第十二篇太祖紀。至努酋及其祖宗對明廷效順事，即在皐太極世，亦倡言不諱。皐太極天聰四年正月，攻永平，以明七大罪誓師文（見北京大學國學季刊第一卷第一期）開端即曰：「金國汗諭官軍人等知悉，我祖宗以來，與大明看邊，忠順有年。」又曰：「我祖宗與南朝看邊進貢，忠順已久」；「先汗忠於大明，心若金石」；「我國素順，並不曾稍倪大軌」。可爲明證。

（註三）以上言八旗，皆據故宮博物院印行之「努爾哈赤實錄」。他書記載清初兵制文，皆與此小異。

（註四）廷弼疏略云：「遼東現在兵有四種。一曰殘兵，身無片甲，手無寸械，隨營辦餉，裝死扮活，不肯出戰。一曰額兵，或死於征戰，或圖與餉逃爲新兵者，又皆亡去其大半。一曰募兵，備徒所殺游食無賴之徒，點册有名，及派工役而忽去其半，領餉有名，及聞警告而又去其半。一曰援兵，弱軍羸馬，柯甲鈍戈，不堪入目。……況今遼人已傾心向奴矣，彼雖殺其身殺其父母妻子而不恨，而公家一有差役，則怨不絕口。彼遣爲奸細，則輸心用命，而公家派使守城，以哭泣感之，而亦不動。」

（註五）淸史稿卷二太宗本紀紀其事云：「天聰五年春正月，鑄紅衣大礮成，鐫曰天祐助威大將軍，軍中造礮自此始。……秋八月，會於大凌河，以紅衣礮攻明臺兵，降者相繼。冬十月，以紅衣礮攻於子章臺，臺最固，三日臺毀，守臺將王景降。於是遠近百餘臺俱下。」

（註六　按三將皆遼人，淸史稿卷二百四十一有傳。故耕覺島守將毛文龍部下，文龍於崇禎二年，以驕蹇不用命，爲袁崇煥所殺，三將至是降金。至所率兵丁，各書記載多失實。據今傳天聰朝臣工奏議卷中載孔有德呈獻兵册奏稱「官兵家眷八千一十四員名口」，耿仲明獻兵册奏稱「官兵家小五千八百六十六員名口」，共計官（稱員）兵（稱名）及家眷（稱口）僅一萬三千八百八十。惟尙可喜所率兵丁，今無可考知耳。

（註七）天聰朝臣工奏議凡三卷，起天聰六年三月，終九年三月，原爲瀋陽崇謨閣舊檔，羅振玉印入「史料叢刊初編」中。（東方學會排印本）。

（註八　蒙古漢軍八旗兵額，據魏源聖武紀卷十一「武事餘記」。

（註九）據王先謙耕本天聰朝東華錄。

（註一〇）聖武紀卷一開國龍興記語。淸開國方略卷□曰，「臣下不敢欺隱，民情皆得上達，國內大治，奸究不生」云。

（註一一）淸史稿卷二太宗本紀「天聰三年八月，諭曰：今欲振興文敎，試錄生員，諸貝勒府及滿漢蒙古所有生員俱令赴試，中式者，以他人償之。九月、初試生員，拔二百人，賞緞布有差，免其差徭」。

（註一二）同上書「天聰五年十一月，諭曰：我兵之棄永平四城，皆貝勒等不學無術所致。頃大凌河之役，城中人相食，明人猶死守，及援盡城降，而錦州松杏猶不下，豈非其人讀書明理，盡忠其主乎。自今凡子弟年十五歲以下八歲以上，皆令讀書」。

（註一三）見同上註。

（註一四）金國汗致朝鮮國王書，凡十六通，起天聰二年九月，至四年十二月。金國汗致毛文龍及祖大壽等書，共十三通，起天聰二年十月，至五年閏十一月。原亦皆瀋陽崇謨閣舊檔，羅振玉印「入史料叢刊初編」中，於前者題「太宗文皇帝致朝鮮國王書」，後者題「太宗文皇帝招撫皮島諸將諭帖」。

（註一五）考滿洲得名，含義有二。一謂係佛號曼殊之對音，曼殊華言妙吉祥也，努酋曾受人曼殊師利之號，以佛號爲尊稱，因假借爲部族名，漢字乃譌作滿洲，清官書滿洲源流考主之。一謂滿洲本作滿住，爲女眞酋長之尊稱，孟森清朝前紀第一篇滿洲名稱考主之。蓋滿洲之音，由於曼殊，滿洲之義，乃爲酋長，既非部族之名，更與國號無關。自皇太極以清易金，追述往事，有所諱飾，乃借以爲部族之稱。然其範圍亦祇限建夷之一部，東北其他部族，固不稱滿洲，亦絕非地名也。以滿洲爲地域之名，實始於倭人之南滿洲鐵路，說詳金毓黻東北通史卷一總論。本書凡用滿洲字（如滿淸滿族等），皆指部族言，不指地方也。又按清史稿卷一太祖本紀稱「始祖布庫里雍順定三姓之亂，衆奉爲貝勒，居長白山東俄漠惠之野俄朵里城，號其部族曰滿洲，滿洲自此始」。史稿修於民國，乃亦爲建夷諱飾如此。由其認建夷自始即號滿洲，於是建州衞爲清之祖先所自出者，史稿亦曲加諱飾。然天聰間所修之努酋實錄，未經後嗣改纂者，固猶明白承認而不諱言也。說詳孟森「清史稿中建州衞考辨」，載中央研究院歷史語言研究所集刊第三本第三分。

（註一六）時鮮臣洪翼漢上疏鮮王，至謂「臣自墮地之初，只聞有大明天子，今虜此言，奚爲而至也，請亟執虜使而戮之，然後函其首，奏聞皇朝」云云。詳但燾譯倭人某清朝全史第二十章「第二次朝鮮戰役及其歷史」。

（註一七）崇德七年六月，皇太極貽書明廷，略云：「每歲貴國饋黃金萬兩，銀百萬兩，我國饋人蔘千斤，貂皮千張，……以甯遠雙樹堡土嶺爲貴國界，以塔山爲我國界，以連山爲適中之地，兩國俱於此互市」，詳王輯崇德朝東華錄。

（註一八）張蒼水奇零草有滿洲宮詞云：「春宮昨進新儀注，大禮躬逢太后婚」，此當時事證，然清代官書，皆刊落不載。至多爾袞封皇父攝政王事，蔣良騏所纂順治朝東華錄尚有之，以蔣所據之實錄，尚未經乾隆世刪改也。自乾隆朝重定實錄，此事亦刊落不載，故今本王先謙纂之東華錄，及清史稿世祖本紀，亦皆無隻字可稽矣。

（註一九）孟森心史叢刊一集奏銷案引韓菼有懷堂集己未出都詩：「室毀還作室，督促苦主人」，自注云：「辛丑年，駐防兵圈占房屋，更代爲修葺」，蓋時蘇州旗兵圈地，韓屋被圈，韓兵逐屋主，而又令屋主代爲修葺也。辛丑爲順治十八年，時福臨已卒，玄燁初立，至圈地事，當時記載，已多不存，王慶雲石渠餘紀卷「紀圈地」篇，可參閱。

（註二〇）據王輯順治朝東華錄。

（註二一）此順治三年事，據同上註。

（註二二）心史叢刊一集「科場案」，疏記此事最詳。清史稿卷一一五選舉志三亦略有紀載，惟甚簡。

（註二三）詳心史叢刊一集「奏銷案」。清史稿卷六聖祖本紀一「順治十八年六月，江蘇巡撫朱國治疏言蘇省逋賦紳衿一萬三千五百十七人，下部斥黜有差」。

（註二四）據徐乾學柏鄉魏公裔介墓誌銘，見錢儀吉碑傳集卷十一。

（註二五）聖武記卷二謂「時亂起多方，所在鼎沸，情形日日不同，故中原腹地，皆屯重兵，以備應援。楚急，則調安慶兵赴楚，河南兵移安慶，又調兵屯河南以繼之。蜀警，則調西安兵援蜀，而太原兵移西安，又調兵屯太原以繼之。閩警，則江甯江西兵赴閩浙，調兗升兵赴江甯、又調兵屯兗州以繼之。使賊衆不得出湖南一步，各邊變亂，而江淮晏然，得以轉輸財賦，佐軍興之急。而賊惟以一隅敵天下，餉匱財竭，重斂勞怨，從茲瓦解」。

(註二六)時張勇趙良棟王進寶孫思克奮於陝，蔡毓榮徐治都萬正色奮於楚，楊捷施琅姚啓聖吳興祚奮於閩，李之芳奮於浙，傅宏烈奮於粵，見同上註。

(註二七)語本徐乾學「資政大夫刑部尚書諡敏果魏公神道碑」，見錢儀吉碑傳集卷八。按康熙朝十八年七月東華錄載壬戌上諭，極言時弊六端，與象樞所言，如出一轍。蓋象樞入對，即以此六事爲言，玄燁亦即據以傳諭羣臣也。

(註二八)語見亭林文集卷六答徐甥公肅書。按亭林卒於康熙二十一年，年七十。張穆顧亭林先生年譜繫此書於康熙十九年庚申，亭林時年六十八歲，與書中「吾以望七之齡」語合。

(註二九　潛書存言篇。

(註三〇)見中華書局印行清史列傳卷八明珠傳。

(註三一)清史稿卷八聖祖本紀三。

(註三二)曾國藩先正事略序語。

(註三三)康熙朝東華錄頗載玄燁晚年憤懣語，如五十三年言「允禩窺伺朕躬，朕因憤怒，心悸幾危」，六十年言「朕衰老中心憤懣，衆人處詬」。雍正朝東華錄載雍正三年胤禛言朕兄弟中如允禔允禩允禵允禟允等輩，在皇考時，結黨妄行，以致皇考聖心憂憤，日夜不甯」，四年又言「阿其那等歷年傷皇考之心，不孝不忠，詰僞叢投，擾亂國家，……皆我皇考所洞悉，乃窮困懊惱，兇心益逞，當皇考高年，反覆種致怒，無所不至，卒朝憔悴成疾，皆阿其那等之所致也」。

(註三四)據清史稿卷九世宗本紀。

(註三五)見雍正朝東華錄康熙六十一年十二月下。

(註三六)見同上註三四「雍正元年」下。

(註三七)汪景祺作西征隨筆，有譏訕玄燁語，查嗣庭爲江西考官，以「維民所止」命題，事發，汪以誹訕處斬，(時雍正三年十二月，年羹堯亦以是月賜死)，妻子發黑龍江爲奴，期服之親弟兄發遣甯古塔，查初以誹訕下獄，(四年九月)，後查死獄中(五年五月)，仍戮屍梟示，其子坐死，家屬流放。又以汪查皆浙人，四年十一月，「詔浙江士習敝壞，停其鄉會試」，至六年八月，乃「詔復浙江鄉會試」焉。見同上註三十四。

(註三八)清史稿卷九「雍正四年」下。東華錄載胤禛諭旨略云：「伊既以文詞諂媚姦惡，爲名教所不容，朕即以文詞爲國法，示人臣之炯戒。着將錢名世革去職銜，發回原籍，朕書名教罪人四字懸其門，令該地方官製造扁額，張掛錢名世所居之宅。且錢名世係讀書之人，不知大義，廉恥蕩然，凡文學正士必深惡痛絕，共爲切齒，可令在京見任官員由舉人進士出身者，效詩人刺惡之意，各爲詩文，紀其劣蹟，以儆頑邪，並使天下讀書人知所激勸，其所爲詩文，一併繳齊繕寫進呈，俟朕覽過，給付錢名世」。故宮博物院出版之「名教罪人」一書，即據當時繳齊繕寫進呈之册排印者。

（註三九）據清禮親王昭槤撰嘯亭雜錄。

（註四〇）清史稿世宗本紀「雍正元年八月，召王大臣九卿面諭之曰：建儲一事，理宜夙定，……今朕親寫密封，藏於正大光明匾額之後，諸卿其識之。」後又別書密旨，藏諸內府，以爲異日對勘之資。弘曆後皆沿用此制。

（註四一）胤禛命賈士芳治病，士芳口誦經咒，有「天地聽我主持，鬼神聽我驅使」語，胤禛即以「無父無君」之罪誅之。（見雍正八年東華錄）蓋其語非專制如胤禛者所能容忍也。

（註四二）乾隆朝元年東華錄載弘曆所頒此類諭旨甚多。如二月諭曰：「治道貴乎得中，矯枉不可過正，皇祖時，臣下多有寬縱之弊，皇考時，臣下又多有嚴刻之弊，……寬非縱弛之謂，嚴非刻薄之謂，朕惡刻薄之有害於民生，亦惡縱弛之有妨於國事」。三月諭曰：「天下之理，惟有一中，中者，無過不及，寬嚴並濟之道也，……見在各省督撫，皆昔年皇考簡用之人，即朕偶有除授，亦係從前曾任封疆者，乃當年條奏則專主於嚴，而近日條奏又專主於寬，以一人之身，而前後互異如此，是伊等胸中毫無定見，並不計理之是非，事之利病，而但以迎合揣摩，希冀保全祿位，固結恩眷，而不知其違乎皇考與朕之本意，適成爲庸鄙之具臣而已」。時署四川巡撫王士俊密摺奏陳四條，第一條云：「近日條陳，惟在翻駁前案，甚至對衆揚言，止須將世宗時事翻案，即係好條陳之說」，弘曆復嚴諭申斥，並將士俊革職治罪。

（註四三）乾隆五十一年二月諭語。按獨夫專斷，實爲滿清家法，而弘曆言之尤數，試就東華錄所載諭旨略徵之。如十三年言「乾綱獨斷，乃本朝家法，自皇祖皇考以來，一切用人聽言，大權從無旁假，即左右親信大臣，亦未有能榮辱人能生死人者，朕恪守前規，不敢稍懈」。十四年言「我大清朝乾綱坐攬，朕臨御至今十有四年，事無大小，何一不出自朕衷獨斷，即月選一縣令，未有不詳加甄別者」。二十三年言「朕臨御海宇，至於二十三年，無論日理幾務，必躬必親，近者軍書旁午，殷懷籌畫，至於夜分不寐，凡在廷臣，無不親承目覩，……我朝聖聖相承，乾綱獨攬，政柄從無旁落」。二十四年言「我朝乾綱獨攬，政無旁落，實家法相承，世世敬守」。二十七年言「朕衡鑒人才，如各部院簡擢之大學士尚書侍郎等，亦止令竭其分量，各抒己見，並不倚爲黜陟」。四十三年言「大臣等辦理事務，今日有勞，即從而眷遇，明日有過，即予以罰飭，如其有心干犯，私過亦即嚴懲，黜陟悉視其人之自取，絲毫不設成見，且不存某事必須某人辦理之心，如鄂爾泰張廷玉傅恒兆惠，皆在左右襄贊機務，伊等既逝　未嘗無承辦政事之大臣，又如張照汪由敦梁詩正劉綸，皆在內廷經理筆墨，伊等病歿，亦未嘗無接辦文墨之詞臣，此外皆可類推」。四十六年言「我朝列聖相承，乾綱獨攬，百數十年以來，從於何事藉爲大學士者之參贊」。五十一年言「本朝家法相承，紀綱整肅，太阿從不下移」。類此者尚多。弘曆以專制獨裁，即此亦可見也。

（註四四）雍正七年東華錄於此事前後諭旨，亦多錄入，可參閱。大義覺迷錄今尚有傳本，所載胤禛諭旨，與東華錄所載者不同，蓋後者據乾隆世修改本實錄也。

（註四五）按雍正七年上諭，於曾靜張熙本有「即朕之子孫，將來亦不得以其詆毀朕躬，而追究誅戮之」之諭，然胤禛卒於十三年八月，九月，弘曆即位，十月，即「命治曾靜張熙罪，十一月，磔曾靜張熙於市」。（淸史稿卷十高宗本紀一）

（註四六 見乾隆四十四年二月及三月東華錄。

（註四七）淸初實錄屢經改修，每修改一度，即有若干事諱飾，故人多珍祕初修本。努爾哈赤實錄，初修成於崇德世，名「太祖武皇帝實錄」，今尙有傳本。康熙世改修爲「高皇帝實錄」，今亦有殘本存在。雍正世再改，乾隆世又更改修。崇德本巳諱其部族爲滿洲，然於滿洲之出自建州衞，以及努爾哈赤之自附金後，猶不諱言，改修本則無一不諱矣。又如崇德本敍努爾哈赤身後，后爲諸王强迫令殉，康熙改本尙存此事，但后之：巳改爲大福金，至乾隆本，則全去此事，其涉及此后，又稱爲太妃矣。說詳孟森淸史稿中建州衞考辨。至皇太極實錄，順治九年初修，康熙十二年重修，雍正十二年校訂。福臨實錄，康熙六年修，雍正十二年校訂。玄燁實錄，康熙六十一年修，胤禛實錄，雍正十三年修，至乾隆世皆經改訂。淵源蔣良騏在乾隆世纂天命至雍正六朝東華錄，其所據實錄，尙爲未經乾隆修改本。及淸季王先謙續纂東華錄，仍由天命朝起，（自天命至雍正，仍稱東華錄，自乾隆至同治五朝，則稱東華續錄），其所據實錄，純爲乾隆修改本。故蔣王兩錄「，不止詳略之異，直是事實之有無，及字句之多寡，敍述之方法，無不有異」。（孟森淸朝前紀序語）如前註十八所論多爾袞爲皇父攝政王事，其一例也（又據註四十四，可見雍正諭旨亦經乾隆删改），又「國史宗室王公列傳，開國諸王公若攝政睿親王以下各傳，皆由乾隆間重作，即與重撰之實錄相符，外間傳本有李（桓）氏耆獻類徵，從國史原本錄入，可以證明實錄之盡經改造也」。（亦淸朝前紀序語）按中華書局印行之淸史列傳，所載淸初宗室王公傳及大臣傳，皆據乾隆間重作本錄入，故多爾袞傳特詳其身後昭雪之典，錄乾隆三十八年及四十三年上諭，明傳於載乾隆三十七年上諭前，且冠以「今上」（指弘曆）字樣，上文所稱郭琇劾疏，亦弘曆特命將全文列入傳內者。

（註四八）詳見三十年六月東華錄。

（註四九）諭文見五十一年七月東華錄。

（註五〇）乾隆朝文字獄檔印入故宮博物院出版之掌故叢編及文獻叢編者，惜尙有十數案，以原檔淪亡，並未能覓得全帙，姑暫缺。

（註五一）略本章炳麟檢論四「哀焚書」。乾隆朝東華錄載三十九年八月諭，謂「明季造野史者甚多，必有抵觸本朝之語，正當及此一番查辦，盡行銷毀」，「各省巳經進到之書，見交四庫全書處檢查，如有關礙者，即行撤出銷毀」。四十一年十一月諭，又謂「明季諸人書集，詞意抵觸本朝者，自當在銷毀之列」。「明人所刻類書其邊塞兵防等門，所有違礙字樣，固不可存，然止須删去數卷，或删去數篇，或改定字句，亦不必因一二卷帙，遂廢全部，他若南宋人書之斥金，明初人書之斥元，其悖於義理者，自當從删，涉於詆詈者，自當從改，著四庫館總裁等妥協查辦，黏籤呈覽，候朕定奪」。

（註五二）略謂「昔程子云，天下之治亂繫宰相，此止可就彼時朝政闒冗者而言。若以國家治亂專倚宰相，則爲之君者，不幾如木偶旒綴乎。且用宰相者，非人君其誰爲之。使爲人君者，深居高處，以天下之治亂付之宰相，大不可也。使爲宰相者，居然以天下之治亂爲己任，目無其君，此尤大不可也」。見乾隆四十六年四月東華錄。

（註五三）見同上註。至尹案之起，始於是年三月爲父尹會一請諡並從祀文廟，淸代文字獄檔第六輯全册備載是案始末，可參閱。

（註五四）皆見乾隆八年二月東華錄。

（註五五）據淸史稿疆臣年表，乾隆六十年爲總督者，梁肯堂（直隸）孫士毅（四川）畢沅（湖廣）三人，爲巡撫者，蔣兆奎（山西）秦承恩（陝西）陳淮（江西）姜晟（湖南）朱珪（廣東）五人。

（註五六）據乾隆二十年三月及五月東華錄。

（註五七）詳見淸史稿卷一一六選舉志四「制科」節。

（註五八）十六年，二十二年，二十七年，三十年，四十五年，四十九年，皆至浙江。四十九年諭旨曰：「皇祖六巡江浙，朕敬紹前謨，亦六度南巡，凡籌辦河工海塘事宜，無一不仰承彝訓，率揚先烈」。又以杭城行宮及聖因寺供奉玄燁神牌，弘曆亦諭伊將來卒後，須於殿內之東室安設供奉云。此註所稱及書中下文所述各節，多據東華錄，不悉註。

（註五九）見淸會典卷七。

（註六〇）淸史稿卷一八五部院大臣年表序云：「侍郎之屬，雖日副貳，然與尙書皆爲敵體，題奏之草，有一不畫，例不得上，獎勵尉過，皆所與同」。

（註六一）淸史稿卷一一四職官志序云：「六部長官數四，各無專事，甚或朝握銓衡，夕兼支計，甫主戎政，復領容臺，一職數官，一官數職，曲承寵仰，建樹甯論」。

（註六二）見淸會典卷三。

（註六三）雍正時，猶留議政大臣之名，以爲滿大臣兼銜，乾隆五十六年始廢之。東華錄載是年諭曰：「國初因有議政處，是以特派議政王大臣承充辦理，自雍正年間設立軍機處之後，皆係軍機大臣每日召對，承旨遵辦，而滿洲大學士尙書，向例兼議政處銜，無應辦之事，殊屬有名無實，……所有議政空銜，著不必兼充，嗣後該部亦無庸奏請。

（註六四）淸史稿卷一八三軍機大臣年表序云：「軍機處名不師古，而絲綸出納，職居密勿，初祇秉廟謨商戎略而已，厥後軍國大計，罔不總攬，自雍乾後百八十年，威名所寄，不於內閣而於軍機處，蓋隱然執政之府矣」。

（註六五）趙翼簷曝雜記卷一云：「軍機處有廷寄諭旨，凡機事慮漏泄不便發抄者，則軍機大臣面承後，撰擬進呈，發出即封入紙函，用辦理軍機處銀印鈐之，交兵部加封發驛馳遞，其遲速皆由軍機司員判明於函外，曰馬上飛遞者，不過日行三百里，有緊急則另判日行里數，或四五百里，或六百里，幷有六百里加快者」。按雲崧在乾隆世爲軍機章京，此書前數節皆記軍機處故事，可參閱。

（註六六）淸史稿卷一一三職官志云：「總督掌釐治軍民，綜制文武，察舉官吏，修飭封疆，標下有副將參將等官。巡撫掌宣布德意，撫安齊民，修明政刑，興革利弊，考覈羣吏，會總督以詔廢置，標下有參將遊擊等官」。又卷二〇四疆臣年表序云：「淸制疆帥之重，幾埒宰輔，選材特愼，部院莫擬」。

（註六七）清史稿職官志序語。

（註六八）其郡邑增損，疆界分合，歷年頗有不同，並詳清史稿卷六十一至八十三（地理志一至二十三）。

（註六九）清史稿地理志序語。

（註七〇）據清會典卷八十四所載，京師滿洲佐領六百八十有一，蒙古佐領二百有四，漢軍佐領二百六十有六，駐防佐領八百一十有七，共計一千九百六十有八。

（註七一）據聖武記卷十一「武事餘記」，凡六十六萬一千六百五十有六。

（註七二）此外又有鄉兵土兵等，清史稿卷一四〇兵志四備詳之，茲不論。

（註七三）清史稿卷一一三選舉志語。

（註七四）見簷曝雜記卷二「徐健庵」節。

（註七五）同上註七三。

（註七六）學生名額等，詳見清會典卷三十一、三十二及七十六。

（註七七）明史卷七十八食貨志二一條鞭法者，總括一州縣之賦役，量地計丁，丁糧畢輸於官，一歲之役，官爲僉募，力差則計其工食之費，量爲增減，銀差則計其交納之費，加以贈耗，凡額辦派辦京庫歲需與存留供億諸費，以及土貢方物，悉併爲一條，皆計畝徵銀，折辦於官，故謂之一條鞭，立法頗爲簡便，嘉靖間數行數止，至萬曆九年，乃盡行之」。

（註七八）詳見上章「註九〇」。

（註七九）本段多據王慶雲石渠餘紀卷三紀丁額篇。「乾隆十四年，總計直省人丁一萬七千七百四十九萬有奇，四十八年，二萬八千四百有三萬有奇，五十八年，各省奏報民數三萬七百四十六萬」。

（註八〇）清史稿卷八十四地理志二十四語。按科爾沁與漠南蒙古察哈爾等部，清世官書皆合稱曰內蒙古，（見下註八十四）茲分爲二者，從其朔也。

（註八一）清史稿卷八十五地理志二十五語。

（註八二）清廷於征討準部諸役，所編方略（親征朔漠方略四十卷，平定準噶爾方略前編五十四卷，正編八十五卷，續編三十三卷），記錄甚詳，趙翼皇朝武功紀盛略據方略撮敘各役大要，可參閱。讀者若欲稍知其詳，可參聖武記中綏服蒙古記，撫綏西藏記，康熙親征準噶爾記，雍正兩征厄魯特記，及乾隆蕩平準部記，戡定回疆記諸篇。

（註八三）清會典卷六十三理藩院掌「外藩」之政令。清史稿則名爲「藩部」，有藩部世表（卷四九至五十一）及藩部列傳（卷三〇五至三一二）。藩部傳序云：「清起東夏，始定內盟，康熙乾隆，兩戡準部，自松花黑龍諸江，迤邐而西，絕大漠，亘金山丁零鮮卑之域，南盡崑崙，析支渠搜，三危既宅，至於黑水，皆爲藩部」。

（註八四）清會典卷六十三「理藩院……乃經其游牧之治。大漠以南曰內蒙古，部二十有四，爲旗四十有九。踰大漠曰外蒙古，喀爾喀部四，附以二，爲旗八十有六。環青海而居者曰青海蒙古，部五，爲旗二十有八。賀蘭山之陰，曰西套額魯特，額濟納河之陽，曰額濟納土爾扈特，錯處於金山天山之間，曰杜爾伯特，土爾扈特，和碩特。凡部十，附以一；爲旗三十有四，回部爲旗二（哈密吐魯番）各旗名詳見同卷注。

（註八五）（註八七　皆見同上卷。

（註八六）見同上書六十七卷。

（註八八）清史稿藩部列傳序語。

（註八九）清史稿卷五三三屬國傳序語。傳稱「浩罕，安集延，古大宛國地，塔什干，漢爲康居大宛地，唐之石國也，巴達克山，唐鍻盤陀國，阿富汗本罽賓故國」。聖武記卷四乾隆綏服西屬國記稱「哈薩克左部爲古康居，右部爲大宛北鄙，布魯特東部爲烏孫西鄙，西部則休循捐毒也，唐時爲大小勃律」。又曰：「新疆內地，以天山爲綱，南回北準，而外地則以葱嶺爲綱，東新疆，西屬國。屬國中又有二：由天山北路而西北，爲左右哈薩克，由天山南路而西南，爲左右布魯特，雖同一游牧行國，而非準非回非蒙古矣。逾葱嶺而再西北，爲安集延，西南爲巴達克山，爲愛烏罕；（卽阿富汗）雖亦皆回教城郭之國，然嶺以西之屬國，非嶺以東之郡縣矣。……愛烏罕，乾隆二十七年入貢，爲中國回疆最西之屬國，於古爲大月氏境」

（註九〇）清史稿卷五三五屬國傳三。

（註九一）清史稿卷五三五屬國傳三。

（註九二）清史稿藩屬國傳序語

（註九三）清史稿卷五三五屬國傳三。

（註九四）見同上屬國傳一。

（註九五）本節多據清朝文獻通考卷二九七四裔考五。

（註九六　皆見清史稿卷一六六邦交志七。按史稿邦交志共八卷，所敍自俄羅斯英吉利至墨西哥剛果，凡十九國。序稱「中國古重邦交，有清盛時，諸國朝聘，皆與以禮」，所以別於屬國傳之屬國也。然禮志十（卷九八）敍「賓禮」，又曰：「清初藩服有二類，分隸理藩院主客司，隸院者，蒙古喀爾喀西藏青海廓爾喀是也，隸司者，曰朝鮮越南南掌緬甸蘇祿荷蘭暹羅琉球，親疏略判，於禮同爲屬也」，是荷蘭實亦清之屬國，邦交志蓋據咸同以降爲言。

（註九七　「康熙二年，和人始由廣東入貢刀劍八，皆可屈伸，馬四，鳳臆鶴脛，能迅走」，見同上註。

（註八九）分見王子春國朝柔遠記卷二及卷四。

（註九九）清史稿邦交志七「瑞典，雍正十年始來華互市。丹墨黑，其來市粵東也，以雍正時，粵人稱爲黃旗國」。

（註一〇〇）清史稿邦交志一「雍正五年，定俄人來京就學額數。康熙間，俄國嘗遣人至中國學喇嘛經典，並遣子弟入國子監習滿漢語言文字，居舊會同館，以滿漢助敎各一人敎習之。至是定俄人來學喇嘛者額數六人，學生額數四人，十年更代爲例」。至本書所載約章，亦皆見志中，別參以約章大全。

（註一〇一、雍正五年訂恰克圖條約，兩國文書往來，均不以皇帝之名，中國則以理藩院，俄國則以薩那特衙門。

（註一〇二）此爲有名洪任輝(James Flint)事件，關係文件見北平故宮博物院文獻館印行之史料旬刊第四期。

（註一〇三）乾隆二十四年十月二十五日，兩廣總督李侍堯奏陳防夷規程五項，（一）夷商在省住冬，應請永行禁止，（二）夷人到粵，宜令寓居行商，管束稽查，（三）借領外夷資本，及雇倩漢人役使，並應查禁，（四）外夷雇人傳遞信息之積弊宜永除，（五）夷船收泊處所，應請酌撥督員彈壓稽查」，實爲此種政策最具體之表現。詳見史料旬刊第九期。

（註一〇四）馬戛爾尼入貢始末檔案，北平故宮博物院文獻館印行之掌故叢編曾加輯錄，惟三道勅諭，僅錄其二，（一見第九輯，一見第十輯），最後駁斥英使要求之勅諭，掌故叢編失載，乾隆朝東華錄則備載之。（東華錄亦僅錄勅諭二道，見於叢編第九輯者，東華錄亦失載）。

（註一〇五）清史稿卷十四高宗本紀五「乾隆四十一年三月，命戶部侍郎和珅軍機處行走，四十四年八月，命和珅在御前大臣上學習行走，四十五年五月。以和珅爲正白旗滿侍衛內大臣，十月，命和珅仍兼署理院藩院尙書，四十九年七月，命和珅爲吏部尙書，協辦大學士，入兼管戶部」。又卷十五高宗本紀六「五十一年七月，命和珅爲文華殿大學士，管理戶部事，五十七年十月，免嵇璜阿桂翰林院學士，以和珅彭元瑞代之」。

（註一〇六）見章氏遺書卷二十九外集二、原書又列舉所設之法，「有通扣養廉而不問有無虧項者矣，有因一州縣所虧之大而分累數州縣者矣，有人地本屬相宜，特因不善設法，上司委員代署，而勒本員開坐會城，或令代攝佐貳者矣，有貪劣有據，勒令繳出贓金，而掩覆其事者矣，有聲名向屬狼藉，幸未破案，而丁故回籍，或陞調別省，勒令罰金若干，免其查究者矣，有臨陜之缺，不問人地宜否，但能擔任彌補，許買陞調者矣」，最可窺見當時州縣官吏侵蝕貪冒之一斑。又按章氏此書作於嘉慶四年，嘉慶三年，洪亮吉征邪教疏，力陳內外弊政，亦言「今日州縣，其罪有三。凡朝廷捐賑撫卹之項，中飽於有司，皆辭言塡補虧空，是上恩不下逮，一也。無事則蝕糧冒餉，有事則避罪就功，州縣以蒙其府道，府道以蒙其督撫，甚至督撫即以蒙皇上，是使下情不上達，二也。有功則長隨幕友皆得冒之；失事則掩取遷流顚踣於道之良民以塞責，然此實不止州縣，封疆之大吏，統率之將弁，皆公然行之，安怪州縣之效尤者乎，三也」。見卷施閣文甲集卷十。

（註一〇七）見嘉慶朝四年正月東華錄。

（註一〇八、薛福成庸盦筆記曾錄存世俗傳鈔本「查鈔和珅住宅花園清單」，并載是年正月十七日上諭稱「查鈔和珅家產清單，共有一百零九號，內有八十三號尙未估價，已估者二十六號，合算計銀二萬二千三百八十九萬五千一百六十十兩」云云，惟此諭不見今本東華錄。坊行清朝野史大觀曾錄薛氏此節，又鎖恨亦多秘錄之，而晉翰鬥蟲談虎客集「近世中國秘史」第二編轉錄薛氏筆記，又詳加附論，言「已估價者二十六號，未估者八十三號，爲三倍半，若以比例算之，豈不當爲八百兆兩有奇耶」，則不足徵信，蓋當時卽有百零九號之說，亦未必有此總値也。

（註一〇九）見聖武記卷九及卷十「嘉慶川湖陝靖寇記」。

（註一一〇）時「永保擁京營勁旅及大兵萬餘，徒尾追不迎擊，故賊東西橫瀾無忌」，「景安（和珅族孫）駐軍南陽，任楚賊犯豫，直出武關，惟尾追不迎截，致有迎送伯之號」，見同上註。

（註一一一）見聖武記卷九及卷十「嘉慶川湖陝靖寇記」。

（註一一二）見聖武記卷九及卷十「嘉慶川湖陝靖寇記」。

（註一一三）時漢將戰功之盛，推兩楊爲最，事蹟詳李元度國朝先正事略卷二十三。至羅思舉與桂涵，爲統領鄉勇最著戰功之人，事蹟詳聖武記卷十「嘉慶川湖陝鄉兵記」。

（註一一四）見聖武記卷九及卷十「嘉慶川湖陝靖寇記」。

（註一一五）參聖武記卷十「嘉慶畿輔靖賊記」。

（註一一六）見養晦堂集卷□。

（註一一七　如雲南有永北廳夷人唐老大等之亂，河南有新蔡教匪朱麻子等之亂，廣東有黎人韋色容等之亂，山西有趙城教匪曹順等之亂，湖北有崇陽縣民鍾山杰等之亂，湖南有耒陽縣民陽大鵬等之亂，四川有果洛克番及越嶲峨邊夷人桑樹格等之亂，臺灣有黃文潤，陳辦，洪協等之亂。

（註一一八　咸豐二年，太平軍北出途中，沿途頒布檄文三道。一曰奉天誅妖檄，二曰諭救世人檄，三曰奉天討胡檄。前二皆敷陳上帝教義，勸人丟邪神，拜上帝。後一則提出種族觀念，痛述滿人壓迫漢族種種罪惡。略云：「自滿洲肆毒，混亂中國，虐焰燔蒼穹，淫毒穢宸極，……罄南山之　竹，寫不盡滿地淫汚，決東海之波濤，洗不淨彌天罪孽」，以下歷述其彰著之罪惡十端。又云：「滿洲之衆，不過十數萬，而我中國之衆，不下五千餘萬，以五千餘萬之衆，受制於十萬，亦孔之醜矣」，此種明晰之種族觀念，實爲白蓮天理諸教徒所無。關於太平天國史料，較近行世者，如李秀成供狀（見近世中國祕史第一編及左舜生輯中國近百年史資料續編）賊情彙纂（南京國學圖書館印行）太平天國史料第一集與太平天國有趣文件十六種（前者程演生輯，後者劉復輯，皆北京大學出版）等，皆可考見太平朝眞相。至論述太平天國史蹟者，以羅爾綱著太平天國史綱（商務印書館二十六年出版）爲較簡核，可參閱。

（註一一九　王闓運湘軍志營制篇言　軍興調發，被調者輒合綠營將官，營出數十人，多者二百人，共成千人三千人之軍，將士各不相習，依例領軍械鍋帳鐵斧布矛，皆窳鈍不足用，州縣發夫馱運載，軍將拱手乘車馬入於公館，其士卒或步擔一矛，倚民家及　店門，居人惶怖，唯恨其不去，及遇寇作戰，壘壁不及肩，負販往來營門，隱語譁囂，十軍而九」。王於定安湘軍記言「自洪楊倡亂，大吏久不習兵，綠營營窳驕惰，聞征調則驚號，比至前敵，秦越楚燕之士，雜糅並進，勝則相妬，敗不相救，號令歧出，各分畛域，迄不得一兵之用」。當時綠營額兵，其弊如此。

（註一二〇）湘軍成功之由，曾國藩謂係「忠誠」「拙誠」之效，（見湘鄉昭忠祠記）而其首要，則在訓練，王闓運曰：「湘軍所以起，爲救額兵之弊也，曾國藩首建義旗，終成大功，未嘗自以爲知兵，其所自負，獨在教練，至今湘軍尊上而知禮，畏法而愛民，猶可用也，觀將能否，但於列隊時，號三吹，軍士肅肅蟬綫而出，則勝負可見矣」。此外則軍赴援，亦爲湘軍之精神，「咸豐十一年十一月，寇犯徽州，張運桂率軍城守，朱品隆唐義訓赴援，品隆義訓嘗合屯不相能，及俱出軍，隙益甚，品隆至城下，寇來戰，軍將不支，義訓案兵不相救，國藩聞之大怒 遺讓義訓曰：湘軍所以無敵者，彼此相顧也，湘軍將雖有仇，臨陣未嘗不相援，故有晨參商而夕赴救者。私怨，情，也公事，義也，爾獨不聞知乎？朱鎮危急，三促出軍而不肯應，是亂湘軍之制，而湘軍由此敗壞也。不急改者，將誰容汝。……又下檄品隆訶狀，義訓品隆惶悚，相攜謝，同上書謝，請自今輯睦，於是一月七捷，徽州圍解」。（湘軍志曾軍後篇）至榮戰死，則又國藩所謂「躬履諸艱，浩然捐生，如遠遊之還鄉而無所顧悸，衆人效其所爲，亦皆以苟活爲羞」者也。關於湘軍戰績，以王氏湘軍志所紀爲最善，近羅爾綱著湘軍新志，（二十八年商務印書館出版）專述湘軍制度及利病，亦尚詳核可觀。

（註一二一）曾國藩討粵匪檄，「洪秀全楊秀清稱亂以來，於今五年矣，荼毒生靈數百餘萬，蹂躪州縣五千餘里，所過之境，船隻無論大小，人民無論貧富，一概搶掠罄盡，寸草不留，其擄入賊中者，剝取衣服，搜括銀錢，銀滿五兩而不獻賊者，即行斬首，男子日給米一合，驅之臨陣向前，驅之築城浚濠，婦人日給米一合，驅之登陴守夜，驅之運米挑煤，粵匪自處於安富尊榮，而視我兩湖三江被脅之人，曾犬豕牛馬之不若，此其殘忍慘酷，凡有血氣者，未有聞之而不痛憾者也。自唐虞三代以來，歷世聖人，扶持名教，敦敍人倫，君臣父子，上下尊卑，秩然如冠履之不可倒置，粵匪竊外夷之緒，崇天主之教，自其僞君僞相，下逮兵卒賤役，皆以兄弟稱之，謂惟天可稱父，此外凡民之父，皆兄弟也，凡民之母皆姊妹也，農不能自耕以納賦，而謂田皆天王之田，商不能自賈以取息，而謂貨皆天王之貨，士不能誦孔子之經，而別有所謂耶穌之說，新約之書，舉中國數千年禮義人倫詩書典則，一旦掃地蕩盡，此乃開闢以來名教之奇變，我孔子孟子之所痛哭於九原，凡讀書識字者，又焉可袖手安坐，不思一爲之所也。自古生有功德，沒則爲神，王道治明，神道治幽，雖亂臣賊子窮凶極醜，亦往往敬畏神祇，李自成至曲阜，不犯聖廟，張獻忠至梓潼，亦祭文昌，粵匪焚郴州之學宮，毀宣聖之木主，十哲兩廡，狼藉滿地，嗣是所過郡縣，先毀廟宇，即忠臣義士如關帝岳王之凜凜，亦皆汚其宮室，殘其身首，以至佛寺道院，城隍社壇，無廟不焚，無像不滅，斯又鬼神所共憤怒，欲一雪此憾於冥冥之中也。本部堂奉天子命，統師二萬 水陸並進，誓將臥薪嘗膽，殄此凶逆，救我被擄之船隻，拔出被脅之民人，不特紓君父宵旰之勤勞，而且慰孔孟人倫之隱痛，不特爲百萬生靈報枉殺之仇，而且爲上下神祇雪被辱之憾，用是傳檄遠近，咸使聞知」。（曾文正公文集卷二）

（註一二二）薛福成「敍曾文正公幕府賓僚」都八十三人，稱其「陶鑄群英，廣包兼容，持之有恆，而御之有本，以是知人之鑒，爲世所宗，而幕府賓僚，尤極一時之盛云」。（庸盦文編卷四）

（註一二三）曾國藩克服江寧摺語。

（註一二四）湘軍記「捻之患，不知其所自始，或曰，鄉民行儺逐疫，裹紙然膏，爲龍戲，謂之捻，其後報讎劫財，掠人勒贖，浸淫爲寇盜，或數人爲一捻，或數十百人爲一捻，白晝行刼，名曰定釘，山東之兗沂曹，河南之南汝光歸，江蘇之徐淮，直隸之大名，安徽之廬鳳潁泗，承平時在在有之 咸豐三年，洪秀全陷安慶，踞金陵，遣黨衛臨淮鳳陽，出歸德以擾河朔，於是皖豫捻患益熾」。

（註一二五）曾文正公文集卷二。

（註一二六）養知書屋文集卷十與曾沅浦書，按此書作於同治初元。

（註一二七）清史稿卷一二四職官志四語。

（註一二八）詳湘軍新志第三章。

（註一二九）六十年英王表文及清帝勅諭，見故宮博物院印行之文獻叢編第五輯。嘉慶十年奉貢始末，見國朝通商始末記卷六及故宮博物院印行之清朝外交史料嘉慶朝一。

（註一三〇）此次奉使始末，詳見文獻叢編第十一輯，及清朝外交史料嘉慶朝五。

（註一三一）防夷則例，自乾隆世李侍堯所定五事後，（見註一〇三）嘉慶十三年，有兩廣總督百齡擬訂之六款，（見清朝外交史料嘉慶朝五）道光十年及十五年 又有兩廣總督李鴻賓及盧坤兩次奏定之八條（皆見粵海關志）等。

（註一三二）黃爵滋道光十八年疏語。佛爵時官鴻臚寺卿，疏文云：「近來銀價遞增，每銀一兩，易制錢一千六百有零，非耗銀於內地，實漏銀於外夷也，自鴉片流入中國，道光三年以前，每歲漏銀數百萬兩．其初不過紈袴子弟習爲浮靡，尙知斂戢，嗣後上自官府搢紳，下至工商優隸，以及婦女僧尼道士，隨在吸食，粵省奸商勾通巡海兵弁，用扒龍快蟹等船，運銀出洋，運烟入口，故自道光二年至十一年，歲漏銀一千七八百萬兩，自十一年至十四年，歲漏銀二千餘萬兩，自十四年至今，漸至三千餘萬兩之多，此外福建浙江山東天津各海口，合之亦數千餘萬兩，……日復一日，年復一年，臣不知伊於胡底」。

（註一三三）見國朝通商始末記卷八。

（註一三四）坊行劉彥著帝國主義壓迫中國史上卷第一章鴉片戰爭，第二章英法聯軍入北京，及第三章俄國侵略中國之東西國境，所述尙提要，可參閱。又回部諸邦，光緒中猶入貢中國者，僅坎巨提一部，清史稿屬國傳坎巨提傳云：「光緒十七年，英人據其地，出使英法義比大臣薛福成與英外部商定，派員會立坎酋，其疏略云：中國回疆之外，向有羈縻各回部，惟自咸豐同治以來，中國內寇不靖，未遑遠略，俄國既以兵力吞併浩罕布魯特哈薩克布哈爾諸回部，而巴達克山咎善什克南瓦罕諸小部，則皆服屬於阿富汗，迺來阿富汗爲英屬國，英之大勢駸駸由印度北嚮，有與俄國爭雄之意，而中國西陲之外，遂日以多事。坎巨提一部，近喀什噶爾南界，在葱嶺以南，爲地縱橫數百里，戶口約近萬人，近年屬國之入貢中國者，祇此一部，蓋即新疆識略之乾竺特，一統輿圖之喀楚特，同音而異譯也」。又阿富汗傳云：「道光十九年，英印度總督攻阿富汗，二十九年，始與英和，英之有事於阿富汗也，俄人滅布哈爾，次第南侵，英人以阿富汗爲印度藩離，抗之尤力，光緒間，帕米爾之議起，英人復以保護阿富汗爲名，出而干涉帕事矣。帕米爾者，葱嶺山中寬平之地，供回族遊牧者也，帕地有八，其中皆小回部錯居，乾隆中，大部隸屬中國，羈縻之使弗絕，厥後迤北迤西，稍稍歸俄，迤南小部，附於阿富汗，東路中路，則服屬於中國，於是帕米爾遂爲中俄阿富汗三國平分之地。出帕米爾，南踰因都庫什山，即達印度，故俄人盡力經營之，而英人亦逕急起而隱爲之備，英之爲阿爭，即不啻爲印度爭也。……光緒十七年，英兵入坎巨提，逐其頭目，其意在覬覦帕地，二十年帕米爾界議始定」。

（註一三五）清史稿卷一六〇邦交志序語。

（註一三六）匡輔之文文忠公別傳（見繆荃孫輯續碑傳集卷七）及清史列傳卷五十一文祥傳，皆詳錄此疏，可參閱。

（註一三七）稿史稿卷二十文宗本紀語。

（註一三八）清史稿卷二十一穆宗本紀「同治元年，總理各國事務衙門請設同文館，習外國語言文字，允之」。國朝通商始末記繫此事於同治八年，蓋指該館擴大規制正式成立而言。據清會典卷一百，「同文館管理大臣掌通五大洲之學，以佐朝廷一聲教，考選八旗子弟與民籍之俊秀者，記名入冊，以次傳館，設四國語言文字之學，（天文化學算學格致醫學共八館）曰英文前館，曰法文前館，曰俄文前館，曰德文前館。曰英文後館，曰法文後館，曰俄文後館，曰德文後館，

（註一三九　語本薛　成庸庵文編卷一「代李伯相擬陳督臣忠勳事實疏」。接下又云：「其講求之要有三，曰製器，曰操兵，曰學校，故於滬局之造輪船，方言館之繙譯洋學，未嘗不反覆致意，其他如操練輪船，演習洋隊，挑選幼童出洋肄業，無非求爲自强張本，蓋其心兢兢於所謂未雨綢繆之謀，未嘗一日忘也」。

（註一四〇　據國朝通商始末記卷十六。以下敘同治朝洋務亦多本是書，不悉註。

（註一四一）見金梁輯印清史稿光宣列傳附稿袭卿蕭安臣傳。

（註一四二）按鴻章主辦之洋務，惟電線一事，費少而易舉，成效亦較著，自光緒六年七月奏設南北兩洋電線，八年十一月奏請接辦蘇浙閩粵電線，九年九月疏請展接津通電線，又請添設山海關等處電線，至十一年十二月奏歷年創辦電報，先後告竣，言「五年以來，創設沿江沿海各省電線，綿亘一萬數千里，國家所費無幾，巨款悉由商集，適值法人啓釁，沿海戒嚴，將帥入告軍謀，朝廷發縱指示，皆得相機立應，無少窒閡，朝鮮二次內亂，遣兵保護，尅日奏功，中國自古用兵，未有如此神速者」。詳見沈相生輯各該年「光緒政要」。至主其事者，則爲盛宣懷，見清史稿卷四七八本傳。又按本節所敘光緒朝洋務，亦多據光緒政要，不悉註。

（註一四三　清史稿卷四四四張之洞傳語。按自曾國藩卒後，清季以興辦洋務著稱者，自鴻章外，首推之洞，惟時代較鴻章略後耳。本書以篇幅關係，於之洞事未能詳述，茲略據史傳補敘於下。光緒十年，兩廣總督張樹聲解任專治軍，遂以之洞代，之洞陰自圖强，設廣東水陸師學堂，創鎗礮廠，開礦務局，疏請大治水師，歲提專款購兵艦，復立廣雅書院，武備文事并舉。在粵六年，調補兩湖。會海軍衙門奏請修京通通路，之洞議自京外盧溝橋起，經河南以達湖北漢口鎮，得旨報可，遂有移楚之命。大冶產鐵，江西萍鄉產煤，之洞乃奏開鍊鐵廠漢陽大別山下，資路用，兼設鎗礮鋼藥專廠。又以荊襄宜桑棉麻枲而饒皮革，設織布紡紗繅絲製革諸局，佐之以堤工，通之以幣政。由是湖北財賦稱饒，土木工作亦日興矣。二十一年，中東事棘，代劉坤一督兩江，至則巡閱江防，購新出後膛礮，改築西式砲台，設專將專兵領之，募德人教練，名曰江南自强軍，采東西規制，廣立武備農工商鐵路方言軍醫諸學堂。尋還任湖北」。

(註一四四)清史稿卷五三五屬國傳三南掌傳語。又同卷緬甸傳云：「光緒十一年，英滅之，并取所屬擺人地，南緬地區部爲四，北緬地區爲六，部皆設行政長官，而隸於印度總督，緬甸至是淪亡」。

(註一四五)清史稿卷二二二諸王傳七本傳語。

(註一四六)光緒二十一年，胡燏棻條陳變法自强事宜疏云：「辦理洋務以來，於今五十年矣，如同文方言館，船政製造局，水師武備學堂，凡富强之基，何嘗不一一做行，而逐地弗良，每有淮橘爲枳之嘆，固由僅襲緒餘，未窺精奥，亦因朝廷所以號召人才者，在於科目，天下豪傑所注重者，仍不外乎制藝試帖楷法之屬，而於西學，不過視作別閥，雖其所造已深，學有成效，亦第等諸保舉議敍之流，不得厠於正途出身之列，操術疏，斯收效寡也」。(光緒政要卷二十一)

(註一四七)光緒八年李鴻章議覆張佩綸奏請毅殉藩服疏語(見光緒政要卷八)

(註一四八)銘傳與鴻章兩疏，皆見光緒政要卷六，數陳鐵路之利極詳。

(註一四九　見光緒政要卷九。

(註一五〇)十一年至者三艘，定遠鎮遠兩鐵甲船，濟遠一快船，皆德製。十四年至者四艘，致遠靖遠兩快船，英製，經遠來遠兩快船，德製。至各船購費，後四艘，鴻章於十五年四月曾有詳細報銷，計英廠二船，支銀一百六十九萬三千餘兩，德廠二船，一百七十三萬九千餘兩，共三百四十三萬七千餘兩，前三艘未能檢得。見光緒政要卷十一十四及十五。

(註一五一)怋銊鼎崇陵傳信錄語。

(註一五二)十七年八月李鴻章覆奏停購船械事宜，言之極詳，見光緒政要卷十七。

(註一五三)怋銊鼎崇陵傳信錄語。

(註一五四)鴻章於是年七月奏陳我敵海軍情勢云：「北洋海軍可用者，只鎭遠定遠鐵甲船二艘，爲倭船所不及，然質重行緩，次則濟遠經遠來遠三船，有水線甲穹甲，而行駛不速，致遠靖遠二船，前定造時，號稱一點鐘十八海里，近因行用日久，僅十五六海里，此外各船，愈舊愈緩。日本新舊快船，可用者共二十一艘，中有九艘，自光緒十五年後分年購造，最快者每點鐘行二十三海里，次亦二十海里上下，我船訂購在先，當時西人船機之學，尙未精造至此，僅每點鐘行十五至十八海里，已爲極速，今則至二十餘海里矣。近年部議停購船械，自光緒十四年後，我軍未增一船，丁汝昌及各將領求添購新式快船，臣仰體時艱款絀，未敢啓奏覆請，倭人心計臟深，乘我力難添購之際，逐年增置」云云。(光緒政要卷二十)其言明白如畫。十四年，即清廷詔修葺頤和園之年也，近人池仲祐撰海軍大事記，於光緒四年下云：「海軍款二千餘萬，盡輸入頤和園之用」。以及坊行諸國史讀本，或言戶部尙書閻敬銘節儲款千萬，孝欽遁之辭職，以其款建頤和園。或言鴻章於甲午戰後嘆曰：「使當日海軍經費，按年如數發給，十年之內，北洋海軍船礮，可甲地球矣，何至大敗」云云。皆非其實也。

(註一五五)括弧中語本二十一年四月戴湉宣示和議詔諭。時「廷臣章奏凡百上，皆斥和非計」，(清史稿卷四四三孫毓汶傳語)最可代表者，爲兩江總督張之洞及河南道監察御史易顯鼎兩奏，前者主聯英德俄以制倭，後者則持遷與守之兩策(詳見光緒政要卷二十一)前者雖未可恃，後者實不失爲中策也。至此役經過，姚錫光東方兵事記略記錄頗詳贍，可參閱。

(註一五六)同註一四六。

(註一五七)梁啓超戊戌政變記第三篇政變前紀載是年三月二十七日康有爲在保國會演說辭，列舉德佔膠州後四十日內各國要挾逼迫者凡二十事，可參閱。

(註一五八)參崇陵傳信錄。

(註一五九)淸史稿卷四八〇康有爲傳語。原疏略云：「皇上若決定變法，請大集羣臣，詔定國是，躬申誓戒，除舊布新，與民更始，立制度局總其綱，立十二局分其事，一曰法律局，二曰度支局，三曰學校局，四曰農局，五曰工局，六曰商局，七曰鐵路局，八曰郵政局，九曰礦務局，十曰游會局，十一曰陸軍局，十二曰海軍局」。（見戊戌政變記第一篇第一章及光緒政要卷二十四）

(註一六〇)見淸史稿卷二十四德宗本紀二語。

(註一六一)參崇陵傳信錄。

(註一六二)語本淸史稿康有爲傳。戊戌政變記第一篇第二章「新政詔書恭跋」及光緒政要第二十四卷記述當時新政頗詳，可參閱。

(註一六三)二十七年劉坤一張之洞會奏變法事宜疏語。（見光緒政要卷二十七）康有爲於二十三年十二月上書，亦云：「公卿台諫督撫，皆循資格而致，既已衰老未出外國游歷，又以資俗未近通人講求，至西政新書，多出近歲，諸臣類皆成同舊學，當時未有，年耄精衰，政事叢雜，未暇更新考求，或竟不知萬國情狀，其蔽於耳目，狃於舊說，以同自證，以習自安，故賢者心思智慮，無非一統之舊說，愚者餒倨自喜，實便其尸位之私圖，語新法之可以興利，則瞋目而詰難，語變政之可以自強，則掩耳而走避，老吏舞文，稱歷朝之成法，悚然聽之者，蓋十而六七矣，迂儒帖括，詡正學之昌言，翟然從之者，又十而七八矣。無一事能究其本原，無一法能窮其利弊，卽舉從昧，舉國皆是」。（見戊戌政變記第一篇第一章及光緒政要卷二十三）

(註一六四)見淸史稿卷二十四德宗本紀二語。

(註一六五)譚嗣同等，世稱六君子，淸史稿卷四七一有傳，戊戌政變記第五篇「殉難六烈士傳」記載較詳，可參閱。

(註一六六)許景澄袁昶第三疏語。按三疏皆見光緒政要卷二十七。第三疏嚴劾釀亂大臣，語極激烈，未及奏，兩公已被禍矣。參崇陵傳信錄及淸史稿卷四七三本傳。

(註一六七)崇陵傳信錄曰：「甲午之喪師，戊戌之變政，已亥建儲，庚子之義和團，名雖四事，實一貫相生」。

(註一六八)見光緒政要卷二十六。原詔又痛論當時積弊云：「近數十年，積習相仍，因循粉飾，以成此大衅。……中國之弊，在於習氣太深，文法太密，庸俗之吏多，豪傑之士少。文法者，庸人藉爲藏身之固，而胥吏倚爲牟利之符，公事以文牘相往來，而毫無實際，人才以資格相限制，而日見消磨，誤國家者，在一私字，誤天下者，在一例字。至近之學西法者，語言文字製造機械而已，此西藝之皮毛，而非西政之本原也。居上寬，臨下簡，言必信，行必果，我往聖之遺訓，卽西人富強之始基。中國不此之務，徒學其皮毛而又不精，天下安得富強耶。……苟失其人，以拘牽文義爲率眞，以奉行故事爲合例，舉宜興宜革之事，皆坐廢於無形之中，而旅進旅退之員，遂釀成一不治之病」。

(註一六九)同上註一六〇。

(註一七〇)第一疏二十七年五月上，第二第三疏六月上，全文見光緒政要卷二十七。柳先生中國文化史第三篇第十三章「外患與變法」，曾節錄一二兩疏，(學術本下册頁四二一至四三三)可參閱。

(註一七一)二十七年三月，督辦政務處議定開辦規條，有云：「維新之機，而有康逆之亂，守舊之極，而有拳匪之亂，朝廷旰食，薄海撄心，列國所譏，亦中華之恥也」。(光緒政要卷二十七)

(註一七二)參上註一六八。又二十六年十二月宣示拳匪搆亂節次情形，又云：「近二十年來，每有一次釁端，必申一番誥誡，臥薪嘗膽，徒托空言，理財自強，幾成習套，事過以後，徇情面如故，用私人如故，敷衍公事如故，狃飾朝廷如故。大小臣工，清夜自思，即無拳匪之變，我中國能自强耶。……爾諸臣當於險屯之中，竭其忠貞之力，……大要無過於去私心，破積習。大臣不存私心，則用心必公，破除積習，則辦事着實，惟公與實，乃理財治兵之根本，亦即天心國脈之轉機」。(光緒政要卷二十六)又二十七年督辦政務處議定開辦規條：亦云：「西人之心公，而中人多私，西人之文簡，而中文太繁，西人之事實，而中事多虛，西人之言信，而中人多僞。……自同治初年以來，非不講求洋務，局廠如櫛，船礮如雲，糜三十年，有何成效。所以然者，西人作事，千人一心，共利其國，中人作事，百人百心，各利其身，身有利有不利，而國則決無一利。此所以股票不售，公司渙羣，凡西人有利之事，中國效之，皆賠錢之事。必先正中國人之心，乃可行西人之善法」。

(註一七三)光緒三十三年十月出使德國考察憲政大臣侍郎于式枚奏云：「惟風氣之開闢日新，則人心之趨向各異。當光緒初年，故侍郎臣郭嵩燾嘗言西法人所駭怪，知爲中國所固有，則無可驚疑。今則不然，告以堯舜禹湯文武周孔之道，漢唐宋明賢君哲相之治，則皆以爲不足法，或竟不知有其人，惟告以英德法美之制度，拿破崙華盛頓所創造，盧梭洛克孟德斯鳩之論說，而日本之所模倣，伊藤青木諸人訪求而後得者，則心悅誠服，以爲當行，前後二十餘年，風氣之殊如此」。

(註一七四)初派載澤紹英戴鴻慈徐世昌端方五人，瀕行，民黨吳樾以炸彈炸之，徐世昌紹英不果行，改派尙其亨李盛鐸。

(註一七五)原奏見光緒政要卷三十二，末謂有萬不可不舉行者三事，一曰宣示宗旨，二曰布地方自治之制，三曰定集會言論出版之律」。

(註一七六)清史稿卷二十四德宗本紀語。

(註一七七)原疏甚詳，見光緒政要卷三十四。

(註一七八)崇陵傳信錄語。

(註一七九)清史稿卷二二八諸王傳七奕劻傳云：「光緒十年，命管理總理各國事務衙門。二十七年，改設外務部，奕劻仍總理部事。予載振加貝子銜。二十九年三月，授軍機大臣，尋命總理商政處，練兵處。設商部，以載振爲尚書。三十年，御史蔣式瑆奏，奕劻自任軍機，門庭如市，細大不捐，其父子起居飲食，車馬衣服，異常揮霍，風聞上年將私產一百二十萬，送往東交民巷英商匯豐銀行存儲，請命查提。三十二年，遣載振往奉天吉林按事。三十三年，東三省改設督撫，以直隸候補道段芝貴署黑龍江巡撫，御史趙啓霖奏段芝貴善於迎合，以萬二千金購歌妓獻載振，又以十萬金爲奕劻壽，遂緣得官，上爲罷芝貴，載振疏辭尚書，許之」。

（註一八〇）崇陵傳信錄曰：「二十年前，嘉定徐侍郎致祥常語毓鼎曰：『王室其遂微矣』。毓鼎請其故，侍郎曰：『吾立朝近四十年，識近屬親貴殆遍，異日御區宇握大權者，皆出其中，察其器識，無一足當軍國之重者，吾是以知皇靈之不永也』。

（註一八一 民政部尚書善耆，陸軍鐵良，度支載澤，禮部溥良，學部榮慶，農工商溥頲，理藩壽耆，凡七人，除蒙古正黃旗外，皆滿人也。漢尚書僅外務呂海寰，吏部陸潤庠，法部戴鴻慈，郵傳部陳璧，凡四人，時謂滿族內閣。

（註一八二）民政部大臣桂春，陸軍蔭昌，海軍載洵，度支載澤，法部廷杰，農工商溥倫，理藩善耆，凡七人。自桂春蔭昌外，且皆爲親貴。漢大臣僅外務鄒嘉來，學部唐景崇，郵傳部盛宣懷，凡三人。

（註一八三）孫文學說第□章語。

（註一八四）清史稿卷四八七儒林傳一本傳語。

（註一八五 仝上書卷四八八儒林傳二本傳語。

（註一八六）余廷燦王夫之傳語，見碑傳集卷一三〇。

（註一八七）語本柳先生中國文化史第三編第七章「清初諸儒之思想」。

（註一八八）語本章炳麟檢論四「清儒」篇。

（註一八九）語本劉師培「近儒學術統系論」，載國粹學報第二十八期。

（註一九〇 語本章炳麟檢論四「清儒」篇。

（註一九一）語本章炳麟檢論四「清儒」篇。

（註一九二 語本章炳麟檢論四「清儒」篇。

（註一九三）章炳麟清儒篇曰：「世多以段王俞孫爲經儒，卒其精者，乃在小學，往往得名家支流 非漢世凡將急就之儕也」。

（註一九四）劉師培「近代漢學變遷論」（國粹學報三十一期）曰：「江戴之學，興於徽歙，所學長於比勘，博徵其材，約守其例，悉以心得爲憑。且觀其治學之次第，莫不先立科條，使綱舉目張，同條共貫，可謂無徵不信者矣。即嘉定三錢（大昕，塘，坫），於地輿天算各擅專長，博極羣書，於一言一事，必求其徵，而段王之學，溯源戴君，尤長訓故，於史書諸子，轉相證明，或觸類而長，所到冰釋。即凌程三胡，或條列典章，或詮釋物類，亦復根據分明，條理融貫 恥於輕信，而篤於深求。徵實之學，蓋至是而達於極端矣」。

（註一九五）方苞「萬季野先生墓表」述斯同語，見望溪集卷十二。

（註一九六）大昕治史，最究心者爲此三事，二十二史考異卷四十云：「予嘗論史家先通官制，次精輿地，次辨氏族，否則涉筆便誤」。潛研堂文集卷二十四「二十四史同姓名錄序」又云：「予好讀乙部書，涉獵四十年，竊謂史家所當討論者有三端，曰官制，曰輿地，曰氏族」。

（註一九七）語本柳先生中國文化史第三編第十章。

（註一九八）「古器物」之名，亦創於宋人。趙明誠撰金石錄，其門目分古器物銘及碑爲二，金蔡珪撰古器物譜，猶沿此稱。至定名爲「古器物學」，似始於清季羅振玉氏。羅氏永豐鄉人，甲稿雲窗漫稿有「與友人論古器物學書」，嘗區古器物爲「禮器」「樂器」「車器馬飾」「古兵」「度量衡諸器」「泉幣」「符契璽印」「服御諸器」「明器」「古玉」「古匋」「瓦當專甓」「古器範」「圖畫刻石」「梵像」等十五類，蓋所謂古器物，以出於人造者爲範圍也。羅氏又著有「殷虛古器物圖錄附說」，「雪堂所藏古器物圖說」，「古器物識小錄」等書。

（註一九九）說詳方豪「紅樓夢新考」，載「中外文化交通史論叢第一輯」。

（註二〇〇）語略本章炳麟清儒篇。

（註二〇一）清史稿卷四九三文苑傳三梅曾亮傳語。

（註二〇二、黎庶昌選續古文辭類纂敍語。

（註二〇三）其後文匯文宗毀於洪楊之亂，文瀾亦在亂中遺損，後文源則燬於英法聯軍，惟淵溯津三閣具存，（文淵藏故宮博物院，戰時遷保後方，文津移藏國立北平圖書館，與文溯存遼寧者現被日寇劫）而文瀾經數度補鈔獲全，歸浙江省立圖書館。（戰時亦西遷後方）

（註二〇四、清史稿卷一五二藝文志序語。

（註二〇五、原文附所著「書目問答」後。

（註二〇六）清史稿卷五一〇藝術傳二「王翬傳」語。

（註二〇七）見同上吳熙載傳。

（註二〇八）清史稿卷五一一藝術傳三「龔賢傳」語。

（註二〇九、語皆本同上註各人本傳。史文稱「道濟與髡殘齊名，號二石，道濟排奡縱橫，以奔放勝，髡殘沉着痛快，以謹嚴勝，皆獨絕」。

（註二一〇）見同上卷「張鵬翀傳」。同傳又謂「廷錫以逸筆寫生，源出於惲格，而不爲所囿。邦達山水源於董源巨然黃公望，畫法得力於董其昌，繼王原祁後推爲大家，久直內廷，進御之作，大幅尋丈，小冊寸許，不下數百，溥誥各承其家法。維城山水蒼秀，花卉傅色，尤有神采。一桂以百花卷被宸賞，世謂惲格後罕匹者」。

（註二一一）清史稿卷五〇九「藝術傳序」語。

（註二一二）同上藝術卷三「唐岱傳」語。

（註二一三）同上註「郎世寧，西洋人，康熙中入直，高宗尤賞異，凡名馬珍禽，琪花異草，輒命寫之，無不栩栩如生。艾啓蒙，亦西洋人，其藝亞於郎世寧」。

（註二一四）同上註「焦秉貞，山東濟寧人，康熙中，官欽天監五官正，工人物樓觀，通測算，參用西洋畫法，剖析分刌，量度陰陽向背，分別明暗，遠觀之，人畜花木屋宇，皆植立而形圓，聖祖嘉之，命繪耕織圖四十六幅，鐫板印賜臣工。自秉貞創法，畫院多相沿襲，其弟子冷枚，膠州人，爲最肖，與繪萬壽盛典圖。陳枚，江蘇婁縣人，官內務府郎中，亦參西洋法，寸紙尺縑，圖累山萬壑皆備」。

（註二一五　清初名家，惟吳漁山參用西洋法，清史稿吳歷傳云：「歷學畫於王時敏，心思獨運，氣韻厚重沉鬱，迥不猶人，晚年棄家從天主教，作畫每用西洋法，雲氣縹渺淩虛，迥異平時」。見同上註。

（註二一六）同上註二一一。

（註二一七）清史稿卷五一二藝術傳四「唐英傳」語。傳稱「英任事最久，講求陶法，於泥土釉料，坯胎火候，具有心得，躬自指揮，又能卹工慎帑。撰陶成紀事碑，備載經費工匠解額，臚列諸色𤔡釉，仿古採今，凡五十七種，自宋大觀明永樂宣德成化嘉靖萬曆諸官窰，及哥窰定窰均窰龍泉窰宜興窰，西洋東洋諸器，皆有仿製。其釉色有白粉青，大綠米色，玫瑰紫，海棠紅，茄花紫，梅子青，騾肝馬肺，天藍，霽紅，霽青，鱔魚黃，蛇皮綠，油綠，歐紅，歐藍，月白，翡翠，烏金，紫金諸種，又有澆黃，澆紫，澆綠，填白描金，青花，水墨五彩，錐花，拱花，抹金，抹銀諸名。奉敕編陶冶圖，爲圖二十，各附詳說，備著工作次第。後之治陶政者取法焉」。

（註二一八）按琺瑯彩瓷，肇端於康熙二十年後藏應選督造之時。（應選督造者，世稱藏窰），器之彩色繪畫款式，悉照康熙御製銅胎琺瑯彩器作法，顏料亦用西來之品。至唐英督造時，此類彩器益加精進，沿用其法而加以運化，變板滯爲生動，更參以我國赭墨等色，補所不足，彩色襯托益覺鮮明。英卒後，遂成絕響矣。見郭葆昌述王維周記「瓷器概說」，載商務印書館印行「參加倫敦中國藝術國際展覽會出品圖說」第二册。

（註二一九）同上註二一二「王學浩傳」語。傳又謂「自道光後卓然名家者，惟湯貽芬戴熙二人」。同卷「華嵒傳」又謂「乾嘉之間，浙西畫學最盛，而揚州游士所聚，一時名流競逐，其尤著者，爲嵒，高鳳翰，鄭燮，金農，羅聘，奚岡，黃易，錢杜，方薰等」。

（註二二〇）見同上註二一〇，原文謂嘉慶中，侍書黃鉞由主事改官翰林，入直，爲仁宗所賞。道咸以後，侍郎戴熙，大學士張之萬，並官禁近，以畫名。然國家寖以多故，視承平故事稍異焉」。

（註二二一）見同上註二一二。

（註二二二）本節論清代佛教，及下文論耶教在清代之盛衰，多本拙著「中國人之佛教耶教觀」第二章「二教入中國後之盛衰」，載十二年中華書局印行之學衡雜誌第十五期十六期。

（註二二三）詳見楊光先著「不得已」，南京龍蟠里國學圖書館影印本。

（註二二四）張靚齡「中華第一次受洗人蔡高先生軼事」有云：「蔡高蔡顯兄弟，皆在馬君印刷所中充夥計，其兄弟性質相差甚遠，顯溫和純靜，城府至深，與高之急激叫囂，一望而判，惜乎顯對於福音，淡然寂然，格格若不相入，雖主日亦依樣赴會，然顯見其有外無內，無篤信仰，後果如所料，高則於一千八百十四年七月十六日受洗」。

（註二二五）英訂於道光二十二年，俄訂於咸豐元年及八年，法訂於咸豐八年及十年，德訂於咸豐十一年，丹麥訂於同治二年，西班牙訂於同治三年，比利時訂於同治四年，意大利訂於同治五年，葡萄牙訂於光緒十三年，美國訂於咸豐八年同治七年及光緒二十九年，約中規定最詳及關係最鉅者，爲咸豐八年中法條約第十三款，及十年續增條約第六款，前者謂「天主教以勸人行善爲本，凡奉教之人，皆全獲保佑身家，其會同禮拜誦經等事，概聽其便，凡按第八款備有蓋印執照安然入內地傳教之人，地方官務必厚待保護，凡中國人願信崇天主教而循規蹈矩者，毫無查禁，皆免懲治，向來所有或寫或刻奉禁天主教各明文，無論何處，概行寬免」。後者謂「應如道光二十六年正月二十五日上諭即頒示天下黎民，任各處軍民人等傳習天主教，會合講道，建堂禮拜，且將濫行查拏者予以應得處分，又將前謀害奉天主教者之時所充之天主堂學堂塋墳田土房廊等件，應賠還交法國駐劄京師之欽差大臣轉交該處奉教之人，並任法國傳教士在各省租買田地，建造自便」，此後各國關於傳教之談判，及清廷政府官吏所出之示諭，大抵以此爲準則云。

（註二二六）據西人印行「中國之耶教事業」，引見前註二二二。

（註二二七）見順治元年七月東華錄。

（註二二八）據清史稿卷二七天文志二儀象序。

（註二二九）據清通考卷□□□所載康熙二十二年，製簡平儀。地平半圓日晷儀，三十二年，製三辰簡平地平合璧儀，五十二年，製地平經緯儀，（按係將地平經緯合爲一儀）五十二年，製星晷儀，製四游表半圓儀，製方矩象限儀，乾隆九年，製三辰公晷儀，製璿朔望入交儀，製六合驗時儀，製方月晷儀，十九年，三辰公晷儀成，命名璣衡撫辰儀」。

（註二三〇）兩圖今皆有印本，前者題「清內府一統輿地祕圖」，瀋陽故宮博物館以石印出版，後者題，「乾隆內府輿圖」，北平故宮博物院文獻館以原圖銅版印行。至兩圖測繪經過，可參閱翁文灝「清初測繪地圖考」，（載地學雜誌十九卷三期）及「讀故宮博物院乾隆內府輿圖記」。（載方志月刊五卷四期）翁君文中於西士有漢姓漢名者，每以己意改爲音譯，方豪君已一一爲之更正矣，見氏著中外文化交通史論叢第一輯。

（註二三一）西法繪事已見前。乾隆世營建之圓明園及長春園，中多模擬西式建築。（圓明園四十景中，水木明瑟一景，蓋仿西洋噴水池，餘如園中西洋門，西洋樓，西洋欄杆，亦不可勝數，長春園中仿西洋作風建築者，有諧奇趣，蓄水樓，花園，養雀籠，方外觀，竹亭，海晏堂，遠瀛觀，大水法，觀水法，線法山，湖東線法畫等，凡十二處），工藝製品如呢布鐘表及日用品物等，紅樓夢中即有不少記載，說詳方豪紅樓夢新考。至清初學習拉丁文者，亦詳見方君「拉丁文傳入中國考」，見同上註。

（註二三二）語皆本清史稿卷五一三疇人傳一。阮元疇人傳暨羅士琳續疇人傳所載疇人，遠較史稿爲多，可參閱。

(註二三三)本節略據上海土山灣印書館印行聖教雜誌叢刊「明末淸初灌輸西學之偉人」。

(註二三四)艾儒略述「大西利先生行蹟」語，新會陳氏排印本。

(註二三五)據方豪著拉丁文傳入中國考「四譯入拉丁文之中國名著」節。

(註二三六)參閱范存忠著「孔子與西洋文化」，（載國風第三期聖誕特刊，南京鍾山書局二十一年九月出版），及「十七八世紀英國流行的中國思想」，（載中央大學文史哲季刊第一卷第一二期，三十一二年出版），

(註二三七)參吳宓摘譯德國雷赫(A. Reichwein)著十八世紀中國與歐洲文化交通史略，載學衡雜誌第五十五期。

(註二三八)參方豪著「同治前歐洲留學史略」，載中外文化交通史論叢第一輯。

(註二三九)淸史稿卷五一二藝術傳四有徐壽傳，卷五一四疇人傳二有李善蘭華蘅芳傳。至盛復生平，詳見王蘧常「盛揆道年譜」。（商務印書館出版）

(註二四〇)本節及下二節凡加括號者，皆引柳先生中國文化史第三編第十四章「譯書與游學」。（學衡本下册四三五至四五二頁）

(註二四一)據光緒政要卷一載元年十月直隸總督李鴻章兩江總督沈葆楨奏上海機器局報銷事，及東方雜誌第十四號載「馬江船塢之歷史」。又按李沈奏章云：「計自同治六年五月，動支洋稅之日起，截至十二年十二月底止，共收江海關二成銀二百八十八萬餘兩，共用購器製造建廠薪工等項銀二百二十三萬餘兩，實存料物等項銀六十四萬餘兩，是每年經費，不過銀四十萬兩耳。至閩局，截至光緒三十三年，共成船四十號。

(註二四二)本節多本中國文化史第三編第十五章機械之興」。（學衡本下册四五三至四六九頁）

(註二四三)淸史稿卷五〇七遺逸傳序語。

(註二四四)碑傳集逸民凡四卷（卷一二三至一二六），國朝先正事略「遺逸」亦四卷（卷四五至四八），淸史稿遺逸傳則有兩卷（卷五〇七至五〇八），三書以事略爲最詳，史稿亦大抵本諸事略，本節下文所引，雖間有取材碑傳集及史稿者，亦以取自事略者爲多也。

(註二四五)語本全祖望結埼亭集外編卷三十「題徐狷石傳後」。

(註二四六)見同上正編卷十二「應潛齋先生神道碑」。

(註二四七)本節多本中國文化史第三編第三章「明季之腐敗及滿淸之勃興」。（學衡本下册頁二九四至二九九）

(註二四八)括弧中皆見明史卷五十三禮志七。

(註二四九)本節略本中國文化史第三編第六章「滿淸之制度」頁三三四至三三五。

(註二五〇)見管異之文集卷□。

(註二五一)此言樸學三善，語本章炳麟檢論卷四「學隱」篇。

（註二五二）語本順治十年東華錄。

（註二五三）分見康熙四十八年及五十一年東華錄。

（註二五四）光緒政要卷七載出使俄國大臣曾紀澤奏陳改訂俄約辦事艱難情形疏，略云：「微臣辦事之難，與尋常出使情形逈不相同。西人待二等公使之禮，遠遜於頭等，而覵定議復改之任，實重於初議。原約係特派頭等全權便宜行事之大臣所訂，臣晤吉爾思（俄外部大臣）布策（俄前駐華公使）諸人，咸以是否頭等有無全權相詰，臣答以職居二等，不稱全權大臣，乃彼一則曰頭等所定，豈二等所能改乎，再則曰全權者所定倘不可行，豈無全權者所改轉可行乎。……俄人與臣議事，稍有齟齬，則故以無全權非頭等之說折臣。每言使者遇事，不敢自主，不如遣使前赴北京議約，較爲簡捷等語。臣亦知其藉此詞以相難，但彼國旣以無權而相輕，微臣卽不免較崇厚而見絀」。

（註二五五）引自翦宣穎輯「中國社會史料叢鈔」甲集頁一一三，二十六年十二月商務印書館出版。

（註二五六）皆本雍正朝東華錄。

（註二五七　見淸通考卷七十二「學校考十」。

（註二五八）見淸會典卷三十二「禮部」。

（註二五九）光緒政要卷三十載三十年十月商部奏請立案劃除丐籍疏略云：「據浙江紳士盧洪昶等呈稱浙省墮民，散處各郡，不下二萬餘人，男女操業卑微，聚萃州處，自爲種類，不得與齊民齒，雍正元年，特除浙省墮民丐籍，俾得改業自新，而習俗相沿，厥界未化，非第報捐應試，萬無可望，卽耕讀工商，亦且動遭掣制，……洪昶擬就墮民處所捐建農工小學堂兩所，招致墮民子弟入堂肄業，將來畢業學生，准其升入官私各學堂，給予出身」。又云：「山陝之樂戶，廣東之蛋戶，安徽之世僕，自弛禁除籍以後，民間一切相安」。

（註二六〇）見不得已上卷「闢邪論中」。

（註二六一）見同上書下卷「日食天象驗」。

（註二六二）故宮博物院影印之「康熙與羅馬使節關係文書」，（二十年出版）共十四種文件，中數件有玄燁硃筆批語，最後一種爲敎宗格勒孟第十一（Clement XI）於一七一五年（康熙五十四年）三月十九日頒佈之禁約，康熙硃批云：「覽此告示，只說得西洋人等小人，如何言得中國之大理，況西洋人等無一人通漢書者，說言議論，令人可笑者多，今見來臣告示，竟與和尚道士異端小敎相同，彼此[illegible]過如此，以後不必西洋人在中國行敎，禁止可也，免得多事」。

（註二六三）見註一七〇。

（註二六四）語本黃遵憲日本國志卷三十二「學術志一」。

（註二六五）本節論經濟，多本中國文化史第三編第十八章「經濟之變遷」。（下册頁四九九至五三一）

中華民國三十五年九月初版
中華民國三十六年二月再版

(95834·3)

部定大學用書 中國通史要略 第三冊

定價國幣叁元

印刷地點外另加運費

著作者 繆鳳林

發行人 朱經農 上海河南路

印刷所 商務印書館印刷廠

發行所 商務印書館 各地